U0856248

内蒙古自治区统计局　编
Compiled by Inner Mongolia Autonomous Regional Bureau of Statistics

2020 内蒙古统计年鉴

INNER MONGOLIA STATISTICAL YEARBOOK 2020

（总第33期　NO. 33）

中国统计出版社
China Statistics Press

图书在版编目（CIP）数据

内蒙古统计年鉴. 2020 = Inner Mongolia Statistical Yearbook 2020 : 汉英对照 / 内蒙古自治区统计局编. -- 北京 : 中国统计出版社, 2020.8

ISBN 978-7-5037-9171-0

Ⅰ. ①内… Ⅱ. ①内… Ⅲ. ①统计资料 - 内蒙古 - 2020 - 年鉴 - 汉、英 Ⅳ. ①C832.26-54

中国版本图书馆CIP数据核字(2020)第094154号

内蒙古统计年鉴-2020

作　　者/ 内蒙古自治区统计局
责任编辑/ 钟　钰 闫　涵
责任校对/ 郭雪佩　王德慧
装帧设计/ 常墳平　李占玲
出版发行/ 中国统计出版社有限公司
地　　址/ 北京市丰台区西三环南路甲6号
邮政编码/ 100073
电　　话/ 邮购（010）63376909　书店（010）68783171
网　　址/ http://www.zgtjcbs.com
印　　刷/ 内蒙古宏业包装印务有限公司
经　　销/ 新华书店
开　　本/ 890mm × 1240mm　1/16
字　　数/ 1400千字
印　　张/ 39印张
版　　别/ 2020年8月第1版
版　　次/ 2020年8月第1次印刷
定　　价/ 350.00 元　Price:350.00(RMB)

本书附同版本CD-ROM一张，光盘内容以书面文字为准。
如有印装差错，由本社发行部调换。

《内蒙古统计年鉴》编辑委员会

Editorial Board and Staff

目　　录
CONTENTS

第一部分　特　载
PART ONE SPECIAL ARTICLES

第二部分　统计资料
PART TWO STATISTICS

四、价格指数

Price Indices

五、人民生活
People´s Living Conditions

六、财政
Government Finance

七、资源、环境与能源

Resurces, Environment and Energy

八、农牧业

Agriculture and Animal Husbandry

九、工业

Industry

十、投资与建筑业
Investment and Construction

十一、国内贸易
Domestic Trade

十二、对外经济和旅游

Foreign Economics and Tourism

十三、金融和保险

Finance and Insurance

十四、交通运输与邮电
Transport, Postal and Telecommunication Services

十五、城市概况
Overview of Cities

十六、教育、科技和文化

Education, Science and Technology, Culture

十七、卫生和体育

Public Health and Sports

十八、公共管理和社会保障

Public Management and Social Security

十九、盟市资料

Statistics of Leagues and Cities

二十、旗县区资料
Statistics of Banners, Counties and Districts

二十一、附录
Appendix

第一部分

特 载

PART ONE SPECIAL ARTICLES

2020年内蒙古自治区政府工作报告

Report on the Work of the Inner Mongolia Autonomous Region Government 2020

——2020年1月12日在内蒙古自治区第十三届人民代表大会第三次会议上

内蒙古自治区主席　布小林

各位代表：

现在，我代表自治区人民政府向大会报告工作，请予审议，并请自治区政协各位委员提出意见。

一、2019年工作回顾

2019年是新中国成立70周年，也是我区发展进程中具有重要意义的一年。习近平总书记3月5日参加十三届全国人大二次会议内蒙古代表团审议，7月15日至16日又亲临我区考察并指导“不忘初心、牢记使命”主题教育。习近平总书记对内蒙古工作的重要讲话重要指示批示，为新时代内蒙古发展指明了方向，极大鼓舞了全区各族人民。

一年来，在自治区党委领导下，我们牢记习近平总书记嘱托，全面贯彻党的十九大和十九届二中、三中、四中全会精神，认真落实新发展理念，坚持稳中求进工作总基调，坚持以供给侧结构性改革为主线，推动高质量发展，扎实做好“六稳”工作，全区经济社会持续健康发展。初步核算，地区生产总值增长5.2%，固定资产投资增长6.8%，一般公共预算收入增长10.9%，城乡常住居民人均可支配收入分别增长6.5%和10.7%。

一年来，我们主要做了以下工作。

（一）持续深化供给侧结构性改革，经济发展的质量和效益稳步提高。巩固“三去一降一补”成果。区属“僵尸企业”基本出清。落实减税降费政策，为各类市场主体新增减负410亿元。规模以上工业企业资产负债率降低2.3个百分点，利润增长3.2%。京呼高铁建成通车，赤峰至京沈高铁连接线即将建成，集大高铁、包银高铁开工建设，锡林浩特至丹东高速公路全线贯通。“引绰济辽”、东台子水库等工程进展顺利。新建通用机场4个，民用机场达到33个。天骄航空通航运营，大飞机学院正式招生。12个盟市均开通了5G试验基站。

加快产业转型升级。编制现代能源经济发展战略规划，支持举办第二届内蒙古国际能源大会。可再生能源并网装机达到4240万千瓦，占总装机三分之一。锡林郭勒至山东特高压配套煤电项目顺利推进；中石化鄂尔多斯煤制烯烃项目开工建设；中为鄂尔多斯能源煤炭地下气化示范项目投产；国电投乌兰察布风电基地一期600万千瓦示范项目开工建设，是全球陆上单体规模最大风电项目；乌海赛思普非高炉冶炼项目开工建设，冶炼工艺由“碳冶金”向“氢冶金”转变；全球首个5G无人驾驶矿用车在白云鄂博投入运行；显鸿科技“蒙芯”射频芯片应用在区内外交通、电力、物流等领域。计算机、通信和其他电子设备制造业增长58.6%，稀土化合物、石墨及碳素制品产量分别增长11.4%和9.6%。现代服务业加快发展，旅游业总收入增长12%，呼伦贝尔森林草原旅游列车正式运行。金融机构存贷款余额增速高于上年；直接融资1857亿元，同比翻了一番。第四次经济普查工作全面完成。

（二）聚焦突出问题精准发力，三大攻坚战取得关键进展。实行风险等级评定，强化政府债务管理，隐性债务完成年度化解任务的270.7%，“十个全覆盖”拖欠工程款全部清偿。投放纾困基金和风险防控基金257.4亿元，支持65家企业化解债务风险。清理拖欠民营企业中小企业账款672.9亿元，超额完成年度任务。在中央支持下，妥善处置了包商银行风险。在多家金融机构支持下，公路投资公司债务实现重组，包钢集团77.35亿元市场化债转股落地，全区市场化债转股总金额234亿元，企业债务风险明显降低。

聚焦“两不愁三保障”突出问题，开展脱贫攻坚专项行动，预计20个国贫旗县摘帽、676个贫困嘎查村出列、14万以上贫困人口脱贫。全年投入财政专项资金99.23亿元，其中深度贫困地区投入增长23.4%。在全国率先开展扶贫资产清查和管理试点。北京市及中央单位在资金、人才、技术和产业等方面给予大力支持，扶贫协作、定点扶贫成效显著。

认真整改中央环保督察反馈问题，全区空气质量平均达标天数比例89.6%，提前完成“十三五”二氧化硫、氨氮减排任务。修编“一湖两海”治理规划，呼伦湖二期治理工程13个项目全部开工建设，水质恶化趋势得到初步控制；岱海主要水质指标稳定向好；乌梁素海生态补水6.15亿立方米，整体水质由劣五类稳定提高到五类。城市建成区黑臭水体年度治理任务全部完成。农用地污染状况详查通过国家验收，全区土壤环境质量总体优良。

实施生态修复工程，完成营造林1363万亩，治理水土流失944万亩。开展大兴安岭毁林开垦整治行动。出台湿地公园管理办法。自然保护区内96.7%的工矿企业退出。乌兰浩特、康巴什、根河被授予国家生态文明建设示范市(县),阿尔山市被命名为国家"绿水青山就是金山银山"实践创新基地。支持举办了呼伦贝尔国际绿色发展大会。

(三)扎实推进乡村振兴战略,农村牧区发展取得新成效。划定粮食生产功能区和重要农产品生产保护区,新增高标准农田144万亩。调整种植结构,压减籽粒玉米种植,增加大豆、青贮玉米种植。推进马铃薯主粮化,对马铃薯主产区给予补贴。在五原县等地实施盐碱化耕地改良试点,取得可推广技术模式。农牧业再获丰收,粮食产量达到730.5亿斤,肉类总产量257万吨。制定奶业振兴政策措施,在磴口、和林格尔开展优质牧草种植试点,奶牛存栏和牛奶产量实现恢复性增长。11个农畜产品区域公用品牌入选2019中国农业品牌目录,天赋河套区域品牌影响力居全国第二,产品溢价20%以上。

整治农村牧区人居环境,农村牧区卫生厕所普及率达到22.4%,提高6.3个百分点。建制嘎查村硬化路和宽带基本覆盖,偏远农村牧区用电升级改造基本完成,"大棚房"专项整治任务全面完成。在新巴尔虎右旗、阿巴嘎旗开展牧区现代化试点,在突泉县开展垃圾分类处理试点,在正蓝旗开展牧区改厕试点。

(四)加大改革开放力度,发展动力不断增强。持续改善营商环境,市场主体增长7.2%,民间投资增长6.9%。工程建设项目审批时间压缩到100个工作日,企业投资项目核准时间缩短三分之一。取消高速公路省界收费站。90%以上本级国有资产纳入统一监管。国有林场改革任务全面完成,大兴安岭林区管理体制进一步理顺。

提高对外开放水平,全区进出口总额增长5.9%,我区开行中欧班列增长20.4%。实施"一带一路·光明行"蒙古国行动,开展投资贸易合作、辽代文物展览、医疗服务、教育文化交流等活动。中蒙两国签署建设二连浩特—扎门乌德经济合作区协议。第三届中蒙博览会成功举办。与俄罗斯伊尔库茨克、克拉斯诺亚尔斯克等毗邻地区,建立政府间定期会晤及交流合作机制。实施阿联酋赤峰"一带一路"草畜一体化项目,实施以色列巴彦淖尔现代农业产业园项目,加强与日本、白俄罗斯等国家务实合作。乌兰察布—二连浩特陆港纳入国家物流枢纽建设名单,乌兰察布保税物流中心获得批准,鄂尔多斯综合保税区、巴彦淖尔保税物流中心封关运营。支持举办了第二届阿尔山论坛。

深化与科技部、上海交大、华大基因、中国商飞、平安集团、华为、腾讯、北斗航天集团等战略合作。召开第三届蒙商大会,蒙商影响力持续扩大。

(五)着力保障和改善民生,人民生活水平稳步提升。全力稳定和促进就业,城镇新增就业26.3万人,完成年度计划的119.6%;城镇登记失业率3.7%,低于控制目标。拖欠农民工工资问题得到有效治理。棚户区改造超额完成年度任务,乌兰察布市被国务院确定为棚户区改造工作激励城市。103个旗县市区义务教育实现基本均衡,高中阶段毛入学率高于全国平均水平5.7个百分点。中央民族大学附中呼和浩特分校开始招生。提高退休人员养老金、城乡最低生活保障标准。解决了部分退役士兵社会保险问题。降低大病保险起付线,提高报销比例,高血压、糖尿病等门诊用药纳入医保范围。"光明行"活动累计实施复明手术2.6万例。苏尼特左旗、四子王旗鼠疫疫情得到有效防控。河套灌区入选世界灌溉遗产名录。乌兰牧骑开展异地交流演出。第十四届全国冬季运动会场馆全部建成并投入使用。累计建成1271块社会足球场,提前完成"十三五"建设任务。我区体育健儿在国家级以上赛事中获得冠军116个。

深入推进平安内蒙古建设。全面加强矿山、危险化学品安全管理,提升食品药品、消防、交通等领域安全风险防控能力,安全生产形势总体平稳。深入开展扫黑除恶专项斗争,铲除一批黑恶势力及其保护伞,人民群众安全感明显增强。

各位代表!过去一年,我们扎实开展民族团结进步创建工作,27个集体和33名个人被授予全国民族团结进步模范集体和模范个人称号。都贵玛同志荣获"人民楷模"国家荣誉称号。编纂《汉蒙法律实用大辞典》。达斡尔语、鄂伦春语、鄂温克语语言文化大数据采集与平台建设进展顺利,鄂伦春语辞典编纂完成。

党的宗教政策得到全面落实。国防动员、双拥优抚、统计调查、地震气象、社会科学、档案史志、参事文史等工作得到加强,支持工会、共青团、妇联、科协、残联、红十字会等事业发展。

我们加快法治政府建设,努力提高政务服务水平。提请自治区人大常委会审议地方性法规议案9件,制定、修改和废止政府规章6件,办理人大代表建议和政协委员提案1346件,办复率100%。深入推进政务公开,地方预决算公开度在全国排名第三,自治区政府举办新闻发布会137场,压减会议32%,压减规范性等文件53%。制定行政机关厉行节约反对浪费实施办法,各级财政压减一般性支出28.7亿元。严格落实中央八项规定精神和自治区配套办法,驰而不息纠正"四风",政府公信力、执行力不断增强。

深入开展"不忘初心、牢记使命"主题教育,把学习教育、调查研究、检视问题、整改落实贯穿全过程。坚持问题导向,积极回应群众关切,着力解决办事难问题,打破信息壁垒,基本建成政务服务一体化平台,自治区本级行政权力事项由3278项压减到947项、压减71%,市场准入、项目审批等500多项政务服务实现了一站式办理;着力解决房地产、安全生产等领域的突出问题。落实属地责任,解决了88万套房屋办证难、入住难、回迁难遗留问题。锡林郭勒银漫矿业和乌兰察布东兴化工安全事故，教训极其深刻，我们认真反思工作中的不足，开展了矿山安全突出问题专项整治，组织专业人员对化工企业进行安全评估；着力防范化解政府债务和金融风险，全区政府债务率持续下降；着力推动补短板，高铁、航空、能源等一批重大项目取得突破。坚持试点先行，开展了牧区现代化、优质牧草种植、盐碱地改良、厕所革命、垃圾分类处理等试点工作。

各位代表！过去一年，我们经历了严峻的困难和风险挑战，成绩来之不易。这是以习近平同志为核心的党中央坚强领导的结果，是全区各族人民团结奋斗、攻坚克难的结果。在此，我代表自治区人民政府，向全区各族人民，向所有关心支持内蒙古发展的同志们、朋友们，表示由衷的感谢！

在肯定成绩的同时，我们也清醒地认识到，全区经济社会发展还面临不少困难和问题。经济下行压力持续加大，新动能发展不足，营商环境需要进一步优化。生态建设和污染防治任务艰巨。财政金融领域风险仍然较高，一些地方财政运行困难。教育、医疗、住房等方面，群众还有不满意的地方。一些政府部门形式主义、官僚主义依然存在。我们一定直面问题和挑战，勇于担当，恪尽职守，决不辜负人民期待。

二、2020年工作安排

今年是全面建成小康社会和“十三五”规划的收官之年，我们要实现第一个百年奋斗目标，为“十四五”发展和实现第二个百年奋斗目标打好基础。做好政府工作，要以习近平新时代中国特色社会主义思想为指导，全面贯彻党的十九大和十九届二中、三中、四中全会精神，坚决贯彻党的基本理论、基本路线、基本方略，增强“四个意识”、坚定“四个自信”、做到“两个维护”，紧扣全面建成小康社会目标任务，坚持稳中求进工作总基调，坚持新发展理念，坚持以供给侧结构性改革为主线，坚持以改革开放为动力，推动高质量发展，坚决打赢三大攻坚战，全面做好“六稳”工作，统筹推进稳增长、促改革、调结构、惠民生、防风险、保稳定，保持经济运行在合理区间，确保全面建成小康社会和“十三五”规划圆满收官，得到人民认可、经得起历史检验。

今年经济社会发展的主要预期目标是：地区生产总值增长6%左右；城镇新增就业22万人以上；城镇调查失业率5.5%左右，登记失业率4.5%以内；居民消费价格涨幅3.5%左右；居民收入增长与经济增长基本同步。

做好今年工作，我们要坚定不移贯彻新发展理念，准确把握党中央对自治区的战略定位，坚定不移走以生态优先、绿色发展为导向的高质量发展新路子；坚持稳中求进工作总基调，在深化供给侧结构性改革上持续用力，确保经济实现量的合理增长和质的稳步提升；紧扣全面建成小康社会目标任务，坚持问题导向、目标导向、结果导向，对照相关定性定量指标，抓重点、补短板、强弱项，确保与全国同步全面建成小康社会。我们将重点做好以下工作。

（一）坚决打好三大攻坚战

今年是脱贫攻坚决战决胜之年，各项工作要更精准、更精细。严格执行退出标准和退出程序，完成现存贫困人口脱贫任务，确保脱贫成果经得起检验。推动脱贫攻坚与乡村振兴有效衔接，建立脱贫长效机制，稳定扶贫政策。做好返贫人口和新发生贫困人口的监测和帮扶。强化产业扶贫，带动贫困户持续增收。加强扶贫资产管理，提高扶贫资产使用效益。深化京蒙扶贫协作和中央单位定点扶贫。开展脱贫攻坚普查。

全面建成小康社会必须打好污染防治攻坚战。要聚焦突出问题，把各项治理措施落实到位。推进钢铁行业超低排放改造和工业炉窑治理，抓好“散乱污”企业、散煤燃烧、柴油货车污染等专项治理。加强呼包鄂、乌海及周边区域大气污染联防联控联治。落实呼伦湖、乌梁素海、岱海水生态综合治理措施，推进达里湖、哈素海、东居延海等湖泊治理。整治污水处理厂排放不达标问题，保护饮用水水源地。控肥、控药、控水、控膜，治理农业面源污染，防控重金属行业污染，完成中央环保督察反馈问题整改。

加强政府债务管理，进一步完善考评机制和奖补政策，确保完成年度化解任务。稳妥处置地方法人金融机构风险，完成包商银行股权重组。严厉打击非法金融活动，坚决守住不发生系统性金融风险的底线。

（二）大力优化营商环境

落实优化营商环境条例，提升政府服务效能。深化“放管服”改革，着力解决部分领域审批手续繁琐、办理时间过长、效率偏低等问题。企业开办时间压减至3个工作日以内，不动产登记时间压减至5个工作日以内。推进政务信息资源共享，实现一网通办、异地可办。深化工程建设项目审批制度改革，推行投资项目承诺制和部门代办制。巩固和拓展减税降费成效，降低企业用电、物流等成本。深化综合行政执法改革，坚决治理多头重复检查。

鼓励引导民营企业改革创新，促进民营企业规范健康发展。切实保障民营企业依法平等获得和使用资源要素，清理与企业性质挂钩的歧视性规定和做法，完成清欠民营企业中小企业账款工作。加快金融供给侧结构性改革，优化金融业生态环境，加大重点领域和薄弱环节信贷投放力度，支持更多优质企业通过资本市场融资，缓解融资难融资贵问题。设立自治区金融租赁公司，组建再担保集团。

（三）推动产业结构转型升级

大力发展制造业，做好资源转化增值文章和现代能源经济文章，支持企业发展下游产业，提高资源综合利用率和精深加工度，着力提升产业链水平。推进制造业和服务业深度融合，在化工、装备制造、钢铁和有色金属加工、乳制品加工等优势特色领域，打造一批产业集群。紧跟世界能源技术革命新趋势，合理布局和有序推动风电、光伏等产业规模化、基地化发展，加快地热资源开发利用。创建国家现代能源经济示范区。

大力发展数字经济，积极布局5G通信应用和大数据、区块链、物联网、人工智能等产业。推动智能化改造，在高危行业、高强度生产环节推行机器换人。建设稀土新材料、石墨电极材料、石墨烯等研发和产业化基地。建设呼和浩特国家级互联网骨干直联点。

统筹规划工业园区布局，清理整合有名无实和产业同质化的园区，关停并转高耗低效园区和"散乱污"企业。科学确定工业园区定位，围绕主导产业，发展循环经济，提高单位面积投入强度和产出效率。

深入实施"科技兴蒙"行动，加强基础性、应用性研究，重点在能源、材料、装备制造、生态环境、农牧业等领域，开展关键技术攻关。充分发挥政府科技投入引导作用，激发企业创新积极性，加大全社会研发投入。推动产业链、创新链、资金链有机融合，建立科技创新成果供需对接机制，促进研发成果转移转化，推动军民科技协作和融合发展。创建呼包鄂国家自主创新示范区，创建国家和自治区级重点实验室、工程研究中心、技术创新中心，争取国家重大科技项目在我区布局。做好人才培养、引进、使用工作。

（四）着力扩大有效需求

推动消费稳定增长，扩大实物商品消费，完善便利店、社区菜市场等便民消费设施。聚焦多样化需求，引进发展新商业模式，提升改造商业步行街，发展会展经济、夜间经济、信息消费。推进医养康养结合，多渠道增加养老、托育服务供给。继续扩大文化、体育、旅游等消费。打造内蒙古品牌电商，发展农村牧区电子商务，增加物流网点，降低物流成本。大力发展高铁经济，积极融入京津冀大市场，吸引消费、产业和要素向我区集聚。

推动"内蒙古味道""内蒙古音乐""内蒙古影视"与"内蒙古旅游"融合发展。在做好草原、森林、沙漠和火山、冰川遗迹等旅游的同时，抓住"十四冬"和冬奥会机遇，利用各类场馆设施和冰雪资源，大力发展冬季旅游，做好冰雪经济。实施黄河文化系统保护工程，依托黄河湿地、准格尔大峡谷、长城遗址，以及历史文化、民族文化、红色文化资源，建设黄河几字弯旅游线路，打造具有国际影响力的黄河文化旅游带。

切实增加有效投资，加强交通、水利、能源、网络等基础设施建设，实施自然灾害防治重大工程，推进市政管网、停车场、冷链物流、城乡污水垃圾处理等设施建设。实施交通强国第二批试点项目。推进在建高铁、公路、机场等项目，抓好鄂尔多斯至榆林高铁、通辽至齐齐哈尔高铁、齐海满高铁、锡林浩特至太子城快速铁路建设及前期工作，推进集通铁路电气化改造、乌兰浩特至阿尔山铁路改造。集中建设一批通用机场，促进通用航空产业发展。推进岱海生态应急补水等水利工程。加快储能设施、新能源基地和能源运输通道建设。加强项目储备和项目前期工作，用好专项债券。

（五）深入实施乡村振兴战略

我区土地资源丰富，水是清洁的，土是干净的，这是生产力，也是竞争力。我们必须保护好、利用好这个优势，坚持绿色兴农兴牧，积极发展生态农牧业，增加优质农畜产品供给。推动农牧业产业向优势地区集中，建设玉米、马铃薯、奶牛、肉牛、肉羊、绒毛等优势农畜产品产业带和产业集群，实行标准化、规模化经营。支持区域公用品牌建设，推动更多优质品牌走向全国、走向世界。推进通辽、赤峰、河套灌区等地区高效节水灌溉，扩大高标准农田建设面积，解决地下水超采和水资源浪费问题。抓好耕地轮作和盐碱化耕地改良，提高耕地质量。

完善和落实各项扶持政策，加快奶业振兴，建设优质奶源基地，发挥龙头企业引领带动作用，提升乳制品核心竞争力。完善市场准入、检测检验、标准化建设等扶持政策，推动民族传统奶制品产业健康发展。继续实施粮改饲，扩大优质牧草种植，加快草畜一体化发展。

实施现代种业工程，推进奶牛、肉牛、肉羊育繁推示范项目，建设玉米、马铃薯等优势作物良种繁育基地，提升农畜产品品质。落实白绒山羊、双峰驼等国家保种任务，做好蒙古马保护工作。大力发展现代草种业，把内蒙古建成中国草种的资源库。

着力改善农村牧区环境。坚持从实际出发，量力而行，因地制宜推进"厕所革命"。加强村容村貌整治，完成农村牧区人居环境整治三年行动目标。深化农村牧区集体产权制度改革，壮大集体经济。引导农牧民专业合作社健康发展，密切农企利益联结机制。抓好牧区现代化试点，加快一二三产业融合发展。

（六）加强绿色内蒙古建设

统筹山水林田湖草系统治理，把保护草原、森林作为首要任务，开展大兴安岭及周边地区退耕还林还草还湿试点，推进退化草原生态修复国家试点。推进大青山生态修复。做好国家生态文明试验区、呼伦贝尔国家公园申报工作。加强新巴尔虎黄羊自然保护区管理，打开黄羊等野生动物迁徙通道。从严控制草原核心区新建风电、光伏和矿山项目，支持在荒漠地区、采煤沉陷区、矿区排土场建设光伏电站和风电基地。节约集约用地，推进荒漠化土地治理。

加快形成绿色发展方式。加强重点领域节能降耗和高耗能项目节能审查。提高再生水利用率，强化水资源消耗总量和强度双控。全面退出自然保护区内矿业权。持续推进矿山地质环境治理。实施矿山用车电动化改造。建设绿色矿山、绿色工厂、绿色建筑。倡导绿色低碳生活，推进垃圾分类和资源化利用。

完善生态环境保护制度体系。划定并严守“三区三线”，编制实施国土空间规划。制定生态环境准入清单。进一步完善生态补偿机制，推动用能权、排污权、林业碳汇交易等改革。建立生态系统生产总值评估体系和碳汇储备评估机制。

（七）促进区域协调发展

坚持生态优先、绿色发展，制定区域高质量发展评价指标体系，建立差异化考核、奖补、财政转移支付机制，发挥比较优势，统筹自治区东、中、西部协调发展。加快东部盟市振兴，突出生态功能，发展碳汇经济，推动生态产业化、产业生态化。加强呼包鄂及乌兰察布协同发展，推动产业集中集约集聚，形成高质量发展的新引擎。加快乌海及周边地区转型发展，推进阿拉善北山成矿带资源勘探开发。

共同抓好大保护，协同推进大治理，推动黄河流域生态保护和高质量发展。实施黄河流域水源涵养提升、水土流失治理、湿地生态系统修复等工程，建设沿黄生态廊道。坚持量水而行、节水为重，推动用水方式由粗放低效向节约集约转变。科学编制规划，促进沿黄资源要素集中集聚、产业绿色发展。

推进城市精细化管理，提高城市公共服务水平，建设智慧城市、宜居城市。发挥好区域中心城市辐射带动作用，提升盟市、旗县所在地和中心镇服务功能，支持特色小镇发展。

（八）坚定不移深化改革开放

制定和实施国企改革三年行动方案，做好国有资本投资运营公司试点，完成自治区本级经营性国有资产集中统一监管。加快混合所有制改革，引导国有资本向产业链中高端和新兴产业布局。深化电力体制和输配电价格改革，建立有利于产业转型升级的电价机制。实行国有金融资本集中统一管理，提高地方金融监管水平。深化农村信用社改革。按照零基预算要求，进一步优化支出结构，提高财政资金使用效率。

坚持以开放促改革、促发展、促创新，推进更高水平对外开放。积极开拓多元化市场，培育外贸综合服务平台，保持对外贸易稳定增长。深度融入共建“一带一路”，积极参与中蒙俄经济走廊建设。

大力发展泛口岸经济，发挥口岸和国际通道的辐射带动作用，加快重点开发开放试验区等平台建设。加强口岸与腹地之间、航空口岸与陆路口岸之间的协作，促进大宗进出口产品落地加工，把通道经济变为落地经济。申报设立中国（内蒙古）自由贸易试验区。

进一步密切与港澳地区经贸合作，深化与国家部委、其他省区市和高等院校、科研院所、金融机构、中央企业的合作，跟踪落实战略协议。深入落实新时代西部大开发、东北振兴等政策措施，把政策优势转化为发展优势。

（九）推进文明内蒙古建设

培育和践行社会主义核心价值观，实施公民道德建设工程，广泛开展群众性精神文明创建活动，学习英雄，学习楷模，提升全社会道德水平和文明程度。讲好内蒙古故事，充分展示自治区经济社会发展和生态文明建设成就，充分展示各族人民团结奋斗、一往无前的精神风貌。

繁荣文艺创作，丰富人民群众精神文化生活。传承中华优秀传统文化、红色文化，推进草原文化创造性转化、创新性发展。加强文物保护利用和非物质文化遗产传承。做好阿鲁科尔沁草原游牧系统申报全球重要农业文化遗产、巴丹吉林沙漠申报世界自然遗产工作。建成内蒙古革命历史博物馆、契丹辽博物馆。实施“智慧广电”工程，繁荣新闻出版、广播影视、文化演艺等事业，发展文化产业，让文化软实力成为新的竞争力。

（十）切实保障和改善民生

把稳定就业作为重中之重，突出抓好高校毕业生、农民工、下岗失业人员、退役军人等重点群体就业，确保零就业家庭动态清零。促进创业带动就业、多渠道灵活就业，推动大众创业、万众创新。深入开展职业技能提升行动，建设全区统一的公共就业服务信息化平台，促进求职、用工需求和培训精准对接，着力解决结构性就业问题。

优先发展教育事业。增加公办幼儿园和普惠性民办幼儿园资源，改善苏木乡镇寄宿制学校和乡村小规模学校办学条件，提升普通高中多样化特色化办学水平，推进“双一流”建设。开展高职扩招提质三年行动，优先重点发展民族教育，办好特殊教育，支持和规范民办教育。发展继续教育、社区教育、老年教育，构建终身学习的教育体系。建设内蒙古社会主义学院新校区。

实施健康内蒙古行动。深化医疗、医保、医药联动，建设城市医疗集团和县域医共体，完善分级诊疗制度，加强乡村医生队伍建设，提升社区医疗和远程医疗服务能力。做好重大传染病、地方病、职业病、儿童青少年近视防控工作。重大疾病用药纳入医保。加快蒙中医院基础设施和信息化建设。促进全民健身与全民健康融合发展，办好第十四届全国冬季运动会。

扩大社会保险覆盖面，实现基本养老保险基金自治区级统收统支，实现工伤保险自治区级统筹，确保养老金按时足额发放。完善城乡低保、社会救助、社会福利、优抚安置等制度，保障困难群众基本生活，保障农民工按时足额获得工资。加快退役军人服务保障体系建设。支持社会组织、人道救助、志愿服务和慈善事业健康发展。全面落实妇女发展纲要和儿童发展纲要，保障妇女、儿童、老人、残疾人合法权益。做好第七次全国人口普查工作。

持续解决房地产历史遗留问题，改造城镇老旧小区，做好城市困难群众住房保障工作，促进房地产市场平稳健康发展。

全面贯彻党的宗教工作基本方针，依法管理宗教事务，发挥宗教人士和信教群众在促进经济社会发展中的积极作用。

支持国防和军队现代化建设，加强国防动员、国防教育和人民防空工作。

创新社会治理，健全立体化信息化社会治安防控体系，推进信访法治化。加强公共法律服务，深化普法宣传教育。深化扫黑除恶专项斗争。严格安全生产责任，防范遏制重特大事故。完善应急管理体系，提高防灾减灾救灾能力。加强食品药品安全和质量监管，保障人民群众身体健康和生命安全。做好地质、气象、测绘等工作。

“十四五”时期是转变发展方式、优化经济结构、转换增长动力的关键时期。我们将充分征求意见，深入研究论证，高质量编制好“十四五”发展规划。

三、全面提升政府治理能力

我们的政府是人民的政府，必须始终坚持为人民服务、对人民负责、受人民监督，努力建设人民满意的服务型政府。

我们要增强“四个意识”，坚定“四个自信”，做到“两个维护”，确保党中央、国务院决策部署落实到位，做到令行禁止、政令畅通。

我们要坚持依法履职，提高行政效能，建设法治政府。依法接受人大及其常委会监督，自觉接受政协民主监督，强化审计监督，主动接受社会监督和舆论监督。深化政务公开，完善政府新闻发布制度，认真履行依法作出的承诺，建设诚信政府。

我们要落实全面从严治党要求，建设廉洁政府。坚决反对形式主义、官僚主义。坚持过紧日子，节俭办一切事业，今年自治区本级压减专项业务费10%、非重点专项资金20%。

我们要切实强化责任担当，以求真务实的作风，紧盯问题不放手，把工作做扎实、做到位，把“最后一公里”问题解决好。

各位代表！内蒙古是我国民族区域自治制度的发源地，也是革命老区，具有民族团结的光荣传统。在新时代保持模范自治区的崇高荣誉，是习近平总书记对我们的殷切嘱托，是全区各族干部群众共同的历史责任。我们要像爱护眼睛一样爱护民族团结、像珍视生命一样珍视民族团结。坚持和完善民族区域自治制度，全面贯彻党的民族政策。推进兴边富民行动，提高非一线边民补助标准，加快少数民族聚居地区经济社会发展。保护、使用和发展少数民族语言文字，加强少数民族古籍保护整理和研究，做好城市民族工作。深化民族团结进步宣传教育，加强各民族交往交流交融，铸牢中华民族共同体意识，促进各民族共同团结奋斗、共同繁荣发展。

各位代表！2019年，我们隆重庆祝了中华人民共和国成立70周年，共同见证了新中国取得的伟大成就，共同见证了70年来内蒙古发生的巨大变化。2020年，我们将全面建成小康社会，实现第一个百年奋斗目标，开启全面建设社会主义现代化国家新征程。“时代是出卷人，我们是答卷人，人民是阅卷人。”我们将只争朝夕、不负韶华，不断战胜各种风险挑战，努力建设美丽内蒙古，书写新时代“模范自治区”新篇章！

2020年内蒙古自治区国民经济和社会发展计划

National Economic and Social Development Plan of Inner Mongolia Autonomous Region in 2020

2020年是全面建成小康社会和"十三五"规划收官之年，要实现第一个百年奋斗目标，为"十四五"时期发展和实现第二个百年奋斗目标打好基础，做好全年工作意义重大。全区上下要以习近平新时代中国特色社会主义思想为指导，全面贯彻党的十九大和十九届二中、三中、四中全会精神，坚决贯彻党的基本理论、基本路线、基本方略，增强"四个意识"、坚定"四个自信"、做到"两个维护"，紧扣全面建成小康社会目标任务，坚持稳中求进工作总基调，坚持新发展理念，坚持以供给侧结构性改革为主线，坚持以改革开放为动力，推动高质量发展，坚决打赢"三大攻坚战"，全面做好"六稳"工作，统筹推进稳增长、促改革、调结构、惠民生、防风险、保稳定，保持经济运行在合理区间，确保全面建成小康社会和"十三五"规划圆满收官，得到人民认可、经得起历史检验。

2020年自治区国民经济和社会发展的主要预期目标是：地区生产总值增长6%左右；城镇新增就业22万人以上；城镇调查失业率5.5%左右，城镇登记失业率4.5%以内；居民消费价格涨幅3.5%左右；居民收入增长与经济增长基本同步。

实现上述目标，要立足当前、着眼长远，紧密结合贯彻习近平总书记对内蒙古工作的重要讲话重要指示批示精神，全面落实中央经济工作会议精神和自治区党委十届十一次全会部署，坚定不移贯彻新发展理念，坚持稳字当头，坚持"巩固、增强、提升、畅通"八字方针，坚持问题导向、目标导向、结果导向，以创新驱动和改革开放为两个轮子，加快现代化经济体系建设，走以生态优先、绿色发展为导向的高质量发展新路子，筑牢我国北方重要生态安全屏障和祖国北疆安全稳定屏障。

一、全面做好"六稳"工作，强化高质量发展支撑

进一步完善和强化稳就业、稳金融、稳外贸、稳外资、稳投资、稳预期各项工作举措，积极扩大有效需求规模，确保经济运行在合理区间，推动高质量发展行稳致远。

（一）深入实施就业优先战略。落实完善更加积极的就业政策，稳定就业总量，改善就业结构，提升就业质量。抓好以高校毕业生为重点的青年群体、失业人员和农牧民工等重点群体就业，加强退役军人就业保障，对就业困难人员实行托底帮扶，确保零就业家庭动态清零。优化公共就业服务，建立用工需求、求职需求和培训信息对接机制。促进以创业带动就业，鼓励多渠道灵活就业，加强援企稳岗。加快解决技能人才短缺问题，深入实施职业技能提升行动和高职扩招提质行动，化解结构性就业矛盾。

（二）提升金融服务实体经济能力。用好定向降准等国家货币政策工具，深化金融供给侧结构性改革，引导金融机构优化融资结构和信贷结构，加大对重点领域和薄弱环节的支持力度，增加制造业中长期融资。更好缓解民营和中小微企业融资难融资贵问题，从供需两端发力，打通信贷投放梗阻，扩大直接融资规模，推动企业综合融资成本降低。加强项目资金保障，积极争取国家各类资金支持，用好地方政府专项债券，持续开展政金企融资对接，规范发展各类政府投资基金，加大招商引资力度，吸引更多资金和产业入驻我区。

（三）推动外贸外资稳中提质。加快对外贸易优化升级，鼓励企业开拓多元化市场，推进外贸转型升级基地建设，推动更多"蒙字号"优质产品走出去。打造边境贸易加工特色产业集群，大力发展服务贸易，积极发展泛口岸经济。支持我区始发中欧班列提质扩容，推动大宗进出口产品落地加工，争取全年开行中欧班列260列。培育发展外贸新业态，推进跨境电子商务综合试验区和综合保税区建设。加大招商引资力度，推动国家级经济开发区、海关特殊监管区增量提质。落实好《国务院关于进一步做好利用外资工作的意见》（国发〔2019〕23号）、《国家外汇管理局关于促进跨境贸易投资便利化的通知》（汇发〔2019〕28号）等文件精神，促进外商投资稳定增长。

（四）切实增加有效投资。充分发挥投资对优化供给结构的关键性作用，聚焦基础设施、产业转型、科技创新、生态环境、公共服务等领域，加强重大投资项目储备实施，优化投资结构，争取全年投资增长5%左右。进一步优化投资服务，深化投资审批制度改革，推进用地、规划"多审合一、多证合一"，开展疏解治理投资堵点专项行动，完善向民间资本推介项目长效机制，激发民间投资活力。切实搞好重大项目储备，聚焦重大战略、重大工程、重点建设任务，紧紧围绕大事难事急事，不断完善项目储备工作机制，严格项目入库条件，提高精细化管理水平。加快推进项目前期工作，强化项目要素保障，创新项目融资机制，落实"资金和要素跟着项目走"，健全重大项目实施机制，推动项目落地见效。

（五）加大基础设施建设力度。加强战略性、网络型基础设施建设，贯彻落实《交通强国建设纲要》精神，推进水利、能源网络、城乡基础设施、自然灾害防治重大工程实施，提升通信网络建设水平。加快建设集大原高铁、包银高铁、呼和浩特地铁二号线、海拉尔至满洲里等高速公路和农村牧区公路、通用机场群、能源运输通道等领域项目，推动赤峰至京沈高铁连接线开通运营，积极推进呼和浩特新机场、锡林浩特至太子城快速铁路、集通铁路电气化改造、乌兰浩特至阿尔山铁路改造、二广高速二连浩特至赛汉塔拉、岱海生态应急补水等重点工程，加大市政管网、停车场、冷链物流、城乡污水垃圾处理设施等建设力度，建设呼和浩特国家级互联网骨干直联点。

（六）努力扩大消费规模。深入挖掘和激发市场供给与消费潜力，积极扩大特色消费供给，实施品牌培育推广计划，打造更多内蒙古品牌，以需优供、以供促需。顺应商业变革和消费升级趋势，结合实际改造提升商业步行街，发展夜间经济、定制消费、智能消费等消费新增长点。促进服务消费提质扩容，多渠道增加养老、托育服务供给，提升教育文化、健康医疗、旅游休闲等生活性服务业质量，促进行业向高品质和多样化升级。完善社区医疗、养老、家政等小区配套设施，打造便民消费圈。有效启动农村牧区市场，推进电商平台建设，健全农畜产品批发市场体系。推动消费惠民，鼓励举办文化旅游消费季等活动，承接举办体育赛事。打造区域特色旅游品牌，推动“内蒙古味道”“内蒙古音乐”“内蒙古影视”与“内蒙古旅游”融合发展，抓住第十四届全国冬季运动会和冬奥会机遇发展冰雪旅游，深化全域旅游示范区创建。增强消费能力，多渠道增加城乡居民收入。完善市场监管，保护消费者权益。

二、坚决打赢三大攻坚战，跨越高质量发展关口

对照目标任务，持续精准发力，确保脱贫攻坚任务如期全面完成，确保实现污染防治攻坚战阶段性目标，确保不发生系统性金融风险。

（一）高质量打赢脱贫攻坚战。紧扣“两不愁三保障”目标，强化产业、就业、生态、教育、健康、消费、社会保障、帮扶协作等各项脱贫举措，严格执行贫困退出标准和退出程序，完成现存贫困人口脱贫任务。巩固脱贫成果，建立健全稳定脱贫长效机制，推进脱贫攻坚与实施乡村振兴战略有效衔接，及时做好返贫人口和新发生贫困人口的监测和帮扶。加强扶贫资产管理，提高扶贫资产使用效益。

（二）打好蓝天碧水净土保卫战。深入实施大气、水、土壤污染防治三年攻坚计划，持续推进重点区域、重点流域、重点行业综合整治，全面完成中央环保督察及“回头看”反馈问题整改落实，推动生态环境质量持续好转。坚持多管齐下，进一步改善空气质量，强化重点污染源全面达标排放，因地制宜抓好对散煤燃烧、工业污染、矿山开采、城市扬尘、柴油货车污染等的治理，推动运输结构调整，提高城镇清洁取暖率，强化区域联防联控联治，确保地市级及以上城市空气质量优良天数比例达到83.8%，细颗粒物（PM2.5）未达标地市级及以上城市浓度较2015年下降12%。切实改善水环境质量，加强污染源和水生态系统整治，全面推行排污许可，加快重点行业清洁化改造，强化饮用水水源地保护，推进重点湖库综合治理，深化“一湖两海”综合治理，确保完成呼伦湖综合治理二期工程项目。着力管控土壤环境风险，加强农牧业面源污染防治，严格工业用地、建设用地环境准入和监管，加强重金属行业污染防控，提升危险废物监管和利用处置能力，确保土壤环境安全得到有效保障。推进生活垃圾分类试点，加大垃圾分类处理设施建设力度，实现公共机构生活垃圾分类全覆盖。

（三）有效防范化解重大风险。继续加强政府债务管理，稳妥化解隐性债务存量，加强地方债券支出管理，全面完成清理拖欠民营企业中小企业账款工作，尽快降低债务风险等级。加大金融风险防控力度，强化地方法人金融机构风险监控预警和处置，推动包商银行股权重组，推进化解不良贷款，严格落实互联网金融监管责任，守住不发生系统性金融风险的底线。跟踪防范外部冲击风险，准确评估、精准施策，善于化危为机，办好自己的事。

三、提升实体经济发展水平，夯实高质量发展根基

增强微观主体活力，强化创新驱动，提升产业基础能力和产业链现代化水平，加快现代化经济体系建设。

（一）着力提升产业链水平。努力改变自治区产业“四多四少”（传统产业多、新兴产业少，低端产业多、高端产业少，资源型产业多、高附加值产业少，劳动密集型产业多、资本科技密集型产业少）状况，下大气力抓好产业延伸、产业多元、产业升级。推动传统产业优化升级，支持加大设备更新和技改投入，充分利用先进适用技术提高资源综合利用率和精深加工度，引导和鼓励上游企业发展下游深加工产业，提高加工转化水平。发展先进制造业集群，在化工、装备制造、钢铁深加工、铝及铝后加工、稀土、乳肉绒加工等优势特色领域打造一批产业集群。创建国家现代能源经济示范区，保障能源供给，推进煤炭安全绿色开采和清洁高效利用，新增煤制气产能25.3亿立方米、煤制烯烃产能150万吨。推进乌兰察布、锡林郭勒等新能源基地建设。加快智能电网建设，发展氢能等能源新兴产业，推进能源智慧化发展。培育壮大新兴产业，大力发展数字经济，加快发展新材料、生物医药、高端装备等产业，推动人工智能、物联网、大数据、区块链等技术应用，推进5G通信网络建设和应用推广，加强工业互联网建设。促进建筑业转型升级，大力发展绿色建筑、智慧建筑、装配式建筑。提高服务业发展水平，实施服务业集聚区提升工程，促进制造业与服务业深度融合，补齐信息服务、商务服务、科技服务、工业设计等生产性服务业短板，加快现代物流业发展，推进建设乌兰察布—二连浩特陆港型国家物流枢纽。

（二）大力优化营商环境。全面落实《优化营商环境条例》，推动区域营商环境持续改善。深化“放管服”改革，全面落实市场准入负面清单制度，深入推进“证照分离”改革。大幅精简工业产品生产许可外的其他准入管理措施，压减建筑企业资质类别和等级。进一步压减企业开办时间、不动产登记时间。巩固拓展减税降费成效，进一步清理涉企收费，整治物流领域不合理收费，持续降低制造业成本。进一步促进公平竞争，加强监管执法规范性和透明度。进一步提升政务服务水平，加快推进电子政务。优化民营企业发展环境，落实好各项促进民营经济发展的政策，制定出台自治区关于营造更好发展环境支持民营企业改革发展若干措施，完善促进中小企业发展的政策体系。

（三）强化创新驱动引领。推进“科技兴蒙”行动，加快区域创新体系建设，积极争取各类国家科技项目，加强与发达地区研发机构合作，充分发挥企业在科技创新中的主体作用，创建一批国家级和自治区级重点实验室、技术创新中心、工程（研究中心）实验室和企业技术中心，推进关键领域技术攻关。强化创新平台载体建设，落实部区工作会商会议重点任务，积极创建呼包鄂国家自主创新示范区。大力培育高新技术企业，争取高新技术企业突破1000家。加大对中小企业创新支持力度，推动大众创业、万众创新，开展科学素质提升行动。深化科技体制改革，促进科技成果转化应用，完善科技人才发现、培养、引进、激励机制。

四、坚定不移深化改革开放，激发高质量发展动力

坚持深化市场化改革、扩大高水平开放，健全与高质量发展相适应的体制机制，加快建设高标准市场体系，全方位融入国内国际大市场，增添经济发展活力和动力。

（一）加快推动要素市场化配置。进一步创新公共资源配置方式，健全公共资源产权制度，促进资源收益合理分配。巩固去产能成果，加快煤炭结构性优产能，推动钢铁、电解铝等产能置换。全面推进矿业权竞争性出让，健全矿业权分级分类出让制度，完善矿业权有偿占用和矿产资源税费制度。深入推进电力体制改革，落实燃煤发电价格形成机制改革措施，提高电力交易市场化程度，推进输配电价改革，建立有利于产业转型升级的电价机制。推进土地节约集约利用，盘活建设用地存量，完善建设用地使用权转让、出租、抵押二级市场。进一步加强知识产权保护。

（二）深入推进重点领域改革。深化财税体制改革，加大优化财政支出结构力度，大力压减一般性支出，扎实推进预算绩效管理和国有金融资本集中统一监管。加快金融体制改革，调整优化金融体系结构，完善多层次资本市场，深化城市商业银行和农村信用社改革，推动民营企业市场化债转股。深入推进国有资本国有企业改革，推动国有经济布局优化、国有企业提质增效，推进国有资本投资、运营公司试点，推动混合所有制改革和股权多元化取得实效，基本完成剥离国有企业办社会职能和解决历史遗留问题工作。深化医药卫生体制改革，开展国家基本药物制度综合试点，加快建设现代医院管理制度，积极探索旗县域综合医改模式，继续提高居民医保人均财政补助标准。

（三）提高全方位对外开放水平。围绕打造向北开放重要桥头堡，扎实推进各类合作平台建设，形成联通内外、辐射周边、资源集聚集散、要素融汇融通的全域开放平台。高质量服务和融入“一带一路”建设，推进基础设施互联互通，推动二连浩特—乌兰巴托—乌兰乌德中线铁路升级改造、滨海2号国际走廊等项目建设，加强口岸基础设施和能力建设。加快满洲里、二连浩特国家重点开发开放试验区，二连浩特—扎门乌德经济合作区，甘其毛都、额济纳等自治区沿边重点开发开放试验区，呼伦贝尔中俄蒙合作先导区等对外开放平台建设。积极开拓国际交流合作新市场，加强同欧美、东南亚、东北亚、中亚等区域以及与我国签订自贸协定国家（地区）的贸易往来。引导对外投资平稳健康发展。加强区域合作，巩固深化与京津冀、环渤海、江浙沪粤、东北三省等区域的优良合作关系，积极谋划与长江经济带、泛珠三角等区域拓展新的合作关系，深度融入国内产业链、价值链。

五、加快实施乡村振兴战略，推动农牧业农村牧区高质量发展

全面贯彻落实《中国共产党农村工作条例》，坚持农牧业农村牧区优先发展，建立完善农牧业支持保护制度。

（一）推动农牧业高质量发展。加快农牧业供给侧结构性改革，狠抓农牧业生产供给，推动草畜一体化发展，落实“米袋子”省长负责制和“菜篮子”市长负责制。优化农牧业区域布局和产业结构，建设特色农畜产品产业带和产业集群。坚持绿色兴农兴牧，大力发展生态农牧业，增加优质农畜产品供给。加快推进高效节水、高标准农田和盐碱地改造建设，新增高标准农田300万亩、高效节水面积135万亩。加快马铃薯主粮产品产业开发，深入实施奶业振兴行动，发展壮大肉牛、肉羊、羊绒产业，抓好生猪生产恢复。提高农牧业标准化、等级化、高技术化、信息化发展水平，实施现代种业工程，加大产地净化和动物疫病防控力度。延长农牧业产业链条，推动农村牧区一二三产业融合发展，培育现代龙头企业，推进品牌引领战略，打造一批现代农牧业产业园和高新技术产业示范区。

（二）着力改善农村牧区环境。扎实推进乡村建设，制定多规合一的实用型村庄规划。加快补齐农村牧区基础设施短板，进一步改善农村牧区供水、供电、道路、信息、冷链物流等基础设施条件。全面完成农村牧区人居环境整治三年行动目标，推动农村牧区污水垃圾处理、厕所革命、农作物秸秆及畜禽养殖废弃物资源化利用和村容村貌提升。开展乡村绿化美化行动，建设乡村绿化美化示范村1000个，创建国家级森林乡村300个以上。

（三）深化农村牧区改革创新。巩固完善农村牧区基本经营制度，促进小农牧户和现代农牧业发展有机衔接，健全面向小农牧户的社会化服务体系，稳步发展多种形式适度规模经营。完善龙头企业与农牧民利益联结机制，推广资源变资产、资金变股金、农牧民变股东等改革经验。深化农村牧区土地制度改革，稳步推进农村牧区土地征收、集体经营性建设用地入市、宅基地制度改革试点和草原"三权分置"工作。因地制宜探索乡村治理有效实现形式，开展乡村治理体系和治理能力现代化试点建设。

六、促进城乡区域协调发展，优化高质量发展格局

优化资源要素配置和生产力空间布局，建立健全区域协调发展体制机制，推动形成优势互补的差异化协调发展区域布局，有效促进区域联通、城乡融通、内外畅通。

（一）推动集中聚集集约发展。优化生产力空间布局，调整完善相关政策，引导工业向园区集中、农牧业向生产条件较好地区集中。全面实施《内蒙古自治区人民政府关于促进工业园区高质量发展的若干意见》（内政发〔2019〕21号），有序推进园区整合和产业统筹，着力解决园区空心化、产业同质化、资源闲置化问题，加快形成布局合理、错位发展、功能协调的园区发展格局。支持园区创新平台建设，加大环保基础设施建设投入，加快园区管理体制机制创新，建立以效益指标为核心的考核评价体系，提高单位面积投入强度和产出效率，推动园区高质量发展。

（二）打造区域增长带动极。认真落实《内蒙古自治区党委 自治区人民政府关于新时代推进西部大开发形成新格局的实施意见》（内党发〔2019〕24号）精神，深入推进新一轮西部大开发。促进呼包鄂及乌兰察布协同发展，支持各地区依托优势打造特色鲜明、错位互补、协调发展的产业体系，提高区域竞争力。推进落实呼包鄂榆城市群发展规划。推动东部盟市高质量发展，以赤峰和通辽等区域性中心城市为重点，接续布局重大项目，支持东部盟市深化改革创新，提升绿色发展和开放发展优势。推进乌海及周边地区转型发展，建设资源型地区转型发展示范区。

（三）推动黄河流域生态保护和高质量发展。坚持共同抓好大保护，协同推进大治理，编制《内蒙古自治区黄河流域生态保护和高质量发展规划》和黄河流域国土空间规划，实施《黄河内蒙古段生态环境保护与修复行动计划》，加强沿黄生态廊道建设。推进实施重大水利工程，加快河道整治、防凌减灾和蓄滞洪区建设，建设河套现代化灌区。推动流域产业绿色发展。

（四）统筹城乡发展。稳步推进以人为核心的新型城镇化，提高中心城市和城市群综合承载能力，促进大中小城市和小城镇协调发展，提升城镇服务功能。繁荣城镇经济，促进产城融合，推动特色小镇高质量发展。健全完善城乡融合发展体制机制和政策体系，推动城市基础设施、公共服务向农村牧区延伸。

七、加强生态文明建设，增强高质量发展后劲

保持战略定力，坚持生态优先、绿色发展，推动产业生态化、生态产业化，在高质量发展中推进高水平保护，在高水平保护中促进高质量发展。

（一）全面加强生态系统保护建设。统筹山水林田湖草系统治理，继续抓好重大生态修复工程，开展大兴安岭及周边地区退耕还林还草还湿试点，推进退化草原生态修复国家试点，完成种草1450万亩、营造林1290万亩、水土流失综合治理924万亩。编制国土空间生态修复规划。推进国家生态文明试验区创建工作，编制上报《国家生态文明试验区（内蒙古）实施方案》。做好呼伦贝尔国家公园申报工作。完成第三次国土调查。

（二）大力推动绿色发展。进一步加强能耗总量和强度"双控"，严格执行投资项目节能审查，开展重点行业能耗限额对标达标行动，推进能耗在线监测。全面落实行业准入标准，严格控制高耗能产业新增产能。加快绿色矿山和绿色矿业发展示范区建设，完成128个绿色矿山建设，全面退出自然保护区内的矿业权。推进绿色电厂建设，完成燃煤电站超低排放改造100万千瓦以上、节能改造400万千瓦左右，淘汰煤电落后产能4.2万千瓦。实施绿色发展工程，研究制定绿色产业发展支持政策，支持开展绿色化技术改造，推进重点领域清洁生产和园区循环化改造，建立绿色发展差异化考核和奖补机制。推行绿色生活方式，推进绿色示范创建工作。

（三）完善生态环境保护制度体系。严格落实"三线一单"（生态保护红线、环境质量底线、资源利用上线和环境准入清单）硬约束，建立生态环境分区管控体系，推进区域空间生态环境评价。划定并严守"三区三线"（城镇空间、农业空间、生态空间和生态保护红线、永久基本农田保护红线、城镇开发边界），编制实施自治区国土空间规划。落实国家林草资源管理"负面清单"，出台禁牧和草畜平衡制度实施指导意见。落实生态补偿机制，实行生态保护成效与资金分配挂钩。开展自然资源资产产权制度改革，推动用能权、碳排放权、排污权交易改革。

八、着力保障改善民生，共享高质量发展成果

坚持从实际出发，注重普惠性、基础性、兜底性，做好关键时点、困难人群的基本生活保障，有效改善基本公共服务，着力解决全面建成小康社会突出问题和薄弱环节，不断增强人民群众获得感、幸福感、安全感。

（一）着力解决民生热点问题。紧扣群众关切，切实保障好基本民生，确保困难群众基本生活得到有效保障和改善。进一步提高社会保障水平，实施好社会保障兜底、临时救助等制度。保障农牧民工工资及时足额发放。持续推进棚户区、城镇老旧小区改造，大力发展租赁住房，全面落实因城施策、稳地价、稳房价、稳预期的房地产市场长效管理调控机制，推动房地产遗留问题有效解决。加强资源统筹协调，落实猪肉保供稳价措施，保障肉蛋菜、天然气等市场供应，强化医疗、教育等民生领域价费监管，及时启动社会救助和保障标准与物价上涨挂钩联动机制。重视解决好“一老一小”问题，深入推进医养康养结合，加快建设养老服务体系，发展多种形式的就近便捷托育服务。

（二）大力发展各项社会事业。推动教育事业发展更加公平更有质量，深入实施学前教育行动计划，持续推进城乡义务教育优质均衡发展，完善随迁子女义务教育入学政策，实施高中阶段普及攻坚计划，加快“双一流”建设，深化校企合作、产教融合，优先重点发展民族教育，统筹发展民办教育、特殊教育、继续教育，推进“互联网+教育”，加强教师队伍建设改革。全面实施健康内蒙古行动，继续提高基本公共卫生服务经费人均财政补助标准，加强医疗卫生服务体系建设，提升基层疾病预防控制能力，推进疑难病症诊治能力提升工程和中医药传承创新工程，实施蒙医药振兴计划。促进文化繁荣发展，深化文化领域改革，推进公共文化体系建设，提升公共文化服务水平，实施乌兰牧骑标准化建设工程，推进非物质文化遗产场馆建设。发展体育事业，深入开展全民健身行动，建设一批人民群众需求强、普惠性高的公共体育设施，推进足球改革发展，办好“十四冬”冰雪运动盛会。

（三）加快完善社会治理体系。进一步加强社会信用体系建设，构建以信用为基础的新型监管机制。提高应急管理和防灾减灾救灾能力，严格落实安全生产责任制，抓好重点领域安全专项整治和隐患排查治理，防范和遏制重特大生产安全事故发生。加强重大传染病防控，做好突发公共卫生事件防控和紧急救援。强化责任管理，紧盯风险隐患，严守食品药品安全防线和底线。纵深推进“扫黑除恶”专项斗争，坚持三年总目标不放松。加强人民防空建设。着力强边固防，完善党政军警民联防联控长效机制。做好地质、气象、测绘等工作。

做好2020年经济社会发展工作任务艰巨，全区上下要更加紧密地团结在以习近平同志为核心的党中央周围，全面贯彻落实习近平总书记对内蒙古工作重要讲话重要指示批示精神和党中央、国务院重大决策部署，大力推进治理体系和治理能力现代化，切实把党领导经济工作的制度优势转化为治理效能，扎实有效做好经济社会发展各项工作，继续抓重点、补短板、强弱项，全力以赴抓好重大政策落地实施、加快重大工程项目建设、推进重大改革取得实效，坚决夺取全面建成小康社会伟大胜利。要把握重大趋势，立足区情实际，加强与国家各类规划有机衔接，做好“十四五”规划编制工作，为“十四五”时期发展和实现第二个百年奋斗目标打下良好基础。

关于内蒙古自治区 2019 年预算执行情况和 2020 年预算草案的报告

Report on the Implementation of Budgets for 2019 and Draft Budgets for 2020 in Inner Mongolia Autonomous Kegion

——2020 年 1 月 12 日在内蒙古自治区第十三届人民代表大会第三次会议上

内蒙古自治区财政厅

各位代表：

受自治区人民政府委托，现将 2019 年预算执行情况和 2020 年预算草案提请本次人民代表大会审查，并请自治区政协委员和列席会议的同志们提出意见。

一、2019 年预算执行情况

2019 年，面对国内外风险挑战明显增多的复杂局面，在自治区党委坚强领导下，各地各部门以习近平新时代中国特色社会主义思想为指导，全面贯彻党的十九大和十九届二中、三中、四中全会精神，深入落实习近平总书记对内蒙古重要讲话重要指示精神，坚持稳中求进工作总基调，坚持以 供给侧结构性改革为主线，按照高质量发展要求，扎实做好“六稳”工作，狠抓各项政策落实落地，三大攻坚战取得关键进展，改革开放迈出重要步伐，供给侧结构性改革继续深 化，民生福祉不断改善，保持了经济持续健康发展和社会大 2 局稳定。在此基础上，自治区预算执行情况总体较好。

（一）一般公共预算执行情况

根据 2019 年 12 月 31 日统计数据（以下预算执行情况均为此时点数据），全区一般公共预算收入 2059.7 亿元，完 成年初预算的 110.4%，同比增长 10.9%，其中，税收收入 1539.7 亿元，增长 10%。在积极落实更大规模减税降费基础上，收入增幅较高，主要是全区经济运行总体平稳、稳中有进，以及上年缓税和矿业权出让收益等一次性收入增收较多。剔除一次性增收因素后，收入下降 2.2%。加上中央补助收入 2642.3 亿元、地方政府一般债务收入 793.7 亿元、上年结余收入 438.7 亿元、国债转贷资金上年结余 742 万元、上年置换债券结余 124.1 亿元、调入预算稳定调节基金 165.5 亿元、调入资金 78 亿元，收入总计 6302.1 亿元。全区一般公共预算支出 5097.9 亿元，同比增长 5.5%，完成调整预算的 90.7%。加上上解中央支出 29.7 亿元、地方政府一般债务还本支出 409.3 亿元、安排预算稳定调节基金 218 亿元、国债转贷资金结余 742 万元、待偿债置换债券结余 27.2 亿元，支出总计 5782.2 亿元。收支相抵，年终结余 519.9 亿元。

自治区本级一般公共预算收入 630 亿元，完成调整预算的 114.1%。加上中央补助收入 2642.3 亿元、地方政府一般债务收入 793.7 亿元、盟市上解收入 8.5 亿元，上年结余收入 84.3 亿元、上年置换债券结余 35.8 亿元、调入预算稳定调节基金 56 亿元、调入资金 2.1 亿元，收入总计 4252.7 亿元。自治区本级一般公共预算支出 853.8 亿元，完成调整预 算的 91.2%。加上补助盟市支出 2446.8 亿元、上解中央支出 29.7 亿元、安排预算稳定调节基金 78.2 亿元、地方政府一般债务转贷支出 743.6 亿元、地方政府一般债务还本支出 18.7 亿元，支出总计 4170.8 亿元。收支相抵，年终结余 81.9 亿元。

（二）政府性基金预算执行情况

全区政府性基金收入 637.4 亿元，同比增长 12.3%，增幅 较高主要是国有土地使用权出让收入增加较多。加上中央补 助收入 88.1 亿元、地方政府专项债券收入 441.7 亿元、上 年结余 121.5 亿元、上年置换债券结余 7.1 亿元，收入总计 1295.8 亿元。全区政府性基金支出 920.3 亿元，同比增长 34.8%，增长较快主要是国有土地使用权出让收入和新增专项债券安排的支出大幅增加。加上调出资金 64.1 亿元、地方政府专项债务还本支出 117.1 亿元、待偿债置换债券结余 5 亿元，支出总计 1106.5 亿元。收支相抵，年终结余 189.3 亿元。

自治区本级政府性基金收入 61.8 亿元，完成预算的 104.1%，同比下降 7.7%，主要是彩票公益金收入下降。加上中央补助收入 88.1 亿元、上年结余收入 13.6 亿元、地方府专项债券收入 441.7 亿元，收入总计 605.2 亿元。自治区 4 本级政府性基金支出 174.6 亿元，完成调整预算的 92.9%，增长 47.7%，主要是车辆通行费及对应专项债务收入安排的支出大幅增加。加上补助盟市支出 29.2 亿元、专项债务转贷支出 385 亿元，专项债务还本支出 2.1 亿元，调出资金 9500 万元，支出总计 591.9 亿元。收支相抵，年终结余 13.3 亿元。

（三）国有资本经营预算执行情况

自治区本级国有资本经营预算收入6.4亿元，完成预算的145.5%，同比增长5.9%，主要是内蒙古电力集团上缴的利润增加。自治区本级国有资本经营预算支出6.4亿元，其中：用于自治区直属国有企业改革成本和资本金注入等支出3.3亿元；调入一般公共预算资金1.5亿元；结转下年1.6亿元。

（四）社会保险基金预算执行情况

全区八项社会保险基金收入1695亿元，完成预算的110.5%，其中：保险费收入1052.9亿元，财政补助收入457.5亿元，中央调剂金收入150.9亿元。基金支出总计1678.9亿元，完成预算的107%，其中：待遇支出1584.4亿元，中央调剂金上解支出71亿元。收支相抵，基金当期结余16.1亿元。自治区本级六项社会保险（城乡居民养老、城乡医疗保险实行属地管理，本级无）基金收入403.3亿元，完成预算的137.7%，其中：保险费收入175.4亿元，财政补贴收入66.1亿元，中央调剂金收入150.9亿元，工伤和失业保险上解收入1.6亿元。基金支出402.9亿元，完成预算的115.9%，其中：待遇支出226.5亿元，中央调剂金上解支出71亿元，企业养老保险对下调剂104.4亿元。收支相抵，基金当期结余0.4亿元。

（五）2019年主要财税政策和重点财政工作落实情况

1. 积极的财政政策加力提效。一是加大减税降费力度。小微企业普惠性减税、个人所得税专项附加扣除、深化增值税改革、清理规范行政事业性收费和政府性基金、降低社保费率等政策全面落地，自治区促进民营经济高质量发展的税费优惠措施有力有效。预计全年新增减税降费410亿元，市场主体和人民群众充分享受政策红利，有力支持了实体经济特别是制造业稳定发展。二是保持财政支出强度。各地积极盘活处置存量资产，加大预算稳定调节基金调入力度，进一步扩大支出规模。千方百计扩大有效投资，争取地方政府新增债券发行额度667.1亿元，其中专项债券279亿元，增长87.2%。三是提高财政资金配置效率。自治区本级带头过"紧日子"，"三公"经费支出下降8.9%。调整优化支出结构，下达对盟市、旗县转移支付2308亿元，增长2.6%，比中央对自治区转移支付增幅高2个百分点。取消低效无效支出，自治区本级及时收回盘活资金23.8亿元，统筹用于亟需资金6支持的领域和对困难旗县补助。

2. 三大攻坚战扎实推进。一是有效防控政府债务风险。发行再融资债券339.3亿元，按时偿还到期债务。下达化债奖励资金75亿元，支持引导盟市、旗县化解存量隐性债务。设立政府债务平滑基金，防范债务支付风险。下达资金40亿元，推动本级交通债务化解工作。制定高风险地区财政重整、降低政府隐性债务风险等办法，建立政府隐性债务风险等级评定制度。全区化解政府隐性债务和清偿拖欠民营企业中小企业账款超额完成年度任务，"十个全覆盖"10项工程外直接相关项目拖欠工程款全部化解，全区政府债务率持续下降。二是大力支持脱贫攻坚。全区财政扶贫支出139.8亿元。聚焦深度贫困地区和特殊贫困群体，紧扣"两不愁、三保障"标准，落实产业、就业、易地扶贫搬迁、危房改造、社会保障兜底等各项精准扶贫措施。全年预计14万贫困人口脱贫，20个贫困旗县全部摘帽，基本完成打赢脱贫攻坚战任务。三是积极支持污染防治和生态保护。全区节能环保支出152.9亿元。集中财力支持打好污染防治标志性重大战役，下达资金32亿元，支持大气、水、土壤等污染防治，持续推进"一湖两海"生态综合治理，推进城市黑臭水体治理。加大生态环境保护力度，下达资金214亿元，实施天保工程二期，落实新一轮草原生态保护补奖政策，支持乌梁素海流域山水林田湖草生态保护修复试点。

3. 供给侧结构性改革保障有力。一是支持补齐基础设施短板。下达资金445.3亿元，加快农林水、公路、铁路、机场、生态环保、社会事业等领域基础设施建设。二是推动产业转型升级。下达资金7亿元，支持工业园区升级改造，推动制造业高质量发展。下达蒙东电网同网同价改革补助12.3亿元，降低企业用电成本。下达资金4亿元，支持服务业转型发展和口岸经济发展。三是支持实施创新驱动发展战略。全区科技支出28.5亿元，增长9.2%，支持国家重点实验室以及稀土、煤化工等领域科技重大项目建设。放开预算单位科研项目资金调剂权限，赋予科研机构和人员更大自主权。四是进一步缓解企业融资难融资贵问题。下达资金3亿元，落实创业担保贷款贴息奖补政策，支持小微企业融资担保体系建设。自治区纾困发展基金和企业流动性风险基金累计投放资金257.4亿元，缓释金融风险527.2亿元。

4. 城乡区域发展协同推进。一是推动农牧业高质量发展。全区农林水支出873亿元。继续实施高标准农田建设和河套等灌区高效节水灌溉。支持引绰济辽等重点水利工程建设。支持绿色农畜产品生产和输出基地建设以及奶业振兴，加大产粮油大县支持力度。实现建档立卡贫困人口饮水安全"清零达标"。支持"厕所革命"和畜禽粪污资源化利用。下达土地指标跨省域调剂资金11.4亿元，支持自治区15个深度贫困旗县巩固脱贫攻坚成果和实施乡村振兴战略。二是兜实兜牢"三保"底线。下达均衡性转移支付、县级基本财力保障机制奖补资金等财力性转移支付564.2亿元，增长17.1%，力度为近几年最大，切实增强盟市、旗县"三保"能力。自治区本级通过压减一般性支出和盘活存量资金等方式，进一步下沉财力，在统一测算转移支付补助基础上，新增深度贫困旗县和"三保"重点关注旗县等困难地区一次性财力补助27.5亿元，支持基层和困难地区做好"三保"工作。建立县级财政工资保障监测预警和风险评估机制，统筹财政收支和库款管理，合理安排支出优先顺序，切实兜住县级"三保”特别是保工资底线。三是落实国家重大区域发展战略。下达东北振兴专项转移支付 3.4 亿元，支持东部五盟市经济社会发展。下达转移支付 97.5 亿元，支持革命老区、民族地区、边疆地区、贫困地区加快发展。

5. 人民生活持续改善。一是促进稳定和扩大就业。全区就业支出 25.4 亿元。全面加强公共就业服务，支持创业引领就业，帮助高校毕业生、就业困难人员和零就业家庭等实现就业。从失业保险基金结余中拿出 28 亿元，统筹用于职业技能提升行动，三年内支持补贴性培训 60 万人次。二是支持发展公平而有质量的教育。全区教育支出 612.4 亿元，增长 6.3%。增加普惠性学前教育资源供给，有效缓解“入园难”。巩固城乡统一、重在农村的义务教育经费保障机制。支持贫困地区改善普通高中基本办学条件。支持现代职业教育发展，推进高校“双一流”和特色优势学科建设。健全和完善家庭经济困难学生资助政策体系，实现所有学段资助“全覆盖”。支持职业教育及民族、民办、特殊教育发展。三是稳步提高社会保障水平。全区社会保障支出 703.2 亿元，增长 3.3%。城乡低保财政补助标准月人均和年人均分别增加 45 元和 367 元；城乡特困人员基本生活供养标准月人均和年人均分别增加 46 元和 359 元。困难残疾人生活补贴和重度残疾人护理补贴均由月人均 80 元提高至 100 元。全区卫生健康支出 322.7 亿元，增长 6.1%。城乡居民医疗保险财政补助标准由年人均 490 元提高到 520 元。基本公共卫生服务人均经费由 64 元提高到 69 元。四是支持基本住房保障。全区住房保障支出 170.1 亿元。棚户区改造开工 5.3 万套，农村牧区危房改造完成 1.8 万户，推进老旧小区加装电梯 200 部，既有居住建筑节能改造 207.4 万平方米。五是推动文化体育事业发展。全区文化旅游体育与传媒支出 119.2 亿元。支持公益文体场馆免费低收费开放。支持乌兰牧骑惠民演出。促进四季旅游、全域旅游发展。支持旗县级融媒体中心建设。支持第十四届全国冬季运动会筹备工作。促进全民健身和竞技体育协调发展。六是支持加强社会治理。全区公共安全支出 250.1 亿元，增长 5%。支持开展扫黑除恶专项斗争。促进食品药品安全和质量提高。支持街道社区党组织建设。

6. 财税体制改革不断深化。一是推进预算管理改革。印发《关于全面实施预算绩效管理的实施意见》，健全绩效评价常态化机制，大力压减低效无效支出。2018 年预决算公开度位列全国第三。首次向自治区人大常委会专项报告自治区金融企业国有资产情况。二是完善自治区以下财政体制。加快制定医疗卫生、科技等 6 个领域自治区与盟市财政事权和支出责任划分改革方案。推进更大规模减税降费后自治区与盟市收入划分改革，调整完善自治区以下增值税留抵退税分担机制。政府综合财务报告编报实现全覆盖。三是深入推进“放管服”改革。推进“互联网 + 政府采购”，逐步实现采购公告信息、合同信息在线完成。推进会计管理“互联网 + 政务服务”改革。

过去的一年，财政管理和改革工作取得了新成效，同时，我们也要清醒地看到，财政运行和财政工作还面临一些困难和挑战，主要是：经济下行压力加大，落实更大规模减税降费，财政增收基础不稳；一些旗县（市、区）“三保”、化债、消化暂付款等压力叠加，部分基层财政运转比较困难；有的盟市和部门预算执行基础不扎实，支出进度较慢；有的绩效目标设定还不够科学、绩效评价不够准确规范，绩效结果运用需要强化；全区特别是旗县存量债务规模较大，融资平台公司转型不到位，隐性债务风险不容忽视等。我们要高度重视这些问题，切实加以解决。

二、2020 年预算安排情况

（一）2020 年财政收支形势分析

2020 年，我国经济稳中向好、长期向好的基本趋势没有改变，推动高质量发展的积极因素不断累积。同时，经济发展困难和风险增多。具体到财政上，受经济下行压力持续加大等因素影响，我区财政收入增长动力减弱，大规模减税降费政策带来的减收效应持续释放，预计 2020 年财政收入增幅回落。另一方面，支持打好三大攻坚战、推动经济高质量发展、保障基本民生等支出增长刚性较强，实现财政收支平衡的压力增加。

（二）2020 年预算编制的指导思想和原则

编制 2020 年预算的指导思想是：以习近平新时代中国特色社会主义思想为指导，全面贯彻党的十九大和十九届二中、三中、四中全会和中央经济工作会议精神，坚决贯彻党的基本理论、基本路线、基本方略，增强“四个意识”、坚定“四个自信”、做到“两个维护”，紧扣全面建成小康社会目标任务，坚持稳中求进工作总基调，坚持新发展理念，坚持以供给侧结构性改革为主线，坚持以改革开放为动力，推动高质量发展，坚决打赢三大攻坚战，全面做好“六稳”工作，统筹推进稳增长、促改革、调结构、惠民生、防风险、保稳定。积极的财政政策要大力提质增效，更加注重结构调整，巩固和拓展减税降费成效；认真贯彻“以收定支”原则，加大优化财政支出结构力度，坚持政府过“紧日子”，切实 12 做到有保有压；用好地方政府专项债券，规范地方政府举债融资行为，防范化解地方政府隐性债务风险；深化财税体制改革，加快建立现代财政制度，促进经济社会持续健康发展，确保全面建成小康社会和“十三五”规划圆满收官，得到人民认可，经得起历史检验。

贯彻以上指导思想，2020 年预算编制遵循以下原则：一是收入预算要实事求是、科学预测，与经济社会发展相适应，与财政政策相衔接。二是支出预算要以收定支，量力而行。调整优化支出结构，运用零基预算理念，打破支出固化格局，自治区本级机关带头过“紧日子”，做到“两个压减”，即部门专项业务费压减 10%，非刚性、非重点专项资金压减 20%，取消或压减政策到期、执行效率偏低的项目，累计压减资金80.8亿元，切实保障重点支出，加大对下转移支付力度。做到“四个保障”，即优先保障党中央和国务院各项重大政策，保障三大攻坚战支持力度不减，保障兜牢旗县“三保”底线，保障机关事业单位工资政策落实。三是增强财政可持续性。切实采取“四个举措”，即合理高效使用政府债券资金，改进奖补类项目预算安排方式，审慎出台新的增支政策，全面实施预算绩效管理。

（三）2020年收入预计和支出安排

1. 一般公共预算

根据预算执行情况、财政经济形势及税费政策调整等因素，2020年全区一般公共预算收入预计1950亿元左右，直比下降5%左右，剔除一次性收入和缓税等因素，同口径增长4%左右。综合考虑收入情况、中央补助以及新增债券等因素，2020年全区一般公共预算支出预计5250亿元，增长3%左右。根据收入预计、中央提前通知转移支付和新增债务限额等情况，2020年自治区本级一般公共预算总财力3101.1亿元，比上年增加304.9亿元（如不作特别说明，以下口径均为与2019年年初预算数相比），增长10.9%。其中：①一般公共预算收入550亿元，增加22亿元。②中央提前下达的补助收入2159.7亿元，增加217.2亿元；③盟市上解收入8.5亿元，减少1.1亿元；④调入一般公共预算资金1.9亿元，减少1838万元；⑤调入预算稳定调节基金113亿元，增加57亿元；⑥地方政府一般债券收入268亿元，增加10亿元。

按照收支平衡原则，2020年自治区本级一般公共预算总支出安排3101.1亿元，包括：①本级支出1224.9亿元，剔除本级留用的中央共同财政事权和专项转移支付210.5亿元，本级实际可用财力安排支出1014.4亿元，增长9%。②补助盟市、旗县支出1644.1亿元，增长14.9%。③上解中央支出16.1亿元，增长35.8%，主要是财政事权和支出责任划分改革后，城乡居民医疗保险补助等基数划转；④对盟市一般债券转贷支出216亿元，增长4.2%。

2. 政府性基金预算

2020年，全区政府性基金预算总收入预计为707.3亿元，增加133.6亿元。其中，全区政府性基金收入558.6亿元，增加84亿元；中央提前下达转移支付76.8亿元，增加66.7亿元；专项债务收入65亿元，减少24亿元；上年结转6.9亿元。按照以收定支原则，全区政府性基金总支出安排707.3亿元。

自治区本级政府性基金预算总收入189.1亿元，增加30.7亿元。其中，基金收入40.4亿元，减少18.9亿元；中央提前下达转移支付76.8亿元，增加66.7亿元；专项债务收入65亿元，减少24亿元；车辆通行费上年结转6.9亿元。按照以收定支原则，本级政府性基金预算总支出安排189.1亿元，其中，基金预算支出118.5亿元，专项债务转贷支出65亿元，专项债务还本支出5.6亿元。

3. 国有资本经营预算

2020年，自治区本级国有资本经营预算收入7.7亿元，其中：利润收入5.6亿元，股利、股息收入4891万元，上年结转1.6亿元。按照以收定支、统筹安排、突出重点的原则，本级国有资本经营预算支出安排7.7亿元，其中：解决历史遗留问题及改革成本支出3.2亿元，国有企业资本金注入2亿元，国有企业政策性补贴5000万元，其他支出600万元，调出资金1.9亿元。

4. 社会保险基金预算

2020年，全区七项（生育保险与基本医疗合并）社会保险基金预算收入1812.3亿元，其中：保险费收入1028.3亿元，财政补贴收入589亿元，中央调剂金收入172.5亿元，利息收入等22.5亿元。全区社会保险基金预算支出1919.3亿元，其中：社会保险待遇支出1810.4亿元，中央调剂金上解支出81.1亿元，转移支出等27.8亿元。收支相抵，当期缺口107亿元，其中企业职工基本养老保险基金当期缺口164.5亿元，机关事业单位基本养老保险基金当期缺口2.3亿元，其余险种均为结余。养老保险当期缺口通过统筹地区滚存结余和基金调剂予以弥补。

自治区本级五项社会保险基金预算收入372.8亿元，其中：保险费收入139亿元，财政补贴收入54.6亿元，中央调剂金收入172.5亿元，工伤、失业保险上解收入1.5亿元，利息收入等5.2亿元。自治区社会保险基金预算支出514.8亿元，其中：社会保险待遇支出208.9亿元，中央调剂资金支出81.1亿元，企业养老对下调剂224亿元，转移支出等0.8亿元。收支相抵，当期缺口142亿元，其中企业职工基本养老保险基金缺口160.9亿元，工伤保险基金缺口0.3亿元，其余险种均为结余。当期缺口通过以前年度滚存结余和中央调剂金净收益予以弥补。

（四）自治区本级一般公共预算重点支出安排情况

1. 全力支持打赢三大攻坚战。在巩固已有成果的基础上，继续抓重点、补短板、强弱项，针对突出问题持续发力。防范化解政府债务风险。加强政府债务预算管理，将中央提前下达的2020年新增政府债券333亿元全部列入年初预算，资金分配重点向盟市、旗县倾斜。足额安排本级债务还本付息资金35.4亿元。安排资金65亿元，对盟市化债、消化暂付款给予奖励。继续安排政府债务平滑基金5亿元，防范到期政府债务支付风险。安排资金24亿元，继续支持本级交通债务化解工作。支持精准扶贫精准脱贫。安排扶贫专项资金48亿元，增长7%，继续加大脱贫攻坚投入力度，集中兵力打好深度贫困歼灭战。全力支持解决义务教育、基本医疗、住房安全、饮水安全等方面存在的突出问题，确保稳定实现“两不愁三保障”。巩固脱贫攻坚成果，及时做好返贫人口和新发生贫困人口帮扶。推动实现污染防治攻坚战阶段性目标。安排资金12.3亿元，重点支持打好蓝天、碧水、净土保卫战，持续推进“一湖两海”生态环境综合治理。安排资金17.4亿元，推进林业工程建设和林业发展改革，支持大兴安岭周边已垦林地草原退耕，加强草原鼠害防治，推进自然保护区建设。

2. 扎实推动高质量发展。着力推进创新发展和产业升级，发挥好财税政策的结构性调控优势，深入推进供给侧结构性改革，全面提高经济整体竞争力。支持科技创新。安排17科技重大专项4亿元，重点支持大规模储能、石墨烯、稀土、氢能、碳捕集封存五大科技专项领域攻关。安排科技事业发展3.2亿元，着力支持基础研究与应用基础研究、重点领域关键技术攻关和科技创新平台建设。安排资金7亿元，促进科技成果转化，支持区域创新能力提升。推动产业转型升级。安排资金10亿元，加快重点工业园区整合提质，推动制造业高质量发展。继续安排去产能奖补资金，支持做好化解钢铁、煤炭过剩产能工作。安排资金12.3亿元，支持蒙东地区电网同网同价改革，降低企业用电成本。持续培育新产业新动能。安排资金6.4亿元，支持重点产业、新兴产业、中小企业加快发展。安排资金7.7亿元，支持资源勘查和地质勘察。安排资金13.2亿元，支持金融企业发展和担保体系建设，缓解中小企业融资难、融资贵问题。安排资金5.9亿元，支持旅游产业发展，推动生产性服务业向专业化和价值链高端延伸，生活性服务业向高品质和多样化升级。

3. 支持城乡区域均衡发展。构建完善财政支持实施乡村振兴战略的政策体系和体制机制，支持重大区域发展战略落地，推动形成优势互补高质量发展的区域经济布局。贯彻实施乡村振兴战略。安排资金23亿元，实施奶业振兴行动，加强农牧业保险和动物防疫，大力支持现代农业发展。安排资金22.4亿元，实施重点地区盐碱地改良工程，支持重点水利工程建设，加强现代农业设施建设。安排资金10.7亿元，推进农村牧区“厕所革命”和畜禽粪污资源化利用，推动美丽乡村建设提档升级，支持集体经济示范点改革。安排资金5亿元，推进农村牧区垃圾分类处理和边境地区电热取暖试点。着力提升地区间财力均等化水平。加大对盟市、旗县转移支付力度，安排各类对下补助1644.1亿元，增加213.1亿元，增长14.9%，其中均衡性转移支付、县级基本财力保障机制奖补资金488亿元，比上年预算增加97.5亿元，增长25%，支持困难地区和基层政府兜牢“三保”底线。通过压减本级一般性支出和项目支出，新增安排对困难旗县财力补助20亿元，进一步加大支持力度。构建现代基础设施网络体系。安排预算内基本建设投资14.5亿元，支持自治区重大基建项目建设。安排资金76.2亿元，加快重点公路和“四好农村路”建设，支持取消高速公路省界收费站。安排资金11.8亿元，支持民航、高铁建设。

4. 加强保障和改善民生。坚持以人民为中心的发展思想，注重普惠性、基础性、兜底性，围绕民生大事急事难事，精准发力、补上短板，做好关键时点困难人群的基本生活保障。支持发展公平优质教育。安排资金39.5亿元，增加普惠性学前教育资源供给；巩固城乡义务教育经费保障机制，加快义务教育薄弱环节改善和能力提升；落实普通高中教育生均拨款政策；支持职业教育产教融合发展；加大对民族教育、民办教育、特殊教育支持力度。安排资金56.4亿元，按实有学生人数计算高校生均定额经费达到15000元；推进“双一流”建设和高校内涵式发展；继续实施城乡低保家庭子女升入普通高校新生资助政策。完善社会保障制度。安排资金4.2亿元，完善就业创业扶持及奖补政策，突出抓好高校毕业生、退役军人等重点群体就业。安排资金40.9亿元，支持养老保险基金平稳运行；支持退役士兵安置和社会保险接续；落实城乡居民低保、残疾人生活和护理补贴、困难群众救助等政策。安排资金24.4亿元，适当提高城乡居民基本医疗保险财政补助标准；支持直属重点卫生项目和蒙中医药建设；继续提高基本公共服务经费财政补助标准；完善基本药物补助制度，支持公立医院改革。安排资金7.9亿元，继续做好棚户区和农村牧区危房改造，支持老旧小区和既有居住建筑节能改造。支持加强社会治理。安排资金5.9亿元，实施安可替代工程，加强网络安全建设和电信诈骗治理。安排资金39.5亿元，加强公检法司办案和装备建设，纵深推进扫黑除恶专项斗争，支持反腐倡廉。安排资金8.5亿元，加强市场监管，支持应急救援保障能力建设。安排街道社区党组织和居委会建设资金2.9亿元，提升基层服务能力。推动文化繁荣昌盛。安排资金12.7亿元，支持民族文化发展传承和乌兰牧骑发展；继续支持内蒙古革命历史博物馆等重点文化场馆建设；推动公益文体场馆免费、低收费开放。安排新闻出版广播电视经费9.6亿元，支持节目制作、落地传20输和文化体制改革。安排资金1.5亿元，支持办好第十四届全国冬季运动会。

三、做好2020年财政改革和管理工作

（一）提质增效实施积极的财政政策。落实落细并优化完善减税降费政策，巩固和拓展减税降费成效，切实减轻市场主体负担。用好地方政府专项债券，坚持“资金跟着项目走”，优化债券投向结构。更加注重结构调整，进一步优化财政资金使用结构和方式，把钱用在刀刃上。强化逆周期调节，在扩大内需和供给升级的结合部发力，把资金投向供需共同受益、具有乘数效应的先进制造、民生建设、基础设施短板等领域，促进产业和消费“双升级”。继续创新和完善宏观调控，加强财政政策与就业、消费、投资、产业、区域等政策协调配合。

（二）开源节流确保收支平衡。主动挖潜、多管齐下，依法依规组织财政收入。认真清点“家底”，盘活变现长期低效运转、闲置等政府存量资产，继续清理结转结余资金，多渠道缓解财政收支压力。在各级人大审查批准预算后，严格在规定时间内批复部门预算，下达转移支付预算。硬化预算约束，坚持先有预算后有支出，严控预算追加事项，必须出台的政策通过以后年度预算安排资金。加强财政暂付款管理，严格规范暂付款的范围、期限和审批程序，严控暂付款增量，积极消化暂付款存量。强化重大项目财政承受能力评估。严格执行预决算公开相关规定，主动接受社会监督。

（三）兜实兜牢基层“三保”底线。进一步完善体制机制，从预算编制、执行、应急处置等方面推进落实旗县“三保”责任。会同各盟市完善对旗县“三保”预算审查制度，确保基层财政将“三保”足额列入预算。继续推进旗县级“三保”季报统计制度，按季监控旗县“三保”落实情况。对高风险旗县建立“重点关注名单制”，做好“三保”突发风险事件的快速应急处置机制。加大对财政困难地区的均衡性转 移支付和县级基本财力保障机制奖补资金支持力度。通过压减自治区本级支出，腾出资金新增困难地区财力性补助，提高困难旗县的财政保障能力。各地要优先安排“三保”支出，国家和自治区“三保”支出保障不到位的地方，不得对现有民生政策提标或扩大范围。

（四）加快建立现代财政制度。运用零基预算理念，完善能增能减、有保有压的分配机制，打破支出固化格局。加快构建全方位、全过程、全覆盖的预算绩效管理体系，将预算绩效管理各项业务要求嵌入财政核心业务一体化系统。加快推进分领域自治区与盟市财政事权和支出责任划分改革，完善转移支付制度。实施区域协调发展战略，落实东北振兴、黄河流域生态保护和高质量发展等财税支持政策。积极推进 自治区以下财政体制改革，指导盟市建立规范的按税种、按比例分享的收入划分体制。深化国库管理制度改革，有序推 22 进资金支付与政府采购、现金管理、决算报告等业务整合。加强国有金融资本管理，建立国有金融资本动态补充机制。

（五）狠抓地方政府债务管理。健全地方政府隐性债务常态化监测机制，统一口径，统一监管，实现对所有隐性债 务全覆盖。完善制度建设，堵塞监管漏洞，及时发现和处置 潜在风险。坚持市场化法治化原则，做实做细并严格执行化债方案，积极稳妥化解存量隐性债务。统筹做好政府隐性债 务化解、清偿民营企业中小企业账款、棚改贷款到期本息偿 还和消化财政暂付款工作，完善考评机制，加大奖补力度，鼓励各地积极化债，提高化债质量。落实好扩大专项债券使用范围等政策，加快建立项目储备和前期准备、评估、遴选等工作机制，尽快扩大有效投资，形成对经济的有效拉动。强化地方政府违规举债责任追究，做到终身问责、倒查责任。

（六）坚持政府过“紧日子”。牢固树立艰苦奋斗、勤俭节约的思想，当好“铁公鸡”，打好“铁算盘”，坚持勤俭办一切事业。自治区本级机关带头，大力压减非刚性、非重点项目支出，严控一般性支出，从紧安排专项转移支付，所有办公运行、后勤保障、会议差旅、公务接待、出国出境等都要行简约、倡简朴、戒奢华，促进行政成本明显降低，把有限的财政资金用于急需资金支持的领域和对困难旗县的 财力补助。加大财政拨款与部门事业收入等其他资金的统筹力度，将预算执行、审计查出问题等情况与预算安排挂钩，23 对绩效评价结果较差的项目，调减或不再安排预算。

2020 年是全面建成小康社会、实现第一个百年奋斗目标的决战决胜之年，是“十三五”规划收官之年，也是为“十四五”良好开局打下基础的关键之年。做好财政工作，具有十分重要的意义。我们要更加紧密地团结在以习近平同志为核心的党中央周围，戮力同心，锐意进取，攻坚克难，扎扎实实做好各项工作，为坚决夺取全面建成小康社会伟大胜利提供坚强的财政保障！

内蒙古自治区2019年国民经济和社会发展统计公报

Statistical Bulletin of the National Economic and Social Development in Inner Mongolia Autonnmous Reyion in 2019

内蒙古自治区统计局

(2020年2月28日)

2019年,在以习近平同志为核心的党中央坚强领导下,全区深入贯彻落实党中央、国务院各项决策部署,坚持稳中求进工作总基调,坚定践行新发展理念,坚定不移探索以生态优先、绿色发展为导向的高质量发展新路子,以深化供给侧结构性改革为主线,积极推动高质量发展,扎实做好稳就业、稳金融、稳外贸、稳外资、稳投资、稳预期工作,积极应对各种困难和挑战,正确处理“稳”和“进”的辩证关系,统筹推进稳增长、促改革、调结构、惠民生、防风险、保稳定各项工作。全年经济运行保持总体平稳、稳中向好,发展质量逐步提升,为全面建成小康社会奠定了坚实基础。

一、综合

初步核算,全年全区生产总值完成17212.5亿元,按第四次全国经济普查修订数据后的同口径可比价计算,比上年增长5.2%。其中,第一产业增加值1863.2亿元,增长2.4%;第二产业增加值6818.9亿元,增长5.7%;第三产业增加值8530.5亿元,增长5.4%。三次产业比例为10.8:39.6:49.6。第一、二、三产业对生产总值增长的贡献率分别为5.5%、43.9%和50.6%。人均生产总值达到67852元,比上年增长5.0%。

图1　2019年内蒙古生产总值季度累计增速

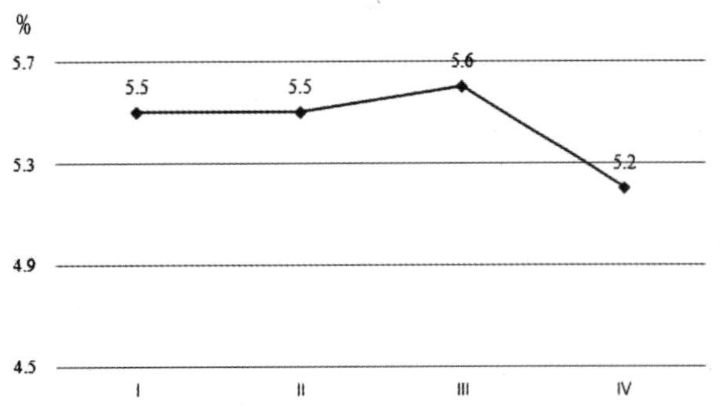

年末全区常住人口2539.6万人,比上年末增加5.6万人。其中,城镇人口1609.4万人,乡村人口930.2万人;常住人口城镇化率达63.4%,比上年提高0.7个百分点。男性人口1308.3万人,女性人口1231.2万人。全年出生人口20.9万人,出生率为8.23‰;死亡人口14.4万人,死亡率为5.66‰;人口自然增长率为2.57‰。

表1　2019年年末人口数及构成

指　　标	年末数(万人)	比重(%)
全区总人口	2539.6	100.0
其中:城镇	1609.4	63.4
乡村	930.2	36.6
其中:男性	1308.3	51.5
女性	1231.2	48.5
其中:0-14岁	336.0	13.2
15-64岁	1923.5	75.7
65周岁及以上	280.1	11.0

年末全区城镇非私营单位就业人员273.1万人。全年城镇新增就业26.3万人,失业人员实现再就业8.9万人。年末城镇登记失业率3.7%。

图2　2019年居民消费价格月度涨跌幅度

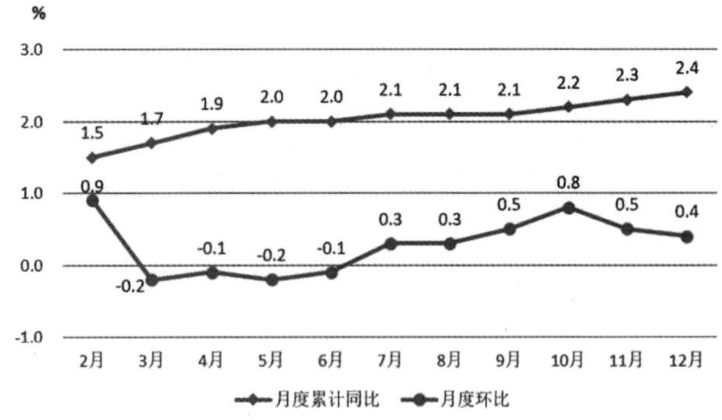

全年居民消费价格比上年上涨2.4%。分城乡看,城市上涨2.3%,农村牧区上涨2.8%。分类别看,食品烟酒类价格上涨5.4%,衣着类上涨1.8%,居住类上涨1.8%,生活用品及服务类上涨0.8%,交通和通信类下降1.2%,教育文化和娱乐类上涨1.2%,医疗保健类上涨1.7%,其他用品和服务类上涨2.5%。从工业生产者角度看,工业生产者出厂价格和购进价格分别上涨2.1%和1.1%。固定资产投资价格上涨1.7%,农产品生产者价格上涨5.6%。

表 2　2019 年居民消费价格比上年涨跌幅度

类 别	比上年涨幅(%)
居民消费价格	2.4
其中:城市	2.3
农村牧区	2.8
其中:食品烟酒	5.4
其中:粮食	1.7
鲜菜	1.2
畜肉类	23.5
水产品	-0.4
蛋类	6.5
鲜瓜果	10.1
衣着	1.8
居住	1.8
生活用品及服务	0.8
交通和通信	-1.2
教育文化和娱乐	1.2
医疗保健	1.7
其他用品和服务	2.5

供给侧结构性改革深入推进。年末商品房待售面积比上年下降 13.9%。年末规模以上工业企业资产负债率 61.0%,比上年下降 2.3 个百分点。规模以上工业企业每百元营业收入成本为 80.1 元。全年制造业技改投资增长 33.4%,工业技改投资增长 26.1%,高技术服务业投资增长 17.6%。制造业投资占固定资产投资总额的比重为 18.8%,比上年提高 0.4 个百分点。工业技改投资占全部工业投资的比重为 17.0%,比上年提高 2.2 个百分点。其中,制造业技改投资占制造业投资比重为 20.1%,比上年提高 3.7 个百分点。社会领域投资增长 6.7%,生态保护和环境治理业投资增长 26.8%,交通运输、仓储和邮政业投资增长 15.8%。

新动能持续发展壮大。全年规模以上工业中,非煤产业增加值比上年增长 6.6%,快于煤炭产业增加值 1.5 个百分点。现代煤化工产业增加值增长 8.2%,其中煤制气产量增长 8.7%。制造业增加值增长 8.7%,占规模以上工业的比重为 37.7%。规模以上工业战略性新兴产业增加值比上年增长 2.3%,高技术制造业增加值增长 3.8%。全年石墨及碳素制品产量增长 9.6%,矿山专用设备增长 32.6%,工业机器人增长 66.7%,智能电视增长 57.7%,光电子器件增长 21.0%,稀土化合物增长 11.4%,稀土磁性材料增长 6.7%。规模以上新能源发电量增长 5.3%,占规模以上工业发电量的比重为 13.7%,新能源发电增加值占电力生产行业比重为 24.5%。

二、农牧业

全年农作物总播种面积 888.6 万公顷,比上年增长 0.7%。其中,粮食作物播种面积 682.8 万公顷,增长 0.6%;经济作物播种面积 205.8 万公顷,增长 1.2%。粮食总产量 3652.6 万吨,比上年增长 2.8%;油料产量 228.7 万吨,增长 13.5%;甜菜产量 629.6 万吨,增长 22.1%;蔬菜产量 1090.8 万吨,增长 8.4%;水果(含果用瓜)产量 280.4 万吨,增长 6.1%。

全年肉类总产量 264.6 万吨,比上年下降 1.0%。其中,猪肉产量 62.6 万吨,下降 12.9%;牛肉产量 63.8 万吨,增长 3.8%;羊肉产量 109.8 万吨,增长 3.2%;禽肉产量 20.7 万吨,增长 5.1%。禽蛋产量 58.1 万吨,增长 5.3%。牛奶产量 577.2 万吨,增长 2.1%。年末牲畜存栏数 7192.4 万头(只),比上年下降 1.2%。其中,生猪存栏 429.6 万头,下降 13.6%;牛存栏 626.1 万头,增长 1.6%;羊存栏 5975.9 万只,下降 0.4%。

表 3　2019 年主要农畜产品产量和牲畜存栏数及增长速度

指 标	2019 年	比上年增长(%)
粮食(万吨)	3652.6	2.8
小麦(万吨)	182.7	-9.7
玉米(万吨)	2722.3	0.8
稻谷(万吨)	136.2	11.7
大豆(万吨)	226.0	26.0
薯类(万吨)	139.1	-7.2
油料(万吨)	228.7	13.5
甜菜(万吨)	629.6	22.1
水果(含果用瓜)(万吨)	280.4	6.1
蔬菜(万吨)	1090.8	8.4
牛奶(万吨)	577.2	2.1
绵羊毛(万吨)	11.5	-2.8
山羊绒(吨)	6312.0	-4.5
肉类总产量(万吨)	264.6	-1.0
猪肉	62.6	-12.9
牛肉	63.8	3.8
羊肉	109.8	3.2
年末牲畜总头数(万头、只)	7192.4	-1.2
大牲畜(除牛外)(万头)	160.8	-1.0
羊(万只)	5975.9	-0.4
猪(万头)	429.6	-13.6
牛(万头)	626.1	1.6

年末全区农牧业机械总动力3859.9万千瓦,比上年同口径增长5.4%。

三、工业和建筑业

全年全部工业增加值比上年增长6.0%。其中,规模以上工业增加值增长6.1%。在规模以上工业中,分经济类型看,国有控股企业增加值增长3.5%,集体企业增长7.3%,股份制企业增长7.1%,外商及港澳台商投资企业下降16.2%。分门类看,采矿业增长3.8%,制造业增长8.7%,电力、热力、燃气及水的生产和供应业增长5.2%。在规模以上工业中,轻工业增加值增长0.2%;重工业增加值增长6.7%。

表4　2019年规模以上工业主要行业增长速度

指　　标	比上年增长(%)
规模以上工业增加值	6.1
按主要行业分	
煤炭开采和洗选业	5.1
黑色金属矿采选业	48.0
农副食品加工业	7.2
食品制造业	0.4
化学原料及化学制品制造业	0.1
医药制造业	-17.6
黑色金属冶炼及压延加工业	19.8
有色金属冶炼和压延加工业	14.4
专用设备制造业	13.1
汽车制造业	-31.7
电力、热力的生产和供应业	5.4
六大优势产业	
能源工业	5.2
冶金建材工业	13.2
化学工业	6.3
农畜产品加工业	1.0
装备制造业	19.7
高新技术业	-5.7

从主要工业产品产量看,全区原煤产量109068.1万吨,比上年增长10.1%;焦炭产量3677.2万吨,增长7.4%;发电量5495.1亿千瓦小时,增长10.8%,其中,风力发电量665.8亿千瓦小时,增长5.5%;钢材产量2563.8万吨,增长13.0%;铝材产量252.4万吨,增长27.5%。

表5　2019年主要工业产品产量及其增长速度

指　　标	产量	比上年增长(%)
原煤(万吨)	109068.1	10.1
焦炭(万吨)	3677.2	7.4
原油(万吨)	126.8	4.2
发电量(亿千瓦小时)	5495.1	10.8
粗钢(万吨)	2653.7	9.7
钢材(万吨)	2563.8	13.0
十种有色金属(万吨)	634.9	17.7
电解铝(万吨)	500.4	16.0
平板玻璃(万重量箱)	992.6	-4.3
化肥(万吨)	509.7	26.1
精甲醇(万吨)	1039.8	7.3
水泥(万吨)	3265.9	7.3
乳制品(万吨)	289.3	3.7
铝材(万吨)	252.4	27.5
彩色电视机(万台)	164.3	57.7
基本型乘用车(轿车)(辆)	27444	-69.1

全年规模以上工业企业实现营业收入16233.1亿元,比上年增长11.5%;实现利润1431.7亿元,增长3.8%;营业收入利润率8.8%。全年规模以上工业企业产品销售率99.3%。

全年建筑业增加值比上年增长4.5%。全区具有资质等级的总承包和专业承包建筑业企业1180家,比上年增加33家;施工企业房屋建筑施工面积5785.4万平方米,增长7.8%;竣工房屋面积1459.9万平方米,下降14.1%;房屋建筑竣工率25.2%。

四、固定资产投资

全年全社会固定资产投资比上年增长5.8%。其中,固定资产投资(不含农户)增长6.8%。在固定资产投资(不含农户)中,第一产业投资下降9.8%,第二产业投资增长9.6%,第三产业投资增长5.9%。民间投资比上年增长6.9%,占固定资产投资(不含农户)的比重为49.7%。按项目隶属关系分,地方项目投资增长4.3%,中央项目投资增长49.6%。

全年房地产开发投资额1041.9亿元,比上年增长18.0%;商品房销售面积2008.2万平方米,基本与上年持平;商品房销售额1243.9亿元,增长11.7%。

五、国内贸易

全年社会消费品零售总额比上年增长4.1%。按经营单位所在地分,城镇消费品零售额增长3.8%;乡村消费品零售额增长6.3%。按消费类型统计，商品零售额增长4.0%；餐饮收入额增长4.9%。

表6 2019年社会消费品零售总额及其增长速度

指 标	比上年增长(%)
社会消费品零售总额	4.1
城镇	3.8
其中：城区	3.8
乡村	6.3

在限额以上企业商品零售额中，粮油、食品类零售额比上年增长3.5%，新能源汽车增长27.7%，可穿戴智能设备增长8.4%，体育、娱乐用品类增长4.9%，计算机及其配套产品增长44.6%，智能手机增长67.0%。

六、对外经济

全年海关进出口总额1095.7亿元(人民币，下同)，比上年增长5.9%。其中，出口总额376.8亿元，下降0.4%；进口总额718.9亿元，增长9.5%。从主要贸易方式看，一般贸易进出口额达668.0亿元，增长14.7%，占进出口总额的61.0%；边境小额贸易进出口额达306.2亿元；加工贸易进出口额达24.3亿元。与"一带一路"沿线国家贸易额达到713.0亿元，比上年增长1.9%。

表7 2019年海关进出口总额及其增长速度

指 标	单位	绝对量	比上年增长(%)
海关进出口总额	亿元	1095.7	5.9
出口总额	亿元	376.8	-0.4
一般贸易	亿元	328.0	3.9
边境小额贸易	亿元	27.2	-12.7
加工贸易	亿元	14.4	-50.9
进口总额	亿元	718.9	9.5
一般贸易	亿元	340.0	27.6
边境小额贸易	亿元	279.0	-2.5
加工贸易	亿元	9.9	-17.0

全年实际利用外商直接投资额20.6亿美元，比上年下降34.8%。其中，制造业实际利用外资11.6亿美元，增长25.9%。年内全区在市场监管部门注册的外商投资企业3504家。新设立外商投资企业60家。

七、交通、邮电和旅游业

全年完成货物运输总量19.8亿吨。其中，铁路货运量8.7亿吨，公路货运量11.1亿吨。完成货物运输周转量4634.0亿吨公里。其中，铁路货物周转量2679.5亿吨公里，公路货物周转量1954.5亿吨公里。

全年完成旅客运输总量13604.6万人，比上年下降6.9%。其中，铁路客运量5643.4万人，增长3.5%；公路客运量6518.0万人，下降16.7%；民航客运量1443.1万人，增长7.7%。完成旅客运输周转量312.8亿人公里，下降7.1%。其中，铁路旅客运输周转量211.2亿人公里，下降1.5%；公路旅客运输周转量101.6亿人公里，下降17.0%。

年末全区民用汽车保有量591.3万辆，比上年末增长7.9%；其中，本年新注册汽车38.4万辆。年末私人轿车保有量330.7万辆，增长7.9%；其中，本年新注册轿车19.0万辆。

全年电信业务总量(按2015年不变价计算)2075.5亿元，比上年增长63.6%；全年邮政业务总量(按2010年不变价计算)50.4亿元，比上年增长13.6%。快递业务量14263.2万件，比上年下降6.1%；快递业务收入33.0亿元，增长10.2%。年末本地固定电话用户214.4万户，增长0.6%；移动电话用户3011.7万户，下降1.1%，其中，4G移动电话用户2386.5万户，增长7.0%。年末互联网用户3289.0万户，增长3.5%。其中，移动互联网用户2606.5万户，增长2.2%；互联网宽带用户682.5万户，增长8.6%。移动互联网接入流量24.4亿GB，比上年增长70.9%。

全年接待国内外旅游者19512.5万人次，实现旅游业综合收入4651.5亿元，可比范围内分别比上年增长10.1%和12.0%。其中，国内游客19316.7万人次，国内旅游收入4558.5亿元。接待入境旅游者195.8万人次，增长4.1%；入境旅游创汇13.4亿美元，增长5.3%。

八、财政、金融和保险

全年一般公共预算收入2059.7亿元，比上年增长10.9%；其中，税收收入1539.7亿元，占一般公共预算收入的比重达74.8%，增长10.0%。一般公共预算支出5097.9亿元，比上年增长5.5%。

年末全区金融机构人民币存款余额23645.1亿元，比年初增加377.5亿元，比上年末增长1.7%。其中，住户存款余额13587.3亿元，比年初增加1615.1亿元，增长13.6%；非金融企业存款余额5178.6亿元，比年初减少1044.0亿元，下降16.8%；机关团体存款余额3793.4亿元，比年初减少101.4亿元，下降2.6%。年末全区金融机构人民币贷款余额23085.1亿元，比年初增加897.1亿元，增长4.5%。其中，住户贷款余额6510.3亿元，比年初增加569.9亿元，增长11.5%；非金融企业及机关团体贷款余额16570.5亿元，比年初增加330.0亿元，增长2.0%。

年末全区保险机构共有2924家，比上年增加27家。全年保险业实现原保险保费收入729.8亿元，增长10.7%。全年保险业累计赔付支出200.8亿元，增长3.9%。全年人寿保险实现原保险保费收入375.8亿元，累计赔付51.0亿元。全年农业保险实现原保险保费收入39.6亿元，累计赔付支出22.4亿元。

九、人民生活和社会保障

全年全体居民人均可支配收入 30555 元，比上年增长 7.7%，扣除价格因素后实际增长 5.2%。全体居民人均生活消费支出 20743 元，增长 5.5%。

图3　2019 年按收入构成分的全体民民人均可支配收入及占比

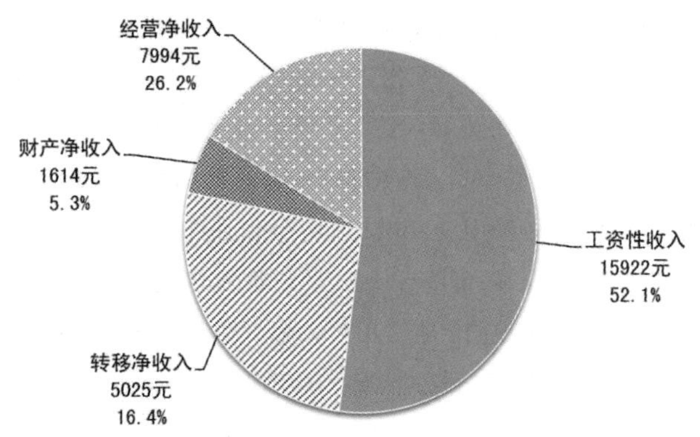

按常住地分，城镇常住居民人均可支配收入 40782 元，比上年增长 6.5%，扣除价格因素后实际增长 4.1%。从主要收入构成看，工资性收入 24459 元，增长 5.0%；经营净收入 7945 元，增长 11.5%；财产净收入 2344 元，增长 13.2%；转移净收入 6033 元，增长 3.9%。城镇常住居民人均生活消费支出 25383 元，增长 3.9%。农村牧区常住居民人均可支配收入 15283 元，比上年增长 10.7%，扣除价格因素后实际增长 7.7%。从主要收入构成看，工资性收入 3174 元，增长 9.6%；经营净收入 8067 元，增长 12.3%；财产净收入 523 元，增长 0.5%；转移净收入 3519 元，增长 9.8%。农村牧区常住居民人均生活消费支出 13816 元，增长 9.1%。全体居民恩格尔系数为 26.6%，比上年下降 0.5 个百分点。其中，城镇居民家庭恩格尔系数为 26.4%，农村牧区居民家庭恩格尔系数为 27.3%，分别比上年下降 0.5 个和 0.2 个百分点。

年末参加城乡居民社会养老保险人数 768.2 万人，比上年增长 2.4%。参加城镇职工基本养老保险人数 763.4 万人，增长 4.1%，其中，参加基本养老保险的离退休人员 298.8 万人，增长 5.0%。参加基本医疗保险人数 2178.4 万人，增长 0.6%。其中，参加城乡居民医疗保险人数 1647.7 万人，下降 0.7%；参加基本医疗保险的在职职工人数 359.9 万人，增长 2.3%。参加失业保险职工人数 267.4 万人，增长 4.6%；领取失业保险金人数 4.6 万人，下降 6.1%。养老金社会化发放率 100%。

十、教育、科学技术和文化体育

年末全区有研究生培养单位 10 个，在校研究生 2.2 万人，比上年增长 4.5%，其中，少数民族在校研究生 6828 人，少数民族在校研究生中有蒙古族研究生 6028 人。年末全区共有普通高等学校 53 所，在校学生 47.2 万人，增长 3.7%，其中，少数民族在校学生 12.7 万人，少数民族在校学生中有蒙古族学生 11.1 万人。年末有普通高中 303 所，在校学生 40.6 万人，下降 3.6%，其中，少数民族在校学生 12.8 万人，少数民族在校学生中有蒙古族学生 11.5 万人。年末有初中 701 所，在校学生 66.3 万人，增长 4.2%，其中，少数民族在校学生 19.8 万人，少数民族在校学生中有蒙古族学生 17.4 万人。年末有小学 1662 所，在校学生 136.3 万人，增长 1.6%。全区幼儿园在园幼儿 60.7 万人，下降 1.6%。全区初中阶段毛入学率 98.6%，小学适龄儿童入学率 100%。

全年科技重大专项共安排 28 项，自然科学基金共安排 810 项，关键技术攻关共安排 251 项。全年专利申请 21069 件，授权专利 11059 件，分别比上年增长 28.3% 和 14.9%。年内共签订各类技术合同数 6130 个，其中，区内成交技术合同数 922 个，增长 75.0%。合同成交金额 185.0 亿元，其中，区内成交技术金额 16.9 亿元，增长 57.5%。

全区共有 48 个有产品质量检验证书的机构，其中，国家检测中心 8 个。

年末全区有艺术表演团体 95 个，其中，乌兰牧骑 75 个。现拥有文化馆 120 座，公共图书馆 117 座，博物馆 109 座，档案馆 103 座，已开放各类档案 308.6 万卷(件)。年末全区广播综合人口覆盖率 99.2%，电视综合人口覆盖率 99.2%。年末全区有线广播电视用户 207.9 万户。全年生产故事影片 7 部，蒙语译制片 100 部。

年内全区体育健儿在国内外重大竞赛中获奖牌 403 枚，比上年增加 142 枚。其中，国外获奖牌 24 枚，国内获奖牌 379 枚。

十一、卫生和社会服务

年末全区共有卫生机构 24564 个，其中，医院 794 个，农村牧区卫生院 1271 个，疾病预防控制中心 119 个，妇幼卫生机构 114 个，专科疾病防治院(所)43 个。年末全区医疗卫生单位拥有病床 16.1 万张，比上年增长 1.3%，其中，医院拥有病床 12.9 万张，乡镇卫生院拥有病床 2.2 万张，妇幼卫生机构拥有病床 0.4 万张。全区拥有卫生技术人员 19.6 万人，增长 4.4%，其中，执业医师、助理医师 7.8 万人，注册护士 8.0 万人。农村牧区拥有村卫生室 1.3 万个，拥有乡村医生和卫生员 1.6 万人。

年末全区城镇拥有各种社区服务设施 4856 个，比上年增长 7.3%。其中，社区服务中心、站 2472 个。全区各类社会福利院床位 1.4 万张，各类福利院收养人数 0.7 万人。全年共有 162.8 万人得到国家最低生活保障救济。全年筹集社会福利资金 13.2 亿元，销售社会福利彩票 42.2 亿元。

十二、资源、环境

初步统计，全年完成营造林面积 90.9 万公顷。其中，人工造林 31.1 万公顷，飞播造林 3.5 万公顷，封山育林 12.2 万公顷，中、幼林抚育(作业)面积 27.0 万公顷。完成退耕还林工程造林面积 2.7 万公顷，完成天然林资源保护工程造林面积 5.8 万公顷，完成京津风沙源治理工程造林面积 12.5 万公顷，完成“三北”防护林五期工程造林面积 10.5 万公顷。年末全区森林面积 2614.9 万公顷，森林覆盖率 22.1%。

全区确定的自然保护区 182 个。其中，国家级自然保护区 29 个，自治区级自然保护区 60 个。自然保护区面积 1267.1 万公顷。其中，国家级自然保护区面积 426.2 万公顷。

全年规模以上工业综合能源消费量增长 10.5%，其中，七大高耗能行业综合能源消费量增长 10.8%。

注释：

[1]本公报中数据均为初步统计数。部分数据因四舍五入的原因，存在总计与分项合计不等的情况。

[2]生产总值、各产业增加值和人均生产总值绝对数按现价计算，增长速度按不变价格计算。

[3]农产品生产者价格是指农产品生产者直接出售其产品时的价格。

[4]居住类价格包括租赁房房租、住房保养维修及管理、水电燃料等价格。

[5]工业战略性新兴产业包括节能环保产业，新一代信息技术产业，生物产业，高端装备制造产业，新能源产业，新材料产业，新能源汽车产业等七大产业中的工业相关行业。

[6]高技术制造业包括医药制造业，航空、航天器及设备制造业，电子及通信设备制造业，计算机及办公设备制造业，医疗仪器设备及仪器仪表制造业，信息化学品制造业。

[7]装备制造业包括金属制品业，通用设备制造业，专用设备制造业，汽车制造业，铁路、船舶、航空航天和其他运输设备制造业，电气机械和器材制造业，计算机、通信和其他电子设备制造业，仪器仪表制造业。

[8]高技术产业投资包括医药制造、航空航天器及设备制造等六大类高技术制造业投资和信息服务、电子商务服务等九大类高技术服务业投资。

[9]工业技术改造投资是指工业企业利用新技术、新工艺、新设备、新材料对现有设施、工艺条件及生产服务等进行改造提升，实现内涵式发展的投资活动。

[10]主要工业产品产量中，原煤、焦炭、原油、发电量为全社会口径，其余为规模以上工业企业口径。

[11]民间固定资产投资是指具有集体、私营、个人性质的内资企事业单位以及由其控股（包括绝对控股和相对控股）的企业单位建造或购置固定资产的投资。

[12]房地产业投资除房地产开发投资外，还包括建设单位自建房屋以及物业管理、中介服务和其他房地产投资。

[13]“一带一路”是指“丝绸之路经济带”和“21 世纪海上丝绸之路”。

[14]交通运输部根据专项调查，调整 2019 年公路货物运输量、公路货物运输周转量统计口径，数据与上年不可比。

[15]互联网宽带用户是指报告期末在电信企业登记注册，通过 xDSL、FTTx + LAN、FTTH/O 以及其他宽带接入方式和普通专线接入公众互联网的用户。

[16]移动互联网用户是指报告期末在计费系统拥有使用信息，占用 3G 或 4G 网络资源的在网用户。

[17]原保险保费收入是指保险企业确认的原保险合同保费收入。

[18]规模以上工业综合能源消费量口径按当量值计算。主要耗能工业企业是指年综合能源消费量 1 万吨标准煤及以上的规模以上工业企业。

资料来源：

本公报中城镇新增就业、登记失业率、社会保障数据来自人力资源和社会保障厅；价格指数、人民生活、粮食作物播种面积、粮食产量、猪牛羊禽肉产量、禽蛋产量、牛奶产量、猪牛羊存栏数据来自国家统计局内蒙古调查总队；农牧业机械总动力数据来自农牧厅；对外贸易数据来自呼和浩特海关；实际利用外资数据来自商务厅；注册企业数、有产品质量检验证书的机构、专利数据来自市场监督管理局；客货运量、客货运周转量数据来自交通运输厅、铁路部门和民航部门；民用汽车数据来自公安厅；电信数、电话数、移动互联网数来自通信管理局；邮政业务量、快递业务量数据来自邮政管理局；艺术表演团体、文化馆、公共图书馆、博物馆、旅游数据来自文化和旅游厅；档案数据来自档案局；财政数据来自财政厅；金融数据来自人民银行呼和浩特中心支行；保险数据来自银保监局；医疗保障数据来自医疗保障局；教育数据来自教育厅；科技项目、合同成交金额数据来自科学技术厅；电视、广播数据来自广播电视局；体育数据来自体育局；医疗卫生数据来自卫生健康委员会；电影数据来自电影集团；社区服务设施数、福利机构、最低生活保障、福利彩票数据来自民政厅；林业数据来自林业和草原局；自然保护区个数及面积数据来自生态环境厅。其他数据均来自统计局。

第二部分

统计资料

PART TWO STATISTICS

1 综 合

General Survey

资料整理：郭雪佩　王德慧

Arranged By：Guo Xuepei，Wang Dehui

1-1 平均每天主要社会经济活动

Major Indicators on Average Daily Social and Economic Activities

指　标	Item	1990	1995	2000	2005	2010	2015	2019
全区每天创造的财富	**Autonomous Regional Daily Production**							
生产总值(万元)	Gross Domestic Product (10 000 yuan)	8748	23481	42052	96540	224654	354767	471576
第一产业	Primary Industry	3084	7128	9585	16152	30077	44663	51046
第二产业	Secondary Industry	2806	8460	15917	37748	93711	144371	186819
工　业	Industry	2388	6983	13229	30183	74543	112910	151078
建筑业	Construction	418	1477	2688	7565	19168	31461	35741
第三产业	Tertiary Industry	2858	7893	16550	42640	100866	165733	233711
一般公共预算收入(万元)	General Public Budget Revenue (10 000 yuan)	903	1197	2597	7602	29314	53821	56430
一般公共预算支出(万元)	General Public Budget Expenditure (10 000 yuan)	1669	2799	7133	20126	62288	116519	139751
粮食(吨)	Grain(ton)	26658	28915	33931	45538	64227	90208	100070
油料(吨)	Oil-bearing Crops(ton)	1901	1923	3180	3347	3783	5653	6265
肉类(吨)	Meat(ton)	1469	2243	3918	6299	6522	6702	7248
牛奶(吨)	Cow Milk(ton)	1012	1331	2180	18934	19784	17555	15814
水产品(吨)	Aquatic Products(ton)	83	131	197	226	312	421	345
乳制品(吨)	Dairy products(ton)	60	83	182	8425	9462	8042	7927
原煤(万吨)	Coal(10 000 tons)	13.05	19.33	19.80	70.16	216.20	249.20	298.82
发电量(万千瓦小时)	Electricity(10 000 kwh)	4645	7631	12001	28948	68052	107638	150551
钢(吨)	Steel(ton)	7479	9736	11574	22068	33776	47537	72704
成品钢材(吨)	Steel Products(ton)	4807	7062	10353	20487	36751	51978	70240
水泥(吨)	Cement(ton)	6246	9569	17213	44719	149433	159747	92540
每天其他经济活动	**Other Daily Economic Activities**							
社会消费品零售总额(万元)	Total Retail Sales of Consumer Goods(10 000 yuan)	4006	8149	14476	29841	68121	112425	138386
货运量(万吨)	Freight Traffic(10 000 tons)	73.09	89.68	121.94	200.22	362.21	510.03	542.48
客运量(万人)	Passenger Traffic(10 000 persons)	28.70	50.06	64.34	87.98	66.69	46.54	37.27
进出口总额(万美元)	Total Imports and Exports (USD 10 000)	132.68	307.70	556.27	1414.22	2388.75	3502.44	4368.16
邮政业务总量(万元)	Volume of Postal Services (10 000 yuan)	20.20	52.14	107.82	244.80	328.34	636.46	1379.92
电信业务总量(万元)	Volume of Telecommunication Services(10 000 yuan)	37.87	212.39	1428.96	5227.11	5170.13	10330.42	56871.38
图书出版(万册)	Books Published(10 000 copies)	21.78	17.97	20.28	24.35	16.63	17.76	17.76
杂志出版(万册)	Magazines Issued(10 000 copies)	3.46	2.84	4.33	3.79	3.94	5.70	3.13
报纸出版(万份)	Newspapers Issued(10 000 copies)	44.36	44.62	49.09	169.37	74.11	89.90	68.91
邮寄函件(万件)	Letters Delivered(10 000 pieces)	22.14	45.83	26.44	8.61	9.28	3.99	1.70
每天人口变动与婚姻	**Daily Population Changes & Marriages**							
出生(人)	Births(person)	1117	1073	779	659	628	530	572
死亡(人)	Deaths(person)	293	417	384	357	374	365	393
结婚(对)	Marriages(couple)	435	475	415	423	555	597	443
离婚(对)	Divorces(couple)	60	75	89	107	157	252	273

1-2 社会经济主要指标人均水平

Major Per Capita Indicators on Society and Economy

指 标	Item	1990	1995	2000	2005	2010	2015	2019
生产总值(元)	**Gross Domestic Product(yuan)**	**1478**	**3772**	**6502**	**14695**	**33262**	**51633**	**67852**
一般公共预算收入(元)	**General Public Budget Revenue(yuan)**	**154**	**192**	**401**	**1157**	**4340**	**7833**	**8119**
农牧业生产	**Agriculture and Animal Husbandry Production**							
耕地面积(公顷)	Cultivated Land(hectare)	0.23	0.24	0.31	0.31	0.29	0.37	
粮食产量(千克)	Output of Grain(kg)	454.16	464.43	524.63	693.17	950.95	1312.87	1439.85
油料产量(千克)	Output of Oil-bearing Crops(kg)	32.39	30.89	49.16	50.95	56.01	82.28	90.15
甜菜产量(千克)	Output of Beetroots(kg)	110.34	115.95	59.68	57.67	58.85	79.94	248.21
年末大牲畜(头)	Large Animals at the Year-end(head)	0.33	0.31	0.26	0.33	0.35	0.34	0.31
年 末 羊(只)	Sheep and Goats at the Year-end(head)	1.41	1.46	1.50	2.26	2.23	2.53	2.36
年末生猪(口)	Hogs at the Year-end(head)	0.24	0.34	0.31	0.29	0.26	0.19	0.17
肉类产量(千克)	Output of Meat(kg)	25.02	36.03	60.58	95.88	96.57	97.54	104.29
#牛肉产量(千克)	Output of Beef(kg)	3.99	4.14	9.23	14.01	20.16	21.09	25.14
羊肉产量(千克)	Output of Mutton(kg)	5.96	7.43	13.44	30.21	36.17	36.92	43.28
猪肉产量(千克)	Output of Pork(kg)	13.43	20.97	32.37	36.71	29.16	28.23	24.66
牛奶产量(千克)	Output of Cow Milk(kg)	17.25	21.37	33.70	288.20	292.92	255.49	227.53
羊 绒(千克)	Cashmere(kg)	0.10	0.14	0.16	0.28	0.33	0.33	0.25
主要工业产品产量	**Output of Major Industrial Products**							
原 煤(吨)	Coal(ton)	2.22	3.10	3.06	10.68	32.01	36.27	42.99
原 盐(吨)	Salt(ton)	0.04	0.03	0.05	0.09	0.11	0.07	0.05
发 电 量(千瓦小时)	Electricity(kwh)	791	1226	1855	4406	10076	15665	21662
糖(千克)	Sugar(kg)	7.64	7.51	5.09	6.15	4.88	26.85	20.73
乳 制 品(千克)	Dairy Products(kg)	1.02	1.33	2.81	128.25	140.09	117.05	114.06
水 泥(吨)	Cement(ton)	0.11	0.15	0.27	0.68	2.21	2.32	1.33
钢(吨)	Steel(ton)	0.13	0.16	0.18	0.34	0.50	0.69	1.05
生 铁(吨)	Pig Iron(ton)	0.13	0.15	0.19	0.38	0.55	0.58	0.91
社会消费品零售额(元)	**Total Retail Sales of Consumer Goods(yuan)**	**682**	**1309**	**2238**	**4542**	**10086**	**16362**	**19912**
人民生活	**People's Livelihood**							
职工平均工资(元)	Average Wage of Staff & Workers(yuan)	1846	4134	6974	15985	35507	57870	83277
#国 有(元)	State-owned Units(yuan)	1971	4407	7261	16598	37602	62059	83988
集 体(元)	Urban Collective-owned Units(yuan)	1441	3001	4826	10804	29822	58679	83103
城镇常住居民人均可支配收入(元)	Per Capita Disposable Income of Urban Residents(yuan)	1149	2863	5152	9247	18050	30594	40782
城镇常住居民人均生活消费支出(元)	Per Capita Consumption Expenditure of Urban Residents(yuan)	982	2482	3928	6927	13991	21876	25383
农村牧区常住居民人均可支配收入(元)	Per Capita Disposable Income of Rural Residents(yuan)	607	1208	2058	3070	5780	10776	15283
农村牧区常住居民人均生活消费支出(元)	Per Capita Consumption Expenditure of Rural Residents(yuan)	492	1180	1694	2796	5572	10637	13816
住户存款余额(元)	Household Deposits(yuan)	515	1804	3875	8231	18877	35884	53561

注:1. 住户存款余额 2010 年以前为城乡居民储蓄存款余额, 2011—2014 年为个人储蓄存款余额, 下表同。

2. 2013 年以后, 城镇(农村牧区)常住居民人均可支配收入、城镇(农村牧区)常住居民人均生活消费支出数据为城乡一体化住户收支与生活状况调查数据。"农牧民人均纯收入"改为"农村牧区常住居民人均可支配收入"。

a)Before 2010,the Household deposits is called resident saving deposit in urban & rural.During 2011-2014,the Household deposits is called personal balance of savings deposits.The same as in the following tables.

b)From 2014,data of Per Capita Disposable Income of Urban and Rural Residents and Expenditure of Urban and Rural Residents are from integrated household income and expenditure survey including both urban and rural households. "Annual Net Income of Rural Households per Capita" has been adjusted to"Per Capita Disposable Income of Rural Residents".

1-3 国民经济和社会发展比例和效益

Indicators on National Economic and Social Development

指　标	Item	1990	1995	2000	2005	2010	2015	2019
人 口 与 就 业	**Population and Employment**							
人口	**Population**							
出生率(‰)	Birth Rate(‰)	21.2	17.2	12.1	10.1	9.3	7.7	8.2
死亡率(‰)	Death Rate(‰)	7.2	6.7	5.9	5.5	5.5	5.3	5.7
自然增长率(‰)	Natural Growth Rate(‰)	14.0	10.5	6.1	4.6	3.8	2.4	2.6
就业	**Employment**							
城镇就业者负担人数(人)	Dependency Rural Laborer(person)	1.89	1.86	1.92	1.91	1.94	1.76	1.92
三次产业从业者比例(以第一产业为100)	Employment Ratio by Type of Industry (Employment in Primary Industry=100)							
第一产业	Primary Industry	100	100	100	100	100	100	100
第二产业	Secondary Industry	39.1	41.9	32.9	29.0	36.1	43.6	37.6
第三产业	Tertiary Industry	40.3	49.9	58.8	56.7	71.4	112.1	101.5
城镇登记失业率(%)	Registered Unemployment Rate in Urban Areas(%)	3.49	3.17	3.34	4.26	3.90	3.65	3.70
宏 观 经 济	**Macro Economy**							
国民经济核算	**National Accounting**							
三次产业增加值比例(以第一产业为100)	Ratio of Value-added by Type of Industry (Value added in Primary industry=100)							
第一产业	Primary Industry	100	100	100	100	100	100	100
第二产业	Secondary Industry	91.0	118.7	166.1	233.7	311.6	323.2	366.0
第三产业	Tertiary Industry	92.7	110.7	172.7	264.0	335.4	371.1	457.8
人均生产总值(元)	Per Capita GDP(yuan)	1478	3772	6502	14695	33262	51633	67852
建筑业	**Construction**							
全社会房屋建筑面积竣工率(%)	Rate of Total Floor Space of Buildings Completed in Construction(%)	77.8	80.7	75.5	53.5	50.2	44.5	25.2
财政	**Finance**							
一般公共预算收入占生产总值比例(%)	Proportion of General Public Budget Revenue to GDP(%)	10.3	5.1	6.2	7.9	13.0	15.2	12.0
一般公共预算支出占生产总值比例(%)	Proportion of General Public Budget Expenditures to GDP(%)	19.1	11.9	17.0	20.8	27.7	32.8	29.6

1-3 续表1 Continued

指　标	Item	1990	1995	2000	2005	2010	2015	2019
产　业	**Industrial**							
农牧业	**Agriculture and Animal Husbandry**							
人均耕地面积(公顷)	Per Capita Cultivated Land(hectare)	0.23	0.24	0.31	0.31	0.29	0.37	
每公顷耕地农业机械总动力(千瓦)	Total Power of Agricultural Machinery per Hectare of Cultivated Land(kw)	1.53	1.64	1.85	2.61	4.24	4.58	
每公顷播种面积农产品产量(千克)	Output of Farm Crops per Hectare of Sown Area(kg)							
粮　食	Grain	2511	2547	2800	3800	4010	5004	5350
油　料	Oil-bearing Crops	1340	1260	1324	1759	1882	2073	2457
甜　菜	Beetroots	24884	18821	23946	36389	43532	46625	49420
建筑业	**Construction**							
技术装备率(元/人)	Machinery per Laborer(yuan/person)	2434	3053	5844	11822	11379	24549	21303
产值利税率(%)	Ratio of Per-tax Profits to Gross Output Value(%)	6.2	3.6	4.2	8.3	11.6	7.8	7.0
全员劳动生产率(元/人)(按总产值计算)	Overall Labor Productivity (yuan/person)(in terms of gross output value per employee)	1369	28440	39319	81750	151321	303271	406307
交通运输、通信	**Transportation,Telecommunication**							
铁路网密度(公里/万平方公里)	Railway Density(km/10 000 sq.km)	42	50	50	54	78	101	107
公路网密度(公里/万平方公里)	Highway Density(km/10 000 sq.km)	366	378	569	1052	1336	1482	1742
铁路货运密度(吨/公里)	Railway Freight Traffic Density (ton/km)	13815	14064	16169	34615	51270	56058	68734
公路货运密度(吨/公里)	Highway Freight Traffic Density (ton/km)	4568	5449	5194	4099	5390	6814	5380
移动电话普及率(部/百人)	Access to Mobile Phones (set/100 persons)		0.1	4.9	29.9	82.5	96.6	118.9
国内贸易	**Domestic Trade**							
人均社会消费品零售额(元)	Per Capita Retail Sales of Consumer Goods(yuan)	682	1309	2238	4542	10086	16362	19912
对外经济贸易	**Foreign Trade**							
进出口总额占生产总值比例(%)	Proportion of Total Imports & Exports to GDP(%)	7.9	10.9	11.0	11.8	7.0	6.1	6.4
金融	**Finance**							
金融机构存款占生产总值比例(%)	Proportion of Deposits of Financial Institutions to GDP(%)	53.2	66.1	82.5	93.6	125.4	139.6	137.4
金融机构贷款占生产总值比例(%)	Proportion of Loans of Financial Institutions to GDP(%)	85.5	95.7	87.1	73.5	96.6	132.4	134.1

1-3 续表2 Continued

指　标	Item	1990	1995	2000	2005	2010	2015	2019
教育、科技、文化	**Education,Science & Tech,Culture**							
教育	**Education**							
学龄儿童净入学率(%)	Rate of School-age Children Enrollment(%)	97.9	98.9	99.5	99.4	100.0	100.0	100.0
小学升学率(%)	Rate of Graduates of Primary Schools Entering Junior Secondary Schools(%)	81.8	90.0	96.1	100.0	100.2	99.6	99.9
初中升学率(%)	Rate of Graduates of Junior Secondary Schools Entering Senior Secondary Schools(%)	42.1	48.6	60.2	73.0	91.5	95.4	94.6
学校生师比(教师人数=1)	Teacher-student Ratio (Total No. of Teachers=1)							
高等学校	Colleges and Universities	4.8	5.3	8.1	14.2	15.9	16.5	17.2
中等学校	Secondary Schools	12.8	13.3	16.0	16.7	15.0	12.3	11.9
小学学校	Primary Schools	15.2	15.3	15.6	13.4	12.6	12.9	13.2
科技	**Science and Technology**							
研究与开发经费支出占生产总值比例(%)	Proportion of R&D Expenditure to GDP(%)		0.09	0.16	0.29	0.55	0.76	0.86
文化	**Culture**							
每百万人有艺术表演团体(个)	Number of Troupes per Million Persons(unit)	5.8	5.2	4.9	4.5	4.4	3.9	3.7
每百万人有公共图书馆(个)	Number of Public Libraries per Million Persons(unit)	4.9	4.7	4.6	4.6	4.6	4.7	4.6
每百万人有博物馆(个)	Number of Museums per Million Persons(unit)	0.5	0.7	1.1	1.4	2.2	3.3	4.9
家庭、生活、环境	**Family, People's Livelihood & Environment**							
家庭	**Family**							
负担少儿系数(%)	Dependency Ratio of Children(%)	42.1	38.2	29.0	22.4	18.0	17.3	17.5
负担老年系数(%)	Dependency Ratio of the Aged(%)	5.9	6.8	7.3	8.8	9.7	11.8	14.6
卫生	**Health Care**							
每万人医院、卫生院数(个)	Number of Hospitals & Public Health Clinic per 10 000 Persons(unit)	0.9	0.9	0.8	0.8	0.7	0.8	0.8
每万人医生数(人)	Number of Doctors per 10 000 Persons (person)	19.3	21.7	22.1	21.0	22.0	25.6	30.8
每万人医院、卫生院床位数(张)	Number of Beds of Hospital & Public Health Clinic per 10 000 Persons(unit)	26.9	27.3	26.7	26.7	35.6	49.7	59.5
市政建设	**City Construction**							
城市自来水普及率(%)	Percentage of Households with Access to Tap Water(%)	73.4	80.7	89.1	83.9	88.0	98.5	98.8
城市用气普及率(%)	Percentage of Households with Access to Gas(%)	16.8	40.5	58.6	68.2	79.3	94.1	93.3
人均公园绿地面积(平方米)	Per Capita Public Green Park(sq.m)	3.3	5.9	7.0	7.8	12.4	19.3	20.5

1-4 国民经济和社会发展总量与速度

指标	Item	总量指标				
		1978	1995	2000	2005	2010
人口与就业	**Population and Employment**					
人口(万人)	**Population(10 000 persons)**					
年末总人口	Population at the Year-end	1823.4	2284.4	2372.4	2403.1	2472.2
市镇人口	Urban	397.5	873.1	1001.1	1134.3	1372.9
乡村人口	Rural	1425.9	1411.3	1371.3	1268.8	1099.3
男性人口	Male	957.8	1187.6	1227.2	1237.9	1283.9
女性人口	Female	865.6	1096.8	1145.2	1165.2	1188.3
就业(万人)	**Employment(10 000 persons)**					
从业人数	Number of Employed Persons	652.8	1029.4	1061.6	1041.1	1184.7
#职工人数	Staff and Workers	227.6	383.7	263.9	239.6	244.9
城镇登记失业人数	Number of Registered Unemployed persons in Urban Areas		14.0	12.6	17.7	20.8
宏观经济	**Macroeconomic Indicator**					
国民经济核算(亿元)	**National Accounting (100 million yuan)**					
生产总值	Gross Domestic Product	58.04	857.06	1539.12	3523.70	8199.86
第一产业	Primary Industry	18.96	260.18	350.80	589.56	1097.80
第二产业	Secondary Industry	26.37	308.78	582.57	1377.80	3420.45
第三产业	Tertiary Industry	12.71	288.10	605.74	1556.34	3681.61
人均地区生产总值（元）	Per Capita GDP(yuan)	317	3772	6502	14695	33262
财政(亿元)	**Public Finance(100 million yuan)**					
一般公共预算收入	General Public Budget Revenue	6.90	43.70	95.03	277.46	1069.98
一般公共预算支出	General Public Budget Expenditure	18.69	102.18	261.06	734.61	2273.50
物价总指数(上年=100)	**Price Indices (preceding year=100)**					
商品零售价格总指数	General Retail Price Index	101.0	116.8	98.8	101.5	103.0
居民消费价格总指数	General Consumer Price Index		117.5	101.3	102.4	103.2
能源生产与消费(万吨标准煤)	**Production and Consumption of Energy(10 000 tons of SCE)**					
能源生产总量	Total Energy production	1070.63	4642.02	4701.23	19082.33	49740.18
能源消费总量	Total Energy Consumption		3268.44	3937.54	10788.37	18882.66

注:2011 年以后,地方财政总收支为一般公共预算收支。

Principal Aggregate Indicators on National Economic and Social Development and Their Related Indices and Growth Rates

Aggregate Data		速度指标(%)Indices and Growth Rates(%)										
2015	2019	指数(2019年为以下各年) Index(2019 as Percentage of the Following Years)						平均增长速度 Average Annual Growth Rate				
		1978	1995	2000	2005	2010	2015	1979-2019	1996-2000	2001-2005	2006-2010	2011-2015
2511.0	2539.6	139.3	111.2	107.0	105.7	102.7	101.1	0.8	0.8	0.3	0.6	0.3
1514.2	1609.4	404.9	184.3	160.8	141.9	117.2	106.3	3.5	2.8	2.5	3.9	2.0
996.9	930.2	65.2	65.9	67.8	73.3	84.6	93.3	-1.0	-0.6	-1.5	-2.8	-1.9
1298.7	1308.3	136.6	110.2	106.6	105.7	101.9	100.7	0.8	0.7	0.2	0.7	0.2
1212.3	1231.2	142.2	112.3	107.5	105.7	103.6	101.6	0.9	0.9	0.3	0.4	0.4
1463.7	1331.0	203.9	129.3	125.4	127.8	112.3	90.9	1.8	0.6	-0.4	2.6	4.3
289.6	264.7	116.3	69.0	100.3	110.5	108.1	91.4	0.4	-7.2	-1.9	0.4	3.4
25.9	28.1		201.4	222.4	158.5	135.2	108.8		-2.0	7.0	3.2	4.4
12948.99	17212.53	7203.4	1441.8	853.3	419.6	195.5	123.2	11.0	11.1	15.3	16.5	9.7
1630.21	1863.19	1010.1	325.0	238.5	173.4	139.4	112.7	5.8	6.4	6.6	4.5	4.4
5269.54	6818.88	9247.0	2120.7	1239.8	505.1	203.8	120.4	11.7	11.3	19.7	19.9	11.1
6049.24	8530.46	17678.3	1719.9	906.1	449.9	204.9	128.6	13.5	13.7	15.0	17.0	9.8
51633	67852	5208.5	1295.7	798.8	397.8	190.3	121.9	10.1	10.2	15.0	15.9	9.3
1964.48	2059.69	29830.8	4713.0	2167.4	742.4	192.5	104.8	14.9	16.8	23.9	31.0	12.9
4252.96	5100.91	27293.9	4992.2	1953.9	694.4	224.4	119.9	14.7	20.6	23.0	25.4	13.3
100.5	101.5	492.3	140.4	137.0	132.7	117.2	105.0	4.0	0.5	0.6	2.5	2.2
101.1	102.4		175.2	155.2	143.0	123.8	107.3		2.5	1.7	2.9	2.9
56253.32									0.3	32.3	21.1	2.5
18927.07									3.8	22.3	11.8	0.1

a) After 2011, Government Revenue and Expenditures is General Public Budget Revenue and expenditures.

1-4 续表 1

指　标	Item	总量指标				
		1978	1995	2000	2005	2010
产 业	**Industry**					
农林牧渔业	**Farming, Forestry, Animal Husbandry & Fishery**					
耕地面积(万公顷)	Cultivated Areas(10 000 hectares)	532.60	549.10	731.70	735.50	714.85
从业人员(万人)	Persons Engaged in (10 000 persons)	393.80	503.00	524.30	529.18	540.53
总产值(亿元)	Gross Output(100 million yuan)	28.35	373.59	543.16	980.21	1844.47
主要农畜产品产量	Output of Major Farm & Livestock					
粮食(万吨)	Grain(10 000 tons)	499.00	1055.40	1241.88	1662.15	2344.28
油料(万吨)	Oil-bearing Crops(10 000 tons)	12.50	70.20	116.37	122.17	138.07
甜菜(万吨)	Beetroots(10 000 tons)	43.10	263.50	141.28	138.28	145.08
造林面积(万公顷)	Forested Areas(10 000 hectares)	29.79	40.25	59.00	67.80	62.52
肉类(万吨)	Meat(10 000 tons)		81.89	143.40	229.91	238.05
牛奶(万吨)	Cow milk(10 000 tons)		48.57	79.78	691.08	722.11
羊绒(吨)	Cashmere(ton)		3114	3815	6646	8104
水产品(万吨)	Aquatic Products(10 000 tons)	1.50	4.76	7.21	8.26	11.38
六月末牲畜总数(万头只)	Livestock(10 000 heads)	4162.30	6065.70	7300.47	10615.29	10798.50
大牲畜(万头)	Large Animals(10 000 heads)	697.50	783.80	803.31	934.19	1140.09
羊(万只)	Sheep and Goats(10 000 heads)	2860.50	4302.50	5406.23	8713.02	8407.99
生猪(万口)	Hogs(10 000 heads)	604.30	979.40	1090.92	968.08	1250.46
工业生产	**Industrial Production**					
主要工业产品产量	Output of Industrial Products					
原煤(万吨)	Raw Coal(10 000 tons)	2194	7055	7247	25608	78913
原油(万吨)	Crude Oil(10 000 tons)			90.50	146.92	182.91
原盐(万吨)	Raw Salt(10 000 tons)	65.18	76.13	126.68	215.84	278.42
发电量(亿千瓦小时)	Electricity(100 million kwh)	37.78	278.54	439.22	1056.59	2483.90
糖(包括土糖)(万吨)	Sugar(10 000 tons)	4.23	17.07	12.04	14.75	12.04
乳制品(万吨)	Dairy Products(10 000 tons)	0.31	3.03	6.65	307.53	345.36
服装(万件)	Garments(10 000 units)		4868.00	1794.70	1980.72	3676.37
机制纸及纸板(万吨)	Machine Made Paper(10 000 tons)	4.25	19.15	12.19	25.74	28.84
水泥(万吨)	Cement(10 000 tons)	91.91	349.27	630.00	1632.25	5454.30
钢(万吨)	Steel(10 000 tons)	99.00	355.36	423.6	805.49	1232.84
生铁(万吨)	Pig Iron(10 000 tons)	107.00	345.78	440.84	922.69	1358.97
成品钢材(万吨)	Steel Products(10 000 tons)	36.23	257.77	378.91	747.77	1341.41
彩色电视机(万台)	Color Television Sets(10 000 sets)		27.09	51.80	239.09	204.37
建筑业	**Construction**					
建筑业从业人数(万人)	Employed Persons(10 000 persons)		30.98	35.30	26.35	44.34
建筑企业总产值(亿元)	Gross Output Value(100 million yuan)		85.52	138.80	381.30	1125.58
施工房屋面积(万平方米)	Building Floor Space(10 000 sq.m)		1010.92	1816.94	2958.88	7577.89
竣工房屋面积(万平方米)	Completed Floor Space(10 000 sq.m)		511.86	1130.00	1623.38	3805.24

Continued

Aggregate Data		速度指标(%) Indices and Growth Rates(%)										
		指数(2019年为以下各年) Index(2019 as Percentage of the Following Years)						平均增长速度 Average Annual Growth Rate				
2015	2019	1978	1995	2000	2005	2010	2015	1979-2019	1996-2000	2001-2005	2006-2010	2011-2015
916.20									5.9	0.1	-0.6	5.1
566.40	538.67	136.8	107.1	102.7	101.8	99.7	95.1	0.8	0.8	0.2	0.4	0.9
2761.56	3176.34	1023.8	362.7	255.0	175.6	139.2	112.0	5.8	7.3	7.7	4.7	4.5
3292.58	3652.56	732.0	346.1	294.1	219.7	155.8	110.9	5.0	3.3	6.0	7.1	7.0
206.34	228.68	1829.4	325.8	196.5	187.2	165.6	110.8	7.3	10.6	1.0	2.5	8.4
200.49	629.65	1460.9	239.0	445.7	455.3	434.0	314.0	6.8	-11.7	-0.4	1.0	6.7
66.80	68.82	231.0	171.0	116.6	101.5	110.1	103.0	2.1	7.9	2.8	-1.6	1.3
244.63	264.56		323.1	184.5	115.1	111.1	108.1		11.9	9.9	0.7	0.5
640.76	577.20		1188.4	723.5	83.5	79.9	90.1		10.4	54.0	0.9	-2.4
8380.10	6311.95		202.7	165.5	95.0	77.9	75.3		4.1	11.7	4.0	0.7
15.35	12.60	839.7	264.4	174.7	152.5	110.7	82.0	5.3	8.6	2.8	6.6	6.2
13585.73									3.8	7.8	0.3	4.7
1358.27									0.5	3.1	4.1	3.6
10736.49									4.7	10.0	-0.7	5.0
1490.97									2.2	-2.4	5.3	3.6
90957.05	109068.12	4971.2	1546.0	1505.0	425.9	138.2	119.9	10.0	0.5	28.7	25.2	2.9
178.83	126.78			140.1	86.3	69.3	70.9			10.2	4.5	-0.5
164.57	121.16	185.9	159.1	95.6	56.1	43.5	73.6	1.5	10.7	11.2	5.2	-10.0
3928.77	5495.13	14545.1	1972.8	1251.1	520.1	221.2	139.9	12.9	9.5	19.2	18.6	9.6
67.33	52.59	1243.3	308.1	436.8	356.5	436.8	78.1	6.3	-6.7	4.1	-4.0	41.1
293.55	289.34	93336.0	9550.8	4349.9	94.1	83.8	98.6	18.2	17.0	115.3	2.3	-3.2
5095.50	742.80		15.3	41.4	37.5	20.2	14.6		-18.1	2.0	13.2	6.7
12.32	7.90	185.8	41.2	64.8	30.7	27.4	64.1	1.5	-8.6	16.1	2.3	-15.6
5830.75	3377.71	3675.0	967.1	536.1	206.9	61.9	57.9	9.2	12.5	21.0	27.3	1.3
1735.11	2653.69	2680.5	746.8	626.5	329.5	215.3	152.9	8.4	3.6	13.7	8.9	7.1
1461.40	2303.12	2152.4	666.1	522.4	249.6	169.5	157.6	7.8	5.0	15.9	8.1	1.5
1897.18	2563.77	7076.4	994.6	676.6	342.9	191.1	135.1	10.9	8.0	14.6	12.4	7.2
266.48	164.28		606.4	317.1	68.7	80.4	61.6		13.8	35.8	-3.1	5.5
28.64	20.53		66.3	58.2	77.9	46.3	71.7		2.6	-5.7	11.0	-8.4
1123.21	1086.06		1269.9	782.5	284.8	96.5	96.7		10.2	22.4	24.2	-0.0
6970.48	5785.37		572.3	318.4	195.5	76.3	83.0		12.4	10.2	20.7	-1.7
3098.93	1459.85		285.2	129.2	89.9	38.4	47.1		17.2	7.5	18.6	-4.0

1-4 续表 2

指 标	Item	总量指标				
		1978	1995	2000	2005	2010
交通运输	**Transportation**					
货运量(万吨)	Freight Traffic (10 000 tons)	8213	32732	44629	73082	132205
铁路	Railways	3861	8347	9648	22060	47040
公路	Highways	4352	24384	34979	51020	85162
空运	Civil Aviation		1.13	2.00	2.00	3.11
客运量(万人)	Passenger Traffic (10 000 persons)	3422	18273	23549	32114	24343
铁路	Railways	1753	2909	3378	3259	4136
公路	Highways	1669	15248	20061	28604	19830
空运	Civil Aviation		116	110	251	377
邮电通信业	**Postal & Telecoms Services**					
函 件(万件)	Letters Delivered (10 000 pieces)	6658	16728	9677	3143	3389
报刊期发数(万份)	Newspapers and Magazines Distributed(10 000 copies)	253	486	395	194	242
局用交换机容量(万门)	Capacity of Office Telephone Exchange (10 000 lines)	5.08	105.92	254.30	430.45	711.47
国内贸易	**Domestic Trade**					
社会消费品零售总额(亿元)	Total Retail Sales of Consumer Goods (100 million yuan)	36.83	297.45	529.83	1089.20	2486.40
对外经济贸易	**Foreign Trade**					
进出口总额(亿美元)	Imp. & Exp. (USD100 million)	0.16	11.23	20.36	51.62	87.19
进口额	Imports	0.05	5.15	10.14	30.97	53.84
出口额	Exports	0.10	6.08	10.22	20.65	33.35
实际利用外资额(万美元)	Amount of Foreign Capital Actually Utilized (USD 10 000)		61801	54819	140007	355876
旅游	**International Tourism**					
入境旅游人数(万人次)	Tourists(10 000 persons times)		30.09	39.20	100.16	142.80
国内旅游人数(万人次)	Number of Domestic Tourists (10 000 person times)		380.00	735.00	2062.00	4477.55
旅游外汇收入(万美元)	Earnings (USD 10 000)		9052	12645	35207	60190
国内旅游收入(万元)	Earnings from Domestic Tourism (10 000 yuan)		57000	322300	1797200	6929200
金融保险	**Finance and Insurance**					
金融机构各项存款(亿元)	Deposits of Banking (100 million yuan)	16.47	566.34	1270.13	3298.15	10278.69
金融机构各项贷款(亿元)	Loans of Banking (100 million yuan)	40.33	819.87	1340.74	2588.57	7919.47
保险公司保险金额(亿元)	Amount Insured (100 million yuan)		1426	1624	10504	37989
保险公司保费收入(亿元)	Insurance Premium (100 million yuan)		9.11	24.63	60.87	198.84
保险公司赔付支出(亿元)	Chaim and Paymen (100 million yuan)		4.87	7.92	10.76	59.45
教育、科技、文化	**Education, Sci., Tech & Culture**					
教育	**Education**					
专任教师数(人)	Full-time Teachers(person)					
普通高等学校	Higher Education	2949	7070	8856	16189	23332
中等学校	Secondary Schools	81208	98437	101036	107704	110137
小学	Primary Schools	121364	153461	129242	118988	113564
在校学生数(人)	Students Enrollment(person)					
普通高等学校	Higher Education	12567	37248	71967	229354	371388
中等学校	Secondary Schools	1624573	1304852	1621258	1798804	1648686
小学	Primary Schools	2917772	2343129	2015076	1596381	1430751
教育经费支出(亿元)	Expenditures(100 million yuan)		31.70	55.28	116.22	405.04
科技	**Science and Technology**					
研究与发展经费支出(万元)	Expenditures on R&D (10 000 yuan)		2023	24606	113208	637205
技术市场成交额(万元)	Transaction in Technical Markets (10 000 yuan)		25000	60287	310621	868893

注:2013年起,铁路客(货)运量包含地方铁路数据,下同。

Continued

Aggregate Data		速度指标(%) Indices and Growth Rates(%)										
		指数(2019年为以下各年) Index(2019 as Percentage of the Following Years)						平均增长速度 Average Annual Growth Rate				
2015	2019	1978	1995	2000	2005	2010	2015	1979-2019	1996-2000	2001-2005	2006-2010	2011-2015
186160	198004						106.4		6.4	10.4	12.6	
66653	87121						130.7		2.9	18.0	16.4	
119500	110874	2547.7	454.7	317.0	217.3	130.2	92.8	8.2	7.5	7.8	10.8	7.0
7.14	8.18		723.6	408.8	408.8	262.9	114.5		12.1	0.0	9.2	18.1
16986	13605						80.1		5.2	6.4	-5.4	
5117	5643						110.3		3.0	-0.7	4.9	
11017	6518	390.5	42.7	32.5	22.8	32.9	59.2	3.4	5.6	7.4	-7.1	-11.1
852	1443		1244.1	1311.9	574.9	382.8	169.4		-1.1	17.9	8.5	17.7
1455	620	9.3	3.7	6.4	19.7	18.3	42.6	-5.6	-10.4	-20.1	1.5	-15.6
194	207	81.8	42.6	52.4	106.8	85.5	106.7	-0.5	-4.1	-13.3	4.5	-4.3
398.46	176.03	3463.1	166.2	69.2	40.9	24.7	44.2	9.0	19.1	11.1	10.6	-10.9
4103.51	5051.11	13713.3	1698.1	953.3	463.7	203.1	123.1	12.8	12.2	15.5	17.9	10.5
127.84	159.44	102730.7	1419.6	783.1	308.9	182.9	124.7	18.4	12.6	20.5	11.1	8.0
71.10	104.75	199146.0	2035.2	1032.9	338.2	194.6	147.3	20.4	14.5	25.0	11.7	5.7
56.73	54.69	53301.5	898.9	535.2	264.8	164.0	96.4	16.5	10.9	15.1	10.1	11.2
336629	206105		333.5	376.0	147.2	57.9	61.2		-2.4	20.6	20.5	-1.1
160.78	195.83		650.8	499.6	195.5	137.1	121.8		5.4	20.6	7.4	2.4
8351.83	19316.65		5083.3	2628.1	936.8	431.4	231.3		14.1	22.9	16.8	13.3
96249	134009		1480.4	1059.8	380.6	222.6	139.2		6.9	22.7	11.3	9.8
21937700	45585163		79974.0	14143.7	2536.5	657.9	207.8		41.4	41.0	31.0	25.9
18077.60	23645.13	143584.0	4175.1	1861.6	716.9	230.0	130.8	19.4	17.5	21.0	25.5	12.0
17140.67	23085.12	57238.6	2815.7	1721.8	891.8	291.5	134.7	16.8	10.3	14.1	25.1	16.7
95156	303238		21264.9	18672.3	2886.9	798.2	318.7		2.6	45.3	29.3	20.2
395.48	729.82		8011.2	2963.1	1199.0	367.0	184.5		22.0	19.8	26.7	14.7
124.54	200.80		4123.2	2535.3	1866.2	337.8	161.2		10.2	6.3	40.8	15.9
25523	27382	928.5	387.3	309.2	169.1	117.4	107.3	5.6	4.6	12.8	7.6	1.8
107203	103871	127.9	105.5	102.8	96.4	94.3	96.9	0.6	0.5	1.3	0.4	-0.5
101730	102876	84.8	67.0	79.6	86.5	90.6	101.1	-0.4	-3.4	-1.6	-0.9	-2.2
420807	472033	3756.1	1267.3	655.9	205.8	127.1	112.2	9.2	14.1	26.1	10.1	2.5
1317240	1238044	76.2	94.9	76.4	68.8	75.1	94.0	-0.7	4.4	2.1	-1.7	-4.4
1313635	1363093	46.7	58.2	67.6	85.4	95.3	103.8	-1.8	-3.0	-4.6	-2.2	-1.7
702.94	819.19		2584.2	1481.9	704.9	202.2	116.5		11.8	16.0	28.4	11.7
1360617	1478092		73064.3	6007.1	1305.6	232.0	108.6		64.8	35.7	41.3	16.4
1899589	1850372		7401.5	3069.3	595.7	213.0	97.4		19.2	38.8	22.8	16.9

a)Since 2013, Railway Passenger(Frieight) traffic include Local railway data,Same as follow.

1-4 续表 3

指　标	Item	总量指标				
		1978	1995	2000	2005	2010
文化	**Culture**					
出版数量	Publications					
图书(万册)	Books(10 000 copies)	3200	6560	7423	8888	6069
杂志(万册)	Magazines(10 000 copies)		1036	1585	1384	1437
报纸(万份)	Newspapers(10 000 copies)		16286	17967	61819	27050
电视节目制作时间(小时)	Time for TV Programs(hours)		9843	12916	71091	64697
家庭、生活、环境、婚姻	**Family, Livelihood & Environment, Marriages and Divorces**					
结婚数(万对)	Number of Marriages(10 000 couples)		17.35	15.20	15.45	20.26
离婚数(万对)	Number of Divorces(10 000 couples)		2.75	3.25	3.92	5.72
居住	**Housing**					
城镇居民人均居住面积(平方米)	Per Capita Net Floor Space of Urban Residents(sq.m)	3.50	12.06	15.54	26.09	29.84
农村居民人均居住面积(平方米)	Per Capita Net Floor Space of Rural Residents(sq.m)		15.29	17.00	19.70	22.10
生活	**People's Livelihood**					
城镇居民人均可支配收入(元)	Per Capita Disposable Income of Urban Residents(yuan)	301	2863	5152	9247	18050
农村牧区居民人均可支配收入(元)	Per Capita Disposable Income of Rural Residents(yuan)	100	1208	2058	3070	5780
住户存款余额(亿元)	Household Deposits(100 million yuan)	2.53	410.82	875.74	1973.60	4618.11
职工工资	**Wages**					
工资总额(亿元)	Total Wages(100 million yuan)	14.98	156.12	185.96	387.73	879.80
职工平均工资(元)	Average Wage of Staff & Workers(yuan)	712	4134	6974	15985	35507
卫生	**Health Care**					
医院、卫生院(个)	Number of Hospitals(unit)	1723	2003	1988	1834	1807
医生(人)	Number of Doctors(person)	26724	49345	52299	50308	54161
医院、卫生院床位数(张)	Number of Hospital Beds(unit)	24079	61933	63156	64002	87882
市政建设	**City Construction**					
自来水供应量(万吨)	Tap Water Supply(10 000 tons)	8837	63237	61757	61081	62757
排水管道长度(公里)	Length of Sewer Pipelines(km)		2156	2693	4505	8514
城市煤气和天然气供气量(万立方米)	Volume of Coal & Natural Gas Supply in Urban Areas(10 000 cu.m)		5694	7485	16330	72560
公共汽车总数(辆)	Total Number of Public Buses(unit)	425	2078	2128	3594	5771
铺装道路长度(公里)	Length of Paved Roads(km)	677	2229	2771	3867	6447
绿地面积(公顷)	Areas of Green Land(hectare)	2143	13394	16541	24632	38143
自然灾害	**Natural Disaster**					
火灾发生数(起)	Number of Fire Disasters(case)			2096	5422	8741
火灾损失(万元)	Fire Loss(10 000 yuan)			1365	1687	5195
交通事故发生数(起)	Number of Traffic Accidents(case)			9521	8452	4780
交通事故损失(万元)	Loss of Traffic Accidents(10 000 yuan)			2539	2785	2346

注:污染治理项目本年完成投资额,2011年前取自环保厅,2012年起数据取自环保厅和城建厅。

Continued

Aggregate Data		速度指标(%) Indices and Growth Rates(%)										
2015	2019	指数(2019年为以下各年) Index(2019 as Percentage of the Following Years)						平均增长速度 Average Annual Growth Rate				
		1978	1995	2000	2005	2010	2015	1979-2019	1996-2000	2001-2005	2006-2010	2011-2015
6482	6481	202.5	98.8	87.3	72.9	106.8	100.0	1.7	2.5	3.7	-7.3	1.3
2081	1142		110.2	72.0	82.5	79.5	54.9		8.9	-2.7	0.8	7.7
32815	25151		154.4	140.0	40.7	93.0	76.6		2.0	28.0	-15.2	3.9
73302	84112		854.5	651.2	118.3	130.0	114.7		5.6	40.6	-1.9	2.5
21.79	16.18		93.2	106.4	104.7	79.8	74.3		-2.6	0.3	5.6	1.5
9.19	9.98		362.8	307.2	254.5	174.4	108.6		3.4	3.8	7.9	9.9
31.39	34.73	992.3	288.0	223.5	133.1	116.4	110.6	5.8	5.2	10.9	2.7	1.0
26.07	28.72		187.8	168.9	145.8	130.0	110.2		2.1	3.0	2.3	3.4
30594	40782	2039.0	834.6	526.2	310.1	181.9	124.4	7.6	9.7	11.2	11.3	7.9
10776	15283	2420.9	687.7	451.3	344.0	215.4	131.8	8.1	8.8	5.6	9.8	10.3
8999.44	13587.32								16.3	17.6	18.5	
1706.70	2198.59	14676.8	1408.3	1182.3	567.0	249.9	128.8	12.9	3.6	15.8	17.8	14.2
57870	83277	11696.2	2014.4	1194.1	521.0	234.5	143.9	12.3	11.0	18.0	17.3	10.3
2024	2065	119.8	103.1	103.9	112.6	114.3	102.0	0.4	-0.2	-1.6	-0.3	2.3
64239	78096	292.2	158.3	149.3	155.2	144.2	121.6	2.7	1.2	-0.8	1.5	3.5
124676	150914	626.7	243.7	239.0	235.8	171.7	121.0	4.6	0.4	0.3	6.5	7.2
74788	63260	715.9	100.0	102.4	103.6	100.8	84.6	4.9	-0.5	-0.2	0.5	3.6
12542	11236		521.2	417.2	249.4	132.0	89.6		4.5	10.8	13.6	8.1
136297	219718		3858.8	2935.4	1345.5	302.8	161.2		5.6	16.9	34.8	13.4
6822	7777	1829.9	374.3	365.5	216.4	134.8	114.0	7.3	0.5	11.1	9.9	3.4
9281	7858	1160.7	352.5	283.6	203.2	121.9	84.7	6.2	4.4	6.9	10.8	7.6
63090	59879	2794.2	447.1	362.0	243.1	157.0	94.9	8.5	4.3	8.3	9.1	10.6
9509	5423			258.7	100.0	62.0	57.0			20.9	10.0	1.7
12866	8118			594.5	481.2	156.3	63.1			4.3	25.2	19.9
3214	4232			44.4	50.1	88.5	131.7			-2.4	-10.8	-7.6
1587	2403			94.6	86.3	102.5	151.4			1.9	-3.4	-7.5

a)Investment of Pollution Treatment are from Environmental Protection Bureau before 2011,From 2012,data are from Environmental Protection Bureau and Ministry of Housing and Urban-Rural Development.

1-5 国民经济和社会发展结构

Structural Indicators on National Economic and Social Development

单位:% (%)

指 标	Item	1990	1995	2000	2005	2010	2015	2019
人口城乡结构	**Urban and Rural Structure of Population**							
城镇	Urban	36.1	38.2	42.2	47.2	55.5	60.3	63.4
乡村	Rural	63.9	61.8	57.8	52.8	44.5	39.7	36.6
人口性别结构	**Sexual Structure of Population**							
男	Male	52.1	52.0	51.7	51.5	51.9	51.7	51.5
女	Female	47.9	48.0	48.3	48.5	48.1	48.3	48.5
就业产业结构	**Industrial Structure of Employment**							
第 一 产 业	Primary Industry	55.8	52.2	52.2	53.8	48.2	39.1	41.8
第 二 产 业	Secondary Industry	21.8	21.9	17.1	15.6	17.4	17.1	15.7
第 三 产 业	Tertiary Industry	22.5	26.0	30.7	30.5	34.4	43.8	42.4
生产总值三次产业结构	**Industrial Structure of GDP**							
第 一 产 业	Primary Industry	35.3	30.4	22.8	16.7	13.4	12.6	10.8
第 二 产 业	Secondary Industry	32.1	36.0	37.9	39.1	41.7	40.7	39.6
第 三 产 业	Tertiary Industry	32.6	33.6	39.3	44.2	44.9	46.7	49.6
农、林、牧、渔业产值结构	**Structure of Gross Output Value of Agriculture, Forestry, Animal Husbandry and Fishery**							
农 业	Farming	65.7	61.9	56.8	48.3	49.7	53.4	50.6
林 业	Forestry	4.0	3.2	4.3	4.1	4.2	3.6	3.2
牧 业	Animal Husbandry	29.6	34.0	37.8	45.4	43.8	40.4	43.8
渔 业	Fishery	0.7	0.8	1.1	0.7	0.9	1.1	0.9
固定资产投资额三次产业投资结构	**Type of Industry as Percentage of Total Investment in FixedAssets Capital Construction**							
第 一 产 业	Primary Industry	7.6	8.6	11.1	5.2	5.4	7.0	3.1
第 二 产 业	Secondary Industry	57.3	64.8	34.3	58.9	55.3	52.0	38.7
第 三 产 业	Tertiary Industry	35.1	26.6	54.6	35.9	39.4	41.0	58.2
教育经费占财政支出的比例	**Educational Expenses as Percentage in Financial Expenditures**	**14.1**	**16.2**	**11.4**	**10.7**	**14.2**	**12.6**	**12.0**
社会消费品零售总额结构	**Structure of Total Retail Sale of Consumer Goods**							
按销售单位所在地分	**Grouped by Location of Redtailers**							
城镇	Cities					89.7	89.2	88.5
乡村	Village					10.3	10.8	11.5

1-5 续表 Continued

单位:% (%)

指　标	Item	1990	1995	2000	2005	2010	2015	2019
按销售形态分	**Grouped by Consumptoin Patterns**							
商品零售收入	Revenue from Commodities					87.1	86.8	85.8
餐饮收入	Revenue from Meals					12.9	13.2	14.2
货运量结构（按运输方式分）	**Structure of Freight Traffic by Means of Transportation**							
铁路	Railways	25.9	25.5	21.6	30.2	35.6	35.8	44.0
公路	Highways	74.1	74.5	78.4	69.8	64.4	64.2	56.0
航空	Civil Aviation							
管道	Pipelines							
学校在校学生结构	**Structure of Student Enrollment**							
大学生	College and University Students	0.9	1.0	1.9	6.3	10.8	13.8	15.4
中学生	Secondary School Students	34.2	35.4	43.7	49.6	47.8	43.2	40.3
小学生	Primary School Students	64.9	63.6	54.3	44.0	41.5	43.0	44.4
城镇居民消费结构	**Consumption Structure of Urban Residents**							
食 品 类	Food	48.3	48.4	34.5	31.4	30.1	28.4	26.3
衣 着 类	Clothing	16.5	16.3	14.3	15.1	15.7	11.3	9.7
居 住	Residence		6.3	8.6	10.4	9.9	17.0	19.1
用品及其他	Articles for Daily Use and Others	35.2	29.0	42.6	43.1	44.3	43.3	44.9
农牧民消费结构	**Consumption Structure of Rural Residence**							
食 品 类	Food		59.7	44.8	43.1	37.5	29.4	27.3
衣 着 类	Clothing		7.3	6.9	6.1	7.1	7.2	5.3
居 住	Residence		13.3	15.4	13.7	16.9	17.1	18.8
用品及其他	Articles for Daily Use and Others		19.7	32.9	37.1	38.5	46.4	48.6
卫生机构结构	**Structure of Health Institutions**							
医院、卫生院	Hospitals & Public Health Clinic	36.0	40.8	44.9	48.6	22.4	8.5	8.4
专科防治所站	Specialized Prevention & Treatment Centers or Stations	1.2	1.3	1.4	1.4	0.6	0.2	0.2
疾病预防控制中心	CDC	3.0	3.8	4.2	3.9	1.6	0.5	0.5
妇幼保健所站	Maternity & Child Care Centers	2.4	2.4	2.4	3.1	1.5	0.5	0.5
卫生技术人员结构	**Structure of Medical Technical Personnel**							
医生	Doctors	42.8	48.3	51.9	49.0	44.0	39.6	39.8
护师、护士	Nurses	22.9	24.1	25.6	26.4	30.6	37.7	41.0

注:2013 年起,城镇居民(农牧民)消费结构数据为城乡住户一体化调查数据。

a)From 2013, Date on Consumption Structure of Urban(Rural) Residents is the household survey data integration of urban and rural.

主要统计指标解释

可比价格 指计算各种总量指标所采用的扣除了价格变动因素的价格,可进行不同时期总量指标的对比。按可比价格计算总量指标有两种方法:一种是直接用产品产量乘某一年的不变价格计算;另一种是用价格指数进行缩减。

不变价格 指以同类产品某年的平均价格作为固定价格,用于计算各年的产品价值。按不变价格计算的产品价值消除了价格变动因素,不同时期对比可以反映生产的发展速度,新中国成立后,随着工农业产品价格水平的变化,国家统计局先后五次制定了全国统一的工业产品不变价格和农业产品不变价格。从1952年到1957年使用1952年工(农)业产品不变价格。从1957年到1970年使用1957年不变价格,从1971年到1980年使用1970年不变价格,从1981年到1990年使用1980年不变价格,从1991年开始使用1990年不变价格。

平均增长速度 我国计算平均增长速度有两种方法:一种是习惯上经常使用的"水平法",又称几何平均法,是以间隔期最后一年的水平同基期水平对比来计算平均每年增长(或下降)速度;另一种是"累计法",又称代数平均法或方程法,是以间隔期内各年水平的总和同基期水平对比来计算平均每年增长(或下降)速度。在一般正常情况下,两种方法计算的平均每年增长速度比较接近,但在经济发展不平衡、出现大起大落时,两种方法计算的结果差别较大。

本《年鉴》内所列的平均增长速度,除固定资产投资用"累计法"计算外,其余均用"水平法"计算。从某年到某年平均增长速度的年份,均不包括基期年在内。如建国四十三年的平均增长速度是以1949年为基期计算的,则写为1950－1992年平均增长速度,其余类推。

企业(单位)登记注册类型 是以在工商行政管理机关登记注册的各类企业为划分对象,以工商行政管理部门对企业登记注册的类型为依据,将企业登记注册类型分为内资企业、港澳台商投资企业和外商投资企业三大类。内资企业包括国有企业、集体企业、股份合作企业、联营企业、有限责任公司、股份有限公司、私营公司和其他企业;港澳台商投资企业和外商投资企业分别包括合资经营企业、合作经营企业、独资经营企业和股份有限公司。对不在工商行政管理部门进行登记注册的行政机关、事业单位和社会团体,主要按其经费来源和管理方式进行划分。

国有企业 指企业全部资产归国家所有,并按《中华人民共和国企业法人登记管理条例》规定登记注册的非公司制的经济组织。不包括有限责任公司中的国有独资公司。

集体企业 指企业资产归集体所有,并按《中华人民共和国企业法人登记管理条例》规定登记注册的经济组织。

股份合作企业 指以合作制为基础,由企业职工共同出资入股,吸收一定比例的社会资产投资组建,实行自主经营,自负盈亏,共同劳动,民主管理,按劳分配与按股分红相结合的一种集体经济组织。

联营企业 指两个及两个以上相同或不同所有制性质的企业法人或事业单位法人,按自愿、平等、互利的原则,共同投资组成的经济组织。联营企业包括国有联营企业、集体联营企业、国有与集体联营企业和其他联营企业。

有限责任公司 指根据《中华人民共和国公司登记管理条例》规定登记注册,由两个以上、五十个以下的股东共同出资,每个股东以其所认缴的出资额对公司承担有限责任,公司以其全部资产对其债务承担责任的经济组织。有限责任公司包括国有独资公司以及其他有限责任公司。

股份有限公司 指根据《中华人民共和国公司登记管理条例》规定登记注册,其全部注册资本由等额股份构成并通过发行股票筹集资本,股东以其认购的股份对公司承担有限责任,公司以其全部资产对其债务承担责任的经济组织。

私营企业 指由自然人投资设立或由自然人控股,以雇佣劳动为基础的营利性经济组织。包括按照《公司法》、《合伙企业法》、《私营企业暂行条例》规定登记注册的私营有限责任公司、私营股份有限公司、私营合伙企业和私营独资企业。

其他内资企业 指上述企业之外的其他内资经济组织。

与港澳台商合资经营企业 指港澳台地区投资者与内地企业依照《中华人民共和国中外合资经营企业法》及有关法律的规定,按合同规定的比例投资设立、分享利润和分担风险的企业。

与港澳台商合作经营企业 指港澳台地区投资者与内地企业依照《中华人民共和国中外合作经营企业法》及有关法律的规定,依照合作合同的约定进行投资或提供条件设立、分配利润和分担风险的企业。

港澳台商独资经营企业 指依照《中华人民共和国外资企业法》及有关法律的规定,在内地由港澳台地区投资者全额投资设立的企业。

港澳台商投资股份有限公司 指根据国家有关规定,经外经贸部依法批准设立,其中港、澳、台商的股本占公司注册资本的比例达25%以上的股份有限公司。凡其中港、澳、台商的股本占公司注册资本的比例小于25%的,属于内资企业中的股份有限公司。

中外合资经营企业　指外国企业或外国人与中国内地企业依照《中华人民共和国中外合资经营企业法》及有关法律的规定，按合同规定的比例投资设立、分享利润和分担风险的企业。

中外合作经营企业　指外国企业或外国人与中国内地企业依照《中华人民共和国中外合作经营企业法》及有关法律的规定，依照合作合同的约定进行投资或提供条件设立、分配利润和分担风险的企业。

外资企业　指依照《中华人民共和国外资企业法》及有关法律的规定，在中国内地由外国投资者全额投资设立的企业。

外商投资股份有限公司　指根据国家有关规定，经外经贸部依法批准设立，其中外资的股本占公司注册资本的比例达25%以上的股份有限公司。凡其中外资股本占公司注册资本的比例小于25%的，属于内资企业中的股份有限公司。

行政机关、事业单位和社会团体　参照企业登记注册类型，主要按其经费来源和管理方式划分。具体规定如下：

(1)行政机关：包括国家机关和政党机关，原则上均列为"国有"。但有特殊规定的，如供销社等，则列为"集体"。

(2)事业单位：包括经国家机构编制部门和有关业务主管部门批准成立的各类事业单位，不包括实行企业化管理的事业单位。事业单位的划分办法如下：

①由国家财政预算拨款或列入财政预算外资金管理以及经费主要来源于国有主管部门或国有上级单位的事业单位，列为"国有"。

②经费主要来源于集体单位的事业单位，列为"集体"。

③公民个人(或个人合伙)开办的事业单位，列为"私营"。

④上述以外的其他事业单位，如果其经费来源不明确，按管理方式进行归类。

(3)社会团体：包括经民政部门批准成立以及未纳入社会团体管理条例范围的工会、妇联等各类社会团体。社会团体的划分办法如下：

①未纳入民政部社会团体管理条例范围的工会、妇联、共青团、青联、工商联、科协、侨联等社会团体，国家拨款设立的基金会或基金管理组织以及经费主要来源于国有业务主管部门或国有上级单位的社会团体，列入"国有"。

②经费主要来源于集体单位的社会团体，列为"集体"。

③公民个人(或个人合伙)开办的社会团体，划为"私营"。

④上述以外的其他社会团体，如果其经费来源不明确，改按管理方式进行归类。

Explanatory Notes on Main Statistical Indicators

Comparable Prices refer to prices that are used to remove the factors of price change in calculating economic aggregates, so as to facilitate comparison of aggregates over time. Two methods are used for calculating economic aggregates at comparable prices: 1. Multiplying the output of products by their constant prices of certain year; 2. Deflation of data at current prices by relevant price index.

Constant Price refers to the average price of a given product in certain year, which is used for comparison of output value over time. As the output value at constant prices removes the factor of price changes, it reflects the trend of production development over time. Since 1949, with the changes in general price level, the State Statistical Bureau has issued nationally unified constant prices five times; the 1952 constant prices for 1952 – 1957; the 1957 constant prices for 1957 – 1971; the 1970 constant prices for 1971 – 1980; the 1980 constant prices for 1981 – 1990; and the 1990 constant prices have been used since 1991.

Average Annual Growth Rate Two methods for calculating average annual growth rate are applied in China, one is often called "level approach" or the method of calculating geometric average, which is derived by comparing the level of the last year of the interval with that of the beginning year; the other is called accumulative approach or algebraic average or equation method, which is derived by the summation of the actual figure of each year in the interval divided by the figure in the base year. Usually the results calculated by the two methods are fairly close, but they differed sharply when uneven economic development occurred with striking fluctuations in growth.

The average annual growth rates listed in this statistical yearbook are calculated by "level approach" except for the growth rate of investment in fixed assets. The base years are not listed when the years are listed for average annual growth rates. For instance, the average annual growth rate of 43 years since 1949 is listed as average annual growth rate of 1950 – 1992 without listing the base year 1949. And the analogy of this is also the same for the rest of the years.

Registration Status of Enterprises Enterprises are classified into 3 categories, namely domestic – funded enterprises, enterprises with investment from Hong Kong, Macao and Taiwan, and enterprises with foreign investment, in the light of the registration status of an enterprise in industrial and commercial administration agencies. Domestic funded enterprises include state owned enterprises, collective owned enterprises, cooperative enterprises, joint ownership enterprises, limited liability corporations, share holding corporations Ltd. , private enterprises and other enterprises. Included in the enterprises with investment from Hong Kong, Macao and Taiwan and enterprises with foreign investment are joint venture enterprises, cooperative enterprises, sole investment enterprises and share holding corporations Ltd. For government agencies, institutions and social organizations which are not requested to be registered in industrial and commercial administration agencies, they are classified mainly by their sources of funds and way of management.

State – owned Enterprises refer to non – corporation economic units where the entire assets are owned by the state and which have registered in accordance with the Regulation of the People's Republic of China on the Management of Registration of Corporate Enterprises. Excluded from this category are sole state funded corporations in the limited liability corporations.

Collective – owned Enterprises refer to economic units where the assets are owned collectively and which have registered in accordance with the Regulation of the People's Republic of China on the Management of Registration of Corporate Enterprises.

Cooperative Enterprises refer to a form of collective economic units (enterprises) where capitals come mainly from employees as their shares, with certain proportion of capital from the outside, where production is organized on the basis of independent operation, independent accounting for profits and losses, joint work, democratic management, and a distribution system that integrates remuneration according to work with dividend according to capital share.

Joint Ownership Enterprises refer to economic units established by two or more corporate enterprises or corporate institutions of the same or different ownership, through joint investment on the basis of equality, voluntary participation and mutual benefits. They include state joint ownership enterprises, collective joint ownership enterprises, joint state – collective enterprises, other joint ownership enterprises.

Limited Liability Corporations refer to economic units established with investment from 2 – 50 investors and registered in accordance with the Regulation of the people's Republic of China on the Management of Registration of Corporations, each investor bearing limited liability to the corporation depending on its share of investment, and the corporation bearing liability to its debt to the maximum of its total assets. Limited liability corporations include exclusive state - funded limited liability corporations and other limited liability corporations.

Share - holding Corporations Ltd refer to economic units registered in accordance with the Regulation of the People's Republic of China on the Management of Registration of Corporations, with total registered capitals divided into equal shares and raised through issuing stocks. Each investor bears limited liability to the corporation depending on the holding of shares, and the corporation bears liability to its debt to the maximum of its total assets.

Private Enterprises refer to profit - making economic units invested and established by natural persons, or controlled by natural persons using employed labour. Included in this category are private limited liability corporations, private share - holding corporations Ltd. , private partnership enterprises and private funded enterprises registered in accordance with the Corporation Law, Partnership Enterprises Law and Interim Regulations on private Enterprises.

Other Domestic - funded Enterprises refer to domestic - funded economic units other than those mentioned above.

Joint - venture Enterprises with Funds from Hong Kong, Macao and Taiwan refer to enterprises jointly established by investors from Hong Kong, Macao and Taiwan with enterprises in the mainland of China in accordance with the Law of the People's Republic of China on Sino - foreign Joint Venture Enterprises and other relevant laws, where the share of investment, profits and risks is stipulated in the contract.

Cooperative Enterprises with Funds from Hong Kong, Macao and Taiwan established by investors from Hong Kong, Macao and Taiwan with enterprises in the mainland of China in accordance with the Law of the People's Republic of China on Sino - foreign Cooperative Enterprises and other relevant laws, where the investment or provision of facilities, and the share of profits and risks is stipulated in the cooperative contract.

Enterprises with Sole (exclusive) Investment from Hong Kong, Macao and Taiwan refer to enterprises established in the mainland of China with exclusive investment from investors from Hong Kong, Macao and Taiwan in accordance with the Law of the People's Republic of China on Foreign - Funded Enterprises and other relevant laws.

Share - holding Corporations Ltd. with Investment from Hong Kong, Macao and Taiwan refer to share - holding corporations Ltd. established with the approval from the Ministry of Foreign Trade and Economic Relations in line with relevant state regulations, where the share of investment from Hong Kong, Macao or Taiwan businessmen exceeds 25% of the total registered capital of the corporation. In case the share of investment from Hong Kong, Macao or Taiwan is less than 25% of the total registered capital, the enterprise is to be classified as domestic funded share holding corporation Ltd.

Joint - venture Enterprises with Foreign Investment refer to enterprises jointly established by foreign enterprises of foreigners with enterprises in the mainland of China in accordance with the Law of the People's Republic of China on Sino - foreign Joint Venture Enterprises and other relevant laws, where the share of investment, profits and risks is stipulated in the contract.

Cooperation Enterprises with Foreign Investment refer to enterprises jointly established by foreign enterprises or foreigners with enterprises in the mainland of China in accordance with the Law of the People's Republic of China on Sino - foreign Cooperative Enterprises and other relevant laws, where the investment or provision of facilities, and the share of profits and risks is stipulated in the cooperative contract.

Enterprises with Sole (exclusive) Foreign Investment refer to enterprises established in the mainland of China with exclusive investment from foreign investors in accordance with the Law of the People's Republic of China on Foreign - Funded Enterprises and other relevant laws.

Share - holding Corporations Ltd. with Foreign Investment refer to share - holding corporations Ltd. established with the approval from the Ministry of Foreign Trade and Economic Relations in line with relevant state regulations, where the share of investment from foreign investors exceeds 25% of the total registered capital of the corporation. In case the share of foreign investment is less than 25% of the total registered capital, the enterprise is to be classified as domestic - funded share - holding corporation Ltd.

Government Agencies, Institutions and Social Organizations are classified into following categories by source of funds and way of management taking reference of the registration status of enterprises:

(1) Government agencies include state and party agencies, classified in principles as "state - owned". There are exceptions, such as supply and marketing cooperatives which are classified as "collective".

(2) Institutions: include institutions of various types established with the approval by organization and staffing departments of the government, but exclude institutions where enterprise management system is introduced. Institutions are further classified as follows:

(a) Institutions whose main budget is listed in the Government budget appropriations or extra – budget funds, or allocated from the budget of their competent government agencies. Such institutions are classified as "state – owned".

(b) Institutions whose budget mainly comes from collective units. Such institutions are classified as "collective".

(c) Institutions Established by Individual(group of Citizen) are classified as " Private ".

(d) Institutions other than those mentioned above whose source of budget is not clear. Such institutions are classified by way of management.

(3) Social organizations: include social organizations established with the approval from the Ministry of Civil Affairs, and organizations that are not covered by social organization management regulations such as trade unions, women's federations etc. Social organizations are further classified as follows:

(a) Social organizations that are not covered by social organization management regulations of the Ministry of Civil Affairs such as trade unions, women's federations, communist youth leagues, youth associations, industrial and commerce associations, scientists associations, overseas Chinese associations, etc. , foundations and fund management organizations established with funds from the state, and social organizations whose funds mainly come from the budget of their competent government agencies. Such institutions are classified as "state – owned".

(b) Social organizations whose budget mainly comes from collective units. Such institutions are classified as "collective".

(c) Social organizations established by individual or a group of citizens, which are classified as "private".

(d) Social organizations other than those mentioned above whose source of budget is not clear. Such organizations are classified by way of management.

2 国民经济核算

National Accounts

资料整理：赵 欢

Arranged By：Zhao Huan

2-1 生产总值

Gross Domestic Product

单位：亿元 (100 million yuan)

年 份 Year	生产总值 Gross Domestic Product	第一产业 Primary Industry	第二产业 Secondary Industry	第三产业 Tertiary Industry	人均生产总值(元) Per Capita GDP(yuan)
1952	12.16	8.64	1.37	2.15	173
1953	15.57	10.44	2.25	2.88	211
1954	19.46	12.37	3.65	3.44	249
1955	17.49	10.25	3.53	3.71	213
1956	24.60	14.11	5.43	5.06	283
1957	21.27	11.29	5.05	4.93	232
1958	28.10	12.55	9.65	5.90	292
1959	35.76	14.75	13.41	7.60	349
1960	36.56	11.80	17.11	7.65	325
1961	25.25	11.40	7.25	6.60	215
1962	25.12	12.75	6.56	5.81	215
1963	29.02	12.71	9.90	6.41	243
1964	32.55	14.04	11.43	7.08	262
1965	35.41	15.21	12.08	8.12	275
1966	38.32	17.12	13.01	8.19	289
1967	31.80	13.87	10.43	7.50	233
1968	32.96	14.87	10.54	7.55	235
1969	32.90	14.78	10.52	7.60	227
1970	39.17	17.69	12.94	8.54	263
1971	41.61	16.82	15.99	8.80	271
1972	39.36	14.56	15.54	9.26	247
1973	44.07	16.22	18.14	9.71	269
1974	43.26	15.97	17.30	9.99	256
1975	48.55	18.15	20.02	10.38	280
1976	48.09	18.51	18.77	10.81	272
1977	51.65	18.91	21.60	11.14	287
1978	58.04	18.96	26.37	12.71	317
1979	64.14	21.03	28.37	14.74	343
1980	68.40	18.03	32.26	18.11	361
1981	77.91	27.14	32.04	18.73	407
1982	93.22	33.32	37.21	22.69	480
1983	105.88	35.90	41.98	28.00	535
1984	128.20	42.98	47.74	37.48	640
1985	163.83	53.54	56.95	53.34	809
1986	181.58	54.64	61.55	65.39	888
1987	212.27	62.21	70.42	79.64	1025
1988	270.81	90.20	85.72	94.89	1291
1989	292.69	89.08	98.96	104.65	1377

2-1 续表 Continued

单位：亿元 (100 million yuan)

年 份 Year	生产总值 Gross Domestic Product	第一产业 Primary Industry	第二产业 Secondary Industry	第三产业 Tertiary Industry	人均生产总值(元) Per Capita GDP(yuan)
1990	319.31	112.57	102.43	104.31	1478
1991	359.66	117.19	124.03	118.44	1642
1992	421.68	126.86	152.56	142.26	1906
1993	537.81	149.96	203.46	184.39	2423
1994	695.06	208.53	254.52	232.01	3094
1995	857.06	260.18	308.78	288.10	3772
1996	1023.09	312.82	364.77	345.50	4457
1997	1153.51	322.52	422.39	408.60	4980
1998	1262.54	341.62	458.86	462.06	5406
1999	1379.31	342.91	510.47	525.93	5861
2000	1539.12	350.80	582.57	605.74	6502
2001	1713.81	358.89	655.68	699.24	7210
2002	1940.94	374.69	754.78	811.47	8146
2003	2388.38	420.10	840.88	1127.40	10015
2004	2942.35	522.80	1041.21	1378.35	12315
2005	3523.70	589.56	1377.80	1556.34	14695
2006	4161.75	634.94	1722.36	1804.45	17275
2007	5166.93	762.55	2122.73	2281.65	21334
2008	6242.41	902.92	2555.05	2784.44	25620
2009	7104.22	934.88	2915.99	3253.35	28982
2010	8199.86	1097.80	3420.45	3681.61	33262
2011	9458.12	1309.72	4044.04	4104.36	38185
2012	10470.14	1453.22	4553.62	4463.29	42120
2013	11392.42	1582.87	4870.14	4939.41	45684
2014	12158.22	1638.02	5114.42	5405.77	48610
2015	12948.99	1630.21	5269.54	6049.24	51633
2016	13789.26	1650.56	5579.77	6558.93	54816
2017	14898.05	1649.77	5874.25	7374.03	59017
2018	16140.76	1750.67	6335.38	8054.70	63772
2019	17212.53	1863.19	6818.88	8530.46	67852

注:1. 本表按当年价格计算。

2. 根据全国第四次经济普查结果对2003-2018年数据进行了修订，下表同。

3. 从2013年开始，三次产业分类依据国家统计局2012年制定的《三次产业划分规定》执行，其中，工业中的开采辅助活动、金属制品及机械和设备修理业归入第三产业。

a)Data in value terms in this table are calculated at current prices.

b)Data in 2003-2018 are revised according to the result of the Fourth National Economic Census.The same applies to the following tables.

c)Since 2013,the three industry classification according to the National Bureau of Statistics in 2012 Formulated the"Three Industrial Division", among them,Support Activities for Mining,Metal products,Machinery and Equipment Repair of Industry included in the Tertiary Industry.

2-2 生产总值构成

Composition of Gross Domestic Product

单位：% (%)

年 份 Year	生产总值 Gross Domestic Product	第一产业 Primary Industry	第二产业 Secondary Industry	第三产业 Tertiary Industry
1952	100	71.1	11.3	17.6
1953	100	67.1	14.5	18.4
1954	100	63.6	18.8	17.6
1955	100	58.6	20.2	21.2
1956	100	57.4	22.1	20.5
1957	100	53.1	23.7	23.2
1958	100	44.7	34.3	21.0
1959	100	41.2	37.5	21.3
1960	100	32.3	46.8	20.9
1961	100	45.1	28.7	26.2
1962	100	50.8	26.1	23.1
1963	100	43.8	34.1	22.1
1964	100	43.1	35.1	21.8
1965	100	43.0	34.1	22.9
1966	100	44.7	34.0	21.3
1967	100	43.6	32.8	23.6
1968	100	45.1	32.0	22.9
1969	100	44.9	32.0	23.1
1970	100	45.2	33.0	21.8
1971	100	40.4	38.4	21.2
1972	100	37.0	39.5	23.5
1973	100	36.8	41.2	22.0
1974	100	36.9	40.0	23.1
1975	100	37.4	41.2	21.4
1976	100	38.5	39.0	22.5
1977	100	36.6	41.8	21.6
1978	100	32.7	45.4	21.9
1979	100	32.8	44.2	23.0
1980	100	26.4	47.2	26.4
1981	100	34.8	41.1	24.1
1982	100	35.8	39.9	24.3
1983	100	33.9	39.6	26.5
1984	100	33.5	37.2	29.3
1985	100	32.7	34.8	32.5
1986	100	30.1	33.9	36.0
1987	100	29.3	33.2	37.5
1988	100	33.3	31.7	35.0
1989	100	30.4	33.8	35.8

2-2 续表 Continued

单位：%　　(%)

年 份 Year	生产总值 Gross Domestic Product	第一产业 Primary Industry	第二产业 Secondary Industry	第三产业 Tertiary Industry
1990	100	35.3	32.1	32.6
1991	100	32.6	34.5	32.9
1992	100	30.1	36.2	33.7
1993	100	27.9	37.8	34.3
1994	100	30.0	36.6	33.4
1995	100	30.4	36.0	33.6
1996	100	30.6	35.7	33.7
1997	100	28.0	36.6	35.4
1998	100	27.1	36.3	36.6
1999	100	24.9	37.0	38.1
2000	100	22.8	37.9	39.3
2001	100	20.9	38.3	40.8
2002	100	19.3	38.9	41.8
2003	100	17.6	35.2	47.2
2004	100	17.8	35.4	46.8
2005	100	16.7	39.1	44.2
2006	100	15.2	41.4	43.4
2007	100	14.7	41.1	44.2
2008	100	14.5	40.9	44.6
2009	100	13.2	41.0	45.8
2010	100	13.4	41.7	44.9
2011	100	13.8	42.8	43.4
2012	100	13.9	43.5	42.6
2013	100	13.9	42.7	43.4
2014	100	13.5	42.1	44.4
2015	100	12.6	40.7	46.7
2016	100	12.0	40.5	47.5
2017	100	11.1	39.4	49.5
2018	100	10.8	39.3	49.9
2019	100	10.8	39.6	49.6

注：本表按当年价格计算。

a)The data in this table are calculated at current price.

2-3 生产总值指数(上年=100）

Indices of Gross Domestic Product(last year=100)

(上年=100) (Preceding year=100)

年 份 Year	生产总值 Gross Domestic Product	第一产业 Primary Industry	第二产业 Secondary Industry	第三产业 Tertiary Industry	人均生产总值 Per Capita GDP
1953	116.3	107.5	159.9	127.4	110.6
1954	119.4	111.3	160.4	117.6	112.8
1955	90.7	83.7	97.5	107.4	86.0
1956	138.7	136.6	152.3	131.4	131.0
1957	110.9	117.5	98.3	106.2	105.3
1958	125.3	105.3	184.0	127.1	119.4
1959	122.9	112.6	139.2	125.2	115.3
1960	95.8	77.9	126.6	86.5	87.3
1961	65.3	80.7	39.3	95.5	62.3
1962	94.7	105.2	84.3	86.5	95.5
1963	119.7	108.9	148.6	115.0	117.0
1964	113.2	111.8	117.1	111.3	108.9
1965	109.8	105.9	113.6	112.6	105.8
1966	110.0	112.4	114.4	99.7	106.8
1967	83.3	81.1	81.2	91.2	81.1
1968	99.9	98.9	102.6	98.3	96.9
1969	100.8	99.5	103.4	99.8	97.7
1970	123.3	119.7	140.2	105.6	120.0
1971	102.1	95.0	106.5	108.7	99.0
1972	107.8	117.0	97.2	110.4	104.1
1973	111.7	110.8	116.8	105.0	108.3
1974	96.2	94.3	95.4	101.8	93.3
1975	111.3	111.7	115.6	103.1	108.6
1976	99.4	101.8	94.7	103.2	97.4
1977	107.0	102.2	114.5	103.7	105.2
1978	108.0	98.8	117.2	108.9	106.3
1979	109.8	107.7	108.6	116.0	107.4
1980	101.7	76.0	113.3	122.9	100.2
1981	110.6	141.8	96.3	103.4	109.4
1982	118.6	118.2	117.4	121.1	116.9
1983	109.8	105.0	109.9	116.7	107.8
1984	116.1	114.0	110.2	128.1	116.2
1985	117.2	114.1	108.2	133.0	114.6
1986	105.9	91.7	105.4	120.4	104.8
1987	109.0	106.8	107.0	112.5	107.7
1988	109.8	117.3	111.1	103.2	108.4
1989	102.7	95.1	104.9	106.8	101.4

2-3 续表 Continued

(上年=100) (Preceding year=100)

年 份 Year	生产总值 Gross Domestic Product				人均生产总值 Per Capita GDP
		第一产业 Primary Industry	第二产业 Secondary Industry	第三产业 Tertiary Industry	
1990	107.5	124.4	99.4	103.1	105.8
1991	107.5	104.0	110.8	107.9	106.0
1992	111.0	104.0	115.4	113.8	109.9
1993	111.7	105.0	113.9	115.7	110.4
1994	111.2	103.2	113.1	116.1	109.8
1995	110.1	103.9	111.0	114.1	108.9
1996	114.4	121.4	111.4	112.3	113.2
1997	110.8	102.0	114.0	114.3	109.8
1998	110.7	106.2	109.6	114.7	109.7
1999	108.8	101.0	110.0	112.7	108.0
2000	110.8	102.6	111.7	114.5	110.1
2001	110.7	102.0	110.9	115.5	110.2
2002	113.2	104.4	115.7	115.3	112.9
2003	116.3	106.4	120.1	117.5	116.2
2004	116.7	111.3	122.3	113.8	116.5
2005	119.6	109.1	130.3	113.1	119.2
2006	118.0	103.2	124.1	118.2	117.5
2007	118.0	103.9	122.3	118.6	117.4
2008	116.5	106.9	118.4	117.5	115.8
2009	116.0	102.3	119.2	116.5	115.3
2010	114.1	106.1	115.7	114.4	113.5
2011	113.6	106.0	116.3	113.3	113.1
2012	110.7	105.7	112.9	110.0	110.3
2013	108.7	103.7	110.1	108.7	108.4
2014	107.8	103.2	108.6	108.2	107.5
2015	107.7	103.2	107.8	108.7	107.4
2016	107.0	103.2	106.9	108.2	106.7
2017	104.0	103.3	101.5	106.4	103.7
2018	105.2	103.2	105.0	106.0	104.9
2019	105.2	102.4	105.7	105.4	105.0

注：本表按可比价格计算。

a)The indices in this table are calculated at comparable price.

2-4 生产总值指数(1952年=100)

Indices of Gross Domestic Product(1952=100)

1952年=100 (1952=100)

年 份 Year	生产总值 Gross Domestic Product	第一产业 Primary Industry	第二产业 Secondary Industry	第三产业 Tertiary Industry	人均生产总值 Per Capita GDP
1952	100	100	100	100	100
1953	116.3	107.5	159.9	127.4	110.6
1954	138.9	119.6	256.6	149.8	124.8
1955	125.9	100.1	250.1	160.9	107.4
1956	174.6	136.8	380.9	211.3	140.7
1957	193.6	160.8	374.2	224.5	148.2
1958	242.6	169.3	688.6	285.4	176.9
1959	298.1	190.6	958.4	357.3	204.1
1960	285.6	148.5	1213.1	309.1	178.1
1961	186.4	119.9	476.5	295.1	111.0
1962	176.5	126.1	401.8	255.4	106.0
1963	211.3	137.3	597.2	293.8	124.0
1964	239.3	153.5	699.5	327.0	135.1
1965	262.7	162.5	795.0	368.3	143.0
1966	288.9	182.6	909.8	367.2	152.7
1967	240.8	148.1	739.2	334.9	123.8
1968	240.6	146.5	758.6	329.1	120.1
1969	242.6	145.7	784.6	328.3	117.3
1970	299.1	174.4	1100.0	346.6	140.7
1971	305.3	165.7	1171.8	376.6	139.2
1972	329.1	193.9	1138.9	415.8	144.9
1973	367.5	214.8	1329.8	436.5	157.0
1974	353.7	202.6	1268.7	444.4	146.5
1975	393.8	226.3	1467.3	458.4	159.1
1976	391.2	230.4	1389.9	473.1	155.0
1977	418.7	235.4	1591.6	490.7	163.1
1978	452.2	232.5	1865.3	534.2	173.4
1979	496.3	250.5	2026.3	619.5	186.3
1980	504.6	190.5	2295.8	761.5	186.7
1981	558.1	270.1	2210.8	787.4	204.2
1982	661.8	319.3	2595.1	953.9	238.8
1983	726.9	335.4	2850.8	1113.2	257.5
1984	844.4	382.4	3135.9	1425.5	299.1
1985	989.8	436.3	3399.5	1896.5	342.7
1986	1048.0	400.2	3582.7	2282.8	359.1
1987	1142.1	427.6	3832.2	2568.3	386.6
1988	1254.0	501.6	4259.3	2651.2	419.2
1989	1288.3	476.7	4470.0	2831.2	425.0

2-4 续表 Continued

1952年=100 (1952=100)

年 份 Year	生产总值 Gross Domestic Product	第一产业 Primary Industry	第二产业 Secondary Industry	第三产业 Tertiary Industry	人均生产总值 Per Capita GDP
1990	1385.2	593.2	4444.5	2919.0	449.5
1991	1488.7	616.9	4926.5	3149.9	476.5
1992	1652.6	641.8	5687.2	3584.0	523.7
1993	1845.3	673.9	6480.5	4145.0	578.2
1994	2051.2	695.5	7329.5	4810.9	640.1
1995	2259.3	722.6	8133.5	5490.7	697.0
1996	2584.3	877.2	9064.7	6165.5	789.3
1997	2862.1	894.8	10333.8	7046.3	866.4
1998	3167.0	950.2	11322.7	8080.3	950.8
1999	3446.7	959.7	12452.7	9105.7	1026.8
2000	3817.3	984.7	13912.2	10422.5	1130.6
2001	4225.8	1003.9	15423.1	12033.7	1246.4
2002	4782.1	1048.1	17842.6	13879.9	1407.1
2003	5561.5	1115.1	21428.9	16308.9	1635.1
2004	6490.3	1241.2	26207.6	18559.5	1904.8
2005	7762.4	1354.1	34148.5	20990.8	2270.6
2006	9159.6	1397.4	42378.3	24811.1	2667.9
2007	10808.4	1451.9	51828.6	29425.9	3132.1
2008	12591.8	1552.1	61365.1	34575.5	3627.0
2009	14606.4	1587.8	73147.2	40280.4	4181.9
2010	16666.0	1684.7	84631.3	46080.8	4746.5
2011	18932.5	1785.8	98426.2	52209.6	5368.3
2012	20958.3	1887.5	111123.2	57430.5	5921.2
2013	22781.7	1957.4	122346.7	62427.0	6418.6
2014	24558.6	2020.0	132868.5	67546.0	6900.0
2015	26449.7	2084.7	143232.2	73422.5	7410.6
2016	28301.1	2151.4	153115.2	79443.1	7907.1
2017	29433.2	2222.4	155412.0	84527.5	8199.7
2018	30963.7	2293.5	163182.6	89599.2	8601.5
2019	32573.8	2348.5	172484.0	94437.5	9031.5

注：本表按可比价格计算。

a)The indices in this table are calculated at comparable price.

2-5 主要行业增加值

Value-added of Main Sectors

单位：亿元 (100 million yuan)

年 份 Year	农林牧渔业 Agriculture, Forestry,Animal Husbandry & Fishery	工 业 Industry	建筑业 Cons-truction	批发零售住宿餐饮业 Wholesale, Retail & Catering Trade	交通运输、仓储和邮政业 Transport, Storage & Postal	金融业 Financial Intermediation	房地产业 Real Estate	其他服务业 Other Services
1992	126.86	120.85	31.71	35.04	32.65	16.62	8.01	49.94
1993	149.96	162.53	40.93	47.44	44.21	19.62	10.98	62.15
1994	208.53	205.98	48.53	63.14	53.93	23.14	13.47	78.34
1995	260.18	254.88	53.90	83.03	69.36	25.73	16.77	93.22
1996	312.82	304.81	59.96	103.70	89.13	29.20	18.77	104.71
1997	322.52	355.10	67.29	126.82	114.08	33.15	22.14	112.40
1998	341.62	382.44	76.42	144.96	126.06	36.19	26.27	128.58
1999	342.91	425.13	85.34	168.59	145.98	38.05	32.48	140.85
2000	350.80	484.19	98.38	195.39	175.46	40.44	40.30	154.14
2001	358.89	541.02	114.66	226.46	204.42	43.31	49.89	175.16
2002	374.69	614.89	139.89	266.54	244.28	46.46	56.17	198.02
2003	420.10	662.95	177.93	293.91	264.06	64.48	65.81	439.14
2004	522.80	823.39	217.82	352.87	304.20	72.46	78.61	570.21
2005	589.56	1101.69	276.11	417.49	349.22	87.51	108.53	593.60
2006	634.94	1395.84	326.52	489.30	395.67	113.35	154.82	651.31
2007	762.55	1737.82	384.91	562.47	458.98	149.65	223.56	886.99
2008	902.92	2090.60	464.45	658.35	539.30	192.29	330.10	1064.39
2009	934.88	2345.55	570.44	760.41	584.06	255.73	357.30	1295.85
2010	1097.80	2720.84	699.62	862.99	652.39	295.54	397.79	1472.89
2011	1309.72	3169.78	874.26	962.20	743.73	377.00	480.74	1540.69
2012	1453.22	3568.19	985.44	1098.52	819.59	437.56	527.70	1579.92
2013	1605.30	3823.57	1046.57	1226.22	862.70	489.26	586.09	1752.72
2014	1661.91	4008.33	1106.10	1337.23	910.15	547.86	646.21	1940.44
2015	1655.29	4121.20	1148.34	1430.45	936.27	627.75	664.49	2365.20
2016	1677.04	4357.10	1222.67	1523.05	976.53	730.11	705.05	2597.70
2017	1677.71	4671.95	1202.30	1621.74	1074.19	809.37	735.27	3105.47
2018	1779.76	5104.18	1231.20	1700.46	1130.05	847.02	828.88	3519.21
2019	1893.38	5514.34	1304.54	1809.88	1202.71	874.88	892.20	3720.60

注：本表按当年价格计算。

a)The Data in this table are calculated at current price.

2-6 主要行业增加值指数

Indices of Value-added of Main Sectors

(上年=100) (Preceding year=100)

年 份 Year	农林牧渔业 Agriculture, Forestry,Animal Husbandry & Fishery	工 业 Industry	建筑业 Cons-truction	批发零售住宿餐饮业 Wholesale, Retail & Catering Trade	交通运输、仓储和邮政业 Transport, Storage & Postal	金融业 Financial Intermediation	房地产业 Real Estate	其他服务业 Other Services
1993	105.0	112.3	120.5	121.1	128.6	115.9	116.4	103.7
1994	103.2	114.8	106.9	116.8	119.6	116.0	114.2	113.1
1995	103.9	112.7	104.2	115.7	119.7	109.7	110.1	110.7
1996	121.4	115.2	95.5	113.3	114.4	108.7	107.7	111.9
1997	102.0	114.9	109.4	115.8	117.1	105.7	110.6	114.4
1998	106.2	110.0	107.2	115.8	116.8	111.0	120.5	111.9
1999	101.0	110.7	105.9	116.4	113.4	107.2	122.9	108.9
2000	102.6	112.2	108.9	117.0	118.4	107.5	122.5	109.0
2001	102.0	110.2	114.1	121.8	117.7	106.3	122.7	105.4
2002	104.8	113.9	124.3	116.4	120.1	106.0	111.4	110.5
2003	105.9	114.8	143.0	106.8	117.3	136.3	112.7	132.0
2004	111.3	124.2	115.6	117.5	115.2	108.1	113.8	109.0
2005	109.1	132.6	121.3	117.3	114.8	117.2	123.1	101.6
2006	103.2	126.7	113.6	116.2	113.3	126.5	115.4	121.9
2007	103.9	124.5	112.7	113.3	116.0	126.7	115.0	123.0
2008	106.9	120.3	109.1	114.3	117.5	120.2	115.6	119.2
2009	102.3	118.1	125.2	115.7	108.3	134.2	107.9	119.7
2010	106.1	116.0	114.3	111.1	111.7	110.8	112.8	118.3
2011	106.0	116.5	115.6	108.8	114.0	120.4	122.7	111.8
2012	105.7	113.2	111.6	113.0	110.2	113.4	103.2	109.5
2013	105.3	111.0	106.6	108.4	105.3	110.3	109.5	108.7
2014	103.2	109.2	105.9	108.3	105.5	111.2	106.2	109.3
2015	103.2	108.0	106.7	106.4	103.7	115.1	105.9	111.6
2016	103.2	106.9	106.9	105.9	104.3	115.9	107.0	109.5
2017	103.3	103.6	94.1	105.4	110.0	108.1	101.0	106.7
2018	103.2	106.8	97.9	103.4	105.2	101.9	101.9	110.0
2019	102.4	106.0	104.5	104.9	104.3	103.0	104.6	106.9

注：本表按可比价格计算。

a)The indices in this table are calculated at comparable price.

2-7 第三产业增加值

Value-added of the Tertiary Industry

单位：亿元 (100 million yuan)

行　业	Sector	2018	2019
总 计	**Total**	**8054.70**	**8530.46**
农、林、牧、渔服务业	Agriculture,Forestry, Animal Husbandry and Fishery Services	29.09	30.19
开采辅助活动	Support Activities for Mining		
金属制品、机械和设备修理业	Repair Service of Metal Products, Machinery and Equipment		
批发和零售业	Wholesale and Retail Trade	1370.22	1448.34
交通运输、仓储和邮政业	Transportation Storage and Postal Services	1130.05	1202.71
住宿和餐饮业	Hotel and Restaurants	330.24	361.54
信息传输、软件和信息技术服务业	Information Transmission, Software & Information Technology Services	291.27	318.27
金融业	Banking	847.02	874.88
房地产业	Real Estate	828.88	892.20
租赁和商务服务业	Leasing and Business Services	282.63	323.09
科学研究和技术服务业	Scientific Research & Technical Services	264.70	267.17
水利、环境和公共设施管理业	Water Conservancy, Environment and Public Facilities Administration	56.33	59.36
居民服务、修理和其他服务业	Resident Services, Repairs and Other Services	237.79	269.51
教育	Education	712.57	739.04
卫生和社会工作	Health Care and Social Work	460.57	473.68
文化、体育和娱乐业	Culture, Sports and Entertainment	98.28	107.81
公共管理、社会保障和社会组织	Public Administration, Social Security and Social Organizations	1115.07	1162.68
国际组织	International Organizations		

注：本表按当年价格计算。

a)Data in value terms in this table are calculated at current prices.

2-8 第三产业增加值构成

Composition of Value-added of the Tertiary Industry

单位：%　　　　(%)

行　业	Sector	2018	2019
总 计	**Total**	**100.0**	**100.0**
农、林、牧、渔服务业	Agriculture,Forestry, Animal Husbandry and Fishery Services	0.4	0.4
开采辅助活动	Support Activities for Mining		
金属制品、机械和设备修理业	Repair Service of Metal Products, Machinery and Equipment		
批发和零售业	Wholesale and Retail Trade	17.0	17.0
交通运输、仓储和邮政业	Transportation Storage and Postal Services	14.0	14.1
住宿和餐饮业	Hotel and Restaurants	4.1	4.2
信息传输、软件和信息技术服务业	Information Transmission, Software & Information Technology Services	3.6	3.7
金融业	Banking	10.5	10.3
房地产业	Real Estate	10.3	10.5
租赁和商务服务业	Leasing and Business Services	3.5	3.8
科学研究和技术服务业	Scientific Research & Technical Services	3.3	3.1
水利、环境和公共设施管理业	Water Conservancy, Environment and Public Facilities Administration	0.7	0.7
居民服务、修理和其他服务业	Resident Services, Repairs and Other Services	3.0	3.2
教育	Education	8.8	8.7
卫生和社会工作	Health Care and Social Work	5.7	5.6
文化、体育和娱乐业	Culture, Sports and Entertainment	1.2	1.3
公共管理、社会保障和社会组织	Public Administration, Social Security and Social Organizations	13.8	13.6
国际组织	International Organizations		

注：本表按当年价格计算。

a)Data in value terms in this table are calculated at current prices.

2-9 第三产业增加值指数

Indices of Value-added of the Tertiary Industry

上年=100 (Preceding year=100)

行 业	Sector	2018	2019
总 计	**Total**	**106.0**	**105.4**
农、林、牧、渔服务业	Agriculture,Forestry, Animal Husbandry and Fishery Services	102.8	99.2
开采辅助活动	Support Activities for Mining		
金属制品、机械和设备修理业	Repair Service of Metal Products, Machinery and Equipment		
批发和零售业	Wholesale and Retail Trade	103.5	104.2
交通运输、仓储和邮政业	Transportation Storage and Postal Services	105.2	104.3
住宿和餐饮业	Hotel and Restaurants	102.9	107.7
信息传输、软件和信息技术服务业	Information Transmission, Software & Information Technology Services	112.9	121.8
金融业	Banking	101.9	103.0
房地产业	Real Estate	101.9	104.6
租赁和商务服务业	Leasing and Business Services	107.2	113.0
科学研究和技术服务业	Scientific Research & Technical Services	105.5	102.2
水利、环境和公共设施管理业	Water Conservancy, Environment and Public Facilities Administration	110.5	106.9
居民服务、修理和其他服务业	Resident Services, Repairs and Other Services	105.6	111.7
教育	Education	115.0	104.1
卫生和社会工作	Health Care and Social Work	112.0	102.6
文化、体育和娱乐业	Culture, Sports and Entertainment	103.0	110.6
公共管理、社会保障和社会组织	Public Administration, Social Security and Social Organizations	108.4	104.4
国际组织	International Organizations		

注：本表按可比价格计算。

a)The indices in this table are calculated at comparable prices.

2-10 三次产业贡献率

Share of the Contributions of the Three Strata of Industry to the Increase of the GDP

单位：%　　　　(%)

年 份 Year	生产总值 Gross Domestic Product	第一产业 Primary Industry	第二产业 Secondary Industry	第三产业 Tertiary Industry
1990	100	89.1	-2.4	13.3
1991	100	18.9	46.6	34.5
1992	100	12.4	46.5	41.1
1993	100	13.7	41.3	45.1
1994	100	8.6	41.2	50.1
1995	100	10.7	38.6	50.6
1996	100	43.7	28.5	27.8
1997	100	6.2	48.0	45.7
1998	100	17.8	33.8	48.4
1999	100	3.4	43.1	53.5
2000	100	6.7	41.7	51.6
2001	100	4.2	38.6	57.2
2002	100	7.0	45.2	47.8
2003	100	7.6	47.6	44.8
2004	100	11.9	53.3	34.8
2005	100	7.8	64.6	27.6
2006	100	3.0	52.3	44.7
2007	100	3.2	51.0	45.8
2008	100	5.4	47.5	47.1
2009	100	1.7	52.0	46.3
2010	100	4.5	49.6	45.9
2011	100	5.9	50.0	44.1
2012	100	6.7	51.4	41.9
2013	100	5.0	50.7	44.3
2014	100	4.6	48.4	47.0
2015	100	4.5	44.7	50.8
2016	100	5.6	39.9	54.5
2017	100	9.9	15.4	74.7
2018	100	7.4	37.7	54.9
2019	100	5.4	43.9	50.7

注：本表按可比价格计算。

a)The indices in this table are calculated at comparable price.

2-11 三次产业对生产总值增长的拉动

Contribution of the Three Strata of Industry to GDP Growth

单位：百分点 (percentage points)

年 份 Year	生产总值 Gross Domestic Product	第一产业 Primary Industry	第二产业 Secondary Industry	第三产业 Tertiary Industry
1990	7.5	6.7	-0.2	1.0
1991	7.5	1.4	3.5	2.6
1992	11.0	1.4	5.1	4.5
1993	11.7	1.6	4.8	5.3
1994	11.2	1.0	4.6	5.6
1995	10.1	1.1	3.9	5.1
1996	14.4	6.3	4.1	4.0
1997	10.8	0.7	5.2	4.9
1998	10.7	1.9	3.6	5.2
1999	8.8	0.3	3.8	4.7
2000	10.8	0.7	4.5	5.5
2001	10.7	0.4	4.1	6.1
2002	13.2	0.9	6.0	6.3
2003	16.3	1.2	7.8	7.3
2004	16.7	2.0	8.9	5.8
2005	19.6	1.5	12.7	5.4
2006	18.0	0.5	9.4	8.1
2007	18.0	0.6	9.2	8.2
2008	16.5	0.9	7.8	7.8
2009	16.0	0.3	8.3	7.4
2010	14.1	0.6	7.0	6.5
2011	13.6	0.8	6.8	6.0
2012	10.7	0.7	5.5	4.5
2013	8.7	0.4	4.4	3.9
2014	7.8	0.4	3.8	3.7
2015	7.7	0.3	3.4	3.9
2016	7.0	0.4	2.8	3.8
2017	4.0	0.4	0.6	3.0
2018	5.2	0.4	2.0	2.9
2019	5.2	0.3	2.3	2.6

注：本表按可比价格计算。

a) The indices in this table are calculated at comparable price.

主要统计指标解释

地区生产总值 是按市场价格计算的地区生产总值的简称。它是一个地区所有常住单位在一定时期内生产活动的最终成果。地区生产总值有三种表现形式,即价值形态、收入形态和产品形态。从价值形态看,它是所有常住单位在一定时期内所生产的全部货物和服务价值超过同期投入的全部非固定资产货物和服务价值的差额,即所有常住单位的增加值之和;从收入形态看,它是所有常住单位在一定时期内所创造并分配给常住单位和非常住单位的初次分配收入之和;从产品形态看,它是最终使用的货物和服务减去进口货物和服务。在实际核算中,地区生产总值的三种表现形态表现为三种计算方法,即生产法、收入法和支出法。三种方法分别从不同的方面反映地区生产总值及其构成。

三次产业 三次产业的划分是世界上较为常用的产业结构分类,但各国的划分不尽一致。根据国家统计局《三次产业划分规定》和《国民经济行业分类》(GB/T 4754－2017),我国的三次产业划分是:第一产业是指农、林、牧、渔业(不含农、林、牧、渔专业及辅助性活动业)。第二产业是指采矿业(不含开采专业及辅助活动),制造业(不含金属制品、机械和设备修理业),电力、热力、燃气及水生产和供应业,建筑业。第三产业即服务业,是指除第一、二产业以外的其他行业。

生产总值指数 名义 GDP 和实际 GDP 的比率。反映一定时期内国内生产总值变动趋势和程度的相对数。目前本书中的国内生产总值指数有两种,一种是以 1952 年为基期计算的定基指数,另一种是以上一年为基期计算的指数。

人均生产总值 一个国家或地区本年 GDP 与常住人口的比值,得到人均生产总值,是衡量国家或地区经济发展程度和人民生活水平的重要标准。

行业贡献率 即该行业 GDP 增量占总的 GDP 增量的比重,用于分析经济增长中各行业作用大小的程度。

Explanatory Notes on Main Statistical Indicators

Gross Domestic Product (**GDP**) refers to the final products of all resident units in a region during a certain period of time. Gross domestic product is expressed in three different forms, namely value, income, and products respectively. The form of value refers to the total value of all products and services produced by all resident units during a certain period of time minus total value of intimidate input of materials and services of the nature of non - fixed assets or the summation of the value - added of all resident units; the form of income includes all the income created by all resident units and distributed primarily to all resident and non resident units; the form of products refers to the value of all final goods and services for final use by all resident units plus the value of net exports of goods and services during a given period of time. In the practice of national accounting, gross domestic product is calculated with three approaches, namely production approach, income approach, and expenditure approach, which reflect gross domestic product and its composition from different aspects.

Three Strata of Industry Classification of economic activities into three strata of industry is a common practice in the world, although the grouping varies to some extent from country to country. In China, according to Industrial classification for National Economic Activities (GB/T 4754—2011) and Dividing Basis of Three Industries, economic activities are categorized into the following three strata of industry: Primary industry refers to agriculture, forestry, animal husbandry and fishery industries (not including services in support of agriculture, forestry, animal husbandry and fishery industries). Secondary industry refers to mining and quarrying (not including support activities for mining), manufacturing(not including repair service of metal products, machinery and equipment), production and supply of electricity, heat, gas and water, and construction. Tertiary industry refers to all other economic activities not included in the primary or secondary industries.

GDP Index The ratio of nominal GDP to real GDP. A relative number that reflects the changing trend and degree of GDP in a given period. There are two kinds of GDP indexes in this book. One is based on 1952, and the other is based on the previous year.

Per Capita GDP The ratio of GDP and permanent resident population of a country or region in this year, the per capita GDP, is an important standard to measure the degree of economic development of a country or region and people's living standards.

Industry Contribution Rate That is, the proportion of GDP increment of the industry in the total GDP increment, which is used to analyze the role of each industry in economic growth.

3 人口与就业

Population and Employment

资料整理：白　菲　郝建航

Arranged By：BaiFei，　Hao Jianhang

3-1 历次全国人口普查内蒙古人口基本情况

Basic Conditions of All Region Population Census in 1953,1964,1982,1990,2000 and 2010

单位：万人 (10 000 persons)

指　标			1964	1982	1990	2000	2010
总人口	**Total Population**		**1233.41**	**1927.43**	**2145.65**	**2375.54**	**2470.63**
男	Male	343.19	669.28	1005.29	1115.57	1228.90	1283.13
女	Female	266.83	564.13	922.14	1030.08	1146.64	1187.50
总户数(万户)	**Total Number of Households (10 000 households)**	**138.70**	**261.39**	**420.00**	**529.34**	**708.16**	**847.05**
家庭户	Family Households			418.75	527.31	695.48	817.61
集体户	Collective Households			1.25	2.03	12.68	29.44
各年龄组人口	**Population by Age**						
0-5 岁	Age 0-5			237.01	246.92	151.13	134.60
6-14 岁	Age 6-14			447.58	363.45	354.43	213.66
15-64 岁	Age 15-64			1173.22	1449.29	1742.85	1935.56
65 岁及以上	Age 65 and Over			69.62	85.99	127.13	186.81
民族人口	**Nationality Population**						
汉族	Han Nationality	512.00	1072.94	1627.76	1729.00	1882.39	1965.07
蒙古族	Mongolian Nationality	88.82	138.45	248.94	337.97	402.92	422.61
其他少数民族	Other Minority Nationalities	7.24	22.00	50.73	78.67	90.23	82.95
15 岁及以上人口	**Population Aged 15 and Over**			**1242.84**	**1535.28**	**1869.98**	**2122.37**
6 岁及以上人口按受教育程度分组	**Population Aged 6 and Over by Educational Level**			**1690.42**	**1898.73**	**2224.41**	**2236.03**
大学本科	Undergraduates				10.83	24.47	91.99
大学专科	College Students			11.00	20.90	65.88	160.20
中专	Specialized Secondary School				42.97	89.66	
高中	Senior Secondary School			143.68	173.07	237.22	373.69
初中	Junior Secondary School			371.99	546.55	826.65	968.93
小学	Primary School			631.58	716.68	739.60	627.99
不识字或识字很少	Illiterate and Semi-Illiterate			422.29	332.82	240.93	113.23
市镇乡村人口	**Population of Cities, Towns & Countyside**						
市镇人口	City & Town		305.10	556.14	779.69	1013.88	1372.02
乡村人口	County		928.31	1371.29	1365.96	1361.66	1098.61

注：1953、1964、1982 和 1990 年数据为年中数(7 月 1 日零时), 2000、2010 年数据为 2000、2010 年 11 月 1 日零时快速汇总数。
a)Data on 1953,1964,1982 and 1990 is year-middle data(at zero hour of Jul.1). The figures from the pre liminary tabulationa,2000,2010 is data at zero hour of Nov.1.

3-2 年末总人口数及构成

Population and Its Composition at Year-end

单位：万人 (10 000 persons)

年 份 Year	年末总人口 Total Population (year-end)	按性别分 By Sex 男 Male	 女 Female	按城乡分 By Residence 市镇人口 Urban	 乡村人口 Rural
1949	608.1	334.0	274.1	75.2	532.9
1952	715.9	394.3	321.6	91.9	624.0
1957	936.0	519.3	416.7	175.4	760.6
1965	1296.4	700.1	596.3	268.3	1028.1
1970	1491.0	799.0	692.0	320.8	1170.2
1975	1737.9	918.6	819.3	379.3	1358.6
1978	1823.4	957.8	865.6	397.5	1425.9
1980	1876.5	981.2	895.3	433.1	1443.4
1981	1902.9	994.9	908.0	445.2	1457.7
1982	1941.6	996.0	945.6	565.2	1376.4
1983	1969.8	1009.8	960.0	573.8	1396.0
1984	1993.1	1022.7	970.4	847.1	1146.0
1985	2015.9	1043.6	972.3	874.1	1141.8
1986	2040.7	1058.0	982.7	932.2	1108.5
1987	2066.4	1062.3	1004.1	1004.5	1061.9
1988	2093.9	1083.2	1010.7	1033.8	1060.1
1989	2122.2	1102.4	1019.8	1055.8	1066.5
1990	2162.6	1127.6	1035.0	781.1	1381.4
1991	2183.9	1132.8	1051.0	807.4	1376.4
1992	2206.6	1142.1	1064.5	817.1	1389.5
1993	2232.4	1149.8	1082.6	831.8	1400.6
1994	2260.5	1161.5	1099.0	849.3	1411.2
1995	2284.4	1187.6	1096.8	873.1	1411.3
1996	2306.6	1198.0	1108.6	887.2	1419.4
1997	2325.7	1207.5	1118.2	905.6	1420.1
1998	2344.9	1216.7	1128.2	936.7	1408.2
1999	2361.9	1224.6	1137.3	967.8	1394.1

3-2 续表 Continued

单位：万人　　(10 000 persons)

年 份 Year	年末总人口 Total Population (year-end)	按性别分 By Sex		按城乡分 By Residence	
		男 Male	女 Female	市镇人口 Urban	乡村人口 Rural
2000	2372.4	1227.2	1145.2	1001.1	1371.3
2001	2381.4	1230.6	1150.8	1036.8	1344.6
2002	2384.1	1231.1	1153.0	1050.3	1333.8
2003	2385.8	1231.4	1154.3	1067.4	1318.4
2004	2392.7	1234.2	1158.5	1097.3	1295.4
2005	2403.1	1237.9	1165.2	1134.3	1268.8
2006	2415.1	1243.0	1172.1	1174.7	1240.4
2007	2428.8	1250.0	1178.8	1218.0	1210.8
2008	2444.3	1255.9	1188.4	1264.1	1180.2
2009	2458.2	1263.5	1194.7	1312.7	1145.5
2010	2472.2	1283.9	1188.3	1372.9	1099.3
2011	2481.7	1288.0	1193.7	1405.2	1076.5
2012	2489.9	1291.6	1198.2	1437.6	1052.3
2013	2497.6	1294.4	1203.2	1466.4	1031.3
2014	2504.8	1296.9	1207.9	1490.6	1014.2
2015	2511.0	1298.7	1212.3	1514.2	996.9
2016	2520.1	1302.5	1217.6	1542.1	978.1
2017	2528.6	1305.2	1223.4	1568.2	960.4
2018	2534.0	1306.2	1227.8	1589.1	944.9
2019	2539.6	1308.3	1231.2	1609.4	930.2

注：1985年之前为户籍统计数，2011年及以后年份为人口变动抽样调查推算数据，其余年份为根据历次人口普查数据调整的数据。

a)Before 1985,the data are from household registrations.After 2011(inclusive),the data have been estimated on the basis of the annual national sample surveys of population,the rest of the data covered in those table have been estimated on the basis of the census year estimates.

3-3 人口出生率、死亡率、自然增长率

Birth Rate,Death Rate and Natural Growth Rate

单位：‰ (‰)

年 份 Year	出生率 Birth Rate	死亡率 Death Rate	自然增长率 Natural Growth Rate	人口机械增长率 Migratory Growth Rate
1956	29.5	7.9	21.6	40.0
1957	37.2	10.5	26.7	16.3
1958	28.4	7.9	20.5	31.7
1959	30.8	11.0	19.8	54.8
1960	29.4	9.4	20.0	94.1
1961	22.1	8.8	13.3	-37.1
1962	38.2	9.0	29.2	-21.7
1963	41.3	8.5	32.8	3.7
1964	41.9	11.8	30.1	0.9
1965	40.0	9.3	30.7	2.8
1966	36.1	8.1	28.0	-2.8
1967	34.9	7.7	27.2	3.5
1968	34.9	7.3	27.6	1.2
1969	32.5	6.8	25.7	8.4
1970	32.3	6.2	26.1	-5.1
1971	29.7	5.6	24.1	18.0
1972	30.7	6.6	24.1	6.3
1973	28.3	5.7	22.6	7.1
1974	25.9	6.1	19.8	12.4
1975	23.3	6.1	17.2	1.8
1976	20.1	5.5	14.6	3.3
1977	18.1	5.4	12.7	3.5
1978	18.5	5.2	13.3	0.6
1979	18.1	4.9	13.2	-0.3
1980	16.5	4.9	11.5	
1981	17.3	4.9	12.4	1.3
1982	21.2	5.7	15.5	-0.8
1983	20.0	5.5	14.5	
1984	18.9	5.5	13.4	-1.7
1985	17.2	5.7	11.5	-0.1
1986	19.1	5.9	13.2	-1.0
1987	19.7	6.1	13.6	-1.1
1988	19.0	5.7	13.3	-0.1
1989	19.3	5.8	13.5	-0.7
1990	21.2	7.2	14.0	-1.1
1991	16.8	7.0	9.8	-1.2
1992	17.1	6.7	10.3	-1.3
1993	18.5	6.8	11.7	-0.5
1994	19.0	6.5	12.5	-0.3

3-3 续表 Continued

单位：‰ (‰)

年 份 Year	出生率 Birth Rate	死亡率 Death Rate	自然增长率 Natural Growth Rate	人口机械增长率 Migratory Growth Rate
1995	17.2	6.7	10.5	-0.1
1996	16.1	6.4	9.7	0.1
1997	15.2	7.0	8.3	0.1
1998	14.4	6.2	8.2	
1999	13.3	6.1	7.2	-0.2
2000	12.1	5.9	6.1	-0.6
2001	10.8	5.8	5.0	-1.2
2002	9.6	5.9	3.7	-2.6
2003	9.2	6.2	3.1	-2.4
2004	9.5	6.0	3.6	-0.6
2005	10.1	5.5	4.6	-0.3
2006	9.9	5.9	4.0	1.0
2007	10.2	5.7	4.5	1.2
2008	9.8	5.5	4.3	2.1
2009	9.6	5.6	4.0	1.7
2010	9.3	5.5	3.8	1.9
2011	8.9	5.4	3.5	0.3
2012	9.2	5.5	3.7	-0.4
2013	9.0	5.6	3.4	-0.3
2014	9.3	5.8	3.6	-0.7
2015	7.7	5.3	2.4	0.1
2016	9.0	5.7	3.3	0.3
2017	9.5	5.7	3.7	-0.4
2018	8.4	6.0	2.4	-0.3
2019	8.2	5.7	2.6	-0.4

3-4 年末总人口及人口变动

Population and Its Changes at Year-end

项　目	Item	2018	2019	2019 年比 2018 年增长% Increase Rate in 2019 over 2018(%)
常住人口(万人)	**Permanet Resident Population (10 000 persons)**	**2533.98**	**2539.56**	**0.22**
按性别分	**By Sex**			
男(万人)	Male(10 000 persons)	1306.23	1308.32	0.16
女(万人)	Female(10 000 persons)	1227.75	1231.24	0.28
按年龄组分	**By Age**			
0-14 岁（万人）	Aged 0-14 (10 000 persons)	338.29	335.98	-0.68
15-64 岁（万人）	Aged 15-64 (10 000 persons)	1930.64	1923.46	-0.37
65 岁以上（万人）	Aged 65 and Over (10 000 persons)	265.05	280.11	5.68
按城乡分	**By Residence**			
市镇人口(万人)	Urban(10 000 persons)	1589.06	1609.37	1.28
乡村人口(万人)	Rural(10 000 persons)	944.92	930.19	-1.56
人口自然变动	**Population Natural Changes**			
出生人口(万人)	Briths(10 000 persons)	21.14	20.88	-1.23
男	Male	10.88	10.74	-1.29
女	Female	10.26	10.14	-1.17
死亡人口(万人)	Deaths(10 000 persons)	15.06	14.36	-4.65
出生率(‰)	Birth Rate(‰)	8.35	8.23	-0.12
死亡率(‰)	Death Rate(‰)	5.95	5.66	-0.29
自然增长率(‰)	Natural Growth Rate(‰)	2.40	2.57	0.17

注：本表数据根据人口变动调查数据推算。

a)Data in the table are estimates from the Sample Survey on Population Changes.

3-5 民族人口及构成

Nationality Population and Its Composition

单位：人 (person)

项　目	Item	2018	2019	构 成 (%) Composition 2018	2019
汉族	Han	18788822	18773216	76.99	76.87
蒙古族	Mongolian	4666079	4691850	19.12	19.21
回族	Hui	217186	217359	0.89	0.89
满族	Man	557536	562132	2.28	2.30
朝鲜族	Korean	22804	22593	0.09	0.09
达斡尔族	Daur	86721	86632	0.36	0.35
鄂温克族	Ewenki	32886	33015	0.13	0.14
鄂伦春族	Oroqen	4724	4778	0.02	0.02
壮族	Zhuang	2476	2511	0.01	0.01
藏族	Tibetan	1906	1948	0.01	0.01
锡伯族	Xibe	3758	3773	0.02	0.02
苗族	Miao	2262	2335	0.01	0.01
土家族	Tujia	2228	2296	0.01	0.01
彝族	Yi	2008	2065	0.01	0.01
维吾尔族	Uygur	248	251		
其他少数民族	Other Minority Nationalities	13531	13711	0.06	0.06
外国人加入中国籍	Foreigners Naturalized China	3	7		

注:本表数据为公安户籍统计数。

a) Date in the Table is Registered Statistics.

3-6 年末民族人口数
Nationality Population at Year-end

年 份 Year	在人口总数中 Total Populational Including							
	汉族 (万人) Han (10000 persons)	蒙古族 (万人) Mongolian (10000 persons)	回族 (万人) Hui (10000 persons)	满族 (万人) Man (10000 persons)	朝鲜族 (人) Korean (person)	达斡尔族 (人) Daur (person)	鄂温克族 (人) Ewenki (person)	鄂伦春族 (人) Oroqen (person)
1951	589.6	87.1	4.7	1.9	6242	18060	5546	919
1952	614.4	91.2	5.0	2.0	6590	19129	5611	929
1953	649.3	98.5	5.2	2.1	6841	19480	5667	953
1954	687.6	102.7	5.4	2.2	7120	21304	5976	989
1955	725.6	105.5	5.8	2.3	7589	21883	6313	1067
1956	775.7	108.6	6.2	2.0	10213	22253	5665	1009
1957	811.2	111.6	6.7	2.1	11247	24278	6178	949
1958	857.1	114.1	7.5	2.5	12674	27656	6723	1025
1959	930.7	115.5	8.0	3.0	13209	29884	6593	1124
1960	1049.8	121.4	9.4	3.2	14056	30420	6935	1135
1961	1021.0	123.5	10.5	2.8	12457	30918	7508	1143
1962	1023.5	129.7	10.0	3.2	11934	31201	8558	1129
1963	1061.1	134.6	10.3	3.8	11827	32509	8469	1145
1964	1091.4	140.3	11.2	5.0	11328	34819	9038	1205
1965	1129.4	144.5	11.3	5.3	11412	35980	9191	1272
1966	1158.3	148.3	11.4	5.5	11513	36620	9591	1318
1971	1358.2	169.7	13.2	6.8	13884	40440	11038	1364
1972	1401.7	172.9	13.4	6.9	13426	42966	11195	1409
1973	1444.5	178.5	13.8	7.1	13864	44971	11268	1454
1974	1493.4	182.6	14.2	7.4	14400	46420	11639	1499
1975	1521.7	186.6	14.3	7.6	14862	48333	12426	1544
1976	1549.0	189.5	14.6	7.8	15750	48967	13554	1592
1977	1573.9	193.1	14.7	7.9	15420	52733	12753	1524
1978	1592.9	198.6	15.0	8.0	15403	55372	12657	1579
1979	1617.0	202.1	14.6	8.7	20881	53954	15592	1600
1980	1632.7	209.0	15.3	10.3	16193	56399	14722	1699
1981	1651.5	215.3	15.8	11.0	16062	56801	15245	1754
1982	1637.9	253.2	17.0	23.7	17337	56883	17525	2186
1983	1657.5	260.3	17.0	24.9	17800	59500	18000	2200
1984	1671.0	268.1	17.6	26.0	18400	60500	18300	2300
1985	1686.2	274.7	17.1	27.1	18600	61500	18900	2300
1986	1696.8	285.5	17.7	29.4	19485	64129	19840	2483
1987	1706.9	297.2	18.3	32.3	19743	65167	20412	2561
1988	1721.8	307.3	18.5	34.4	20152	66462	20499	2686
1989	1729.9	315.7	18.8	35.7	21147	69579	20853	2793
1990	1749.1	328.5	18.7	40.0	22380	70959	22494	2976
1991	1758.7	333.1	19.0	40.9	22047	71598	23138	3171
1992	1766.1	338.3	19.5	41.4	22161	72432	23321	3262
1993	1779.4	343.4	19.7	42.1	21963	73574	23928	3242
1994	1791.6	349.6	19.7	42.8	22735	73354	24427	3302

3-6 续表 Continued

年 份 Year	在人口总数中 Total Populational Including							
	汉族 (万人) Han (10000 persons)	蒙古族 (万人) Mongolian (10000 persons)	回族 (万人) Hui (10000 persons)	满族 (万人) Man (10000 persons)	朝鲜族 (人) Korean (person)	达斡尔族 (人) Daur (person)	鄂温克族 (人) Ewenki (person)	鄂伦春族 (人) Oroqen (person)
1995	1803.4	356.5	19.9	43.7	22741	72680	24545	3447
1996	1820.0	364.2	20.0	44.8	22772	73689	25059	3436
1997	1836.8	371.8	20.4	45.5	22759	74992	25632	3599
1998	1851.0	378.6	20.4	46.2	23068	73797	25578	3568
1999	1865.5	382.8	21.0	46.0	23825	73818	26001	3813
2000	1832.5	386.0	20.9	47.0	23278	76374	26546	3704
2001	1843.7	391.8	20.8	48.1	23841	77145	26870	3846
2002	1855.0	396.0	21.1	47.8	24009	79202	27423	3968
2003	1860.6	404.0	21.1	48.7	23863	79195	27915	3998
2004	1866.5	408.0	21.3	48.7	24117	79960	28285	4229
2005	1853.8	412.7	21.0	49.1	23503	79248	27931	4791
2006	1880.9	414.4	21.1	49.9	23800	82342	28774	4816
2007	1898.0	427.7	21.3	50.6	24117	83610	29085	5000
2008	1913.3	433.5	21.4	51.4	24353	84478	29589	5032
2009	1921.4	441.6	21.5	51.9	24318	83127	30163	4561
2010	1921.5	441.1	21.6	52.4	24184	83007	30863	4594
2011	1927.4	447.2	21.8	52.8	24017	83284	31296	4623
2012	1917.7	450.2	21.8	53.4	23784	83653	31248	4664
2013	1918.4	454.9	21.9	54.0	24172	84342	31505	4739
2014	1906.2	458.4	22.1	54.4	23809	85039	31917	4817
2015	1889.7	457.8	21.7	54.5	23105	85616	32005	4528
2016	1889.1	462.4	21.7	55.0	22990	86428	32484	4571
2017	1880.1	463.9	21.8	55.3	22883	86607	32696	4604
2018	1878.9	466.6	21.7	55.8	22804	86721	32886	4724
2019	1877.3	469.2	21.7	56.2	22593	86632	33015	4778

注：本表数据为公安户籍统计数。

a) Date in the Table is Registered Statistics.

3-7 就业基本情况

Employment

项　目	Item	2000	2005	2010	2015	2019
就业人员总计(万人)	**Total Number of Employed Persons(10 000 persons)**	**1061.6**	**1041.1**	**1184.7**	**1463.7**	**1331.0**
第一产业	Primary Industry	553.7	560.5	571.0	572.3	556.8
第二产业	Secondary Industry	182.4	162.7	206.2	249.7	209.3
第三产业	Tertiary Industry	325.5	317.9	407.5	641.7	564.9
就业人员构成(总计=100)	**Composition of Employed Persons(total=100)**					
第一产业	Primary Industry	52.2	53.8	48.2	39.1	41.8
第二产业	Secondary Industry	17.1	15.6	17.4	17.1	15.7
第三产业	Tertiary Industry	30.7	30.5	34.4	43.8	42.4
按城乡分就业人员(万人)	**Number of Employed Persons by Urban and Rural Areas(10 000 persons)**	**1061.6**	**1041.1**	**1184.7**	**1463.7**	**1331.0**
城镇就业人员	**Urban Employed Persons**	**430.1**	**350.3**	**465.2**	**725.7**	**619.5**
#国有单位	State-owned Units	201.1	162.0	169.4	168.0	138.1
城镇集体单位	Urban Collective-owned Units	25.6	12.4	8.9	5.9	1.8
股份合作单位	Cooperative Units	2.9	1.8	2.1	0.9	1.1
联营单位	Joint Ownership Units	0.6	0.3	0.2	0.1	0.3
有限责任公司	Limited Liability Corporations	26.0	47.0	45.5	90.8	99.3
股份有限公司	Share-holding Corporations Ltd.	8.2	14.3	17.8	23.3	28.8
私营企业	Private Enterprises	28.6	47.1	103.1	168.1	132.5
港澳台商投资单位	Units with Funded from Hong Kong,Macao & Taiwan	1.7	1.6	1.6	2.5	2.3
外商投资单位	Foreign Funded Units	2.2	2.5	2.8	5.5	3.2
个体	Self-employed Individuals	88.2	60.2	113.0	259.3	206.1
乡村就业人员	**Rural Employed Persons**	**631.5**	**690.8**	**719.5**	**738.1**	**711.5**
职工人数(万人)	**Number of Staff and Workers (10 000 persons)**	**263.9**	**239.6**	**244.9**	**289.6**	**264.7**
国有单位	State-owned Units	197.3	159.7	166.7	164.4	132.6
城镇集体单位	Urban Collective-owned Units	25.4	12.2	8.6	5.6	1.7
其他单位	Units of Other Types of Ownership	41.2	67.7	69.6	119.6	130.3
城镇单位女性就业人员(万人)	**Number of Female Employment in Urban Units(10 000 persons)**	**102.9**	**91.8**	**91.6**	**107.7**	**112.6**
城镇登记失业人数(万人)	**Number of Registered Unemployed Persons in Urban Areas(10 000 persons)**	**12.65**	**17.75**	**20.81**	**25.87**	**28.13**
城镇登记失业率(%)	**Registered Unemployment Rate in Urban Areas(%)**	**3.34**	**4.26**	**3.90**	**3.65**	**3.70**

注：1. 1998年及以后城镇单位就业人员、职工人数统计口径有调整，详见本篇末指标解释。
2. 2003年以后全社会就业人员中不包括社会自由从业人员。
3. 2017年起，城镇私营单位就业人员使用统计部门抽样调查推算数据，个体就业人员使用工商登记注册人数。2017年以前均使用工商登记注册人数。

a)Statistical coverage of staff and workers employed in urban units was adjusted after 1998.Please refer to the explanatory notes at the end of this chapter.

b)Social total number of employed persons doesn't include social self-employed persons after 2003.

c)Since 2017, the employed persons of urban private units shall use the statistics department's sampling survey data, and the number of individuals employed shall be registered for industry and commerce. The number of people registered for business registration shall be adopted before 2017.

3-8 按三次产业划分的年末就业人员

Number of Employed Persons at Year-end by Type of Industry

年 份 Year	就业人员 (万人) Total (10 000 persons)				构成(合计=100) Composition in Percentage(total=100)		
		第一产业 Primary Industry	第二产业 Secondary Industry	第三产业 Tertiary Industry	第一产业 Primary Industry	第二产业 Secondary Industry	第三产业 Tertiary Industry
1965	476.8	379.7	45.3	51.8	79.64	9.50	10.86
1970	524.4	405.2	63.6	55.6	77.27	12.13	10.60
1975	607.5	441.6	95.5	70.4	72.69	15.72	11.59
1978	652.8	438.0	120.5	94.3	67.10	18.45	14.45
1980	698.4	460.7	129.7	108.0	65.97	18.57	15.46
1981	731.2	478.8	136.4	116.0	65.48	18.66	15.86
1982	762.4	501.5	140.1	120.8	65.78	18.38	15.84
1983	798.8	515.8	146.7	136.3	64.57	18.37	17.06
1984	827.8	524.5	154.5	148.8	63.36	18.66	17.98
1985	856.6	517.8	174.8	164.0	60.45	20.40	19.15
1986	875.4	521.7	184.6	169.1	59.60	21.08	19.32
1987	891.0	490.3	188.0	212.7	55.03	21.10	23.87
1988	909.7	490.0	200.1	219.6	53.86	22.00	24.14
1989	910.3	491.3	199.1	219.9	53.97	21.87	24.16
1990	924.6	515.5	201.4	207.7	55.76	21.78	22.46
1991	962.9	537.9	208.8	216.2	55.86	21.68	22.45
1992	976.0	531.4	217.1	227.5	54.45	22.24	23.31
1993	1008.2	535.4	220.4	252.4	53.10	21.86	25.04
1994	1033.4	536.5	225.1	271.8	51.92	21.78	26.30
1995	1029.4	536.8	225.0	267.6	52.15	21.85	26.00
1996	1039.0	546.8	223.4	268.8	52.63	21.50	25.87
1997	1050.3	544.6	213.2	292.5	51.85	20.30	27.85
1998	1050.3	542.6	207.1	300.6	51.66	19.72	28.62
1999	1056.7	555.4	185.5	315.8	52.56	17.55	29.89

3-8 续表 Continued

年 份 Year	就业人员(万人) Total (10 000 persons)	第一产业 Primary Industry	第二产业 Secondary Industry	第三产业 Tertiary Industry	构成(合计=100) Composition in Percentage(total=100) 第一产业 Primary Industry	第二产业 Secondary Industry	第三产业 Tertiary Industry
2000	1061.6	553.7	182.4	325.5	52.20	17.10	30.70
2001	1067.0	550.5	179.3	337.2	51.60	16.80	31.60
2002	1086.1	552.3	173.7	360.1	50.90	16.00	33.10
2003	1005.2	548.7	152.5	303.9	54.59	15.17	30.24
2004	1026.1	559.3	153.0	313.8	54.51	14.91	30.58
2005	1041.1	560.5	162.7	317.9	53.83	15.64	30.53
2006	1051.2	565.3	168.0	317.8	53.78	15.98	30.23
2007	1081.5	569.3	183.6	328.6	52.64	16.98	30.38
2008	1103.3	556.7	186.2	360.4	50.45	16.88	32.67
2009	1142.5	558.0	193.3	391.2	48.84	16.92	34.24
2010	1184.7	571.0	206.2	407.5	48.20	17.41	34.39
2011	1249.3	573.0	221.5	454.8	45.87	17.73	36.40
2012	1304.9	583.4	236.1	485.4	44.70	18.10	37.20
2013	1408.2	580.9	264.6	562.7	41.25	18.79	39.96
2014	1485.4	582.0	271.4	632.0	39.18	18.27	42.55
2015	1463.7	572.3	249.7	641.7	39.10	17.06	43.84
2016	1474.0	590.5	233.7	649.8	40.06	15.85	44.09
2017	1424.9	589.4	224.9	610.7	41.40	15.80	42.80
2018	1348.6	577.0	226.7	544.9	42.79	16.81	40.40
2019	1331.0	556.8	209.3	564.9	41.83	15.73	42.44

注：2003年以后就业人员中不包括社会自由就业人员。

a)Social total number of employed persons doesn't include social self-employed persons after 2003.

3-9 分行业城镇非私营单位年末女性就业人员(2019年)

Number of Female Employed Persons in Urban Non-Private at Year-end by Sector(2019)

单位：人 (person)

项目	Item	合计 Total	国有单位 State-owned Units	城镇集体单位 Urban Collective -owned Units	其他单位 Units of Other Types of Ownership
总计	**Total**	**1126443**	**641140**	**8318**	**476985**
按企、事业和机关分组	**Grouped by Enterprises, Institutions and Agencies**				
#企业	Enterprises	509223	61523	6360	441340
事业	Institutions	429698	412926	1790	14982
机关	Agencies & Organizations	161534	161316	34	184
按国民经济行业分组	**Grouped by Sector**				
农、林、牧、渔业	Farming, Forestry, Animal Husbandry and Fishery	19404	14887	8	4509
采矿业	Mining	21811	2351	16	19444
制造业	Manufacturing	79863	695	532	78636
电力、燃气及水的生产和供应业	Production & Supply of Electric Power, Gas and Water	39146	4471	7	34668
建筑业	Construction	21698	1099	29	20570
批发和零售业	Wholesale and Retail Trade	39842	2484	157	37201
交通运输、仓储和邮政业	Transportation, Storage and Postal Services	46861	11828	289	34744
住宿和餐饮业	Quarters and Catering	16483	2055	166	14262
信息传输、软件和信息技术服务业	Information Transmission,Software and IT Services	22411	3462	4	18945
金融业	Banking	124952	13103	4220	107629
房地产业	Real Estate	26454	811	122	25521
租赁和商务服务业	Leasing and Commercial Services	24134	7154	240	16740
科学研究和技术服务业	Scientific and Technical Services	24866	15527	156	9183
水利、环境和公共设施管理业	Water Conservancy, Environment and Public Facilities Administration	14875	8708	590	5577
居民服务、修理和其他服务业	Resident Services, Repairs and Other Services	3270	461	166	2643
教育	Education	245824	212586	431	32807
卫生和社会工作	Health and Social Work	128954	117689	1082	10183
文化、体育和娱乐业	Culture,Sports & Recreational	15869	13600	27	2242
公共管理、社会保障和社会组织	Public Administration,Social Security and Social Organizations	209726	208169	76	1481
国际组织	International Organizations				

3-10 按登记注册类型和城乡划分的年末就业人员

单位：万人

年 份 Year	总 计 Total	城 镇				
		合 计 Sub-total	#国有单位 State-owned Units	#集体单位 Collective-owned Units	#股份合作单位 Share Holding Units	#联营单位 Joint-owned Units
1965	476.8	101.2	86.5	13.4		
1970	524.4	124.8	110.9	13.9		
1975	607.5	176.9	143.8	32.9		
1978	652.8	227.8	183.2	44.4		
1980	698.4	225.4	200.6	53.7		
1985	856.6	335.6	241.4	79.0		
1987	891.0	359.7	260.2	82.5		0.1
1988	909.7	373.3	268.3	84.7		0.2
1989	910.3	375.4	271.0	86.0		0.3
1990	924.6	386.6	282.3	87.0		0.4
1991	962.9	404.2	293.2	89.3		0.6
1992	976.0	415.7	302.1	89.6		1.0
1993	1008.2	434.2	301.1	87.4	1.2	0.3
1994	1033.4	453.8	301.7	76.1	5.0	0.4
1995	1029.4	440.0	302.3	70.8	5.9	0.3
1996	1039.0	434.7	302.1	66.8	5.9	0.3
1997	1050.3	444.9	291.9	59.4	7.1	0.2
1998	1050.3	443.4	252.4	45.7	2.9	0.8
1999	1056.7	435.7	232.4	37.8	2.9	0.9
2000	1061.6	430.1	201.1	25.6	2.9	0.6
2001	1067.0	434.5	188.9	20.5	2.2	0.5
2002	1086.1	435.6	177.8	17.7	1.9	0.4
2003	1005.2	352.9	169.2	15.8	2.0	0.3
2004	1026.1	350.3	166.6	13.5	1.7	0.3
2005	1041.1	350.3	162.0	12.4	1.8	0.3
2006	1051.2	365.0	160.5	11.5	1.5	0.3
2007	1081.5	383.5	162.0	11.1	1.9	0.3
2008	1103.3	414.9	163.5	10.1	1.4	0.3
2009	1142.5	439.5	166.7	9.2	1.9	0.2
2010	1184.7	465.2	169.4	8.9	2.1	0.2
2011	1249.3	517.1	173.1	8.5	1.5	0.2
2012	1304.9	562.6	176.3	8.5	2.4	0.2
2013	1408.2	665.4	170.8	7.3	2.0	0.1
2014	1485.4	738.8	168.1	6.3	1.1	0.2
2015	1463.7	725.7	168.0	5.9	0.9	0.1
2016	1474.0	720.7	167.8	5.8	0.7	0.1
2017	1424.9	678.6	164.3	5.0	0.7	0.1
2018	1348.6	619.7	158.3	4.1	0.8	0.01
2019	1331.0	619.5	138.1	1.8	1.1	0.3

Number of Employed Persons at Year-end by Status of Registration and Residence in Urban and Rural Areas

(10 000 persons)

Urban Area						
#有限责任公司 Limited Liability Corporations	#股份有限公司 Share-holding Corporations Ltd.	#私营企业 Private Enterprises	#港澳台商投资单位 Units with Funded from Hong Kong, Macao and Taiwan	#外商投资单位 Foreign Funded Economic Units	#个 体 Self-employed Individuals	乡 村 Rural Area
					1.3	375.6
						399.6
					0.2	430.6
					0.2	425.0
					1.1	443.0
					15.2	521.0
					16.9	531.3
					20.1	536.4
					18.1	534.9
					16.9	538.0
					21.1	558.7
					23.0	560.3
		3.8	1.0	1.1	28.7	574.0
		5.5	1.4	1.7	38.1	579.6
		7.6	2.0	2.2	36.7	589.4
		10.8	1.9	2.7	40.7	604.3
		14.0	2.1	2.8	57.9	605.4
18.1	6.9	23.0	2.3	1.7	73.2	606.9
23.4	8.0	25.1	2.0	2.1	88.0	621.0
26.0	8.2	28.6	1.7	2.2	88.2	631.5
29.3	9.3	30.4	1.7	1.8	96.2	632.5
34.4	11.1	29.0	1.8	2.0	87.9	650.5
40.2	12.0	35.7	1.7	2.5	72.8	652.3
43.3	13.0	44.2	1.1	2.7	56.1	675.8
47.0	14.3	47.1	1.6	2.5	60.2	690.8
49.3	14.3	53.3	1.3	2.7	69.0	686.2
48.1	17.7	61.8	1.5	2.7	75.2	698.0
45.5	18.3	80.4	1.4	2.8	89.6	688.4
44.5	17.9	89.2	1.5	2.9	104.5	703.0
45.5	17.8	103.1	1.6	2.8	113.0	719.5
53.7	19.6	117.4	1.7	3.1	137.3	732.2
56.6	20.1	133.5	2.4	3.1	158.3	742.3
91.4	22.8	144.8	2.2	5.4	216.7	742.8
92.0	23.7	173.2	2.4	6.3	264.1	746.6
90.8	23.3	168.1	2.5	5.5	259.3	738.1
87.2	22.9	176.8	2.4	5.0	250.6	753.3
79.5	23.8	119.4	2.5	3.7	278.6	746.3
80.9	21.5	120.4	2.8	2.9	226.8	728.9
99.3	28.8	132.5	2.3	3.2	206.1	711.5

3-11 分行业城镇非私营单位年末就业人员(2019年)

Number of Employed Persons in Urban Non-Private Units at Year-end by Sector(2019)

单位：人 (person)

项 目	Item	合 计 Total	国有单位 State-owned Units	城镇集体单位 Urban Collective -owned Unit	其他单位 Units of Other Types of Ownership
总 计	**National Total**	**2809049**	**1380778**	**17598**	**1410673**
按企、事业和机关分组	**Grouped by Enterprises, Institutions and Agencies**				
#企业	Enterprises	1549892	178315	14186	1357391
事业	Institutions	759587	730060	3161	26366
机关	Agencies & Organizations	462502	462102	74	326
按国民经济行业分组	**Grouped by Sector**				
农、林、牧、渔业	**Farming, Forestry, Animal Husbandry and Fishery**	**86179**	**60678**	**18**	**25483**
农业	Farming	24517	23144		1373
林业	Forestry	39700	27023		12677
畜牧业	Animal Husbandry	2541	305	13	2223
渔业	Fishery	52	20		32
农、林、牧、渔服务业	Agricultural Services	19369	10186	5	9178
采矿业	**Mining**	**144562**	**20329**	**369**	**123864**
制造业	**Manufacturing**	**307896**	**1894**	**1665**	**304337**
电力、燃气及水的生产和供应业	**Production and Supply of Electric Power,Gas and Water**	**146253**	**13168**	**19**	**133066**
建筑业	**Construction**	**129394**	**5857**	**96**	**123441**
房屋建筑业	Housing Construction	71216	213	7	70996
土木工程建筑业	Civil Engineering Construction	45682	3793	86	41803
建筑安装业	Installation of Buildings	5936	7	3	5926
建筑装饰和其他建筑业	Decoration of Buildings and Other Construction	6560	1844		4716
批发和零售业	**Wholesale & Retail Trade**	**82533**	**7823**	**350**	**74360**
批发业	Wholesale Trade	30739	6878	131	23730
零售业	Retail Trade	51794	945	219	50630
交通运输、仓储和邮政业	**Transportation, Storage and Postal Services**	**199034**	**32249**	**672**	**166113**
铁路运输业	Railway Transport	108116	127		107989
道路运输业	Roadway Transport	57632	17092	551	39989
水上运输业	Water Transport	2	2		
航空运输业	Air Transport	7407	858		6549
管道运输业	Pipeline Transport	185			185
装卸搬运和运输代理业	Handling and Transportation	659	85		574
仓储业	Storage	8574	2160	121	6293
邮政业	Postal Services	16459	11925		4534
住宿和餐饮业	**Quarters and Catering**	**28506**	**3384**	**218**	**24904**
住宿业	Quarters	14297	2458	84	11755
餐饮业	Catering	14209	926	134	13149
信息传输、软件和信息技术服务业	**Information Transmission, Software and IT Services**	**46988**	**7885**	**11**	**39092**
电信、广播电视和卫星传输服务	Telecommunications, Radio and Television,Satellite Transmission Services	40449	7375	11	33063
互联网和相关服务	Internet and Related Services	1107	214		893
软件和信息技术服务业	Software and IT Services	5432	296		5136

3-11 续表 Continued

单位：人 (person)

项　目	Item	合 计 Total	国有单位 State-owned Units	城镇集体单位 Urban Collective -owned Unit	其他单位 Units of Other Types of Ownership
金融业	**Finance**	**206547**	**26443**	**8708**	**171396**
货币金融服务业	Monetary and Financial Services	94197	24021	8708	61468
资本市场服务业	Capital Market Services	497			497
保险业	Insurance	111269	2400		108869
其他金融活动	Others	584	22		562
房地产业	**Real Estate**	**56656**	**1798**	**286**	**54572**
租赁和商务服务业	**Leasing and Commercial Services**	**70842**	**19589**	**846**	**50407**
租赁业	Leasing Services	922	27		895
商务服务业	Commercial Services	69920	19562	846	49512
科学研究、技术服务业	**Scientific and Technical Services**	**70176**	**39100**	**464**	**30612**
研究与试验发展	Research and Development	10310	8621	1	1688
专业技术服务业	Special Technical Services	52045	24701	463	26881
科技推广和应用服务业	Science and Technology Popularization and Application Services	7821	5778		2043
水利、环境和公共设施管理业	**Water Conservancy, Environment and Public Facilities Administration**	**38688**	**22958**	**988**	**14742**
水利管理业	Water Conservancy	6518	5860		658
生态保护和环境治理业	Ecological Protection and Environmental Management	4675	3170		1505
公共设施管理业	Public Facilities Administration	26857	13439	988	12430
土地管理业	Land Management	638	489		149
居民服务、修理和其他服务业	**Resident Services, Repairs and Other Services**	**7663**	**1399**	**212**	**6052**
居民服务业	Resident Services	4580	1237	193	3150
机动车、电子产品和日用产品修理业	Motor Vehicles, Electronics and Household Goods Repair Services	1348	16	1	1331
其他服务业	Other Services	1735	146	18	1571
教育	**Education**	**379095**	**334060**	**651**	**44384**
卫生和社会工作	**Health and Social Work**	**192406**	**175917**	**1830**	**14659**
卫生	Health	184604	171390	1766	11448
社会工作	Social Work	7802	4527	64	3211
文化、体育和娱乐业	**Culture, Sports and Recreational Services**	**31843**	**26996**	**51**	**4796**
新闻出版业	Press	5319	4853	33	433
广播、电视、电影和影视录音制作业	Radio, Television, Film and Video Recording Industry	7342	6273		1069
文化艺术业	Culture and Arts	15186	13486	15	1685
体育	Sports	1967	1330		637
娱乐业	Recreational Services	2029	1054	3	972
公共管理、社会保障和社会组织	**Public Administration, Social Security and Social Organizations**	**583788**	**579251**	**144**	**4393**
中国共产党机关	Chinese Communist Party Agencies	30156	30156		
国家机构	Government Agencies	536549	532643	86	3820
人民政协、民主党派	People's Politics Consultative Conference and Democratic Parties	3401	3401		
社会保障	Social Security	6478	6227		251
群众社团、社会团体和其他成员组织	Mass society, Social Organizations and Other Organizations	7204	6824	58	322
基层群众自治组织及其他组织	Grass-roots Mass Autonomous Organization and Other Organization				

3-12 城镇私营企业年末就业人员及工资(2019年)

Employees and Wages in Urban Private Enterprises at Year-end(2019)

项　目	Item	就业人员（人）Number of Employed Persons (persons)	工资总额（亿元）Total Wage Bill (100 million yuan)	平均工资（元）Average Wage (yuan)
总　计	**Total**	**1325408**	**605.3**	**43491**
按国民经济行业分组	**Grouped by Sector**			
农、林、牧、渔业	Farming, Forestry, Animal Husbandry and Fishery	93841	47.5	44118
采矿业	Mining	145457	82.5	57114
制造业	Manufacturing	114861	49.5	41607
电力、燃气及水的生产和供应业	Production & Supply of Electric Power, Gas and Water	79389	48.3	50478
建筑业	Construction	135023	64.9	44109
批发和零售业	Wholesale and Retail Trade	251447	103.6	39728
交通运输、仓储和邮政业	Transportation, Storage and Postal Services	67106	32.7	45139
住宿和餐饮业	Quarters and Catering	25917	10.1	37515
信息传输、软件和信息技术服务业	Information Transmission, Software and IT Services	25698	10.8	43411
金融业	Banking	34816	16.3	49151
房地产业	Real Estate	81214	29.6	35726
租赁和商务服务业	Leasing and Commercial Services	116675	51.8	40906
科学研究和技术服务业	Scientific and Technical Services	60799	24.6	40335
水利、环境和公共设施管理业	Water Conservancy, Environment and Public	18342	6.5	34716
居民服务、修理和其他服务业	Resident Services, Repairs and Other Services	29233	9.4	38040
教育	Education	15428	5.7	37565
卫生和社会工作	Health and Social Work	11019	4.6	42038
文化、体育和娱乐业	Culture, Sports & Recreational Services	19143	6.7	34813

注：本资料由城镇私营单位抽样调查推算取得。

a)This data is derived from urban private units sample survey.

3-13 个体年末就业人员(2019年)

Number of Self-employed Individuals at Year-end(2019)

单位：户、人 (household)(person)

项　目	Item	合　计 Total		#城　镇 Urban Areas	
		户　数 Number of Households	就业人员 Number of Employed Individuals	户　数 Number of Households	就业人员 Number of Employed Individuals
总　计	**Total**	**1572912**	**3162414**	**897912**	**2060798**
农、林、牧、渔业	Farming, Forestry, Animal Husbandry and Fishery	40574	87514	8688	20832
采矿业	Mining	1003	3960	338	1521
制造业	Manufacturing	79994	201286	35604	79133
电力、燃气及水的生产和供应业	Production & Supply of Electric Power, Gas and Water	178	322	73	141
建筑业	Construction	9333	26568	1736	7167
批发和零售业	Wholesale and Retail Trade	808714	1543451	495835	1116532
交通运输、仓储和邮政业	Transportation, Storage and Postal Services	78489	99735	41388	54233
住宿和餐饮业	Quarters and Catering	243375	607042	127456	373938
信息传输、软件和信息技术服务业	Information Transmission, Software and IT Services	11749	19896	6849	12407
金融业	Banking	108	162	33	58
房地产业	Real Estate	1666	3332	631	1365
租赁和商务服务业	Leasing and Commercial Services	25212	45590	8952	20503
科学研究和技术服务业	Scientific and Technical Services	6705	11667	1575	3261
水利、环境和公共设施管理业	Water Conservancy, Environment and Public Facilities Administration	283	702	134	340
居民服务、修理和其他服务业	Resident Services, Repairs and Other Services	218064	405796	138017	295705
教育	Education	23679	54039	17028	42375
卫生和社会工作	Health and Social Work	10356	22257	6590	15279
文化、体育和娱乐业	Culture, Sports & Recreational Services	7683	17058	4105	9513
其他行业	Others	5747	12037	2880	6495

注：本资料由自治区市场监督管理局提供。

a)Figures in this table are obtained from Administration for Market Regulation of Inner Mongolia Autonomous Region.

3-14 城镇就业及失业人数

Employment and Unemployment in Urban Areas

年 份 Year	当年需要安置人数(人) Number of Need Settled down (person)	登记失业人员当年就业人数(人) Registered unemployed persons in employment this year（person）	年末城镇失业人数(人) Unemployed Person in Urban Area at year-end		失业女性占城镇失业人数(%) Percentage of Female Unemployed Persons to Total Unemployed Persons in Urban Areas	登记失业率(%) Registered Unemploy-ment Rate in Urban Areas
			合 计 Total	#女 性 Female		
1980	429100	202696	367280			12.62
1981	464100	344573	283181			9.39
1982	488300	202958	285369			9.11
1983	464100	179283	267539			8.18
1984	427500	198995	177568			5.34
1985	335600	178336	138773			3.97
1986	347000	207440	127726			3.51
1987	307800	161514	129753			3.48
1988	268100	140598	123579			3.69
1989	266700	116515	143681			3.78
1990	282800	124582	151916			3.49
1991	292500	140710	146319			2.68
1992	275300	154848	114894			3.49
1993	226400	107653	113405			2.62
1994	215400	88637	123660			2.86
1995	232084	87033	139713			3.17
1996	263436	86341	144107	79201	54.96	3.47
1997	258299	105927	145253	85024	58.54	3.40
1998	265256	115162	131138	70463	53.73	3.13
1999	222695	96002	123858	61124	49.35	3.10
2000	239620	106020	126478	66932	52.92	3.34
2001	274460	116527	144687	74641	51.59	3.65
2002	345500	174300	162700	83703	51.45	4.10
2003	406755	215118	175889	93556	53.19	4.50
2004	430454	245309	185118	96233	51.98	4.59
2005	451039	261359	177483	81080	45.68	4.26
2006	527624	320781	179786	88842	49.42	4.13
2007	511642	319431	184573	98785	53.52	4.00
2008	513101	314011	199167	97800	49.10	4.10
2009	492987	290897	201428	103173	51.22	4.05
2010	513615	303436	208110	85596	41.13	3.90
2011	484723	266418	218289	96117	44.03	3.80
2012	525613	294336	231277	106106	45.88	3.73
2013	479820	241773	238047	103627	43.53	3.66
2014	470258	222582	247676	116690	47.11	3.59
2015	498667	239973	258694	109340	42.27	3.65
2016	497417	230283	267134	114923	43.02	3.65
2017	488051	217232	270819	121868	45.00	3.63
2018	477919	207492	270427	135488	50.10	3.58
2019	462441	181095	281346	139377	49.54	3.70

注:1. 本表资料由人力资源和社会保障厅提供。

2. 2011年及以前，登记失业人员当年就业人数为当年就业人数。

a)The Statistics are provided by the Bureau of human resources and social security.

b)Before 2011,registered unemployed persons in employment is employed persons in that very year.

3-15 职工工资总额和指数

Total Wages of Employed Persons and Related Index

年 份 Year	工资总额(万元) Total Wages(10 000 yuan)				指数(上年=100) Index(preceding year=100)			
	总 计 Total	国有单位 State-owned Units	城镇集体单位 Urban Collective -owned Units	其他单位 Units of Other Types of Ownership	总 计 Total	国有单位 State-owned Units	城镇集体单位 Urban Collective -owned Units	其他单位 Units of Other Types of Ownership
1965	70670	63788	6882		102.7	102.7	102.7	
1970	77531	71047	6484		102.2	102.2	102.2	
1975	111072	99489	11583		100.9	100.9	101.7	
1978	149779	128019	21760		112.7	115.5	98.6	
1980	198255	164897	33358		110.0	109.0	115.0	
1981	210486	175079	35407		104.2	104.2	104.2	
1982	230005	189964	40041		107.4	106.7	111.2	
1983	247989	203182	44807		106.5	105.7	110.6	
1984	292787	234455	58332		112.5	110.0	124.1	
1985	339534	271875	67619	40	106.5	106.5	106.4	
1986	405310	324839	80423	48	113.1	113.3	112.7	113.8
1987	436260	350557	85628	75	99.2	99.5	98.1	143.2
1988	531584	429383	102028	173	104.1	104.7	101.8	196.5
1989	589385	475264	113791	330	96.2	96.0	96.7	165.4
1990	662156	540255	121270	631	110.4	111.7	104.7	187.9
1991	755609	615184	139230	1194	107.7	107.4	108.3	178.6
1992	897992	735751	160172	2069	109.3	110.0	105.8	159.3
1993	1090634	894747	185691	10196	104.3	104.5	99.6	423.4
1994	1410664	1178947	201545	30172	104.1	106.0	87.3	238.1
1995	1561199	1312079	208706	40414	94.5	95.0	88.4	114.4
1996	1758549	1483936	227478	47136	104.6	105.1	101.3	108.4
1997	1853641	1586052	210134	57455	100.8	102.2	88.3	116.5
1998	1747030	1375390	161525	210115	96.2	88.5	77.9	376.2
1999	1779688	1379154	141567	258967	101.6	100.0	87.3	122.9

3-15 续表 Continued

年份 Year	工资总额(万元) Total Wages(10 000 yuan)				指数(上年=100) Index(preceding year=100)			
	总计 Total	国有单位 State-owned Units	城镇集体单位 Urban Collective-owned Units	其他单位 Units of Other Types of Ownership	总计 Total	国有单位 State-owned Units	城镇集体单位 Urban Collective-owned Units	其他单位 Units of Other Types of Ownership
2000	1859617	1442792	125315	291510	103.2	103.3	87.4	111.1
2001	2105277	1633364	121820	350093	118.3	118.4	86.1	135.2
2002	2374765	1791830	112018	470918	112.8	109.7	92.0	134.5
2003	2723285	1988162	115527	619597	114.7	111.0	103.1	131.6
2004	3230903	2339836	122020	769046	118.6	117.7	105.6	124.1
2005	3877342	2656826	136088	1084428	120.0	113.5	111.5	141.0
2006	4469480	3078254	141470	1249756	115.3	115.9	104.0	115.3
2007	5365887	3660690	159016	1546181	120.1	118.9	112.4	123.7
2008	6384902	4402592	190267	1792043	119.0	120.3	119.7	115.9
2009	7535111	5338087	227203	1969821	118.0	121.3	119.4	109.9
2010	8798003	6252755	261116	2284132	116.8	117.1	114.9	116.0
2011	11085738	7577309	322083	3186346	126.0	121.2	123.3	139.5
2012	12805461	8652112	373904	3779445	115.5	114.2	116.1	118.6
2013	15633371	9118184	359931	6155256	122.1	105.4	96.3	162.9
2014	16362974	9363412	325262	6674300	104.7	102.7	90.4	108.4
2015	17067037	10217897	327067	6522073	104.3	109.1	100.6	97.7
2016	17957142	10962539	352843	6641759	105.2	107.3	107.9	101.8
2017	18566500	11388004	324081	6854415	103.4	103.9	91.8	103.2
2018	19780470	11551498	315937	7913035	106.5	101.4	97.5	115.4
2019	21985868	11094034	144184	10747650	111.2	96.0	45.6	135.8

注：1998年及以后职工工资总额为在岗职工的工资总额。

a)Data on total wages since 1998 refer to wages of fully employed staff and workers.

3-16 城镇非私营单位就业人员工资总额及指数

Total Wages Bill of Employed Persons in Urban Non-Private Units and Related Indices

年 份 Year	工资总额(万元) Total Wages(10 000 yuan)				指数(上年=100) Index(preceding year=100)			
	总 计 Total	国有单位 State-owned Units	城镇集体单位 Urban Collective-owned Units	其他单位 Units of Other Types of Ownership	总 计 Total	国有单位 State-owned Units	城镇集体单位 Urban Collective-owned Units	其他单位 Units of Other Types of Ownership
2001	2124942	1648998	123737	352207	113.1	113.1	97.4	1120.0
2002	2397894	1809929	113993	473972	112.8	109.8	92.1	134.6
2003	2753832	2010459	117417	625956	114.8	111.1	103.0	132.1
2004	3274412	2368178	124003	782231	118.9	117.8	105.6	125.0
2005	3918100	2685560	138408	1094132	119.7	113.4	111.6	139.9
2006	4509269	3100490	143620	1265159	115.1	115.5	103.8	115.6
2007	5412615	3686453	160873	1565289	120.0	118.9	112.0	123.7
2008	6458546	4432468	194851	1831227	119.3	120.2	121.1	117.0
2009	7618113	5371457	228645	2018011	118.0	121.2	117.3	110.2
2010	8882364	6298574	266814	2316976	116.6	117.3	116.7	114.8
2011	11220451	7624052	330799	3265600	126.3	121.0	124.0	140.9
2012	13047294	8712131	386761	3948402	116.3	114.3	116.9	120.9
2013	15990871	9198833	370868	6421170	122.6	105.6	95.9	162.6
2014	16722710	9444189	336135	6942386	104.6	102.7	90.6	108.1
2015	17410576	10307420	338337	6764819	104.1	109.1	100.7	97.4
2016	18282117	11066123	356478	6859516	105.0	107.4	105.4	101.4
2017	18901024	11505574	335536	7059914	103.4	104.0	94.1	102.9
2018	20216168	11739395	325004	8151769	107.0	102.0	96.9	115.5
2019	22570045	11274494	145727	11149823	111.6	96.0	44.8	[illegible]6.8

3-17 职工平均工资及指数

Average Wages of Employed Persons and Related Index

年 份 Year	职工平均工资(元) Average Wages(yuan)				指数(上年=100) Index(preceding year=100)			
	总 计 Total	国有单位 State-owned Units	城镇集体单位 Urban Collective -owned Units	其他单位 Units of Other Types of Ownership	总 计 Total	国有单位 State-owned Units	城镇集体单位 Urban Collective -owned Units	其他单位 Units of Other Types of Ownership
1965	728	751	544					
1970	648	671	475					
1975	667	707	495					
1978	712	749	563		100.0	105.1	102.1	
1980	796	839	635		104.8	105.4	103.4	
1981	807	851	642		99.5	99.5	99.2	
1982	826	869	669		100.6	100.4	102.5	
1983	862	903	714		103.1	102.7	105.5	
1984	986	1047	801		109.0	110.5	106.9	
1985	1095	1169	872	1023	102.0	102.5	100.0	
1986	1239	1325	982	1034	107.3	107.4	106.7	95.8
1987	1301	1410	1053	1000	96.8	98.1	98.8	89.1
1988	1548	1641	1251	1105	101.7	99.5	101.5	94.4
1989	1685	1779	1381	1451	94.4	94.0	95.7	113.9
1990	1846	1971	1441	1858	107.6	108.8	102.5	125.8
1991	2012	2148	1573	1984	102.8	102.8	103.0	100.7
1992	2339	2493	1823	2292	106.9	106.8	106.6	106.3
1993	2796	2998	2107	2940	102.7	103.2	99.3	110.2
1994	3675	3942	2667	3299	105.7	105.8	101.9	90.3
1995	4134	4407	3001	3906	96.1	95.5	96.1	101.1
1996	4716	4996	3508	4283	106.0	105.4	108.6	102.0
1997	5124	5462	3551	4687	103.9	104.5	96.8	104.6
1998	5792	5979	4184	6367	102.9	101.5	99.5	119.3
1999	6347	6580	4548	6526	109.3	109.7	108.4	102.2

3-17 续表 Continued

年 份 Year	职工平均工资(元) Average Wages(yuan)				指数(上年=100) Index(preceding year=100)			
	总 计 Total	国有单位 State-owned Units	城镇集体单位 Urban Collective -owned Units	其他单位 Units of Other Types of Ownership	总 计 Total	国有单位 State-owned Units	城镇集体单位 Urban Collective -owned Units	其他单位 Units of Other Types of Ownership
2000	6974	7261	4826	6947	108.5	108.9	104.8	105.1
2001	8250	8737	5525	7579	117.6	119.6	113.8	108.4
2002	9683	10287	6431	8777	116.4	116.8	115.4	114.9
2003	11279	11929	7620	10391	114.8	114.2	116.7	116.6
2004	13324	14209	9010	11965	115.2	116.2	115.4	112.3
2005	15985	16598	10804	15514	120.0	116.8	119.9	129.7
2006	18469	19386	12469	17391	115.5	116.8	115.4	112.1
2007	21884	22822	14338	20980	118.5	117.7	115.0	120.6
2008	26114	27316	18809	24476	119.3	119.7	131.2	116.7
2009	30699	32326	24344	27750	117.6	118.3	129.4	113.4
2010	35507	37602	29822	31402	115.7	116.3	122.5	113.2
2011	41481	44143	37963	36578	116.8	117.4	127.3	116.5
2012	47053	49680	46309	42032	113.4	112.5	122.0	114.9
2013	51388	54592	52107	47243	109.2	109.9	112.5	112.4
2014	54460	56987	55159	51241	106.0	104.4	105.9	108.5
2015	57870	62059	58679	52303	106.3	108.9	106.4	102.1
2016	61994	67038	61963	55147	107.1	108.0	105.6	105.4
2017	67688	71419	70471	62176	109.2	106.5	113.7	112.7
2018	75601	76671	81222	73892	111.7	107.4	115.3	118.8
2019	83277	83988	83103	82558	110.2	109.5	102.3	111.7

注：1998年及以后平均工资为在岗职工的年平均工资。

a)Data on total wages since 1998 refer to wages of fully employed staff and workers.

3-18 城镇非私营单位就业人员平均工资及指数

Average Wage of Employed Persons in Urban Non-Private Units and Related Indices

年 份 Year	从业人员平均工资(元) Average Wages(yuan)				指数(上年=100) Index(preceding year=100)			
	总 计 Total	国有单位 State-owned Units	城镇集体单位 Urban Collective-owned Units	其他单位 Units of Other Types of Ownership	总 计 Total	国有单位 State-owned Units	城镇集体单位 Urban Collective-owned Units	其他单位 Units of Other Types of Ownership
2001	8213	8686	5542	7563	118.8	121.0	114.7	109.0
2002	9626	10212	6415	8759	117.2	117.6	115.8	115.8
2003	11208	11837	7605	10361	116.4	115.9	118.6	118.3
2004	13233	14209	9020	11922	118.1	120.0	118.6	115.1
2005	15910	16514	10717	15471	120.2	116.2	118.8	129.8
2006	18382	19275	12404	17360	115.5	116.7	115.7	112.2
2007	21794	22711	14278	20936	118.6	117.8	115.1	120.6
2008	25949	27130	18526	24417	119.1	119.5	129.8	116.6
2009	30486	32108	24145	27597	117.5	118.3	130.3	113.0
2010	35211	37255	29287	31275	115.5	116.0	121.3	113.3
2011	41118	43788	37382	36317	116.8	117.5	127.6	116.1
2012	46557	49278	45344	41598	113.2	112.5	121.3	114.5
2013	50723	53977	50932	46680	108.9	109.5	112.3	112.2
2014	53748	56304	53766	50621	106.0	104.3	105.6	108.4
2015	57135	61290	57202	51783	106.3	108.9	106.4	102.3
2016	61067	66033	61533	54440	106.9	107.7	107.6	105.1
2017	66679	70361	67837	61393	109.2	106.6	110.2	112.8
2018	73835	74801	78282	72325	110.7	106.3	115.4	117.8
2019	80563	81973	82188	79165	109.1	109.6	105.0	109.5

3-19 分行业城镇非私营单位就业人员平均工资

Average Wage of Employed Persons in Urban Non-Private Units by Sector

单位：元 (yuan)

项目	Item	2018	2019	2019年比2018年增长(%) Increase Rate in 2019 over 2018(%)
总计	**Total**	**73835**	**80563**	**9.1**
按企、事业和机关分组	**Grouped by Enterprises, Institutions & Agencies**			
企业	Enterprises	72544	79926	10.2
事业	Institutions	75284	82871	10.1
机关	Agencies & Organizations	76040	81243	6.8
按国民经济行业分组	**Grouped by Sector**			
农、林、牧、渔业	Farming,Forestry,Animal Husbandry and Fishery	43647	54445	24.7
采矿业	Mining	107498	120107	11.7
制造业	Manufacturing	69879	75457	8.0
电力、燃气及水的生产和供应业	Production & Supply of Electric Power,Gas and Water	94454	101391	7.3
建筑业	Construction	51833	54811	5.7
批发和零售业	Wholesale and Retail Trade	61651	66035	7.1
交通运输、仓储和邮政业	Transportation,Storage and Postal Services	82016	91513	11.6
住宿和餐饮业	Quarters and Catering	44045	44381	0.8
信息传输、软件和信息技术服务业	Information Transmission, Software and IT Services	84163	91272	8.4
金融业	Banking	88289	88020	-0.3
房地产业	Real Estate	46733	50721	8.5
租赁和商务服务业	Leasing and Commercial Services	53124	57182	7.6
科学研究和技术服务业	Scientific and Technical Services	80623	88303	9.5
水利、环境和公共设施管理业	Water Conservancy,Environment and Public Facilities Administration	45647	52386	14.8
居民服务、修理和其他服务业	Resident Services,Repairs and Other Services	46717	45347	-2.9
教育	Education	85643	88682	3.5
卫生和社会工作	Health and Social Work	76424	80379	5.2
文化、体育和娱乐业	Culture,Sports & Recreational Services	71777	78895	9.9
公共管理、社会保障和社会组织	Public Administration,Social Security and Social Organizations	74210	76524	3.1
国际组织	International Organizations			

3-20 城镇非私营单位就业人员平均工资(2019年)

Average Wage of Employed Persons in Urban Non-Private Units(2019)

单位：元 (yuan)

项　目	Item	合　计 Total	国有单位 State-owned Units	城镇集体单位 Urban Collective-owned Units	其他单位 Units of Other Types of Ownership
总　计	**Total**	**80563**	**81973**	**82188**	**79165**
按企、事业和机关分组	**Grouped by Enterprises, Institutions & Agencies**				
企业	Enterprises	79926	79760	87758	79865
事业	Institutions	82871	82901	58706	84920
机关	Agencies & Organizations	81243	81242	79908	83442
按国民经济行业分组	**Grouped by Sector**				
农、林、牧、渔业	Farming,Forestry,Animal Husbandry and Fishery	54445	53506	30250	56864
采矿业	Mining	120107	150342	80320	115289
制造业	Manufacturing	75457	72831	45785	75638
电力、燃气及水的生产和供应业	Production & Supply of Electric Power,Gas and Water	101391	72709	50421	104193
建筑业	Construction	54811	69483	52344	54144
批发和零售业	Wholesale and Retail Trade	66035	115914	55682	60786
交通运输、仓储和邮政业	Transportation,Storage and Postal Services	91513	71190	48791	95622
住宿和餐饮业	Quarters and Catering	44381	43215	21540	44740
信息传输、软件和信息技术服务业	Information Transmission, Software and IT Services	91272	87794	117091	91965
金融业	Banking	88020	111961	114485	82796
房地产业	Real Estate	50721	59439	34927	50510
租赁和商务服务业	Leasing and Commercial Services	57182	55071	38427	58306
科学研究和技术服务业	Scientific and Technical Services	88303	95114	37282	80345
水利、环境和公共设施管理业	Water Conservancy, Environment and Public Facilities Administration	52386	57891	24149	45636
居民服务、修理和其他服务业	Resident Services,Repairs and Other Services	45347	61195	32291	42130
教育	Education	88682	92685	66328	58576
卫生和社会工作	Health and Social Work	80379	82175	69550	60053
文化、体育和娱乐业	Culture,Sports & Recreational Services	78895	82012	126451	62042
公共管理、社会保障和社会组织	Public Administration,Social Security and Social Organizations	76524	76608	76597	64996
国际组织	International Organizations				

3-21 国有单位年末就业人员和工资总额(2019年)

Number and Total Wage Bill of Employed Persons in Stateowned Units at Year-end(2019)

单位：万元 (10 000 yuan)

项　目	Item	就业人员（人）Number of Employed Persons (person)	#女 性 Female	在就业人员中 In Employed Persons	
				#在岗职工（人）Staff and Workers (person)	#其他从业人员（人）Other Employed Persons (person)
总　计	**Total**	**1380778**	**641140**	**1326216**	**54562**
按企、事业和机关分组	**Grouped by Enterprises, Institutions & Agencies**				
企业	Enterprises	178315	61523	174866	3449
事业	Institutions	730060	412926	699076	30984
机关	Agencies & Organizations	462102	161316	442359	19743
按国民经济行业分组	**Grouped by Sector**				
农、林、牧、渔业	Farming,Forestry,Animal Husbandry and Fishery	60678	14887	59112	1566
采矿业	Mining	20329	2351	20091	238
制造业	Manufacturing	1894	695	1873	21
电力、燃气及水的生产和供应业	Production & Supply of Electric Power,Gas and Water	13168	4471	12743	425
建筑业	Construction	5857	1099	5844	13
批发和零售业	Wholesale and Retail Trade	7823	2484	7623	200
交通运输、仓储和邮政业	Transportation,Storage and Postal Services	32249	11828	31639	610
住宿和餐饮业	Quarters and Catering	3384	2055	3313	71
信息传输、软件和信息技术服务业	Information Transmission, Software and IT Services	7885	3462	7521	364
金融业	Banking	26443	13103	26295	148
房地产业	Real Estate	1798	811	1739	59
租赁和商务服务业	Leasing and Commercial Services	19589	7154	18486	1103
科学研究和技术服务业	Scientific and Technical Services	39100	15527	37803	1297
水利、环境和公共设施管理业	Water Conservancy,Environment and Public Facilities Administration	22958	8708	21866	1092
居民服务、修理和其他服务业	Resident Services,Repairs and Other Services	1399	461	1316	83
教育	Education	334060	212586	327556	6504
卫生和社会工作	Health and Social Work	175917	117689	168608	7309
文化、体育和娱乐业	Culture,Sports & Recreational Services	26996	13600	25404	1592
公共管理、社会保障和社会组织	Public Administration,Social Security and Social Organizations	579251	208169	547384	31867
国际组织	International Organizations				

3-21 续表 Continued

单位：万元 (10 000 yuan)

项　目	Item	就业人员工资总额 Total Wage Bill of Employed Persons	在岗职工工资总额 Staff and Workers	其他从业人员工资总额 Other Employed Persons
总　计	**Total**	**11274494**	**11094034**	**180460**
按企、事业和机关分组	**Grouped by Enterprises, Institutions & Agencies**			
企业	Enterprises	1405058	1395845	9213
事业	Institutions	6045235	5944833	100402
机关	Agencies & Organizations	3735207	3665526	69682
按国民经济行业分组	**Grouped by Sector**			
农、林、牧、渔业	Farming,Forestry,Animal Husbandry and Fishery	309865	306355	3510
采矿业	Mining	305389	303902	1487
制造业	Manufacturing	13656	13589	67
电力、燃气及水的生产和供应业	Production & Supply of Electric Power,Gas and Water	93279	91833	1446
建筑业	Construction	41189	41135	54
批发和零售业	Wholesale and Retail Trade	90934	90060	875
交通运输、仓储和邮政业	Transportation,Storage and Postal Services	229297	226986	2311
住宿和餐饮业	Quarters and Catering	14905	14705	200
信息传输、软件和信息技术服务业	Information Transmission, Software and IT Services	69384	67796	1588
金融业	Banking	298388	297808	581
房地产业	Real Estate	10836	10704	132
租赁和商务服务业	Leasing and Commercial Services	108611	105292	3319
科学研究和技术服务业	Scientific and Technical Services	373132	366529	6603
水利、环境和公共设施管理业	Water Conservancy,Environment and Public Facilities Administration	137792	133086	4706
居民服务、修理和其他服务业	Resident Services,Repairs and Other Services	8622	8290	333
教育	Education	3082477	3057946	24531
卫生和社会工作	Health and Social Work	1438333	1404404	33929
文化、体育和娱乐业	Culture,Sports & Recreational Services	220548	214420	6128
公共管理、社会保障和社会组织	Public Administration,Social Security and Social Organizations	4427857	4339196	88661
国际组织	International Organizations			

3-22 城镇集体单位年末就业人员和工资总额(2019年)

Number and Total Wage Bill of Employed Persons in Urban Collective-owned Units at Year-end(2019)

单位：万元　　(10 000 yuan)

项　目	Item	就业人员(人) Number of Employed Persons (person)	#女　性 Female	在就业人员中 In Employed Persons #在岗职工(人) Staff and Workers (person)	#其他从业人员(人) Other Employed Persons (person)
总　计	**Total**	**17598**	**8318**	**17244**	**354**
按企、事业和机关分组	**Grouped by Enterprises, Institutions & Agencies**				
企业	Enterprises	14186	6360	13911	275
事业	Institutions	3161	1790	3082	79
机关	Agencies & Organizations	74	34	74	
按国民经济行业分组	**Grouped by Sector**				
农、林、牧、渔业	Farming,Forestry,Animal Husbandry and Fishery	18	8	18	
采矿业	Mining	369	16	369	
制造业	Manufacturing	1665	532	1626	39
电力、燃气及水的生产和供应业	Production & Supply of Electric Power,Gas and Water	19	7	18	1
建筑业	Construction	96	29	96	
批发和零售业	Wholesale and Retail Trade	350	157	345	5
交通运输、仓储和邮政业	Transportation,Storage and Postal Services	672	289	672	
住宿和餐饮业	Quarters and Catering	218	166	218	
信息传输、软件和信息技术服务业	Information Transmission, Software and IT Services	11	4	11	
金融业	Banking	8708	4220	8546	162
房地产业	Real Estate	286	122	284	2
租赁和商务服务业	Leasing and Commercial Services	846	240	830	16
科学研究和技术服务业	Scientific and Technical Services	464	156	464	
水利、环境和公共设施管理业	Water Conservancy,Environment and Public Facilities Administration	988	590	988	
居民服务、修理和其他服务业	Resident Services,Repairs and Other Services	212	166	162	50
教育	Education	651	431	651	
卫生和社会工作	Health and Social Work	1830	1082	1751	79
文化、体育和娱乐业	Culture,Sports & Recreational Services	51	27	51	
公共管理、社会保障和社会组织	Public Administration,Social Security and Social Organizations	144	76	144	
国际组织	International Organizations				

3-22 续表 Continued

单位：万元　　(10 000 yuan)

项　目	Item	就业人员工资总额 Total Wage Bill of Employed Persons	在岗职工工资总额 Staff and Workers	其他从业人员工资总额 Other Employed Persons
总　计	**Total**	**145727**	**144184**	**1543**
按企、事业和机关分组	**Grouped by Enterprises, Institutions & Agencies**			
企业	Enterprises	125854	124601	1253
事业	Institutions	18439	18149	291
机关	Agencies & Organizations	607	607	
按国民经济行业分组	**Grouped by Sector**			
农、林、牧、渔业	Farming,Forestry,Animal Husbandry and Fishery	61	61	
采矿业	Mining	2916	2916	
制造业	Manufacturing	7742	7401	341
电力、燃气及水的生产和供应业	Production & Supply of Electric Power,Gas and Water	96	93	3
建筑业	Construction	503	503	
批发和零售业	Wholesale and Retail Trade	1893	1874	19
交通运输、仓储和邮政业	Transportation,Storage and Postal Services	3859	3859	
住宿和餐饮业	Quarters and Catering	459	459	
信息传输、软件和信息技术服务业	Information Transmission, Software and IT Services	129	129	
金融业	Banking	100564	99857	707
房地产业	Real Estate	1002	995	8
租赁和商务服务业	Leasing and Commercial Services	3051	3014	37
科学研究和技术服务业	Scientific and Technical Services	1730	1730	
水利、环境和公共设施管理业	Water Conservancy,Environment and Public Facilities Administration	2381	2381	
居民服务、修理和其他服务业	Resident Services,Repairs and Other Services	710	574	137
教育	Education	4212	4212	
卫生和社会工作	Health and Social Work	12672	12382	291
文化、体育和娱乐业	Culture,Sports & Recreational Services	645	645	
公共管理、社会保障和社会组织	Public Administration,Social Security and Social Organizations	1103	1103	
国际组织	International Organizations			

3-23 其他单位年末就业人员和工资总额(2019年)

Number and Total Wage Bill of Employed Persons in Other Types of Ownership Units at Year-end(2019)

单位：万元 (10 000 yuan)

项　目	Item	就业人员（人） Number of Employed Persons (person)	#女 性 Female	在就业人员中 In Employed Persons #在岗职工（人） Staff and Workers (person)	#其他从业人员（人） Other Employed Persons (person)
总　计	**Total**	**1410673**	**476985**	**1303183**	**107490**
按企、事业和机关分组	**Grouped by Enterprises, Institutions & Agencies**				
企业	Enterprises	1357391	441340	1252552	104839
事业	Institutions	26366	14982	25575	791
机关	Agencies & Organizations	326	184	326	
按国民经济行业分组	**Grouped by Sector**				
农、林、牧、渔业	Farming,Forestry,Animal Husbandry and Fishery	25483	4509	25307	176
采矿业	Mining	123864	19444	122391	1473
制造业	Manufacturing	304337	78636	300710	3627
电力、燃气及水的生产和供应业	Production & Supply of Electric Power,Gas and Water	133066	34668	131657	1409
建筑业	Construction	123441	20570	115312	8129
批发和零售业	Wholesale and Retail Trade	74360	37201	72444	1916
交通运输、仓储和邮政业	Transportation,Storage and Postal Services	166113	34744	162205	3908
住宿和餐饮业	Quarters and Catering	24904	14262	23704	1200
信息传输、软件和信息技术服务业	Information Transmission, Software and IT Services	39092	18945	38517	575
金融业	Banking	171396	107629	95407	75989
房地产业	Real Estate	54572	25521	53062	1510
租赁和商务服务业	Leasing and Commercial Services	50407	16740	47973	2434
科学研究和技术服务业	Scientific and Technical Services	30612	9183	29411	1201
水利、环境和公共设施管理业	Water Conservancy,Environment and Public Facilities Administration	14742	5577	14276	466
居民服务、修理和其他服务业	Resident Services,Repairs and Other Services	6052	2643	4836	1216
教育	Education	44384	32807	42780	1604
卫生和社会工作	Health and Social Work	14659	10183	14291	368
文化、体育和娱乐业	Culture,Sports & Recreational Services	4796	2242	4619	177
公共管理、社会保障和社会组织	Public Administration,Social Security and Social Organizations	4393	1481	4281	112
国际组织	International Organizations				

3-23 续表 Continued

单位：万元 (10 000 yuan)

项 目	Item	就业人员工资总额 Total Remuneration	在岗职工工资总额 Wages of Fully Employed Staff & Workers	其他从业人员工资总额 Remuneration for Other Employed Persons
总 计	**Total**	**11149823**	**10747650**	**402173**
按企、事业和机关分组	**Grouped by Enterprises, Institutions & Agencies**			
企业	Enterprises	10827689	10433244	394445
事业	Institutions	222720	220087	2633
机关	Agencies & Organizations	2720	2720	
按国民经济行业分组	**Grouped by Sector**			
农、林、牧、渔业	Farming,Forestry,Animal Husbandry and Fishery	128956	128609	347
采矿业	Mining	1434884	1427523	7361
制造业	Manufacturing	2299368	2278762	20606
电力、燃气及水的生产和供应业	Production & Supply of Electric Power,Gas and Water	1372093	1366622	5471
建筑业	Construction	703522	657153	46369
批发和零售业	Wholesale and Retail Trade	449032	442050	6982
交通运输、仓储和邮政业	Transportation,Storage and Postal Services	1601820	1584933	16887
住宿和餐饮业	Quarters and Catering	110589	107417	3172
信息传输、软件和信息技术服务业	Information Transmission, Software and IT Services	360789	357984	2806
金融业	Banking	1379850	1124831	255019
房地产业	Real Estate	272054	265578	6477
租赁和商务服务业	Leasing and Commercial Services	293225	282501	10724
科学研究和技术服务业	Scientific and Technical Services	245856	239123	6733
水利、环境和公共设施管理业	Water Conservancy,Environment and Public Facilities Administration	69774	68188	1586
居民服务、修理和其他服务业	Resident Services,Repairs and Other Services	25485	22727	2758
教育	Education	256269	250869	5400
卫生和社会工作	Health and Social Work	87071	85059	2012
文化、体育和娱乐业	Culture,Sports & Recreational Services	31759	30766	993
公共管理、社会保障和社会组织	Public Administration,Social Security and Social Organizations	27428	26958	471
国际组织	International Organizations			

主要统计指标解释

人口数 指一定时点、一定地区范围内的有生命的个人的总和。

年度统计的年末人口数指每年 12 月 31 日 24 时的人口数。

市镇总人口和乡村总人口

其定义有两种口径:

第一种口径(按行政建制)

市人口:市管辖区域内的全部人口(含市辖镇,不含市辖县);

镇人口:县辖镇的全部人口(不含市辖镇);

县人口:县辖乡人口。

第二种口径(按常住人口划分)

市人口:设区的市的区人口和不设区的市所辖的街道人口;

镇人口:不设区的市所辖镇的居民委员会人口和县辖镇的居民委员会人口;

县人口:除上述两种人口以外的全部人口。

1952－1980 年数据为第一种口径的数据,1982 年以后的数据为第二种口径的数据。

出生率(又称粗出生率) 指在一定时期内(通常为一年)平均每千人所出生的人数的比率,一般用千分率表示。计算公式为:

出生率＝年出生人数/年平均人数×1000‰

式中:出生人数指活产婴儿,即胎儿脱离母体时(不管怀孕月数),有过呼吸或其他生命现象。年平均人数指年初、年底人口数的平均数,也可用年中人口数代替。

死亡率(又称粗死亡率) 指在一定时期内(通常为一年)一定地区的死亡人数与同期平均人数(或期中人数)之比,一般用千分率表示。计算公式为:

死亡率＝年死亡人数/年平均人数×1000‰

人口自然增长率 指在一定时期内(通常为一年)人口自然增加数(出生人数减死亡人数)与该时期内平均人数(或期中人数)之比,一般用千分率表示。计算公式为:

人口自然增长率＝(本年出生人数－本年死亡人数)/年平均人数×1000‰

人口自然增长率＝人口出生率 — 人口死亡率

经济活动人口 指在 16 岁以上,有劳动能力,参加或要求参加社会经济活动的人口;包括从业人员和失业人员。

从业人员 指从事一定社会劳动并取得劳动报酬或经营收入的人员,包括全部职工、再就业的离退休人员、私营业主、个体户主、私营和个体从业人员、乡镇企业从业人员、农村从业人员、其他从业人员(包括民办教师、宗教职业者、现役军人等)。这一指标反映了一定时期内全部劳动力资源的实际利用情况,是研究我国基本国情国力的重要指标。

各单位的从业人员 指在各级国家机关、政党机关、社会团体及企业、事业单位中工作,取得工资或其他形式的劳动报酬的全部人员。包括在岗职工、再就业的离退休人员、民办教师以及在各单位中工作的外方人员和港澳台方人员、兼职人员、借用的外单位人员和第二职业者。不包括离开本单位仍保留劳动关系的职工。各单位的从业人员反映了各单位实际参加生产或工作的全部劳动力。

城镇私营和个体从业人员 城镇私营从业人员指在工商管理部门注册登记,其经营地址设在县城关镇(含城关镇)以上的私营企业从业人员;包括私营企业投资者和雇工。城镇个体从业人员指在工商管理部门注册登记,并持有城镇户口或在城镇长期居住,经批准从事个体工商经营的从业人员;包括个体经营者和在个体工商户劳动的家庭帮工和雇工。

城镇登记失业人员 指有非农业户口,在一定的劳动年龄内,有劳动能力,无业而要求就业,并在当地就业服务机构进行求职登记的人员。

城镇登记失业率 指城镇登记失业人数同城镇从业人数与城镇登记失业人数之和的比。计算公式为:

城镇登记失业率＝城镇登记失业人数/(城镇从业人数＋城镇登记失业人数)×100%

职工 指在国有经济、城镇集体经济、联营经济、股份制经济、外商和港、澳、台投资经济、其他经济单位及其附属机构工作,并由其支付工资的各类人员,不包括返聘的离退休人员、民办教师、在国有经济单位工作的外方人员和港、澳、台人员(1998 年以后的数据均为在岗职工数据,其他相关指标如职工工资总额,职工平均工资等指标也从 1998 年按此口径进行了相应调整)。

国有单位职工 指在国有经济单位及其附属机构工作,并由其支付工资的各类人员。

城镇集体单位职工 指在城镇集体经济单位及其管理部门工作,并由其支付工资的各类人员。

其他单位职工 指在联营经济、股份制经济、外商投资经济、港、澳、台投资经济单位工作,并由其支付工资的各类人员。

在岗职工 指在本单位工作并由单位支付工资的人员,以及有工作岗位,但由于学习、病伤产假等原因暂未工作,仍由单位支付工资的人员。

职工工资总额 指各单位在一定时期内直接支付给本单位全部职工的劳动报酬总额。工资总额的计算原则应以直接支付给职工的全部劳动报酬为根据。各单位支付给职工的劳动报酬以及其他根据有关规定支付的工资,不论是计入成本的还是不计入成本的,不论是按国家规定列入计征奖金税项目的,还是未列入计征奖金税项目的,不论是以货币形式支付的还是以实物形式支付的,均包括在工资总额内。

奖金 指支付给职工的超额劳动报酬和增收节支的劳动报酬。

津贴和补贴 指为了补偿职工特殊或额外的劳动消耗和因其他特殊原因支付给职工的津贴,以及为了保证职工工资水平不受物价影响支付给职工的物价补贴。

职工平均工资 指企业、事业、机关单位的职工在一定时期内平均每人所得的货币工资额。它表明一定时期职工工资收入的高低程度,是反映职工工资水平的主要指标。计算公式为:

职工平均工资 = 报告期实际支付的全部职工工资总额/报告期全部职工平均人数

职工平均工资指数 指报告期职工平均工资与基期职工平均工资的比率,是反映不同时期职工货币工资水平变动情况的相对数。计算公式为:

职工平均工资指数 = 报告期职工平均工资/基期职工平均工资

职工平均实际工资指数 职工平均实际工资指扣除物价变动因素后的职工平均工资。职工平均实际工资指数是反映实际工资变动情况的相对数,表明职工实际工资水平提高或降低的程度。计算公式为:

职工平均实际工资指数 = 报告期职工平均工资指数/报告期城镇居民消费价格指数 × 100%

Explanatory Notes on Main Statistical Indicators

Total Population refers to the total number of people alive at a certain point of time within a given area.

The year – end population count refers to the number of people at 24 hours on December 31 of each year

Total Urban Population and Total Rural Population There are two definitions. The first definition (according to the administrative organizational system) :

City population: Total population under the jurisdiction of city (including population of the town under the jurisdiction of city. excluding the population of counties under the jurisdiction of city).

Town population: Total population of town under the jurisdiction of county (excluding the population of town under the jurisdiction of city).

County population: The population under the jurisdiction of the county.

The second definition (classified by the permanent population) :

City population: Total population of districts under the jurisdiction of city with district establishment and the population of street under the jurisdiction of city without district establishment.

Town population: Total resident committees' population of towns under the jurisdiction of city without district establishment and the resident committee's population of towns under the jurisdiction of county.

County population: Total population except city population and town population.

Data from 1952 to 1980 is the figures according to the first definition. Data since 1982 are the figure according to the second definition.

Birth Rate (or Crude Birth Rate) refers to the ratio of the number of births to the average population during a certain period (usually a year), expressed in ‰. The following formula is used:

Birth Rate = Number of Births /Average Number of Population ×1000‰

Number of births in the formula refers to live births, i. e. when a baby has breathed or showed any vital phenomena regardless of the length of pregnancy.

Annual average population is the average of the number of populations at the beginning of the year and that at the end of the year. Sometimes it is substituted by the mid – year population.

Death Rate (or Crude Death Rate) refers to the ratio of the number of deaths to the average population (or mid – period population) during a certain period (usually a year), expressed in ‰. The following formula is used:

Death Rate = Number of Deaths /Annual Average Number of Population ×1000‰

Natural Growth Rate of Population refers to the ratio of natural increase in population (number of births minus number of deaths) in a certain period (usually a year) to the average population (or mid – period population) of the same period, expressed in ‰. The following formula is applied:

Natural Growth of Population = (Number of Births – Number of Deaths) / Average Number of Population ×1000‰

Natural Growth Rate of Population = Birth Rate – Death Rate

Economically Active Population refers to the population aged 16 and over who are capable to work, are participating in or willing to participate in economic activities, including employed persons and unemployed persons.

Employed Persons refers to persons above a specified age who had labor capacity and performed some social work for compensation or business gains. Specifically, it refers to persons, aged 16 and over, who performed some work for compensation or business gains for one hour or more during the reference period; or persons who do not work for the reasons of study or on holiday, but had work units or sites during the reference period; or persons temporary absence from a job for disorganization or suspension of work, recession, etc. but not exceeding three months during the reference period.

Persons Employed in Various Units Refers to all personnel who work in state organs, political parties, organs, social organizations, enterprises and institutions at all levels and obtain wages or other forms of labor remuneration. Include the number of employed staff and workers, reemployed retirees, teacher paid by the local people, as well as the foreign staff working in each unit and Hong Kong, Macao and Taiwan staff, part – time staff, on loan from the foreign staff and the second professional. Employed persons do not include leaves the unit and still retains the labor relationship. The employees of each unit reflect the total labor force actually engaged in production or work in each unit.

Persons Employed in Private Enterprises and Self – Employed Individuals in Urban Areas Persons employed in private enterprises refer to the persons employed in the private enterprises which have been registered at the departments of industrial and commercial administration for which the business operation are situated at a county town (i. e. a town where the county government is located), or at urban areas with administrative hierarchy higher than a county town. The self – employed individuals in urban areas refer to persons who hold the certificates of residence in urban areas or have resided in the urban areas for a long time and have been registered at the departments of industrial and commercial administration and approved to be engaged in individual industrial or commercial business, including self – employed persons as well as helpers and hired laborers who work in individual households.

Registered Unemployed Persons in Urban Areas refer to the persons with non – agricultural household registration at certain working ages, who are capable of working, unemployed and willing to work, and have been registered at the local employment service agencies to apply for a job.

Registered Urban Unemployment Rate refer to the number of the registered unemployed persons to the sum of the number of employed persons and the registered unemployed persons. The formula is as follows:

Registered urban unemployment rate = number of registered urban unemployed persons / (urban employed person number + registered urban unemployed person number) ×100%.

Staff and Workers refer to the persons who work in enterprises and institutions of state ownership, collective ownership, joint ownership, shareholding, foreign ownership, and ownership by entrepreneurs from Hong Kong, Macao, and Taiwan, and other types of ownership and their affiliated units, excluding the retired persons invited to work in the units again, teachers in the schools run by the local people and foreigners and persons coming from Hong Kong, Macao, and Taiwan and working in the state owned economic units. (The figures since 1998 refer to those of fully employed staff and workers. Other relative figures since 1998, such as total wages of staff and workers, average wage of staff and workers, etc., were adjusted according to the standard).

Staff and Workers in State Owned – Economic Units refer to the persons who work in the state – owned economic units or their attached units and are listed in their payrolls.

Staff and Workers of Collective Owned Units in Urban Areas refer to the persons who work in collective owned units in urban areas and their administration departments and receive payment there from.

Staff and Workers in Units of Other types of Ownership refer to those who work in (and receive payment there from) enterprises and institutions of joint ownership, shareholding, foreign ownership, and ownership by entrepreneurs from Hong Kong, Macao, and Taiwan.

Employed Staff and Workers refers to the personnel who work in the unit and are paid by the unit, as well as the personnel who have a working post but have not worked temporarily due to study, illness, injury maternity leave and other reasons, but are still paid by the unit.

Total Wage Bill refers to the total amount of labor remuneration paid directly to all employees of the unit within a certain period. The calculation principle of gross wages should be based on all labor remuneration paid directly to the staff and workers. Paid to the worker's labor compensation and other units according to the relevant provisions of the wages paid, whether it is included in the cost or not included in the cost, whether it is according to the provisions of the state on duty bonus programs, or was not included in duty bonus program, either in the form of physical or paid in monetary form, are included within the total wages.

Bonus refers to the remuneration for extra work paid to employees and the remuneration for increasing income and saving expenditure.

Allowances and Subsidies refers to allowances paid to employees for special or additional labor costs and for other special reasons, price subsidies paid to workers to ensure that their wages are not affected by prices.

Average Wage of of Employed Persons refers to the average per capita wage during a certain period for employed persons. It shows the general level of wage income during a certain period, one major indicator to reflect the wage level. It is calculated as follows:

Average Wage of Employed Persons = Total Wages Bill of Employed Persons in Reference Period / Average Number of Persons Employed in Reference Period

Index of Average Wage refers to the ratio of average wage of staff and workers at the report time to that at the reference time. It reflects the relative changing degree of average wage in money terms at the several of time, which is calculated as following:

Index of Average Wage = average wage of employed persons

in Reference Period / average wage of employed persons in Base Period × 100%

Average real wage index Average actual wage of the worker points to the index of average actual wage of the worker after deducting price to change a factor is the relative number that reflects actual wage to change a situation, show the degree that level of actual wage of the worker increases or decreases. It is calculated as follows:

Average real wage index = Index of Average Salary of Worker of Reporting Period / Urban Consumer Price Index in Reporting Period × 100%

4 价格指数

Price Indices

资料整理：方 玲 胡艳春 郭 松 齐 杰 杨少文

Arranged By：Fang Ling，Hu Yanchun，Guo Song，Qi Jie，
Yang Shaowen

4-1 各种价格总指数

General Price Indices

(上年=100) (preceding year=100)

年 份 Year	居民消费价格指数 General Consumer Price Index	城市居民消费价格指数 Urban Areas	农村居民消费价格指数 Rural Areas	商品零售价格指数 General Retail Price Index
1962		104.9		108.2
1965		98.6		99.6
1970		100.4		100.1
1975		101.4		100.7
1978		101.5		101.0
1979		102.3		101.9
1980		106.1		105.5
1981		101.9		101.8
1982		101.7		101.7
1983		101.2		101.0
1984	104.0	104.9	102.2	104.4
1985	109.3	108.9	110.0	108.5
1986	105.2	105.5	104.5	105.0
1987	107.8	108.5	106.0	108.1
1988	116.3	117.0	115.0	116.3
1989	115.3	114.2	118.3	115.9
1990	102.3	101.8	103.4	102.9
1991	104.6	106.0	102.5	104.5
1992	107.4	108.7	103.9	106.8
1993	114.1	114.7	112.5	112.5
1994	122.9	124.3	121.3	119.3
1995	117.5	117.1	118.0	116.8
1996	107.6	107.5	107.7	105.8
1997	104.5	104.6	104.3	102.3
1998	99.3	99.3	99.2	98.1
1999	99.8	100.3	99.1	97.7

4-1 续表 Continued

(上年=100) (preceding year=100)

年 份 Year	居民消费价格指数 General Consumer Price Index	城市居民消费价格指数 Urban Areas	农村居民消费价格指数 Rural Areas	商品零售价格指数 General Retail Price Index
2000	101.3	101.3	101.2	98.8
2001	100.6	100.6	100.5	100.0
2002	100.2	99.3	101.9	99.4
2003	102.2	101.5	103.5	99.6
2004	102.9	102.5	103.9	102.7
2005	102.4	102.0	103.3	101.5
2006	101.5	101.3	102.0	101.9
2007	104.6	104.3	105.2	103.6
2008	105.7	105.4	106.3	104.7
2009	99.7	99.7	99.8	99.5
2010	103.2	103.0	103.5	103.0
2011	105.6	105.5	105.7	104.9
2012	103.1	103.3	102.5	102.5
2013	103.2	103.4	102.8	102.6
2014	101.6	101.7	101.2	100.7
2015	101.1	101.1	101.1	100.5
2016	101.2	101.2	101.1	100.6
2017	101.7	101.7	101.6	101.2
2018	101.8	101.8	101.9	101.6
2019	102.4	102.3	102.8	101.5

4-2 居民消费价格分类指数(2019年)

Consumer Price Indices by Category(2019)

(上年=100) (preceding year=100)

项 目	Item	全 区 Autonomous Regional Indices	城 市 Urban Indices	农 村 Rural Indices
居民消费价格总指数	**General Consumer Price Index**	**102.4**	**102.3**	**102.8**
非食品烟酒价格指数	Non-food,Tobacco and Liquor Price Index	101.1	101.1	101.4
服务价格指数	Service Price Index	101.4	101.4	101.4
工业品价格指数	Industrial Products Price Index	100.9	100.7	101.4
鲜活食品价格指数	Fresh Food Price Index	112.8	112.4	114.2
消费品价格指数	Consumer Goods Price Index	103.0	102.8	103.6
能源价格指数	Energy Price Index	99.0	98.2	100.8
非食品价格指数	Non-food Price Index	101.2	101.1	101.4
食品烟酒	**Food Tobacco and Liquor**	**105.4**	**105.3**	**105.7**
食品	Food	107.1	107.1	107.1
茶及饮料	Tea and Beverages	100.6	100.3	101.6
烟酒	Tobacco and Liquor	101.2	101.3	101.1
在外餐饮	Dining Out	101.6	101.3	103.0
衣着	**Clothing**	**101.8**	**101.6**	**102.3**
服装	Garments	102.0	101.8	102.7
服装材料	Clothing Material	100.5	100.5	100.9
其他衣着及配件	Other Clothing and Accessories	100.5	100.6	100.1
衣着加工服务费	Service Charges of Clothing Processing	103.9	104.0	103.6
鞋类	Shoes	101.2	101.1	101.6
居住	**Residence**	**101.8**	**101.5**	**102.4**
租赁房房租	Rental Housing	103.0	103.1	102.2
住房保养维修及管理	Maintenance and Management of Housing	101.6	101.4	102.0
水电燃料	Water, Electricity and Fuels	101.4	100.9	102.8
自有住房	Home Ownership	101.9	101.8	102.3
生活用品及服务	**Supplies and Services**	**100.8**	**100.9**	**100.4**
家具及室内装饰品	Furniture and Household Facilities	100.1	100.1	100.4
家用器具	Home Appliances	101.0	101.3	100.2
家用纺织品	Home Textile	100.4	100.6	99.6
家庭日用杂品	Daily Use Household Articles	101.1	101.5	100.0
个人护理用品	Personal-care Supply	100.5	100.3	101.3
家庭服务	Household Services	102.5	102.4	102.8
交通和通信	**Transportation and Communication**	**98.8**	**98.8**	**99.0**
交通	Transportation	98.5	98.5	98.8
通信	Communication	99.4	99.4	99.4
教育文化和娱乐	**Education,Culture and Recreation**	**101.2**	**101.2**	**101.3**
教育	Education	100.8	100.5	101.5
文化娱乐	Cultural and Recreational	101.9	102.1	100.6
医疗保健	**Health Care**	**101.7**	**101.7**	**101.5**
药品及医疗器具	Drug and Medical Instrument	103.4	103.5	103.0
医疗服务	Medical Service	100.5	100.2	100.9
其他用品和服务	**Other Supplies and Services**	**102.5**	**102.6**	**101.9**
其他用品类	Other Supplies	102.9	103.0	102.5
其他服务类	Other Services	102.2	102.4	101.4

4-3 商品零售价格分类指数(2019年)

Retail Price Indices by Category (2019)

(上年=100) (preceding year=100)

项 目	Item	全区 Autonomous Regional Indices	城市 Urban Indices	农村 Rural Indices
商品零售价格指数	**Retail Price Index**	**101.5**	**101.4**	**102.1**
食品	**Food**	**106.0**	**105.8**	**107.0**
粮食	Grain	101.2	101.2	101.2
薯类	Potato	99.3	97.7	111.4
豆类	Beans	100.5	100.1	102.9
食用油	Oil	101.6	101.6	101.9
菜	Vegetables	100.2	99.8	103.2
畜肉类	Meat of Livestock	122.1	122.1	122.1
禽肉类	Poultry Meat	113.8	114.2	111.7
水产品	Aquatic Products	100.7	100.8	99.9
蛋类	Eggs	107.4	107.6	106.6
奶类	Milk	100.1	99.9	101.2
干鲜瓜果类	Dried and Fresh Melon and Fruits	107.1	107.2	106.7
糖果糕点类	Candy and Cake	99.7	99.4	101.5
调味品	Flavoring	100.4	100.3	101.2
其他食品类	Other Foods	100.4	100.2	101.7
在外餐饮	Dining Out	101.5	101.4	102.5
饮料、烟酒	**Beverages, Tobacco and Liquor**	**101.1**	**101.1**	**101.1**
茶及饮料	Tea and Beverages	100.2	100.1	101.6
烟草	Tobacco	101.4	101.4	101.2
酒类	Liquor	101.0	101.0	100.7
服装、鞋帽	**Garments, Shoes and Hats**	**101.6**	**101.6**	**101.6**
服装	Garments	101.8	101.8	101.9
鞋帽袜	Footgear and Hat	101.2	101.2	100.9
其他衣着配件	Others	100.8	100.9	100.0
纺织品	**Textiles**	**100.7**	**100.9**	**99.6**
服装材料	Clothing Material	102.6	103.2	100.3
床上用品	Bedding	100.3	100.5	99.4
家用电器及音像器材	**Household Appliances,Music and Video Equipment**	**100.4**	**100.5**	**99.8**
家庭设备	Household Equipment	100.9	101.0	100.1
文娱用耐用消费品	Durable Consumer Goods for Culture and Recreation	99.9	100.0	99.5
专业音像器材	Professional Music and Audio Equipment	97.5	97.4	98.6

4-3 续表 Continued

(上年=100) (preceding year=100)

项 目	Item	全区 Autonomous Regional Indices	城市 Urban Indices	农村 Rural Indices
文化办公用品	**Cultural and Office Goods**	**100.3**	**100.4**	**100.0**
日用品	**Articles for Daily Use**	**100.9**	**100.9**	**100.6**
日用百货	General Merchandise for Daily Use	100.7	100.8	100.5
厨具餐具茶具	Cookware and Tableware and Tea Set	100.9	100.9	100.8
清洗用品	Cleaning Articles	101.9	102.0	101.1
其他日用品	Other Articles for Daily Use	100.2	100.2	100.1
体育娱乐用品	**Sports Entertainment Goods**	**100.0**	**100.0**	**100.3**
体育户外用品	Sports Outdoor Goods	100.8	101.0	99.9
娱乐用品	Recreation Articles	99.9	99.9	100.4
交通、通信用品	**Transportation and communication**	**97.6**	**97.5**	**98.3**
交通运输机械	Transport Machinery	97.4	97.3	98.1
通信器材	Communication Equipment	98.0	97.9	98.6
家 具	**Furniture**	**100.3**	**100.3**	**100.2**
化妆品	**Cosmetics**	**100.4**	**100.3**	**100.8**
金银饰品	**Gold and Silver Ornaments**	**104.4**	**104.6**	**102.7**
中西药品及医疗保健用品	**Traditional Chinese and Western Medicines and Health Care Articles**	**104.2**	**104.5**	**102.7**
医疗卫生器具	Medical Instrument	98.6	98.7	98.6
中药	Traditional Chinese Medicine	104.2	104.5	102.0
西药	Western Medicines	105.2	105.6	103.6
保健器具及用品	Health Care Appliances and Articles	101.2	101.3	99.5
书报杂志及电子出版物	**Books,Newspapers,Magazines and Electronic Publications**	**106.2**	**106.3**	**105.7**
教材及参考书	Teaching Materials and Reference Books	103.2	103.2	103.1
书报杂志	Books,Newspapers,Magazines	113.8	113.8	113.7
计算机办公软件	Computer Office Software	99.8	99.8	100.0
燃 料	**Fuels**	**97.7**	**97.2**	**101.5**
煤炭及制品	Coal and Products	102.8	101.2	108.8
石油及制品	Oil and Products	96.2	96.1	96.6
建筑材料及五金电料	**Building Materials and Hardwares**	**101.4**	**101.4**	**101.3**
建筑装璜材料	Building Decoration Materials	101.3	101.2	101.8
五金水暖	Hardware	101.6	102.0	99.7

4-4 农业生产资料价格分类指数

Price Indices of Agricultural Means of Production by Category

(上年=100) (preceding year=100)

项 目	Item	2019
农业生产资料价格指数	**Price Indices of Agricultural Means of Production**	**102.0**
农用手工工具	Farm Handtools	101.0
饲料	Forage	98.4
仔畜幼禽及产品畜	Newborn Animals and Commodity Animals	120.0
半机械化农具	Semi-mechanized Farm Tools	104.9
机械化农具	Mechanized Farm Machinery	100.5
化学肥料	Chemical Fertilizer	102.8
农药及农药器械	Pesticides and Pesticide Equipment	102.4
农机用油	Oil for Farm Machinery	94.5
其他农用生产资料	Other Means of Agricultural Production	98.1
农业生产服务	Service for Agricultural Production	101.2

4-5 工业生产者出厂价格分类指数

Producer Price Indices of Industrial Producer by Category

(上年=100) (preceding year=100)

项 目	Item	2015	2016	2017	2018	2019
全部工业品	**Total Industry Products**	**94.0**	**98.9**	**110.6**	**103.2**	**102.1**
生产资料	**Means of Production**	**93.0**	**98.6**	**112.9**	**103.8**	**101.5**
采掘工业	Mining & Quarrying Industry	90.0	97.3	116.0	105.3	107.5
原材料工业	Raw Materials Industry	94.9	98.8	110.7	101.8	99.2
加工工业	Manufacturing Industry	93.3	99.5	112.8	104.9	99.1
生活资料	**Consumer Goods**	**98.8**	**100.3**	**100.9**	**100.2**	**104.5**
食品类	Food	98.8	98.6	99.6	100.9	103.3
衣着类	Clothing	97.5	111.0	110.5	95.9	118.0
一般日用品	Articles for Daily Uses	100.0	100.9	100.2	100.2	101.8
耐用消费品	Durable Consumer Goods	99.4	99.8	99.9	96.8	90.1

4-6 工业生产者购进价格指数

Purchase Price Indices of Industrial Producers

(上年=100) (preceding year=100)

项　目	Item	2015	2016	2017	2018	2019
工业生产者购进价格总指数	**General Price Index of Industrial Producer Purchasing**	**95.9**	**97.4**	**106.3**	**102.4**	**101.1**
燃料、动力	Fuels and Energy	95.8	99.6	111.1	102.9	98.9
黑色金属材料	Ferrous Metals	94.9	91.5	105.2	105.2	103.5
#钢　材	Steel Products	94.4	94.6	105.6	106.3	102.8
有色金属材料和电线	Nonferrous Metals and Wires	96.0	96.1	114.4	103.3	98.3
化工原料	Chemical Raw Materials	98.0	101.9	109.1	102.6	92.8
木材及纸浆	Wood and Paper Pulps	100.0	100.1	101.6	101.3	100.5
建筑材料类及非金属矿	Construction Materials	98.3	96.8	109.3	105.4	99.4
其它工业原材料类及半成品	Other Industrial Raw Materials and Semi-products	93.5	98.1	100.5	99.4	102.9
农副产品类	Agricultural Products	99.3	97.1	100.1	101.1	105.1
纺织原料类	Textile Materials	97.3	96.8	102.6	104.3	103.0

4-7 固定资产投资价格指数

Price Indices of Investment in Fixed Assets

(上年=100) (preceding year=100)

项　目	Item	2015	2016	2017	2018	2019
固定资产投资	**Investment in Fixed Assets**					
建筑安装工程	Construction and Installation	97.3	99.6	104.5	104.6	101.4
设备、工器具购置	Purchase of Equipment and Instruments	99.3	98.9	100.6	101.0	100.6
其他费用	Other Expenses	100.6	100.6	101.4	100.8	104.9

主要统计指标解释

商品零售价格指数 是反映城乡商品零售价格变动趋势的一种经济指数。零售物价的调整变动直接影响到城乡居民的生活支出和国家的财政收入,影响居民购买力和市场供需平衡,影响消费与积累的比例。因此,计算零售价格指数,可以从一个侧面对上述经济活动进行观察和分析。

居民消费价格指数 是反映一定时期内城乡居民所购买的生活消费品价格和服务项目价格变动趋势和程度的相对数,是对城市居民消费价格指数和农村居民消费价格指数进行综合汇总计算的结果。利用居民消费价格指数,可以观察和分析消费品的零售价格和服务价格变动对城乡居民实际生活费支出的影响程度。

城市居民消费价格指数 是反映城市居民家庭所购买的生活消费品价格和服务项目价格变动趋势和程度的相对数。城市居民消费价格指数可以观察和分析消费品的零售价格和服务项目价格变动对职工货币工资的影响,作为研究职工生活和确立工资政策的依据。

农村居民消费价格指数 是反映农村居民家庭所购买的生活消费品价格和服务项目价格变动趋势和程度的相对数。农村居民消费价格指数可以观察农村消费品零售价格和 服务项目价格变动对农村居民生活消费支出的影响,直接反映农民生活水平的实际变化情况,为分析和研究农村居民生活问题提供依据。

工业生产者出厂价格指数 是反映全部工业产品出厂价格总水平变动趋势和程度的相对数,包括工业企业售给本企业以外所有单位各种产品和直接售给居民用于生活消费的产品。通过工业品出厂价格指数能观察出厂价格变动对工业总产值的影响。

固定资产投资价格指数 是反映固定资产投资额价格变动趋势和程度的相对数。固定资产投资额是由建筑安装工程投资完成额、设备、工器具购置投资完成额和其他费用投资完成额三部分组成的。编制固定资产投资价格指数应首先分别编制上述三部分投资 的价格指数,然后采用加权算术平均法求出固定资产投资价格总指数。编制固定资产投资价格指数可以准确地反映固定资产投资中涉及的各类商品和取费项目价格变动趋势和变动幅度,消除按现价计算的固定资产投资指标中的价格变动因素,真实地反映固定资产投资的规模、速度、结构和效益,为国家科学地制定、检查固定资产投资计划并提高宏观调控水平,为完善国民经济核算体系提供科学的、可靠的依据。

Explanatory Notes on Main Statistical Indicators

Retail Price Index reflects the general change in retail prices of commodities. The change and adjustment in retail prices directly affect the living expenditure of urban and rural residents, government revenue, purchasing power of residents and the equilibrium of market supply and demand, and the ratio of consumption to accumulation. Therefore, the calculation of retail p rice index is useful to analyze the changes of the above economic activities.

Consumer Price Index reflects the trend and degree of changes in prices of consumer goods and services purchased by urban and rural residents, and is a composite index derived from the urban consumer price index and the rural consumer price index. Consumer price index can be used to analyze the impact of consumer price change on actual expenditure for living cost of urban and rural residents.

Urban Consumer Price Index reflects the trend and degree of changes in prices of consumer goods and services purchased by urban households. It can be used to observe and analyze the impact of price changes in consumer goods and services on money wages of staff and workers, and provide basis for policy making concerning t he living cost and wages of staff and workers.

Rural Consumer Price Index reflects the trend and degree of changes in prices of consumer goods and services purchased by rural households. It can be used to observe the impact of change in retail prices of consumer goods and service prices in rural areas on living expenditure of rural households, and t o show the changes in the living standard of peasants. It provides basis for analysis and research on condition of life in rural areas.

Price Index of Industrial Products reflects the trend and degree of changes in general ex factory prices of all industrial products, including sales of industrial products by an industrial enterprise to all units outside the enterprise, as well as sales of consumer goods to residents. It can be used to analyze the impact of ex – factory prices on gross industrial output value.

Price Index of Investment in Fixed Assets reflects the trend and degree of changes in prices of investment in fixed assets. The investment in fixed assets consists of three components, namely the investment in construction and installation, the investment in Purchases of equipment and instrument, and the investment in other items. Price index of investment in fixed assets is calculated as the weighted arithmetic mean of the price indices of the three components of investment in fixed assets. Removing the factor of price change in the aggregates of investment at current prices, this indicator shows the changes in the pr ices of commodities and fees involved in the investment of fixed assets, and can be used to observe the actual size, growth, structure, and efficiency of investment in fixed assets and provides reliable and scientific data for government planning, management, decision making, and further improving the current national accounting system.

5 人民生活

People´s Living Conditions

资料整理：李凤明 刘 军

Arranged By：Li Fengming，Liu Jun

5-1 人民物质文化生活情况
People's Material & Cultural Life

项 目	Item	2000	2005	2010	2015	2019
就 业	**Employment**					
每一农村劳动力负担人数(人)	Dependents Per Rural Laborer(person)	1.48	1.42	1.35	1.37	1.38
每一城镇就业者负担人数(人)	Dependents Per Urban Employee(person)	1.92	1.91	1.94	1.76	1.92
城镇登记失业率(%)	Urban Unemployment Rate(%)	3.34	4.26	3.90	3.65	3.70
收 入	**Income**					
全体居民人均可支配收入(元)	Per Capita Disposable Income of Households(yuan)	3379	5985	12538	22310	30555
全体居民人均可支配收入指数(2000=100)	Index of Per Capita Disposable Income of Households(2000=100)	100.0	163.2	296.3	457.4	583.7
城镇居民人均可支配收入(元)	Per Capita Disposable Income of Urban Residents(yuan)	5152	9247	18050	30594	40782
城镇居民人均可支配收入指数(1978=100)	Index of Per Capita Disposable Income of Urban Residents(1978=100)	387.5	657.5	1121.0	1638.8	2039.0
农村牧区居民人均可支配收入(元)	Per Capita Disposable Income of Rural Households(yuan)	2058	3070	5780	10776	15283
农村牧区居民人均可支配收入指数(1978=100)	Index of Per Capita Net Income of Rural Households(1978=100)	536.4	703.7	1124.0	1836.5	2420.9
城镇非私营单位从业人员平均工资(元)	Average Wages of Employed Persons in Urban Non-Private Units (yuan)		15910	35211	57135	80563
城镇非私营单位在岗职工平均工资(元)	Average Wages of Staff & Workers in Urban Non-Private Units (yuan)	6974	15985	35507	57870	83277
消 费	**Consumption**					
城镇居民人均消费支出(元)	Per Capita Consumption Expenditure of Urban Households(yuan)	3928	6927	13991	21876	25383
农村牧区居民人均消费支出(元)	Per Capita Consumption Expenditure of Rural Households(yuan)	1694	2796	5572	10637	13816
恩格尔系数(%)	Engel Coefficient(%)					
城镇居民	Urban Households	34.5	31.4	30.1	28.4	26.4
农村居民	Rural Households	44.8	43.1	37.5	29.4	27.3
储 蓄	**Savings**					
住户存款余额(亿元)	Household Deposits(100 million yuan)	876	1974	4618	8999	13587
人均住户存款余额(元)	Per Capita Household Deposits(yuan)	3875	8274	18877	35884	53561
住房面积(平方米)	**Per Capita Floor Space(sq.m)**					
农村牧区平均每人居住	Rural Areas	17.0	19.7	22.1	26.07	28.72
城镇平均每人居住	Urban Areas	15.54	26.09	29.84	31.39	34.73
城市公用事业	**Public Utilities in Urban Areas**					
自来水普及率(%)	Rate of Access to Tap Water(%)	89.1	83.9	88.0	98.5	98.8
燃气普及率(%)	Rate of Access to Gas(%)	58.6	68.2	79.3	94.1	93.3
人均公园绿地面积(平方米)	Per Capital Area of Green Park (sq.m)	7.0	7.8	12.4	19.3	20.5
文 化	**Culture**					
广播综合人口覆盖率(%)	Broadcast Covering Rate (%)	85.58	92.60	96.60	99.10	99.24
电视综合人口覆盖率(%)	TV Covering Rate of Population(%)	81.42	90.20	95.40	99.10	99.22
每人每年拥有报纸(份)	Newspapers Per Capita(copy)	7.56	25.92	10.97	13.08	9.91
每人每年拥有图书杂志(册)	Books & Magazines Per Capita(copy)	3.79	4.31	3.04	3.41	3.00
教 育	**Education**					
学龄儿童入学率(%)	Enrollment Ratio of School Age Children(%)	99.50	99.40	99.99	100.00	100.00
每万人口中在校大学生数(人)	Number of University Students Per 10 000 Persons(person)	29.60	96.15	150.65	167.79	186.00
卫 生	**Public Health**					
每万人有医院、卫生院	Number of Hospital Beds Per 10 000 Persons(unit)	28.24	26.83	35.65	49.71	63.45
每万人有卫生机构数(个)	Number of Health institutions Per 10 000 Persons(unit)	1.87	1.58	3.32	9.51	9.67
每万人有医生数(人)	Doctors Per 10 000 Persons(person)	22	21	22	26	30

注:1. (人均)住户存款余额2010年以前为(人均)城乡居民储蓄存款余额,2011—2014年为(人均)个人储蓄存款余额。

2. 本表人均可支配收入口径同5-2表。

a)Before 2010,(per capita) the Household deposits is called (per capita) resident saving deposit in urban & rural.During 2011-2014,(per capita) the Household deposits is called (per capita) personal balance of savings deposits.

b)The coverage of per capita disposable income is same as the 5-2 table.

5-2 居民家庭人均收入及指数

Per Capita Income of Household and Related Index

年 份 Year	全体居民人均可支配收入 Per Capita Disposable Income of Households		城镇居民人均可支配收入 Per Capita Disposable Income of Urban Households		农牧民可支配收入 Per Capita Disposable Income of Rural Households	
	绝对数(元) Value(yuan)	指数(2000=100) Index	绝对数(元) Value(yuan)	指数(1978=100) Index	绝对数(元) Value(yuan)	指数(1978=100) Index
1978			301	100.0	100	100.0
1979			350	113.7	126	122.4
1980			407	124.6	181	166.6
1981			449	134.8	225	203.1
1982			453	133.6	273	242.3
1983			474	138.3	294	258.0
1984			549	152.5	336	288.2
1985			686	175.1	360	281.0
1986			774	187.2	340	253.2
1987			820	182.9	389	273.4
1988			916	174.7	500	305.7
1989			1053	175.9	478	246.7
1990			1149	188.6	607	303.4
1991			1294	200.2	618	301.3
1992			1495	212.9	672	315.5
1993			1893	235.0	778	324.3
1994			2498	249.6	970	333.4
1995			2863	244.3	1208	352.1
1996			3432	272.4	1602	433.4
1997			3945	299.1	1780	461.5
1998			4360	332.9	1988	519.7
1999			4785	364.5	2016	531.7

5-2 续表 Continued

年 份 Year	全体居民人均可支配收入 Per Capita Disposable Income of Households		城镇居民人均可支配收入 Per Capita Disposable Income of Urban Households		农牧民可支配收入 Per Capita Disposable Income of Rural Households	
	绝对数(元) Value(yuan)	指数(2000=100) Index	绝对数(元) Value(yuan)	指数(1978=100) Index	绝对数(元) Value(yuan)	指数(1978=100) Index
2000	3379	100.0	5152	387.5	2058	536.4
2001			5568	416.6	1999	518.2
2002			6096	459.5	2120	539.4
2003			7076	525.6	2312	568.6
2004			8208	595.0	2667	631.7
2005	5985	163.2	9247	657.5	3070	703.7
2006	6876	184.7	10499	736.4	3444	774.1
2007	8340	214.3	12566	845.4	4089	873.1
2008	9923	241.3	14676	936.7	4834	970.9
2009	11015	268.6	16140	1033.2	5143	1035.0
2010	12538	296.3	18050	1121.0	5780	1124.0
2011	14715	329.5	20813	1225.3	6942	1276.9
2012	16800	365.1	23611	1345.3	7956	1427.6
2013	18693	393.6	26004	1432.8	8985	1567.5
2014	20559	426.3	28350	1535.9	9976	1719.5
2015	22310	457.4	30594	1638.8	10776	1836.5
2016	24127	488.5	32975	1745.4	11609	1955.8
2017	26212	521.7	35670	1857.1	12584	2086.9
2018	28376	555.1	38305	1959.2	13803	2247.6
2019	30555	583.7	40782	2039.0	15283	2420.9

注：本表2013-2018年人均可支配收入来源于住户收支与生活状况调查，1978-2012年数据是根据历史数据按住户收支与生活状况调查可比口径推算获得。可支配收入绝对数按当年价计算，指数按可比价计算。

a) The data of year 2013-2018 are compiled on the basis of the household survey on income and expenditure and living conditions, the data of year 1978-2012 are reckoned at comparable coverage by the household survey on income and expenditure and living conditions. The absolute amounts of disposable income are calculated at annual price, the index is calculated at comparable prices.

5-3 全体居民人均收支情况

Per Capita Income and Expenditure of All Households

单位：元 (yuan)

项 目	Item	2018	2019	2019 年比上年增长% Increase Rate in 2019 over 2018(%)
可支配收入	**Disposable Income**	**28376**	**30555**	**7.7**
工资性收入	Income of Wages and Salaries	15033	15922	5.9
经营净收入	Net Business Income	7149	7994	11.8
第一产业净收入	Net Income of Primary Industry	2957	3460	17.0
第二产业净收入	Net Income of Secondary Industry	473	509	7.7
第三产业净收入	Net Income of Third Industry	3719	4025	8.2
财产净收入	Net Income from Property	1442	1614	11.9
转移净收入	Net Income from Transfer	4751	5025	5.8
消费性支出	**Consumption Expenditure**	**19665**	**20743**	**5.5**
食品烟酒	Food,Tobacco and Liquor	5324	5517	3.6
衣着	Clothing	1751	1765	0.8
居住	Residence	3680	3944	7.2
生活用品及服务	Articles for Daily Use and Service	1205	1186	-1.6
交通和通讯	Transport and Communications	3074	3218	4.7
交通	Transport	2275	2542	11.7
通信	Communications	799	677	-15.3
教育文化娱乐	Education,Cultural and Recreation	2245	2408	7.2
教育	Education	1508	1666	10.5
文化娱乐	Cultural and Recreation	738	742	0.6
医疗保健	Health Care and Medical Service	1848	2108	14.1
其它用品和服务	Other Commodities and Services	538	597	11.0

5-4 城镇常住居民人均收支情况

Per Capita Income and Expenditure of Urban Permanent Households

单位:元 (yuan)

项 目	Item	2018	2019	2019年比上年增长% Increase Rate in 2019 over 2018(%)
可支配收入	**Disposable Income**	**38305**	**40782**	**6.5**
工资性收入	Income of Wages and Salaries	23302	24459	5.0
经营净收入	Net Business Income	7128	7945	11.5
第一产业净收入	Net Income of Primary Industry	719	1031	43.5
第二产业净收入	Net Income of Secondary Industry	751	810	7.8
第三产业净收入	Net Income of Third Industry	5658	6105	7.9
财产净收入	Net Income from Property	2070	2344	13.2
转移净收入	Net Income from Transfer	5805	6033	3.9
消费性支出	**Consumption Expenditure**	**24437**	**25383**	**3.9**
食品烟酒	Food,Tobacco and Liquor	6583	6688	1.6
衣着	Clothing	2456	2458	0.1
居住	Residence	4594	4845	5.4
生活用品及服务	Articles for Daily Use and Service	1631	1614	-1.0
交通和通讯	Transport and Communications	3736	3797	1.6
交通	Transport	2785	3021	8.5
通信	Communications	951	776	-18.4
教育文化娱乐	Education,Cultural and Entertainment	2592	2818	8.7
教育	Education	1526	1763	15.5
文化娱乐	Cultural and Entertainment	1066	1055	-1.1
医疗保健	Health Care and Medical Service	2106	2349	11.5
其它用品和服务	Other Commodities and Services	738	814	10.3

5-5 农村牧区常住居民人均收支情况

Per Capita Income and Expenditure of Rural Households

单位：元 (yuan)

项 目	Item	2018	2019	2019年比上年增长% Increase Rate in 2019 over 2018(%)
可支配收入	**Disposable Income**	**13803**	**15283**	**10.7**
工资性收入	Income of Wages and Salaries	2897	3174	9.6
经营净收入	Net Business Income	7181	8067	12.3
第一产业净收入	Net Income of Primary Industry	6243	7086	13.5
农业净收入	Net Income of Agriculture	3747	4272	14.0
牧业净收入	Net Income of Animal-husbandry	2483	2799	12.7
第二产业净收入	Net Income of Secondary Industry	63	60	-4.9
第三产业净收入	Net Income of Third Industry	875	921	5.3
财产净收入	Net Income from Property	520	523	0.6
转移净收入	Net Income from Transfer	3205	3519	9.8
消费性支出	**Consumption Expenditure**	**12661**	**13816**	**9.1**
食品烟酒	Food,Tobacco and Liquor	3476	3768	8.4
衣着	Clothing	717	731	2.0
居住	Residence	2338	2598	11.1
生活用品及服务	Articles for Daily Use and Service	579	546	-5.7
交通和通讯	Transport and Communications	2102	2354	12.0
交通	Transport	1527	1827	19.6
通信	Communications	575	528	-8.2
教育文化娱乐	Education,Cultural and Entertainment	1736	1796	3.4
教育	Education	1480	1520	2.7
文化娱乐	Cultural and Entertainment	256	275	7.6
医疗保健	Health care and Medical Service	1468	1749	19.1
其它商品和服务	Other Commodities and Services	244	273	12.0

5-6 农村牧区常住居民家庭住房基本情况

Housing Conditions of Rural Resident Households

项　目	Item	2018	2019
年末使用房屋	**Rooms Used at the End of Year**		
居住面积(平方米/人)	Per Capita Floor Space(sq.m/person)	28.62	28.72
钢筋混凝土结构(%)	Reinforced Concrete Structures	2.37	2.88
砖混材料(%)	Brick Concrete Structure	27.55	28.13
砖木结构(%)	Brick and Wood Structure	62.01	62.66
自建住房(%)	Self-built housing	91.37	90.72
购买商品房(%)	Buy real estate	3.53	3.74
房屋价值(万元/户)	Value per Room(10 000 yuan/household)	10.41	10.81
本年新建房屋面积(平方米/户)	**Area of New Houses Built this Year(sq.m/household)**	**0.90**	**0.74**
每平方米价值(元)	Value Per Square Meter(yuan)	848.91	1164.40

注：本表为农村抽样调查资料。

a)Data in this table are obtained from the sample surveys on rural households.

5-7 城镇居民家庭平均每人全年购买的主要商品数量

Per Capita Annual Purchases of Major Commodities in Urban Households

项　目	Item	1990	1995	2000	2005	2010	2015	2019
粮　　食(千克)	Grain(kg)	134.98	101.17	77.72	80.99	91.47	99.74	91.53
薯　　类(千克)	Starches & Tubers(kg)			25.40	18.89	11.91	23.60	26.09
豆　　类(千克)	Beans and the Products(kg)						8.53	9.64
食用植物油(千克)	Edible Vegetable Oil(kg)	4.45	5.82	5.56	6.14	6.28	9.62	7.03
猪　　肉(千克)	Pork(kg)	11.43	11.82	11.59	11.61	12.16	15.93	16.36
牛 羊 肉(千克)	Beef and Mutton(kg)	6.39	5.02	6.61	8.33	10.23	15.69	11.08
家　　禽(千克)	Poultry(kg)	0.59	1.77	3.25	3.82	5.01	5.85	6.65
水 产 品(千克)	Aquatic Products(kg)		3.44	4.30	4.29	5.19	6.47	7.97
鲜　　蛋(千克)	Fresh Eggs(kg)	2.31	7.92	9.67	8.71	8.23	10.41	11.78
鲜　　菜(千克)	Fresh Vegetables(kg)	162.03	125.87	107.45	103.85	98.92	100.90	102.72
食　　糖(千克)	Sugar(kg)	1.44	1.14	1.08	0.90		1.30	1.16
卷　　烟(盒)	Cigarettes(pack)	38.06	29.71	26.13	21.69		27.81	29.71
白　　酒(千克)	Strong White Spirit(kg)	3.77	3.78	3.17	2.75	3.43	4.42	3.63
啤　　酒(千克)	Beer(kg)	3.91	6.31	4.95	6.25	5.60	6.78	6.79
茶　　叶(千克)	Tea(kg)	0.34		0.24	0.17	0.29	0.32	0.33
鲜 瓜 果(千克)	Fresh Melons and Fruits(kg)	41.50	42.77	63.11	61.19	55.34	58.48	75.33
鲜　　奶(千克)	Fresh Milk(kg)	2.80	5.83	12.58	20.71	16.64	21.70	21.79
鞋　　类(双)	Shoes(pair)				2.93	3.33	3.09	2.91
移动电话机(部)	Mobile phones(set)						0.17	0.14
煤　　炭(千克)	Coal(kg)	480.64		205.07	224.54	169.16	235.49	129.10
液化石油气(千克)	Liquefied Gas(kg)	2.17		8.27	12.53	8.84	13.23	5.07
汽　　油(升)	Gasoline(L)						76.72	148.14

5-8 农村牧区常住居民家庭平均每人主要消费品消费量

Per Capita Consumption of Major Consumer Goods in Rural Resident Households

项 目	Item	2018	2019
粮食(千克)	Grain(kg)	181.45	217.92
蔬菜(千克)	Fresh Vegetables(kg)	82.18	86.24
食油(千克)	Edible Oil(kg)	6.60	5.86
猪牛羊肉(千克)	Pork, Beef and Mutton(kg)	31.55	30.80
家禽(千克)	Poultry(kg)	4.86	6.06
蛋及制品(千克)	Eggs and Related Products(kg)	7.20	9.08
水产品(千克)	Aquatic Products(kg)	3.79	4.91
食糖(千克)	Sugar(kg)	1.43	1.58
酒(千克)	Liquor(kg)	19.27	21.90
#白酒(千克)	Spirit(kg)	7.73	7.34

5-9 农村牧区常住居民家庭平均每百户耐用消费品年末拥有量

Durable Consumer Goods Owned Per 100 Rural Resident Households at Year-end

品 名	Item	2018	2019
家用汽车(辆)	Automobile(unit)	30.14	34.17
摩托车(辆)	Motorcycle(unit)	64.53	60.50
移动电话(部)	Telephone(unit)	242.16	244.24
洗衣机(台)	Washing Machine(unit)	94.53	96.47
家用电冰箱(台)	Refrigerator(unit)	104.17	107.55
热水器(台)	Water Heater(unit)	27.70	29.78
彩色电视机(台)	Color TV Set(unit)	106.76	107.91
计算机(台)	Computer(set)	24.03	26.19
其中：接入互联网	Access to the Internet	17.91	19.42

主要统计指标解释

住户成员 指居住在一个住宅内,所有与本住户分享生活开支或收入的人员。还包括:①由本住户供养的在外学生(包括大中专学生和研究生);②未分家的农村外出从业人员和随迁家属,无论其外出时间长短;③轮流居住的老人;④因探亲访友、旅游、住医院、培训或出差等原因临时外出的人员。

常住成员 指住户成员中,经常在家居住、或者调查期内居住时间超过一半的人员,以及本住户供养的学生。常住成员是住户收支的调查对象。

总收入 是调查期内全部收入的总和,其中未扣除为获得收入所发生的支出(生产费用)。包括工资性收入、经营性收入、财产性收入、转移性收入、非收入所得、借贷性所得。

可支配收入 指调查户在调查期内获得的、可用于最终消费支出和储蓄的总和,即调查户可以用来自由支配的收入。可支配收入既包括现金,也包括实物收入。按照收入的来源,可支配收入包含:工资性收入、经营净收入、财产净收入、转移净收入。

工资性收入 指就业人员通过各种途径得到的全部劳动报酬和各种福利,包括受雇于单位或个人、从事各种自由职业、兼职和零星劳动得到的全部劳动报酬和福利。

经营净收入 指住户或住户成员从事生产经营活动所获得的净收入,是全部经营收入中扣除经营费用、生产性固定资产折旧和生产税净额(生产税减去生产补贴)之后得到的净收入。计算公式具体为:经营净收入 = 经营收入 - 经营费用 - 生产性固定资产折旧 - 生产税净额(生产税 - 生产补贴)。

财产净收入 指住户或住户成员将其所拥有的金融资产和自然资源交由其他机构单位、住户或个人支配而获得的回报并扣除相关的费用之后得到的净收入。财产净收入包括利息净收入、红利收入、储蓄性保险净收益和转让承包土地经营权租金净收入等。

转移净收入 指国家、单位、社会团体对住户的各种经常性转移支付和住户之间的经常性收入转移,并扣除相关的支出和费用之后得到的净收入。包括政府、非行政事业单位、社会团体对居民转移的养老金或退休金、社会救济和补助、政策性生活补贴、救灾款、经常性捐赠和赔偿以及报销医疗费等;住户之间的赡养收入、经常性捐赠和赔偿以及农村地区(村委会)在外(含国外)工作的本住户非常住成员寄回带回的收入等。

总支出 指住户用于生产、生活和再分配的全部支出。包括消费支出、生产经营费用支出、财产性支出、转移性支出、购置资产及非经常性转移支出、借贷性支出。

消费支出 指住户用于满足家庭日常生活消费需要的全部支出,包括用于消费品的支出和用于服务性消费的支出。根据用途不同,消费支出可划分为食品烟酒、衣着、居住、生活用品及服务、交通通信、教育文化娱乐、医疗保健、其他用品及服务八大类。根据来源不同,消费支出可划分为现金消费支出、实物消费支出(含自产自用、来自单位、来自政府和其他社会组织)。

Explanatory Notes on Main Statistical Indicators

Household Members Refers to Live in a House, all personnel and tenants share living expenses or income. Also included: ① the students out of household support (including college students and graduate students) ; ② going out is not the separation of rural practitioners and the accompanying family members, regardless of the length of their out; ③ alternated between old ; ④ By visiting friends and relatives, travel, hospital, training or business reasons such as temporarily absent persons.

Permanent Members Refers to members in the household, often at home , or lived for more than half of the officers in the period of investigation, as well as the household dependent student. Permanent member are the investigation object of householdincome and expenditure.

General Income Refers to the sum of total income in thesurvey period, before deduction for income/expenditure incurred (production costs). Income includes wages, business – income, property – income, ransfer – income, not income – gains, loan proceeds.

Disposable Income Refers to the households received in the survey period for the sum of final consumption expenditure and savings that investigation can be used for discretionary income. Disposable income including cash, including income in kind. According to the source of income, disposable income includes wage, business – income, property – income, transfer – income.

Income from Wage Refers to employed persons by various means to get the total remuneration and benefits, including employed by units or individuals, engaged in freelance, part – time and sporadic Labor's total remuneration and benefits.

Net Income from Operations Refers to members of households or households engaged in production and operating activities net income gained, is deducted from the total operating income operating expenses, of productive fixed assets depreciation and net taxes on production (taxes on production less subsidies) received after net income. Formula in particular to: Net – operations income = operating revenue – operating expenses – productive fixed assets depreciation, net taxes on production (taxes on production – production subsidies).

Net Income from Property Refers to household or the household member to its own financial assets and natural resources considered by the other establishments, household or personal gain reward and after deduction of the expenses related to the net income. Assets net income including net interest income, dividend income, net income, savings, insurance and the transfer of contracted land operation right rentals net income, and so on.

Net Income from Transfer Refers to countries, organizations, social organizations, current transfers between households and for households of the regular transfer of income and the net income after deduction of the expenses and costs related to the get. Including Government, non – administrative public institutions, social groups and the residents of the old – age pension or pensions, social assistance and benefits, policy – related subsidies, disaster relief, regular donations and reimbursed for medical expenses and compensation; maintenance of incomes between households, recurring donation and compensation, as well as in rural areas (village) (including foreign) returned back to the tenants who are living members of earnings.

Total Expenditure Refers to household production, living and redistribution of all expenditures. Includes consumer spending, production and operating expenses, property expenditure, transfer expenditures, acquire assets and non – recurring expenses, loan payments.

Consumption Expenditure Refers to households to meet the daily consumption needs of all expenditure, including expenditure on consumer goods and spending on services. According to different uses, consumer spending can be divided into food and alcoholic drinks and tobacco, clothing, housing, daily necessities and services, transport and communications, education, culture and entertainment, healthcare, other supplies and services. According to different sources, Consumption expenditure can be divided into cash consumption expenditure and real consumption expenditure (self – produced, from units, from Government and other social organizations).

6 财 政

Government Finance

资料整理：塔米尔

Arranged By：Ta Mier

6-1 地方财政分项收入

Local Government Revenue by Source

单位：万元 (10 000 yuan)

年 份 Year	地 方 财政总收入 Local Government Revenue	一般公共 预算收入 General Public Budget Revenue	#工商税收 Industrial and Commercial Tax	#契税和耕 地占用税 Deed Tax and Farm Land Occupation Tax	#企业所得税 Corporate Income Tax	#国有资本 经营收入 Operation Income of State-owned Assets Enterprises
1947	9	9			1	
1948	110	110			20	
1949	739	739	149		196	
1950	5347	5347	1852		1568	
1951	5376	5376	2266		1306	
1952	13335	13335	3744		5049	
1953	8657	8657	4507		2550	
1954	18503	18503	7725		5260	
1955	21090	21090	8549		6324	
1956	27597	27597	11797		9328	
1957	31385	31385	12535		9409	
1958	42764	42764	15174		17065	
1959	70269	70269	19237		39150	
1960	89917	89917	24690		52872	
1961	49529	49529	16531		24238	
1962	33590	33590	18027		7788	
1963	38345	38345	19929		9734	
1964	43219	43219	20196		12499	
1965	45967	45967	22577		13144	
1966	48455	48455	21712		16086	
1967	40232	40232	20303		9058	
1968	38882	38882	20537		7549	
1969	27680	27680	20168		1509	
1970	44088	44088	27399		6076	
1971	36543	36543	29455		-1820	
1972	31314	31314	31085		-5822	
1973	34123	34123	34954		-9309	
1974	26863	26863	34257		-16136	
1975	27375	27375	40295		-21044	
1976	26587	26587	43142		-25703	
1977	29339	29339	49579		-29193	
1978	69046	69046	54486		3234	
1979	45553	45553	54648		-20749	
1980	41284	41284	58537		-26724	
1981	41585	41585	62493		-32579	
1982	51842	51842	71540		-35624	
1983	69891	69891	78370		-25171	
1984	84556	84556	86862		-20618	
1985	131789	131789	119871		36495	7429
1986	160206	160206	145866		37092	706
1987	194326	194326	176890		35797	9344
1988	241343	241343	214128		41206	11050
1989	286679	286679	261270		40045	3193

6-1 续表 Continued

单位：万元 (10 000 yuan)

年 份 Year	地 方 财政总收入 Local Government Revenue	一般公共 预算收入 General Public Budget Revenue	#工商税收 Industrial and Commercial Tax	#契税和耕 地占用税 Deed Tax and Farm Land Occupation Tax	#企业所得税 Corporate Income Tax	#国有资本 经营收入 Operation Income of State-owned Assets Enterprises
1990	329763	329763	278480		40954	17895
1991	393966	393966	299621		39320	16833
1992	390775	390775	335490		38992	12382
1993	561177	561177	511777		37311	9745
1994	682167	362969	261719		43005	4900
1995	763458	437028	278344		62222	4070
1996	932401	572572	339614		56853	5230
1997	1041750	660777	415328		60554	5964
1998	1191237	776654	492585		50815	12083
1999	1294373	865714	502477		80821	13766
2000	1399410	950320	546435		105983	12815
2001	1498119	994313	571829		151985	19489
2002	1867550	1128546	673679		90287	40610
2003	2340265	1387157	857381		71615	60521
2004	3231515	1967589	1220909		86995	147494
2005	4787260	2774553	1768690		193550	147758
2006	5945906	3433774	2183213	148893	272831	188849
2007	8354929	4923615	3342205	134741	419186	234394
2008	11072572	6506764	4401399	241064	592789	415549
2009	13777018	8508588	5263903	502465	748129	707123
2010	17381337	10699776	6869595	594367	1016492	589245
2011	22618058	13566701	9100923	675788	1561016	512220
2012	24972839	15527453	10077812	1008121	1798497	460204
2013		17209843	10619291	1400299	1552566	590800
2014		18436736	9896184	2470558	1096419	1038577
2015		19644820	9857091	3190394	1017711	780747
2016		20164334	10078729	3104470	969304	873475
2017		17032095	11439906	1236936	1288208	111199
2018		18576493	12867776	911961	1650850	75000
2019		20596940	13942698	1211116	1816507	118549

注：1. 1984年以前企业所得税包括国有企业上缴利润和国有企业亏损补贴。

2. 1994年以来地方财政收入为分税制财政体制统计口径。

a)Before 1984, Enterprises income tax including payed profits and planned subsidies for the losses of the state-owned enterprises.

b)Since 1994, Revenue of the local governments has been counted by the classification of the structure of the government finance.

6-2 一般公共预算主要收入项目

Main Items of General Public Budget Revenue

单位:万元 (10 000 yuan)

项 目	Item	2018	2019
一般公共预算收入	**General Public Budget Revenue**	**18576493**	**20596940**
税收收入	**Tax Revenue**	**13998574**	**15396884**
国内增值税	Domestic Value-added Tax	5337625	5660374
企业所得税	Corporate Income Tax	1650850	1816507
个人所得税	Individual Income Tax	632325	444873
资源税	Resource Tax	2384879	3023276
城市维护建设税	City Maintenance and Construction Tax	770985	721098
房产税	House Property Tax	590455	513189
印花税	Stamp Tax	211722	220173
城镇土地使用税	Urban Land Use Tax	892815	762408
土地增值税	Land Appreciation Tax	309309	617430
车船税	Tax on Vehicles and Boat Operation	217787	216765
耕地占用税	Farm Land Occupation Tax	497768	690851
契税	Deed Tax	414193	520265
烟叶税	Tobacco Leaf Tax	1050	888
环境保护税	Environment Protection Tax	86811	163370
其他税收	Other Tax		25417
非税收入	**Non-Tax Revenue**	**4577919**	**5200056**
专项收入	Special Program Receipts	1273884	1231117
行政事业性收费收入	Charge of Administrative and Institutional Units	1227067	1063492
罚没收入	Penalty Receipts	669384	583205
国有资本经营收入	Operating Income from Government Capital	75000	118549
国有资源（资产）有偿使用收入	Income from Use of State-owned Resources(Assets)	1072050	1954903
其他收入	Other Revenue	260534	248790

6-3 一般公共预算支出及主要支出项目

General Public Budget Expenditures by Accounting Item

单位：万元 (10 000 yuan)

项 目	Item	2018	2019
一般公共预算支出	**General Public Budget Expenditure**	**48314587**	**51009101**
一般公共服务	General Public Services	3559778	3654444
外交	Foreign Affairs	366	367
国防	National Defense	47056	39483
公共安全	Public Security	2474528	2490576
教育	Education	5763281	6099668
科学技术	Science and Technology	260519	284875
文化旅游体育与传媒	Culture,Tourism,Sports and Media	1092702	1193392
#文化与旅游	Culture and Tourism		548289
新闻出版电影	Press Film		61390
广播电视	Radio and Television		240240
社会保障和就业	Social Security and Employment	7071955	7265233
#社会福利	Social Welfare	174535	181422
卫生健康	Hygiene and Health	3156153	3221779
节能环保	Energy Saving and Environmental Protection	1627228	1544824
城乡社区事务	City and Countryside Community Business	4149194	5412176
农林水事务	Expenses of Agriculture,Forestry,Water	9039647	8747335
交通运输	Transportation	4306869	4033813
其他支出	Others	5765311	7021136

6-4 财政用于科学技术的支出

Government Expenditure for Scientific and Technological

单位：万元 (10 000 yuan)

项 目	Item	2018	2019
合计	**Total**	**260519**	**284875**
科学技术管理事务	Administrative Affairs of Scientific and Technological	21219	20227
基础研究	Basic Research	7850	6404
应用研究	Applied Research	18621	18944
技术研究与开发	Technological Research and Development	129541	111363
科技条件与服务	Condition and Service of Scientific and Technological	8921	22260
社会科学	Social Sciences	9056	11641
科学技术普及	Scientific and Technological Popularization	26598	25401
科技交流与合作	Scientific and Technological International Exchange and Cooperation	135	47
其他	Others	38578	68588

6-5 财政用于教育支出

Government Expenditure for Education

单位：万元 (10 000 yuan)

项 目	Item	2018	2019
合计	**Total**	**5763281**	**6099668**
教育管理事务	Administrative Affairs of Education	110720	109019
普通教育	General Education	4486682	4812925
职业教育	Vocational Education	643369	616155
成人教育	Adult Education	386	473
广播电视教育	Radio and Television Education	5834	8384
特殊教育	Special Education	22668	27492
进修及培训	Further Education and Train	96281	112785
教育费附加安排的支出	The Expenditure of Education Surtax Arrangementsrge	309709	319931
其他	Others	87632	92504

6-6 财政用于社会保障和就业的支出

Government Expenditure for Social Security and Employment

单位：万元 (10 000 yuan)

项 目	Item	2018	2019
合计	**Total**	**7071955**	**7265233**
人力资源和社会保障管理事务	Human Resources and Social Security Management Services	198486	182855
民政管理事务	Administrative Affairs of Civil Affairs	104775	101955
财政对社会保险基金的补助	Subsidy of Social Insurance Fund from Government Finance	2075478	2299248
行政事业单位离退休	Expenditure for Retired Persons in Administrative Department	2645262	2649406
企业改革补助	Subsidy of Enterprise Reform	23980	3086
就业补助	Subsidy of Employment	264025	252310
抚恤	Pensions for Disable and Bereaved Families	180215	184697
退役安置	Retirement Places	120437	186441
社会福利	Social Welfare	174535	181422
残疾人事业	Disabled Persons Enterprise	122875	136763
红十字事业	Red Cross	13073	13685
最低生活保障	Receiving Minimum Living Allowance	604220	628643
其他	Others	508001	444722

6-7 财政用于农林水事务支出

Government Expenditure for Agriculture,Forestry and Water Conservation

单位：万元 (10 000 yuan)

项 目	Item	2018	2019
合计	**Total**	**9039647**	**8747335**
农业	Agriculture	2917354	2994880
林业和草原	Forestry and Prairies	1168683	1239409
水利	Water Conservation	1563644	1220751
扶贫	Poverty Alleviation	1455476	1432389
农业综合开发	Comprehensive Agricultural Development	249064	98283
农村综合改革	Comprehensive Rural Reform	386590	400928
其他	Others	1298836	1360695

6-8 财政用于文化旅游体育与传媒支出

Government Expenditure for Culture,Tourism,Physical Education and Media

单位：万元 (10 000 yuan)

项 目	Item	2018	2019
合计	**Total**	**1092702**	**1193392**
文化与旅游	Culture and Tourism		548289
文物	Qntiquity	148132	117046
体育	Physical Education	149880	159441
新闻出版电影	Press Film		61390
广播电视	Radio and Television		240240
其他	Others	111774	66986

6-9 各项税收收入

Government Tax Revenue

单位：万元 (10 000 yuan)

年 份 Year	税收总额 Total Tax	地方税收 Local Government Tax	工商税收 Industrial and Commercial Tax	农业各税 Agricultural and Related	企业所得税 Corporate Income Tax	税收总额占地方财政总收入比重(%) Percentage of Government Tax Revenue to Government Revenue(%)
1947	4	4	4		1	44.4
1948	69	69	26	43	20	62.7
1949	431	431	149	282	196	58.3
1950	3588	3588	1908	1680	1568	67.1
1951	2871	2871	2361	510	1306	53.4
1952	6544	6544	3856	2700	5049	49.1
1953	4981	4981	4546	450	2550	57.5
1954	12373	12373	7867	4544	5260	66.9
1955	14249	14249	8904	5370	6324	67.6
1956	17834	17834	12334	5512	9328	64.6
1957	21579	21579	16209	5550	9409	68.8
1958	25331	25331	19733	5598	17065	59.2
1959	29277	29277	22771	6506	39150	41.7
1960	34050	34050	27640	6410	52872	37.9
1961	23348	23348	18421	4297	24238	47.1
1962	24442	24442	19442	5000	7788	72.8
1963	27163	27163	21167	5996	9734	70.8
1964	29705	29705	22205	7500	12499	68.7
1965	31784	31784	25656	6128	13144	69.1
1966	31722	31722	24744	6978	16086	65.5
1967	30754	30754	23235	7519	9058	76.4
1968	30590	30590	23954	6636	7549	78.7
1969	25668	25668	20403	5265	1509	92.7
1970	37427	37427	27800	9627	6076	84.9
1971	37573	37573	29830	7743	-1820	102.8
1972	36369	36369	31524	4845	-5822	116.1
1973	42897	42897	35397	7500	-9309	125.7
1974	42330	42330	34726	7604	-16136	157.6
1975	47743	47743	40849	6894	-21044	174.4
1976	51665	51665	43677	7988	-25703	194.3
1977	57440	57440	50169	7271	-29193	195.8
1978	60750	60750	55111	5639	3234	88.0
1979	63755	63755	57597	6158	-20749	140.0
1980	64858	64858	61190	3668	-26724	157.1
1981	71049	71049	65071	6022	-32579	170.9
1982	81872	81872	75171	6701	-35624	157.9
1983	89833	89833	82205	7628	-25171	128.5
1984	99926	99926	91152	8774	-20618	118.2
1985	130558	130558	119865	10688	36495	99.1
1986	155167	155167	145866	9432	37092	96.9
1987	187130	187130	176890	10483	35797	96.3
1988	228758	228758	214128	15117	41206	94.8
1989	317150	317150	261270	16397	40045	110.6

6-9 续表 Continued

单位：万元 (10 000 yuan)

年 份 Year	税收总额 Total Tax	地方税收 Local Government Tax	工商税收 Industrial and Commercial Tax	农业各税 Agricultural and Related	企业所得税 Corporate Income Tax	税收总额占地方财政总收入比重(%) Percentage of Government Tax Revenue to Government Revenue(%)
1990	342192	342192	278480	23565	40954	103.8
1991	355665	355665	299621	23181	39320	90.3
1992	363571	363571	335490	29712	38992	93.0
1993	540247	540247	511777	29736	37311	96.3
1994	631630	312432	261719	58722	43005	174.0
1995	672614	346184	278344	66469	60801	153.9
1996	870713	510884	339614	113751	57519	152.1
1997	988192	607219	415328	130023	61868	135.0
1998	1085216	670633	492585	127233	50815	120.9
1999	1144680	716021	502477	134371	80821	113.5
2000	1226549	777459	546435	126444	105983	110.8
2001	1315328	811744	571829	105819	151985	112.1
2002	1624794	885794	673679	121828	90287	122.2
2003	2018522	1065414	857381	136418	71615	124.0
2004	2704290	1440390	1220909	132486	86995	113.5
2005	4082530	2069822	1768690	107582	193550	121.8
2006	5118845	2606745	2183213	148893	272831	86.1
2007	6910357	3479057	3342205	134741	419186	82.7
2008	9210300	4644481	4401399	241064	592789	83.2
2009	11036736	5768306	5263903	502465	748129	80.1
2010	14209706	7528129	6869595	594367	1016492	81.8
2011	18908284	9856927	9100923	675788	1561016	83.6
2012	20644006	11198651	10077812	1008121	1798497	82.7
2013	21540773	12151973	10619291	1400299	1552566	
2014	20514412	12510723	9896184	2470558	1096419	
2015	21131143	13207461	9857091	3190394	1017711	
2016	19389057	13358808	10078729	3104470	969304	
2017	21621822	12869065	11439906	1236936	1288208	
2018	23499333	13998574	12867776	911961	1650850	
2019	26153595	15396884	13942698	1211116	1816507	

注：1. 农业各税包括农业税、牧业税、耕地占用税、农业特产税和契税。从2006年，农业各税不包括农业税、牧业税和农业特产税。

2. 企业所得税中1985-1993年包括国有企业调节税，1994年以后包括地方金融企业所得税。

a)The agricultural and retail taxes include the agricultural tax, the animal husbandry tax, the tax on the use of cultivated land,the tax on special agricultural products and the contract tax.Since 2006,the agricultural and retail taxes do not include the agricultural tax, the animal husbandry tax and the tax on special agricultural products.

b)During the Years 1985 to 1993, the income tax levied on state-owned enterprises included the tax for adjusting income. Since1994,it has also included the income tax levied on banking institutions.

主要统计指标解释

财政收入 指国家财政参与社会产品分配所取得的收入，是实现国家职能的财力保证。财政收入所包括的内容几经变化，目前主要包括：

(1)各项税收：包括增值税、消费税、土地增值税、城市维护建设税、资源税、城市土地使用税、印花税、个人所得税、企业所得税、关税、农牧业税和耕地占用税等。

(2)专项收入：包括征收排污费收入、征收城市水资源费收入、教育费附加收入等。

(3)其他收入：包括基本建设贷款归还收入、基本建设收入、捐赠收入等。

(4)国有企业计划亏损补贴：这项为负收入，冲减财政收入。

财政支出 国家财政将筹集起来的资金进行分配使用，以满足经济建设和各项事业的需要，主要包括：

(1)基本建设支出：指按国家有关规定，属于基本建设范围内的基本建设有偿使用、拨款、资本金支出以及经国家批准对专项和政策性基建投资贷款，在部门的基建投资额中统筹支付的贴息支出。

(2)企业挖潜改造资金：指国家预算内拨给的用于企业挖潜、革新和改造方面的资金。包括各部门企业挖潜改造资金和企业挖潜改造贷款资金，为农业服务的县办“五小”企业技术改造补助，挖潜改造贷款利息支出。

(3)地质勘探费用：指国家预算用于地质勘探单位的勘探工作费用，包括地质勘探管理机构及其事业单位经费、地质勘探经费。

(4)科技三项费用：指国家预算用于科技支出的费用，包括新产品试制费、中间试验费、重要科学研究补助费。

(5)支援农村生产支出：指国家财政支援农村集体(户)各项生产的支出。包括对农村举办的小型农田水利和打井、喷灌等的补助费，对农村水土保持措施的补助费，对农村举办的小水电站的补助费，特大抗旱的补助费，农村开荒补助费，扶持乡镇企业资金，农村农技推广和植保补助费，农村草场和畜禽保护补助费，农村造林和林木保护补助费，农村水产补助费，发展粮食生产专项资金。

(6)农林水利气象等部门的事业费用：指国家财政用于农垦、农场、农业、畜牧、农机、林业、森工、水利、水产、气象、乡镇企业的技术推广、良种推广(示范)、动植物(畜禽、森林)保护、水质监测、勘探设计、资源调查、干部训练等项费用，园艺特产场补助费，中等专业学校经费，飞播牧草试验补助费，营林机构、气象机构经费，渔政费以及农业管理事业费等。

(7)工业交通商业等部门的事业费：指国家预算支付给工交商各部门用于事业发展的经费，包括勘探设计费、中等专业学校经费、技术学校经费、干部训练费。

(8)文教科学卫生事业费：指国家预算用于文化、出版、文物、教育、卫生、中医、公费医疗、体育、档案、地震、海洋、通讯、电影电视、计划生育、党政群干部训练、自然科学、社会科学、科协等项事业的经费支出和高技术研究专项经费。主要包括工资、补助工资、福利费、离退休费、助学金、公务费、设备购置费、修缮费、业务费、差额补助费。

(9)抚恤和社会福利救济费：指国家预算用于抚恤和社会福利救济事业的经费。包括由民政部门开支的烈士家属和牺牲病残人员家属的一次性、定期抚恤金，革命伤残人员的抚恤金，各种伤残补助费，烈军属、复员退伍军人生活补助费，退伍军人安置费，优抚事业单位经费，烈士纪念建筑物管理、维修费，自然灾害救济事业费和特大自然灾害灾后重建补助费等。

(10)行政事业单位离退休支出：指实行归口管理的行政事业单位离退休经费。

(11)社会保障补助支出：指国家预算用于社会保障的补助支出，包括对社会保障基金的补助、促进就业补助、国有企业下岗职工补助、补充全国社会保障基金等。

(12)国防支出：指国家预算用于国防建设和保卫国家安全的支出，包括国防费、国防科研事业费、民兵建设以及专项工程支出等。

(13)行政管理费：包括行政管理支出，党派团体补助支出，外交支出、公安安全支出，司法支出、法院支出，检察院支出和公检法办案费用补助。

(14)政策性补贴支出：指经国家批准，由国家财政拨给的政策性补贴支出。主要包括粮、棉、油差价补贴，平抑物价和储备糖补贴，农业生产资料价差补贴，粮食风险基金，副食品风险基金，地方煤炭风险基金等。

(15)债务利息支出：指国家预算中用于偿还国内外债务利息的支出。

中央一般公共预算收入和地方一般公共预算收入 属于中央一般公共预算的收入包括关税，进口货物增值税和消费税，出口货物退增值税和消费税，消费税，铁道部门、各银行总行、各保险公司总公司等集中缴纳的城市维护建设税，增值税50%部分，纳入共享范围的企业所得税60%部分，未纳入共享范围的中央企业所得税、中央企业上交的利润，个人所得税

60% 部分，车辆购置税，船舶吨税，证券交易印花税，海洋石油资源税，中央非税收入等。属于地方一般公共预算的收入包括地方企业上交利润，城市维护建设税（不含铁道部门、各银行总行、各保险公司总公司集中缴纳的部分），房产税，城镇土地使用税，土地增值税，车船税，耕地占用税，契税，烟叶税，印花税（不含证券交易印花税），增值税 50% 部分，纳入共享范围的企业所得税 40% 部分，个人所得税 40% 部分，海洋石油资源税以外的其他资源税，地方非税收入等。

中央一般公共预算支出和地方一般公共预算支出 指根据政府在经济和社会活动中的不同职责，划分中央和地方政府的责权，按照政府的责权划分确定的支出。中央一般公共预算支出包括一般公共服务，外交支出，国防支出，公共安全支出，以及中央政府调整国民经济结构、协调地区发展、实施宏观调控的支出等。地方一般公共预算支出包括一般公共服务，公共安全支出，地方统筹的各项社会事业支出等。

预算外资金收支 预算外资金指国家机关、事业单位和社会团体为履行或代行政府职能，依据国家法律、法规和具有法律效力的规章而收取、提取和安排使用 的未纳入国家预算管理的各种财政性资金。其范围主要包括：法律、法规规定的行政事业性收费、基金和附加收入等；国务院或省级人民政府及其财政、计划（物价）部门审批的行政事业性收费；国务院及财政部审批建立的基金、附加收入等；主管部门所属单位集中上缴资金 ；用于乡镇政府开支的乡自筹和乡统筹资金；其他末纳入预算管理的财政性资金。社会保障基金在国家财政尚未建立社会保障预算制度以前，先按预算外资金管理制度进行管理，专款 专用。财政部门在银行开设统一的专户，用于预算外资金收入和支出管理。部门和单位的预算外收入必须上缴同级财政专户，支出由同级财政按预算外资金收支计划和单位财务收支计划统筹安排，从财政专户中拨付，实行收支两条线管理。

Explanatory Notes on Main Statistical Indicators

Government Revenue refers to the revenue of the government finance by means of participating in the distribution of the social products, which are the financial resources for ensuring the government to function. The contents of government revenue have been changed several times. Now it includes the following main items:

(1) Various tax revenues: including value added tax, consumption tax, land value added tax, tax on city maintenance and construction, resources tax, tax on use of urban land, stamp tax, personal income tax, enterprise income tax, tariff, tax on agriculture and animal husbandry and tax on occupancy of cultivated l and, etc.

(2) Special revenues: including revenue collected from imposing fee on sewage treatment, revenue collected from imposing fee on urban water resources, and extra charges for education, etc.

(3) Other revenues: including revenue from the repayment of capital construction l loan, revenue from capital construction projects, and donations and grants.

(4) Planned subsidies for the losses of the state owned enterprises: this is s an item of negative revenue, used to eat up part of the government revenue.

Government Expenditure refers to the distribution and use of the funds the government finance has raised, so as to meet the needs of economic construction and various causes. It include s the following main items:

(1) Expenditure for capital construction: refers to the non gratuitous use and appropriation of funds for capital construction in the range of capital construction, outlay of capital as well as the loans on capital construction approved by the government for special purpose or policy purpose and the expenditure with discount paid in an overall way within the amount of the funds appropriated to the departments for capital construction.

(2) Innovation funds of the enterprises: refer to the funds appropriated from the government budget for the enterprises to tap the latent power, upgrade the technology and carry out innovation, including the innovation fund of the departments, loan of the enterprises for innovation, subsidies on the innovation of the small fertilizer plant, small cement plant, small coal mines, small machinery plant and small steel plant, the expenditure of interest for the loan for innovation.

(3) Geological prospecting expenses: refer to the expenses appropriated from the government budget to the geological prospecting units for the expenditure of the prospecting work, including the expenditures of the administrative agencies for geological prospecting and their institutional units as well as the geologic al prospecting expenditure.

(4) Expenditures for science and technology promotion: refer to the expense s appropriated from the government budget for the scientific and technological expenditure, including new products development expenditure, expenditure for intermediate trial and subsidies on important scientific researches.

(5) Expenditure for supporting rural production: refers to the expenditures appropriated from the government budget for supporting the various expenditures of the rural collective units or households for production, including the subsidies to the small water conservancy projects and well drilling, sprinkling irrigation projects run by the villages; subsidies on the rural water and soil conserving measures; subsidies to the small power stations run by the villages; subsidies to the expenditure for fighting against particularly severe draughts; subsidies on the rural was the land exclamation; fund for supporting the township enterprises; subsidies to the expenditure for popularization of the agricultural technologies and plant protection in the rural areas; subsidies to the expenditure for the protection of grasslands and cattle and fowls; subsidies on afforestation and forest protection in rural areas; subsidies on the rural aquatic products industry; special fund for developing grain production.

(6) Operating expenses of the departments of farming, forestry, water conservancy and meteorology etc. : refer to the expenses appropriated from the government budget for the expenditures of agricultural exclamation, farms, agriculture, animal husbandry, agricultural machinery, forestry, timber industry, water conservancy, aqua tic products industry, meteorology, technology popularization in township enterprises, popularization (demonstration) of improved varieties, plant (cattle and fowls, forest) protection, water quality monitoring, prospecting and designing, resources investigation, cadres training, subsidies to horticulture gardens, expenditure of specialized secondary schools, subsidies on the experiments of sowing herbage seeds by flights, expendi-

tures of afforestation agencies and meteorology agencies, expenses for fishery administration and operating expenses for agricultural administration, etc.

(7) Operating expenses of the departments of industry, transport and commerce: refer to the expenses appropriated from the government budget to the departments of industry, transport and commerce for the expenditure of business development, including expenses for prospecting and designing, expenditures of specialized secondary schools, expenditures of the technical training schools and expenditures or cadres training, etc.

(8) Operating expenses of the departments of culture, education, science and public health: refer to the expenses appropriated from the government budget for t he expenditures of the causes of culture, publication, cultural relics, education, public health, traditional Chinese medical science, free medical services, sports, archives, earthquake, ocean, communications, broadcasting, film and television, family planning; expenditure for training of cadres of government, party and mass organization; expenditures for natural sciences, social sciences, associations for science and technology and the special expenditure for the high tech researches. They include mainly wages, extra wages, welfare funds, pension for the retirees, stipend, expenses for official business, expenses for equipment purchases, expenses for repairs, business expenses and subsidies to the un its which are unable to support their expenditures by their own earnings.

(9) Pension for the disabled or for the families of the bereaved and relief funds for social welfare: refer to the funds appropriated from the government bud get for the expenditures of pension for the disabled or for the families of the bereaved and relief funds for social welfare, including the lump sum or regular pension paid by the departments of civil affairs to the members of martyrs families and families of those who died for the public interest, pension to the revolutionary disabled, subsidies for permanent disability of various kinds, subsidies to the military martyrs dependents and the demobilized servicemen, expenditure for settling down the demobilized servicemen, operating expenses of the consoling institutions, expenses for management and repair of the commemorative buildings for the martyrs, the expenses managed by the departments of civil affairs for the retirees and those who have quitted their work, expenses for social relief in rural and urban areas, operating expenses for providing relief to the areas of natural calamity and subsidies on the reconstruction after the particularly severe natural calamities, etc.

(10) Expenditures on retiree : refer to the expenditures of government agencies and institutions that covered by the state budget.

(11) Expenditures on subsidies to social security system: refer to expenditure from the state budget for subsidies to the social insurance fund, subsidies to promoting employment, subsidies to laid – off workers of state – owner enterprises, supplement to national social security funds, etc.

(12) Expenditures for national defence: refer to the funds appropriated from the government budget for the expenditures for building up national defence and safeguarding national security, including expenses of national defence, expenses o f scientific researches on national defence, expenses for building up people's militia and expenditure for special projects, etc.

(13) Administrative expenses: include expenditure for administration, subsidies to the parties and mass organizations, diplomatic expenditure, expenditure for public security, judicial expenditure, law court expenditure, procuratorial expenditure and subsidies to the expenses for treating the cases by the public security departments, procuratorial organs and law courts.

(14) Expenditure for price subsidies: refer to the expenditure appropriated, with the approval of the government, from the government budget for the policy subsidies to price adjustment, including the fund for the increase of grain prices, the subsidies to the difference between the selling prices and purchasing prices o f grains, cotton and edible oil, awards in addition to the purchasing prices of cotton, risk fund for non staple food, subsidies on the prices of meat and meat products, subsidies on the price difference for curbing the high market prices of meat, meat products and vegetables and the subsidies approved by the government on the prices of textbooks and newsprint of newspapers and periodicals.

(15) Expenditure on interest of debts: refer to expenses from the state budget on paying interest of domestic and foreign debts.

Revenue from the Central and Local General Public Budgets The revenue of the central government public budgets includes tariff, consumption tax and value added tax on imported goods, consumption tax and value added tax refund on exports , consumption tax, railways, head offices of banks, head office of insurance company, which are handed over to the government in a centralized way, tax on city maintenance and construction, 50% of value – added tax, 60% of enterprise income tax included in the Shared scope, central enterprise income tax not included in the Shared scope, profits paid by central enterprises, 60% of individual income tax, vehicle purchase tax, tonnage tax, stamp tax on securities trading, offshore oil resource tax, and non – tax revenue of the central government. The revenue of the local governments public budgets includes the profits by local enterprises, urban maintenance and construction tax (excluding the railway department, each bank head office, each insurance company pay part), the property tax, urban land use tax, land value - added tax, vehicle tax, cultivated land usage tax, deed tax, tobacco tax, stamp duty (excluding securities transaction stamp tax), 50% VAT, included in Shared scope, 40% corporate income tax 40% of personal income tax, resource tax, other than the ocean petroleum resource tax non - tax revenue, etc

Expenditures from the Central and Local General Public Budgets according to the different functions of the central government and local governments in the economic and social activities, the rights of affairs administration are classified between the central government and local governments; and the classification of the expenditure between the central government and local governments are made on the basis of the classification of thc rights of affairs administration between them. Expenditure in the central government's general public budget includes expenditure on general public services, foreign affairs, national defense and public security, as well as expenditure by the central government on adjusting the structure of the national economy, coordinating regional development and implementing macro - control. Local general public budget expenditure includes general public services, public security expenditure and social undertakings expenditure under the local plan.

Extra - budgetary Revenue and Expenditure Extrabudgetary funds refer to all kinds of fiscal funds not included in the national budget management that are collected, withdrawn and arranged for use by state organs, institutions and social organizations in order to perform or act on behalf of government functions according to national laws, regulations and rules with legal effect. Its scope mainly includes: administrative charges, funds and additional income stipulated by laws and regulations; Administrative institutional fees examined and approved by the State Council or the provincial people's government and its financial and planning (commodity price) departments; Funds and additional income approved and established by the State Council and the Ministry of Finance; The units subordinate to the competent departments shall centralize the funds to be handed over; Funds raised by and under the overall planning of the township government; Other fiscal funds not included in budget management. Before social security fund has not established social security budget system in national finance, manage according to management system of extrabudgetary fund first, special fund is special. The financial department shall open a unified special account in the bank for the management of the income and expenditure of extrabudgetary funds. The extrabudgetary income of departments and units must be turned over to the special fiscal account at the same level, and the expenditure shall be arranged by the financial department at the same level according to the plan of extrabudgetary funds and the plan of financial revenue and expenditure of the unit, and appropriated from the special fiscal account, so as to implement the management of revenue and expenditure along two lines.

7 资源、环境与能源

Resurces, Environment and Energy

资料整理：赵 坤 闫雾云 卢承源

Arranged By：Zhao Kun, Yan Jiyun, Lu Chengyuan

7-1 资源环境、自然灾害及供水用水情况

Resources Environment,National Disasters,Water Supply and Use

项 目	Item	2018	2019
土地总面积(万平方公里)	Total Land Area(10 000 sq.km)	118.30	118.30
水资源总量(亿立方米)	Total Water Resources Volume(100 million cu.m)	461.52	447.88
#地表水资源量	Surface Water Volume	302.35	305.78
地下水资源量	GroundWater Volume	253.59	233.76
煤保有储量(亿吨)	Coal Ensured Reserves(100 million tons)	4590.41	4660.05
铁矿石保有储量(亿吨)	Iron Ore Ensured Reserves(100 million tons)	42.38	42.31
磷矿石保有储量(亿吨)	Phosphate Ore Ensured Reserves(100 million tons)	2.90	2.90
铜保有储量(万吨)	Copper Ensured Reserves(10 000 tons)	817.85	826.94
铅保有储量(万吨)	Lead Ensured Reserves(10 000 tons)	1722.10	1822.35
锌保有储量(万吨)	Zinc Ensured Reserves(10 000 tons)	3604.15	3872.6
盐保有储量(万吨)	Salt Ensured Reserves(10 000 tons)	10515.57	16178.99
累计水土流失治理面积(千公顷)	Area of Soil Erosion under Control (1 000 hectares)	14088.57	14625.00
累计除涝面积(千公顷)	Area with Flood Prevention Measures (1 000 hectares)	277	277
地质灾害次数(次)	Number of Geological Disasters(time)	121	82
地质灾害直接经济损失(万元)	Direct Economic Loss(10 000 yuan)	9048.71	2330.38
林业有害生物防治率(%)	Prevention Rate of Forest Biological Disasters(%)	54.10	56.51
突发环境事件次数(次)	Number of Environmental Emergencies(time)		
供水总量(亿立方米)	Water Supply(100 million cu.m)	192.09	190.88
地表水	Surface Water	99.49	100
地下水	Groundwater	88.72	86.63
其 他	Others	3.88	4.25
用水总量(亿立方米)	Water Use(100 million cu.m)	192.09	190.88
农业	Agriculture	140.34	139.62
工业	Industry	15.92	14.58
生活	Consumption	11.23	11.66
生态环境补水	Ecological Protection	24.6	25.02
人均用水量(立方米/人)	Per Capita Water Use(cu.m/person)	758.05	751.61
人均水资源量(立方米/人)	Per Capita Water Resources(cu.m/person)	1821.31	1763.58

注：地表水资源量与地下水资源量之和不等于水资源总量，有重复计算部分。

a)Total Water Resources Volume is not equal to Surface Water Volume plus Ground Water Volume,there is Duplicated Measurement between Surface Water and Ground Water.

7-2 主要城市气温(2019年)

Monthly Average Temperature of Major Cities(2019)

单位：摄氏度　　(°C)

城市	City	1月 Jan.	2月 Feb.	3月 Mar.	4月 Apr.	5月 May	6月 June	7月 July	8月 Aug.	9月 Sept.	10月 Oct.	11月 Nov.	12月 Dec.	年平均 Annual Average
呼和浩特	Hohhot	-9.8	-8.0	2.0	10.9	15.5	21.4	21.4	19.8	16.8	8.0	-0.5	-9.7	7.3
包　头	Baotou	-10.5	-7.9	2.3	12.1	16.4	22.2	22.8	20.9	17.1	8.5	0.1	-11.5	7.7
海拉尔	Hailaer	-20.2	-18.5	-5.5	3.1	11.7	19.3	20.5	17.5	13.7	1.7	-12.8	-22.7	0.7
乌兰浩特	Ulanhot	-9.5	-8.0	1.7	9.9	16.8	20.9	24.0	20.8	18.1	7.6	-4.1	-12.4	7.2
通　辽	Tongliao	-8.5	-6.9	3.1	11.0	19.0	21.8	25.6	22.5	19.4	9.6	-1.1	-11.1	8.7
赤　峰	Chifeng	-7.4	-7.5	2.4	10.0	17.9	21.6	24.3	20.8	18.7	9.0	-0.9	-7.9	8.4
锡林浩特	Xilinhot	-14.2	-15.0	-2.3	7.2	14.3	20.3	22.9	19.2	16.9	4.3	-5.4	-15.5	4.4
集　宁	Jining	-11.9	-10.8	-0.2	8.5	13.6	19.2	19.9	18.2	14.9	6.3	-2.0	-9.9	5.5
东　胜	Dongsheng	-8.0	-6.4	2.9	11.4	15.0	20.6	21.7	19.4	16.5	8.5	1.0	-6.6	8.0
临　河	Linhe	-9.6	-6.9	3.6	13.0	16.1	22.8	23.9	21.7	17.5	8.1	0.9	-8.6	8.5
乌　海	Wuhai	-9.2	-5.8	3.8	14.6	17.4	23.6	25.6	23.7	19.3	8.9	1.6	-7.6	9.7
巴彦浩特	Bayanhot	-7.7	-4.1	4.1	13.8	15.8	21.4	23.3	22.4	17.7	8.3	1.9	-4.7	9.4

7-3 主要城市平均相对湿度(2019年)

Monthly Average Relative Humidity of Major Cities(2019)

单位：%　　(%)

城市	City	1月 Jan.	2月 Feb.	3月 Mar.	4月 Apr.	5月 May	6月 June	7月 July	8月 Aug.	9月 Sept.	10月 Oct.	11月 Nov.	12月 Dec.	年平均 Annual Average
呼和浩特	Hohhot	38	45	35	36	30	45	61	59	55	51	54	64	48
包　头	Baotou	52	54	47	46	38	53	64	64	66	57	66	77	57
海拉尔	Hailaer	67	58	42	33	40	48	66	76	53	53	63	72	56
乌兰浩特	Ulanhot	35	25	24	20	34	55	68	72	49	41	39	53	43
通　辽	Tongliao	39	34	37	28	40	62	72	79	58	48	39	64	50
赤　峰	Chifeng	31	38	37	31	33	52	62	69	51	45	39	49	45
锡林浩特	Xilinhot	51	56	44	26	32	46	52	63	42	52	55	71	49
集　宁	Jining	39	47	34	35	28	42	57	57	51	46	47	51	45
东　胜	Dongsheng	39	44	33	39	33	48	53	58	55	50	51	57	47
临　河	Linhe	49	43	38	36	37	48	53	57	59	56	50	63	49
乌　海	Wuhai	49	41	32	33	34	45	43	48	53	56	51	64	46
巴彦浩特	Bayanhot	41	33	22	24	29	41	38	40	44	51	45	45	38

7-4 主要城市降水量(2019年)

Monthly Precipitation of Major Cities(2019)

单位：毫米 (millimeters)

城市	City	1月 Jan.	2月 Feb.	3月 Mar.	4月 Apr.	5月 May	6月 June	7月 July	8月 Aug.	9月 Sept.	10月 Oct.	11月 Nov.	12月 Dec.	全年 Annual Total
呼和浩特	Hohhot	0.0	6.3	3.7	17.2	9.8	47.9	102.3	91.3	101.4	18.3	7.1	6.8	412.1
包　头	Baotou	0.0	2.2	2.2	18.5	11.7	50.5	24.6	91.6	62.0	12.6	17.4	6.8	300.1
海拉尔	Hailaer	1.0	0.0	0.0	0.1	20.0	45.5	105.9	126.6	14.2	13.0	3.6	0.3	330.2
乌兰浩特	Ulanhot	0.0	0.0	0.0	0.7	99.9	136.3	114.3	105.7	8.3	17.9	3.7	9.3	496.1
通　辽	Tongliao	0.0	1.7	19.8	1.6	90.1	88.7	56.6	130.2	9.2	18.3	4.9	7.8	428.9
赤　峰	Chifeng	0.0	3.3	14.1	15.0	76.4	36.5	50.3	100.9	12.6	24.0	5.4	0.2	338.7
锡林浩特	Xilinhot	0.5	4.5	2.7	5.9	24.0	49.0	56.7	89.0	12.0	25.0	3.6	19.9	292.8
集　宁	Jining	0.0	4.4	8.9	29.5	31.4	48.9	127.6	82.5	62.5	11.3	4.7	1.6	413.3
东　胜	Dongsheng	0.0	6.4	2.6	37.9	17.2	107.9	71.9	104.5	75.9	17.8	22.1	7.9	472.1
临　河	Linhe	0.0	0.0	1.4	12.9	7.9	14.5	21.2	14.6	6.7	2.9	2.8	6.0	90.9
乌　海	Wuhai	0.0	0.0	0.2	16.3	10.1	13.1	15.0	8.5	12.2	6.0	8.5	7.4	97.3
巴彦浩特	Bayanhot	2.8	0.7	2.2	14.3	29.3	61.8	50.8	20.9	53.0	20.3	10.4	1.5	268.0

7-5 主要城市有效可照时数(2019年)

Monthly Effective Sunshine Hours of Major Cities(2019)

单位：小时 (hours)

城市	City	1月 Jan.	2月 Feb.	3月 Mar.	4月 Apr.	5月 May	6月 June	7月 July	8月 Aug.	9月 Sept.	10月 Oct.	11月 Nov.	12月 Dec.	全年 Annual Total
呼和浩特	Hohhot	154.5	174.1	258.2	242.1	308.4	251.1	211.2	260.3	254.7	230.0	169.6	173.3	2687.5
包　头	Baotou	222.4	201.8	272.4	261.4	301.1	251.8	269.3	273.8	247.8	285.0	212.4	226.0	3025.2
海拉尔	Hailaer	191.3	226.3	281.6	288.4	287.4	294.1	220.2	176.5	153.4	101.3	156.4	152.1	2529.0
乌兰浩特	Ulanhot	224.5	218.9	280.5	314.2	261.3	237.8	234.6	159.4	294.3	224.1	181.2	198.9	2829.7
通　辽	Tongliao	224.2	207.5	261.4	289.2	291.2	255.7	227.4	166.7	279.6	234.2	178.1	167.7	2782.9
赤　峰	Chifeng	226.2	201.5	268.2	272.2	303.4	333.9	364.4	295.3	326.5	280.7	212.9	221.2	3306.4
锡林浩特	Xilinhot	226.8	208.3	261.6	299.3	279.1	274.9	268.4	217.3	291.2	259.4	183.0	168.5	2937.8
集　宁	Jining	207.6	191.6	260.7	226.3	294.0	345.1	337.0	347.2	100.3	149.8	41.7	219.6	2720.9
东　胜	Dongsheng	206.6	200.2	277.8	271.7	268.5	205.7	237.4	248.3	56.0	147.5	208.5	222.2	2550.4
临　河	Linhe	239.5	226.5	299.6	287.5	282.8	251.7	295.4	297.4	246.5	234.0	173.8	213.6	3048.3
乌　海	Wuhai	186.3	208.8	270.3	276.9	254.5	216.8	276.0	283.9	229.0	203.8	161.8	197.6	2765.7
巴彦浩特	Bayanhot	201.6	219.8	277.5	266.7	233.8	188.6	247.3	266.2	236.3	196.2	172.7	205.9	2712.6

7-6 规模以上工业分行业综合能源消费

Consumption of Overall Energy by Industrial Branch above Designated

单位：万吨标准煤 (10 000 tons of SCE)

行　业	Sector	2018	2019
总计	**Total**	**18726.74**	**21554.02**
按工业行业门类分	By Industrial Branch		
轻工业	Light Industry	440.10	573.75
重工业	Heavy Industry	18286.64	20980.27
采矿业	**Mining**	**1175.13**	**1262.99**
煤炭开采和洗选业	Coal Mining & Processing	1025.75	1136.58
石油和天然气开采业	Petroleum & Natural Gas Pumped	13.08	11.14
黑色金属矿采选业	Mining & Dressing of Ferrous Metals	70.71	46.75
有色金属矿采选业	Mining & Dressing of Nonferrous Metals	41.21	39.15
非金属矿采选业	Mining & Dressing of Nonmetal Minerals	23.85	29.37
开采辅助活动	Support Activities for Mining	0.46	
其他采矿业	Mining of Other Mineral	0.07	
制造业	**Manufacturing**	**11038.75**	**12914.85**
农副食品加工业	Processing of Agricultural Side-Line Food	87.01	95.22
食品制造业	Food Manufacturing	204.81	290.72
酒、饮料和精制茶制造业	Wine, Beverage and Refined Tea Manufacturing	23.47	25.89
烟草制品业	Tobacco Products	1.02	1.06
纺织业	Textile Industry	3.07	1.43
纺织服装、服饰业	Textile, Apparel Industry	2.15	2.18
皮革、毛皮、羽毛及其制品和制鞋业	Leather, Fur, Feathers and Their Products and Footwear	0.17	0.18
木材加工和木、竹、藤、棕、草制品业	Timber Processing, Bamboo, Cane, Palm Fiber & Straw Products	1.00	0.79
家具制造业	Furniture Manufacturing	0.84	0.03
造纸及纸制品业	Paper-making & Paper Products	14.26	12.30
印刷和记录媒介复制业	Printing and Record Medium Reproduction	0.23	0.16

7-6 续表 Continued

单位：万吨标准煤 (10 000 tons of SCE)

行　业	Sector	2018	2019
文教、工美、体育和娱乐用品制造业	Manufacturing of Cultural, Educational & Arts, Crafts & Sports and Entertainment Goods	0.01	0.02
石油加工、炼焦和核燃料加工业	Petroleum Processing ,Coke Products & Processing of Nuclear Fuel	1028.61	1098.31
化学原料和化学制品制造业	Raw Chemical Materials & Chemical Products	4543.65	5336.98
医药制造业	Medicine Manufacturing	93.92	131.29
化学纤维制造业	Chemical Fiber Manufacturing		
橡胶和塑料制品业	Rubber and Plastic Products	3.37	4.38
非金属矿物制品业	Nonmetal Mineral Products	433.13	629.29
黑色金属冶炼和压延加工业	Smelting & Pressing of Ferrous Metals	2595.25	2983.06
有色金属冶炼和压延加工业	Smelting & Pressing of Nonferrous Metals	1961.50	2232.25
金属制品业	Metal Products	6.50	6.10
通用设备制造业	Manufacturing of General-Purpose Equipment	1.26	0.85
专用设备制造业	Special Purposes Equipment Manufacturing	1.25	1.02
汽车制造业	Automotive Manufacturing	2.67	4.85
铁路、船舶、航空航天和其他运输设备制造业	Railroad,Ships, Aerospace and Other Transportation Equipment Manufacturing	0.37	0.31
电气机械和器材制造业	Electric Equipment & Machinery	7.16	4.76
计算机、通信和其他电子设备制造业	Manufacturing of Computer , Communications and Other Electronic Equipment	20.35	48.22
仪器仪表制造业	Manufacturing of Instrument		0.01
其他制造业	Others		
废弃资源综合利用业	Comprehensive Utilization of Waste Resources	1.57	3.02
金属制品、机械和设备修理业	Metal products, Machinery and Equipment Repair	0.15	0.19
电力、燃气及水的生产和供应业	**Production & Supply of Electric Power,Gas & Water**	**6512.87**	**7376.17**
电力、热力生产和供应业	Production & Supply of Electric Power & Heating Power	6292.82	7097.11
燃气生产和供应业	Production & Supply of Gas	209.05	266.11
水的生产和供应业	Production & Supply of Water	11.00	12.95

主要统计指标解释

国土 指一个主权国家管辖下的领土、领海和领空。

气候 指地球与大气之间长期能量交换与质量交换所形成的一种自然环境状态,它是多种因素综合作用的结果。气候既是人类生活和生产的环境要素之一,又是供给人类生活和生产的重要资源。气温、降水、湿度等气象要素的多年平均值是用来描述一个地区气候状况的主要参数,而各种气象要素某年、某月的平均值(或总量)则可以反映出该时期天气气候状况的重要特征。

自然资源 指人类可以直接从自然界获得,并用于生产和生活的物质资源。自然资源一般可以分成可再生资源和非再生资源两大类。可再生资源指在较短时间内可以再生、可以循环利用的资源,包括土地资源、水资源、气候资源、生物资源和海洋资源等。非再生资源指在使用后不能再生的资源,包括矿产资源和地热能源。

土地资源 土地指陆地的表层部分,它主要由岩石、岩石的风化物和土壤构成。土地资源按利用类型可以分为农用地、建筑用地和未利用地。农用地包括耕地、园地、林地、牧草地和水面。建筑用地包括居民点及工矿用地、交通用地和水利设施用地。未利用地指农用地和建筑用地以外的土地,包括滩涂、荒漠、戈壁、冰川和石山等。

林业用地面积 指生长乔木、竹类、灌木、沿海红树林等林木的土地面积,包括有林地、灌木林、疏林地、未成林造林地、迹地、苗圃等。

草地面积 指牧区和农区用于放牧牲畜或割草,植被盖度在5%以上的草原、草坡、草山等面积。包括天然的和人工种植或改良的草地面积。

森林资源 指森林、林木、林地以及依托森林、林木、林地生存的野生动物、植物和微生物。林木指树木和竹子。森林指以乔木为主体的植物群落,是集生的乔木及与共同作用的植物、动物、微生物和土壤、气候等的总体。

活立木总蓄积量 指一定范围内土地上全部树木蓄积的总量,包括森林蓄积、疏林蓄积、散生木蓄积和四旁树蓄积。

森林面积 指由乔木树种构成,郁闭度0.2以上(含0.2)的林地或冠幅宽度10米以上的林带的面积,即有林地面积。森林面积包括天然起源和人工起源的针叶林面积、阔叶林面积、针阔混交林面积和竹林面积,不包括灌木林地面积和疏林地面积。

森林蓄积量 指一定森林面积上存在着的林木树干部分的总材积。它是反映一个国家或地区森林资源总规模和水平的基本指标之一,也是反映森林资源的丰富程度、衡量森林生态环境优劣的重要依据。

森林覆盖率 指一个国家或地区森林面积占土地面积的百分比。在计算森林覆盖率时,森林面积包括郁闭度0.2以上的乔木林地面积和竹林地面积,国家特别规定的灌木林地面积、农田林网以及四旁(村旁、路旁、水旁、宅旁)林木的覆盖面积。森林覆盖率是反映森林资源的丰富程度和生态平衡状况的重要指标。计算公式为:

森林覆盖率(%)=森林面积/土地总面积×100%

水资源 水在自然界中以固体、液体和气态三种聚集状态存在,分布于海洋、陆地(包括土壤)以及大气之中,通过水循环形成水资源。水资源包括经人类控制并直接可供灌溉、发电、给水、航运、养殖等用途的地表水和地下水,以及江河、湖泊、井、泉、潮汐、港湾和养殖水域等。水资源是发展国民经济不可缺少的重要自然资源。

地表水和地下水 陆地上的水因空间分布不同,可以分为地表水和地下水。地表水指分别存在于河流、湖泊、沼泽、冰川和冰盖等水体中水分的总称,又称陆地水。地下水指储存在地面以下饱和岩土孔隙、裂隙及溶洞中的水。

矿产资源 矿产指由地质作用形成,富集于地壳中或出露于地表达到工农业利用要求的有用矿物。矿产是一种重要的自然资源,是社会发展的重要物质基础。从某种意义上讲,一个国家对矿产资源开发利用的广度和深度,可以作为这个国家经济发展水平的标志。

矿产保有储量 指探明的矿产储量(包括工业储量和远景储量),扣除已开采部分和地下损失量后的年末实有储量,是反映国家矿产资源现状的重要指标。

气温 指空气的温度,我国一般以摄氏度(0C)为单位表示。气象观测的温度表是放在离地面约1.5米处通风良好的百叶箱里测量的。因此,通常说的气温指的是离地面1.5米处百叶箱中的温度。其统计计算方法为:

月平均气温是将全月各日的平均气温相加,除以该月的天数而得。

年平均气温是将12个月的月平均气温累加后除以12而得。

相对湿度 指空气中实际水气压与当时气温下的饱合水气压之比。其统计方法与气温相同。

降水量 指从天气降落到地面的液态或固态(经融化后)水,未经蒸发、渗透、流失而在地面上积聚的深度。其统计计算方法为:

月降水量是将全月各日的降水量累加而得。

年降水量是将12个月的月降水量累加而得。

日照时数 指太阳实际照射地面的时间。其统计方法与降水量相同。

工业废水排放量 指经过企业厂区所有排放口排到企业外部的工业废水量。包括生产废水、外排的直接冷却水、超标排放的矿井地下水和与工业废水混排的厂区生活污水,不包括外排的间接冷却水(清污不分流的间接冷却水应计算在内)。

工业废气排放量 指企业厂区内燃料燃烧和生产工艺过程中产生的各种排入空气的含有污染物的气体总量,按标准状态[273K,101325pa]计算。

工业二氧化硫排放量 指企业在燃料燃烧和生产工艺过程中排入大气的二氧化硫数量。烟尘排放量指企业厂区内燃料燃烧产生的烟气中夹带的颗粒物数量。

工业粉尘排放量 指企业在生产工艺过程中排放的颗粒物重量,如钢铁企业的耐火材料粉尘、焦化企业的筛焦系统粉尘、烧结机的粉尘、石灰窑的粉尘、建材企业的水泥粉尘等。不包括电厂排入大气的烟尘。

工业固体废物产生量 指企业在生产过程中产生的固体状、半固体状和高浓度液体状废弃物的总量,包括危险废物、冶炼废渣、粉煤灰、炉渣、煤矸石、尾矿、放射性废物和其他废物等;不包括矿山开采的剥离废石和掘进废石(煤矸石和呈酸性或碱性的废石除外)。酸性或碱性废石指采掘的废石其流经水、雨淋水的PH值小于4或PH值大于10.5者。

工业固体废物综合利用量 指通过回收、加工、循环、交换等方式,从固体废物中提取或者使其转化为可以利用的资源、能源和其他原材料的固体废物量(包括当年利用往年的工业固体废物累计贮存量),如用作农业肥料、生产建筑材料、筑路等。综合利用量由原产生固体废物的单位统计。

工业固体废物贮存量 指以综合利用或处置为目的,将固体废物暂时贮存或堆存在专设的贮存设施或专设的集中堆存场所内的数量。专设的固体废物贮存场所或贮存设施必须有防扩散、防流失、防渗漏、防止污染大气、水体的措施。

工业固体废物处置量 指将固体废物焚烧或者最终置于符合环境保护规定要求的场所,并不再回取的工业固体废物量(包括当年处置往年的工业固体废物累计贮存量)。处置方法有填埋(其中危险废物应安全填埋)、焚烧、专业贮存场(库)封场处理、深层灌注、回填矿井等。

工业固体废物排放量 指将所产生的固体废物排到固体废物污染防治设施、场所以外的数量,不包括矿山开采的剥离废石和掘进废石(煤矸石和呈酸性或碱性的废石除外)。

综合能源消费量 指工业生产企业在报告期内实际消费的各种能源扣除能源加工转换产出量和能源回收利用等重复因素的总和。计算综合能源消费量时,需要将各种能源品种的消费量按折标煤系数换算成标准计量单位吨标准煤计量的消费量。

Explanatory Notes on Main Statistical Indicators

Territory refers to territorial land, sea and air space under the administration of a sovereign state.

Climate refers to the natural environmental status formed by the long – time exchange of energy and mass between the earth and the air, and is the results of interaction of many factors. Climate is both one of the environment factors and the important resources for the living and production activities of the human being. The average values across several years of meteorological factors such as temperature, rainfall and humidity are used as important parameters to describe the climate of a region, while the average values (or total values) of a given year or month of meteorological factors reflect the key characteristics of climate for that period of time.

Natural Resources refer to material resources that could be obtained from the nature by human being and used for production and living. Natural resources in general can be classified as renewable resources and non – renewable resources. Renewable resources refer to resources that could be renewed and recycled during a relatively short period of time, including land resource, water resource, climate resource, biology resource and marine resource. Non – renewable resources include resources that could not be renewed, such as minerals and geothermal resource.

Land Resource Land refers to the surface of the earth, consisting of mainly rocks and its weathering and earth. Land resource can be classified, by its utilization, as land for agriculture, land for construction and unused land. Land for agriculture includes cultivated land, plantation land, forestland, grassland and waters. Land for construction includes land for residential purpose, for manufacturing and mining, for transportation and for water conservancy projects. Unused land refers to land other than land for agriculture and construction, including beaches, deserts, Gobi, glaciers and Rock Mountains.

Area of Afforestated Land refer to land for trees, bamboo, bushes and mangrove, including forest – cover land, bush – covered land, sparse forest land, land Planned for afforestation and nurseries of young trees.

Area of Grassland refers to areas of grassland, grass – slopes and grass – covered hills with a vegetation – covering rate of over 5% that are used for animal husbandry or harvesting of grass. It includes natural, cultivated and improved grassland areas.

Forest Resource refers to forests, trees, forest land and wild animals, plants and microorganism that live on forest and trees. Trees include trees and bamboo. Forest refers to the population of clusters of trees and other plants, animals and microorganism as well as the earth and climate that have interactions with the trees.

Total Standing Stock Volume refers to the total stock volume of trees growing in land, including trees in forest, tress in sparse forest, scattered trees and trees planted by the side of farm houses and along the roads, rivers and fields.

Forest Area refers to the area of forest land where trees and bamboo grow with canopy density above 0. 2, including land of natural woods and planted woods, but excluding bush land and thin forest land. It reflects the total areas of afforestation.

Stock Volume of Forest refers to total stock volume of wood growing in forest area, which shows the total size and level of forest resources of a country or a region. It is also an important indicator illustrating the richness of forest resource and the status of forest ecological environment.

Forest Coverage Rate refers to the ratio of area of afforested land to total land area. This indicator shows the forest resources and afforestation progress of a country or a region. According to regulations of the government, in addition to afforested land, the area of bush forest, the area of forest land inside farm land and the area of trees planted by the side of farm houses and along the roads, rivers and fields should also be included in the area of afforested land in the calculation of the forest coverage – rate. The formula for calculating forest coverage rate is as follows:

Forestry coverage rate (%) = Area of afforested Land/ Area of Total Land × 100%

Water Resource water exists in the nature in solid, liquid and gaseous states, is distributed in the ocean, land (including earth) /and air, and constitutes the water resource through the circulation of water. Water resource includes the surface water and underground water that is controlled by the human being for irrigation, power – generation, water supply, navigation and cultivation. It also includes rivers, lakes, wells, springs, tides, gulf and water area for cultivation. Water resource as an important natural resource is indispensable for the development of the national economy.

Surface Water and Underground Water water on earth can be divided into surface water and underground water according to its distribution. Surface water refers to moisture exists in rivers, lakes, swamps, glaciers, icecaps and so on. It is also called land water. The underground water refers to water deposited underground in the cranny and the hole of saturated rock soil and in the water – eroded cave.

Mineral Resources refer to useful minerals that can be used for industrial or agricultural purposes enriched in lithosphere or on earth due to the geological process.

Ensured Mineral Reserves refer to the actual mineral reserves, which equal to the proven mineral reserves (including industrial reserves and prospective reserves) minus extracted parts and underground losses. This indicator shows the current condition of the mineral resources of a country.

Temperature refers to the air temperature. China uses centigrade (0C) as the unit. The thermometry used for weather observation is put in a breezy shutter, which is 1.5 meters high from the ground. Therefore, the commonly used temperature refers to the temperature in the breezy shutter 1.5 meters away from the ground. The calculation method is as follows:

Monthly average temperature is the summation of average daily temperature of one month divided by the actual days of that particular month.

Annual average temperature is the summation of monthly average of a year divided by 12 months.

Relative Humidity refers to the ratio of actual water vapor pressure to the saturation water vapor pressure under the current temperature. The calculation method is the same as that of temperature.

Volume of Precipitation refers to the deepness of liquid state or solid state (thawed) water falling from the sky to the ground that has not been evaporated, infiltrated or run off. The calculation method is as follows:

Monthly precipitation is the summation of daily precipitation of a month.

Annual precipitation is the summation of 12 months , precipitation of a year.

Sunshine Hours refer to the actual hours of sun irradiating the earth. The calculation method is the same as that of the precipitation.

Volume of Industrial Waste Water Discharged refers to the volume of industrial waste water discharged, through all outlets, to the outside of industrial enterprises, including waste water produced, direct cooling water, underground water from mines that does not meet the standard of discharge, and the domestic sewage mixed up with industrial waste water when discharged, but excluding discharged indirect cooling water (indirect cooling water without separation of sewage should be included).

Volume of Waste Industrial Gas Emission refers to the total amount of pollutants discharged into the air during fuel combustion and production process in the factory area, calculated according to the standard state [273K, 101325pa].

Industrial Sulfur Dioxide Emissions refers to the amount of sulfur dioxide discharged into the atmosphere by enterprises during fuel combustion and production processes. Smoke emission refers to the number of particles trapped in the smoke produced by fuel combustion in the factory area.

Industrial Dust Discharged refers to the total weight of solid dust discharged by industrial enterprises in the production process, such as dust of refractory materials from iron plants, dust from coke screening system or from sintering machines of coking plants, dust from lime kilns, cement dust from building material enterprises, etc. but excluding smoke and dust discharged by power plants.

Volume of Industrial Solid Wastes Produced refers to the total volume of solid, semi solid or high concentration liquid residue produced by industrial enterprises in their production process, including dangerous wastes, residues from melting, slag, powdered coal ash, gangue, chemical residues, tailings, radio active residues and other residues, but excluding stripped or dug stones in mining (except gangue and acid or alkali stones which are stones washed or soaked by water with a pH value smaller than 4 or larger than 10.5) .

Volume of Industrial Solid Wastes Utilized in a Comprehensive Way refers to the volume of solid wastes from which useful materials can be extracted or which can be changed to be utilizable resources, energy or other materials, including the volume of industrial solid wastes stored up in the previous years and utilized in the current year, such as the solid wastes utilized as fertilizers, building materials, for making roads or for other purpose. Statistical data on utilization of industrial solid wastes are collected by solid wastes producing units.

Volume of Industrial Stored up Solid Wastes refers to the volume of industrial solid wastes temporarily stored up or piled with special facilities or piled in the special sites for purpose of utilization or treatment in future. The special facilities or special sites for the storing up solid wastes should have the measures against spreading or being washed away to other places, permeating the soil or causing air pollution or water contamination.

Volume of Industrial Solid Wastes Treated refers to solid wastes disposed of in a non recoverable place that meet the requirement of environmental protection, such as burying (The dangerous wastes should be buried safely), burning, piling in designated sites, pouring water into the deep strata, filling of old mines, etc. (including treatment of solid wastes piled up in the previous years).

Volume of Industrial Solid Wastes Discharged refers to the volume of industrial solid wastes produced and discharged at the places outside the special facilities

Integrated Energy Consumption refers to the total amount of various energy actually consumed by industrial production enterprises during the reporting period minus the output of energy processing and conversion, energy recycling and utilization and other repetitive factors. In the calculation of comprehensive energy consumption, it is necessary to convert the consumption of various types of energy into the consumption measured by standard unit ton of standard coal according to the conversion coefficient of standard coal.

8 农牧业

Agriculture and Animal Husbandry

资料整理：顾文军 秦文彬 张 琦 贾德峰 闫少菲
李艳丽 李 婷 李凤明 刘 军

Arranged By：Gu Wenjun，Qin Wenbin，Zhang Qi，Jia Defeng，
Yan Shaofei，Li Yanli，Li Ting，
Li Fengming，Liu Jun

8-1 农村牧区基层组织和农牧业基本情况(2019年)

Basic Conditions of Rural Grassroots Units, Farming & Animal Husbandry(2019)

指标	Item	总计 Total	农村 Farm Area	牧区 Pastoral Area
农村牧区基层组织情况	**Basic Conditions of Rural Grassroots Units**			
乡镇(苏木)(个)	Number of Township &Town Governments(unit)	728	495	233
#镇(个)	Number of Town Governments(unit)	456	367	89
村委会(嘎查)(个)	Number of Villages' Committees(unit)	11107	8556	2551
农村牧区社会基础设施	**Rural Fundamental Facilities of Society**			
自来水受益村(个)	Number of Benefiting from Pipewater Villages(unit)	8784	7533	1251
通有线电视村(个)	Number of Cable TV Villages(unit)	9341	7750	1591
通宽带村(个)	Number of Internet Villages (unit)	9923	8281	1642
农村牧区人口与从业人口	**Rural Population &Employment**			
乡村户数(万户)	Number of Rural Households(10 000 households)	437.96	378.48	59.47
乡村人口(万人)	Rural Population(10 000 persons)	1256.98	1090.11	166.87
乡村劳动力资源(万人)	Resource of Rural Laborers(10 000 persons)	787.72	677.10	110.62
乡村从业人员(万人)	Number of Rural Employed Persons(10 000 persons)	711.46	613.28	98.18
男(万人)	Male(10 000 persons)	392.89	339.30	53.59
女(万人)	Female(10 000 persons)	318.57	273.98	44.59
按行业分乡村劳动力	**Rural Employed Persons by Sector**			
农林牧渔业从业人员(万人)	Number of Rural Employee of Farming, Foresting, Animal Husbandry & Fishery(10 000 persons)	538.67	455.22	83.44
#农业从业人员(万人)	Farming(10 000 persons)	424.50	391.22	33.28
牧业从业人员(万人)	Animal Husbandry(10 000 persons)	101.52	51.58	49.95
工业从业人员(万人)	Employed Persons of Industry(10 000 persons)	31.26	29.16	2.10
建筑业从业人员(万人)	Employed Persons of Construction(10 000 persons)	48.89	46.18	2.71
交通运输仓储业和邮政业从业人员(万人)	Employed Persons of Transportation, Storage & Postal(10 000 persons)	16.42	15.13	1.29
信息传输计算机服务和软件业从业人员(万人)	Employed Persons of Information Transmission, Software and IT Services(10 000 persons)	4.50	4.12	0.37
批发和零售业从业人员(万人)	Employed Persons of Wholesale & Retail Trade (10 000 persons)	28.22	26.05	2.17
住宿和餐饮业从业人员(万人)	Employed Persons of Quarters & Catering (10 000 persons)	20.18	17.26	2.92
其他非农行业人员(万人)	Employed Persons of Other Non-agricultural Trades(10 000 persons)	23.32	20.15	3.17
农牧业生产条件	**Productive Condition of Farming &Animal Husbandry**			
农作物总播种面积(万公顷)	Total Sown Areas(10 000 hectares)	888.50		
年末草场面积(万公顷)	Areas of Grassland at Year-end(10 000 hectares)	8800.00		
有效灌溉面积(万公顷)	Irrigated Areas(10 000 hectares)	319.92		
农牧业机械总动力(万千瓦)	Total Power of Machinery for Farming &Animal Husbandry(10 000 kw)	3866.42		
化肥施用量(折纯)(万吨)	Consumption of Chemical Fertilizers(10 000 tons)	218.44		
农村牧区用电量(亿千瓦小时)	Electricity Consumed in Rural Area &Pastoral Area(100 million kwh)	91.16		
主要农牧业生产情况	**Output of Farming &Animal Husbandry**			
粮食总产量(万吨)	Gross Yield of Grain(10 000 tons)	3652.56		
年末牲畜总头数(万头只)	Total Number of Livestocks at Year-end(10 000 heads)	7192.40		
肉类总产量(万吨)	Gross Output of Meat(10 000 tons)	264.56		
蔬菜总产量(万吨)	Gross Output of Vegetables(10 000 tons)	1090.80		

注:“乡镇(苏木)(个)”、“#镇(个)”和“村委会(嘎查)(个)”三个指标为国家反馈数,其中农村和牧区的数据按照上报比例核算。

a)Data of Township &Town Governments Units is from the Department of Civil Affairs, Villages' Committees Units is from the total of region.

8-2 农林牧渔业总产值

Gross Output Value of Farming，Forestry，Animal Husbandry and Fishery

单位：万元 (10 000 yuan)

年 份 Year	农林牧渔业总产值 Total	#农 业 Farming	#林 业 Forestry	#畜 牧 业 Animal Husbandry	#渔 业 Fishery
1957	112000	82992	1792	26992	224
1962	170500	116281	2387	50639	1193
1965	194000	129980	4656	58200	1164
1970	240000	158160	9360	72000	480
1975	308300	198545	8016	101122	617
1978	283500	187961	10490	84200	849
1979	315800	206533	11369	97266	632
1980	306844	197403	13460	95199	782
1981	394274	255550	22848	114744	1132
1982	471608	307328	31393	131391	1496
1983	524301	347389	38108	136887	1917
1984	612772	408789	44356	157230	2397
1985	731955	465638	48284	214048	3985
1986	772500	483567	43670	239908	5355
1987	877426	544449	36254	290178	6545
1988	1223765	729359	38582	447432	8392
1989	1267208	763517	39968	453357	10366
1990	1569192	1031256	62298	464131	11507
1991	1640837	1066021	66705	494474	13637
1992	1802705	1156550	78040	552787	15328
1993	2208047	1420784	91549	677461	18253
1994	3093195	1892180	103350	1070005	27659
1995	3735936	2311734	121176	1271609	31417
1996	4653285	2995270	139653	1485617	32745
1997	5043396	3142026	152632	1712322	36416
1998	5343765	3353206	168785	1773911	47863
1999	5323166	3187204	210062	1871452	54448

8-2 续表 Continued

单位：万元 (10 000 yuan)

年 份 Year	农林牧渔业 总产值 Total	#农 业 Farming	#林 业 Forestry	#畜 牧 业 Animal Husbandry	#渔 业 Fishery
2000	5431645	3083645	236071	2054581	57349
2001	5559041	3075703	260696	2162426	60216
2002	5869716	3321447	288371	2205642	54256
2003	6663815	3359567	479357	2671028	49373
2004	8513045	4115399	465808	3746932	59527
2005	9802098	4738918	397888	4445801	72420
2006	10584953	5422303	490057	4392499	91053
2007	12766370	6230865	636860	5571761	109486
2008	15256202	7228196	727163	6933047	117788
2009	15703719	7414492	782452	7116847	127069
2010	18444666	9160975	765727	8076660	158585
2011	22052434	10809020	931636	9759935	235197
2012	24502560	12027821	977552	10889659	260801
2013	27026896	13688840	961409	11708651	290411
2014	27865379	14579360	964358	11628846	290686
2015	27615620	14745418	994184	11146265	307518
2016	28035460	14775582	986357	11497481	330299
2017	28135356	14347260	999140	12005587	312995
2018	29853157	15124986	1003117	12943050	292484
2019	31763422	16063407	1008945	13904597	278248

注：本表绝对数按当年价格计算。 依据第三次全国农业普查数据对2007年至2017年常规年报进行修订。

a)Data value terms in this table are calculated at current prices. According to the result of the Third National Agriculture Census revised the regular annual data of 2007-2017.

8-3 主要年份农林牧渔业总产值指数

Indices of Gross Output Value of Farming，Forestry，Animal Husbandry and Fishery

上年=100 (Preceding year=100)

年份 Year	农林牧渔业总产值 Total	#农业 Farming	#林业 Forestry	#畜牧业 Animal Husbandry	#渔业 Fishery
1980	87.1	81.4	87.1	96.9	96.3
1981	120.2	123.2	151.9	112.2	131.1
1982	115.8	115.2	113.8	111.9	101.6
1983	107.2	106.8	120.4	99.6	109.7
1984	112.1	110.1	113.3	105.1	106.7
1985	110.3	113.0	104.2	113.6	129.5
1986	94.7	88.9	85.8	104.1	121.6
1987	104.1	103.3	83.2	104.6	105.6
1988	114.2	120.2	95.6	109.0	109.6
1989	98.3	91.9	101.5	108.5	121.6
1990	120.2	133.7	114.1	102.4	100.8
1991	104.0	101.3	104.3	108.8	112.8
1992	105.8	106.8	113.0	105.2	110.0
1993	107.1	123.4	111.4	104.3	115.7
1994	103.3	99.3	104.7	108.4	124.7
1995	103.5	99.9	106.7	110.9	111.7
1996	123.7	131.4	103.8	114.9	99.7
1997	104.0	98.7	110.1	112.7	103.9
1998	106.5	108.5	105.3	103.1	126.2
1999	101.3	97.4	111.6	106.3	113.6
2000	102.5	100.3	115.0	104.1	104.8
2001	102.0	99.3	109.5	104.9	105.5
2002	104.9	106.5	110.8	102.0	102.2
2003	106.2	94.8	110.1	122.0	87.2
2004	114.9	109.4	93.0	126.0	107.4
2005	111.2	110.6	82.6	115.2	116.0
2006	103.7	107.9	112.8	97.5	116.1
2007	104.0	100.7	117.1	106.0	117.9
2008	107.6	109.2	106.1	106.1	104.1
2009	102.3	97.9	105.1	106.5	107.9
2010	106.2	107.5	95.1	106.0	111.1
2011	105.8	109.4	105.3	101.7	108.2
2012	105.8	106.5	104.9	105.2	103.6
2013	104.9	110.4	102.2	99.0	107.0
2014	103.2	103.4	100.1	103.1	105.0
2015	102.6	106.7	103.5	97.3	104.4
2016	103.2	103.6	100.3	103.0	102.8
2017	103.2	103.5	102.4	103.1	99.0
2018	102.9	103.9	100.7	102.0	100.3
2019	102.1	103.4	101.0	100.9	93.3

注:按可比价格计算。依据第三次全国农业普查数据对2007年至2017年常规年报进行修订。

a)Indices are calculated at comparable prices. According to the result of the Third National Agriculture Census revised the regular annual data of 2007-2017.

8-4 年末主要农牧业机械拥有量

Major Machinery for Farming & Animal Husbandry at Year-end

项　目	Item	2018	2019
农牧业机械总动力(万千瓦)	Total Power of Machinery for Farming & Animal Husbandry (10 000 kw)	3663.66	3866.42
柴油发动机动力	Diesel Engine Power	3265.03	3447.29
汽油发动机动力	Gasoline Engine Power	20.48	23.26
电动机动力	Motor Power	370.99	388.61
其它机械动力	Other Machinery Power	7.17	7.25
小型拖拉机(台)	Mini -Tractors (unit)	857441	835445
大中型拖拉机(台)	Large and Medium-sized Tractor (unit)		354049
大型拖拉机(台)	Large Tractor (unit)	25099	30337
拖拉机配套农具(台)	Tractor Towing Farm Machinery (unit)	2162330	2199570
机动脱粒机(台)	Motorized Threshing Machines (unit)	127891	128538
水产养殖机械（台）	Aquaculture Machinery (unit)	3219	3400
水产捕捞机械（台）	Aquaculture Fishing Machinery (unit)	30	31
节水灌溉机械（台）	Water-saving Irrigation Machinery (unit)	78467	79212
农用水泵（台）	Water Pumps for Agricultural Use (unit)	434131	433698
水稻插秧机（台）	Rice Transplanting Machine (unit)	11844	12463
畜牧机械（套）	Livestock Machinery (set)	284742	289055
农产品加工作业机械（台）	Machinery for Processing Agricultural Products (unit)	110162	113104
农用航空器（套）	Agricultural Aircraft (set)	188	634
机引牧草收割机(部)	Towed Harvesters for Grass (unit)	111948	117344
饲料粉碎机(部)	Smashing Machines for Feed (unit)	132673	136424
机动剪毛机(台)	Motorized Sheepshears (unit)	9086	9076

注：本表数据取自于农牧业厅农机局。

a)Data in this table are obtained from Agricultural Machinery Bureau.

8-5 农业生产条件、水库和治理水土情况

Agricultural Production Basic Conditions,Reservoirs and Governance of Water and Soil

项　目	Item	2018	2019
有效灌溉面积(万公顷)	Effective Irrigated Areas(10 000 hectares)	319.65	319.92
#灌区有效灌溉面积(万公顷)	Effective Irrigated Areas in Irrigation Area (10 000 hectares)	146.18	154.55
节水灌溉面积(万公顷)	Watersaving Irrigated Areas(10 000 hectares)	292.60	293.10
#喷灌和滴灌(万公顷)	Jetting Irrigation Dropping Irrigatation (10 000 hectares)	174.10	175.77
渠道防渗节水面积(万公顷)	Pipeline Anti-seepage Water Areas(10 000 hectares)	77.13	76.03
化肥施用量(万吨)	Consumption of Chemical Fertilizers(10 000 tons)	222.67	218.44
氮肥(万吨)	Nitrogenous Fertilizer(10 000 tons)	86.15	83.46
磷肥(万吨)	Phosphate Fertilizer(10 000 tons)	40.83	38.48
钾肥(万吨)	Potash Fertilizer(10 000 tons)	18.45	18.36
复合肥(万吨)	Compound Fertilizer(10 000 tons)	77.25	78.14
农用塑料薄膜使用量（万吨）	Use of Agricultural Plastic Film(10 000 tons)	9.40	9.42
#地膜使用量（万吨）	Ground Film Usage (10 000 tons)	7.57	8.08
地膜覆盖面积（万公顷）	Ground Film Coverage Areas (10 000 hectares)	135.81	141.59
农用柴油使用量（万吨）	Use of Diesel Fuel for Agriculture (10 000 tons)	79.20	77.38
农药使用量（万吨）	Pesticide use (10 000 tons)	2.96	2.73
农村牧区用电量(万千瓦时)	Electricity Consumed in Rural Area and Pastoral Areas (10 000 kwh)	855097	911554
水库个数(座)	Number of Reservoirs(unit)	607	601
大型水库(座)	Large(unit)	16	16
中型水库(座)	Medium-sized(unit)	90	89
小型水库(座)	Small(unit)	501	496
水库容量(亿立方米)	Capacity of Reservoirs(100 million cu.m)	109.77	109.71
大型水库(亿立方米)	Large(100 million cu.m)	66.06	66.06
中型水库(亿立方米)	Medium-Sized(100 million cu.m)	32.97	32.84
小型水库(亿立方米)	Small(100 million cu.m)	10.73	10.81
治理水土面积(万公顷)	Areas of Soil Erosion under Control(10 000 hectares)	1408.86	1462.50

注：本表“灌溉面积”、“水库个数”、“水库容量”、“治理水土面积”及其中项取自水利厅，其他为国家统计局反馈数。

a) "Irrigated Areas" and "Number of Reservoirs" and "Capacity of Reservoirs"and "Areas of Soil Erosion under Control"and their items are from Department of Water Resources,others are from the feedback of the National Bureau of statistics.

8-6 农牧民家庭平均每户年末固定资产原价

Original Value of Fixed Assets Owned Per Rural Household at Year-end

单位：元 (yuan)

项　目	Item	2018	2019
年末生产性固定资产原价	**Original Value of Productive Fixed Assets at year-end**	**41807.96**	**59202.70**
农业生产性固定资产原价	Original Value of Agriculture Productive Fixed Assets	37727.12	51994.47
生产用房	Building for Productive Purpose	10461.56	13077.52
农业设施	Agricultural facilities	1364.14	2388.96
农业机械	Agricultural Machinery	11642.73	11859.12
役畜	Draught Animals	1486.29	1009.17
产品畜	Commodity Animals	10147.93	17501.84
非农产业固定资产原价	Original Value of Nonagricultural	4080.84	7208.23

8-7 农牧民家庭平均每百户年末拥有固定资产数量

Number of Fixed Assets Owned Per 100 Rural Households at Year-end

项　目	Item	2018	2019
生产性用房及建筑物(平方米)	Production houses and buildings(sq.m)	5617.76	7046.29
大中型农用拖拉机(台)	Large and Medium Tractors(unit)	9.38	18.06
小型农用拖拉机(台)	Mini - tractors and Walking Tractors(unit)	56.82	55.68
农用排灌动力机械(台)	Drainage and Irrigation Machinery(unit)	1.82	1.51
插秧机(台)	Rice Transplanter(unit)	1.53	0.72
收割机(台)	Harvesters(unit)	2.48	4.53
脱粒机(台)	Thresher(unit)	8.29	7.84
产品畜(头)	Commodity Animals(head)	478.12	763.81

8-8 农业机械化、电气化情况

Basic Statistics on Agricultural Mechanization and Electrification

项 目	Item	2018	2019
农业机械化程度	**Level of Agricultural Mechanization**		
机耕地面积(万公顷)	Areas of Tractor Plowing(10 000 hectares)	688.20	708.96
占耕地面积的比重(%)	Percentage to Cultivated Areas(%)	74.22	
机械播种面积(万公顷)	Areas of Mechine Sowing(10 000 hectares)	782.40	787.25
占农作物总播种面积的比重(%)	Percentage to Total Sown Areas(%)	88.67	88.60
机械收割面积(万公顷)	Areas of Machine Harvesting(10 000 hectares)	615.00	646.61
占农作物总播种面积的比重(%)	Percentage to Total Sown Areas(%)	69.70	72.78
农业电气化情况	**Level of Agricultural Electrification**		
农村牧区用电量(亿千瓦小时)	Electricity Consumption by Rural Area and Pastoral Areas (100 million kwh)	85.51	91.16
乡村(嘎查)及村以下办水电站个数(个)	Number of Hydroelectric Stations Run by Villiges and Lower Level (unit)	41	41
发电量(万千瓦小时)	Number of Generating Electricity(10 000 kwh)	19325.00	9869.00

注：本表数据取自于农牧业厅农机局与水利厅。

a)Data in this table are obtained from Agricultural Machinery Bureau and Department of Water Resources.

8-9 草原建设及利用情况

Basic Statistics on Construction and Utilization of Grasslands

项 目	Item	2018	2019
草场面积(万公顷)	**Areas of Grasslands(10 000 hectares)**	**8800.00**	**8800.00**
#承包到户面积(万公顷)	Areas Contracted with Households (10 000 hectares)	6940.00	6533.00
草库伦面积(围栏草场面积)(万公顷)	**Areas of Fenced Grasslands(10 000 hectares)**	**2875.74**	**2763.57**
#当年新增面积(万公顷)	Annual Newly Increased Areas (10 000 hectares)	67.75	62.38
人工种草保有面积(万公顷)	**Areas of Grasslands Planted and Surviving (10 000 hectares)**	**375.37**	**336.58**
#当年种草面积(万公顷)	Annual Areas of Planted Grasslands (10 000hectares)	182.46	167.70
飞机播种面积(万公顷)	Aircraft Sowing(10 000 hectares)	1.13	1.80
天然草原冷季可食牧草储量(万吨)	**Cool-season Grasses Edible Natural Grassland Reserves(10 000 units)**	**1186.84**	**1205.10**
畜棚面积(万平方米)	Areas of Animal Sheds(10 000 sq.m)	12547.73	12943.29
每平米畜棚拥有牲畜数(只/平方米)	Number of Animals per Square meter in Sheds(head/sq.m)	0.79	0.76
畜圈面积(万平方米)	Areas of Animal Corrals(10 000 sq.m)	20621.49	20926.49
每平米畜圈拥有牲畜数(只/平方米)	Number of Animals per Square meter in Corrals(head/sq.m)	0.48	0.47

注:每平方米畜棚、畜圈拥有牲畜及草原载畜量均按标准羊单位计算；草原载畜量为每万公顷草场饲养牲畜数量。

a) Number of Animals per S.m in Sheds, Number of Animals per S.m Corrals and Animal Loading Capacity of Grasslands are calculated at standardized sheep; Animal Loading Capacity of Grasslands is the number of animals which per 10000 hectares grassland can load.

8-10 耕地面积、造林面积和播种面积

Cultivated Areas, Afforested Areas and Sown Areas

单位：万公顷 (10 000 hectares)

年 份 Year	年末实有耕地面积 Cultivated Areas at Year end	水田 Paddy Fields	旱地 Dry Fields	#水浇地 Irrigated Fields	当年造林面积 Annual Afforested Hilly Areas	总播种面积 Total Sown Areas	粮食作物播种面积 Sown Areas of Grain Crops	经济作物播种面积 Sown Areas of Industrial Crops
1947	396.7	0.8	395.9	29.5		347.9	318.9	20.4
1948	417.0	0.9	416.1	31.6		372.7	337.2	27.1
1949	433.1	1.4	431.7	32.1		389.6	352.8	28.0
1950	472.6	2.0	470.6	33.5	0.53	423.8	388.8	28.3
1951	506.3	1.8	504.5	39.8	1.66	469.7	416.0	46.2
1952	517.4	1.5	515.9	52.9	4.43	494.9	436.0	49.7
1953	531.9	1.6	530.3	54.3	3.68	477.6	428.7	40.5
1954	531.6	1.1	530.5	55.5	3.93	484.9	437.8	36.6
1955	542.3	1.4	540.9	57.9	3.73	488.6	435.8	41.9
1956	569.9	3.3	566.6	68.0	12.79	531.0	472.9	42.8
1957	571.5	4.3	567.2	64.5	8.27	527.9	463.2	48.6
1958	555.3	9.4	545.9	104.1	37.13	505.5	445.2	40.9
1959	539.3	9.7	529.6	100.1	31.93	487.0	414.2	56.6
1960	602.0	9.8	592.2	108.3	39.10	575.0	486.2	56.1
1961	609.7	7.0	602.7	78.3	7.41	580.0	503.1	43.8
1962	586.7	4.0	582.7	55.4	4.73	544.6	484.7	39.0
1963	554.2	3.6	550.6	56.3	5.23	526.1	471.6	36.4
1964	561.4	3.1	558.3	67.4	15.86	534.2	478.4	39.5
1965	561.5	1.9	559.6	86.9	20.00	528.1	470.9	37.9
1966	548.0	1.7	546.3	110.7	16.32	510.0	449.4	33.7
1967	540.3	1.7	538.6	99.4	15.55	510.2	448.5	35.9
1968	531.2	2.3	528.9	91.5	11.10	497.1	443.4	34.0
1969	534.3	2.9	531.4	87.0	9.61	499.3	445.7	35.7
1970	545.0	2.8	542.2	93.6	11.71	508.4	453.5	35.3
1971	544.1	1.9	542.2	95.1	16.33	503.5	451.0	32.2
1972	542.7	2.1	540.6	100.5	16.20	499.8	444.1	33.9
1973	541.2	1.7	539.5	107.0	18.77	498.9	441.0	35.5
1974	537.7	1.5	536.2	113.1	20.59	496.3	436.1	36.4
1975	534.1	1.5	532.6	124.7	23.68	490.9	429.0	37.7
1976	526.7	2.0	524.7	130.3	26.19	480.7	410.1	42.9
1977	525.1	2.7	522.4	122.8	34.52	478.1	406.5	44.7
1978	532.6	1.7	530.9	120.9	29.79	482.4	409.4	44.9
1979	534.7	1.7	533.0	115.2	30.47	488.1	404.2	52.8
1980	525.2	1.5	523.7	106.0	29.81	479.7	388.2	61.1
1981	518.6	1.7	516.9	103.2	38.12	466.2	385.4	55.6
1982	510.9	1.6	509.3	101.1	51.65	464.1	384.3	58.2
1983	506.5	1.7	504.8	100.5	60.94	463.1	383.7	58.5
1984	500.6	1.9	498.7	96.1	69.91	463.1	376.2	63.9
1985	493.0	2.3	490.7	94.2	70.41	454.9	342.2	91.4

8-10 续表 Continued

单位：万公顷 (10 000 hectares)

年 份 Year	年末实有耕地面积 Cultivated Areas at Year end	水田 Paddy Fields	旱地 Dry Fields	#水浇地 Irrigated Fields	当年造林面积 Annual Afforested Hilly Areas	总播种面积 Total Sown Areas	粮食作物播种面积 Sown Areas of Grain Crops	经济作物播种面积 Sown Areas of Industrial Crops
1986	489.5	2.7	486.8	97.9	22.6	455.6	358.1	71.6
1987	485.1	2.8	482.3	101.0	24.8	447.4	355.6	64.3
1988	487.1	3.6	483.5	104.3	26.6	455.9	363.6	66.8
1989	491.2	5.1	486.1	110.2	23.7	457.6	372.1	61.9
1990	496.6	7.6	489.0	117.3	29.8	472.2	387.5	62.6
1991	500.5	8.7	491.8	123.6	41.1	476.8	387.9	68.9
1992	508.1	9.5	498.6	127.3	51.8	485.4	392.5	72.4
1993	517.1	7.4	509.7	130.8	39.7	486.8	398.7	67.3
1994	531.0	6.5	524.5	132.1	37.2	492.5	402.7	66.3
1995	549.1	8.4	540.7	135.8	40.3	507.9	414.3	71.3
1996	592.4	9.1	583.3	146.5	43.6	529.1	442.4	64.9
1997	746.3	11.3	735.0	173.5	46.4	583.8	490.6	80.4
1998	722.4	11.3	711.0	171.7	47.8	602.7	503.1	85.9
1999	752.4	11.6	740.8	191.9	53.4	607.7	495.1	97.2
2000	731.7	12.1	719.6	194.6	59.0	591.4	443.6	122.9
2001	709.1	11.1	698.0	195.5	73.2	570.7	438.3	92.4
2002	709.1	11.6	697.5	202.1	90.7	588.7	434.3	104.0
2003	686.3	10.1	676.3	207.9	83.6	574.9	405.1	103.6
2004	711.5	10.9	700.6	244.7	63.1	592.4	418.1	100.0
2005	735.5	9.3	726.2	249.4	67.8	621.6	437.4	104.0
2006	713.3	8.3	525.9	179.1	48.0	659.0	493.7	87.8
2007	714.8	8.3	526.6	179.9	59.0	653.5	503.4	150.1
2008	714.9	8.4	514.4	192.1	71.9	675.1	529.5	145.5
2009	714.9	8.4	514.4	192.1	86.2	689.6	564.4	125.2
2010	714.9	8.4	514.4	192.1	62.5	736.2	584.6	151.6
2011	714.9	8.4	514.4	192.1	73.2	754.0	597.9	156.0
2012	910.9	8.7	621.8	280.4	78.2	767.1	612.4	154.7
2013	912.2	8.7	621.9	281.7	80.5	782.3	625.3	157.0
2014	915.5	8.7	622.7	284.1	55.6	807.9	638.9	169.0
2015	916.2	8.7	623.1	284.4	66.8	842.4	658.0	184.4
2016	925.9	8.7	631.4	285.9	61.8	895.7	680.3	215.4
2017	927.1	8.8	626.5	291.9	68.1	901.4	678.1	223.3
2018	927.2	8.8	626.2	292.3	60.0	882.4	679.0	203.4
2019					68.8	888.5	682.8	205.8

注：1. 2006年以后耕地面积为自然资源厅提供的数据；且耕地面积=水田+旱地+水浇地。

2. 自2012年始，总播面积=粮食作物播种面积+经济作物播种面积。

a)The Culitiaved Areas after 2006 are Provided by the Bureau of Land and Resource,Culitaved Area=Paddy Field+Dry Field+Irrigated Field.

b)from 2012,Total Sown Areas=Sown Areas of Grain +Sown Areas of Industrial Crops.

8-11 主要粮食作物播种面积

Sown Areas of Major Grain Crops

单位：万公顷 (10 000 hectares)

年 份 Year	农作物总播种面积 Total Sown Area	粮食作物播种面积 Sown Areas of Grain Crops	谷 物 Cereal	小 麦 Wheat	玉 米 Corn	稻 谷 Rice	豆 类 Beans	#大 豆 Soybean	薯 类 Tubers
1947	347.9	318.9		22.6	19.1	0.8		14.7	15.1
1948	372.7	337.2		25.0	20.1	0.9		14.9	16.2
1949	389.6	352.8		26.7	22.4	1.4		16.5	16.6
1950	423.8	388.8		29.6	24.7	2.0		11.7	17.1
1951	469.7	416.0		33.9	19.1	1.6		11.1	21.8
1952	494.9	436.0		43.9	22.9	1.5		15.8	22.1
1953	477.6	428.7		47.6	24.4	0.8		21.7	21.1
1954	484.9	437.8		58.0	26.4	1.0		22.7	20.6
1955	488.6	435.8		60.2	31.9	1.4		26.9	19.8
1956	531.0	472.9		60.1	50.6	2.9		24.2	21.9
1957	527.9	463.2		64.0	36.2	4.0		26.8	22.4
1958	505.5	445.2		57.9	57.6	8.9		21.2	39.4
1959	487.0	414.2		59.7	35.1	8.9		20.5	27.1
1960	575.0	486.2		73.7	52.2	8.9		23.0	29.6
1961	580.0	503.1		80.8	48.7	6.3		23.1	31.2
1962	544.6	484.7		67.1	50.1	3.9		23.5	26.7
1963	526.1	471.6		67.1	45.0	3.5			27.1
1964	534.2	478.4		71.4	47.7	3.4		26.6	26.0
1965	528.1	470.9		72.5	50.1	1.8		24.4	24.2
1966	510.0	449.4		71.4	66.4	1.6		21.7	32.2
1967	510.2	448.5		74.1	62.3				24.4
1968	497.1	443.4		72.3	56.2				23.7
1969	499.3	445.7		78.3	53.3				22.5
1970	508.4	453.5		84.8	52.4				21.8
1971	503.5	451.0		85.7	63.5				22.9
1972	499.8	444.1		83.8	61.6				23.6
1973	498.9	441.0		86.9	59.7				25.6
1974	496.3	436.1		87.0	66.5				25.6
1975	490.9	429.0		92.1	70.9				26.9
1976	480.7	410.1		105.5	70.7				25.3
1977	478.1	406.5		108.4	65.2				26.6
1978	482.4	409.4		108.6	66.8				29.2
1979	488.1	404.2		95.2	67.0	1.6		18.3	27.7
1980	479.7	388.2		95.7	65.3	1.5		17.1	25.2
1981	466.2	385.4		90.3	59.2	1.6		19.4	23.2
1982	464.1	384.3		87.8	50.5	1.6		23.9	24.3
1983	463.1	383.7		91.1	49.4	1.7		21.9	25.4
1984	463.1	376.2		93.2	46.4	1.8		19.3	24.6
1985	454.9	342.2		92.7	43.4	2.4		21.9	22.7

8-11 续表 Continued

单位：万公顷 (10 000 hectares)

年 份 Year	农作物总播种面积 Total Sown Area	粮食作物播种面积 Sown Areas of Grain Crops	谷 物 Cereal	小 麦 Wheat	玉 米 Corn	稻 谷 Rice	豆 类 Beans	#大 豆 Soybean	薯 类 Tubers
1986	455.6	358.1		93.7	54.8	2.7		26.4	22.5
1987	447.4	355.6		92.1	66.0	2.8		27.5	22.9
1988	455.9	363.6		97.4	66.9	3.5		31.1	25.3
1989	457.6	372.1		100.8	69.6	5.3		31.8	24.7
1990	472.2	387.5		115.4	77.4	7.9		30.1	24.6
1991	476.8	387.9		119.2	81.2	8.8		30.1	23.9
1992	485.4	392.5	318.8	133.4	77.5	9.4	48.7	35.6	25.0
1993	486.8	398.7	293.6	118.9	76.2	7.3	78.8	57.1	26.3
1994	492.5	402.7	292.1	103.4	83.7	6.8	85.3	60.4	25.3
1995	507.9	414.3	300.9	101.7	99.2	7.9	77.9	55.7	35.5
1996	529.1	442.4	323.2	109.4	111.6	9.0	77.6	55.5	41.6
1997	583.8	490.6	339.0	116.5	127.9	12.2	105.2	75.8	46.4
1998	602.7	503.1	340.5	109.3	147.1	11.8	112.5	77.1	50.1
1999	607.7	495.1	330.9	93.8	157.2	11.7	106.0	73.7	58.2
2000	591.4	443.6	264.8	61.7	129.8	11.8	113.7	79.4	65.0
2001	570.7	438.3	263.8	51.6	151.9	8.6	117.9	75.5	56.7
2002	588.7	434.3	271.8	46.5	156.2	9.0	104.6	59.6	58.0
2003	574.9	405.1	243.4	31.8	159.1	6.7	108.2	69.7	53.6
2004	592.4	418.1	258.3	41.9	167.6	8.1	107.0	75.3	52.8
2005	621.6	437.4	273.4	46.1	180.6	8.4	107.7	79.7	56.2
2006	659.0	493.7	302.4	48.4	191.6	9.1	131.8	97.3	59.5
2007	653.5	503.4	331.1	54.5	207.4	10.5	112.9	73.0	59.4
2008	675.1	529.5	359.6	46.3	240.2	9.9	110.2	72.9	59.8
2009	689.6	564.4	377.6	55.3	256.0	10.5	121.2	93.1	65.7
2010	736.2	584.6	395.4	59.0	271.0	9.5	122.0	94.3	67.2
2011	754.0	597.9	415.3	59.9	295.7	9.5	115.6	84.6	66.9
2012	767.1	612.4	445.5	65.9	317.5	9.7	103.2	80.0	63.7
2013	782.3	625.3	470.3	61.8	353.4	8.2	98.0	79.6	57.0
2014	807.9	638.9	501.6	61.9	382.9	8.6	88.9	74.5	48.4
2015	842.4	658.0	517.8	61.7	393.8	8.8	94.9	81.3	45.3
2016	895.7	680.3	526.6	65.9	384.4	10.9	108.7	92.3	45.0
2017	901.4	678.1	517.7	67.4	371.6	12.2	117.1	98.9	43.2
2018	882.4	679.0	513.1	59.7	374.2	15.0	130.7	109.4	35.2
2019	888.5	682.8	513.4	53.8	377.6	16.1	139.4	119.0	30.0

8-12 主要经济作物播种面积

Sown Areas of Major Industrial Crops

单位：万公顷　　　　(10 000 hectares)

年 份 Year	经济作物播种面积 Sown Areas of Industrial Crops	油料 Oil bearing Crops	葵花籽 Sunflower Seeds	胡麻籽 Flax Seeds	油菜籽 Rape Seeds	甜菜 Beet-roots	烟叶 Tob-acco	麻类 Fiber Crops	蔬菜 Vege-table	果用瓜 Melons (use on Fruit)	其它作物播种面积 Sown Areas of other Crops	#青饲料 Green Fodder
1947	20.4	18.7		7.8	2.3		0.2	0.8	2.3		8.6	
1948	27.1	25.0		8.5	2.4		0.2	1.0	4.7		8.4	
1949	28.0	25.8		9.2	1.9		0.2	1.0	5.0		8.8	
1950	28.3	25.0		9.4	3.4		0.1	0.8	3.7		6.6	
1951	46.2	36.4		14.3	5.0		0.2	0.9	4.2		7.5	
1952	49.7	46.6		17.7	6.9		0.2	1.5	5.1		9.3	
1953	40.5	38.4		17.2	6.0		0.2	1.2	4.7		8.3	
1954	36.6	34.9		17.3	4.8		0.2	0.9	5.6		10.4	
1955	41.9	39.6		21.5	4.8	0.8	0.3	0.9	6.0		11.0	
1956	42.8	39.8		21.6	5.6	1.0	0.3	0.9	6.3		15.3	
1957	48.6	43.1		22.7	5.4	1.4	0.3	1.7	6.6		16.1	
1958	40.9	35.9		18.9	4.6	1.6	0.3	1.6	7.4		19.4	
1959	56.6	48.6		23.8	5.8	2.4	0.4	2.1	8.8		16.1	
1960	56.1	48.1		21.8	8.1	3.7	0.3	2.0	15.2		32.7	
1961	43.8	38.3		16.6	7.3	1.9	0.5	1.9	19.1		33.1	
1962	39.0	34.4		14.3	6.3	0.7	0.5	2.1	12.2		20.8	
1963	36.4	31.8		14.9	4.5	0.8	0.4	2.1	9.5		18.1	
1964	39.5	33.5		14.8	5.1	1.5	0.4	1.9	8.1		16.3	
1965	37.9	31.4		14.7	4.7	1.9	0.3	1.8	7.9		19.3	
1966	33.7	27.8		13.1	4.1	2.2	0.3	1.6	8.2		26.9	
1967	35.9	28.9				2.8					25.8	
1968	34.0	27.4				2.8					19.7	
1969	35.7	28.3				3.1					17.9	
1970	35.3	28.9				2.9					19.6	
1971	32.2	26.7				2.4					20.3	
1972	33.9	27.2				3.6					21.8	
1973	35.5	27.2				4.6					22.4	
1974	36.4	28.4				4.1					23.8	
1975	37.7	28.8				4.7					24.2	
1976	42.9	32.4				5.7					27.7	
1977	44.7	34.2				5.3					26.9	
1978	44.9	34.8				4.8					28.1	
1979	52.8	41.9	5.7	19.1	7.1	4.5	0.4	1.6	8.9	2.0	31.1	15.3
1980	61.1	52.0	16.3	18.9	7.9	5.6	0.3	1.2	8.5	1.4	30.4	14.0

8-12 续表 Continued

单位：万公顷 (10 000 hectares)

年 份 Year	经济作物播种面积 Sown Areas of Industrial Crops	油料 Oil bearing Crops	葵花籽 Sunflower Seeds	胡麻籽 Flax Seeds	油菜籽 Rape Seeds	甜菜 Beet-roots	烟叶 Tob-acco	麻类 Fiber Crops	蔬菜 Vege-table	果用瓜 Melons (use on Fruit)	其它作物播种面积 Sown Areas of other Crops	#青饲料 Green Fodder
1981	55.6	46.9	14.3	14.6	8.1	5.7	0.4	0.9	7.3	1.6	25.2	10.4
1982	58.2	49.3	15.0	16.4	7.8	6.1	0.5	0.4	6.8	1.5	21.6	9.7
1983	58.5	49.0	15.4	16.3	6.8	6.1	0.2	0.3	6.7	1.3	20.9	9.6
1984	63.9	54.3	21.5	15.4	6.9	6.1	0.2	0.2	6.1	1.7	23.0	11.8
1985	91.4	76.6	30.1	18.3	8.8	10.0	0.4	0.3	5.8	2.0	21.4	11.4
1986	71.6	60.4	25.8	15.6	6.7	7.5	0.4	0.3	5.7	2.0	26.0	14.4
1987	64.3	54.6	22.3	16.6	6.6	7.5	0.3	0.1	6.4	1.6	27.4	16.7
1988	66.8	53.7	19.0	17.4	7.3	10.3	0.5	0.1	6.1	1.7	25.6	14.6
1989	61.9	51.1	17.7	16.4	4.9	8.2	0.7	0.1	6.3	1.2	23.6	13.0
1990	62.6	51.8	17.2	16.8	6.0	9.5	0.5	0.3	6.4	0.9	22.2	12.4
1991	68.9	55.1	19.7	17.2	7.5	11.9	0.7	0.4	5.9	0.9	20.1	11.2
1992	72.4	58.2	22.6	16.9	9.1	10.8	0.4	0.5	7.8	1.5	20.5	9.8
1993	67.3	50.3	18.3	15.2	7.9	10.9	0.4	0.1	8.2	1.5	20.9	9.5
1994	66.3	53.1	20.7	15.2	10.8	11.8	0.2	0.4	7.1	1.3	23.5	10.6
1995	71.3	55.7	20.7	15.1	13.5	14.0	3.0	0.8	1.3	1.3	22.3	
1996	64.9	50.6	18.9	14.6	11.8	12.7	0.8	0.4	8.8	1.5	21.8	8.4
1997	80.4	49.9	21.6	13.5	11.7	12.6	1.6	0.4	11.8	1.8	14.4	9.8
1998	85.9	56.7	27.1	11.5	15.6	11.7	0.6	0.3	11.5	2.6	15.3	9.3
1999	97.2	68.0	35.1	10.5	17.5	6.6	0.7	0.6	16.4	4.1	15.4	9.0
2000	122.9	87.9	36.3	10.1	29.5	5.9	0.8	0.1	20.9	4.8	25.0	13.1
2001	92.4	60.8	32.0	3.8	19.9	5.8	0.6	0.3	18.2	3.5	40.0	33.3
2002	104.0	68.9	34.5	7.6	22.5	7.1	0.5	0.4	20.8	3.6	50.4	43.8
2003	103.6	72.3	32.8	6.8	28.0	3.7	0.7	0.5	19.2	3.8	66.2	56.5
2004	100.0	67.1	29.5	5.9	27.8	3.6	0.6	0.8	20.4	3.5	74.3	65.5
2005	104.0	69.5	35.6	5.6	25.6	3.8	0.8	1.0	22.1	3.9	80.2	72.2
2006	87.8	59.2	25.7	4.9	23.0	3.0	0.4	0.7	17.2	5.3	77.5	62.4
2007	150.1	57.2	30.3	4.1	17.7	4.1	0.5	0.4	19.6	3.9	62.3	47.9
2008	145.5	71.2	41.1	4.7	22.6	4.7	0.5	0.3	21.3	4.4	40.6	25.5
2009	125.2	60.6	41.0	4.6	11.9	3.1	0.4	0.1	21.6	4.4	32.9	19.0
2010	151.6	73.4	42.8	4.7	23.4	3.3	0.4		24.9	5.7	41.3	29.2
2011	156.0	77.0	45.4	5.4	23.6	3.6	0.4		25.7	5.5	41.3	22.4
2012	154.7	79.7	41.0	5.7	28.8	3.9	0.4		26.7	5.5	35.8	22.9
2013	157.0	84.8	43.8	6.2	31.1	4.1	0.3		24.1	5.3	35.5	23.8
2014	169.0	92.5	48.0	7.2	34.0	3.4	0.3		25.3	5.0	37.9	22.6
2015	184.4	99.5	55.0	6.8	34.3	4.3	0.3		24.7	4.2	45.5	25.0
2016	215.4	111.2	71.1	7.5	30.2	6.7	0.3		22.9	6.1	59.2	32.6
2017	223.3	111.3	71.3	6.3	31.0	8.3	0.2	0.1	21.9	6.7	63.0	35.3
2018	203.4	89.1	56.4	5.0	24.6	12.2	0.1	0.1	19.0	5.8	62.9	38.4
2019	205.8	93.1	58.8	4.5	25.9	12.7	0.1	0.1	20.1	6.0	61.3	37.1

注：2011年前，经济作物播种面积不包含其它作物播种面积。

a)Before 2011,sown areas of industrial crops not include sown areas of other crops.

8-13 主要农产品产量

Yield of Major Farm Crops

单位：万吨 (10 000 tons)

年 份 Year	粮 食 Grain	谷 物 Cereal	#小 麦 Wheat	玉 米 Corn	稻 谷 Rice	豆 类 Beans	#大 豆 Soybean	薯 类 Tubers
1957	302.5		52.5	34.5	4.2		14.6	29.2
1965	382.0		59.5	81.0	2.8		16.0	22.2
1970	469.5		66.0	101.0				25.0
1975	519.5		93.5	157.0				37.5
1978	499.0		88.0	173.5	3.6			42.0
1980	396.5		82.7	139.2	4.1		12.4	30.0
1981	510.0		99.8	142.6	4.0		19.3	37.6
1982	530.0		126.7	105.9	4.7		24.3	41.6
1983	560.2		120.9	142.9	4.2		24.3	41.9
1984	594.4		144.2	148.3	6.0		24.3	49.9
1985	604.1		148.5	159.8	7.8		28.8	48.2
1986	528.5		130.8	192.7	8.3		41.0	36.4
1987	607.0		125.7	273.3	7.7		36.7	33.7
1988	738.3		163.4	305.5	12.0		47.5	61.2
1989	677.9		187.5	285.1	19.2		36.9	42.5
1990	973.0		261.7	393.1	31.1		47.7	61.3
1991	958.5		280.2	413.7	35.2		45.1	46.5
1992	1046.8	937.4	330.3	435.4	41.4	50.7	40.0	58.7
1993	1108.3	930.9	298.5	453.9	33.0	113.6	90.1	63.8
1994	1083.5	910.4	234.8	482.3	30.5	117.8	94.0	55.3
1995	1055.4	914.1	262.2	518.4	39.6	67.0	52.5	74.3
1996	1535.3	1301.7	318.9	751.5	51.0	109.6	83.4	124.0
1997	1421.0	1188.0	307.9	677.9	70.6	118.7	97.4	114.4
1998	1575.4	1319.9	282.7	839.8	60.3	128.5	93.8	127.0

8-13 续表1 Continued

单位：万吨 (10 000 tons)

年份 Year	粮食 Grain	谷物 Cereal	#小麦 Wheat	玉米 Corn	稻谷 Rice	豆类 Beans	#大豆 Soybean	薯类 Tubers
1999	1428.5	1210.6	273.1	771.4	68.8	107.2	82.5	110.7
2000	1241.9	947.9	181.8	629.2	72.2	109.7	85.8	184.3
2001	1239.1	1016.5	127.1	757.0	56.7	113.8	83.4	108.8
2002	1406.1	1097.7	121.5	821.5	56.0	139.9	96.4	168.5
2003	1360.7	1092.3	79.0	888.7	45.0	93.9	53.6	174.5
2004	1505.4	1180.4	110.5	948.0	54.5	135.1	103.1	189.8
2005	1662.2	1342.1	143.6	1066.2	62.1	164.1	130.9	156.0
2006	1806.7	1486.0	172.2	1134.6	65.3	142.1	103.7	178.6
2007	1768.2	1523.0	171.1	1175.2	75.7	110.3	74.0	134.8
2008	2100.9	1773.7	150.8	1442.3	69.7	168.0	119.1	159.2
2009	2128.9	1820.6	188.4	1488.3	65.6	152.2	124.5	156.1
2010	2344.3	1983.3	174.3	1643.7	67.4	173.5	149.4	187.5
2011	2573.4	2221.3	171.9	1858.5	69.0	162.4	135.4	189.8
2012	2739.8	2401.8	186.3	2016.0	66.2	154.5	130.7	183.5
2013	3070.5	2748.3	184.3	2397.6	53.5	143.5	128.6	178.7
2014	3112.4	2833.1	174.8	2503.2	50.8	127.1	115.0	152.2
2015	3292.6	3012.2	179.1	2652.2	50.6	139.4	126.7	141.0
2016	3263.3	2960.1	187.7	2563.1	69.8	168.7	150.8	134.5
2017	3254.5	2930.8	189.1	2497.4	85.2	186.2	162.6	137.5
2018	3553.3	3197.8	202.3	2700.0	121.9	205.7	179.4	149.8
2019	3652.6	3261.8	182.7	2722.3	136.2	251.6	226.0	139.1

8-13 续表2 Continued

单位：万吨 (10 000 tons)

年 份 Year	油 料 Oilbearing Crops	葵花籽 Sunflower Seeds	胡麻籽 Flax Seeds	油菜籽 Rape -seeds	甜 菜 Beet-roots	烟 叶 Tob-acco	麻 类 Fiber Crops	蔬 菜 Vege-tables	果用瓜 Melons (Use on Fruit)
1957	13.0		7.5	1.5	22.1	0.2	0.6	66.4	
1965	9.0		4.7	0.9	20.9	0.2	0.5	110.7	
1970	10.5				34.0				
1975	10.5				37.1				
1978	12.5				43.1				
1980	25.0	16.5	4.6	1.8	81.2	0.2	0.4	157.6	9.7
1981	36.5	23.7	4.7	2.2	82.3	0.6	0.4	147.1	17.5
1982	49.0	32.0	8.2	3.0	115.2	0.9	0.2	156.8	16.3
1983	54.0	38.7	5.7	1.5	135.1	0.3	0.1	199.0	19.4
1984	60.0	42.1	8.4	3.0	141.0	0.3	0.1	158.5	23.3
1985	79.5	49.5	10.8	4.6	254.2	0.6	0.3	182.7	33.4
1986	66.0	48.4	7.6	2.2	159.0	0.6	0.2	220.9	36.9
1987	54.0	38.6	6.4	2.2	167.8	0.4	0.1	195.4	34.1
1988	56.5	35.0	10.3	3.2	219.0	0.8	0.1	203.0	36.3
1989	48.6	33.8	6.0	1.7	177.6	0.9	0.1	226.8	30.0
1990	69.4	41.7	11.5	4.4	236.4	0.8	0.7	243.3	22.8
1991	71.8	50.1	10.8	3.3	302.8	1.2	0.8	220.5	27.9
1992	81.4	56.8	11.1	5.5	260.1	0.8	1.4	271.2	50.9
1993	72.6	49.8	9.6	5.7	278.6	1.3	0.2	327.6	44.5
1994	65.0	44.5	8.7	8.3	233.6	0.9	0.9	267.9	121.8
1995	70.2	47.2	8.0	9.5	263.5	0.5	1.5	308.3	40.5
1996	81.4	53.9	11.2	10.5	320.7	1.8	1.0	365.4	49.6
1997	73.1	53.5	8.5	8.9	306.4	4.1	0.6	420.4	61.9
1998	90.3	59.4	10.6	14.1	259.2	1.3	0.3	433.4	84.4

8-13 续表3 Continued

单位：万吨 (10 000 tons)

年 份 Year	油 料 Oil-bearing Crops	葵花籽 Sunflower Seeds	胡麻籽 Flax Seeds	油菜籽 Rape -seeds	甜 菜 Beet-roots	烟 叶 Tob-acco	麻 类 Fiber Crops	蔬 菜 Veget-ables	果用瓜 Melons (Use on Fruit)
1999	100.9	71.6	7.2	18.5	136.8	1.6		594.9	121.8
2000	116.4	69.1	6.5	30.5	141.3	1.4	0.1	759.9	161.7
2001	80.6	61.0	1.9	13.0	133.1	1.0	0.4	768.7	106.9
2002	108.9	70.4	6.5	28.2	195.0	1.0	1.0	755.3	120.8
2003	102.3	62.6	6.9	25.3	99.4	1.6	1.2	846.8	103.2
2004	103.7	58.9	7.3	31.3	96.3	1.3	1.9	872.8	109.6
2005	122.2	85.3	4.6	28.3	138.3	2.0	2.5	1009.1	156.8
2006	101.1	56.7	5.6	23.5	105.5	2.6	1.7	1171.4	190.8
2007	96.3	69.9	2.9	15.9	171.5	1.5	1.4	1045.4	154.9
2008	135.1	97.8	4.7	27.5	192.8	1.4	2.8	1050.9	176.8
2009	122.7	94.0	2.7	22.1	103.7	1.2	1.0	1083.4	152.7
2010	138.1	110.0	2.7	22.3	145.1	1.5	0.1	1326.1	220.8
2011	149.0	114.9	3.0	27.8	141.4	1.5		1388.6	207.8
2012	142.2	104.3	3.1	31.7	149.4	1.4		1354.8	198.6
2013	161.8	120.1	3.8	34.5	161.3	1.3		1300.1	165.7
2014	180.7	130.4	4.5	41.6	143.9	1.1		1318.9	185.3
2015	206.3	154.2	5.9	42.8	200.5	1.2		1284.9	158.3
2016	228.8	173.7	7.7	41.7	268.4	0.9	0.2	1251.8	242.2
2017	240.7	191.5	5.9	35.6	344.3	0.6	0.7	1111.3	267.5
2018	201.5	147.6	6.3	39.8	515.9	0.6	0.2	1006.5	225.2
2019	228.7	172.8	5.9	39.0	629.6	0.4	0.3	1090.8	230.2

8-14 主要农产品产量及单位面积产量

Yield of Major Farm Crops and Yield of Major Farm Crops Per Hectare

年 份	Item	2018		2019	
		总产量(万吨) Total Yield (10000 tons)	单位面积产量(千克/公顷) Yield Per Hectare (kg/hectare)	总产量(万吨) Total Yield (10000 tons)	单位面积产量(千克/公顷) Yield Per Hectare (kg/hectare)
粮 食	**Grain**	**3553.3**	**5233**	**3652.6**	**5350**
谷 物	Cereal	3197.8	6232	3261.8	6354
#稻 谷	Rice	121.9	8100	136.2	8474
小 麦	Wheat	202.3	3390	182.7	3396
玉 米	Corn	2700.0	7215	2722.3	7209
豆 类	Beans	205.7	1573	251.6	1805
#大 豆	Soybean	179.4	1639	226.0	1899
薯 类	Tubers	149.8	4261	139.1	4643
油 料	**Oil bearing Crops**	**201.5**	**2262**	**228.7**	**2457**
#葵花籽	Sunflower Seeds	147.6	2614	172.8	2938
油菜籽	Rape seeds	39.8	1615	39.0	1504
胡麻籽	Flax Seeds	6.3	1256	5.9	1319
甜 菜	**Beetroots**	**515.9**	**42271**	**629.6**	**49420**
棉 花	**Cotton**	**0.01**	**1376**	**0.01**	**1507**
麻 类	**Fiber Crops**	**0.2**	**4502**	**0.3**	**2150**
蔬 菜	**Vegetables**	**1006.5**	**53042**	**1090.8**	**54400**
瓜类(果用瓜)	**Melons(Use on Fruit)**	**225.2**	**38571**	**230.2**	**38052**
园林水果	**Garden fruits**	**39.0**	**4686**	**50.2**	**5150**

8-15 林业基本情况

Basic Statistics on Forestry

单位：万公顷、个 (10 000 hectares,unit)

项 目	Item	2018	2019
营造林面积	**Total Area of Afforestation**	**126.76**	**99.98**
造林、封育面积	**Areas of Afforesting and closing hill for afforestation**	**60.00**	**68.82**
人工造林	Artificial Afforestation	31.80	36.94
飞播造林	Afforestation by Plane	6.11	3.22
当年封山育林面积	Area of Closing Hill for Afforestation this Year	10.75	12.14
退化林修复及人工更新	Restoration of Degraded Forest and Artificial Regeneration	11.33	16.52
森林抚育	**Tending of Woods**	**66.76**	**31.17**
按林业重点工程分	**Classified by Key Projects**		
#天然林资源保护工程造林、封山育林	Afforestation of Protection of Natural Forest and Closing Hill for Afforestation	59.23	5.75
退耕还林工程造林、封山育林	Afforestation of Returning Land for Farming to Forestry and Closing Hill for Afforestation	5.16	3.24
#退耕地造林	Afforesting on the Returned Farmland	5.16	
京津风沙源治理工程造林、封山育林	Afforestation & Closing Hill for Afforestation of Controlling Sand Sround Beijing & Tianjin	8.43	12.12
“三北”五期防护林工程造林、封山育林	Afforestation & Closing Hill for Afforestation of the Fifth Stage of "The Three North Shelter Forest Project"	11.29	10.22
造林面积按经济成份分	**Afforestation by Sector of the Economy**		
#公有经济造林	Aforestation by Publicily-owned	30.28	37.74
国有经济造林	Aforestation by State-owned	13.36	17.37
集体经济造林	Aforestation by Collective-owned	16.92	20.37
非公有经济造林	Aforestation by Non-publicily-owned	16.19	13.38
造林面积按林种分	**Areas of Afforestation classified by sorts of forests**		
#用材林	Timber Forest	1.33	1.33
经济林	Economic Forest	3.00	2.05
防护林	Shelter Forest	42.13	47.74
薪炭林	Firewood Forest		
其他林	Others		
自然保护区个数	**Number of Nature Reserves**	**144**	**182**
#国家级	National Nature Reserves	24	29
自然保护区面积	**Area of Nature Reserves**	**921.02**	**1267.00**
森林覆盖率(%)	**Forest Cover Rate(%)**	**22.10**	**22.10**

8-16 年末牲畜总头数

Total Number of Livestock at Year-end

单位：万头(只) (10 000 heads)

项 目	Item	2018	2019
牲畜总头数	**Total Number of Livestock**	**7277.92**	**7192.40**
大牲畜	**Large Animals**	**778.70**	**786.92**
牛	Cattles	616.20	626.08
#良种及改良种乳牛	Fine Breed and Improved Milk Cows	182.02	166.43
#黑白花乳用牛	Black and White Milk cows	95.83	85.55
马	Horses	63.83	67.11
驴	Donkeys	72.80	69.31
骡	Mules	8.60	7.16
骆驼	Camels	17.27	17.26
羊	**Sheep and Goats**	**6001.92**	**5975.89**
绵羊	Sheep	4369.94	4352.67
#细毛羊及改良羊	Nap Sheep or Improved Sheep	1263.20	902.41
半细毛羊及改良羊	Semi-nap Sheep or Improved Sheep	925.50	660.50
小尾寒羊及其改良羊	Small tailed cold sheep and improved sheep	608.05	1245.10
山羊	Goats	1631.97	1623.23
猪	**Hogs**	**497.30**	**429.59**

8-17 牲畜总头数

Total Number of Livestock

单位：万头(只) (10 000 heads)

年 份 Year	年中数 Year-middle				年末数 Year-end			
	合 计 Total	大牲畜 Large Animals	羊 Sheep & Goats	猪 Hogs	合 计 Total	大牲畜 Large Animals	羊 Sheep & Goats	猪 Hogs
1947	931.9	271.0	570.8	90.1	851.8	262.9	510.8	78.1
1948	949.9	286.5	571.6	91.8	869.1	277.9	511.6	79.6
1949	1058.6	313.7	642.6	102.3	968.6	304.3	575.6	88.7
1950	1191.4	343.1	731.8	116.5	1068.4	331.1	636.3	101.0
1951	1418.1	388.0	902.0	128.1	1278.6	372.5	795.0	111.1
1952	1749.9	450.6	1143.2	156.1	1467.6	430.3	902.0	135.3
1953	2105.2	504.5	1434.4	166.3	1844.7	442.5	1235.0	167.2
1954	2428.6	558.4	1672.2	198.0	1959.0	494.7	1292.6	171.7
1955	2501.3	586.9	1724.4	190.0	1912.3	514.7	1232.9	164.7
1956	2635.2	591.6	1874.9	168.7	2094.4	496.9	1451.2	146.3
1957	2438.9	552.7	1713.9	172.3	1809.9	450.5	1210.0	149.4
1958	2674.0	550.7	1879.7	243.6	2184.9	468.1	1505.6	211.2
1959	3070.8	589.0	2244.2	237.6	2576.7	537.2	1833.5	206.0
1960	3315.5	612.9	2431.7	270.9	2709.4	553.5	1921.0	234.9
1961	3305.4	623.4	2494.8	187.2	2671.2	550.5	1958.4	162.3
1962	3497.3	643.3	2621.0	233.0	2801.4	568.1	2031.3	202.0
1963	3981.7	699.7	3005.5	276.5	3242.4	628.3	2374.4	239.7
1964	4282.5	750.1	3242.1	290.3	3315.5	664.6	2399.2	251.7
1965	4488.4	787.9	3388.3	312.2	3606.1	716.2	2619.2	270.7
1966	4012.8	748.5	2969.0	295.3	3231.4	680.4	2295.0	256.0
1967	4164.6	730.0	3140.6	294.0	3469.4	680.9	2531.0	257.5
1968	4150.7	750.2	3067.6	332.9	3288.2	679.8	2349.0	259.4
1969	3844.5	721.7	2823.1	299.7	3213.0	665.1	2311.2	236.7
1970	3865.2	726.4	2840.3	298.5	3319.6	689.1	2356.4	274.1
1971	4032.5	754.3	2922.0	356.2	3419.7	712.2	2363.4	344.1
1972	4197.2	775.6	2985.5	436.1	3478.5	717.2	2372.3	389.0
1973	4317.2	781.3	3092.7	443.2	3654.6	738.2	2519.4	397.0
1974	4425.5	805.8	3160.3	459.4	3707.0	752.3	2532.6	422.1
1975	4628.5	820.3	3307.9	500.3	3757.6	766.8	2638.1	352.7
1976	4465.4	808.4	3058.0	599.0	3649.0	748.7	2397.8	502.5
1977	4428.6	784.1	3056.4	588.1	3643.4	715.3	2394.6	533.5
1978	4162.3	697.5	2860.5	604.3	3586.5	659.3	2378.1	549.1
1979	4513.4	724.6	3177.6	611.2	3873.1	685.3	2633.2	554.6
1980	4656.8	741.3	3317.0	598.5	3753.3	681.3	2553.4	518.6
1981	4565.6	723.2	3307.2	535.2	3817.2	678.9	2670.0	468.3
1982	4721.9	744.3	3474.0	503.6	3903.9	708.0	2735.0	460.9
1983	4413.6	739.9	3177.9	495.8	3539.8	694.7	2418.0	427.1
1984	4259.5	740.9	3053.7	464.9	3488.3	698.2	2377.3	412.8
1985	4341.8	775.3	3060.7	505.8	3667.4	736.6	2468.4	462.4

8-17 续表 Continued

单位：万头(只) (10 000 heads)

年份 Year	年中数 Year-middle				年末数 Year-end			
	合计 Total	大牲畜 Large Animals	羊 Sheep & Goats	猪 Hogs	合计 Total	大牲畜 Large Animals	羊 Sheep & Goats	猪 Hogs
1986	4434.5	799.5	3082.7	552.3	3734.5	751.3	2502.2	481.0
1987	4555.2	811.5	3219.9	523.8	3731.0	730.8	2544.7	455.5
1988	4685.9	792.3	3408.8	484.8	4093.8	734.6	2892.8	466.4
1989	5301.5	812.7	3945.0	543.8	4215.4	718.6	3009.5	487.3
1990	5307.5	784.9	3955.2	567.4	4254.4	707.5	3023.9	523.0
1991	5568.2	783.8	4160.0	624.4	4220.5	699.8	2960.9	559.8
1992	5558.0	774.4	4067.4	716.2	4168.4	690.2	2856.7	621.5
1993	5577.9	771.8	3942.1	864.0	4231.9	685.7	2860.3	685.9
1994	5711.3	756.6	4038.9	915.8	4450.7	682.4	3028.1	740.2
1995	6065.7	783.8	4302.5	979.4	4795.0	708.3	3321.0	765.7
1996	6697.7	825.5	4804.3	1067.9	5066.8	734.9	3561.8	770.1
1997	7112.4	840.8	5164.8	1106.8	5180.4	714.0	3656.7	809.7
1998	7387.2	817.8	5383.5	1185.9	5206.3	677.3	3712.9	816.1
1999	7436.2	802.8	5491.6	1141.7	5147.6	667.4	3702.6	777.6
2000	7300.5	803.3	5406.2	1090.9	4912.0	622.1	3551.6	738.3
2001	7135.0	702.3	5427.8	1004.9	4817.6	536.3	3515.9	765.4
2002	7260.1	652.0	5675.2	932.9	5176.9	543.4	3951.7	681.8
2003	7987.6	718.1	6396.1	873.5	5713.3	615.4	4450.1	647.7
2004	9274.4	814.5	7514.7	945.2	6722.9	718.2	5318.5	686.2
2005	10615.3	934.2	8713.0	968.1	6903.5	783.2	5420.0	700.3
2006	11050.5	986.8	9002.6	1061.1	6508.8	786.2	5123.4	620.2
2007	10854.4	1039.4	8774.6	1040.5	6554.4	815.5	5116.5	622.5
2008	10677.7	1063.8	8442.9	1170.6	6720.8	858.7	5231.6	630.5
2009	10858.5	1084.6	8512.2	1261.7	6842.6	851.0	5359.8	631.8
2010	10798.5	1140.1	8408.0	1250.5	6983.4	853.1	5498.4	631.9
2011	10762.6	1176.7	8347.5	1238.4	6907.4	819.9	5497.3	590.2
2012	11263.0	1238.7	8605.4	1418.9	6870.8	807.9	5470.8	592.1
2013	11819.8	1266.5	9024.7	1528.5	6968.8	788.6	5629.6	550.6
2014	12915.8	1308.5	10091.0	1516.3	7358.9	804.3	6046.0	508.6
2015	13585.7	1358.3	10736.5	1491.0	7657.1	846.3	6337.1	473.7
2016	13597.9	1389.0	10730.5	1478.4	7352.0	796.4	6101.6	454.0
2017					7441.9	824.4	6111.9	505.6
2018					7277.9	778.7	6001.9	497.3
2019					7192.4	786.9	5975.9	429.6

8-18 牲畜增减变化情况(2019年，年末数)

Number of Newly Increased and Decreased Livestock (End of 2019)

单位：万头(只) (10 000 heads)

项　目	Item	繁殖仔畜 New Born Stocks	成活仔畜 Survival New Born Stocks		成幼畜死亡 Death Number of Young and Adult Stocks	
			头数 Number	成活率(%) Survival Rate	头数 Number	死亡率(%) Death Rate
大牲畜和羊合计	**Total Number of Large Animals, Sheep and Goats**	**5110.47**	**5018.03**	**98.19**	**69.24**	**1.02**
大牲畜	Large Animals	378.40	371.59	98.20	5.03	0.65
牛	Cattles	322.28	316.32	98.15	4.22	0.69
#良种及改良种乳牛	Fine Breed and Improved Milk Cows	79.60	78.32	98.38	0.81	0.45
马	Horses	26.03	25.61	98.38	0.32	0.50
驴	Donkeys	25.01	24.69	98.72	0.38	0.52
骡	Mules	0.90	0.89	98.26	0.03	0.33
骆 驼	Camels	4.18	4.09	97.91	0.08	0.48
羊	Sheep and Goats	4732.06	4646.44	98.19	64.21	1.07
猪	**Hogs**	**631.26**	**612.82**	**97.08**	**21.61**	**4.35**

8-18 续表 Continued

单位：万头(只) (10 000 heads)

项　目	Item	自宰自食 killed for Self-use	出卖 Selling	#出卖肉畜 Sold Meat Stocks	出栏率(%) Slaughter Rate	商品率(%) Commodity Rate
大牲畜和羊合计	**Total Number of Large Animals, Sheep and Goats**	**445.45**	**7266.15**	**6464.71**	**101.91**	**107.16**
大牲畜	Large Animals	19.91	537.57	431.92	58.02	69.03
牛	Cattles	17.65	456.11	365.66	62.21	74.02
#良种及改良种乳牛	Fine Breed and Improved Milk Cows	3.96	108.93	84.09	49.38	61.08
马	Horses	0.25	31.01	26.16	41.38	48.58
驴	Donkeys	1.73	40.71	32.61	47.17	55.92
骡	Mules	0.09	4.03	2.66	31.96	46.90
骆 驼	Camels	0.19	5.71	4.83	29.07	33.05
羊	Sheep and Goats	425.54	6728.59	6032.79	107.60	112.11
猪	**Hogs**	**148.35**	**887.15**	**610.05**	**152.50**	**178.39**

8-19 能繁殖母畜、耕畜及改良畜(2019年，年末数)

Female Parent Stocks, Fine Breed Stocks and Improved Stock(End of 2019)

单位：万头(只) (10 000 heads)

项　目	Item	能繁殖母畜 Female Parent Stocks	良种牲畜 Fine Breed Stocks	改良种牲畜 Improved Stocks
大牲畜和羊合计	**Total Number of Large Animals, Sheep and Goats**	**4545.15**	**2186.99**	**3800.71**
大牲畜	Large Animals	519.01	232.48	444.82
牛	Cattles	436.91	184.15	380.14
马	Horses	38.60	16.78	23.48
驴	Donkeys	35.86	21.32	40.42
骡	Mules			
骆驼	Camels	7.63	10.23	0.78
羊	Sheep and Goats	4026.14	1954.51	3355.89
绵羊	Sheep	3271.35	1412.90	2719.41
山羊	Goats	754.79	541.60	636.48
猪	**Hogs**	**67.62**	**126.45**	**250.06**

8-20 主要畜禽产品产量

Output of Major Livestock and Poultry

项 目	Item	2018	2019
当年出栏肉猪头数(万头)	Annual Number of Sold Fatten Hogs (10 000 heads)	895.99	758.39
当年出栏和自宰的肉用牛(万头)	Annual Number of Sold and Killed Meat Cattles (10 000 heads)	375.10	383.31
当年出售和自宰的肉用羊(万只)	Annual Number of Sold and Killed Mutton Goats and Sheep (10 000 heads)	6390.70	6458.33
当年肉类总产量(万吨)	Annual Output of Meat (10 000 tons)	267.24	264.56
#猪肉产量(万吨)	Pork (10 000 tons)	71.80	62.57
牛肉产量(万吨)	Beef (10 000 tons)	61.40	63.78
羊肉产量(万吨)	Mutton (10 000 tons)	106.30	109.79
奶类产量(万吨)	Milk (10 000 tons)	571.87	582.92
#牛 奶(万吨)	Cow Millk (10 000 tons)	565.57	577.20
山羊毛产量(吨)	Goat Wool (ton)	12660.59	11697.51
山羊粗毛(吨)	Goat Wool (ton)	6053.76	5385.56
山羊绒产量(吨)	Cashmere (ton)	6606.83	6311.95
绵羊毛产量(吨)	Sheep Wool (ton)	118178.85	114874.72
蜂蜜产量(吨)	Honey (ton)	3592.00	1853.60
禽蛋产量(万吨)	Poultry Eggs (10 000 tons)	55.20	58.16
年末实有家禽(万只)	Number of Poultry at Yearend (10 000 heads)	4835.40	5194.40
年内牛皮产量(万张)	Annual Output of Cattle Skin (10 000 units)	310.19	315.35
绵羊皮产量(万张)	Output of Sheep Skin (10 000 units)	4712.24	4823.86
山羊皮产量(万张)	Output of Goat Skin (10 000 units)	996.54	1106.86
驼绒产量(吨)	Output of Fine Hair of Camel (ton)	487.97	504.16
出售肉类总量(吨)	Products of Sold Meat (ton)	2312395.74	2320034.45
#出售猪肉(吨)	Pork (ton)	617943.48	526118.43
出售牛肉(吨)	Beef (ton)	537888.80	582101.47
出售羊肉(吨)	Mutton (ton)	933476.96	986239.01
出售牛羊奶数量(吨)	Products of Sold Milk (ton)	5040974.31	5171920.64
出售羊毛数量(吨)	Products of Sold Wool of Sheep and Goats (ton)	122126.01	113182.88
出售家禽只数(万只)	Number of Sold Poultry (10 000 heads)	9392.00	9942.57
水 产 品(吨)	Aquatic Products (ton)	139499.00	125956.00

主要统计指标解释

农林牧渔业总产值 农林牧渔业总产值是以货币表现的农林牧渔业的全部产品总量和对农林牧渔业生产活动进行的各种支持性服务活动的价值。它反映一定时期内农林牧渔业生产总规模和总成果，是观察农林牧渔业生产水平和发展速度，研究农林牧渔业内部比例关系、农林牧渔业与工业、农林牧渔业与国家建设、人民生活比例关系的重要指标，同时也是计算农林牧渔业劳动生产率和农林牧渔业增加值的基础资料。

乡村从业人员 指乡村人口中16岁以上实际参加生产经营活动并取得实物或货币收入的人员，既包括劳动年龄内经常参加劳动的人员，也包括超过劳动年龄但经常参加劳动的人员。但不包括户口在家的在外学生、现役军人和丧失劳动能力的人，也不包括待业人员和家务劳动者。从业人员年龄为16岁以上。从业人员按从事主业时间最长（时间相同按收入）分为农业从业人员、工业从业人员、建筑业从业人员、交运仓储及邮政从业人员、信息传输、计算机服务和软件业从业人员、批发与零售业从业人员、住宿和餐饮业从业人员、其他行业从业人员。

粮食产量 指农业生产经营者日历年度内生产的全部粮食数量。按收获季节包括夏收粮食、早稻和秋收粮食，按作物品种包括谷物、薯类和豆类。其产量计算方法：谷物按脱粒后的原粮计算，豆类按去豆荚后的干豆计算；薯类（包括甘薯和马铃薯，不包括芋头和木薯）1963年以前按每4公斤鲜薯折1公斤粮食计算，从1964年开始改为按5公斤鲜薯折1公斤粮食计算，2014年开始按鲜薯计算；城市郊区作为蔬菜的薯类（如马铃薯等）按鲜品计算，并且不作粮食统计。1989年以前全国粮食产量数据主要靠全面报表取得，1989年开始使用抽样调查数据。

油料产量 指全部油料作物的生产量。包括花生、油菜籽、芝麻、向日葵籽、胡麻籽（亚麻籽）和其他油料。不包括大豆，木本油料和野生油料。花生以带壳干花生计算。

水产品产量 指渔业（捕捞和养殖）生产活动的最终有效成果，包括全部海水和淡水鱼类、甲壳类（虾、蟹）、贝类、头足类、藻类和其他类渔业产品的最终产量。水产品产量是通过各级水产部门逐级上报取得数据。1995年及以前，贝类中牡蛎按鲜肉计算；蚶、蛤、蛙按5斤鲜品折1斤计算。1996年以后则统一按鲜品计算。

农作物播种面积 指农业生产经营者应在日历年度内收获农作物在全部土地（耕地或非耕地）上的播种或移植面积。凡是本年内收获的农作物，无论是本年还是上年播种，都算为播种面积，但不包括本年播种，下年收获的农作物面积。

机耕面积 指当年使用拖拉机或其他动力机械耕作过的农作物面积，包括耕翻、旋耕、深松等，不包括在实施保护性耕作的耕地上的深松。年内一公顷耕地上种植两茬作物，且都进行了机械耕作，按二公顷统计，种植多茬作物的类推。但对同一茬作物，当年不论耕作几次仍按一公顷统计。

有效灌溉面积 指具有一定的水源，地块比较平整，灌溉工程或设备已经配套，在一般年景下当年能够进行正常灌溉的耕地面积。

农用化肥施用量 指本年内实际用于农业生产的化肥数量，包括氮肥、磷肥、钾肥和复合肥。化肥施用量要求按折纯量计算数量。折纯量是指把氮肥、磷肥、钾肥分别按含氮、含五氧化二磷、含氧化钾的百分之百成份进行折算后的数量。复合肥按其所含主要成分折算。公式为：

折纯量 = 实物量 × 某种化肥有效成份含量的百分比

农业机械总动力 指全部农业机械动力的额定功率之和。农业机械是指用于种植业、畜牧业、渔业、农产品初加工、农用运输和农田基本建设等活动的机械及设备。

牲畜总增头数 是反映牲畜的总体增长情况、牲畜头数增殖情况和死亡损失情况的一项数量指标，以大畜、小畜和猪分畜种计算。

总增头数 = 期内繁殖成活仔畜头数 − 期内成幼畜死亡头数

肉类总产量 指调查期内各种牲畜及家禽、兔等动物肉产量总计。猪、牛、羊、马、驴、骡、骆驼肉产量按去掉头蹄下水后带骨肉的胴体重量计算，兔禽肉产量按屠宰后去毛和内脏后的重量计算。猪牛羊禽四个品种肉产量由主要畜禽监测抽样调查获得，马、驴、骡、骆驼、兔肉产量由全面统计获得，其它特种养殖肉产量可用住户调查资料推算获得。

Explanatory Notes on Main Statistical Indicators

Gross Output Value of Farming, Forestry, Animal Husbandry and Fishery refers to the total value of products of farming, forestry, animal husbandry and fishery, which reflects the total scale and result of agricultural production during a given period. It is an important indicator to observe the production level and development speed of agriculture, forestry, animal husbandry and fishery, and to study the internal proportion relationship between agriculture, forestry, animal husbandry and fishery, agriculture, animal husbandry and fishery and industry, agriculture, animal husbandry and fishery and national construction, as well as the basic data to calculate the labor productivity of agriculture, forestry, animal husbandry and fishery and the added value of agriculture, animal husbandry and fishery.

Rural Employed Person Refers to the rural population over the age of 16 actually participate in production and management activities and obtain physical or monetary income, including both the working age within the regular participation in labor personnel, also includes over the working age but often participate in labor personnel. However, it does not include the registered permanent residence of students outside the home, active military and disabled people, also does not include unemployed personnel and domestic workers. The employees are over 16 years old. Workers, according to the main business the longest (time according to the same income) into agricultural professionals, industry professionals, construction workers, shipment, warehousing and postal workers, information transmission, computer services and software industry practitioners, wholesale and retail industry practitioners, accommodation and catering industry workers, and other industry professionals.

Grain Output refers to the total output of grains produced by agricultural producers within a calendar year. It includes summer grain, early rice and autumn grain if classified by harvest seasons; it covers cereal, tubers and beans if classified by type of crops. Output of cereal should be limited to husked grain only. Output of beans refers to dry beans without pods. The output of tubers (sweet potatoes and potatoes, not including taros and cassava) are converted into that of grain at the ratio 4:1, i. e. 4 kilograms of fresh tubers were equivalent to 1 kilogram of grain up to 1963. Since 1964 the ratio for conversion has been 5:1, and Starting from 2014, the ratio for conversion has been 1:1. Tubers supplied as vegetables (such as potatoes) in cities and suburbs are calculated as fresh vegetables and their output is not included in the output of grain. Data on grain production before 1989 were obtained through the Comprehensive Statistical Reporting System. Since 1989, data from sample surveys are used.

Output of Oil - bearing Crops refers to the total production of oil - bearing crops of various kinds, including peanuts (dry, in shell), rapeseeds, sesame, sunflower seeds, flax seeds, and other oil - bearing crops. Soybeans, oil - bearing woody plants, and wild oil - bearing crops are not included.

Output of Aquatic Products refers to final output actually yielded from fishing production (fishery and breeding), including all output of marine and freshwater fish, crustaceans (shrimps, crabs), shellfish, cephalopod, seaweed and other fishery products. Data on output of aquatic products are reported by aquatic product agencies level by level. Before 1995, among the shellfish, oyster was counted as fresh meat; 5 kilograms of ark shell, clams and frogs are equivalent to 1 kilogram of fresh aquatic products; they have all been counted as fresh aquatic products since 1996.

Sown Area of Crops refers to area of all land (cultivated or non - cultivated area) sown or transplanted with crops that are harvested within the calendar year by agricultural producers. All crops harvested within the year are counted as sown area, regardless of being sown in this year or the previous year. Crops sown this year but will be harvested in the coming year are excluded.

Machine - cultivated Area refers to the area of crops cultivated by tractors or other power machines in the current year, including ploughing, rotary tillage, deep tillage, etc., excluding deep tillage on cultivated land under conservation tillage. Two crops were planted on one hectare of land during the year, and both were mechanically tilled. However, for the same crop, no matter how many times it was cultivated that year, it was still counted as one hectare.

Irrigated Area refers to area of land that are effectively irrigated, i. e. relatively level land, where there are water sources or complete sets of irrigation facilities to lift and move adequate water for irrigation purpose under normal conditions.

Consumption of Chemical Fertilizers in Agriculture refers to the quantity of chemical fertilizers applied in agriculture in the year, including nitrogenous fertilizer, phosphate fertilizer, potash fertilizer, and compound fertilizer. The consumption of chemical fertilizers is calculated in terms of volume of effective components by means of converting the gross weight of the respective fertilizers into weight containing effective component (e. g. nitrogen content in nitrogenous fertilizer, phosphorous pentoxide contents in phosphate fertilizer, and potassium oxide contents in potash fertilizer). Compound fertilizer is converted in regard to its major components. The formula is:

Volume of effective component = physical quantity × effective component of certain chemical fertilizer (%)

Total Power of Agricultural Machinery refers to the total rated capacity of all agricultural machinery. Agricultural machinery refers to the machineries and equipments which are used for activities of planting, animal husbandry, fishery, primary processing of agricultural products, agricultural transport and infrastructure construction of farmland.

Total Number of Livestock Added is a kind of numeral index which reflects the total statistics of increase, breeding and death of livestock, it is calculated at large, small and pig species

Total Number of Livestock Added = Survival Number of Newborn Livestock in the given Period - Death Number of Livestock

Output of Meat refers to the total meat production of various livestock, poultry, rabbits and other animals during the survey period. The meat yield of pigs, cattle, sheep, horses, donkeys, mules and camel is calculated according to the carcass weight with bones and meat after hoofs and water are removed, and the meat yield of rabbits and poultry is calculated according to the weight after hair and viscera are removed after slaughter. The meat production of pig, cattle, sheep and poultry was obtained from the monitoring sampling survey of major livestock and poultry, and that of horse, donkey, mule, camel and rabbit was obtained from the comprehensive statistics.

9 工 业

Industry

资料整理：侯琰文　渠志芳　武靖凯　胡立锐

Arranged By：Hou Yanwen，Qu Zhifang，Wu Jingkai
Hu Lirui

9-1 工业总产值指数

Indices of Gross Industrial Output Value

(上年=100) (preceding year=100)

年 份 Year	工 业 总产值 Total Industry	按轻重工业分 Grouped by Light & Heavy Industry		按经济类型分 Grouped by Ownership			
		轻工业 Light Industry	重工业 Heavy Industry	国有及国有控股企业 State-owned or Controlling Share Hold Industry	集体企业 Collective-owned Industry	个体企业 Individual-Owned Industry	其他经济类型企业 Industry of Other Types of Ownership
1979	106.7	101.5	110.3	108.4	112.9		
1980	104.8	112.3	99.9	104.0	107.5		
1981	100.6	110.9	92.9	102.7	92.8	191.7	300.0
1982	115.1	107.9	121.1	114.9	115.5	200.5	96.7
1983	109.6	108.4	110.5	110.3	106.3	173.2	120.0
1984	108.1	107.4	108.6	108.0	107.1	252.9	87.0
1985	116.6	116.8	116.6	113.9	93.6	444.7	157.5
1986	109.6	112.8	107.2	107.7	146.0	168.3	188.7
1987	112.5	115.6	110.0	111.5	113.5	130.8	136.2
1988	113.9	116.1	112.2	110.7	121.1	152.1	229.2
1989	112.6	107.7	116.7	110.7	117.0	122.1	217.9
1990	104.1	102.8	105.0	104.1	100.7	120.7	134.0
1991	108.1	108.1	108.0	106.4	107.8	138.4	156.1
1992	111.3	108.0	113.5	107.9	118.4	133.8	148.5
1993	113.8	106.0	117.2	105.1	124.5	143.9	272.5
1994	114.0	118.0	113.2	103.7	122.1	142.0	295.0
1995	112.0	115.5	111.0	107.2	97.0	186.8	126.3
1996	111.5	112.5	110.1	101.6	124.6	158.9	161.1
1997	115.0	117.2	112.0	101.5	118.0	127.4	140.0
1998	110.0	109.7	110.4	106.5	86.6	114.8	145.3
1999	111.0	117.2	105.9	109.6	91.3	111.1	123.6
2000	112.0	120.7	106.8	106.7	67.2	125.5	135.6
2001	111.1	114.1	108.6	106.3	76.6	110.3	125.4
2002	114.0	116.8	112.5	115.1	108.4	112.4	137.4
2003	125.0	123.6	125.9	109.1	119.9	108.3	146.1
2004	129.7	127.5	130.8	126.2	68.0	93.1	149.6
2005	130.7	126.0	133.2	134.7	113.4	111.0	133.6
2006	132.1	126.1	134.7	122.6	126.9	115.4	153.9
2007	127.8	122.3	130.1	125.0	129.6	129.9	141.1
2008	123.1	113.7	125.5	117.0	133.5	125.7	136.9
2009	120.6	123.4	119.8	113.5	118.7	131.8	121.9
2010	118.8	116.6	119.3	119.6	114.3	128.5	118.9
2011	119.0	112.5	120.5	112.6	115.7	128.9	119.1
2012	114.8	114.4	114.9	112.4	120.0	125.3	115.2
2013	112.0	111.3	112.2	110.6	110.3	123.2	114.7
2014	110.0	110.6	109.8	103.7	97.2	112.1	110.6
2015	108.6	111.3	108.0	103.2	107.2	110.5	109.4
2016	107.2	105.9	107.5	101.4	100.9	109.8	108.6
2017	103.1	90.3	105.4	115.3	44.8	106.4	102.8
2018	107.1	98.6	108.2	107.8	112.8	102.9	107.8
2019	106.1	100.2	106.7	103.5	107.3		

注：本表按可比价格计算，以上年为100。

a)Data in this table are calculated at comparable prices, preceding year=100.

9-2 规模以上工业企业工业总产值

Gross Industrial Output Value of Industrial Enterprises above Designated Size

单位：万元 (10 000 yuan)

行 业	Item	2019年工业总产值(现价) Gross Industrial Output Value in 2019 (at current prices)
总 计	**Total**	**146081053**
按经济类型分	**Grouped by Ownership**	
在总计中：	Of the Total:	
国有及国有控股企业	State-owned Enterprises(including with controlling share hold by the state)	69914676
在总计中：	Of the Total:	
集体企业	Collective-owned Enterprises	59133
股份制企业	Joint-stock Company	136280021
外商投资企业	Foreign Funded Enterprises	5231829
港澳台商投资企业	Enterprises Funded by Entrepreneurs from Hong Kong, Macao and Taiwan	3246833
按轻重工业分	**Grouped by Light & Heavy Industry**	
轻工业	Light Industry	15119680
重工业	Heavy Industry	130961372
按企业规模分	**Grouped by Size of Enterprises**	
大型企业	Large	67391050
中型企业	Medium-sized	42360053
小型企业	Small	33545628
微型企业	Tiny	2784322
按行业分	**Grouped by Sector**	
煤炭开采和洗选业	Coal Mining & Processing	28082622
石油和天然气开采业	Petroleum & Natural Gas Pumped	265253
黑色金属矿采选业	Mining & Dressing of Ferrous Metals	1384564
有色金属矿采选业	Mining & Dressing of Nonferrous Metals	1822941
非金属矿采选业	Mining & Dressing of Nonmetal Minerals	376547
开采辅助活动	Support Activities for Mining	
其他采矿业	Mining of Other Mineral	
农副食品加工业	Processing of Agricultural Sideline Food	4247386
食品制造业	Food Manufacturing	5355377
酒、饮料和精制茶制造业	Wine, Beverage and Refined Tea Manufacturing	573230
烟草制品业	Tobacco Products	1052327
纺织业	Textile Industry	385053

9-2 续表 Continued

单位：万元 (10 000 yuan)

行 业	Item	2019年工业总产值(现价) Gross Industrial Output Value in 2019 (at current prices)
纺织服装、服饰业	Textile, Apparel Industry	447745
皮革、毛皮、羽毛及其制品和制鞋业	Leather, Fur, Feathers and Their Products and Footwear	54121
木材加工和木、竹、藤、棕、草制品业	Timber Processing, Bamboo, Cane, Palm Fiber & Straw Products	71836
家具制造业	Furniture Manufacturing	3051
造纸和纸制品业	Paper-making & Paper Products	777907
印刷和记录媒介复制业	Printing and Record Medium Reproduction	25481
文教、工美、体育和娱乐用品制造业	Manufacturing of Cultural,Educational & Arts, Crafts & Sports and Entertainment Goods	7304
石油加工、炼焦和核燃料加工业	Petroleum Processing,Coke Products & Processing of Nuclear Fuel	8666443
化学原料和化学制品制造业	Raw Chemical Materials & Chemical Products	15381838
医药制造业	Medicine Manufacturing	1573020
化学纤维制造业	Chemical Fiber Manufacturing	
橡胶和塑料制品业	Rubber and Plastic Products	258965
非金属矿物制品业	Nonmetal Mineral Products	4795320
黑色金属冶炼和压延加工业	Smelting & Pressing of Ferrous Metals	19004726
有色金属冶炼和压延加工业	Smelting & Pressing of Nonferrous Metals	17027084
金属制品业	Metal Products	2915200
通用设备制造业	Manufacturing of General-Purpose Equipment	431169
专用设备制造业	Special Purposes Equipment Manufacturing	405802
汽车制造业	Automotive Manufacturing	687642
铁路、船舶、航空航天和其他运输设备制造业	Railroad,Ships,Aerospace and Other Transportation Equipment Manufacturing	545357
电气机械和器材制造业	Electric Equipment & Machinery	776470
计算机、通信和其他电子设备制造业	Manufacturing of Computer,Communications and Other Electronic Equipment	1494603
仪器仪表制造业	Manufacturing of Instrument	2321
其他制造业	Others	162539
废弃资源综合利用业	Comprehensive Utilization of Waste Resources	261461
金属制品、机械和设备修理业	Metal Products,Machinery and Equipment Repair	50163
电力、热力生产和供应业	Production & Supply of Electric Power & Heat Power	24282973
燃气生产和供应业	Production & Supply of Gas	1890542
水的生产和供应业	Production & Supply of Water	534675

注：规模以上工业是指全部年主营业务收入2000万元及以上的工业法人企业(下同)。

a)Industrial enterprises above designated size refer to the industiral enterprises with an annual operating income of over 20 million yuan(The next table is the same).

9-3 规模以上工业企业可比价增加值增速

Growth Rate of Comparable Value Added of Industrial Enterprises above Designated Size

单位：%　　(%)

项目	Item	2018	2019
总计	**Total**	**7.1**	**6.1**
按登记注册类型分	**Grouped by Ownership**		
国有	State-owned	-2.9	8.3
集体	Collective-owned	12.8	7.3
股份制企业	Joint-stock Company	7.8	7.1
其他	Other Ownership	5.5	-9.4
按行业分	**Grouped by Sector**		
采矿业	**Mining**	**1.0**	**3.8**
煤炭开采和洗选业	Coal Mining & Processing	1.6	5.1
石油和天然气开采业	Petroleum & Natural Gas Pumped	-4.5	2.2
黑色金属矿采选业	Mining & Dressing of Ferrous Metals	-22.0	48.0
有色金属矿采选业	Mining & Dressing of Nonferrous Metals	-6.3	-11.9
非金属矿采选业	Mining & Dressing of Nonmetal Minerals	23.3	-15.9
开采辅助活动	Support Activities for Mining	352.2	93.3
其他采矿业	Mining of Other Mineral	133.6	
制造业	**Manufacturing**	**8.9**	**8.7**
农副食品加工业	Processing of Agricultural Sideline Food	-7.6	7.2
食品制造业	Food Manufacturing	1.9	0.4
酒、饮料和精制茶制造业	Wine,Beverage and Refined Tea Manufacturing	-13.4	2.9
烟草制品业	Tobacco Products	-12.6	8.0
纺织业	Textile Industry	-3.3	-29.5
纺织服装、服饰业	Textile,Apparel Industry	-7.9	10.0
皮革、毛皮、羽毛及其制品和制鞋业	Leather,Fur,Feathers and Their Products and Footwear	39.1	18.9
木材加工和木、竹、藤、棕、草制品业	Timber Processing,Bamboo,Cane, Palm Fiber & Straw Products	-80.1	-9.2
家具制造业	Furniture Manufacturing	-107.1	-36.3
造纸及纸制品业	Paper-making & Paper Products	3.1	6.7
印刷和记录媒介复制业	Printing and Record Medium Reproduction	10.0	23.2
文教、工美、体育和娱乐用品制造业	Manufacturing of Cultural,Educational & Arts, Crafts & Sports and Entertainment Goods	-18.9	-70.5
石油加工、炼焦和核燃料加工业	Petroleum Processing,Coke Products & Processing of Nuclear Fuel	4.9	20.3

9-3 续表 Continued

项 目	Item	2018	2019
化学原料和化学制品制造业	Raw Chemical Materials & Chemical Products	20.9	0.1
医药制造业	Medicine Manufacturing	12.5	-17.6
化学纤维制造业	Chemical Fiber Manufacturing	-80.2	19.5
橡胶和塑料制品业	Rubber and Plastic Products	41.8	3.4
非金属矿物制品业	Nonmetal Mineral Products	-0.1	23.4
黑色金属冶炼和压延加工业	Smelting & Pressing of Ferrous Metals	18.2	19.8
有色金属冶炼和压延加工业	Smelting & Pressing of Nonferrous Metals	9.2	14.4
金属制品业	Metal Products	7.0	-6.0
通用设备制造业	Manufacturing of General-Purpose Equipment	-29.9	18.4
专用设备制造业	Special Purposes Equipment Manufacturing	-0.1	13.1
汽车制造业	Automotive Manufacturing	14.8	-31.7
铁路、船舶、航空航天和其他运输设备制造业	Railroad,Ships,Aerospace and Other Transportation Equipment Manufacturing	-23.0	30.2
电气机械和器材制造业	Electric Equipment & Machinery	-23.6	115.4
计算机、通信和其他电子设备制造业	Manufacturing of Computer,Communications and Other Electronic Equipment	21.3	58.6
仪器仪表制造业	Manufacturing of Instrument	-117.4	3282.5
其他制造业	Others	2.6	
废弃资源综合利用业	Comprehensive Utilization of Waste Resources	67.0	29.8
金属制品、机械和设备修理业	Metal Products,Machinery and Equipment Repair	11.1	33.7
电力、燃气及水的生产和供应业	**Production & Supply of Electric Power,Gas & Water**	**13.8**	**5.2**
电力、热力生产和供应业	Production & Supply of Electric Power & Heat Power	15.0	5.4
燃气生产和供应业	Production & Supply of Gas	-7.2	5.4
水的生产和供应业	Production & Supply of Water	-12.0	4.1

9-4 规模以上工业企业主要经济指标（2019年）

单位：万元

项　目	Item	企业单位数（个）Number of Enterprises (unit)
总　计	**Total**	**2957**
在总计中：	Of the Total:	
亏损企业	Enterprises at Lose	829
按轻重工业分	**Grouped by Light & Heavy Industry**	
轻工业	Light Industry	584
重工业	Heavy Industry	2373
按行业分	**Grouped by Sector**	
采矿业	Mining	532
制造业	Manufacturing	1718
#高技术制造业	High-tech Manufacturing	97
电力、热力、燃气及水生产和供应业	Production & Supply of Electric Power,Heat Power Gas & Water	707
按企业规模分	**Grouped by Size of Enterprises**	
大型企业	Large	143
中型企业	Medium-sized	471
小型企业	Small	1847
微型企业	Tiny	496
按登记注册类型分组	**Grouped by Registration Status**	
内资企业	Domestic-funded Enterprises	2835
国有企业	State-owned Enterprises	21
中央企业	Central Enterprises	5
地方企业	Local Enterprises	16
集体企业	Collective-owned Enterprises	8
股份合作企业	Cooperative Enterprises	
联营企业	Joint Ownership Enterprises	
国有联营企业	State Joint Ownership Enterprises	
集体联营企业	Collective Joint Ownership Enterprises	
国有与集体联营企业	Joint State Collective Enterprises	
其他联营企业	Other Joint Ownership Enterprises	
有限责任公司	Limited Liability Corporations	1510
#国有独资公司	Exclusive State-funded Limited Liability Corporations	169
股份有限公司	Share-holding Corporations Ltd.	117
私营企业	Private Enterprises	1179
其他企业	Other Enterprises	
港澳台商投资企业	Enterprises Funded by Entrepreneurs from Hong Kong, Macao and Taiwan	48
外商投资企业	Enterprises Funded by Foreigners	74

Main Indicators of Industrial Enterprises above Designated Size(2019)

(10 000 yuan)

工业总产值(现价) Gross Industrial Output Value (at current prices)	资产合计 Total Assets	流动资产合计 Circulating Funds	应收账款 Accounts Receivable	存货 Inventories	负债合计 Total Liabilities
146081053	**327472779**	**112276414**	**21818548**	**17172982**	**198589180**
24125016	69754578	20200991	4036278	3534305	57853584
15119680	31475915	15802988	2873145	3563286	16870006
130961372	295996864	96473426	18945402	13609695	181719174
31931926	90074628	33693671	4836590	2086048	46513201
87440938	152796186	60279307	10902176	14392093	95435876
3347819	7248654	2742975	778536	552880	4060904
26708189	84601965	18303436	6079781	694840	56640103
67391050	161323791	53094705	6468967	8351960	88887233
42360053	80827796	27419431	5469878	4593384	53919743
33545628	70954777	26776494	7840172	3888833	45558220
2784322	14366415	4985784	2039531	338805	10223985
137602392	304835537	105489063	20820637	15974888	187031002
780386	2439257	1043202	105035	51412	1172617
543569	1307626	543160	17817	21993	497221
236817	1131631	500042	87218	29419	675396
59133	84158	60670	9616	3643	52027
95923968	216787741	67786462	14183476	9159909	134105949
20512581	46529263	12206131	2376135	972606	28208743
13271825	42018814	17016506	2354328	3684795	23882063
27567080	43505568	19582223	4168182	3075130	27818346
3246833	7185706	2141430	512293	472129	3901256
5231829	15451536	4645921	485618	725965	7656922

9-4 续表

单位：万元

项 目	Item	所有者权益 Creditors Equity
总 计	**Total**	**129102278**
在总计中 ：	Of the Total:	
亏损企业	Enterprises at Lose	11965565
按轻重工业分	**Grouped by Light & Heavy Industry**	
轻工业	Light Industry	14571406
重工业	Heavy Industry	114530872
按行业分	**Grouped by Sector**	
采矿业	Mining	43562578
制造业	Manufacturing	57401726
#高技术制造业	High-tech Manufacturing	3187802
电力、热力、燃气及水生产和供应业	Production & Supply of Electric Power,Heat Power Gas & Water	28137974
按企业规模分	**Grouped by Size of Enterprises**	
大型企业	Large	72436558
中型企业	Medium-sized	26902147
小型企业	Small	25598187
微型企业	Tiny	4165387
按登记注册类型分组	**Grouped by Registration Status**	
内资企业	Domestic-funded Enterprises	118029118
国有企业	State-owned Enterprises	1266639
中央企业	Central Enterprises	810405
地方企业	Local Enterprises	456234
集体企业	Collective-owned Enterprises	32131
股份合作企业	Cooperative Enterprises	
联营企业	Joint Ownership Enterprises	
国有联营企业	State Joint Ownership Enterprises	
集体联营企业	Collective Joint Ownership Enterprises	
国有与集体联营企业	Joint State Collective Enterprises	
其他联营企业	Other Joint Ownership Enterprises	
有限责任公司	Limited Liability Corporations	82845047
#国有独资公司	Exclusive State-funded Limited Liability Corporations	18295179
股份有限公司	Share-holding Corporations Ltd.	18208708
私营企业	Private Enterprises	15676593
其他企业	Other Enterprises	
港澳台商投资企业	Enterprises Funded by Entrepreneurs from Hong Kong, Macao and Taiwan	3284449
外商投资企业	Enterprises Funded by Foreigners	7788711

Continued

(10 000 yuan)

营业收入 Revenues From Business	营业成本 Cost of Business	营业利润 Business Profits	利润总额 Total Profits
168063847	**134265544**	**14446039**	**14630625**
25932585	24783291	-2974350	-2914812
22246143	16982465	2430545	2451573
145817704	117283079	12015494	12179052
38589558	24357468	7478512	7396863
100842163	85905260	4973672	5060595
3262929	2525627	71996	80251
28632125	24002817	1993856	2173167
84561816	68370628	7621186	7760763
44439002	34924378	3938079	3956225
36047075	28849605	2557481	2589544
3015954	2120934	329293	324093
157128195	125493164	13185242	13371198
955409	556870	197375	187274
686186	416890	173810	156293
269223	139980	23564	30981
66544	49860	7923	8385
103771609	81423180	9349118	9531686
23358487	19445275	1934150	2027045
23052546	18204607	2274503	2266275
29282088	25258648	1356323	1377578
3389161	2634576	331979	338714
7546490	6137804	928819	920713

9-5 国有及国有控股工业企业主要经济指标（2019年）

单位：万元

项 目	Item	企业单位数(个) Number of Enterprises (unit)	工业总产值(现价) Gross Industrial Output Value (at curent prices)
总 计	**Total**	**700**	**69914676**
在总计中：亏损企业	Of the Total:Enterprises at Lose	154	10437559
在总计中：轻工业	Of the Total:Light Industry	47	2354375
重工业	Heavy Industry	653	67560301
在总计中：	Of the Total:		
采矿业	Mining	110	14492795
制造业	Manufacturing	203	33485659
电力、热力、燃气及水的生产和供应业	Production & Supply of Electric Power,Heat Power,Gas & Water	387	21936222
在总计中：	Of the Total:		
大型企业	Large	75	45943052
中型企业	Medium-sized	171	16235287
小型企业	Small	321	6935387
微型企业	Tiny	133	800951

9-5 续表

单位：万元

项 目	Item	负债合计 Total Liabilities	所有者权益 Creditors Equity
总 计	**Total**	**110490318**	**68989077**
在总计中：亏损企业	Of the Total:Enterprises at Lose	34565796	5613995
在总计中：轻工业	Of the Total:Light Industry	1285330	1607512
重工业	Heavy Industry	109204988	67381565
在总计中：	Of the Total:		
采矿业	Mining	25556692	24833188
制造业	Manufacturing	41791804	24132978
电力、热力、燃气及水的生产和供应业	Production & Supply of Electric Power,Heat Power,Gas & Water	43141822	20022910
在总计中：	Of the Total:		
大型企业	Large	59548789	47203003
中型企业	Medium-sized	27975949	9974092
小型企业	Small	18733671	9946157
微型企业	Tiny	4231910	1865825

Main Indicators on Economic Benefit of Stateowned and State Holding Majority Shares Industrial Enterprises(2019)

(10 000 yuan)

资产合计 Total Assets	流动资产合计 Circulating Funds	应收账款 Accounts Receivable	存货 Inventories
179250433	**48978392**	**8961559**	**7921730**
40107833	7952007	1645722	1150653
2918184	1735783	243376	558907
176332249	47242609	8718183	7362823
50389881	15342495	1798242	836326
65878165	22068560	3035635	6595615
62982387	11567336	4127682	489789
106751791	32275510	3308061	5843135
37950043	8663201	2026148	1430377
28497481	6537109	2815748	610627
6051118	1502571	811603	37591

Continued

(10 000 yuan)

营业收入 Revenues From Business	营业成本 Cost of Business	营业利润 Business Prifits	利润总额 Total Profits
78420836	**62148992**	**5702726**	**5810077**
11458651	10846561	-1641953	-1566499
2477473	1375776	107968	106036
75943363	60773216	5594759	5704041
16920710	9932655	3418162	3375917
37989765	32041233	983705	998186
23510361	20175104	1300860	1435973
53505338	43380617	3612020	3674964
16899438	12994965	1160210	1185964
7187660	5261246	771984	789909
828400	512163	158513	159240

9-6 规模以上民营工业企业主要经济指标（2019年）

单位：万元

项 目	Item	企业单位数(个) Number of Enterprises (unit)	工业总产值(现价) Gross Industrial Output Value (at curent prices)
总 计	**Total**	**2176**	**71069297**
在总计中:亏损企业	Of the Total:Enterprises at Lose	655	13346111
在总计中:轻工业	Of the Total:Light Industry	503	9618202
重工业	Heavy Industry	1673	61451095
在总计中:	Of the Total:		
采矿业	Mining	415	16358006
制造业	Manufacturing	1458	50221359
电力、热力、燃气及水的生产和供应业	Production & Supply of Electric Power,Heat Power,Gas & Water	303	4489933
在总计中:	Of the Total:		
大型企业	Large	62	18951428
中型企业	Medium-sized	280	24475897
小型企业	Small	1480	25769282
微型企业	Tiny	354	1872691

9-6 续表

单位：万元

项 目	Item	负债合计 Total Liabilities	所有者权益 Creditors Equity
总 计	**Total**	**79376093**	**51147140**
在总计中:亏损企业	Of the Total:Enterprises at Lose	21660618	5602497
在总计中:轻工业	Of the Total:Light Industry	11951857	8831992
重工业	Heavy Industry	67424236	42315147
在总计中:	Of the Total:		
采矿业	Mining	17505977	15357181
制造业	Manufacturing	49090641	28353510
电力、热力、燃气及水的生产和供应业	Production & Supply of Electric Power,Heat Power,Gas & Water	12779475	7436449
在总计中:	Of the Total:		
大型企业	Large	23583230	18696409
中型企业	Medium-sized	24620024	15908678
小型企业	Small	25339229	14387513
微型企业	Tiny	5833611	2154540

Main Indicators on Economic Benefit of Above-scale Private Industrial Enterprises(2019)

(10 000 yuan)

资产合计 Total Assets	流动资产合计 Circulating Funds	应收账款 Accounts Receivable	存货 Inventories
130527614	**55139405**	**11853343**	**8575722**
27264601	11679445	2317556	2296831
20793011	9137661	1983986	2575035
109734604	46001744	9869357	6000687
32862007	15930987	2950849	1096574
77449353	32885207	7155042	7287543
20216255	6323211	1747452	191604
42279640	14519371	2504704	2153430
40528703	17736475	3302327	2989460
39707459	19522606	4912012	3135380
8011812	3360952	1134300	297452

Continued

(10 000 yuan)

营业收入 Revenues From Business	营业成本 Cost of Business	营业利润 Business Profits	利润总额 Total Profits
77830886	**62784424**	**7184950**	**7264362**
14108573	13599107	-1250466	-1268118
12308859	9706626	1342135	1366707
65522028	53077797	5842816	5897655
18216789	11688528	3561879	3529388
54790245	47483053	2980787	3053216
4823853	3612844	642285	681758
21854410	17679112	2721580	2805866
25955603	20691166	2593975	2582623
27943947	22882004	1720526	1734258
2076926	1532142	148869	141615

9-7 规模以上工业企业分行业主要经济指标(2019年)

单位：万元

行 业	Item	企业单位数(个) Number of Enterprise (unit)
总计	**Total**	**2957**
采矿业	**Mining**	
煤炭开采和洗选业	Coal Mining & Processing	359
石油和天然气开采业	Petroleum & Natural Gas Pumped	6
黑色金属矿采选业	Mining & Dressing of Ferrous Metals	46
有色金属矿采选业	Mining & Dressing of Nonferrous Metals	65
非金属矿采选业	Mining & Dressing of Nonmetal Minerals	55
开采辅助活动	Support Activities for Mining	1
其他采矿业	Mining of Other Mineral	
制造业	**Manufacturing**	
农副食品加工业	Processing of Agricultural Sideline Food	282
食品制造业	Food Manufacturing	79
酒、饮料和精制茶制造业	Wine,Beverage and Refined Tea Manufacturing	38
烟草制品业	Tobacco Products	2
纺织业	Textile Industry	40
纺织服装、服饰业	Textile,Apparel Industry	20
皮革、毛皮、羽毛及其制品和制鞋业	Leather,Fur,Feathers and Their Products and Footwear	5
木材加工和木、竹、藤、棕、草制品业	Timber Processing, Bamboo,Cane,Palm Fiber & Straw Products	25
家具制造业	Furniture Manufacturing	1
造纸及纸制品业	Paper-making & Paper Products	16
印刷和记录媒介复制业	Printing and Record Medium Reproduction	5
文教、工美、体育和娱乐用品制造业	Manufacturing of Cultural,Educational & Arts, Crafts & Sports and Entertainment Goods	1
石油加工、炼焦和核燃料加工业	Petroleum Processing,Coke Products & Processing of Nuclear Fuel	56
化学原料和化学制品制造业	Raw Chemical Materials & Chemical Products	234
医药制造业	Medicine Manufacturing	56
化学纤维制造业	Chemical Fiber Manufacturing	
橡胶和塑料制品业	Rubber and Plastic Products	29
非金属矿物制品业	Nonmetal Mineral Products	273
黑色金属冶炼和压延加工业	Smelting & Pressing of Ferrous Metals	180
有色金属冶炼和压延加工业	Smelting & Pressing of Nonferrous Metals	135
金属制品业	Metal Products	49
通用设备制造业	Manufacturing of General-Purpose Equipment	31
专用设备制造业	Special Purposes Equipment Manufacturing	35
汽车制造业	Automotive Manufacturing	20
铁路、船舶、航空航天和其他运输设备制造业	Railroad,Ships,Aerospace and Other Transportation Equipment Manufacturing	8
电气机械和器材制造业	Electric Equipment & Machinery	35
计算机、通信和其他电子设备制造业	Manufacturing of Computer,Communications and Other Electronic Equipment	35
仪器仪表制造业	Manufacturing of Instrument	1
其他制造业	Others	2
废弃资源综合利用业	Comprehensive Utilization of Waste Resources	18
金属制品、机械和设备修理业	Metal Products,Machinery and Equipment Repair	7
电力、燃气及水的生产和供应业	**Production & Supply of Electric Power,Gas & Water**	
电力、热力生产和供应业	Production & Supply of Electric Power & Heat Power	594
燃气生产和供应业	Production & Supply of Gas	53
水的生产和供应业	Production & Supply of Water	60

Main Indicators of Industrial Enterprises above Designated Size by Industrial Branch(2019)

(10 000 yuan)

工业总产值(现价) Gross Industrial Output Value (at current prices)	资产合计 Total Assets	流动资产合计 Circulating Funds	应收账款 Accounts Receivable	存货 Inventories	负债合计 Total Liabilities
146081053	**327472779**	**112276414**	**21818548**	**17172982**	**198589180**
28082622	74722540	29308455	4217016	1540080	38405568
265253	859150	77226	7921	23826	232754
1384564	8281239	2451339	294814	176898	4942281
1822941	5400510	1372639	161706	252565	2494095
376547	811190	484012	155133	92680	438503
4247386	5226769	2840611	429277	1008047	3159884
5355377	14314799	6969983	1183598	800650	7371917
573230	1542404	719141	28740	341018	684955
1052327	916846	738974	72496	247549	260227
385053	645906	496703	118091	205311	440435
447745	2373782	824432	175262	242015	1172413
54121	44316	37072	12983	8414	18322
71836	121443	82197	19224	29747	93304
3051	12901	4858	840	2471	7163
777907	529444	364922	68288	90304	304019
25481	65612	34651	10293	8149	43024
7304	44904	35393	890	5895	34591
8666443	8768568	3692905	464138	686253	5518459
15381838	36750869	7725082	1310321	1321919	24302952
1573020	3939400	1536562	358514	293231	2400530
258965	1093459	818126	273459	252514	623436
4795320	10249370	4332135	891531	757477	6574008
19004726	29504605	11351318	1902906	3310359	17353723
17027084	21335483	8951046	1485076	2885369	14910856
2915200	5612225	3413671	354753	726372	3550318
431169	645154	500262	217698	146098	453873
405802	720826	526403	125916	187103	374415
687642	2516158	1455972	472754	110694	2430002
545357	642402	399348	90163	73555	306931
776470	1110538	808382	375904	206862	905307
1494603	3062089	1074590	330937	234513	1469476
2321	6035	4263	2387	719	1174
162539	610321	295875	4756	157867	413330
261461	305961	180674	85149	38270	207320
50163	83600	63757	35833	13348	49514
24282973	74998901	15529249	5560318	572538	49644783
1890542	5736598	1316976	196620	98550	4545986
534675	3866466	1457211	322844	23752	2449334

9-7 续表

单位：万元

行　业	Item	所有者权益 Creditors Equity
总计	**Total**	**129102278**
采矿业	**Mining**	
煤炭开采和洗选业	Coal Mining & Processing	36318124
石油和天然气开采业	Petroleum & Natural Gas Pumped	626396
黑色金属矿采选业	Mining & Dressing of Ferrous Metals	3338958
有色金属矿采选业	Mining & Dressing of Nonferrous Metals	2906414
非金属矿采选业	Mining & Dressing of Nonmetal Minerals	372687
开采辅助活动	Support Activities for Mining	
其他采矿业	Mining of Other Mineral	
制造业	**Manufacturing**	
农副食品加工业	Processing of Agricultural Sideline Food	2040378
食品制造业	Food Manufacturing	6942882
酒、饮料和精制茶制造业	Wine,Beverage and Refined Tea Manufacturing	857448
烟草制品业	Tobacco Products	656619
纺织业	Textile Industry	205470
纺织服装、服饰业	Textile,Apparel Industry	1201369
皮革、毛皮、羽毛及其制品和制鞋业	Leather,Fur,Feathers and Their Products and Footwear	25994
木材加工和木、竹、藤、棕、草制品业	Timber Processing, Bamboo,Cane,Palm Fiber & Straw Products	28349
家具制造业	Furniture Manufacturing	5738
造纸及纸制品业	Paper-making & Paper Products	223300
印刷和记录媒介复制业	Printing and Record Medium Reproduction	22588
文教、工美、体育和娱乐用品制造业	Manufacturing of Cultural,Educational & Arts, Crafts & Sports and Entertainment Goods	10313
石油加工、炼焦和核燃料加工业	Petroleum Processing,Coke Products & Processing of Nuclear Fuel	3250108
化学原料和化学制品制造业	Raw Chemical Materials & Chemical Products	12463655
医药制造业	Medicine Manufacturing	1538868
化学纤维制造业	Chemical Fiber Manufacturing	
橡胶和塑料制品业	Rubber and Plastic Products	464156
非金属矿物制品业	Nonmetal Mineral Products	3675405
黑色金属冶炼和压延加工业	Smelting & Pressing of Ferrous Metals	12150887
有色金属冶炼和压延加工业	Smelting & Pressing of Nonferrous Metals	6488669
金属制品业	Metal Products	2061905
通用设备制造业	Manufacturing of General-Purpose Equipment	191281
专用设备制造业	Special Purposes Equipment Manufacturing	346411
汽车制造业	Automotive Manufacturing	81985
铁路、船舶、航空航天和其他运输设备制造业	Railroad,Ships,Aerospace and Other Transportation Equipment Manufacturing	335471
电气机械和器材制造业	Electric Equipment & Machinery	205231
计算机、通信和其他电子设备制造业	Manufacturing of Computer,Communications and Other Electronic Equipment	1592667
仪器仪表制造业	Manufacturing of Instrument	4861
其他制造业	Others	196990
废弃资源综合利用业	Comprehensive Utilization of Waste Resources	98641
金属制品、机械和设备修理业	Metal Products,Machinery and Equipment Repair	34086
电力、燃气及水的生产和供应业	**Production & Supply of Electric Power,Gas & Water**	
电力、热力生产和供应业	Production & Supply of Electric Power & Heat Power	25536134
燃气生产和供应业	Production & Supply of Gas	1190611
水的生产和供应业	Production & Supply of Water	1411229

Continued

(10 000 yuan)

营业收入 Revenues From Principal Business	营业成本 Cost of Principal Business	营业利润 Business Profits	利润总额 Total Profits
168063847	**134265544**	**14446039**	**14630625**
34309456	21696582	6977049	6921323
265049	268967	-32440	-35022
1634811	1049431	96168	73290
1919039	1044281	396221	393665
461204	298206	41513	43607
4763025	4293435	61259	78665
11807240	9020553	1952777	1929439
610959	442701	16235	25520
1122323	278534	55730	51596
374519	351845	-5292	6318
427728	315161	98756	99789
53764	46819	3048	3156
107314	95404	1050	1870
2678	2318	-726	-760
668861	497074	98562	100920
24743	18679	695	1078
2620	605	365	289
9653951	8066789	282185	280132
15804378	12345612	1348898	1352795
1527346	963978	107200	112526
411821	352986	21216	22656
5325866	4541261	127026	131617
21736557	20156059	462703	484375
18189969	16862695	234110	251216
2975530	2605130	88680	94040
459205	378285	31213	32089
429065	318497	29901	30887
1004825	955176	-57260	-54754
551968	490626	24659	24965
787527	732294	-7112	-5245
1437028	1279134	-37371	-34744
3247	2285	27	102
180777	142692	22699	22693
328554	293064	9928	14648
68778	55569	2509	2716
26014568	21795072	1958118	2113748
2009511	1801091	10701	20572
608046	406654	25036	38847

9-8 国有及国有控股工业企业分行业主要经济指标(2019年)

单位:万元

行 业	Item	企业单位数(个) Number of Enterprise (unit)
总计	**Total**	**700**
采矿业	**Mining**	
煤炭开采和洗选业	Coal Mining & Processing	74
石油和天然气开采业	Petroleum & Natural Gas Pumped	2
黑色金属矿采选业	Mining & Dressing of Ferrous Metals	7
有色金属矿采选业	Mining & Dressing of Nonferrous Metals	22
非金属矿采选业	Mining & Dressing of Nonmetal Minerals	5
开采辅助活动	Support Activities for Mining	
其他采矿业	Mining of Other Mineral	
制造业	**Manufacturing**	
农副食品加工业	Processing of Agricultural Sideline Food	7
食品制造业	Food Manufacturing	10
酒、饮料和精制茶制造业	Wine,Beverage and Refined Tea Manufacturing	11
烟草制品业	Tobacco Products	2
纺织业	Textile Industry	
纺织服装、服饰业	Textile,Apparel Industry	2
皮革、毛皮、羽毛及其制品和制鞋业	Leather,Fur,Feathers and Their Products and Footwear	
木材加工和木、竹、藤、棕、草制品业	Timber Processing, Bamboo,Cane,Palm Fiber & Straw Products	
家具制造业	Furniture Manufacturing	
造纸及纸制品业	Paper-making & Paper Products	3
印刷和记录媒介复制业	Printing and Record Medium Reproduction	2
文教、工美、体育和娱乐用品制造业	Manufacturing of Cultural,Educational & Arts, Crafts & Sports and Entertainment Goods	
石油加工、炼焦和核燃料加工业	Petroleum Processing,Coke Products & Processing of Nuclear Fuel	10
化学原料和化学制品制造业	Raw Chemical Materials & Chemical Products	26
医药制造业	Medicine Manufacturing	5
化学纤维制造业	Chemical Fiber Manufacturing	
橡胶和塑料制品业	Rubber and Plastic Products	1
非金属矿物制品业	Nonmetal Mineral Products	30
黑色金属冶炼和压延加工业	Smelting & Pressing of Ferrous Metals	7
有色金属冶炼和压延加工业	Smelting & Pressing of Nonferrous Metals	30
金属制品业	Metal Products	10
通用设备制造业	Manufacturing of General-Purpose Equipment	8
专用设备制造业	Special Purposes Equipment Manufacturing	9
汽车制造业	Automotive Manufacturing	9
铁路、船舶、航空航天和其他运输设备制造业	Railroad,Ships,Aerospace and Other Transportation Equipment Manufacturing	5
电气机械和器材制造业	Electric Equipment & Machinery	5
计算机、通信和其他电子设备制造业	Manufacturing of Computer,Communications and Other Electronic Equipment	4
仪器仪表制造业	Manufacturing of Instrument	
其他制造业	Others	1
废弃资源综合利用业	Comprehensive Utilization of Waste Resources	2
金属制品、机械和设备修理业	Metal Products,Machinery and Equipment Repair	4
电力、燃气及水的生产和供应业	**Production & Supply of Electric Power,Gas & Water**	
电力、热力生产和供应业	Production & Supply of Electric Power & Heat Power	341
燃气生产和供应业	Production & Supply of Gas	10
水的生产和供应业	Production & Supply of Water	36

Main Indicators on Economic Benefit of Stateowned and State Holding Majority Shares Industrial Enterprises by Industrial Branch(2019)

(10 000 yuan)

工业总产值(现价) Gross Industrial Output Value (at current prices)	资产合计 Total Assets	流动资产合计 Circulating Funds	应收账款 Accounts Receivable	存货 Inventories	负债合计 Total Liabilities
69914676	**179250433**	**48978392**	**8961559**	**7921730**	**110490318**
12707493	40210410	12852513	1462281	565639	20380944
229498	729579	41027	866	22308	176926
573240	6559792	1523527	196459	81615	3739253
905193	2547335	721964	102070	147929	1144621
77370	342766	203465	36566	18835	114949
86883	178443	111041	8500	54026	169909
829054	423022	224564	54444	86094	251126
148450	674831	275691	13161	86624	305003
1052327	916846	738974	72496	247549	260227
11681	42687	28665	16503	7433	16426
55143	71840	44063	8147	19399	39209
9386	32570	20428	4460	2033	20105
4498468	3504713	1345955	111798	269998	1851181
5512091	15520333	1753714	115376	430141	11723353
95160	188901	82312	24033	32976	87731
27157	17153	10226	1128	4997	10351
1781706	3912389	1210661	134970	157960	2441904
6767746	18574772	5900332	695598	2003834	10350493
7357061	9961870	3718777	464658	1883517	6248676
2395708	4931896	3010913	224410	628312	3154053
151829	271797	200490	104772	50672	202196
239153	402779	288762	58414	107301	215776
521578	2326359	1359350	444538	87899	2299061
516943	607139	370383	78719	72203	293403
262885	412216	333200	165074	88115	334426
911145	2149594	655914	180583	101799	1008201
162539	606889	292534	3633	156742	411353
61204	89079	45877	24909	6670	63955
30363	60046	45733	25313	9323	33688
21090930	57026643	10087687	3907267	424613	38303734
531335	3290669	384242	69084	45187	3117994
313957	2665074	1095408	151331	19989	1720094

9-8 续表

单位:万元

行 业	Item	所有者权益 Creditors Equity
总计	**Total**	**68989077**
采矿业	**Mining**	
煤炭开采和洗选业	Coal Mining & Processing	19829465
石油和天然气开采业	Petroleum & Natural Gas Pumped	552653
黑色金属矿采选业	Mining & Dressing of Ferrous Metals	2820540
有色金属矿采选业	Mining & Dressing of Nonferrous Metals	1402714
非金属矿采选业	Mining & Dressing of Nonmetal Minerals	227817
开采辅助活动	Support Activities for Mining	
其他采矿业	Mining of Other Mineral	
制造业	**Manufacturing**	
农副食品加工业	Processing of Agricultural Sideline Food	-16806
食品制造业	Food Manufacturing	171896
酒、饮料和精制茶制造业	Wine,Beverage and Refined Tea Manufacturing	369828
烟草制品业	Tobacco Products	656619
纺织业	Textile Industry	
纺织服装、服饰业	Textile,Apparel Industry	26262
皮革、毛皮、羽毛及其制品和制鞋业	Leather,Fur,Feathers and Their Products and Footwear	
木材加工和木、竹、藤、棕、草制品业	Timber Processing, Bamboo,Cane,Palm Fiber & Straw Products	
家具制造业	Furniture Manufacturing	
造纸及纸制品业	Paper-making & Paper Products	32631
印刷和记录媒介复制业	Printing and Record Medium Reproduction	12466
文教、工美、体育和娱乐用品制造业	Manufacturing of Cultural,Educational & Arts, Crafts & Sports and Entertainment Goods	
石油加工、炼焦和核燃料加工业	Petroleum Processing,Coke Products & Processing of Nuclear Fuel	1653532
化学原料和化学制品制造业	Raw Chemical Materials & Chemical Products	3796980
医药制造业	Medicine Manufacturing	101169
化学纤维制造业	Chemical Fiber Manufacturing	
橡胶和塑料制品业	Rubber and Plastic Products	6802
非金属矿物制品业	Nonmetal Mineral Products	1470485
黑色金属冶炼和压延加工业	Smelting & Pressing of Ferrous Metals	8224278
有色金属冶炼和压延加工业	Smelting & Pressing of Nonferrous Metals	3785153
金属制品业	Metal Products	1777843
通用设备制造业	Manufacturing of General-Purpose Equipment	69601
专用设备制造业	Special Purposes Equipment Manufacturing	187004
汽车制造业	Automotive Manufacturing	27298
铁路、船舶、航空航天和其他运输设备制造业	Railroad,Ships,Aerospace and Other Transportation Equipment Manufacturing	313736
电气机械和器材制造业	Electric Equipment & Machinery	77790
计算机、通信和其他电子设备制造业	Manufacturing of Computer,Communications and Other Electronic Equipment	1141393
仪器仪表制造业	Manufacturing of Instrument	
其他制造业	Others	195536
废弃资源综合利用业	Comprehensive Utilization of Waste Resources	25123
金属制品、机械和设备修理业	Metal Products,Machinery and Equipment Repair	26358
电力、燃气及水的生产和供应业	**Production & Supply of Electric Power,Gas & Water**	
电力、热力生产和供应业	Production & Supply of Electric Power & Heat Power	18905255
燃气生产和供应业	Production & Supply of Gas	172676
水的生产和供应业	Production & Supply of Water	944980

Continued

(10 000 yuan)

营业收入 Revenues From Business	营业成本 Cost of Principal Business	营业利润 Business Prifits	利润总额 Total Profits
78420836	**62148992**	**5702726**	**5810077**
14801796	8525739	3294930	3269437
231753	245292	-33424	-35952
754302	450993	-29781	-47856
1000598	613579	176514	177875
132262	97053	9923	12413
123774	110325	-3902	-5333
769007	653616	41747	41904
153852	87726	9573	9928
1122323	278534	55730	51596
18016	14925	-710	-487
63836	57841	-163	202
9512	6594	158	487
5155578	4080226	159669	157069
5722652	4431484	413836	417005
92909	58759	1675	3932
27602	25197	-3607	-3601
2050024	1722224	27317	31994
9012440	8203345	140718	144046
8106451	7384814	91641	89828
2400658	2105098	68695	72142
170815	150646	10138	10307
241391	180614	12039	13694
832275	806806	-66509	-64663
520918	468959	21422	21699
264590	238260	-6602	-6410
864307	760063	-11506	-10694
174374	136494	22681	22650
60735	53974	-584	259
31727	24712	247	631
22568502	19358086	1388377	1504398
587353	552569	-55403	-50708
354505	264449	-32115	-17717

9-9 规模以上民营工业企业分行业主要经济指标(2019年)

单位:万元

行业	Item	企业单位数(个) Number of Enterprise (unit)
总计	**Total**	**2176**
采矿业	**Mining**	
煤炭开采和洗选业	Coal Mining & Processing	279
石油和天然气开采业	Petroleum & Natural Gas Pumped	4
黑色金属矿采选业	Mining & Dressing of Ferrous Metals	39
有色金属矿采选业	Mining & Dressing of Nonferrous Metals	43
非金属矿采选业	Mining & Dressing of Nonmetal Minerals	49
开采辅助活动	Support Activities for Mining	1
其他采矿业	Mining of Other Mineral	
制造业	**Manufacturing**	
农副食品加工业	Processing of Agricultural Sideline Food	264
食品制造业	Food Manufacturing	58
酒、饮料和精制茶制造业	Wine,Beverage and Refined Tea Manufacturing	24
烟草制品业	Tobacco Products	
纺织业	Textile Industry	40
纺织服装、服饰业	Textile,Apparel Industry	18
皮革、毛皮、羽毛及其制品和制鞋业	Leather,Fur,Feathers and Their Products and Footwear	5
木材加工和木、竹、藤、棕、草制品业	Timber Processing, Bamboo,Cane,Palm Fiber & Straw Products	25
家具制造业	Furniture Manufacturing	1
造纸及纸制品业	Paper-making & Paper Products	9
印刷和记录媒介复制业	Printing and Record Medium Reproduction	3
文教、工美、体育和娱乐用品制造业	Manufacturing of Cultural,Educational & Arts, Crafts & Sports and Entertainment Goods	1
石油加工、炼焦和核燃料加工业	Petroleum Processing,Coke Products & Processing of Nuclear Fuel	46
化学原料和化学制品制造业	Raw Chemical Materials & Chemical Products	199
医药制造业	Medicine Manufacturing	47
化学纤维制造业	Chemical Fiber Manufacturing	
橡胶和塑料制品业	Rubber and Plastic Products	28
非金属矿物制品业	Nonmetal Mineral Products	239
黑色金属冶炼和压延加工业	Smelting & Pressing of Ferrous Metals	172
有色金属冶炼和压延加工业	Smelting & Pressing of Nonferrous Metals	101
金属制品业	Metal Products	38
通用设备制造业	Manufacturing of General-Purpose Equipment	23
专用设备制造业	Special Purposes Equipment Manufacturing	25
汽车制造业	Automotive Manufacturing	11
铁路、船舶、航空航天和其他运输设备制造业	Railroad,Ships,Aerospace and Other Transportation Equipment Manufacturing	3
电气机械和器材制造业	Electric Equipment & Machinery	28
计算机、通信和其他电子设备制造业	Manufacturing of Computer,Communications and Other Electronic Equipment	29
仪器仪表制造业	Manufacturing of Instrument	1
其他制造业	Others	1
废弃资源综合利用业	Comprehensive Utilization of Waste Resources	16
金属制品、机械和设备修理业	Metal Products,Machinery and Equipment Repair	3
电力、燃气及水的生产和供应业	**Production & Supply of Electric Power,Gas & Water**	
电力、热力生产和供应业	Production & Supply of Electric Power & Heat Power	243
燃气生产和供应业	Production & Supply of Gas	39
水的生产和供应业	Production & Supply of Water	21

Main Indicators on Economic Benefit of Above-scale Private Industrial Enterprises by Industrial Branch(2019)

(10 000 yuan)

工业总产值(现价) Gross Industrial Output Value (at current prices)	资产合计 Total Assets	流动资产合计 Circulating Funds	应收账款 Accounts Receivable	存货 Inventories	负债合计 Total Liabilities
71069297	**130527614**	**55139405**	**11853343**	**8575722**	**79376093**
14296603	27696452	14037850	2668233	821934	14579246
35754	129571	36200	7055	1518	55828
811324	1721447	927813	98355	95283	1203028
917748	2853175	650675	59636	104636	1349475
296578	461362	278450	117570	73202	318401
3601419	4432073	2302249	362525	838717	2710067
3265548	8242934	2826040	658443	564689	4740557
335454	761198	421157	11828	239013	313458
385053	645906	496703	118091	205311	440435
436063	2331095	795767	158759	234582	1155987
54121	44316	37072	12983	8414	18322
71836	121443	82197	19224	29747	93304
3051	12901	4858	840	2471	7163
107664	104883	66277	36494	17136	65834
16095	33042	14223	5832	6116	22919
7304	44904	35393	890	5895	34591
4167975	5263855	2346950	352341	416255	3667279
9515150	20284649	5876245	1177806	867569	12047622
857882	2737932	1165412	253255	168043	1615655
231808	1076307	807900	272332	247518	613086
2925633	5766816	2954192	740030	584569	3817140
12233687	10924476	5449993	1207308	1306327	7002741
9610341	11315626	5195361	1013305	992527	8637870
508196	661957	391655	127105	93805	386876
279340	373357	299772	112925	95426	251677
139685	249346	173821	58321	56674	140269
166064	189798	96622	28216	22795	130942
28414	35263	28965	11444	1351	13528
500752	667110	462248	205924	114744	546646
550450	878266	393708	134549	130381	454332
2321	6035	4263	2387	719	1174
	3432	3341	1123	1125	1978
200257	216882	134797	60240	31600	143364
19800	23554	18024	10520	4025	15825
3112493	17142701	5318080	1601499	143666	10864387
1185918	2028299	731583	55478	44519	1268474
191521	1045254	273548	90476	3420	646614

9-9 续表

单位:万元

行　业	Item	所有者权益 Creditors Equity
总计	**Total**	**51147140**
采矿业	**Mining**	
煤炭开采和洗选业	Coal Mining & Processing	13118359
石油和天然气开采业	Petroleum & Natural Gas Pumped	73743
黑色金属矿采选业	Mining & Dressing of Ferrous Metals	518418
有色金属矿采选业	Mining & Dressing of Nonferrous Metals	1503700
非金属矿采选业	Mining & Dressing of Nonmetal Minerals	142960
开采辅助活动	Support Activities for Mining	
其他采矿业	Mining of Other Mineral	
制造业	**Manufacturing**	
农副食品加工业	Processing of Agricultural Sideline Food	1720839
食品制造业	Food Manufacturing	3502377
酒、饮料和精制茶制造业	Wine,Beverage and Refined Tea Manufacturing	447739
烟草制品业	Tobacco Products	
纺织业	Textile Industry	205470
纺织服装、服饰业	Textile,Apparel Industry	1175107
皮革、毛皮、羽毛及其制品和制鞋业	Leather,Fur,Feathers and Their Products and Footwear	25994
木材加工和木、竹、藤、棕、草制品业	Timber Processing, Bamboo,Cane,Palm Fiber & Straw Products	28349
家具制造业	Furniture Manufacturing	5738
造纸及纸制品业	Paper-making & Paper Products	36924
印刷和记录媒介复制业	Printing and Record Medium Reproduction	10122
文教、工美、体育和娱乐用品制造业	Manufacturing of Cultural,Educational & Arts, Crafts & Sports and Entertainment Goods	10313
石油加工、炼焦和核燃料加工业	Petrolcum Processing,Coke Products & Processing of Nuclear Fuel	1596575
化学原料和化学制品制造业	Raw Chemical Materials & Chemical Products	8252765
医药制造业	Medicine Manufacturing	1122276
化学纤维制造业	Chemical Fiber Manufacturing	
橡胶和塑料制品业	Rubber and Plastic Products	457354
非金属矿物制品业	Nonmetal Mineral Products	1949718
黑色金属冶炼和压延加工业	Smelting & Pressing of Ferrous Metals	3921740
有色金属冶炼和压延加工业	Smelting & Pressing of Nonferrous Metals	2669839
金属制品业	Metal Products	275080
通用设备制造业	Manufacturing of General-Purpose Equipment	121680
专用设备制造业	Special Purposes Equipment Manufacturing	109076
汽车制造业	Automotive Manufacturing	54686
铁路、船舶、航空航天和其他运输设备制造业	Railroad,Ships,Aerospace and Other Transportation Equipment Manufacturing	21736
电气机械和器材制造业	Electric Equipment & Machinery	120464
计算机、通信和其他电子设备制造业	Manufacturing of Computer,Communications and Other Electronic Equipment	423988
仪器仪表制造业	Manufacturing of Instrument	4861
其他制造业	Others	1454
废弃资源综合利用业	Comprehensive Utilization of Waste Resources	73518
金属制品、机械和设备修理业	Metal Products,Machinery and Equipment Repair	7728
电力、燃气及水的生产和供应业	**Production & Supply of Electric Power,Gas & Water**	
电力、热力生产和供应业	Production & Supply of Electric Power & Heat Power	6277984
燃气生产和供应业	Production & Supply of Gas	759825
水的生产和供应业	Production & Supply of Water	398640

Continued

(10 000 yuan)

营业收入 Revenues From Principal Business	营业成本 Cost of Principal Business	营业利润 Business Profits	利润总额 Total Profits
77830886	**62784424**	**7184950**	**7264362**
16058359	10435825	3183954	3160633
33296	23675	984	930
880509	598438	125949	121146
918442	430703	219707	215790
326183	199887	31284	30888
4020896	3669283	10114	29578
5325392	3849973	1097153	1075075
365364	283535	4945	13850
374519	351845	-5292	6318
409711	300237	99465	100276
53764	46819	3048	3156
107314	95404	1050	1870
2678	2318	-726	-760
109321	92516	5519	5591
15231	12085	537	592
2620	605	365	289
4498373	3986564	122516	123063
9721527	7615618	921506	921393
905409	461691	90073	94645
384220	327790	24823	26257
3186309	2742164	110941	110314
12720125	11948391	323010	341257
10022808	9441391	127102	145627
562106	488056	20628	22554
288391	227639	21075	21781
148338	118515	5961	5459
172550	148369	9249	9910
31050	21667	3237	3266
507943	482438	-830	851
539766	489714	-27499	-25613
3247	2285	27	102
6403	6198	18	43
267820	239090	10512	14388
37051	30857	2262	2085
3366890	2388426	550347	587596
1236997	1105762	38829	41631
219966	118656	53109	52531

9-10 规模以上工业企业平均用工人数

Average Number of Emoloyees in Industrial Enterprises above Designated Size

单位：万人 (10 000 persons)

项 目	Item	2019
总 计	**Total**	**89.01**
按登记注册类型分	**Grouped by Ownership**	
国有	State-owned	1.01
集体	Collective-owned	0.12
股份制企业	Joint-stock Company	83.28
其他	Other Ownership	4.60
按行业分	**Grouped by Sector**	
采矿业	**Mining**	
煤炭开采和洗选业	Coal Mining & Processing	18.09
石油和天然气开采业	Petroleum & Natural Gas Pumped	0.34
黑色金属矿采选业	Mining & Dressing of Ferrous Metals	1.41
有色金属矿采选业	Mining & Dressing of Nonferrous Metals	1.79
非金属矿采选业	Mining & Dressing of Nonmetal Minerals	0.60
开采辅助活动	Support Activities for Mining	
其他采矿业	Mining of Other Mineral	
制造业	**Manufacturing**	
农副食品加工业	Processing of Agricultural Sideline Food	3.00
食品制造业	Food Manufacturing	4.46
酒、饮料和精制茶制造业	Wine, Beverage and Refined Tea Manufacturing	1.18
烟草制品业	Tobacco Products	0.26
纺织业	Textile Industry	0.45
纺织服装、服饰业	Textile, Apparel Industry	0.86
皮革、毛皮、羽毛及其制品和制鞋业	Leather, Fur, Feathers and Their Products and Footwear	0.25
木材加工和木、竹、藤、棕、草制品业	Timber Processing,Bamboo,Cane,Palm Fiber & Straw Products	0.24
家具制造业	Furniture Manufacturing	0.02
造纸及纸制品业	Paper-making & Paper Products	0.42
印刷和记录媒介复制业	Printing and Record Medium Reproduction	0.08
文教、工美、体育和娱乐用品制造业	Manufacturing of Cultural,Educational & Arts, Crafts & Sports and Entertainment Goods	0.02
石油加工、炼焦和核燃料加工业	Petroleum Processing,Coke Products & Processing of Nuclear Fuel	2.84
化学原料和化学制品制造业	Raw Chemical Materials & Chemical Products	8.69
医药制造业	Medicine Manufacturing	2.15
化学纤维制造业	Chemical Fiber Manufacturing	
橡胶和塑料制品业	Rubber and Plastic Products	0.47
非金属矿物制品业	Nonmetal Mineral Products	3.81
黑色金属冶炼和压延加工业	Smelting & Pressing of Ferrous Metals	9.26
有色金属冶炼和压延加工业	Smelting & Pressing of Nonferrous Metals	5.61
金属制品业	Metal Products	2.78
通用设备制造业	Manufacturing of General-Purpose Equipment	0.41
专用设备制造业	Special Purposes Equipment Manufacturing	0.48
汽车制造业	Automotive Manufacturing	0.69
铁路、船舶、航空航天和其他运输设备制造业	Railroad,Ships,Aerospace and Other Transportation Equipment Manufacturing	0.33
电气机械和器材制造业	Electric Equipment & Machinery	0.48
计算机、通信和其他电子设备制造业	Manufacturing of Computer,Communications and Other Electronic Equipment	0.81
仪器仪表制造业	Manufacturing of Instrument	0.01
其他制造业	Others	0.30
废弃资源综合利用业	Comprehensive Utilization of Waste Resources	0.29
金属制品、机械和设备修理业	Metal Products, Machinery and Equipment Repair	0.14
电力、燃气及水的生产和供应业	**Production & Supply of Electric Power,Gas & Water**	
电力、热力生产和供应业	Production & Supply of Electric Power & Heat Power	13.66
燃气生产和供应业	Production & Supply of Gas	1.01
水的生产和供应业	Production & Supply of Water	1.37

9-11 主要工业产品产量

Output of Major Industrial Products

项 目	Item	2018	2019
原 煤(万吨)	Coal(10 000 tons)	99101.53	109068.12
焦 炭(万吨)	Coke(10 000 tons)	3423.01	3677.23
原 油(万吨)	Crude Petroleum Oil(10 000 tons)	121.62	126.78
汽 油(万吨)	Gasoline(10 000 tons)	151.70	178.63
柴 油(万吨)	Diesel Oil(10 000 tons)	159.46	172.19
发电量(亿千瓦小时)	Electricity(100 million kwh)	4961.16	5495.13
铁矿石原矿量(万吨)	Crudeiron Ore(10 000 tons)	2542.41	3323.88
精制食用植物油(万吨)	Edible Vegetable Oil(10 000 tons)	5.01	8.02
乳 制 品(万吨)	Dairy Products(10000 tons)	254.82	289.34
液体乳(万吨)	Liquid Dairy(10 000 tons)	237.10	272.46
啤 酒(千升)	Beer(1000 litres)	646230.10	643225.30
白 酒(千升)	Liquor(1000 litres)	53158.80	37745.10
饲 料(万吨)	Forage(10 000 tons)	181.19	187.19
卷 烟(万支)	Cigarettes(10000 pcs)	2626000.00	2551000.00
服 装(万件)	Garments(10 000 pcs)	756.80	742.80
胶合板(万立方米)	Plywood(10 000cu·m)	4.93	5.26
精甲醇(万吨)	Purified Carbinol(10 000 tons)	968.67	1039.78
碳化钙(电石)(万吨)	Calsium Carbide(10 000 tons)	955.35	900.14
硫 酸(万吨)	Sulfuric Acid(10 000 tons)	313.22	420.49
烧碱(氢氧化钠)(万吨)	Caustic Soda(10 000 tons)	317.04	307.38
纯碱(无水碳酸钠)(万吨)	Soda Ash(10 000 tons)	22.31	12.11
农用化学肥料(万吨)	Chemical Fertilizer(10 000 tons)	428.45	515.42
氮 肥(万吨)	Nitrogen Fertilizers(10 000 tons)	402.14	474.83
磷 肥(万吨)	Phosphate Fertlizers(10 000 tons)	21.82	28.43
合成氨(万吨)	Synthetic Ammonia(10 000 tons)	106.30	202.65
化学药品原药(万吨)	Chemical Peoticide(10 000 tons)	7.17	16.82
单晶硅(万千克)	Monocrystalline Silicon(10 000 kg)	6823.90	12525.20
多晶硅（万千克）	Polycrystalline silicon(10 000 kg)	3065.45	6616.78
稀土化合物（万千克）	Rare-earth Compound(10 000 kg)	1982.68	3450.17
水 泥(万吨)	Cement(10 000 tons)	3052.30	3377.71
平板玻璃(万重量箱)	Plate Glass(10 000 weight cases)	1037.70	992.60
生 铁(万吨)	Pig Iron(10 000 tons)	1744.28	2303.12
粗 钢(万吨)	Crude Steel(10 000 tons)	2307.58	2653.69
钢 材(万吨)	Rolled Steel (10 000 tons)	2259.46	2563.77
铁合金(万吨)	Ferroalloy(10 000 tons)	720.38	967.90
十种有色金属(万吨)	Ten Kinds of Nonferrous Metals(10 000 tons)	548.39	635.80
铝(万吨)	Aluminum(10 000 tons)	431.24	500.38
精炼铜(万吨)	Refined Copper(10 000 tons)	30.83	41.79
汽 车(万辆)	Cars(10 000 units)	10.06	2.90
铁路货车(万辆)	Railway Freight Coaches(10 000 units)	0.28	0.35
智能电视(万台)	Color Television Sets(10 000 sets)	134.05	164.28

9-12 主要工业产品产量

年 份 Year	原煤(万吨) Coal (10000 tons)	原盐(万吨) Salt (10000 tons)	发电量(亿千瓦小时) Electricity (100 million kwh)	粗钢(万吨) Crude Steel (10000 tons)	钢材(万吨) Rolled Steel (10000 tons)	生铁(万吨) Pig Iron (10000 tons)	水泥(万吨) Cement (10000 tons)	木材(万立方米) Timber (10000 cu·m)	平板玻璃(万重量箱) Plate Glass (10000 Weight cases)	小型拖拉机(台) Small Tractors (unit)
1957	217.00	43.89	0.92					186.67		
1965	806.00	8.16	12.55	34.00	1.76	51.00	3.06	391.36		
1970	1215.00	63.58	22.01	81.00	16.02	66.00	11.14	244.43		
1975	1699.00	38.03	28.26	49.00	27.44	50.00	57.64	378.65	6.74	361
1978	2194.00	65.18	37.78	99.00	36.23	107.00	91.91	378.17	11.83	193
1980	2211.00	43.00	49.05	133.00	41.32	138.00	109.85	414.55	23.66	537
1981	2180.00	45.53	54.50	132.00	37.71	137.00	104.40	427.15	23.99	370
1982	2382.00	48.79	58.40	129.00	54.94	137.00	124.43	448.71	40.75	1365
1983	2487.00	61.61	60.82	134.00	60.47	151.00	145.88	480.48	121.60	6196
1984	2740.00	62.74	69.55	149.00	74.80	160.00	151.40	478.47	175.53	12118
1985	3204.00	66.34	80.46	170.00	100.14	182.00	185.11	502.07	112.84	16025
1986	3292.00	99.13	111.24	186.00	106.85	214.00	207.97	626.99	154.54	12045
1987	3410.00	97.29	126.54	216.00	130.53	257.00	218.84	596.00	157.41	17073
1988	3734.00	86.88	138.47	221.00	137.70	227.00	239.62	594.74	118.82	23780
1989	4382.00	109.97	153.72	242.00	157.27	255.00	250.55	527.89	235.32	12488
1990	4762.00	93.28	169.54	273.00	175.47	281.00	227.97	525.96	250.20	12464
1991	4923.00	100.66	189.04	269.00	179.69	271.00	270.60	483.87	254.92	14520
1992	5039.00	116.05	222.29	309.00	210.97	302.00	319.61	494.19	163.64	12852
1993	5514.00	111.93	235.23	346.11	244.58	329.95	371.50	500.02	341.07	3700
1994	6052.00	107.09	261.27	335.75	267.11	328.88	312.00	500.00	393.55	4522
1995	7055.00	76.13	278.54	355.36	257.77	345.78	349.27	504.35	445.42	7903
1996	7317.00	83.22	324.01	431.95	291.44	428.12	399.84	540.73	388.14	3948
1997	8303.00	100.00	342.23	453.32	339.94	450.84	465.76	524.15	399.77	5070
1998	7769.00	148.28	350.41	404.36	342.10	408.74	486.82	486.86	339.49	2881
1999	7071.00	132.07	380.61	416.30	365.80	424.86	549.70	379.23	390.93	5809
2000	7247.29	126.68	439.22	423.60	378.91	440.84	630.00	321.65	371.58	8419
2001	8163.00	136.75	465.50	453.75	388.39	476.06	698.00	280.72	464.33	5266
2002	11470.69	149.18	517.98	515.58	484.71	556.12	787.22	274.61	752.61	4175
2003	14706.82	148.72	647.73	576.83	560.36	606.90	947.86	255.35	852.49	1335
2004	21235.21	161.82	816.75	626.54	604.62	678.46	1282.83	377.75	1074.45	572
2005	25607.69	215.84	1056.59	805.49	747.77	922.69	1632.25	340.96	1144.59	
2006	29759.63	206.45	1416.00	861.86	823.97	1108.33	2215.59	350.52	999.52	
2007	35437.94	246.45	1931.95	1040.36	912.32	1260.09	2871.17	416.66	1395.72	16730
2008	47269.66	236.81	2136.00	1211.03	1047.34	1256.55	3424.06	342.39	1458.32	17750
2009	60375.46	216.98	2242.57	1261.94	1294.87	1437.07	4333.75	393.23	1564.89	11750
2010	78913.14	278.42	2483.90	1232.84	1341.41	1358.97	5454.30	320.55	1214.12	1080
2011	98440.55	310.99	2972.85	1669.75	1417.32	1431.07	6499.28	217.88	1259.53	816
2012	106602.81	253.46	3116.89	1734.14	1661.82	1326.43	5872.06	208.83	549.07	2559
2013	99054.54	243.02	3567.14	1978.56	1797.74	1367.23	6497.96	196.22	521.63	2430
2014	99391.26	193.67	3857.81	1661.48	1763.16	1330.72	6310.12	187.29	629.31	2450
2015	90957.05	164.57	3928.77	1735.11	1897.18	1461.40	5830.75	142.62	1014.00	2230
2016	84558.88	154.90	3949.81	1813.24	2016.81	1469.37	6313.56	81.70	1001.23	2186
2017	90597.26	125.34	4435.94	1983.51	2002.67	1550.43	3073.90	83.52	988.37	
2018	99101.53	119.32	4961.16	2307.58	2259.46	1744.28	3052.30	74.55	1037.70	
2019	109068.12	121.16	5495.13	2653.69	2563.77	2303.12	3377.71	82.26	992.60	

注:1979年以后化肥产量按折合100%计算。

Output of Major Industrial Products

化肥(万吨) Chemical Fertilizer (10000 tons)	机制纸及纸板(万吨) Machine-made Paper and Paperboards (10000 tons)	合成洗涤剂(吨) Synthetic Detergents (ton)	糖(万吨) Sugar (10000 tons)	彩色电视机(台) Color Television Sets (unit)	自行车(辆) Bicycle (unit)	纱(吨) Yarn (ton)	布(万米) Cloth (10000 m)
0.49	0.69		1.83			104	37
0.88	1.83		4.17			706	238
2.91	1.88		5.80			10267	5562
8.19	3.08	1352	3.28			8559	4741
16.65	4.25	2042	4.23			14278	7604
4.00	4.24	2646	6.92		1121	14814	7950
6.22	4.02	2641	10.93		18189	15328	8270
9.54	4.67	3322	9.58		13559	14884	8448
10.16	2.50	4851	12.87	3000	6206	13475	8202
10.81	7.16	6417	17.28	8676	15317	12851	7168
9.81	9.53	7898	17.88	66889	25074	14951	7104
10.16	10.70	8261	20.60	84448	62038	16860	8109
12.13	10.92	11919	17.15	108858	61500	19334	8814
12.84	11.73	19354	15.22	135286	51276	21612	10313
12.18	13.02	16353	19.76	134548	44004	22581	10548
13.48	13.59	11936	16.37	157331	19110	23950	10785
12.50	15.05	9530	23.54	170647	7732	24090	10826
13.44	15.64	10454	29.23	213085	10552	20912	9537
13.03	14.45	11686	26.43	229200	5000	17742	8782
17.92	14.90	13130	18.34	305285	10000	19343	9232
17.35	19.15	17326	17.07	270907	600	19105	8548
20.95	20.14	10588	27.21	170210	2524	18921	8728
16.87	16.03	7730	26.70	115779	1955	19782	8271
21.12	13.76	4240	20.12	34307	1548	18241	7197
43.72	14.27	2252	11.95	125396	1627	18312	6191
35.54	12.19	1929	12.04	518000	504	15718	3287
39.58	14.33	1064	19.67	961388		20523	4078
48.70	18.59	127	18.77	1267016		23814	5275
50.93	18.92	329	14.74	1342993		22560	4685
57.87	25.17		10.67	2374871		22171	4203
65.58	25.74		14.75	2390900		32194	8337
68.95	19.73	1994	25.88	3337425		14512	13576
84.30	25.88	263	19.46	8302633		45580	14810
89.05	35.53		22.37	8667513		16762	5537
259.13	77.97		15.42	2174236		20250	8030
180.82	28.84		12.04	2043662		20629	9813
126.06	30.91		18.00	2610853		20340	10192
123.03	14.97		31.14	3832302		10929	4153
113.69	11.91		42.35	3737574		3466	3
126.08	29.06		51.11	3497783		4267	
292.96	12.32		67.33	2664795		5167	
250.19	12.27		72.25	1096335		4949	
438.25	12.86		36.87	1374348		8091	
428.45	12.72		35.95	1340540		2560	
515.42	7.90		52.59	1642782		2509	

a)The output of chemical fertilizer is calculated on the basis of 100% effective content since 1979.

9-13 规模以上工业主要产品生产能力

Production Capacity of Major Industrial Products above Designated Size

产品名称	Item	2019
原煤(万吨)	Coal(10 000 tons)	104599.00
焦炭(万吨)	Coke(10 000 tons)	4648.00
天然原油(万吨)	Crude Oil(10 000 tons)	97.88
发电设备容量总计(万千瓦)	Capacity Of Generator (10 000 kw)	12345.34
卷烟(万支)	Cigarettes(10 000 pieces)	5767000.00
农用氮磷钾化学肥料(万吨)	Chemical Fertilizer(10 000 tons)	451.44
碳化钙(电石)(万吨)	Calcium Carbide (10 000 tons)	1095.49
初级塑料形态(万吨)	Primary Plastic (10 000 tons)	863.50
水泥(万吨)	Cement(10 000 tons)	8509.40
平板玻璃(万重量箱)	Plate Glass(10 000 weight cases)	1047.94
生铁(万吨)	Pig Iron(10 000 tons)	2501.10
粗钢(万吨)	Steel(10 000 tons)	3136.00
钢材(万吨)	Rolled Steel(10 000 tons)	3140.00
铁合金(万吨)	Ferroalloy(10 000 tons)	1323.49
原铝(万吨)	Aluminum(10 000 tons)	567.30
汽车(辆)	Vehicle(unit)	
电视机(万台)	Television Sets(10 000 sets)	250.00

主要统计指标解释

工业　指从事自然资源的开采，对采掘品和农产品进行加工和再加工的生产活动部门。具体包括：(1)对自然资源的开采，如采矿、晒盐、森林采伐等(但不包括禽兽捕猎和水产捕捞)(2)对农副产品的加工、再加工，如粮油加工、食品加工、轧花、缫丝、纺织、制革等；(3)对采掘品的加工、再加工，如冶金加工、石油加工、化工加工、机械加工、木材加工等，以及电力、热力、自来水、煤气的生产和供应等；(4)对工业品的修理、翻新，如机器设备的修理，交通运输设备的修理等，不包括属于局面服务业的日用品修理、摩托车修理、汽车修理和自行车修理。

轻工业　指主要提供生活消费品和制作手工工具的工业。按其所使用的原料不同，可分为两大类：(1)以农产品为原料的轻工业，是指直接或间接以农产品为基本原料的轻工业。主要包括食品制造、饮料制造、烟草加工、纺织、缝纫、皮革和毛皮制作、造纸以及印刷等工业；(2)以非农产品为原料的轻工业，是指以工业品为原料的轻工业。主要包括文教体育用品、化学药品制造、合成纤维制造、日用化学制品、日用玻璃制品、日用金属制品、手工工具制造、医疗器械制造、文化和办公用机械制造等工业。

重工业　是指为国民经济各部门提供物质技术基础的主要生产资料的工业。按其生产性质和产品用途，可以分为下列三类：(1)采掘(伐)工业，是指对自然资源的开采，包括石油开采、煤炭开采、金属矿开采、非金属矿开采和木材采伐等工业；(2)原材料工业，指向国民经济各部门提供基本材料、动力和燃料的工业。包括金属冶炼及加工、炼焦及焦炭、化学、化工原料、水泥、人造板以及电力、石油和煤炭加工等工业；(3)加工工业，是指对工业原材料进行再加工制造的工业。包括装备国民经济各部门的机械设备制造工业、金属结构、水泥制品等工业，以及为农业提供的生产资料如化肥、农药等工业。

根据上述划分原则，修理业中以重工业产品为修理作业对象的划为重工业，反之划为轻工业。

工业总产值　指工业企业在报告期内生产的以货币形式表现的工业最终产品和提供工业劳务活动的总价值量。它包括：企业在报告期内生产，并在报告期内不再进行加工，经检验合格、包装入库的已经销售和准备销售的全部工业成品(包括半成品)价值，对外加工费收入，自制半成品在制品期末期初差额价值。工业总产值遵循“工厂法”原则。即以法人工业企业作为一个整体计算工业总产值，是其报告期内生产的最终产品和提供劳务的总价值量。

实收资本　指企业各投资者实际投入的资本(或股本)总额，包括货币、实物、无形资产等各种形式的投入。实收资本按投资主体可分为国家资本、集体资本、法人资本、个人资本、港澳台资本和外商资本。

资产合计　指企业过去的交易或者事项形成的、由企业拥有或者控制的、预期会给企业带来经济利益的资源。包括企业拥有的土地、办公楼、厂房、机器、运输工具、存货等实物资产和现金、存款、应收账款和预付账款等金融资产。资产一般按流动性(资产的变现或耗用时间长短)分为流动资产和非流动资产。其中流动资产可分为货币资金、交易性金融资产、应收票据、应收账款、预付款项、其他应收款、存货等；非流动资产可分为长期股权投资、固定资产、无形资产及其他非流动资产等。

负债合计　指企业过去的交易或者事项形成的，预期会导致经济利益流出企业的现时义务。包括银行贷款、借款、应付账款、应付职工工资、应付职工福利费、应交税金等企业负有偿还责任的债务。负债一般按偿还期长短分为流动负债和非流动负债。

所有者权益　指企业资产扣除负债后由所有者享有的剩余权益。公司的所有者权益又称股东权益。包括实收资本、资本公积、盈余公积、未分配利润等。

流动资产　资产满足以下条件之一应归为流动资产：(1)预计在一个正常营业周期中变现、出售或耗用，主要包括存货、应收账款等；(2)主要为交易目的而持有；(3)预计在资产负债表日起一年内(含一年)变现；(4)自资产负债表日起一年内，交换其他资产或清偿负债的能力不受限制的现金或现金等价物。包括货币资金、应收票据、应收账款、存货等项目。

营业收入　指企业从事销售商品、提供劳务和让渡资产使用权等生产经营活动形成的经济利益流入。

营业成本　指企业从事销售商品、提供劳务和让渡资产使用权等生产经营活动发生的实际成本。

营业利润　指企业从事生产经营活动所取得的利润。

利润总额　指企业在一定会计期间的经营成果，是生产经营过程中各种收入扣除各种耗费后的盈余，反映企业在报告期内实现的盈亏总额。

Explanatory Notes on Main Statistical Indicators

Industry refers to the material production sector which is engaged in extraction of natural resources and processing and reprocessing of minerals and agricultural products, including (1) extraction of natural resources, such as mining, salt production, logging (but not including hunting and fishing) ; (2) processing and reprocessing of farm and sideline produces, such as grain and oil processing, food processing, cotton ginning, silk reeling, spinning and weaving, and leather making; (3) processing and reprocessing of mineral products, such as metallurgical processing, petroleum processing, chemicals manufacturing, machine building, wood processin, Production and supply of electricity, heat, water and gas; (4) Repairing and renovating of industrial products such as the machinery and transportation equipment, etc. , does not include the repair of daily necessities, motorcycles, automobiles and bicycles, which are part of the service sector.

Light Industry refers to the industry that produces consumer goods and hand tools. It consists of two categories, depending on the materials used: (1) Light industries using farm products as raw materials. These are branches of light industry which directly or indirectly use farm products as basic raw materials, including the manufacture of food and beverages, tobacco processing, textile, sewing, fur and leather manufacturing, paper making printing, etc; (2) Industries using non – farm products as raw materials. These are branches of light industry which use manufactured goods as raw materials, including the manufacture of cultural, educational articles and sports goods, chemicals, synthetic fiber, chemical products for daily use, glass products for daily use, metal products for daily use, hand tools, medical apparatus and instruments, and the manufacture of cultural and clerical machinery

Heavy Industry refers to the industry which produces capital goods, and provides various sectors of the national economy with necessary material and technical basis. It consists of the following three branches according to the purpose of production or the use of products: (1) Mining, quarrying and logging industry refers to the industry that extracts natural resources, including extraction of petroleum, coal, metal and non metal and logging; (2) Raw materials industry refers to the industry that provides various sectors of the national economy with raw materials, fuels and power. It includes smelting and processing of metals, coking and coke chemistry, chemical materials ,cement, plywood, and power, petroleum refining and coal dressing; (3) Processing industry refers to the industry that processes raw materials. It includes machine building industry which equips sectors of the national economy, industries of metal structure and cement products, industries producing means of agricultural production, such as chemical fertilizers and pesticides.

According to the above principle of classification, the repairing trades which are engaged primarily in repairing products of heavy industry are classified into heavy industry. Otherwise classified into light industry.

Gross Industrial Output Value refers to the industrial final product that industrial enterprise produces in reporting period with monetary form and the total value quantity that provides industrial labor service activity. It includes: the enterprise produces in the reporting period, and does not process in the reporting period, the value of all the industrial finished products (including semi – finished products) that have been sold and ready for sale after passing the inspection and put into storage, the income from external processing fees, and the balance value of the self – made semi – finished products in process at the end of the period . The gross industrial output value is calculated with "factory method". The industrial enterprise with legal person calculates industrial gross output value as a whole namely, it is the total value quantity of the final product that its report period produces and offer labor service.

Paid – in Capital The total amount of capital (or equity) actually invested by each investor in the enterprise, including money physical intangible assets and other forms of input.

Total Assets It refers to the resource that is owned or controlled by the enterprise and is expected to bring economic benefits to the enterprise, including the land owned by enterprises, office buildings, factories, machinery, transportation vehicles, inventory and other physical assets and financial assets such as cash deposits, receivables and prepayments. Assets are generally classified into current assets and non – current assets according to liquidity (the realization or consumption of assets). Current assets can be classified into monetary funds, trading financial assets, notes receivable, accounts receivable, prepayments, other receivables, inventories, etc. Non – current assets can be divided into long – term equity investment fixed assets intangible assets and other non – current assets .

Total Liabilities Refers to the past transactions or events formed by the enterprise, which are expected to lead to the outflow of economic benefits. The current obligations of the enterprise include bank loans, loans, accounts payable, employees′ wages, employees′benefits, taxes, etc. The debts and liabilities for which the enterprise is liable are generally divided into current liabilities and non – current liabilities according to the length of the repayment period.

Creditors′ Equity refers to the past transactions or events formed by the enterprise, which are expected to lead to the outflow of economic benefits. The current obligations of the enterprise include bank loans, loans, accounts payable, employees′ wages, employees′benefits, taxes, etc. The debts and liabilities for which the enterprise is liable are generally divided into current liabilities and non – current liabilities according to the length of the repayment period.

Working Capital (**Circulating Assets**) Assets meet one of the following conditions shall be classified as current assets: (1) Expected to be sold or consumed during a normal operating cycle, mainly including inventory receivables, etc; (2) Held primarily for trading purposes; (3) It is expected to be realized within one year including one year from the balance sheet date; (4) Unrestricted cash or cash equivalents, including monetary funds, notes receivable, accounts receivable, inventory, etc. , within one year from the balance sheet date.

Operating Income refers to the inflow of economic interests formed by the production and operation activities such as selling goods, providing services and transferring the right to use assets.

Operating Cost refers to the actual costs incurred by enterprises in production and operation activities such as selling goods, providing services and transferring the right to use assets.

Operating profit refers to the profits obtained by an enterprise from its production and business operations.

Profit Total refers to the operating result that points to an enterprise to be in certain accountant period, it is the surplus after all sorts of income deducts all sorts of consumption in production management process, reflect the profit and loss that the enterprise realizes inside report period total.

10 投资与建筑业

Investment and Construction

资料整理：项 巍 范莉蕾 程旭嵘

Arranged By：Xiang Wei，Fan Lilei，Cheng Xurong

10-1 固定资产投资比上年增长(2019年)

Investment in Fixed Assets Growth Rate over Preceding Year(2019)

单位：%　　　　(%)

指　标	Item	全社会投资 All social invetment	不含农户投资 Excluding Rural Householcls
投资增速	**investment Growth**	**5.8**	**6.8**
#房地产开发	Real Estate Development	18.0	18.0
按登记注册类型分	**Grouped by Registration**		
内资投资	Domestic Investment	6.3	6.3
国有	State-owned	-8.5	-8.5
集体	Collective-owned	15.9	15.9
股份合作	Cooperative	-60.6	-60.6
联营	Joint-ownership	-91.3	-91.3
#国有联营	State Joint-ownership		
集体联营	Collective Joint-ownership	-40.0	-40.0
国有与集体联营	State-owned and Collective joint	-100.0	-100.0
有限责任公司	Limited Liability Corporations	21.7	21.7
#国有独资	Solely State-funded	56.9	56.9
股份有限公司	Share-holding Corporations	4.2	4.2
私营	Private Enterprises	2.3	2.3
其他	Others	21.2	21.2
港澳台商投资	Funded from Hong Kong.Macao and Taiwan	158.2	158.2
外商投资	Foreign Funded	17.2	17.2
个人投资	Individuals Investment	-24.0	-24.0
#农村个人（农户）	Rural Individuals (Rural Households)	-7.1	
按产业分	**Grouped by Three Strate of Industry**		
第一产业	Primary Industry	-10.3	-9.8
第二产业	Secondary Industry	9.6	9.6
第三产业	Tertiary Industry	5.9	5.9
按构成分	**Grouped by Use of Funds**		
建筑安装工程	Construction and Installation	2.7	2.6
设备工器具购置	Purchase of Equipment and Instruments	-2.7	-0.8
其他费用	Others	33.9	40.6
按隶属关系分	**Grouped by Administrative Relationship**		
中央项目	Central Government Projects	49.6	49.6
地方项目	Local Projects	3.4	4.3
#农户	Rural Households	-7.1	

注：1. 投资统计范围为城乡计划总投资500万元及以上建设项目。

2. 全社会固定资产投资包括农户投资。

a)Investment statistics range for urban and rural planning total investment of 6 million yuan and above construction projects

b)The whole society fixed assets investment includes the rural households investment.

10-2 国民经济各行业固定资产投资占比(2019 年)

The Proportion of Fixed Assets Investment in Various Sectors of the National Economy(2019)

单位：%

行 业	Sector	固定资产投资行业占比 The Proportion of Fixed Assets Investment by Sector	民间投资行业占比 The Proportion of Private Investment by Sector
全 区	**Autonomous Regional Total**	**100**	**100**
农、林、牧、渔业	Agriculture,Forestry,Animal Husbandry & Fishery	4.1	3.5
采矿业	Mining	4.8	4.6
制造业	Manufacturing	18.8	28.8
电力、燃气及水的生产和供应业	Production & Supply of Electricity Heat, Gas & Water	15.3	10.1
建筑业	Construction		
批发和零售业	Wholesale & Retail Trade	0.4	0.7
交通运输、仓储和邮政业	Transport, Storage & Postal	12.2	1.5
住宿和餐饮业	Hotels& Catering Services	0.3	0.4
信息传输、软件和信息技术服务业	Information Transmission,Software and Information Technology	1.0	1.2
金融业	Finance Intermediation	0.1	0.2
房地产业	Real Estate	24.4	42.2
租赁和商务服务业	Leasing & Business Services	1.1	1.0
科学研究、技术服务业	Scientific Research and Technical Services	0.2	0.1
水利、环境和公共设施管理业	Management of Water Conservancy, Environment & Public Facilities Administration	13.1	4.1
居民服务、修理和其他服务业	Services to Households, Repairs and Other Services	0.1	0.1
教育	Education	1.8	0.3
卫生、社会工作	Health and Social Service	0.9	0.4
文化、体育和娱乐业	Culture, Sports &Entertainment	1.0	0.7
公共管理、社会保障和社会组织	Public Management，Social Security and Social Organizations	0.5	0.1
国际组织	International Organizations		

注：此表未包括农户投资。

a)Data in this table excluding rural households.

10-3 房地产开发情况

Main Indicators of Real Estate Development

指　标	Item	2018	2019
企业个数(个)	**Number of Enterprises(unit)**	**1741**	**1739**
内资	Domestic Funded	1738	1737
#国有	State-owned Enterprises	3	4
集体	Collective-owned Enterprises		
股份有限公司	Share-holding Corporations Ltd.	57	55
私营	Private Enterprises	899	951
港、澳、台商投资	Funded by Entrepreneurs From H.K,Macao & Taiwan	2	1
外商投资	Foreign Funded	1	1
平均从业人员(人)	**Average Number of Employed Persons(person)**	**34025**	**32771**
内资	Domestic Funded	33949	32662
#国有	State-owned Enterprises	46	60
集体	Collective-owned Enterprises		
股份有限公司	Share-holding Corporations Ltd.	987	831
私营	Private Enterprises	14824	15204
港、澳、台商投资	Funded by Entrepreneurs From H.K,Macao & Taiwan	20	80
外商投资	Foreign Funded	56	29
土地开发及购置	**Land Development and Purchase**		
土地购置费(万元)	Land Space Purchased Costs(10 000 yuan)	1186566	2011897
待开发土地面积(万平方米)	Land Space Needed to Development(10 000 sq.m)	539.02	622.81
本年土地购置面积(万平方米)	Land Space Purchased This Year(10 000 sq.m)	362.59	447.48
房地产开发建设投资总规模及完成投资(万元)	**General Scale of & Actually Completed Investment in Real Estate Development(10 000 yuan)**		
实际需要总投资	Total Investment Actually Needed	82991180	87285201
自开始建设至本年底累计完成投资	Accumulative Investment Actually Made Since Starting of Construction up to the End This Year	54960209	55776299
#本年完成投资	Investment Made This Year	8828479	10419497
按用途分的房地产开发完成投资额(万元)	**Actually Completed Investment of Enterprises for Real Estate Development by Use(10 000 yuan)**		
本年完成投资额	Investment Made This Year	8828479	10419497
住宅	Residential Buildings	6419869	7821322
办公楼	Office Buildings	186299	141756
商业营业用房	Houses for Business Use	1407240	1286663
其他	Others	815071	1169756

10-3 续表 Continued

指　标	Item	2018	2019
房屋建筑面积(万平方米)	**Floor Space of Buildings(10 000 sq.m)**		
施工面积	Floor Space under Construction	15053.71	15889.08
竣工面积	Floor Space Completed	1415.72	950.56
#住宅	Residential Buildings	1013.97	689.74
竣工房屋价值(万元)	Value of Buildings Completed(10 000 yuan)	3358405	2536042
按用途分新开工房屋面积(万平方米)	**Floor Space Started by Use(10 000 sq.m)**		
本年新开工房屋面积	Floor Space of Selling House	3024.31	3706.06
住　宅	Residential Buildings	2154.03	2783.87
办公楼	Office Buildings	29.76	36.75
商业营业用房	Houses for Business Use	462.19	324.00
其　他	Others	378.33	561.44
商品房屋销售情况	**Selling of Commercial Houses**		
房屋销售面积(万平方米)	Floor Space of Selling House(10 000 sq.m)	2007.67	2008.19
#住宅	Residential Buildings	1702.39	1803.55
商品房销售额(万元)	Total Sales of Commercial House (10 000 yuan)	11139430	12439086
#住宅	Residential Buildings	9090394	11041021
房地产开发企业资产负债(万元)	**Asset Balance of Enterprises (10 000 yuan)**		
资产总计	Total Assets	81519458	89312783
累计折旧	Total Depreciation	393460	398073
#本年折旧	Depreciation This Year	78726	68064
负债合计	Total Liabilities	70521005	79468264
所有者权益合计	Owners' Equity	10998453	9844519
#实收资本	Paid-in Capital	7328055	7627741
经营收入(万元)	**Revenue(10 000 yuan)**	**9635336**	**7967250**
#土地转让收入	Land Transferred	8416	63681
资金来源(万元)	**Source of Funds(10 000 yuan)**	**10651879**	**13814950**
#国内贷款	Domestical Loans	603360	788066
利用外资	Foreign Investment		850
自筹资金	Fund Raising	5863629	6295067
其他资金来源	Others	4184890	6730967

10-4 按登记注册类型分的房地产开发投资(2019 年)

Investment in Real Estate Development by Type of Registration(2019)

指 标	Item	总 计 Total	内资 Domistic-funded Enterprises	
			#国有 State-owned Units	有限责任公司 Limited Liabibity Corp.
企业个数(个)	**Number of Enterprises(unit)**	**1739**	**4**	**727**
#亏损企业个数	Loss-Making Enterprises	1035	3	414
本年完成投资额(万元)	**Investment Completed This Year (10 000 yuan)**	**10419497**	**2580**	**5222806**
按构成分	Grouped by Use of Funds			
建筑工程	Construction Projects	6948170	919	3548374
安装工程	Installation Projects	735754		339589
设备工器具购置	Purchase of Equipment, Tools and Instruments	120768		47833
其他费用	Other Funds	2614805	1661	1287010
#土地购置费	Purchase of Land	2011897	435	944002
按工程用途分	Grouped by Use of Project			
住宅	Residential Buildings	7821322	1550	3925080
办公楼	Office Buildings	141756		49667
商业营业用房	Business Buildings	1286663	800	606624
其他	Others	1169756	230	641435
本年新增固定资产(万元)	**Newly Increased This Year(10 000 yuan)**	**3041347**	**1800**	**1287008**
资金来源(万元)	**Finance Sources(10 000 yuan)**	**13814950**	**2580**	**6788477**
国内贷款	Domestic Loans	788066		625705
利用外资	Foreign Investment	850		
自筹资金	Fund Raising	6295067	2580	2705715
定金及预收款	Deposit and Pre Payment	4559852		2312051
个人按揭贷款	Individual Mortgage Loans	1549637		798944
其他到位资金	Others	621478		346062
土地开发(平方米)	**Land Development (sq.m)**			
待开发土地面积	Area of Land to be Developed	6228077		2119334
本年土地购置面积	Area of Land Purchased This Year	4474760		1791482
本年土地成交价款(万元)	Value of Land Transaction(10 000 yuan)	1175558		350476

10-4 续表 Continued

指 标	Item	内资 Domistic-funded Enterprises 股份有限公司 Share-holding Corp.Ltd.	私营 Private Enter-prises	港澳台商投资 Economic Units Funded by Entrepreneurs from HK,Macao & Taiwan	外商投资 Foreign Funded Economic Units
企业个数(个)	**Number of Enterprises(unit)**	**55**	**951**	**1**	**1**
#亏损企业个数	Loss-Making Enterprises	30	587	1	
本年完成投资额(万元)	**Investment Completed This Year(10 000 yuan)**	**206145**	**4877103**	**110863**	
按构成分	Grouped by Use of Funds				
建筑工程	Construction Projects	151671	3211459	35747	
安装工程	Installation Projects	21368	374797		
设备工器具购置	Purchase of Equipment,Tools and Instruments	2219	70716		
其他费用	Other Funds	30887	1220131	75116	
#土地购置费	Purchase of Land	20939	981334	65187	
按工程用途分	Grouped by Use of Project				
住宅	Residential Buildings	153613	3646099	94980	
办公楼	Office Buildings	1349	90740		
商业营业用房	Business Buildings	26989	637687	14563	
其他	Others	24194	502577	1320	
本年新增固定资产(万元)	**Newly Increased This Year (10 000 yuan)**	**76689**	**1675850**		
资金来源(万元)	**Finance Sources(10 000 yuan)**	**462487**	**6450543**	**110863**	
国内贷款	Domestic Loans	28503	133858		
利用外资	Foreign Investment		850		
自筹资金	Fund Raising	337938	3137971	110863	
定金及预收款	Deposit and Pre Payment	55321	2192480		
个人按揭贷款	Individual Mortgage Loans	34879	715814		
其他到位资金	Others	5846	269570		
土地开发(平方米)	**Land Development (sq.m)**				
待开发土地面积	Area of Land to be Developed	88512	4020231		
本年土地购置面积	Area of Land Purchased This Year	59036	2624242		
本年土地成交价款(万元)	Value of Land Transaction (10 000 yuan)	8349	816733		

10-5 建筑业企业主要经济指标

Main Economic Indicators on Construction Enterprices

指　标	Item	2018	2019
建筑业企业个数(个)	Number of Construction Enterprises(unit)	1147	1189
签订的合同额(万元)	Value of Contracts(10 000 yuan)	25079595	29500397
建筑业总产值(万元)	Gross Output Value(10 000 yuan)	10401233	10860592
其中：装饰装修产值	Output of Decoration	242290	221821
其中：在外省完成的产值	Output Value Outside the Province	1360814	1872679
竣工产值(万元)	Output of Buildings Completed(10 000 yuan)	5177925	4230500
房屋建筑施工面积(万平方米)	Floor Space of Constructing(10 000 sq.m)	5369.19	5785.37
房屋建筑竣工面积(万平方米)	Floor Space of Buildings Completed(10 000 sq.m)	1699.79	1459.85
房屋建筑面积竣工率(%)	Rate of Floor Space of Buildings Completed(%)	31.7	25.2
自有机械设备净值(万元)	Machinery & Equipment Owned (net valued)(10 000 yuan)	482731	437174
自有机械设备总台数(万台)	Machinery and Equipment Owned(10 000 sets)	7.14	5.30
自有机械设备总功率(万千瓦)	Total Power of Machinery and Equipment Owned(10 000 kw)	194.15	160.63
技术装备率(元/人)	Value of Machines per Laborer(yuan/person)	18968	21303
动力装备率(千瓦/人)	Power of Machines per Laborer(kw/person)	7.63	7.83
按总产值计算的劳动生产率(元/人)	Overall Labor Productivity by Gross Output Value(yuan/person)	315407	406307
年末从业人员(万人)	Number of Persons Engaged(10 000 persons)	25.45	20.53
其中：工程技术人员	Engineering Techinal Personel	5.06	4.52
利润总额(万元)	Total Profits(10 000 yuan)	421777	322112
税金总额(万元)	Total Tax(10 000 yuan)	519451	434143
产值利润率(%)	Ratio of Profit to Gross Output Value(%)	4.1	3.0
产值利税率(%)	Ratio of Pre-tax Profit to Gross Output Value(%)	9.0	7.0

注：除企业个数以外的其他建筑业指标是指有施工活动的具有资质等级的总承包或专业承包建筑业企业数据, 下同。

a)The indicators of construction except for the number of construction enterprises refer to the data of general constraction contractors or professional contractors which possess qualification grades with construction activities.Same as follow.

10-6 建筑施工企业主要生产指标(2019年)

项　目	Item	建筑业企业个数(个) Enterprises (unit)	签订的合同额(万元) Value of Contracts (10 000 yuan)	上年结转合同额 Signed in Last year	本年新签合同额 Signed in this Year
总　计	**Total**	**1189**	**29500397**	**12868664**	**16631733**
按企业登记注册类型分	**Grouped by Type Registered**				
内资企业	Domestic Investment	1189	29500397	12868664	16631733
国有企业	State-owned	5	256373	53738	202636
集体企业	Collective-owned				
股份合作企业	Share Holding Cooperative	6	72901	564	72337
联营企业	Joint-owned				
有限责任公司	Limited-liability Company	521	19516232	8294463	11221769
股份有限公司	Share Holding Company	32	1618905	982308	636597
私营企业	Private	625	8035986	3537591	4498394
其他企业	Others				
港、澳、台商投资企业	Hong kong, Macao & Taiwan Funded				
外商投资企业	Foreign Funded				
按行业类别分	**Grouped by Sector**				
房屋建筑业	Housing Construction Industry	617	20125349	8806153	11319195
土木工程建筑业	Civil Engineering Industry	375	8337064	3825225	4511839
建筑安装业	Construction and Installation Industry	112	536164	145066	391098
建筑装饰、装修和其他建筑业	Construction Decoration and Other Construction Industries	85	501820	92219	409601
按企业资质等级分	**Grouped by Intelligent Grade**				
施工总承包	General Contractors	1011	28818441	12690580	16127860
特　级	Special Grade	4	12224289	4870527	7353762
一　级	First	97	7689304	3759361	3929943
二　级	Second	351	5369092	2633663	2735429
三　级	Third	555	3529678	1420951	2108727
其　他	Others	4	6079	6079	
专业承包	Professional Contractors	178	681956	178084	503873
一　级	First	29	130630	26848	103782
二　级	Second	76	394868	107501	287367
三　级	Third	66	154014	43579	110436
其　他	Others	7	2444	156	2288

注：该表数据包含具有总承包和专业承包资质的建筑业法人单位。

Main Production Indicators on Construction Enterprises(2019)

建筑业总产值(万元) Gross Output Value (10 000 yuan)	其中：装饰装修产值 Decoration	其中：在外省完成的产值 Outside the Province	建筑业总产值按构成分 By Composition of Gross Value of Construction		
			建筑工程产值 Building	安装工程产值 Installation	其他产值 Others
10860592	**221821**	**1872679**	**9366164**	**672562**	**821866**
10860592	221821	1872679	9366164	672562	821866
169226			10439	155045	3741
58796	273		51422	688	6686
6049850	127804	1297257	5459539	276878	313433
675472	15813	7563	461034	15539	198900
3907249	77932	567860	3383730	224413	299107
6017930	167666	1363721	5692110	135707	190113
4044298	26071	473857	3219772	374416	450111
372696	879	32243	184257	156736	31704
425668	27205	2860	270026	5703	149939
10402000	194177	1859197	9145446	463803	792750
1959805	119238	1300569	1883659	56394	19753
3701040	37953	386410	3298419	193437	209185
2598326	23787	111698	2298667	129755	169904
2136749	13199	60520	1664702	84218	387829
6079					6079
458592	27644	13483	220718	208759	29116
87454	24070	2712	40933	43193	3328
244735	3132	5938	136418	99385	8932
123960	441	4833	43047	66181	14732
2444			320		2124

a)Date in this chapter include the construction legal entities with general contracting and professional contracting qualifications.

10-6 续表

项　目	Item	竣工产值(万元) Output of Buildings Completed (10 000 yuan)	房屋建筑施工面积（万平方米） Floor Space Constructing Buildins (10 000 sq.m)
总　计	**Total**	**4230500**	**5785.37**
按企业登记注册类型分	**Grouped by Type Registered**		
内资企业	Domestic Investment	4230500	5785.37
国有企业	State-owned	108896	
集体企业	Collective-owned		
股份合作企业	Share Holding Cooperative	26791	38.22
联营企业	Joint-owned		
有限责任公司	Limited-liability Company	2164269	3460.37
股份有限公司	Share Holding Company	236725	211.24
私营企业	Private	1693819	2075.55
其他企业	Others		
港、澳、台商投资企业	Hong kong, Macao & Taiwan Funded		
外商投资企业	Foreign Funded		
按行业类别分	**Grouped by Sector**		
房屋建筑业	Housing Construction Industry	2741752	5569.95
土木工程建筑业	Civil Engineering Industry	1260594	134.46
建筑安装业	Construction and Installation Industry	120547	77.03
建筑装饰、装修和其他建筑业	Construction Decoration and Other Construction Industries	107607	3.93
按企业资质等级分	**Grouped by Intelligent Grade**		
施工总承包	General Contractors	4027825	5764.08
#特　级	Special Grade	369262	2153.10
一　级	First	1404696	1373.15
二　级	Second	1233618	1514.48
三　级	Third	1020249	723.35
其　他	Others		
专业承包	Professional Contractors	202675	21.29
#一　级	First	36160	0.93
二　级	Second	101222	19.14
三　级	Third	62877	1.16
其　他	Others	2417	0.07

Continued

房屋建筑竣工面积（万平方米）Buildings Completed (10 000 sq.m)	自有机械设备 Machinery & Equipment Owned			期末从业人数（万人）Engaged Persons at Year-end (10 000 persons)
	净值(万元) net valued (10 000 yuan)	总台数(万台) Number (10 000 sets)	总功率(万千瓦) Numbers (10 000 kw)	
1459.85	**437174**	**5.30**	**160.63**	**20.53**
1459.85	437174	5.30	160.63	20.52
	9393	0.15	2.30	0.30
16.46	4626	0.36	2.36	0.21
737.88	254194	2.60	111.11	10.48
75.19	16284	0.26	7.03	1.59
630.32	152677	1.92	37.83	7.95
1379.73	197997	4.08	78.10	12.50
58.14	205938	0.98	74.72	6.60
18.74	3662	0.11	2.31	0.82
3.24	29576	0.12	5.50	0.61
1454.84	429094	5.17	157.46	19.45
188.20	15794	0.44	12.97	1.17
425.56	137888	1.98	47.62	6.32
483.11	168022	1.88	74.44	7.40
357.96	107390	0.87	22.44	4.55
5.01	8080	0.13	3.17	1.07
0.39	1686	0.01	0.02	0.18
3.40	1548	0.06	0.93	0.54
1.16	4820	0.06	2.22	0.29
0.07	26			0.06

10-7 建筑施工企业主要财务指标(2019年)

单位:万元

项　目	Item	资产总计 Total Assets	流动资产合计 Total Circul-ating Assets	#存 货 Stock
总 计	**Total**	**21689185**	**17255741**	**1853744**
按企业登记注册类型分	**Grouped by Type Registered**			
内资企业	Domestic Investment	21689185	17255741	1853744
国有企业	State-owned	468142	425568	71691
集体企业	Collective-owned			
股份合作企业	Share Holding Cooperative	37849	35872	8930
联营企业	Joint-owned			
有限责任公司	Limited-liability Company	10381236	8289443	1073862
股份有限公司	Share Holding Company	1904492	1370498	58298
私营企业	Private	8897466	7134361	640962
其他企业	Others			
港、澳、台商投资企业	Hong kong, Macao & Taiwan Funded			
外商投资企业	Foreign Funded			
按行业类别分	**Grouped by Sector**			
房屋建筑业	Housing Construction Industry	9164726	7574500	883646
土木工程建筑业	Civil Engineering Industry	11421373	8797406	855547
建筑安装业	Construction and Installation Industry	660510	548867	99748
建筑装饰、装修和其他建筑业	Construction Decoration and Other Construction Industries	442575	334967	14802
按企业资质等级分	**Grouped by Intelligent Grade**			
施工总承包	General Contractors	20592105	16634289	1753829
特 级	Special Grade	2281353	1993268	68833
一 级	First	6672838	5485571	579465
二 级	Second	6237553	4927042	548349
三 级	Third	5388446	4218996	549866
其 他	Others	11914	9413	7315
专业承包	Professional Contractors	1097080	621452	99915
一 级	First	427541	105746	11138
二 级	Second	455485	352521	62286
三 级	Third	212452	162398	26491
其 他	Others	1603	787	

注：该表数据包含具有总承包和专业承包资质的建筑业法人单位。

Main Financial Indicators on Construction Enterprises with Independent Accounting System(2019)

(10 000yuan)

固定资产原价 Original Value of Fixed Assets	累计折旧 Accumul-ative Dep-reciation	#本年折旧 Of this Year	在建工程 Under Construction	负债合计 Total Liabilities	流动负债合计 Total Liquid Liabilities	所有者权益合计 Total Owners' Equity	#实收资本 Paid-in Capital
2378201	**1181274**	**202027**	**311826**	**14917702**	**13947096**	**6771484**	**4060078**
2378201	1181274	202027	311826	14917702	13947096	6771484	4060078
46652	34557	3041	82	308912	307578	159231	36677
2747	822	71		31131	27556	6718	6795
1308416	639680	106987	157727	6912533	6446661	3468703	2200710
82638	37761	5023	2981	1274559	1106737	629933	286670
937748	468455	86906	151036	6390567	6058564	2506899	1529226
799833	370021	43802	220333	6482149	6125434	2682578	1568044
1374284	701305	114283	67725	7774351	7198143	3647022	2228377
87162	52606	12548	20815	394506	373823	266005	141426
116921	57342	31395	2952	266696	249696	175879	122232
2203344	1099711	190151	303271	14449026	13497965	6143078	3893255
140227	60451	9600	42472	1882147	1830192	399206	253217
822236	416674	40651	34935	4711999	4541196	1960840	1101159
737562	396491	61194	112580	4453818	4054361	1783735	1220579
503230	226094	78706	111763	3390264	3061417	1998183	1315496
89			1520	10799	10799	1115	2804
174857	81564	11876	8555	468675	449131	628405	166823
14763	8511	969	1242	97521	97521	330020	40039
112793	46972	6329	7059	266434	250518	189051	76275
47106	26081	4578	254	103607	99978	108845	50290
195				1114	1114	489	220

a)Date in this chapter include the construction legal entities with general contracting and professional contracting qualifications.

10-7 续表 1

单位：万元

项　目	Item	主营业务收入 Revenue from Principal Business	主营业务成本 Costs of Principal Business
总　计	**Total**	**13094411**	**11967689**
按企业登记注册类型分	**Grouped by Type Registered**		
内资企业	Domestic Investment	13094411	11967689
国有企业	State-owned	216365	182814
集体企业	Collective-owned		
股份合作企业	Share Holding Cooperative	39279	38366
联营企业	Joint-owned		
有限责任公司	Limited-liability Company	7131253	6550006
股份有限公司	Share Holding Company	712405	606816
私营企业	Private	4995110	4589686
其他企业	Others		
港、澳、台商投资企业	Hong kong, Macao & Taiwan Funded		
外商投资企业	Foreign Funded		
按行业类别分	**Grouped by Sector**		
房屋建筑业	Housing Construction Industry	7550801	7003038
土木工程建筑业	Civil Engineering Industry	4660012	4198731
建筑安装业	Construction and Installation Industry	424060	365291
建筑装饰、装修和其他建筑业	Construction Decoration and Other Construction Industries	459539	400630
按企业资质等级分	**Grouped by Intelligent Grade**		
施工总承包	General Contractors	12572446	11533783
特　级	Special Grade	1976288	1827015
一　级	First	4137314	3807927
二　级	Second	3775390	3488623
三　级	Third	2677219	2402979
其　他	Others	6236	7239
专业承包	Professional Contractors	521965	433906
一　级	First	99170	86608
二　级	Second	279809	223059
三　级	Third	140591	121938
其　他	Others	2394	2301

Continued

(10 000yuan)

主营业务税金及附加 Taxes and Other Charges on Principal Business	其他业务利润 Profits from Other Business	管理费用 Administrative Expenses	财务费用 Financial Expenses	#利息支出 Interest Expenditure	营业利润 Operating Profits	利润总额 Total Profits	应付职工薪酬 Remuneration Payable to Staff	应交增值税 Value-added Tax Payable
92529	**21680**	**513203**	**176829**	**154872**	**330764**	**322112**	**1232609**	**336812**
92529	21680	513203	176829	154872	330764	322112	1232609	336812
1580		26716	1918	1305	2630	2775	29190	3658
205		806	146		-211	-48	3678	1988
45957	16109	289170	67968	56853	179309	172106	728030	172937
5889	3572	21975	34629	34815	37950	38109	91494	16377
38899	1998	174535	72168	61899	111086	109169	380218	141852
59346	4915	204548	63535	56289	203767	200841	747350	205919
28758	16493	243855	109771	96156	67463	63103	388106	110918
2902	62	43498	456	573	15560	16647	52529	10036
1523	210	21301	3067	1854	43974	41521	44624	9940
87931	20207	445617	176149	154161	305902	295464	1160231	324761
7531	12246	58062	43743	43775	26274	22884	136815	24525
25909	3220	157031	37980	28242	102981	102984	474387	106058
36658	1392	136578	53491	45398	55243	51714	332264	122397
17828	3349	93834	40935	36746	122524	119002	216647	71780
5		112			-1119	-1119	118	
4598	1472	67585	680	711	24862	26648	72378	12052
530	58	7993	192	164	4467	4093	11612	2612
2018	1244	45531	356	481	10431	12467	42215	5157
2039	170	14030	126	66	9922	10045	16328	4258
11		31	6		42	42	2223	26

10-8 建筑业企业基本情况

Basic Statistics on Construction Enterprises

年 份 Year	企业单位数（个） Number of Enterprises (unit)				年末从业人员数（万人） Number of Persons Engaged (10 000 persons)				建筑业总产值（亿元） Gross Output Value (100 million yuan)			
	总 计 Total	国 有 State-owned	城镇集体 Urban Collect-iveowned	其他经济 Others	总 计 Total	国 有 State-owned	城镇集体 Urban Collect-iveowned	其他经济 Others	总 计 Total	国 有 State-owned	城镇集体 Urban Collect-iveowned	其他经济 Others
2002	726	56	67	603	27.68	5.00	1.88	20.80	220.02	50.53	13.68	155.81
2003	674	39	31	604	26.63	2.10	0.67	23.86	257.66	36.34	9.92	211.40
2004	674	18	9	647	27.53	1.69	0.15	25.69	354.51	29.42	2.44	322.65
2005	676	20	14	642	26.35	1.57	0.32	24.46	381.30	38.78	3.10	339.42
2006	703	17	7	679	29.62	2.84	0.14	26.64	467.00	38.17	2.74	426.09
2007	734	18	11	705	38.62	3.88	0.22	34.52	681.10	76.64	2.53	601.93
2008	790	14	7	769	42.80	4.74	0.24	37.82	780.05	69.90	4.13	706.02
2009	820	14	9	797	49.89	4.83	0.37	44.69	964.73	66.60	6.21	891.91
2010	873	16	8	849	44.34	1.87	0.18	42.30	1125.58	72.71	4.52	1048.35
2011	896	14	5	877	41.05	1.35	0.05	39.65	1394.68	50.85	0.40	1343.43
2012	917	11	4	902	36.89	1.06	0.03	35.80	1441.00	50.48	0.54	1389.97
2013	951	6	1	944	39.58	0.33		39.25	1571.16	13.05	0.04	1558.07
2014	960	5	1	954	33.70	0.26		33.44	1401.91	8.99	0.02	1392.91
2015	955	7	1	947	28.64	0.25		28.39	1123.21	7.69	0.02	1115.51
2016	991	3	1	987	27.06	0.21		26.85	1220.81	4.26		1216.55
2017	1010	3	1	1006	27.82	0.20		27.61	1122.19	1.58		1120.61
2018	1147	2		1145	25.45	0.11		25.34	1040.12	4.06		1036.06
2019	1189	5		1184	20.53	0.30		20.23	1086.06	16.92		1069.14

注：该表数据包含具有总承包或专业承包资质的建筑业法人单位。

a)Date in this chapter include the construction legal entities with general contracting or professional contracting qualifications,the same as in the following tables.

主要统计指标解释

全社会固定资产投资 是以货币形式表现的在一定时期内全社会建造和购置固定资产的工作量以及与此有关的费用的总称。该指标是反映固定资产投资规模、结构和发展速度的综合性指标,又是观察工程进度和考核投资效果的重要依据。全社会固定资产投资按登记注册类型可分为国有、集体、联营、股份制、私营和个体、港澳台商、外商、其他等。

固定资产投资(不含农户) 指城镇和农村各种登记注册类型的企业、事业、行政单位及城镇个体户进行的计划总投资500万元及500万元以上的建设项目投资和房地产开发投资,包含原口径的城镇固定资产投资加上农村企事业组织项目投资。

房地产开发投资 指房地产开发公司、商品房建设公司及其他房地产开发法人单位和附属于其他法人单位实际从事房地产开发或经营的活动单位统一开发的包括统代建、拆迁还建的住宅、厂房、仓库、饭店、宾馆、度假村、写字楼、办公楼等房屋建筑物和配套的服务设施,土地开发工程(如道路、给水、排水、供电、供热、通讯、平整场地等基础设施工程)的投资;不包括单纯的土地交易活动。

固定资产投资按国民经济行业分 指根据其从事的社会经济活动性质对各类单位进行的分类。应根据建设项目建成投产后的主要产品种类或主要用途及社会经济活动种类来划分,不能根据项目单位本身的行业类别来划分。如果项目投资产后有几种产品,应根据主要产品来来确定行业类别。一般情况下,一个建设项目只能属于一种国民经济行业。

固定资产投资按隶属关系分 是按建设单位或企业、事业、行政单位的主管上级机关确定的。

(1)中央 是指中共中央、人大常委会和国务院各部、委、局、总公司以及直属机构直接领导的建设项目和企业、事业、行政单位。这些单位的固定资产投资计划由国务院各部门直接编制和下达,统一组织或委托下级实施。包括有中央垂直管理的部门(如国家统计局各级调查队)和中央直属企业、事业单位(如工商银行、中国电信、中国石油)等。

(2)地方 是由省(自治区、直辖市)、地(区、市、州、盟)、县(区、市、旗)三级政府及业务主管部门直接领导和管理的建设项目、企业、事业、行政单位。地方项目还包括不隶属以上各级政府及主管部门的建设项目和企业、事业单位,如外商投资企业和无主管部门的企业等。

固定资产投资按构成分

(1)建筑工程 指各种房屋、建筑物的建造工程,又称建筑工作量。这部分投资额必须兴工动料,通过施工活动才能实现,是固定资产投资额的重要组成部分。

(2)安装工程 指各种设备、装置的安装工程,又称安装工作量。

在安装工程中,不包括被安装设备本身价值。

(3)设备工具器具购置 指报告期内购置或自制的,达到固定资产标准的设备、工具、器具的价值。新建单位及扩建单位的新建车间,按照设计或计划要求购置或自制的全部设备、工具、器具,不论是否达到固定资产标准均计入"设备工器具购置"中。

(4)其他费用 指在固定资产建造和购置过程中发生的,除建筑安装工程和设备、工器具购置投资完成额以外的应当分摊计入固定资产投资的费用,不指经营中财务上的其他费用。

土地购置费 指房地产开发企业通过各种方式取得土地使用权而支付的费用,土地购置费包括:(1)通过划拨方式取得的土地使用权所支付的土地补偿费、附着物和青苗补偿费、安置补偿费及土地征收管理费等;(2)通过"招、拍、挂"等出让方式取得土地使用权所支付的资金。

待开发土地面积 指经有关部门批准,通过各种方式获得土地使用权,但尚未开工建设的土地面积。

本年土地购置面积 指在本年内通过各种方式获得土地使用权的土地面积。

本年土地成交价款 指进行土地使用权交易活动的最终金额。在土地一级市场,是指土地最后的划拨款、"招拍挂"价格和出让价;在土地二级市场是指土地转让、出租、抵押等最后确定的合同价格。土地成交价款与土地购置面积同口径,可以计算土地的平均购置价格。

自开始建设累计完成投资 指房地产开发企业在建的房屋建设工程或正在开发的土地开发工程从开始建设到本期止累计完成的全部投资。

本年完成投资 指各种登记注册类型的房地产开发法人单位统一开发的住宅、厂房、仓库、饭店、宾馆、度假村、写字楼、办公楼等房屋建筑物,配套的服务设施,土地开发工程(如道路、给水、排水、供电、供热、通讯、平整场地等基础设施工程)和土地购置的投资;不包括单纯的土地开发和交易活动。

房屋施工面积 指报告期内施工的全部房屋建筑面积。包括本期新开工的房屋建筑面积、上期跨入本期继续施工的房屋建筑面积、上期停缓建在本期恢复施工的房屋建筑面积、本期竣工的房屋建筑面积以及本期施工后又停缓建的房屋建筑面积。多层建筑应填各层建筑面积之和。

房屋竣工面积 指报告期内房屋建筑按照设计要求已全部完工,达到住人和使用条件,经验收鉴定合格或达到竣工验收标准,可正式移交使用的各栋房屋建筑面积的总和。

房屋新开工面积 指报告期内新开工建设的房屋建筑面积,以单位工程为核算对象,即整栋房屋的全部建筑面积,不能分割计算。不包括在上期开工跨入报告期继续施工的房屋建筑面积和上期停缓建而在本期恢复施工的房屋建筑面积。房屋的开工应以房屋正式开始破土刨槽(地基处理或打永久桩)的日期为准。

商品房销售面积 指房地产开发企业本年出售商品房屋的合同总面积(即双方签署的正式买卖合同中所确定的建筑面积)。

商品房销售额 指房地产开发企业本年出售商品房屋的合同总价款(即双方签署的正式买卖合同中所确定的合同总价)。

本年实际到位资金 指房地产开发企业实际拨入的,用于房地产开发的各种货币资金。包括国内贷款、利用外资、自筹资金、定金及预收款、个人按揭贷款和其他资金。

签订合同额 指建筑业企业在报告期直接同建设单位签订的各种国内工程合同的总价款和以前年度同建设单位签订的各种国内工程合同的未完工程跨入本年度继续施工工程合同的总价款余额。

上年结转合同额 指以前年度同建设单位签订合同的未完工程跨入本年度继续施工工程合同的总价款余额。

本年新签合同额 指建筑业企业在报告期内同建设单位直接新签订的各种国内工程合同的总价款,不包括与其他建筑业企业新签的分包合同额。

建筑业总产值 指以货币表现的建筑业企业在一定时期内生产的建筑业产品和服务的总和。建筑业总产值包括建筑工程产值、安装工程产值和其他产值三部分内容。

装饰装修产值 包括装饰、装修两部分产值。装修装饰指对新旧房屋及建筑物进行的内外装修装饰;对新建房屋及建筑物经过施工后,尚未完全达到使用标准,而进行的二次装修装饰;以及对原有房屋经使用若干年后进行的二次内外装饰。包括抹灰、门窗、玻璃、吊顶、隔断、饰面板(砖)、涂料、裱糊、刷浆、花饰等。

在外省完成的产值 指建筑业企业在其他省份施工所完成的建筑业产值。

房屋建筑面积 指房屋全部平面面积的总和。它从房屋的外墙线算起,包括可供使用的有效面积和墙柱等结构占用面积。多层房屋按各层(包括地下室)面积总合计算。旧房加层或改造,只计算增加的建筑面积;旧房拆除重建,计算其全部面积;临时房屋不计算建筑面积。

房屋竣工价值 指报告期内按规定已经上报竣工的房屋本身的建造价值。一般按房屋设计和预算规定的内容计算。包括竣工房屋本身的基础、结构、屋面、装修以及水、电、卫等附属工程的建筑价值;也包括作为房屋建筑组成部分而列入房屋建筑工程预算内的设备(如电梯、通风设备等)的购置和安装费用。不包括厂房内的工艺设备、工艺管线的购置和安装,工艺设备基础的建造;室外的水、暖、电、卫、道路工程、挡土墙等环境工程的费用;办公和生活用家具的购置等费用;购置土地的费用;迁移补偿费和场地平整的费用及城市建设配套投资。

房屋竣工价值不仅包括该竣工房屋在报告期内完成的价值,也包括跨年施工的房屋在本期以前完成的价值。未竣工而转让给其他单位的房屋建筑工程,出让单位不计算竣工价值,待接受单位继续施工并符合竣工条件后,由接受单位计算其竣工价值,包括出让单位在出让前所完成的价值。房屋竣工价值一般按结算价格(或中标价)计算。

年末自有施工机械设备净值 指本企业(或单位)自有施工机械设备经过使用、磨损后实际存在的价值,即原值减去折旧后的净额。

年末自有施工机械设备总台数 指年末本企业(或单位)自有的直接用于工程施工的各种机械设备的台数。但不包括附属辅助生产机械设备、运输机械设备、生产试验机械设备的台数。

年末自有施工机械设备总功率 指年末本企业(或单位)自有的直接用于工程施工的各种机械设备年末总功率,按设定能力或查定能力计算。包括施工机械本身的动力和为该机械服务的单独动力设备,如电动机等。但不包括附属辅助生产机械设备、运输机械设备、生产试验机械设备的功率。计量单位用千瓦,动力换算可按 1 马力 =0.735 千瓦折合成千瓦数。电焊机、变压器、锅炉不计算动力。

建筑业企业期末人数 指报告期末最后一日 24 时在本单位工作并取得劳动报酬或收入的期末实有人员数。期末从业人员包括在各单位工作的外方人员和港澳台方人员、兼职人员、再就业的离退休人员、借用的外单位人员和第二职业者,企业下属产业活动单位期末人员,还包括分包给一些非独立核算的零散的建筑业包工队(组)等。但不包括离开本单位仍保留劳动关系的职工,如:下岗、内退、停薪留职等人员;建筑业整建制使用的人员。

Explanatory Notes on Main Statistical Indicators

Total Investment in Fixed Assets in the Whole Country refers to the volume of activities in construction and purchases of fixed assets of the whole country and related fees, expressed in monetary terms during the reference period. It is a comprehensive indicator which shows the size, structure and growth of the investment in fixed assets, providing a basis for observing the progress of construction projects and evaluating results of investment. Total investment in fixed assets in the whole country includes, by type of ownership, the investment by State – owned units, collective – owned units, joint ownership units, share – holding units, private units, individuals as well as investments by entrepreneurs from Hong Kong, Macao and Taiwan, foreign investors and others.

Investment in Fixed Assets (Excluding Rural Households) refers to the total planned investment of 5 million yuan or more in construction projects and real estate development investments made by various registered enterprises, public institutions and urban self – employed individuals in urban and rural areas, including the original caliber investment in urban fixed assets plus investment in rural enterprises and institutions.

Investment in Real Estate Development refers to real estate development company commercial housing construction and other real estate development company legal person units and is attached to other legal person unit actually engaged in real estate development or business activities of unified development including the system construction demolition also built residential premises warehouse hotel resort hotel office building and other buildings and supporting service facilities, land development projects such as roads indoor water supply heating communication flat ground and other infrastructure engineering) of the investment; Does not include simple land transactions

Investment in Fixed Assets by Sector refers to the classification of investment by the nature of social economic activities the investing units are engaged in. The classification of construction projects by sector is determined by the major products or the purpose of the projects when they are put into production or use, and by the nature of their social economic activities, instead of being determined by industrial classification of the project enterprises. The project will be classified according to major product if there are several kinds of products yielded. In general, one project can only be classified into one sector.

Investment in Fixed Assets by Jurisdiction of Management refers to the classification of investment by the competent authorities under which investment is made by construction units, enterprises, institutions or administrative units.

(1) Central investment refers to the investment in projects or by enterprises, institutions or administrative units which are under the direct leadership and management of the State Council and of the national commissions, ministries, agencies and State – owned large corporations. Various ministries and departments of the State Council prepare and implement plans through unified organization or lower – level commissions, which include departments direct under central government (i. e. survey offices at all level of the National Bureau of Statistics) and enterprises and institutions directly under central government (like the Industrial and Commercial Bank of China, China Telecom and China National Petroleum Corporation)..

(2) Local investment refers to the investment in projects or by enterprises, institutions or administrative units which are under the direct leadership and management of competent departments and governments at the level of province (autonomous regions and municipalities directly under the Central Government), prefecture (prefectures, cities and leagues) and county (districts, cities and banners). Also included are projects by foreign – invested enterprises and enterprises without competent managing authorities.

Investment in Fixed Assets by Structure

(1) Construction refers to the construction of houses and buildings, also known as work volume of construction. This part of investment can only be achieved through construction activities, it is the major component of the total investment in fixed assets.

(2) Installation refers to the installation of various kinds of equipment and instruments, also known as work volume of installation.

The value of equipment installed itself is not included in the value of installation projects.

(3) Purchase of equipment and instruments refers to the total value of equipment, tools, and instruments purchased or self – produced which come up to the cut – off point for fixed assets during the reference period. Equipment, tools and instruments

purchased or self – produced for new workshops by newly established or expanded units are categorized as "purchase of equipment and instruments" no matter whether they come up to the cut – off point for fixed assets.

(4) Other expenses refer to expenses arising during the construction or purchase of fixed assets other than those expenses on construction, installation and purchase of equipment and instruments. Other financial expenses arising in operation are not included.

Land purchase fees It refers to the fees paid by real estate development enterprises for obtaining the right to use the land through various means. Land purchase fees include : (1) land compensation fees paid for the right to use the land obtained through the transfer method; (2) obtain the funds paid for the land use right through auction, auction and other transfer methods.

Land Space Pending Development refers to the area of land with its use rights already approved by authorities and obtained by real estate development companies but the land development not yet starts.

Land Space Purchased in the Year refers to the area of land with its use rights already obtained in the year by real estate development companies.

Land Transaction Price of This Year Refers to the final amount of land use right trading activities in the primary land market, refers to the final allocation of land auction listing price and transfer price; In the land secondary market is the land transfer rental mortgage and other final determined contract price land transaction price and land purchase area the same caliber, can calculate the average purchase price of land.

Accumulative Investment Actually Completed Since Starting of Construction refers to all the investment accomplished by real estate development companies in the construction of building or the development of land from the beginning to the end of the year.

Investment Completed This Year refers to the residential buildings, factory buildings, warehouses, hotels, resorts, office buildings and other buildings, supporting service facilities, land development projects (such as road, water supply, drainage, power supply, heat supply, communication, leveling sites and other infrastructure projects) and land purchase investments developed by various registered real estate development legal entity; Exclusive land development and trading activities are excluded.

Floor Space Under Construction refers to total floor space of all buildings under construction during the reference period, including floor space of newly started buildings during the reference period, floor space of construction extended from the previous period to the current period, floor space of construction suspended during the previous period and resumed in the current period, floor space of construction completed in the current pe – riod, and floor space of construction started and then suspended in the current period. Multistory building should fill the sum of each floor area.

Floor Space of Buildings Completed refers to the floor space of buildings completed in the reference period, which have come up to the designed standards and have been put into use.

Floor Space of Buildings Started This Year refers to the total floor space area of the buildings started in the year by real estate development companies. It excludes the buildings started in previous years and continued in the year, and the buildings suspended in previous years but restarted in the year.

Area of Commercialized Housing Sold refers to total contracted area of commercialized housing (i. e. area of floor space as designated in the formal contracts signed by both sides) sold by real estate development companies during the reference time.

Value of Commercialized Housing Sold refers to the total contracted value (i. e. value of sales/purchase for selling/purchase of commercialized housing as designated in the contract signed by both sides) received from the sales of the buildings by real estate development companies during the reference time.

The Actual Capital in Place This Year refers to the real estate development enterprise actually dials in, USES in the real estate development each kind of monetary fund including the domestic loan USES the foreign capital to raise the fund earnest money and receives the money in advance individual mortgage loan and other funds.

Contract amount The total cost that points to all sorts of domestic project contract that construction enterprise signs with construction unit directly in report period and the unfinished project that all sorts of domestic project contract that year signs with construction unit before crossed into the total cost balance that this year continues construction project contract.

Contract Amount Carried Forward from Last Year Refers to the balance of the total price of the unfinished project signed a contract with the construction unit in the previous year and entered into the contract of continuing construction project in the current year.

Amount of New Contract Signed this Year Refers to the total price of all kinds of domestic engineering contracts directly signed by construction enterprises with construction units during the reporting period, excluding the amount of subcontract newly signed with other construction enterprises.

Gross Output Value of Construction It refers to the total output value of construction products and services produced by the construction enterprise in a certain period of time, including the output value of construction engineering, the output value of installation engineering and other output values.

Output Value of Decoration Including two parts of the value of decoration decoration refers to the new and old houses and buildings on the inside and outside decoration decoration; After the construction of the new buildings and buildings have not fully met the standards of use, and the second decoration; And the original house after several years of use for the second interior and exterior decoration including plastered doors and Windows glass ceiling partition panel (brick) painting painting brush flower decoration.

Output value completed in Other Provinces Refers to the output value of construction industry completed by construction enterprises in other provinces.

Floor Space of Buildings under Construction and Completed refers to total floor space in each story of buildings calculated from the outside line of building walls, including both usable space and the space occupied by constructions like pillars or walls. The floor space of multi story buildings includes the total floor space of each story (including basement) . Old house add a layer or transform, calculate the floor area that increases only; Demolish and rebuild the old house, and calculate its whole area; Temporary housing does not calculate the floor area.

Value of Buildings Completed It refers to the construction value of the completed house in the reporting period, which has been reported according to the regulations. Generally, the construction value of the completed house is calculated according to the content stipulated by the house design and budget, including the basic structure roof decoration of the completed house and the building value of ancillary projects such as water, electricity and sanitation. It also includes the purchase and installation of equipment (such as elevator ventilation equipment, etc.) included in the housing construction project budget as a part of the housing construction. The cost of environmental engineering such as road retaining wall of outdoor water heating electrical sanitation; Purchase of office and living furniture; The cost of acquiring land; Migration compensation and site formation costs and urban construction supporting investment.

House completion value includes not only the completion of the value of the completion of the reporting period, also includes the construction of houses across in the value of this finish unfinished and transferred to other units of housing construction project, completed transfer unit is not calculated value, to accept an unit to continue and conform to the conditions after completion of construction, calculated by the accepting unit, its completion value, including transfer unit in the value of the assignment done before building complete value generally according to the settlement price (or price) in the calculation.

Net Value of Its Own Construction Machinery and Equipment at the End of the Year refers to the actual value of construction machinery and equipment owned by the enterprise (or unit) after wear and tear, that is, the original value minus depreciation

Total Number of Machinery and Equipment Owned by the End of Year refers to the number of machines and equipment owned by the enterprises, and listed as the fixed assets of the enterprises by the end of the year, including machinery and equipment for construction, production and transportation.

Total Power of Machinery and Equipment Owned by the End of Year refers to the total power of machinery and equipment owned by the enterprises, and listed as the fixed assets of the enterprises by the end of the year, including machinery and equipment for construction, production and transportation. The power of the machinery is calculated on basis of the designed or verified capacity, covering the power of the machinery/equipment and the separate power equipment serving the machinery/equipment(such as electric motors) , but excluding welders, transformers and boilers. The unit used for the calculation of power is kilowatt, with horsepower converted to kilowatt by 1 horse power = 0. 735 kilowatt.

Final Number of Employees of Construction Enterprises refers to the actual number of employees who work in the unit at 24 hours on the last day of the end of the report period and obtain labor remuneration or income. The employees at the end of the period include the foreign personnel working in various units, Hong Kong, Macao and Taiwan personnel, part – time personnel, reemployed retired personnel, borrowed personnel from other units and second professionals, the employees at the end of the period of the subordinate industrial activity units of the enterprise, as well as the scattered construction contractors (groups) subcontracted to some non – independent accounting. However, it does not include the staff and workers who still retain labor relations after leaving the unit, such as the staff who are laid off, retired from the company, and those who remain on duty without pay; Persons employed in the construction industry.

11 国 内 贸 易

Domestic Trade

资料整理：沙仁高娃　柳美玲

Arranged By：Sha Rengaowa，Liu Meiling

11-1 社会消费品零售总额(按销售单位所在地和行业分)

Total Retail Sales of Consumer Goods by Location of Retailers and by Sector

单位：万元　　　　(10 000 yuan)

年 份 Year	社会消费品零售总额 Total Retail Sales of Consumer Goods	市 City	县 County	县以下 Under County Level
1978	368336	109765	173880	84691
1979	396306	115097	212109	69100
1980	443085	134370	234472	74243
1981	473558	151209	220104	102245
1982	521169	168509	184330	168330
1983	576479	213026	190936	172517
1984	682854	272508	219274	191072
1985	827012	379587	242756	204669
1986	926482	459731	255630	211121
1987	1054027	539840	281796	232391
1988	1304955	675461	350485	279009
1989	1385861	743528	367718	274615
1990	1462149	804703	378731	278715
1991	1631688	950829	424749	256109
1992	1865604	1082284	465677	317643
1993	2184728	1252559	511580	420588
1994	2566325	1503056	591671	471598
1995	2974522	1696879	725665	551978
1996	3400357	1909436	873232	617688
1997	3825673	2287579	905263	632831
1998	4235987	2554775	985583	695629
1999	4718079	2900404	1074203	743472
2000	5298286	3293306	1203661	801320
2001	5955570	3771942	1326233	857395
2002	6940941	4419923	1518230	1002788
2003	7903731	5131505	1683147	1089079
2004	9468857	6298541	1956279	1214037
2005	10891997	7286995	2256033	1348968
2006	12838418	8712403	2623496	1502519
2007	15217773	10410692	3034257	1772824
2008	18760643	12916128	3689669	2154846
2009	21366075	14626736	4209165	2530174

注：本部分资料根据第四次全国经济普查结果对1993-2018年数据进行了修订，下同。

a)The date of 1993-2018 have been revised based on the results of the Fourth National Economic Census,the same applies to the table following.

11-1 续表 Continued

单位：万元 (10 000 yuan)

年 份 Year	批发零售贸易业 Wholesale and Retail Sale Trade	住宿餐饮业 Hotels and Catering	制 造 业 Manufacturing	农业生产者 Agriculture	其 他 行 业 Others
1978	324557	9176	18424	4500	11679
1979	349203	9873	19823	4806	12601
1980	377210	12425	26812	11745	14893
1981	395242	13436	32747	12613	19520
1982	429129	15383	40642	16000	20015
1983	468060	17180	49112	18419	23708
1984	540456	21996	64587	28201	27614
1985	639621	26309	83076	43560	34446
1986	717482	31180	83815	51319	42686
1987	822095	37134	84602	60161	50035
1988	1022036	45026	110832	72734	54327
1989	1097906	44454	121209	81943	40349
1990	1154732	46081	126464	93257	41615
1991	1277458	54716	138160	111773	49581
1992	1424440	61275	166494	138677	74718
1993	1781310	270141			133277
1994	2108185	315230			142910
1995	2428808	376277			169437
1996	2773285	441088			185983
1997	3118271	516796			190605
1998	3431588	593837			210562
1999	3795454	696302			226322
2000	4244592	819323			234371
2001	4765992	943288			246290
2002	5558386	1133849			248706
2003	6315567	1323821			264343
2004	7511090	1653252			304515
2005	8646361	1896459			349177
2006	10161912	2286002			390504
2007	11999795	2853128			364850
2008	16058026	2306518			396099
2009	18189375	2697333			479367

11-2 社会消费品零售总额(按销售单位所在地和消费形态分)

Total Retail Sales of Consumer Goods by Location of Retailers and by Consumption Patterns

单位：万元 (10 000 yuan)

年 份 Year	社会消费品零售总额 Total Retail Sales of Consumer Goods	按销售单位所在地分 Grouped by Location of Retailers				按消费形态分 Grouped by consumption patterns	
		城镇 Cities	城区 City	镇区 Towns	乡村 Village	商品零售收入 Revenue from Commodities	餐费收入 Revenue from Meals
2010	24864017	22302481	15903762	6398718	2561536	21649535	3214482
2011	28785735	25789224	18766440	7022785	2996511	25205998	3579738
2012	32392014	28987088	21243610	7743478	3404926	28361874	4030140
2013	35591887	31812944	22921855	8891089	3778943	31123661	4468226
2014	38667581	34548857	24549307	9999550	4118724	33738048	4929533
2015	41035114	36621788	25997716	10624073	4413326	35627379	5407735
2016	44158761	39366533	27869551	11496982	4792228	38228178	5930583
2017	46426440	41272515	29207290	12065225	5153925	40024902	6401539
2018	48522936	43047233	30404788	12642445	5475702	41705948	6816988
2019	50511064	44691637	31547517	13144120	5819427	43358167	7152897

11-3 社会消费品销售额

Total Sales Volume Grand of Consumer Goods

单位：万元 (10 000 yuan)

指 标	Item	2018	2019
销售额（营业额）总计	**Sales Volume (Turnover) Grand Total**	**112651289**	**119448389**
销售额	**Sales Volume**	**106464073**	**112472091**
批发业	Whole-sale Trade	73524859	76574987
零售业	Retail Sale Trade	32939214	35897104
营业额	**Turnover**	**6187216**	**6976298**
住宿业	Hotels Trade	979150	1074414
餐饮业	Catering Trade	5208066	5901884

11-4 限额以上住宿业企业及个体户经营情况(2019年)

Above Designated Size Hotel Enterprises and Self-Employed Trade(2019)

单位：万元　　　　(10 000 yuan)

指 标	Item	营业额 Business Revenue	#客房收入 Revenue from Hotel Rooms	#餐费收入 Revenue from Meals	#商品销售收入 Revenue from Commodities
总　计	**Total**	**401603**	**222528**	**154744**	**1806**
旅游饭店	Tourist Hotel	287744	151620	116249	1337
一般旅馆	General Hotel	102652	65342	33680	346
民宿服务	Homestay	2108	1145	963	
其他住宿服务	Others	9099	4421	3853	123

11-5 限额以上餐饮业企业及个体户经营情况(2019年)

Above Designated Size Catering Enterprises and Self-Employed Trade(2019)

单位：万元　　　　(10 000 yuan)

指 标	Item	营业收入 Business Revenue	#商品零售额 Retail Sales of Commodities
总 计	**Total**	**724710**	**615581**
正餐服务	Dinner Services	685335	579103
快餐服务	Fast Food Services	36367	35532
饮料及冷饮服务	Cold Drink Services		
其他餐饮服务	Others	946	946

11-6 亿元以上商品交易市场情况(2019年)

Statistics on Commodity Exchange Markets of Transaction Value Over Million Yuan(2019)

指　标	Item	市场数(个) Markets (unit)	总摊位数(个) Booths (unit)	年末出租摊位(个) Rent Booths At Year-end (unit)	成交额(万元) Turn Over (10000 yuan)
总　计	**Total**	**50**	**36960**	**31780**	**6566268**
综合市场	**Integrated Markets**	**10**	**11928**	**8746**	**2510320**
生产资料	Production Markets				
工业消费品	Industrial Markets	1	3315	2491	42945
农产品	Farm Produce Markets	7	5072	3468	2143232
其他	Others	2	3541	2787	324143
专业市场	**Special Markets**	**40**	**25032**	**23034**	**4055948**
生产资料	Production Markets	8	2449	2281	571348
农业生产用具	Agricultural Implements	1	210	210	20000
农用生产资料	Agricultural Production	1	209	209	10000
煤炭	Coal and Charcoal				
木材	Wood	1	140	140	43700
建材	Building Materials	3	1115	947	158051
化工材料及制品	Chemical Materials				
金属材料	Metal Materials	1	72	72	220346
机械设备	Mechanical Equipment				
其他生产资料	Others	1	703	703	119251
农产品	Farm Produce Markets	15	11187	10652	2090375
粮油	Grain & Oil	2	144	122	134120
肉禽蛋	Meat,Poultry & Eggs	1	550	393	15100
水产品	Aquatic Products				
蔬菜	Vegetables	4	5484	5322	700652
干鲜果品	Dried & Fresh Fruits				
棉麻土畜、烟叶	Cotton,Local& Livestock and Tobacco	2	1100	1000	100000
其他农产品	Others	6	3909	3815	1140503
食品、饮料及烟酒	Food,Beverages,Tobacco & Liquor	1	53	53	17795
纺织、服装、鞋帽	Textile,Garments,Footwear& Hat Wear	7	6291	5639	300881
日用品及文化用品	Commodity & Cultural Articles				
黄金、珠宝、玉器等首饰	Gold,Jewelry and Jade				
电器、通讯器材、电子设备	Electrical Equipment	1	416	416	33625
医药、医疗用品及器材	Medicament				
家具、五金及装饰材料	Furniture,Hardware,Decorating	3	670	670	116424
汽车、摩托车及零配件	Autocar,Motorcycles,Accessories				
花、鸟、鱼、虫	Flower,Bird,Fish & Insect				
旧货	Second Hand				
其他专业市场	Others	5	3966	3323	925500

11-7 限额以上批发和零售业、住宿和餐饮业企业及个体户基本情况(2019年, 按登记注册类型分)

Basic Conditions of Enterprises above Designated Size of Wholesale,Retail Sale,Hotels,Catering Trades and Self-Employed by Registration(2019)

指 标	Item	法人企业(个) Number of Corporation Unit (unit)	产业活动单位数及个体户(个) Number of Active Unit and Self-Employed (unit)	从业人数(人) Persons Engaged (person)
总 计	**Total**	**2601**	**570**	**176373**
一、批发业合计	**Wholesale Trade**	**970**	**5**	**38250**
内资企业	**Domestic Funded Enterprises**	**966**	**3**	**38160**
国有企业	State-owned Enterprises	31	1	6373
集体企业	Collective-owned Enterprises	1		
股份合作企业	Cooperative Enterprises			
联营企业	Joint Ownership Enterprises			
国有联营公司	State Joint Ownership Enterprises			
集体联营企业	Collective Joint Ownership Enterprises			
国有与集体联营企业	Joint State Collective Enterprises			
其他联营企业	Other Joint Ownership Enterprises			
有限责任公司	Limited Liability Corporations	351	2	16748
国有独资企业	State Sole Funded Corporations	25		3910
其他有限责任公司	Other Limited Liability Corporations	326	2	12838
股份有限公司	Share-holding Corporations Ltd.	23		2472
私营企业	Private Enterprises	560		12567
私营独资企业	Private-funded Enterprises	15		124
私营合伙企业	Private Partnership Enterprises			
私营有限责任公司	Private Limited Liability Corporations	529		11907
私营股份有限公司	Private Share-holding Corporations Ltd.	16		536
其他企业	Other Enterprises			
港、澳、台商投资企业	**Enterprises with Investment from Hong Kong,Macao & Taiwan**	**3**		**44**
港澳台资合资经营	Joint-venture Enterprises			
港澳台资合作经营	Cooperative Enterprises			
港澳台商独资企业	Sole Investment	3		44
港澳台商投资股份有限公司	Share-holding Co.,Ltd			
其它港澳台投资	Others			
外商投资企业	**Enterprises With Foreign Investment**	**1**		**36**
中外合资经营	Joint-venture Enterprises	1		36
中外合作经营	Cooperative Enterprises			
外资企业	Enterprises with Sole			
外商投资股份有限公司	Share-holding Co., Ltd.			
其它外商投资	Others			
个体工商户	**Self-employed Individuals**		**2**	**10**
二、零售业合计	**Retail Trade**	**1087**	**150**	**78203**
内资企业	**Domestic Funded Enterprises**	**1079**	**6**	**72507**
国有企业	State-owned Enterprises	6	2	685
集体企业	Collective-owned Enterprises	3		79
股份合作企业	Cooperative Enterprises	1		18
联营企业	Joint Ownership Enterprises			
国有联营公司	State Joint Ownership Enterprises			
集体联营企业	Collective Joint Ownership Enterprises			
国有与集体联营企业	Joint State Collective Enterprises			
其他联营企业	Other Joint Ownership Enterprises			
有限责任公司	Limited Liability Corporations	382	2	32657
国有独资企业	State Sole funded Corporations	12		1373
其他有限责任公司	Other Limited Liability Corporations	370	2	31284
股份有限公司	Share-holding Corporations Ltd.	43	1	10877

11-7 续表1 Continued

指　标	Item	法人企业(个) Number of Corporation Unit (unit)	产业活动单位数及个体户(个) Number of Active Unit and Self-Employed (unit)	从业人数(人) Persons Engaged (person)
私营企业	Private Enterprises	643	1	28169
私营独资企业	Private-funded Enterprises	19		215
私营合伙企业	Private Partnership Enterprises			
私营有限责任公司	Private Limited Liability Corporations	602	1	27186
私营股份有限公司	Private Share holding Corporations Ltd.	22		768
其他企业	Other Enterprises	1		22
港、澳、台商投资企业	**Enterprises with Investment from Hong Kong, Macao & Taiwan**	**7**		**1354**
港澳台资合资经营	Joint-venture Enterprises	3		247
港澳台资合作经营	Cooperative Enterprises			
港澳台商独资企业	Sole Investment Funds	4		1107
港澳台商投资股份有限公司	Share-holding Co.,Ltd.from			
其它港澳台投资	Others			
外商投资企业	**Enterprises With Foreign Investment**	**1**	**2**	**236**
中外合资经营企业	Joint venture Enterprises		1	20
中外合作经营企业	Cooperative Enterprises			
外资企业	Enterprises with Sole Foreign Investment	1	1	216
外商投资股份有限公司	Share-holding Co., Ltd.			
其它外商投资	Others			
个体工商户	**Self-employed Individuals**		**142**	**4106**
三、住宿业合计	**Hotels**	**305**	**65**	**24664**
内资企业	**Domestic Funded Enterprises**	**300**	**22**	**22598**
国有企业	State-owned Enterprises	19	3	2289
集体企业	Collective-owned Enterprises	1		25
股份合作企业	Cooperative Enterprises	1		50
联营企业	Joint Ownership Enterprises			
国有联营公司	State Joint Ownership Enterprises			
集体联营企业	Collective Joint Ownership Enterprises			
国有与集体联营企业	Joint State Collective Enterprises			
其他联营企业	Other Joint Ownership Enterprises			
有限责任公司	Limited Liability Corporations	119	8	9648
国有独资企业	State Sole Funded Corporations	6		1103
其他有限责任公司	Other Limited Liability Corporations	113	8	8545
股份有限公司	Share holding Corporations Ltd.	6	2	534
私营企业	Private Enterprises	154	9	10052
私营独资企业	Private-funded Enterprises	10		327
私营合伙企业	Private Partnership Enterprises	1		48
私营有限责任公司	Private Limited Liability Corporations	137	9	9474
私营股份有限公司	Private Share holding Corporations Ltd.	6		203
其他企业	Other Enterprises			
港、澳、台商投资企业	**Enterprises with Investment from Hong Kong, Macao Taiwan**	**3**		**912**
港澳台资合资经营	Joint-venture Enterprises			
港澳台资合作经营	Cooperative Enterprises			
港澳台商独资企业	Sole Investment	3		912
港澳台商投资股份有限公司	Share-holding Co.,Ltd.			
其它港澳台投资	Others			
外商投资企业	**Enterprises With Foreign Investment**	**2**	**1**	**87**
中外合资经营企业	Joint venture Enterprises			
中外合作经营企业	Cooperative Enterprises			
外资企业	Enterprises with Sole Foreign Investment	2	1	87
外商投资股份有限公司	Share-holding Co., Ltd.			
其它外商投资	Others			
个体工商户	**Self-employed Individuals**		**42**	**1067**

11-7 续表2 Continued

指 标	Item	法人企业(个) Number of Corporation Unit (unit)	产业活动单位数及个体户(个) Number of Active Unit and Self-Employed (unit)	从业人数(人) Persons Engaged (person)
四、 餐饮业合计	**Catering Trade**	**239**	**350**	**35256**
内资企业	**Domestic Funded Enterprises**	**237**	**17**	**23734**
国有企业	State-owned Enterprises	4	2	882
集体企业	Collective-owned Enterprises			
股份合作企业	Cooperative Enterprises	1		32
联营企业	Joint Ownership Enterprises	1		29
国有联营公司	State Joint Ownership Enterprises			
集体联营企业	Collective Joint Ownership Enterprises	1		29
国有与集体联营企业	Joint State Collective Enterprises			
其他联营企业	Other Joint Ownership Enterprises			
有限责任公司	Limited Liability Corporations	101	9	10469
国有独资企业	State Sole Funded Corporations	4		1021
其他有限责任公司	Other Limited Liability Corporations	97	9	9448
股份有限公司	Share-holding Corporations Ltd.	6	2	2104
私营企业	Private Enterprises	124	4	10218
私营独资企业	Private-funded Enterprises	11		696
私营合伙企业	Private Partnership Enterprises	1		45
私营有限责任公司	Private Limited Liability Corporations	108	4	9193
私营股份有限公司	Private Share-holding Corporations Ltd.	4		284
其他企业	Other Enterprises			
港、澳、台商投资企业	**Enterprises with Investment from Hong Kong, Macao Taiwan**	**1**		**161**
港澳台资合资经营	Joint-venture Enterprises			
港澳台资合作经营	Cooperative Enterprises			
港澳台商独资企业	Sole Investment	1		161
港澳台商投资股份有限公司	Share-holding Co.,Ltd.			
其它港澳台投资	Others			
外商投资企业	**Enterprises With Foreign Investment**	**1**		**796**
中外合资经营企业	Joint-venture Enterprises			
中外合作经营企业	Cooperative Enterprises			
外资企业	Enterprises with Sole Foreign Investment	1		796
外商投资股份有限公司	Share-holding Co., Ltd.			
其它外商投资	Others			
个体工商户	**Self-employed Individuals**		**333**	**10565**

11-8 限额以上批发、零售贸易业企业及个体户商品销售总额(2019年,按行业分)

Total Sales of Enterprise above Designated Size in Wholesale, Retail Trade and Self-Employed by Sector(2019)

单位：万元 (10 000 yuan)

指 标	Item	销售总额 Total Sales	批 发 Wholesale	零 售 Retail
总 计	**Total**	**54144278**	**42054450**	**12089828**
批发业合计	**Wholesale Trade**	**41197664**	**40167365**	**1030299**
农、林、牧产品	Agriculture, Forestry,Husbandry Products	2241308	2210308	31000
#谷物、豆及薯类	Cereal,Beans & Tubers	2013196	1994956	18240
食品、饮料及烟草制品	Food, Beverages & Tobaccos	4596824	4538680	58144
#米、面制品及食用油	Grains & Edible Oil	104983	99352	5632
果品、蔬菜	Fruits & Vegetables	44668	44668	
肉、禽、蛋、奶及水产品	Meat, poultry, eggs, milk and aquatic	575931	533903	42028
纺织、服装及家庭用品	Textile, Clothing and Household Goods	285031	230672	54360
#纺织品、针织品及原料	Textile,Kintwear	2499	2499	
服装	Garment	232376	184131	48244
文化、体育用品及器材	Cultural,Sports & Equipment	109694	107199	2496
医药及医疗器材	Medicines & Medical Appliances	2025932	2008344	17588
矿产品、建材及化工产品	Minerals,Building & Chemicals	30156561	29409682	746879
#煤炭及制品	Coal & Related Products	18660723	18634441	26283
石油及制品	Petroleum & Related Products	4653579	4033123	620456
化肥	Chemical Materials	477167	477167	
机械设备、五金产品及电子产品	Machinery, Metal and Electronic Products	1698445	1581212	117233
#农业机械	Agricultural Machinery	138480	115789	22691
贸易经纪与代理	Trading Brokerage & Agency	21469	21469	
其他	Others	62401	59800	2601
零售业合计	**Retail Trade**	**12946614**	**1887085**	**11059529**
综合零售	Comprehensive Retail	1696502	11972	1684530
#百货	Consumer Goods	1116102	10259	1105843
食品、饮料及烟草制品	Food, Drink & Tobaccos	255854	139460	116394
#粮油	Grains & Edible Oil	16022		16022
纺织、服装及日用品	Textile , Garment & Household	260348	5040	255309
#纺织品及针织品	Textile & Kintwear Products	8926	3089	5837
服装	Garments	188657	955	187703
鞋帽	Shoes & Hats	2981		2981
文化、体育用品及器材	Cultural,Sports Goods	228344	120992	107352
#文具用品	Cultural Goods			
体育用品及器材	Sporting Goods and Equipment	42260	25103	17156
图书、报刊	Books, Newspapers and Magazines	118858	72866	45992
医药及医疗器材	Medicines & Medical Appliances	871197	352961	518236
汽车、摩托车、燃料及零配件	Auto,Motorbikes,Fuel & Accessory	8666131	1119430	7546701
#汽车	Automobile	3793605	102799	3690806
家用电器及电子产品	Electronic Products	836417	112625	723792
#计算机、软件及辅助设备	Computers, Software	42964	6726	36237
五金、家具及室内装修材料	Hardware,Furniture & Home Decoration Material	55890	14163	41727
货摊、无店铺及其他零售	Stall, NOn-Shop and Other Retails	75930	10443	65487

11-9 限额以上批发零售贸易业商品分类销售额

Total Sales of Enterprises above Designated Size in Wholesale and Retail Sale by Category of Main Commodities

单位：万元 (10 000 yuan)

项 目	Item	合计 Total		批发 Wholesale		零售 Retail Sale	
		2018	2019	2018	2019	2018	2019
粮油、食品类	Grain and Oil, Food	2773348	2556028	2081658	1939304	691690	616724
饮料类	Beverages	88260	89353	24007	28300	64254	61053
烟酒类	Tobacco and Liquor	3172568	3292414	2995186	3143320	177381	149094
服装、鞋帽、针纺织品类	Clothing, Shoes, Hats and Textiles	1120081	983002	243189	216505	876892	766496
化妆品类	Cosmetics	176836	162787	94	4610	176742	158177
金银珠宝类	Gold, Silver and Jewelry	215459	272169	9939	92906	205520	179263
日用品类	Articles for Daily Use	229855	153662	25037	17359	204818	136303
五金、电料类	Hardware and Electrical Materials	97058	114375	11353	102605	85706	11770
体育、娱乐用品类	Sports and Recreation Articles	37285	23053	681	1224	36604	21829
书报杂志类	Newspapers and Magazines	154295	137722	91022	75320	63273	62402
电子出版物及音像制品类	Ejournal and Video Products	2298	1195	478		1819	1195
家用电器和音像器材类	Household Appliances and Video Appliances	727858	648052	75362	76906	652496	571145
中西药品类	Traditional Chinese and Western Medicines	1709485	2042354	1226905	1586391	482580	455964
文化办公用品类	Cultural and Official Goods	74436	78066	19502	22558	54935	55508
家具类	Furniture	104774	15549			104774	15549
通讯器材类	Communication Appliances	345205	491256	256378	421047	88827	70209
煤炭及制品类	Coal and Related Product	15062951	15710786	15051243	15706817	11708	3969
木材及制品类	Wood and Wooden Product	372212	541487	372212	541487		
石油及制品类	Petroleum and Related Product	9066318	8812816	4622751	4495315	4443566	4317501
化工材料及制品类	Raw Chemical Materials and Related Products	2278019	2202316	2278019	2202316		
金属材料类	Metal Materials	3291981	2815460	3291981	2815460		
建筑及装潢材料类	Building and Decoration Materials	219272	159192	160893	155269	58379	3923
机电产品及设备类	Mechanical and Electrical Products	240949	305483	214411	290382	26538	15100
汽车类	Automobile	4215572	3949021	515211	475105	3700361	3473916
种子饲料类	Seed and Feedstuff	56813	54210	56813	54210		
棉麻类	Cotton and Hemp	158	3			158	3

11-10 限额以上批发零售贸易企业资产及负债(2019年,按登记注册类型分)

Assets and Liability of Enterprises above Designated Size in Wholesale and Retail Sale by Registration(2019)

单位：万元 (10 000 yuan)

指标	Item	资产总计 Total Assets	#流动资产 Circulating Funds	#固定资产净额 Fixed Asset	负债合计 Total Liabilities
总 计	**Total**	**27928730**	**19733337**	**2112976**	**20785231**
一、批发业合计	**Wholesale Trade**	**21906196**	**15937643**	**1010862**	**16038414**
内资企业	**Domestic-Funded Enterprises**	**21675254**	**15745861**	**1009599**	**15740191**
国有企业	State-owned	2476107	2213309	159739	1502574
集体企业	Collective-owned				
股份合作企业	Cooperative				
联营企业	Joint Ownership				
国有联营公司	State Joint Ownership				
集体联营企业	Collective Joint Ownership				
国有与集体联营企业	Joint State Collective				
其他联营企业	Other Joint Ownership				
有限责任公司	Limited Liability Co.	12257637	7975050	497103	8846717
国有独资企业	State Sole Funded	2551595	1733444	235656	1903330
其他有限责任公司	Other Limited Liability Co.	9706042	6241606	261447	6943388
股份有限公司	Share-holding Co. Ltd.	1224412	955613	84839	810170
私营企业	Private Enterprises	5717100	4601888	267919	4580729
私营独资企业	Private-funded	25984	24921	357	22913
私营合伙企业	Private Partnership				
私营有限责任公司	Private Limited Liability Co.	5511857	4452441	257578	4410963
私营股份有限公司	Private Share-holding Co. Ltd.	179258	124526	9984	146853
其他企业	Other Enterprises				
港、澳、台商投资企业	**Enterprises with Investment from Hong Kong, Macao & Taiwan**	**215172**	**176422**	**1263**	**296490**
港澳台资合资经营	Joint-venture				
港澳台资合作经营	Cooperative				
港澳台商独资企业	Sole Investment	215172	176422	1263	296490
港澳台商投资股份有限公司	Share-holding Co.Ltd.				
其它港澳台投资	Others				
外商投资企业	**Enterprises With Foreign Investment**	**15770**	**15361**		**1734**
中外合资经营企业	Joint-venture	15770	15361		1734
中外合作经营企业	Cooperative				
外资企业	Enterprises with Sole				
外商投资股份有限公司	Share-holding Co. Ltd.				
其它外商投资	Others				

11-10 续表 Continued

指　标	Item	资产总计 Total Assets	#流动资产 Circula-ting Funds	#固定资产净额 Fixed Asset	负债合计 Total Liabi-lities
二、 零售业合计	**Retail Trade**	**6022533**	**3795694**	**1102114**	**4746817**
内资企业	**Domestic Funded Enterprises**	**5956441**	**3769272**	**1079622**	**4702101**
国有企业	State-owned	73162	36838	18251	54601
集体企业	Collective-owned	2423	1957	2	197
股份合作企业	Cooperative	1060	286	457	302
联营企业	Joint Ownership				
国有联营公司	State Joint Ownership				
集体联营企业	Collective Joint Ownership				
国有与集体联营企业	Joint State Collective				
其他联营企业	Other Joint Ownership				
有限责任公司	Limited Liability Co.	2837923	1909188	479918	2132067
国有独资企业	State Sole Funded	188769	82413	72918	169576
其他有限责任公司	Other Limited Liability Co.	2649154	1826775	407000	1962491
股份有限公司	Share-holding Co. Ltd.	824918	231416	351504	752218
私营企业	Private Enterprises	2209672	1583678	228288	1754650
私营独资企业	Private-funded	7673	6115	679	5467
私营合伙企业	Private Partnership				
私营有限责任公司	Private Limited Liability Co.	2150044	1537345	221064	1709663
私营股份有限公司	Private Share-holding Co. Ltd.	51955	40218	6545	39520
其他企业	Other Enterprises	7284	5909	1202	8066
港、澳、台商投资企业	**Enterprises with Investment from Hong Kong, Macao & Taiwan**	**66092**	**26422**	**22493**	**44715**
港澳台资合资经营	Joint-venture	31650	17179	9951	19961
港澳台资合作经营	Cooperative				
港澳台商独资企业	Sole Investment	34443	9243	12541	24755
港澳台商投资股份有限公司	Share-holding Co.Ltd.				
其它港澳台投资	Others				
外商投资企业	**Enterprises With Foreign Investment**				
中外合资经营企业	Joint-venture				
中外合作经营企业	Cooperative				
外资企业	Enterprises with Sole				
外商投资股份有限公司	Share-holding Co. Ltd.				
其它外商投资	Others				

11-11 限额以上批发、零售贸易企业资产及负债(2019年,按行业分)

Assets and Liability of Enterprises above Designated Size in Wholesale and Retail by Sector(2019)

单位：万元 (10 000 yuan)

指　标	Item	资产总计 Total Assets	#流动资产 Circulating Funds	#固定资产净额 Fixed Asset	负债合计 Total Liabilities
总　计	**Total**	**27928730**	**19733337**	**2112976**	**20785231**
批发业合计	**Wholesale Trade**	**21906196**	**15937643**	**1010862**	**16038414**
农、林、牧、渔产品	Agriculture,Forestry,Husbandry and Fish Products	2713473	2311309	257417	2209867
#谷物、豆及薯类	Cereal,Beans & Tubers	2426793	2129258	202478	2068177
食品、饮料及烟草制品	Food,drink & Tobaccos	1652786	1408168	112649	685448
#米、面制品及食用油	Grains & Edible Oil	50619	39727	3504	41957
果品、蔬菜	Fruits & Vegetables	23029	16431	3576	10267
肉、禽、蛋、奶及水产品	Meat,poultry,eggs,milk and aquatic	94912	90067	1441	89775
纺织、服装及家庭用品	Textile,Clothing and Household Goods	241727	186855	3084	227241
#纺织品、针织品及原料	Textile,Kintwear & Material	261	261		139
服装	Garment	200509	147340	2035	190997
文化、体育用品及器材	Cultural,Sports Goods & Equipment	71342	56691	2740	49053
医药及医疗器材	Medicines & Medical Appliances	1359848	1262481	39057	1046735
矿产品、建材及化工产品	Minerals,Building Materials & Chemicals	14756154	9709359	546886	10937942
#煤炭及制品	Coal & Related Products	10980874	6802741	365051	8474917
石油及制品	Petroleum & Related Products	933485	682649	124033	755275
化肥	Chemical Materials	385363	308862	9672	326904
机械设备、五金产品及电子产品	Machinery,Metal and Electronic Products	931322	843480	37670	723944
#农业机械	Agricultural Machinery	138351	112129	8487	108958
贸易经纪与代理	Trading Brokerage & Agency	143725	136097	4725	137746
其他	Others	35818	23204	6634	20438
零售业合计	**Retail Trade**	**6022533**	**3795694**	**1102114**	**4746817**
综合零售	Comprehensive Retail	1166764	679921	272489	859690
#百货	Consumer Goods	902912	501861	230734	615788
食品、饮料及烟草制品	Food,Drink & Tobaccos	195724	184894	7887	153283
#粮油	Grains & Edible Oil	8729	8071	567	7458
纺织、服装及日用品	Textile,Garment & Household	155292	120792	22710	141130
#纺织品及针织品	Textile & Kintwear Products	10752	10480	43	10222
服装	Garments	117952	87989	20936	113426
鞋帽	Shoes & Hats	2842	2822	20	2841
文化、体育用品及器材	Cultural,Sports Goods	436686	353459	24434	260655
#文具用品	Cultural Goods				
体育用品及器材	Sporting Goods and Equipment	8140	6568	1100	6437
图书、报刊	Books,Newspapers and Magazines	361290	304441	18064	224037
医药及医疗器材	Medicines & Medical Appliances	550556	494430	14272	463873
汽车、摩托车、零配件和燃料及其他动力销售	Motor Vehicles,Motorbikes,Parts,and Fuel and Other Powers	2860258	1502416	684934	2412685
#汽车新车零售	New Motor Vehicles	1733182	1310696	204674	1391395
家用电器及电子产品	Electronic Products	491184	375328	56265	332999
#计算机、软件及辅助设备	Computers,Software	46123	40809	1158	23560
五金、家具及室内装修材料	Hardware,Furniture & Home Decoration Material	45419	27097	80	28780
货摊、无店铺及其他零售	Stall,NOn-Shop and Other Retails	120651	57356	19044	93723

11-12 限额以上住宿企业资产及负债(2019年,按登记注册类型和行业分)

Assets and Liability of Enterprises above Designated Size in Hotel by Registration and by Sector(2019)

单位：万元 (10 000 yuan)

指　标	Item	资产总计 Total Assets	#流动资产 Circulating Funds	#固定资产净额 Fixed Asset	负债合计 Total Liabilities
总　计	**Total**	**1223722**	**512646**	**498277**	**1060950**
按登记注册类型分	**By Status of Registration**				
内资企业	**Domestic Funded Enterprises**	**1110453**	**503261**	**397237**	**989161**
国有企业	State-owned	61127	19415	22149	40301
集体企业	Collective-owned	173	160	13	22
股份合作企业	Cooperative	520	352	168	345
联营企业	Joint Ownership				
国有联营公司	State Joint Ownership				
集体联营企业	Collective Joint Ownership				
国有与集体联营企业	Joint State Collective				
其他联营企业	Other Joint Ownership				
有限责任公司	Limited Liability Co.	594534	247275	265232	502427
国有独资企业	State Sole funded Co.	58819	12497	41113	51122
其他有限责任公司	Other Limited Liability Co.	535715	234778	224119	451304
股份有限公司	Share-holding Co. Ltd.	35554	28792	2685	28911
私营企业	Private Enterprises	418546	207267	106991	417154
私营独资企业	Private-funded	8721	2793	3934	10758
私营合伙企业	Private Partnership	1047	167	691	83
私营有限责任公司	Private Limited Liability Co.	399159	199113	102219	401110
私营股份有限公司	Private Share-holding Co. Ltd.	9618	5195	147	5204
其他企业	Other Enterprises .				
港、澳、台商投资企业	**Enterprises with Investment from HK, Macao & Taiwan**	**111649**	**8487**	**100974**	**70090**
港澳台资合资经营	Joint-venture Enterprises (HK,Macao & Taiwan)				
港澳台资合作经营	Cooperative Enterprises (HK,Macao & Taiwan)				
港澳台商独资企业	Sole Investment from HK,Macao & Taiwan	111649	8487	100974	70090
港澳台商投资	Share-holding Co.,Ltd.from HK,Macao & Ttaiwan				
其它港澳台投资	Others				
外商投资企业	**Enterprises With Foreign Investment**	**1620**	**898**	**66**	**1699**
中外合资经营企业	Joint-venture				
中外合作经营企业	Cooperative				
外资企业	Enterprises with Sole Foreign Investment	1620	898	66	1699
外商投资股份有限公司	Share-holding Co.Ltd. with Foreign Investment				
其它外商投资	Others				
按国民经济行业分	**By Sector**				
旅游饭店	Tourist Hotel	941738	368005	422601	799439
一般旅馆	General Hotel	263956	137974	68272	250388
其他住宿业	Others	17634	6478	7399	10872

11-13 限额以上餐饮企业资产及负债 (2019年,按登记注册类型和行业分)

Assets and Liability of Enterprises above Designated Size in Catering Trades by Registration and by Sector(2019)

单位：万元 (10 000 yuan)

指　标	Item	资产总计 Total Assets	#流动资产 Circulating Funds	#固定资产净额 Fixed Asset	负债合计 Total Liabi-lities
总　计	**Total**	**947195**	**348596**	**281800**	**727804**
按登记注册类型分	**By Status of Registration**				
内资企业	**Domestic Funded Enterprises**	**898940**	**319924**	**273995**	**691199**
国有企业	State-owned	90111	11941	16221	36669
集体企业	Collective-owned				
股份合作企业	Cooperative	117	34		54
联营企业	Joint Ownership	634	40	254	2327
国有联营公司	State Joint Ownership				
集体联营企业	Collective Joint Ownership	634	40	254	2327
国有与集体联营企业	Joint State Collective				
其他联营企业	Other Joint Ownership				
有限责任公司	Limited Liability Co.	429185	148503	162228	399786
国有独资企业	State Sole Funded Co.	54573	7782	42491	9712
其他有限责任公司	Other Limited Liability Co.	374612	140722	119738	390074
股份有限公司	Share-holding Co. Ltd.	139269	69047	43752	58064
私营企业	Private Enterprises	239624	90358	51541	194299
私营独资企业	Private-funded	35885	12578	560	30912
私营合伙企业	Private Partnership	4610	1480	1834	2200
私营有限责任公司	Private Limited Liability Co.	181506	68968	41703	152998
私营股份有限公司	Private Share-holding Co. Ltd.	17624	7332	7444	8190
其他企业	Other				
港、澳、台商投资企业	**Enterprises with Investment from HK, Macao & Taiwan**	**1956**	**1143**	**262**	**672**
港澳台资合资经营	Joint-venture Enterprises (HK,Macao & Taiwan)				
港澳台资合作经营	Cooperative Enterprises (HK,Macao & Taiwan)				
港澳台商独资企业	Sole Investment from HK,Macao & Taiwan	1956	1143	262	672
港澳台商投资股份有限公司	Share-holding Co.,Ltd.from HK,Macao & Taiwan				
其它港澳台投资	Other Enterprises				
外商投资企业	**Enterprises With Foreign Investment**	**46299**	**27529**	**7544**	**35933**
中外合资经营企业	Joint-venture				
中外合作经营企业	Cooperative				
外资企业	Enterprises with Sole Foreign Investment	46299	27529	7544	35933
外商投资股份有限公司	Share-holding Co.Ltd.with Foreign Investment				
其它外商投资	Others				
按服务业分	**By Business Categories**				
正餐服务	Dinner Services	918781	334721	276718	711966
快餐服务	Fast Food Services	27387	12887	5050	15358
餐饮配送及外卖送餐服务	Catering Distribution and Delivery Service	612	572	32	182
饮料及冷饮服务	Cold Drink Services				
其他餐饮服务	Others	416	416		298

11-14 限额以上批发零售贸易企业主要财务指标 (2019年,按登记注册类型分)

Main Financial Indicators of Enterprises above Designated Size in Wholesale and Retail Sale by Registration(2019)

单位：万元 (10 000 yuan)

指　标	Item	营业收入 Business Revenue	营业成本 Business Cost	税金及附加 Tax and Extra Changes	销售费用 Selling Expenses	营业利润 Operating Profit
批发零售贸易业总计	**Total**	**46192503**	**42285989**	**491517**	**2240481**	**439361**
一、批发业合计	**Wholesale Trades**	**34748397**	**31991269**	**452491**	**1516588**	**411405**
内资企业	**Domestic Funded Enterprises**	**34489700**	**31761807**	**452235**	**1499469**	**403908**
国有企业	State-owned	3071664	2480479	368952	75713	253825
集体企业	Collective-owned					
股份合作企业	Cooperative					
联营企业	Joint Ownership					
国有联营公司	State Joint Ownership					
集体联营企业	Collective Joint Ownership					
国有与集体联营企业	Joint State Collective					
其他联营企业	Other Joint Ownership					
有限责任公司	Limited Liability Co.	19569748	18474225	45810	718958	115290
国有独资企业	State Sole Funded Co.	3893147	3521308	11336	319372	-75063
其他有限责任公司	Other Limited Liability Co.	15676601	14952918	34474	399586	190353
股份有限公司	Share-holding Corporations Ltd.	3261337	3184948	3320	65246	-42598
私营企业	Private Enterprises	8586951	7622155	34154	639551	77390
私营独资企业	Private-funded	131863	127142	1019	1226	2175
私营合伙企业	Private Partnership					
私营有限责任公司	Private Limited Liability Co.	8005508	7095643	31613	596655	76900
私营股份有限公司	Private Share-holding Co. Ltd.	449580	399369	1521	41671	-1684
其他企业	Other Enterprises					
港、澳、台商企业	**Enterprises from HK, Macao & Taiwan**	**239400**	**216047**	**204**	**16418**	**4698**
港澳台资合资经营	Joint-venture Enterprises (HK,Macao & Taiwan)					
港澳台资合作经营	Cooperative Enterprises (HK,Macao & Taiwan)					
港澳台商独资企业	Sole Investment from HK, Macao & Taiwan	239400	216047	204	16418	4698
港澳台商投资股份有限公司	Share-holding Co.,Ltd.from HK,Macao & Ttaiwan					
其它港澳台投资	Others					
外商企业	**Enterprises Foreign Investment**	**19297**	**13416**	**52**	**702**	**2800**
中外合资经营企业	Joint-venture	19297	13416	52	702	2800
中外合作经营企业	Cooperative					
外资企业	Sole Foreign Investment					
外商投资股份有限公司	Share-holding Co. Ltd.with Foreign Investment					
其它外商投资	Others					

11-14 续表 Continued

单位：万元 (10 000 yuan)

指　标	Item	营业收入 Business Revenue	营业成本 Business Cost	税金及附加 Tax and Extra Changes	销售费用 Selling Expenses	营业利润 Operating Profit
二、零售企业合计	**Retail Sale Trades**	**11444106**	**10294719**	**39026**	**723893**	**27956**
内资企业	**Domestic Funded Enterprises**	**11257589**	**10136565**	**38153**	**705036**	**23570**
国有企业	State-owned	192910	176767	429	11012	3501
集体企业	Collective-owned	2755	1588	32	724	183
股份合作企业	Cooperative	3072	2656	11	98	180
联营企业	Joint Ownership					
国有联营公司	State Joint Ownership					
集体联营企业	Collective Joint Ownership					
国有与集体联营企业	Joint State Collective					
其他联营企业	Other Joint Ownership					
有限责任公司	Limited Liability Co.	4204906	3642581	18727	300466	70151
国有独资企业	State Sole Funded Co.	227735	198872	1016	16398	2338
其他有限责任公司	Other Limited Liability Co.	3977171	3443709	17711	284068	67813
股份有限公司	Share-holding Corporations Ltd.	3179204	3026882	6182	182257	-56423
私营企业	Private Enterprises	3673649	3285299	12754	209999	6318
私营独资企业	Private-funded	19225	16674	49	600	655
私营合伙企业	Private Partnership					
私营有限责任公司	Private Limited Liability Co.	3574683	3195883	12304	203498	7835
私营股份有限公司	Private Share-holding Co. Ltd.	79742	72742	402	5902	-2171
其他企业	Other Enterprises	1092	793	18	480	-341
港、澳、台商投资企业	**Enterprises with Investment from Hong Kong, Macao & Taiwan**	**186517**	**158154**	**872**	**18856**	**4387**
港澳台资合资经营	Joint-venture Enterprises (HK,Macao & Taiwan)	103231	96031	629	4624	99
港澳台资合作经营	Cooperative Enterprises (HK,Macao & Taiwan)					
港澳台商独资企业	Sole Investment from HK, Macao & Taiwan	83287	62123	244	14233	4287
港澳台商投资股份有限公司	Share-holding Co.,Ltd.from HK,Macao & Ttaiwan					
其它港澳台投资	Others					
外商投资企业	**Enterprises With Foreign Investment**					
中外合资经营企业	Joint-venture					
中外合作经营企业	Cooperative					
外资企业	Sole Foreign Investment					
外商投资股份有限公司	Share-holding Co. Ltd.with Foreign Investment					
其它外商投资	Others					

11-15 限额以上批发、零售贸易企业主要财务指标(2019年,按行业分)

Main Financial Indicators of Enterprises above Designated Size in Wholesale and Retail Sale by Sector(2019)

单位：万元 (10 000 yuan)

指 标	Item	营业收入 Business Revenue	营业成本 Business Cost
总 计	**Total**	**46192503**	**42285989**
批发业合计	**Wholesale Trade**	**34748397**	**31991269**
农、林、牧产品	Agriculture,Forestry,Husbandry Products	2120783	2084928.8
#谷物、豆及薯类	Cereal,Beans & Tubers	1895075	1884996
食品、饮料及烟草制品	Food,Beverages & Tobaccos	4086300	3253764
#米、面制品及食用油	Grains & Edible Oil	96351	89250
果品、蔬菜	Fruits & Vegetables	42382	40355
肉、禽、蛋、奶及水产品	Meat,poultry,eggs,milk and aquatic	524435	407896
纺织、服装及家庭用品	Textile,Clothing and Household Goods	253498	206162
#纺织品、针织品及原料	Textile,Kintwear	2207	2109
服装	Garment	206140	162836
文化、体育用品及器材	Cultural,Sports & Equipment	99311	96276
医药及医疗器材	Medicines & Medical Appliances	1780481	1579569
矿产品、建材及化工产品	Minerals,Building & Chemicals	24832950	23349001
#煤炭及制品	Coal & Related Products	16450217	15269659
石油及制品	Petroleum & Related Products	3977075	3946701
化肥	Chemical Materials	444035	373928
机械设备、五金产品及电子产品	Machinery,Metal and Electronic Products	1493608	1355581
#农业机械	Agricultural Machinery	136745	125180
贸易经纪与代理	Trading Brokerage & Agency	25037	21830
其他	Others	56430	44158
零售业合计	**Retail Trade**	**11444106**	**10294719**
综合零售	Comprehensive Retail	1415023	1097737
#百货	Consumer Goods	957885	716055
食品、饮料及烟草制品	Food,Drink & Tobaccos	212598	187980
#粮油	Grains & Edible Oil	13770	12494
纺织、服装及日用品	Textile ,Garment & Household	225114	170705
#纺织品及针织品	Textile & Kintwear Products	7667	6537
服装	Garments	165540	129073
鞋帽	Shoes & Hats	2134	1941
文化、体育用品及器材	Cultural,Sports Goods	215520	182523
#文具用品	Cultural Goods		
体育用品及器材	Sporting Goods and Equipment	36142	31829
图书、报刊	Books,Newspapers and Magazines	121662	102851
医药及医疗器材	Medicines & Medical Appliances	806527	670197
汽车、摩托车、零配件和燃料及其他动力销售	Motor Vehicles,Motorbikes,Parts,and Fuel and Other Powers	7746930	7282711
#汽车新车零售	New Motor Vehicles	3375272	3151491
家用电器及电子产品	Electronic Products	703282	605106
#计算机、软件及辅助设备	Computers,Software	43184	36408
五金、家具及室内装修材料	Hardware,Furniture & Home Decoration Material	44977	40261
货摊、无店铺及其他零售	Stall,NOn-Shop and Other Retails	74135	57501

11-15 续表 Continued

单位：万元 (10 000 yuan)

指　标	Item	税金及附加 Tax and Extra Changes	销售费用 Selling Expenses	营业利润 Operating Profit
总 计	**Total**	**491517**	**2240481**	**439361**
批发业合计	**Wholesale Trade**	**452491**	**1516588**	**411405**
农、林、牧产品	Agriculture, Forestry,Husbandry Products	2517	87969	590
#谷物、豆及薯类	Cereal,Beans & Tubers	2175	76607	-5847
食品、饮料及烟草制品	Food, Beverages & Tobaccos	370611	187335	277976
#米、面制品及食用油	Grains & Edible Oil	91	4411	-2363
果品、蔬菜	Fruits & Vegetables	52	541	247
肉、禽、蛋、奶及水产品	Meat, poultry, eggs, milk and aquatic	1160	97168	12477
纺织、服装及家庭用品	Textile, Clothing and Household Goods	1171	32650	1434
#纺织品、针织品及原料	Textile,Kintwear	2	85	11
服装	Garment	334	30711	1130
文化、体育用品及器材	Cultural,Sports & Equipment	247	1537	-3705
医药及医疗器材	Medicines & Medical Appliances	5164	77151	48649
矿产品、建材及化工产品	Minerals,Building & Chemicals	69649	1063223	39961
#煤炭及制品	Coal & Related Products	60211	883520	59535
石油及制品	Petroleum & Related Products	3430	76296	-66764
化肥	Chemical Materials	462	6917	268
机械设备、五金产品及电子产品	Machinery, Metal and Electronic Products	2854	54316	48273
#农业机械	Agricultural Machinery	271	6404	1773
贸易经纪与代理	Trading Brokerage & Agency	56	4639	-2937
其他	Others	224	7767	1165
零售业合计	**Retail Trade**	**39026**	**723893**	**27956**
综合零售	Comprehensive Retail	12054	143541	60515
#百货	Consumer Goods	10515	92038	63669
食品、饮料及烟草制品	Food, Drink & Tobaccos	836	11877	3999
#粮油	Grains & Edible Oil	18	12	176
纺织、服装及日用品	Textile , Garment & Household	1419	30496	6567
#纺织品及针织品	Textile & Kintwear Products	11	633	-332
服装	Garments	1167	20050	3381
鞋帽	Shoes & Hats	3	128	-22
文化、体育用品及器材	Cultural,Sports Goods	1668	15423	9166
#文具用品	Cultural Goods			
体育用品及器材	Sporting Goods and Equipment	84	3592	91
图书、报刊	Books, Newspapers and Magazines	643	9266	8723
医药及医疗器材	Medicines & Medical Appliances	3499	79730	17871
汽车、摩托车、零配件和燃料及其他动力销售	Motor Vehicles,Motorbikes,Parts,and Fuel and Other Powers	17004	380235	-77002
#汽车新车零售	New Motor Vehicles	8921	130166	-17853
家用电器及电子产品	Electronic Products	2220	51891	5054
#计算机、软件及辅助设备	Computers, Software	154	1940	409
五金、家具及室内装修材料	Hardware,Furniture & Home Decoration Material	101	2195	-398
货摊、无店铺及其他零售	Stall, NOn-Shop and Other Retails	226	8507	2185

11-16 限额以上住宿企业主要财务指标 (2019年,按登记注册类型和行业分)

Main Financial Indicators of Enterprises above Designated Size in Hotel by Registration and by Sector(2019)

单位：万元 (10 000 yuan)

指 标	Item	营业收入 Operating Income	营业成本 Operating Costs	税金及附加 Tax and Surcharges	销售费用 Selling Expenses	营业利润 Operating Profit
总 计	**Total**	**333542**	**124783**	**5864**	**120636**	**-47102**
按登记注册类型分	**By Status of Registration**					
内资企业	**Domestic Funded Enterprises**	**311183**	**110502**	**5450**	**115697**	**-42472**
国有企业	State-owned	22396	12320	422	6984	-7927
集体企业	Collective-owned	365	89	2	122	125
股份合作企业	Cooperative	273	145	1	41	4
联营企业	Joint Ownership					
国有联营公司	State Joint Ownership					
集体联营企业	Collective Joint Ownership					
国有与集体联营企业	Joint State Collective					
其他联营企业	Other Joint Ownership					
有限责任公司	Limited Liability Co.	134685	47595	3296	52689	-17646
国有独资企业	State Sole Funded Co.	19640	6118	757	7881	-2456
其他有限责任公司	Other Limited Liability Co.	115045	41477	2540	44808	-15190
股份有限公司	Share-holding Co.Ltd.	6259	2720	52	2052	-1737
私营企业	Private Enterprises	147207	47632	1678	53809	-15291
私营独资企业	Private-funded	4348	1484	65	2059	-356
私营合伙企业	Private Partnership	594	668	1		-75
私营有限责任公司	Private Limited Liability Co.	139229	44803	1581	50317	-14045
私营股份有限公司	Private Share-holding Co. Ltd.	3036	677	31	1434	-815
其他企业	Other Enterprises					
港、澳、台商投资企业	**Enterprises with Investment from HK,Macao & Taiwan**	**20952**	**14159**	**408**	**3850**	**-4572**
港澳台资合资经营	Joint-venture Enterprises (HK,Macao & Taiwan)					
港澳台资合作经营	Cooperative Enterprises (HK,Macao & Taiwan)					
港澳台商独资企业	Sole Investment from HK,Macao & Taiwan	20952	14159	408	3850	-4572
港澳台商投资股份有限公司	Share-holding Co.,Ltd.from HK, Macao & Ttaiwan					
其它港澳台投资	Others					
外商投资企业	**With Foreign Investment**	**1408**	**122**	**6**	**1090**	**-58**
中外合资经营企业	Joint-venture					
中外合作经营企业	Cooperative					
外资企业	Sole Foreign Investment	1408	122	6	1090	-58
外商投资股份有限公司	Share-holding Co. Ltd. with Foreign Investment					
其它外商投资	Others					
按国民经济行业分	**By Sector**					
旅游饭店	Tourist Hotel	237934	92057	4476	84220	-33758
一般旅馆	General Hotel	85436	28759	1341	33508	-12347
民宿服务	Homestay	2025	674	6	951	-18
其他住宿服务	Others	8147	3293	42	1957	-979

11-17 限额以上餐饮企业主要财务指标 (2019年,按登记注册类型和行业分)

Main Financial Indicators of Enterprises above Designated Size in Catering Trades by Registration and by Sector(2019)

单位：万元 (10 000 yuan)

指　标	Item	营业收入 Operating Income	营业成本 Operating Costs	税金及附加 Tax and Surcharges	销售费用 Selling Expenses	营业利润 Operating Profit
总　计	**Total**	**513802**	**285994**	**4214**	**125958**	**-15241**
按登记注册类型分	**By Status of Registration**					
内资企业	**Domestic Funded Enterprises**	**480020**	**265873**	**4045**	**119243**	**-14033**
国有企业	State-owned	7068	1780	468	4642	-3050
集体企业	Collective-owned					
股份合作企业	Cooperative	119	46		179	-108
联营企业	Joint Ownership	488	230	13	198	-37
国有联营公司	State Joint Ownership					
集体联营企业	Collective Joint Ownership	488	230	13	198	-37
国有与集体联营企业	Joint State Collective					
其他联营企业	Other Joint Ownership					
有限责任公司	Limited Liability Co.	161498	71236	2148	46101	-15646
国有独资企业	State-funded Co.	12271	7278	293	2849	-3577
其他有限责任公司	Other Limited Liability Co.	149227	63959	1854	43252	-12068
股份有限公司	Share-holding Co.Ltd.	153502	120353	319	11720	11263
私营企业	Private Enterprises	157346	72228	1098	56403	-6455
私营独资企业	Private funded	9972	4713	83	1409	781
私营合伙企业	Private Partnership	601	481	20	1	65
私营有限责任公司	Private Limited Liability Co.	137911	60966	944	53122	-7528
私营股份有限公司	Private Share-holding Co. Ltd.	8862	6068	51	1872	228
其他企业	Other Enterprises					
港、澳、台商投资企业	**Enterprises with Investment from HK,Macao & Taiwan**	**3130**	**1148**		**1751**	**-18**
港澳台资合资经营	Joint-venture Enterprises (HK,Macao & Taiwan)					
港澳台资合作经营	Cooperative Enterprises (HK,Macao & Taiwan)					
港澳台商独资企业	Sole Investment from HK,Macao & Taiwan	3130	1148		1751	-18
港澳台商投资股份有限公司	Share-holding Co.,Ltd.from HK, Macao & Ttaiwan					
其它港澳台投资	Others					
外商投资企业	**Enterprises With Foreign Investment**	**30651**	**18973**	**169**	**4964**	**-1190**
中外合资经营企业	Joint-venture					
中外合作经营企业	Cooperative					
外资企业	Sole Foreign Investment	30651	18973	169	4964	-1190
外商投资股份有限公司	Share-holding Co. Ltd. with Foreign Investment					
其它外商投资	Others					
按国民经济行业分	**By Sector**					
正餐服务	Dinner Services	480865	271797	4126	111862	-15850
快餐服务	Fast Food Services	30045	11799	68	13919	531
餐饮配送及外卖送餐服务	Catering Distribution and Delivery Service	1946	1527	15	178	71
饮料及冷饮服务	Cold Drink Services					
其他餐饮服务	Others	946	870	5		7

主要统计指标解释

社会消费品零售总额　指国民经济各行业直接售给城乡居民和社会集团的消费品总额。它是反映各行业通过多种商品流通渠道向居民和社会集团供应的生活消费品总量，是研究国内零售市场变动情况、反映经济景气程度的重要指标。

社会消费品零售总额包括：(1)售给城乡居民作为生活用的商品和修建房屋用的建筑材料；(2)售给社会集团的各种办公用品和公用消费品；(3)售给机关、团体、学校、部队、企业、事业单位的职工食堂和旅店(招待所)附设专门供本店旅客食用，不对外营业的食堂的各种食品、燃料；企业、单位和国营农场直接售给本单位职工和职工食堂的自己生产的产品；(4)售给部队干部、战士生活用的粮食、副食品、衣着品、日用品、燃料；(5)售给来华的外国人、华侨、港澳台同胞的消费品；(6)居民自费购买的中、西药品、中药材及医疗用品；(7)报社、出版社直接售给居民和社会集团的报纸、图书、杂志，集邮公司出售的新、旧纪念邮票、特种邮票、首日封、集邮册、集邮工具等；(8)旧货寄售商店自购、自销部分的商品；(9)煤气公司、液化石油气站售给居民和社会集团的煤气灶具和罐装液化石油气；(10)农民售给非农业居民和社会集团的商品。不包括售给国民经济各部门企业、事业单位(包括国有经济的农场)生产经营用的各种原材料、燃料、设备、工具等和售给批发零售贸易业、餐饮业作为转卖用的商品，旧货寄售商店受托寄售卖出的商品，服务业的营业收入，邮局出售邮票的收入，自来水、电力、煤气生产(供应)单位的产品供应收入，也不包括农民之间的商品销售。

批发零售贸易业商品购、销、存总额　指各种登记注册类型的批发、零售贸易业(不包括个体)企业(单位)以本企业(单位)为总体的商品购进、销售、库存总额。

商品购进总额　指从本企业(单位)以外的单位和个人购进(包括从境外直接进口)作为转卖或加工后转卖的商品总额。它反映批发零售贸易业从国内、国外市场上购进商品的总量。商品购进总额包括：(1)从工农业生产者购进的商品；(2)从出版社、报社的出版发行部门购进的图书、杂志和报纸；(3)从各种登记注册类型的批发零售贸易企业(单位)购进的商品；(4)从其他单位购进的商品，如从机关、团体、企业等单位购进的剩余物资，从餐饮业、服务业购进的商品，从海关、市场管理部门购进的缉私和没收的商品，从居民手中收购的废旧商品等；(5)从国(境)外直接进口的商品。不包括企业(单位)为自身经营用和未通过买卖行为而收入的商品以及销售退回、商品升溢等。

商品销售总额　指对本企业(单位)以外的单位和个人出售(包括对境外直接出口)的商品总额。它反映批发零售贸易业在国内市场上销售商品以及出口商品的总量。商品销售总额包括：(1)售给城乡居民和社会集团消费用的商品；(2)售给工业、农业、建筑业、运输邮电业、批发零售贸易业、餐饮业、服务业等作为生产、经营使用的商品；(3)售给批发零售贸易业作为转卖或加工后转卖的商品；(4)对国(境)外直接出口的商品。不包括出售本企业(单位)自用的废旧包装用品；未通过买卖行为付出的商品；经本单位介绍，由买卖双方直接结算，本单位只收取手续费的业务；购货退出的商品以及商品损耗和损失等。

批发零售贸易业库存　指报告期末各种登记注册类型的批发零售贸易企业(单位)已取得所有权的商品。它反映批发零售贸易企业(单位)的商品库存情况和对市场商品供应的保证程度。期末库存包括：(1)存放在批发零售贸易业经营单位(如门市部、批发站、经营处)仓库、货场、货柜和货架中的商品；(2)挑选、整理、包装中的商品；(3)已记入购进而尚未运到本单位的商品，即发货单或银行承兑凭证已到而货未到的部分，(4)寄放他处的商品，如因购货方拒绝承付而暂时存放在购货方的商品和已办完加工成品收回手续而未提回的商品；(5)委托其他单位代销(未作销售或调出)尚未售出的商品；(6)代其他单位购进尚未交付的商品。不包括所有权不属于本单位的商品、拨付除批发零售贸易业以外的其他行业所属独立核算加工厂等加工生产尚未收回成品的商品、代国家物资储备部门保管的商品等。

库存总额采用的计算价格是：农副产品采购单位按购进价计算；批发单位按进货价计算；零售单位按核算价格计算，即按什么价格核算就按什么价格计算。

餐饮业营业收入　指餐饮企业、活动单位或个体户的全部营业额，包括商品零售额和其他服务性收入。其主要反映餐饮企业、活动单位或个体户的经营情况及发展变化趋势。

餐饮业商品零售额　指餐饮企业、活动单位或个体户直接对居民和社会集团零售的各种商品。包括：(1)经烹饪、调制加工后出售的各种食品，如主食、炒菜、凉拌菜等；(2)不经加工直接转卖的各种外购商品，如卷烟、酒、饮料、熟食、水果等；(3)附设非独立核算的销售商品的小卖部出售的各种食品及其他商品。

消费品市场成交额　指从事消费品交易的商品市场的全部商品成交金额。消费品市场包括农副产品市场和工业消费品市场。

Explanatory Notes on Main Statistical Indicators

Total Retail Sales of Consumer Goods refer to the sum of retail sales of consumer goods sold by all sectors of the national economy to urban and rural residents and social groups. This indicator is used to show the supply of consumer goods through various channels to households and institutions, and is very important for the study on changes at the domestic retail market, and on economic cycles.

The retail sales of consumer goods include: (1) commodities sold to urban and rural residents for their daily use and building materials sold to them for the construction or repair of houses; (2) office appliances and supplies sold to institutions; (3) food and fuels sold to canteens of institutions, enterprises, schools, military units and to canteens of hotels and hostels that only serve their guests, and commodities produced by enterprises, institutions or state farms and sold directly to their employees or their canteens; (4) grain and non staple food, clothing, daily articles and fuels sold to military personnel; (5) consumer goods sold to foreigners, overseas Chinese, and Chinese compatriots from Taiwan, Hong Kong and Macao during their stay in the mainland of China; (6) Chinese and western medicines, herbs and medical facilities purchased by residents; (7) newspapers, books and magazines directly sold to residents and social groups by publishers, new and old commemorative stamps, special stamps, first day covers, stamp albums and other stamp collection articles sold by stamp companies; (8) consumer goods purchased and then sold by second hand shops; (9) stoves and other heating facilities and liquefied gas sold by gas companies to households and institutions; and (10) commodities sold by farmers to non agricultural residents and social groups . Excluded under this heading are: raw materials, fuels, equipment, tools sold to enterprises, institutions and state farms for production purpose; commodities sold to trade establishments for reselling; commissioned sales at second hand shops; operational income of urban public utilities; stamps sold at post offices; income of water, power, gas production and supply establishments from the supply of their products; and sales of commodities among farmers.

Purchase, Sales and Stock of Commodities by Wholesale and Retail Trade refer to the purchase, sales and stock of commodities by wholesale and retail establishments of different status of registration (excluding individual sellers) .

Total Purchases of Commodities refer to the total value of purchases of commodities by the establishments from other establishments or individuals (including direct import from abroad) for the purpose of re selling, either with or without further processing of the commodities purchased. This indicator is used to show the total value of purchases of commodities by wholesale and retail establishments from domestic and overseas markets. The total purchases include: (1) agricultural and industrial products purchased from producers; (2) books, magazines and newspapers purchased from distribution departments of the publishers; (3) commodities purchased from wholesale and retail establishments of different status of registration; (4) commodities purchased from other units, such as surplus materials purchased from government agencies, enterprises or institutions, commodities purchased from catering and service establishments, confiscated goods purchased from customs authorities or market management agencies, second hand goods and wastes purchased from residents; and (5) commodities directly imported from abroad. Excluded are commodities purchased by establishments (units) for use in their own business operation, commodities obtained without buying or selling procedures, rejected commodities, etc.

Total Sales of Commodities refer to value of commodities sold by the establishments to other establishments and individuals (including direct export) . This indicator is used to show the total value of sales of commodities at domestic markets and export. The total sales include: (1) commodities sold to urban and rural residents and social groups for their consumption; (2) commodities sold to establishments in industry, agriculture, construction, transportation, post and telecommunications, wholesale and retail trades, catering trade and public utility for their production and operation; (3) commodities sold to wholesale and retail establishments for re selling, with or without further processing; and (4) commodities for direct export to other countries. Excluded are selling of waste packaging materials used by the establishments (units) themselves, commodities transferred without buying or selling procedures, commission income from brokerage in transactions whose settlement is directly handled by buyers and sellers, rejected commodities in the purchase, loss in commodities, etc.

Commodity Stock of Wholesale and Retail Enterprises refers to total commodities possessed by wholesale and retail enterprises (units) of various types of registration status at the end of the reference period, which reflects the commodity stock level of various wholesale and retail enterprises and the potential for market supply. It includes: (1) commodities located in storage, garages, counters, and shelves of operating units (such as sale stores, wholesale centers, and operating offices) of wholesale and retail enterprises; (2) commodities in the process of selecting, sorting, and packing; (3) commodities not arrived but recorded as purchase in the account, i. e. . commodities not arrived but payment receipts for the commodities from the sellers or the banks arrived; (4) commodities deposited in other places rather than places mentioned above, for instance: commodities in the hold of purchasers temporarily due to the refusal of payment and commodities not taken back after going through the formalities; (5) commodities entrusted to other units to sell but not sold yet; (6) commodities purchased for other units but not delivered yet. Commodities not included as stock are those not owned by the enterprises (units) , those allocated to financially independent factories rather than wholesale and retail enterprises for processing but not taken back yet, and finally those put in stock by wholesale and retail enterprises on behalf of the state material reserves units.

For the calculation of the value of commodities stock, the value is calculated at purchasing prices in agricultural goods purchasing units and wholesale units, and at the accounting prices in retail units.

Business Income of Catering Industryrefer to the total turnover of catering businesses, establishments or individuals, including retail sales and other services income. It reflects the operational and managerial conditions and development trend of catering businesses, establishment s and individuals in t his sector.

Retail Sales of Commodities in Catering Indus tryrefer to retail sales to residents and social groups by catering enterprises, establishments and individual, including: (1) various food sold after cooking and processing, such as: staple food, cooked dishes, cold and dressed dishes and so on. (2) re – selling commodities without further processing, such as: cigarettes, liquor, beverage, cooked food, fruit s and son on. (3) various food and other commodities sold in and ascent buffets with dependant accounting system.

Volume of Transaction at Free Markets for Consumer Goods refers to the value of transaction or all goods at the free trade markets for consumer goods, where markets include both free markets for farm and sideline products and for manufactured consumer goods.

12 对外经济和旅游

Foreign Economics and Tourism

资料整理：张文军　云蒙根涛娅　郭　琦

Arranged By：Zhang Wenjun，Yun Menggentaoya，Guo Qi

12-1 对外经济贸易

Foreign Trade and Economic

指 标	Item	2000	2005	2010	2015	2019
进出口总额(万元)	**Total Imports and Exports (RMB10 000 yuan)**	**1687811**	**4165757**	**5774292**	**7925407**	**10977989**
出口总额	Total Exports	847114	1666408	2208571	3515123	3768379
进口总额	Total Imports	840697	2499349	3565721	4410284	7209610
进出口总额(万美元)	**Total Imports and Exports(USD 10 000)**	**203596**	**516190**	**871894**	**1278391**	**1594380**
出口总额	Total Exports	102185	206489	333485	567344	546873
进口总额	Total Imports	101411	309701	538409	711047	1047508
同“一带一路”国家进出口总额(万美元)	**Total Imports and Exports of Belt and Road Countries(USD 10 000)**					**1037909**
出口总额	Total Exports					311331
进口总额	Total Imports					726578
外商投资企业进出口额(万美元)	**Total Imports and Exports of Foreign-funded Enterprises(USD 10 000)**	**13597**	**82872**	**161034**	**132100**	**95118**
出口总额	Total Exports	11535	41547	96009	70500	45803
进口总额	Total Imports	2062	41325	65025	61600	49316
实际使用外资额(万美元)	**Total Amount of Foreign Capital Actually Used (USD 10 000)**	**54819**	**140007**	**355876**	**336629**	**206105**
外商投资企业基本情况	**Registered Foreign-funded Enterprises**					
年底登记户数(户)	Number of Registered Enterprises(unit)	874	914	3693	2967	3504
投资总额(万美元)	Total Investment(USD 10 000)	253634	1264645	2324266	3514212	5842061
注册资本(万美元)	Registered Capital(USD 10 000)	171773	627138	1223998	1730106	2081743
#外方	Capital from Foreign Partners	84084	407333	910119	1061594	1372784

12-2 外贸进出口贸易总额及实际使用外资额

Total Foreign Trade Imports and Exports and Amount of Foreign Investment Actually Used

年 份 Year	按人民币计算(万元) RMB 10 000 Yuan			按美元计算(万美元) USD 10 000			实际使用外资额 （万美元） Total Amount of Foreign Capital Actually Used
	进出口总额 Total Imports & Exports	出口总额 Total Exports	进口总额 Total Imports	进出口总额 Total Imports & Exports	出口总额 Total Exports	进口总额 Total Imports	
1965				333		333	
1970				554	158	396	
1975				925	394	531	
1978	2674	1768	906	1552	1026	526	
1980	6555	3970	2585	4397	2663	1734	
1981	10676	8100	2576	6008	4558	1450	
1982	15733	13881	1852	8173	7211	962	
1983	17615	11176	6439	9001	5711	3290	
1984	28557	20661	7896	10912	7895	3017	178
1985	59053	43880	15173	18448	13708	4740	530
1986	89086	63656	25430	23937	17104	6833	664
1987	113130	84310	28820	30398	22654	7744	1120
1988	141303	109390	31913	37968	29393	8575	961
1989	161191	125158	36033	43312	33630	9682	3050
1990	252898	169483	83415	48430	32456	15974	2530
1991	321692	224597	97095	59964	41865	18099	5532
1992	507068	319168	187901	93555	58887	34668	7910
1993	1041650	561843	479807	120283	64878	55405	19213
1994	914685	513373	401312	106128	59565	46563	29086
1995	937671	506785	430886	112310	60840	51470	61801
1996	1038914	569132	469782	124981	68590	56391	38355
1997	1086188	609458	476730	131027	73519	57508	44209
1998	1147173	681635	465538	138581	82343	56238	44253
1999	1330986	750028	580958	160786	90605	70181	40133
2000	1687811	847114	840697	203596	102185	101411	54819
2001	2109035	943996	1165039	254819	114056	140763	47342
2002	2487279	1134776	1352503	300494	137095	163399	58211
2003	2576975	1192581	1384394	311353	144089	167264	66529
2004	3350865	1391710	1959155	404865	168152	236713	89664
2005	4165757	1666408	2499349	516190	206489	309701	140007
2006	4643967	1672155	2971812	594717	214140	380577	196863
2007	5657121	2152965	3504156	774460	294741	479719	238780
2008	6105451	2446445	3659006	893315	357950	535365	285556
2009	4618493	1581088	3037405	676395	231556	444839	318019
2010	5774292	2208571	3565721	871894	333485	538409	355876
2011	7522708	2953377	4569331	1193910	468723	725187	404125
2012	7074817	2495428	4579389	1125667	397045	728622	417665
2013	7311689	2495199	4816490	1199247	409257	789990	484258
2014	8940400	3928200	5012200	1455400	639500	815900	417182
2015	7925407	3515123	4410284	1278391	567344	711047	336629
2016	7727800	2952600	4775300	1170100	447100	723000	396672
2017	9408596	3309115	6099481	1387352	487796	899556	314951
2018	10343500	3786401	6557099	1569027	574660	994367	315869
2019	10977989	3768379	7209610	1594380	546873	1047508	206105

注：本表2003年以后外贸部分数据由呼和浩特海关提供（下同）。

a) Data after 2003 in this table were obtained from the Hohhot Customs statistics.The same as in the following table.

12-3 内蒙古同“一带一路”主要沿线国家海关进出口总额(2019年)

Inner Mongolia with “The Belt and Road”Along the Main National Customs Import and Export Volume(2019)

单位：万美元 (USD 10 000)

项　目	Item	进出口总额 Total Imports & Exports	出口总额 Total Exports	进口总额 Total Imports
总计	**Total**	**1037909**	**311331**	**726578**
蒙古	Mongolia	513012	42199	470813
俄罗斯	Russia	269443	38669	230774
越南	Vietnam	46297	45629	668
印度	India	27473	20646	6827
泰国	Thailand	25362	22441	2921
土耳其	Turkey	17801	14392	3409
沙特阿拉伯	Saudi Arabia	17185	17155	30
印度尼西亚	Indonesia	15420	14126	1294
菲律宾	Philippines	12593	12528	65
埃及	Egypt	9897	9896	1
新加坡	Singapore	9709	9294	415
阿联酋	United Arab Emirates	9002	8973	29
马来西亚	Malaysia	8687	7501	1186
伊朗	Iran	8541	8541	
缅甸	Myanmar	5962	5935	27
伊拉克	Iraq	5556	5556	
以色列	Israel	4318	4310	8
阿曼	Oman	4208	952	3256
孟加拉国	Bangladesh	4063	3899	164
巴基斯坦	Pakistan	3137	2992	145
柬埔寨	Cambodia	3024	2757	267
波兰	Poland	2610	2595	15
哈萨克斯坦	Kazakhstan	2572	230	2343
约旦	Jordan	1147	1147	
黎巴嫩	Lebanon	1072	1072	
立陶宛	Lithuania	999	999	
乌克兰	Ukraine	880	824	56
斯里兰卡	Sri Lanka	876	876	1
斯洛文尼亚	Slovenia	656	656	
保加利亚	Bulgaria	633	186	447
科威特	Kuwait	625	503	122
乌兹别克斯坦	Uzbekistan	583	556	27

12-4 按主要国别(地区)分海关进出口总额(2019年)

Total Value of Imports and Exports by Main Country (Region)(2019)

单位：万美元 (USD 10 000)

项 目	Item	进出口总额 Total Imports & Exports	出口总额 Total Exports	进口总额 Total Imports
总计	**Total**	**1594380**	**546873**	**1047508**
蒙古	Mongolia	513012	42199	470813
俄罗斯	Russia	269443	38669	230774
澳大利亚	Australia	125524	4824	120700
美国	United States	70620	40074	30545
泰国	Thailand	25362	22441	2921
瑞典	Sweden	14060	523	13537
韩国	South Korea	45913	39121	6792
德国	Germany	22927	10865	12063
越南	Vietnam	46297	45629	668
英国	United Kingdom	15263	11395	3869
菲律宾	Philippines	12593	12528	65
沙特阿拉伯	Saudi Arabia	17185	17155	30
印度尼西亚	Indonesia	15420	14126	1294
毛里塔尼亚	Mauritania	3057	19	3038
印度	India	27473	20646	6827
日本	Japan	28100	22348	5752
荷兰	Netherlands	10461	9343	1118
以色列	Israel	4318	4310	8
缅甸	Myanmar	5962	5935	27
巴西	Brazil	20053	11311	8742
马来西亚	Malaysia	8687	7501	1186
中国台湾	Taiwan,China	22356	5146	17210
加拿大	Canada	7528	5438	2090
加蓬	Gabon	10706	19	10687
孟加拉国	Bangladesh	4063	3899	164
智利	Chile	12916	4278	8638
埃及	Egypt	9897	9896	1
比利时	Belgium	4158	3888	270
阿联酋	United Arab Emirates	9002	8973	29
挪威	Norway	1225	317	907
墨西哥	Mexico	3973	3549	424
新加坡	Singapore	9709	9294	415

12-5 进出口货物分类金额(2019年)

Value of Imports and Exports of Goods by HS Section and Division(2019)

单位：万美元 (USD 10 000)

项 目	Item	出口 Exports	进口 Imports
商品类章	**HS Section and Division**		
肉及食用杂碎	Meat and Edible Meat Offal	617	8021
鱼、甲壳动物、软体动物及其他水生无脊椎动物	Fish and Crustaceans Molluscs and Other Aquatic Invertebrates		7202
乳品；蛋品；天然蜂蜜；其他食用动物产品	Dairy Produce;Birds' Eggs;Natural Honey;Other Edible Animal Products	1035	29091
食用蔬菜、根及块茎	Edible Vegetables and Certain Roots and Tubers	11025	
含油子仁及果实；杂项子仁及果仁；工业用或药用植物；稻草、秸秆及饲料	Oil Seeds and Oleaginous Fruits;Miscellaneous Grains,Seeds and Fruit;Industrial or Medicinal Plants;Straw and Fodder	47403	26355
盐；硫磺；泥土及石料；石膏料、石灰及水泥	Salt;Sulphur;Earths and Stone;Plastering Materials, Lime and Cement	2152	7919
矿砂、矿渣及矿灰	Ores,Slag and Ash	4	333696
矿物燃料、矿物油及其蒸馏产品；沥青物质；矿物蜡	Mineral Fuels,Mineral Oils and Products of Their Distillation;Bituminous Substances;Mineral Waxes	11858	349487
无机化学品；贵金属、稀土金属、放射性元素及其同位素的有机及无机化合物	Inorganic Chemicals;Organic or Inorganic Compounds of Precious Metals,of Rare-Earth Metals,of Radioactive Elements or of Isotopes	18011	6391
有机化学品	Organic Chemicals	108414	1494
药品	Pharmaceutical Products	8488	50
肥料	Fertilizers	1079	7960
塑料及其制品	Plastics and Articles Thereof	23298	11382
木及木制品；木炭	Wood and Articles of Wood;Wood Charcoal	1896	149713
纸及纸板；纸浆、纸或纸板制品	Paper and Paperboard;Articles of Paper Pulp,of Paper or Paperboard	1508	10079
羊毛、动物细毛或粗毛；马毛纱线及其机织物	Wool,Fine or Coarse Animal Hair; Horsehair Yarn and Woven Fabric	17237	6005
针织或钩编的服装及衣着附件	Articles of Apparel and Clothing Accessories, Knitted or Crocheted	14964	261
非针织或非钩编的服装及衣着附件	Articles of Apparel and Clothing Accessories,not Knitted or Crocheted	10980	26
钢铁	Iron and Steel	108753	4296
钢铁制品	Articles of Iron or Steel	12011	676
核反应堆、锅炉、机器、机械器具及零件	Nuclear Reactors,Boilers,Machinery and Mechanical Appliances;Parts Thereof	17422	21597
电机、电气设备及其零件；录音机及放声机、电视图像、声音的录制和重放设备及其零件、附件	Electrical Machinery and Equipment and Parts Thereof;Sound Recorders and Reproducers,Television Image and Sound Recorders and Reproducers,and Parts and Accessories of Such Articles	25670	20856
车辆及其零件、附件,但铁道及电车道车辆除外	Vehicles Other Than Railway or Tramway Rolling-Stock,and Parts and Accessories Thereof	12510	2908
光学、照相、电影、计量、检验、医疗或外科用仪器及设备、精密仪器及设备；上述物品的零件、附件	Optical,Photographic,Cinematographic,Measuring, Checking,Precision Medical or Surgical Instruments and Apparatus;Parts and Accessories Thereof	2350	5829

12-6 实际使用外资额

Total Amount of Foreign Capital Actually Used

单位：万美元 (USD 10 000)

行 业	Item	2018	2019
总计	**Total**	**315869**	**206105**
按登记注册类型分	**By Status of Registration**		
合资经营企业	Joint Ventures Enterprises	52187	7618
合作经营企业	Cooperative Operation Enterprises	2334	12
外资企业	Foreign Investment Enterprises	46046	59220
外商投资股份制企业	Foreign Investment Share Enterprises	202673	120563
合作开发	Cooperative Development		
其 他	Others	12629	18694
按国民经济行业分	**By Sector**		
农、林、牧、渔业	Farming,Forestry,Animal Husbandry and Fishery	13031	1270
采矿业	Mining	164408	81076
制造业	Manufacturing	91780	116591
电力、燃气及水的生产和供应业	Production & Supply of Electric Power,Gas and Water	14991	3737
建筑业	Construction	10061	
批发和零售业	Wholesale and Retail Trade	10143	860
交通运输、仓储和邮政业	Transportation,Storage and Postal Services		
住宿和餐饮业	Hotels and Catering Services		
信息传输、软件和信息技术服务业	Information Transmission,Software and IT Services	552	2215
金融业	Banking		
房地产业	Real Estate		164
租赁和商务服务业	Leasing and Commercial Services	8985	
科学研究和技术服务业	Scientific and Technical Services	1745	23
水利、环境和公共设施管理业	Water Conservancy,Environment and Public Facilities Administration		170
居民服务、修理和其他服务业	Resident Services,Repairs and Other Services		
教育	Education		
卫生和社会工作	Health and Social Work	23	
文化、体育和娱乐业	Culture,Sports & Recreational Services	150	
公共管理、社会保障和社会组织	Public Administration， Social Security and Social Organizations		
国际组织	International Organizations		

12-7 按国别(地区)分实际使用外资额

Total Amount of Foreign Capital Actually Used By Country (Region)

单位：万美元 (USD 10 000)

项 目	Item	2019
总计	**Total**	**206105**
中国香港	Hong Kong,China	127571
加拿大	Canada	6033
新加坡	Sigapore	3583
法国	France	2234
日本	Japan	1846
开曼群岛	The Cayman Islands	709
英国	United Kingdom	779
中国台湾	Taiwan,China	187
英属维尔京群岛	Virgin Islands,British	161
蒙古国	Mongolia	79
泰国	Thailand	69
萨摩亚	Samoa	54
巴巴多斯	Barbados	11
俄罗斯	Russia	6
印度	India	1
B股	B-share	38066
投资性公司	Investment Company	24716

12-8 年末登记外商投资企业行业分布(2019年)

Sector Distribution Registered of Foreign Funded Enterprises(2019)

行 业	Sector	企业数(户) Number of Registered Enterprises (unit)	投资总额(万美元) Total Investment (USD 10 000)	注册资本(万美元) Registeres Capital (USD 10 000)	#外方 Capital Invested by Foreign Partner
总 计	**Total**	**3504**	**5842061**	**2081743**	**1372784**
农、林、牧、渔业	Farming,Forestry,Animal Husbandry and Fishery	77	488350	293239	213679
采矿业	Mining	63	289523	138939	116352
制造业	Manufacturing	295	1022427	503104	341871
电力、燃气及水的生产和供应业	Production & Supply of Electric Power,Gas and Water	99	928528	370363	172415
建筑业	Construction	17	227108	189173	91028
批发和零售业	Wholesale and Retail Trade	542	370600	108989	81798
交通运输、仓储和邮政业	Transportation,Storage and Postal Services	46	132111	50654	38541
住宿和餐饮业	Hotels and Catering Services	226	37109	27460	18107
信息传输、软件和信息技术服务业	Information Transmission, Software and IT Services	1628	11637	4237	4037
金融业	Banking	105	4410	2010	1581
房地产业	Real Estate	34	33854	17214	14635
租赁和商务服务业	Leasing and Commercial Services	220	2043521	220130	172998
科学研究和技术服务业	Scientific and Technical Services	83	141724	41317	27677
水利、环境和公共设施管理业	Water Conservancy,Environment and Public Facilities Administration	14	13274	7339	6773
居民服务、修理和其他服务业	Resident Services,Repairs and Other Services	43	6053	99091	64509
教育	Education	1			
卫生和社会工作	Health and Social Work	3	90309	5309	5108
文化、体育和娱乐业	Culture,Sports & Recreational Services	8	1523	3175	1675
公共管理、社会保障和社会组织	Public Administration ,Social Security and Social Organizations				

12-9 旅游业基本情况
Basic Statistics on Tourism

指 标	Item	2000	2005	2010	2015	2019
旅行社总数(个)	**Total Number of Agencies(unit)**	**88**	**404**	**716**	**969**	**1143**
#组团社	Domestic Tour Wholesaler	1	10	23	76	91
边境社	Border Agency	10	13	15	41	49
旅行社分社	Travel Agencies Bureaus			31	163	294
旅行社职工人数(人)	**Number of Staff and Workers of Travel Agencies(person)**	**1075**	**2051**	**6309**	**7050**	**6391**
#组团社	Domestic Tour Wholesaler	82	780	920	2460	
星级宾馆个数(个)	**Total Number of Stars Hotel(unit)**	**54**	**202**	**263**	**318**	**299**
入境旅游人数(人次)	**Total Number of International Tourists Inbound (person-times)**	**391970**	**1001635**	**1428015**	**1607816**	**1958311**
外国人	Foreigners	384000	995007	1400197	1533523	1865551
港澳同胞	Compatriots from Hong Kong and Macao	2814	5550	17823	45176	61506
台湾同胞	Compatriots from Taiwan	5156	1078	9995	29117	31254
旅行社组织出境旅游总人数（人次）	**Number of Outbound Tourism of Travel Agency(person-times)**	**19425**	**25808**	**31100**	**147433**	**160293**
国内旅游人数(万人次)	**Number of Domestic Tourism (10 000 person times)**	**735**	**2062**	**4478**	**8352**	**19317**
旅游总收入(亿元)	**Income of Tourism (100 million yuan)**	**42.72**	**208.09**	**732.70**	**2257.10**	**4651.49**
国际旅游外汇收入(万美元)	Foreign Exchange Earnings from International Tourism(USD 10 000)	12645	35207	60190	96249	134009
国内旅游收入(万元)	Earnings from Domestic Tourism (10 000 yuan)	322300	1797200	6929200	21937700	45585163
国内旅游人均花费(元/天)	Per Captia Spending of Domestic Tourism (yuan/day)	272	363	520	799	917

12-10 接待外国旅游人数

Number of Foreign Tourists by Country

国 别(地区)	Country(District)	2018	2019
入境旅游人数总计(人次)	**Total Number of Entry Tourists(person times)**	**1880752**	**1958311**
外国人(包括外籍华人)	Foreigners(Including Chinese Owning Foreign Nationality)	1788154	1865551
日 本	Japan	4409	15778
菲 律 宾	Philippines	2660	2630
新 加 坡	Sigapore	3987	4645
美 国	United States	6120	63435
加 拿 大	Canada	1400	5883
英 国	United Kingdom	1432	12628
德 国	Germany	2103	9598
法 国	France	2003	7268
意 大 利	Italy	3305	1936
瑞 士	Switzerland	2154	753
荷 兰	Netherlands	3515	45353
澳 大 利 亚	Australia	1002	8688
新 西 兰	New Zealand		2183
俄 罗 斯	Russia	782234	774526
蒙 古	Mongolia	950132	811395
港澳台同胞	Chinese Compatriots from Hong Kong, Macao and Taiwan	92598	92760
入境旅游者平均逗留天数(天)	**Average Days of Entry Tourist Staying(day)**	**3.33**	**3.23**
外国人(包括外籍华人)	Foreigners(Including Chinese Owing Foreign Nationality)	3.23	3.08
港澳台同胞	Chinese Compatriots from Hong Kong, Macao and Taiwan	3.88	3.86

12-11 国内旅游人均花费

Per Capita Spending of Domestic Tourism

项　目	Item	2018	2019
国内旅游人均花费(元/天)	**Per Capita Spending of Domestic Tourism (yuan/day)**	**908.41**	**917.21**
交通费	Long Distance Transportation	178.54	194.91
飞机	Air	24.63	70.67
火车高铁	Railway	72.59	53.20
长途汽车	Highway	21.45	19.40
市内交通	Local Transportation	59.87	51.63
住宿	Accommodation	196.68	190.68
餐饮	Cater	188.69	189.22
景区游览	Visiting	90.85	86.31
娱乐	Entertainment	64.96	71.18
购物	Shopping	116.92	116.67
其他	Other	71.77	68.24

12-12 入境旅游情况

Condition of Inbound Tourism

项　目	Item	2018	2019
入境旅游总人数(万人次)	**Overseas Visitor Arrivals(10 000 person-times)**	**188.08**	**195.83**
#满洲里	Manzhouli City	71.29	74.22
二连浩特	Erlianhaote City	71.60	74.75
入境旅游创汇(万美元)	**Foreign Exchange Earning(USD 10 000)**	**127210**	**134009**
#满洲里	Manzhouli City	50125	51591
二连浩特	Erlianhaote City	32059	35013

12-13 旅游事业发展情况

Development of Tourism

年 份 Year	旅行社总数（个）Total Number of Agencies (unit)	旅游接待人数（万人次）Number of Tourist Reception(10 000 person-times)			旅游总收入 Income of Tourism		
		合 计 Total	接待入境旅游者人数 Total Number of International Tourists Inbound	国内旅游人数 Number of Domestic Tourism	合 计 (亿元) Total (100 million yuan)	国际旅游外汇收入（万美元） Earnings from International Tourism (USD 10 000)	国内旅游收入 (亿元) Earnings from Domestic Tourism (100 million yuan)
1980		0.98	0.98		0.04	50	
1981		1.05	1.05		0.05	55	
1982		1.02	1.02		0.05	64	
1983		1.06	1.06		0.05	61	
1984		1.03	1.03		0.06	70	
1985		1.43	1.43		0.07	82	
1986		1.20	1.20		0.06	73	
1987		1.93	1.93		0.09	108	
1988		1.71	1.71		0.12	141	
1989		0.78	0.78		0.06	68	
1990		1.23	1.23		0.11	137	
1991		146.11	6.11	140	2.21	1220	1.20
1992		220.13	10.13	210	3.78	2026	2.10
1993		338.87	18.87	320	6.13	3773	3.00
1994		381.65	31.65	350	11.76	8750	4.50
1995	23	410.09	30.09	380	13.21	9052	5.70
1996	31	431.48	31.48	400	13.76	9350	6.00
1997	39	514.84	34.84	480	16.88	10700	8.00
1998	27	616.89	36.89	580	20.42	12550	10.00
1999	41	687.15	37.15	650	21.98	12027	12.00
2000	88	774.19	39.20	735	42.72	12645	32.23
2001	141	947.99	39.99	908	62.60	13740	51.33
2002	149	1196.94	43.94	1153	82.20	14935	70.04
2003	220	1035.36	41.36	994	94.74	13836	83.29
2004	293	1590.98	79.99	1511	145.01	25313	124.09
2005	404	2162.20	100.16	2062	208.09	35207	179.72
2006	501	2574.95	123.25	2451.70	279.70	40379	248.24
2007	589	3057.45	149.45	2908.00	390.77	54485	351.01
2008	652	3352.93	154.93	3198.00	468.85	57718	429.50
2009	616	4008.96	128.96	3880.00	611.35	55831	573.22
2010	716	4620.35	142.80	4477.55	732.70	60190	692.92
2011	786	5329.47	151.52	5177.95	889.55	67097	847.28
2012	833	6046.48	159.17	5887.31	1128.51	77196	1080.65
2013	879	6774.61	161.61	6613.00	1403.46	96229	1343.73
2014	897	7582.00	167.12	7414.88	1805.29	100295	1744.97
2015	969	8512.61	160.78	8351.83	2257.10	96249	2193.77
2016	976	9805.32	177.91	9627.41	2714.70	113903	2635.56
2017	1433	11646.02	184.83	11461.19	3440.11	124556	3358.59
2018	1156	13044.15	188.08	12856.07	4011.37	127210	3924.01
2019	1143	19512.48	195.83	19316.65	4651.49	134009	4558.52

主要统计指标解释

进出口总额 海关进出口总额指实际进出我国国境的货物总金额。包括对外贸易实际进出口货物,来料加工装配进出口货物,国家间、联合国及国际组织无偿援助物资和赠送品,华侨、港澳台同胞和外籍华人捐赠品,租赁期满归承租人所有的租赁货物,进料加工进出口货物,边境地方贸易及边境地区小额贸易进出口货物(边民互市贸易除外),中外合资经营企业、中外合作经营企业、外商独资企业进出口货物和公用物品,到日离岸价格在规定限额以上的进出口货样和广告品(无商业价值、无使用价值和免费提供出口的除外),从保税仓库提取在中国境内销售的进口货物,以及其他进出口货物。进出口总额用以观察一个国家在对外贸易方面的总规模。我国规定出口货物按离岸价格统计,进口货物按到岸价格统计。

商品经营单位所在地进、出口额 指所在地海关注册登记的有进出口经营权的企业实际进、出口额。

利用外资 指我国各级政府、部门、企业和其他经济组织通过对外 借款、吸收外商直接投资以及用其他方式筹措的境外现汇、设备、技术等。

对外借款 是我国利用外资的重要部分。指通过对外正式签订借款 协议,从境外筹措的资金 ,包括外国政府贷款、国际金融组织贷款、外国银行商业贷款、出口信贷以及对外发行债券等。1996 年及以前还包括对外发行股票。

外商直接投资 指外国企业和经济组织或个人(包括华侨、港澳台胞以及我国在境外注册的企业)按我国有关政策、法规,用现汇、实物、技术等在我国境内开办外商独资企业、与我国境内的企业或经济组织共同举办中外合资经营企业,合作经营企业或合作开发资源的投资(包括外商投资收益的再投资),以及经政府有关部门批准的项目投资总额内企业从境外借入的资金。

外商其他投资 指除对外借款和外商直接投资以外的各种利用外资的形式。包括企业在境内外股票市场公开发行的以外币计价的股票(目前主要是在香港证券市场发行的 H 股和在境内证券市场发行的 B 股)发行价总额,国际租赁进口设备的应付款,补偿贸易中外商提供的进口设备、技术、物料的价款,加工装配贸易中外商提供的进口设备、物料的价款。

对外承包工程 指各对外承包公司以招标议标承包方式承揽的下列业务:(1)承包国外工程建设项目,(2)承包我国对外经援项目,(3)承包我国驻外机构的工程建设项目,(4)承包我国境内利用外资进行建设的工程项目,(5)与外国承包公司合营或联合承包工程项目时我国公司分包部分,(6)对外承包兼营的房屋开发业务。对外承包工程的营业额是以货币表现的本期内完成的对外承包工程的工作量,包括以前年度签订的合同和本年度新签订的合同在报告期内完成的工作量。

对外劳务合作 指以收取工资的形式向业主或承包商提供技术和劳动服务的活动。我国对外承包公司在境外开办的合营企业,中国公司同时又提供劳务的,其劳务部分也纳入劳务合作统计。劳务合作营业额按报告期向雇主提交的结算数(包括工资、加班费和奖金等)统计。

对外设计咨询 指以服务成果向业主收费的技术服务项目。包括承担地形地貌测绘,地质资源勘探与普查,建设区域规划,提供设计文件、图纸、生产工艺技术资料和工程技术经济咨询,工程项目的可行性考察、研究和评估,进行技术指导和培训人员等;也包括承担国(境)内利用外资进行建设的工程项目的上述规定的设计咨询项目的收取外币部分。

旅游人数 包括入境国际旅游者人数、出境居民人数和国内旅游者人数。

(1)入境国际旅游者人数:指来中国参观、访问、旅行、探亲、访友、休养、考察、参加会议和从事经济、科技、文化、教育、宗教等活动的外国人、华侨、港澳同胞和台湾同胞的人数。不包括外国在我国的常驻机构,如使领馆、通讯社、企业办事处的工作人员;来我国常住的外国专家、留学生以及在岸逗留不过夜人员。

(2)出境居民人数:指大陆居民因公务活动或私人事务短期出境的人数。公务活动出境居民人数包括在国际交通工具上的中国服务员工,因私出境居民人数不包括在国际交通工具上的中国服务员工。

(3)国内旅游者人数:指我国大陆居民和在我国常住 1 年以上的外国人、华侨、港澳台同胞离开常住地在境内其他地方的旅游设施内至少停留一夜,最长不超过 6 个月的人数。

国际旅游(外汇)收入 指入境旅游的外国人、华侨、港澳同胞和台湾同胞在中国大陆旅游过程中发生的一切旅游支出,对于国家来说就是国际旅游(外汇)收入。

国际旅行社 指经营对外招徕并接待外国人、华侨、港澳同胞和台湾同胞来中国、归国或回内地旅游业务的旅行社。

国内旅行社 指负责经营招徕、组团、接待国内旅客的旅游业务,以及不对外招徕,负责经营接待国际旅行社或其它涉外部门组织的外国人、华侨、港澳同胞和台湾同胞来中国、归国或回内地的旅游业务的旅行社。

星级饭店 指已评定星级的饭店。

Explanatory Notes on Main Statistical Indicators

Total Imports and Exports at Customs refer to the value of commodities imported into and exported from the boundary of China. They include the actual imports and exports through foreign trade, imported and exported goods under the processing and assembling trades and materials, supplies and gifts as aid given gratis between governments and by the United Nation and other international organizations, and contributions donated by over seas Chinese, compatriots in Hong Kong and Macao and Chinese with foreign citizenship, leasing commodities owned by tenant at the expiration of leasing period, the imported and exported commodities processed with imported materials, commodities trading in border areas (excluding mutual exchange goods), the imported and exported commodities and articles for public use of the Sino foreign joint ventures, cooperative enterprises and ventures exclusively with foreign own investment. Also included are import or export of samples and advertising goods for whose CIF or FOB value are beyond the permitted ceiling (excluding goods of no trading or use value and free commodities for export), imported goods sold in China from bonded warehouses and other imported or exported goods. The indicator of the total imports and exports at customs can be used to ob serve the total size of external trade in a country. In accordance with the stipulation of the Chinese government, imports are calculated at CIF, while exports are calculated at FOB.

Import and Export Value by Location of China's Foreign Trade Managing Units refers to actual value of imports and exports carried out by corporations which have been registered by the local customhouse and are vested with right to run import export business.

Utilization of Foreign Capital refers to remittance, equipment and technology financed from abroad, by loans, foreign direct investment and other forms undertaken by the Chinese governments at all levels by various departments, enterprises and other economic units.

Foreign Borrowings an important part of China's utilization of foreign capital, it refers to funds borrowed from abroad through formal signing o f borrowing agreements with foreign institutions, including loans of foreign governments, loans of international financial institutions, commercial loans of foreign banks, export credit, and funds raised by Chinese bonds (and shares before 1996) issued abroad.

Direct Investment by Foreign Entrepreneurs refers to the investments inside China by foreign enterprises and economic organizations or individuals (including overseas Chinese, compatriots from Hong Kong and Macao, and Chinese enterprises registered abroad), following the relevant policies and laws of China, for the establishment of ventures exclusively with foreign own investment, Sino – foreign joint ventures and cooperative enterprises or for co operative exploration of resources with enterprises or economic organizations in China. It includes the re investment of the foreign entrepreneurs with the profits gained fro m the investment an d the funds that enterprises borrow from abroad in the total investment of projects which are approved by the relevant department of the government.

Other Investment by Foreign Entrepreneurs refers to all forms of utilization of foreign capitals other than foreign borrowings and foreign direct investment. It includes the total value of stock shares in foreign currencies issued by enterprises at domestic or foreign stock exchanges (now mainly consisting of H shares issued at Hong Kong Security Market and B shares issued at domestic security markets), rent payable for the imported equipment through international leasing arrangement, cost of imported equipment, technology and materials provided by foreign counterparts in compensation trade and processing and assembly trade.

Contracted Projects with Foreign Countries refer to projects undertaken by Chine se contractors (project contracting companies) through bidding process. They include: (1) overseas civil engineering construction projects financed by foreign investors; (2) overseas projects financed by the Chinese government through its foreign aid programs; (3) construction projects of Chinese diplomatic missions, trade offices and other institutions stationed abroad; (4) construction projects in China financed by foreign investment; (5) subcontracted projects to be taken by Chinese contractors through a joint umbrella project with foreign contractor; (6) housing development projects. The business income from international contracted projects is the work volume of contracted projects completed during the reference period, expressed in monetary terms, including completed work on projects signed in previous years.

Service Cooperation with Foreign Countries refers to the activities of providing technology and labour services to employers or contractors in the forms of receiving salaries and wages. Labour services providing by contractual joint venture s of Chinese international contracting corporations should be included in the statistics of service cooperation with foreign countries. The business income of labour service co – operation is the income in the form of wages and salaries, over time pay, bonuses and other remuneration received from the employers during the reference period.

Overseas Design and Consultation Service refers to projects wit h charges for technical services from overseas operators. It includes geographic and topographic mapping, geological resource prospecting and survey, planning of construction areas, provision of design documents, blueprints, materials on production process and techniques, as well as engineering, technical and economic consultation, and feasibility study, research and evaluation of projects. Also included under this category are the abovementioned services of foreign financed projects in China that are paid in foreign currencies.

Number of Tourists Include international tourists entering into China, Chinese residents going abroad and domestic tourists.

(1) International tourists refer to foreigners, overseas Chinese, Chinese compatriots from Hong Kong, Macao and Taiwan coming to China for sightseeing, visits, tours, family reunions, vacations, study tours, conferences and other activities of a business, scientific and technological, cultural, educational and religious nature. It does not include representatives and employees of resident institutions of foreign countries in China such as embassies, consulates, news agencies and offices of foreign companies and organizations, nor does it include long term foreign experts or students residing in China, or persons in transition without spending a night in China.

(2) Chinese residents going abroad refer to Chinese residents going abroad for short terms for either public business or private purposes. Chinese employees working on international transport carriers are included in those going abroad for public business purpose, not in those for private purpose.

(3) Domestic tourists refer to residents of the mainland of China who stay for one night at least, but no more than 6 months at tourist facilities in other places than their permanent residence within the territory of the mainland China, including foreigners, overseas Chinese and Chinese compatriots from Hong Kong, Macao and Taiwan who have resided in China for over one year.

Foreign Exchange Earnings from International Tourism refer to the total expenditures of foreigners, overseas Chinese, Chinese compatriots from Hong Kong, Macao and Taiwan during their stay in the mainland of China, which are earnings of foreign exchange from international tourism from the point of view from China.

International Travel Agencies refer to travel agencies engaged in the promotion, solicitation, organization and reception of tours to the mainland of China by foreigners, overseas Chinese, Chinese compatriots from Hong Kong, Macao and Taiwan.

Domestic Travel Agencies refer to travel agencies engaged in the promotion, solicitation, organization and reception of domestic tourists, and in the reception of foreigners, overseas Chinese, Chinese compatriots from Hong Kong, Macao and Taiwan organized by international travel agencies or other departments concerned, without their own promotion and solicitation programs.

Star – hotels refer to hotels rated with stars.

13 金融和保险

Finance and Insurance

资料整理：胡玉玲

Arranged By：Hu Yuling

13-1 银行业金融机构、人员数(2019年末)

Number of Institutions and Persons Engaged in Finance System(End of 2019)

项 目	Item	机构数(个) Number of Institutions (unit)	年末人数(人) Number of Staff and Workers (person)
总计	**Total**	**5956**	**99116**
政策性银行	**Policy-related Bank**	**87**	**2063**
国家开发银行	State Development Bank	1	174
进出口银行	Export-import Bank	1	45
中国农业发展银行	Agricultural Development Bank of China	85	1844
国有商业银行	**State-owned Commercial Bank**	**1554**	**36954**
中国工商银行	Industrial and Commercial Bank of China	361	10851
中国农业银行	Agricultural Bank of China	564	11266
中国银行	Bank of China	264	6017
中国建设银行	Construction Bank of China	331	8011
交通银行	Bank of Communications	34	809
股份制商业银行	**Joint-stock Commercial Bank**	**224**	**4613**
中信银行	China Citic Bank	38	873
中国光大银行	China Everbright Bank	26	556
华夏银行	Hua Xia Bank	22	484
招商银行	China Merchants Bcmk	25	626
上海浦东发展银行	Shanghai Pudong Development Bank	32	578
兴业银行	Industrial Bank	48	809
民生银行	Min Sheng Bank	24	355
渤海银行	Bohai Bank	6	169
平安银行	Ping An Bank	2	86
浙商银行	China Zheshang Bank	1	77
城市商业银行	**City Commercial Bank**	**629**	**12878**
农村合作金融机构	**Rural Cooperative Financial Institutions**	**2639**	**34277**
农村信用社	Rural Credit Cooperatives	1368	16135
农村商业银行	Rural Commercial Bank	958	12186
农村合作银行	Rural Coopeyation Bank	67	832
村镇银行	Rural and Taon Bank	245	5113
贷款公司	Loan Corporation		
农村资金互助社	Rural Fund Cooperation Society	1	11
非银行金融机构	**Non-bank Finance Institutions**	**8**	**547**
企业集团财务公司	Corporate Finance Companies	6	204
信托公司	Trust Corporation	2	343
邮政储蓄银行	**Postal Savings Bank**	**810**	**7384**
资产管理公司	**Asset Management Corporation**	**3**	**169**
消费金融公司	**Consumer Financial Company**	**1**	**226**
外资金融机构	**Foreign Financial Institutions**	**1**	**5**

13-2 金融机构人民币信贷收支年末余额

Sources and Uses of Credit Funds of Financial Institutions at Year-end

单位：万元 (10 000 yuan)

项　目	Item	2019
各项存款	**Deposits**	**236451339**
境内存款	**Domestic Deposits**	**236382790**
住户存款	Deposits of Households	135873169
活期存款	Demand	56263300
定期及其他存款	Time Deposit and Others	79609869
非金融企业存款	Deposit of Non-financial Enterprises	51786078
活期存款	Demand	31146771
定期及其他存款	Time Deposit and Others	20639307
财政性存款	Fiscal Deposit	4393395
机关团体存款	Deposits of Government Departments&Organizations	37933720
非银行业金融机构存款	Non-banking Financial Institutions Deposits	6396428
境外存款	**Overseas Deposit**	**68549**
各项贷款	**Loans**	**230851181**
境内贷款	**Domestic Loans**	**230823473**
住户贷款	Household Loans	65102879
短期贷款	Short-term Loans	29577512
消费贷款	Consumer Loans	10166143
经营贷款	Business Loans	19411370
中长期贷款	Medium-term & Long-term Loans	35525367
消费贷款	Consumer Loans	27737038
经营贷款	Business Loans	7788328
非金融企业及机关团体贷款	Non-financial Enterprises and Organizations Loans	165704595
短期贷款	Short-term Loans	41813499
中长期贷款	Medium-term&Long-term Loans	112706190
票据融资	Circulated Fund by Bills	10420583
融资租赁	Renting by Circulated Fund	8258
各项垫款	Money Advanced	756064
非银行业金融机构贷款	Non-banking Financial Institutions Loans	16000
境外贷款	**Overseas Loans**	**27707**

13-3 大型商业银行人民币信贷收支年末余额

Sources and Uses of Credit Funds of Large Commercial Banks at Year-end

单位：万元 (10 000 yuan)

项 目	Item	2019
各项存款	**Total Deposits**	**123735186**
境内存款	**Domestic Deposits**	**123674992**
个人存款	Individual Deposit	74747032
#活期储蓄存款	Demand	35772068
定期储蓄存款	Time	16154601
结构性存款	Structured Deposits	2311970
单位存款	Corporate Deposit	47617701
#活期存款	Demand	31035391
定期存款	Time	3287201
保证金存款	Margin Deposit	1377412
结构性存款	Structured Deposits	1402040
国库定期存款	Treasury Deposit	
非存款类金融机构存款	Non-deposit Finacial Institutions Deposit	1310260
境外存款	**Overseas Deposit**	**60194**
各项贷款	**Total Loans**	**122541900**
境内贷款	**Domestic Loans**	**122541211**
短期贷款	Short-term Loans	21547790
个人贷款及透支	Personal Loans & Overdraw	7900535
#个人消费贷款	Personal Consumption Loans	5364741
单位贷款及透支	Unit Loans & Overdraw	13647256
经营贷款及透支	Business Loans& Overdraw	11712711
固定资产贷款	Fixed Assets Loans	24592
并购贷款	M&A Loans	
贸易融资	Trade Financing	1909953
非存款类金融机构贷款	Non-deposit Finacial Institutions Loans	
中长期贷款	Medium-term & Long-term Loans	97120081
个人贷款	Personal Loans	21978519
#个人消费贷款	Personal Consumption Loans	20592887
单位贷款	Unit Loans & Overdraw	75141562
经营贷款	Business Loans	5858179
固定资产贷款	Fixed Assets Loans	68769695
并购贷款	M&A Loans	461606
贸易融资	Trade Financing	52082
非存款类金融机构贷款	Non-deposit Finacial Institutions Loans	
票据融资	Circulated Fund by Bills	3864096
融资租赁	Renting by Circulated Fund	
各项垫款	Money Advanced	9244
境外贷款	**Overseas Loans**	**689**

13-4 金融机构人民币存、贷款年末余额

Saving Deposits and Loans of Financial Institutions at Year-end

单位：万元　　(10 000 yuan)

年 份 Year	各项存款余额合计 Depoits	#企业存款 Depoits of Enterprises	#城乡储蓄存款 Urban and Rural Savings Deposits	各项贷款余额合计 Loans	#工业贷款 Loans to Industrial Enterprises	#商业贷款 Loans to Commercial Enterprises	#农业贷款 Agricultural Loans
1949	140	120		195	92	91	12
1950	1525	635	119	767	75	459	233
1951	4227	1619	219	3312	402	2163	747
1952	9034	3161	397	7089	593	5017	1479
1953	9937	3543	590	16492	1367	13360	1765
1954	12477	4223	1256	33777	2146	29908	1723
1955	17259	4126	1235	40223	2445	36242	1536
1956	15456	6427	2426	40576	3745	30496	6330
1957	19212	5527	3456	45042	3536	36810	4696
1958	50202	14707	5481	66279	12923	48083	5273
1959	62204	11976	7776	140589	49725	86119	4745
1960	83174	14756	10272	177063	85910	84703	6450
1961	76297	19608	5616	173300	59865	105884	7551
1962	66097	31248	3708	140530	37211	93696	9623
1963	63565	27446	4144	107154	25294	73514	8346
1964	86304	19796	5885	98027	25451	72465	111
1965	76946	22060	6913	102246	24133	77336	777
1966	91036	29410	7386	134554	30299	92977	11278
1967	85323	29687	7814	146590	44634	89084	12872
1968	94204	34411	8380	154190	51580	89045	13565
1969	84049	33112	7068	174312	61467	97906	14939
1970	98931	35109	7844	233001	68242	150137	14622
1971	105614	39136	9504	268530	82034	172315	14181
1972	102931	40288	11994	260678	77738	165836	17104
1973	127154	51746	14163	279108	88418	167532	23158
1974	123097	50332	15959	292432	91734	174258	26440
1975	148439	68452	17464	318410	92559	196711	29140
1976	153865	70737	18552	345268	95167	216124	33977
1977	162209	67821	21908	367586	97370	231722	38494
1978	164678	67214	25307	403314	110930	246495	45889
1979	206997	75522	33092	436393	120396	256689	52236

13-4 续表1 Continued

单位：亿元 (100 million yuan)

年 份 Year	各项存款余额合计 Deposits	#企业存款 Deposits of Enterp-rises	#城乡储蓄存款 Urban & Rural Savings Deposits	各项贷款余额合计 Loans	#工业贷款 Loans to Industrial Enterprises	#商业贷款 Loans to Commercial Enterprises	#农业贷款 Agricu-ltural Loans	#基建贷款 Loans for Capital Construction	#技改贷款 Loans for Technical Innovation
1980	23.12	8.27	4.86	49.29	12.96	29.00	6.75		0.57
1981	29.61	10.40	6.31	55.87	14.18	33.04	6.82		1.47
1982	36.46	11.48	8.45	62.02	14.87	35.50	7.34	1.56	2.64
1983	44.21	12.20	11.26	71.06	17.53	40.23	7.57	2.48	2.85
1984	50.06	16.98	15.56	80.91	21.90	43.47	8.67	2.48	3.23
1985	56.08	16.54	21.01	90.54	27.57	49.05	8.90	2.25	4.29
1986	78.21	29.13	29.07	129.14	37.34	59.02	9.94	4.89	8.25
1987	97.12	33.80	38.97	152.02	43.63	68.95	11.49	9.35	18.90
1988	119.85	40.13	50.83	180.21	53.70	81.92	12.69	6.61	11.92
1989	136.09	38.21	67.96	212.76	68.18	94.41	13.99	7.85	13.98
1990	169.77	42.47	93.44	272.92	86.94	127.22	15.85	10.91	15.87
1991	205.78	48.39	119.36	326.85	101.73	144.76	18.84	22.92	20.16
1992	262.82	78.30	149.72	395.16	115.37	168.38	22.98	35.37	27.59
1993	350.54	77.36	232.14	529.72	137.90	203.31	42.77	60.36	32.79
1994	457.76	113.60	318.32	674.37	161.75	229.02	22.92	105.44	38.24
1995	566.34	130.36	410.82	819.87	187.94	256.67	42.89	153.54	46.63
1996	703.77	165.15	505.38	1002.98	221.58	302.56	51.05	201.19	54.71
1997	845.53	199.33	605.01	1172.17	251.89	346.80	58.27	256.55	58.79
1998	996.61	223.33	707.52	1318.75	281.36	376.43	53.35	288.55	65.29
1999	1092.37	251.22	797.63	1364.17	264.98	379.44	61.43	300.53	63.63
2000	1270.13	304.12	875.74	1340.74	231.32	356.59	69.23	251.36	57.74
2001	1498.79	375.06	986.73	1470.75	257.07	343.71	87.41	304.13	59.47
2002	1735.26	422.71	1138.10	1649.78	279.60	340.25	104.13	428.02	13.98
2003	2090.98	544.24	1355.66	1924.13	326.46	312.17	113.66	534.28	22.24
2004	2576.37	690.07	1603.88	2239.76	333.06	295.63	141.30	689.77	30.22
2005	3298.15	844.82	1973.60	2588.57	321.62	346.53	175.01	884.17	35.83
2006	4036.56	1032.68	2271.34	3205.19	456.11	354.90	192.13	1150.37	25.96
2007	4953.70	1364.57	2541.92	3767.74	495.38	376.40	229.43	1321.65	18.84
2008	6341.03	1752.62	3211.66	4527.86	544.71	419.65	313.81	1595.39	41.09
2009	8373.70	2659.09	3913.95	6292.52	640.82	490.81	451.50	2310.23	66.88
2010	10278.69	3107.29	4618.11	7919.47					

13-4 续表2 Continued

单位：亿元 (100 million yuan)

年 份	各项存款余额合计 Deposits	#单位存款 Corporate Deposit	#活期存款 Demand	#个人存款 Individual Deposit	#储蓄存款 Savings Deposit	各项贷款余额合计 Loans	#短期贷款 Short-term Loans	#中长期贷款 Medium-term & Long-term Loans
2010						7919.47	2709.41	5136.53
2011	12063.72	5797.88	3849.84	5431.10	5423.06	9727.70	3567.30	6070.41
2012	13612.72	6200.63	3984.59	6656.64	6597.22	11284.20	4366.00	6771.67
2013	15205.69	6830.96	4268.91	7661.19	7455.17	12944.17	5242.18	7467.34
2014	16217.57	7093.01	4270.59	8317.32	8013.74	14947.07	5974.90	8593.58

13-4 续表3 Continued

单位：亿元 (100 million yuan)

年 份	各项存款余额合计 Deposits	#住户存款 Household Deposits	#活期存款 Demand	#非金融企业存款 Non-financial Enterprises and Organizations Deposits	#广义政府存款 The General Government Deposits	各项贷款余额合计 Loans	#住户贷款 Household Loans	#非金融企业及机关团体贷款 Non-financial Enterprises and Organizations Loans
2015	18077.60	8999.44	4302.72	4959.57	3517.66	17140.67	4223.58	12908.12
2016	21165.62	9960.13	4836.60	5959.17	4315.96	19361.01	4618.74	14739.93
2017	22952.80	10730.04	5061.89	6748.14	4286.49	21456.03	5220.06	16234.84
2018	23261.35	11966.08	5185.78	6222.61	4427.79	22085.22	5837.77	16240.25
2019	23645.13	13587.32	5626.33	5178.61	4232.71	23085.12	6510.29	16570.46

13-5 社会融资规模情况

Basic Statistics on Aggregate Financing to the Real Economy

单位：亿元 (100 million yuan)

项　目	Item	2018	2019
社会融资规模增量（亿元）	**AFRE(flow)(100 million yuan)**	**1626.97**	**1492.09**
#人民币贷款	RMB Loans	602.14	899.94
外币贷款(折合人民币)	Forsign Currency-denominated Loans(RMB equivalent)	-15.83	-13.65
委托贷款	Entrusted Loans	129.37	18.44
信托贷款	Trust Loans	138.23	36.75
未贴现银行承兑汇票	Undiscounted Bankers'Acceptances	332.48	-728.61
企业债券	Net Financing of Corporate Bonds	-102.06	16.86
地方政府专项债券	Local Government Special Bonds	198.62	904.13
非金融企业境内股票融资	Equity Financing on the Domestic Stock Market by Non-financial Enterprises	1.44	43.95

13-6 金融机构人民币存款基准利率

Legal Interest Rates on Deposits of Financial Institutions

单位：年利率% (annual interest rate%)

项　目	Item	2015年3月1日 Mar. 1,2015	2015年5月11日 May. 11,2015	2015年6月28日 June. 28,2015	2015年8月26日 Aug. 26,2015	2015年10月24日 Oct. 24,2015
活期存款	**Demand**	**0.35**	**0.35**	**0.35**	**0.35**	**0.35**
定期存款	**Time**					
#整存整取	Lump-sum time					
三个月	3-Months	2.10	1.85	1.60	1.35	1.10
半年	6-Months	2.30	2.05	1.80	1.55	1.30
一年	1-Year	2.50	2.25	2.00	1.75	1.50
二年	2-Year	3.10	2.85	2.60	2.35	2.10
三年	3-Year	3.75	3.50	3.25	3.00	2.75
#零存整取、整存零取、存本取息	Installment fixed deposits admission is the entire deposit					
一年	1-Year	2.10	1.85	1.60	1.35	1.10
三年	3-Year	2.30	2.05	1.80	1.55	1.30
五年	5-Year	2.50				
#定活两便	Time-demand Deposit	一年内定期整存整取同档次利率打六折				
协定存款	**Negotiated Deposit**	**1.15**	**1.15**	**1.15**	**1.15**	**1.15**
通知存款	**Call Deposit**					
一天	1-day	0.80	0.80	0.80	0.80	0.80
七天	7-day	1.35	1.35	1.35	1.35	1.35

13-7 金融机构人民币法定贷款基准利率
Legal Interest Rates on Loans of Financial Institutions

单位：年利率% (annual interest rate%)

项 目	Item	2014年 11月12日 Nov. 12,2014	2015年 3月1日 Mar. 1,2015	2015年 5月11日 May. 11,2015	2015年 6月28日 June. 28,2015	2015年 8月26日 Aug. 26,2015	2015年 10月24日 Oct. 24,2015
短期贷款	**Short-term Loans**						
一年以内（含一年）	Less than 1 year (Include 1 year)	5.60	5.35	5.10	4.85	4.60	4.35
中长期贷款	**Medium-term & Long-term Loans**						
一至五年（含五年）	1 to 5 years (Include the fifth year)	6.00	5.75	5.50	5.25	5.00	4.75
五年以上	longer than 5-year	6.15	5.90	5.65	5.40	5.15	4.90
贴现	**Discounting**	以再贴现利率为下限加点确定					
个人住房公积金贷款	**Personal HousingAccumulation**						
五年以下（含五年）	Less than 5-year (Include the fifth year)	3.75	3.50	3.25	3.00	2.75	2.75
五年以上	longer than 5-year	4.25	4.00	3.75	3.50	3.25	3.25

13-8 上市公司情况
Number of Listed Companies

单位：个 (unit)

年 份 Year	当年新上市公司 New Listed Companies in the year	上交所 Shanghai Stock Exchange	深交所 Shenzhen Stock Exchange	#仅发A股公司 A Share Only	#仅发B股公司 B Share Only	H股 H Share	增发A股公司 A Share Add
1995	1	1			1		
1996	4	1	3	4			
1997	5	3	2	4	1		
1998	2	2		2			
1999	1	1		1			
2000	5	5		5			
2001	1	1		1			1
2002							2
2003							
2004	2	1		1		1	
2005	1	1		1			
2006							
2007	1		1	1			
2008							
2009							
2010	1		1	1			
2011	2	1	1	2			
2012	2		2	2			
2013	1	1		1			
2014							4
2015							8
2016							7
2017							3
2018							
2019							3

13-9 新上市公司股票发行筹资情况

Issuing Summary for Stocks of New Listed Companies

年 份 Year	股票发行量(万股) Amount Issued (10 000 shares)	A股 A Share	B股 B Share	A、B股配股 A & B Shares Rights Issued	H股 H Share	股票筹资额(亿元) Raised Capital (100 million yuan)	A股 A Share	B股 B Share	A、B股配股 A & B Shares Rights Issued	H股 H Share
1989	1820	1820				0.50	0.50			
1994	5000	5000				1.95	1.95			
1995	11000		11000			4.38	4.38			
1996	6520	5020		1500		3.46	2.86		0.60	
1997	51800	22200	16600	13000		25.36	10.83	5.61	8.92	
1998	32852	13100	19752	22.72		8.37		14.35		
1999	13095			13095		9.71		9.71		
2000	38230	30800		7430		32.58	24.10		8.48	
2001	44720	43000		1720		33.84	31.57		2.27	
2002	15896	15896				17.95	17.95			
2003	1258			1258		7.84			7.84	
2004	40000	5000			35000	17.78	3.49			14.29
2005	14000	14000				4.68	4.68			
2006										
2007	7800	7800				7.64	7.64			
2008						57.21	57.21			
2009						47.88	47.88			
2010	1900	1900				5.50	5.50			
2011	13900	13900				31.71	31.71			
2012	6159	6159				8.95	8.95			
2013	2500	2500				2.27	2.27			

13-10 保险公司主要指标(2019 年)

Main Indicators of Insurance Companies (2019)

项 目	Item	原保险保费收入 (万元) Premium of Primary Insurance (10 000 yuan)	赔付支出 (万元) Payment (10 000 yuan)	保险金额 (亿元) Amount Insured (100 million yuan)
总 计	**Total**	**7298178.88**	**2007983.53**	**303237.56**
财产保险公司	**Property Insurance**	**2350937.80**	**1225316.18**	**213816.39**
企业财产保险	Enterprise Property Insurance	81034.51	43153.42	
家庭财产保险	Family Property Insurance	7404.17	4174.76	
机动车辆保险	Motor Vehicle Insurance	1366322.13	693189.67	37424.19
工程保险	Construction and Installation Projects	9799.16	8365.32	
责任保险	Liability Insurance	82760.78	44512.06	13337.54
信用保险	Credit Insurance	1594.87	1224.96	
保证保险	Guarantee Insurance	176345.36	67482.63	
船舶保险	Ship Insurance	16.27	7.71	
货物运输保险	Freight Transport Insurance	6041.53	2758.66	
特殊风险保险	Other Property Insurance	275.47	58.24	
农业保险	Agriculture Insurance	396435.66	224321.92	3251.86
健康保险	Health Insurance	155055.21	116677.73	52890.24
意外伤害保险	Unforeseen Human Injury Insurance	66334.56	18508.41	78966.62
其他保险	Other Insurance	1518.13	880.68	
人身保险公司	**Life Insurance**	**4947241.08**	**782667.35**	**89421.17**
人寿保险	Life Insurance	3757824.30	509580.50	4499.05
健康保险	Health Insurance	1101480.36	249598.43	58879.75
意外伤害保险	Unforeseen Human Injury Insurance	87936.42	23488.42	26042.36

注：2019 年起，财产保险公司中除机动车辆保险、责任保险、农业保险、健康保险、意外伤害保险外，其他保险不对外公布。

a)Since 2019,the insurance in property insurance will not be published except motor vehicle insurance,liability insurance,agriculture insurance,health insurance and unforeseen human injury insurance.

13-11 银行卡业务基本情况

Basic Conditions of Bank Card Business

项　目	Item	2018	2019
银行卡累计发放量(万张)	**Total Payment Amount of Bank Card(10 000 pieces)**	**15535.13**	**15862.31**
借记卡	Debit Card	13914.63	14150.01
#银联标准卡	Standard Bank Card	13846.17	14021.50
信用卡	Credit Card	1620.50	1712.30
#银联标准卡	Standard Bank Card	1195.53	1369.84
银行卡受理商户、机具	**Accepting Bank Card Business, Equipment**		
特约商户(户)	Special Merchant(enterprise)	525055	498762
销售终端(台)	POS(set)	574212	454986
自动柜员机(台)	ATM(set)	26154	23724
银行卡跨行交易量（本年累计）	**Volume of Inter Bank Trading (Accumulative Total for The year)**		
清算笔数(万笔)	Settlement Amount(10 000 items)	32828.99	51925.93
ATM 交易量	Volume of ATM	3594.94	2854.48
POS 机交易量	Volume of POS	23940.47	28925.13
非传统渠道交易量	Volume of Non traditional channel	5293.58	20146.32
清算金额(亿元)	Amount of Settlement(100 million yuan)	12741.11	14570.52
ATM 交易量	Volume of ATM	706.94	832.58
POS 机交易量	Volume of POS	9447.95	10552.79
非传统渠道交易量	Volume of Non traditional channel	2586.22	3185.15

13-12 银行卡清算金额情况
Amount of Settlement of Bank Cards

单位：亿元 (100 million yuan)

项 目	Item	2018	2019
合 计	**Total**	**12741.11**	**14570.52**
宾馆类	Hotel	301.87	449.72
餐饮类	Dining	409.80	558.63
珠宝、工艺类	Jewelry	600.39	765.87
娱乐类	Recreation	427.99	658.74
房地产类	Real Estate	460.08	590.49
汽车销售类	Car Sales	315.10	308.96
典当拍卖信托类	Pawning Auction Trust	1361.70	1497.87
旅游售票类	Travel Ticket Sales	67.66	130.33
日用百货类	General Merchandise for Daily Use	3194.70	3088.34
医疗、烟酒类	Medical,Tobacco and Liquor	358.44	394.28
一般服务类	General Services	662.51	1656.99
专业服务类	Professional Services	639.67	1029.89
一般票据类	General Bills	789.97	941.57
批发类	Wholesale	1229.72	822.25
加油类	Oil	298.65	186.22
超市类	Supermarket	398.20	191.24
大型家电专卖类	Large Household Appliance Monopoly	184.11	232.35
航空售票类	Air Ticket Sales	27.57	35.21
铁路售票类	Railway Ticket Sales	3.16	2.06
其他客运类	Other Passenger Transport	2.88	3.32
电信电视缴费类	Telecommunications and Television Payment	29.97	32.97
保险类	Insurance	144.62	126.00
公共事业类	Public Services	95.19	78.10
政府类	Government	512.35	494.36
便民类	Convenient For People	18.68	67.76
公立医院类	Public Hospital	142.38	156.62
公共学校类	Public Schools	11.75	12.93
慈善与社会服务类	Philanthropy and Social Services	7.31	8.04
特殊类	Special Category	39.00	42.90
其他类	Other Category	5.70	6.49

主要统计指标解释

信贷资金　指金融机构以信用方式积聚和分配的货币资金。金融机构信贷资金的来源有各项存款、对国际金融机构负债、流通中货币、银行自有资金及当年结益等;信贷资金的运用有各项贷款、黄金占款、外汇占款、财政借款及在国际金融机构中的资产等。

存款　指企业、机关、团体或居民根据资金必须收回的原则,把货币资金存入银行或其他信用机构保管并取得一定利息的一种信用活动形式。根据存款对象的不同可划分为企业存款、财政存款、机关团体存款、基本建设存款、城镇储蓄存款、农村存款等科目。它是银行信贷资金的主要来源。

贷款　指银行或其他信用机构根据资金必须归还的原则,按一定利率,为企业、个人等提供资金的一种信用活动形式。我国银行贷款分为流动资金贷款、固定资产贷款、城乡个体工商户贷款以及农业贷款等科目。

中资保险公司　指中国公民、法人或其他组织出资(含外资参股)设立的保险公司。

保险金额　指保险人承担赔偿或者给付保险金责任的最高限额。

保费　指投保人为取得保险人在约定范围内所承担赔偿责任而支付给保险人的费用。

赔款　指保险人根据保险合同的规定,向被保险人支付的赔偿保险责任损失的金额。

给付　包括死伤医疗给付和满期给付。死伤医疗给付是指保险人根据人寿保险及长期健康保险合同的规定,因被保险人在保险期内发生保险责任范围内的保险事故支付给被保险人(或受益人)的金额。满期给付是指被保险人生存期满,保险人按人寿保险合同规定支付给被保险人的满期保险金额。

Explanatory Notes on Main Statistical Indicators

Credit Funds refer to the funds issued as loans by banking institutions. The sources of credit funds of the banking institutions included deposits, Liabilities to international financial institutions, currency in circulation, self-owned funds and current retained profits, etc. The credit funds can be used in forms of loans, gold, foreign exchange, government debt and assets in the international financial institutions.

Deposit is a form of credit by which enterprises, institutions, organizations or households can put money into banks and other credit institutions for safekeeping and interest earning under the principle of free withdrawal. According to different depositors, deposits are divided into enterprise deposits, treasury deposits, deposits of government agencies and organizations, capital construction deposits, urban savings deposits, rural deposits and other deposits. Deposits are major sources of the credit funds of banks.

Loan is a form of credit by which banks and other credit institutions provide funds at certain interest rate to enterprises and individuals in the light of the principle of unconditional repayment. Loans from Chinese banks include circulating capital loans, fixed assets loans, loans to urban and rural individuals engaged in industrial and commercial business and agricultural loans.

Insurance Companies Funded with Chinese Capital refer to insurance companies established with capitals from Chinese citizens, corporate institutions or other organizations (including companies with shares from foreign capital).

Amount Insured refers to the maximum that the insurant will get for the claim of the case insured.

Premium is the fee paid by the insurant to the insurer to obtain the obligation of compensation from the insurance within the agreed terms.

Settled Claim is the compensation paid by the insurer to the insurant in accordance with the insurance contract.

Payment includes payment for death, injury or medical treatment and mature payment. Payment for death, injury or medical treatment refers to the money paid to the insurant (or the beneficiary) in accordance with the life or health insurance contract when the insurant encounters accidents within the insured period covered in the contract. Mature payment refers to the mature payment to the insurant in accordance with the life insurance contract at the end of the insured period.

14 交通运输与邮电

Transport,Postal and Telecommunication Services

资料整理：程思敏

Arranged By：Cheng Simin

14-1 交通运输业基本情况

Basic Conditions of Transportation

指 标	Item	2018	2019
运输线路长度(公里)	**Length of Transportation Routes(km)**	**217530**	**221167**
国家铁路营业里程	National Railways	11147	11334
地方铁路营业里程	Local Railways	1339	1341
公路	Highways	202641	206089
内河	Navigable Inland Waterways	2403	2403
客运量总计(万人)	**Total Passenger Traffic(10 000 persons)**	**14613**	**13605**
铁路	Railways	5451	5643
公路	Highways	7822	6518
民用航空	Civil Aviation	1340	1443
旅客周转量总计(亿人公里)	**Total Passenger Kilometers(100 million passenger-km)**	**336.74**	**312.84**
铁路	Railways	214.31	211.20
公路	Highways	122.43	101.64
货运量总计(万吨)	**Total Freight Traffic(10 000 tons)**	**247874**	**198004**
铁路	Railways	87849	87121
公路	Highways	160018	110874
民用航空	Civil Aviation	7.38	8.18
货物周转量总计(亿吨公里)	**Total Freight Ton-kilometers(100 million ton-km)**	**5644.16**	**4633.98**
铁路	Railways	2658.53	2679.47
公路	Highways	2985.63	1954.51
民用汽车拥有量(辆)	**Number of Civil Motor Vehicles Owned(unit)**	**5480348**	**5912942**
#私人汽车拥有量(辆)	Number of Motor Vehicles Owned by Individuals(unit)	5029320	5435827
载客汽车辆数(辆)	Number of Buses and Cars(unit)	4682082	5073147
#私人	Private-owned	4431899	4806266
载货汽车辆数(辆)	Number of Trucks(unit)	609978	664736
#私人	Private-owned	440091	484666
登记注册船舶(艘)	**Registered Ships(unit)**	**855**	**867**

注：1. 公路部门营运汽车统计口径为全社会营运汽车。

2. 表中民用航空客运量为机场旅客发运量，民用航空货运量为机场货邮吞吐量，下同。

3. 2019 年，公路货运量、周转量采用交通部门 2019 年全国道路运输货运量专项调查结果，下同。

4. 铁路数据包括国家铁路（呼铁局、哈铁局、沈铁局、兰铁局、西铁局内蒙地段）和地方铁路（神华准格尔能源、伊泰准东铁路，伊泰呼准铁路和包神铁路公司）数据。

a)The statistical coverage of number of motor vehicles owned by highway departments has extended to motor vehicles of all society.

b)The passenger traffic of civil aviation in this table is the airport passengers,the freight traffic of civil aviation is the freight throughput of airport. Same as follow.

c)In2019,the highway freight traffic and ton-kilometers are the result from the 2019 national road transport freight volume special survey,same as follow.

d)The data of railway include National Railways(Hohhot Railway,Harbin Raiway,Shenyang Railway,Lanzhou Railway,Xi'an Railway in Inner Mongolia)and Local Railways(Shenhua Group Zhungeer Energy,Yitai Zhundong Railway,Yitai Huzhun Railway,and Baoshen Railway Company).

14-2 主要交通运输工具和线路里程
Major Tools and Length of Transports

年 份 Year	载货汽车 (辆) Trucks (unit)	载客汽车 (辆) Buses and Cars (unit)	铁 路 Railways		铁路线路里程 (公里) Length of the Railway Lines(km)	公路线路里程 (公里) Total Length of Highways (km)
			机 车(台) Locomotives (unit)	客 车(辆) Passenger Coaches (unit)		
1947	76	18			1557	1974
1948	81	25			1557	1872
1949	89	25			1557	2394
1950	227	53			1557	3259
1951	343	78			1557	4037
1952	344	101			1574	4821
1953	617	173			1574	5495
1954	1066	269			1912	6253
1955	1750	391			1912	8325
1956	2459	496			2106	11501
1957	2828	641			2404	13020
1958	3492	797			2644	18020
1959	4100	996			3091	18752
1960	5198	1061			3222	21131
1961	5446	970			3219	21131
1962	5595	1003			3222	22804
1963	5398	1033			3190	22195
1964	5871	1000			3299	22103
1965	6335	1348			3541	25688
1966	7335	1718			3635	25180
1967	6905	1605			3496	24407
1968	7110	1669			3496	25234
1969	7007	1781			3590	25676
1970	8174	2027			3593	27605
1971	9140	2316			3491	31355
1972	11061	2852			3537	34676
1973	14388	3733			3747	29043
1974	15496	4237			3747	30308
1975	19611	5172			3747	31362
1976	23281	6046			3697	33414
1977	25001	6448			3755	36471
1978	29027	7669			3803	37535
1979	33011	8476			3760	23769
1980	38647	9969			4361	35016
1981	42482	11842	341	601	4379	35856
1982	47125	13254	500	910	4360	36828
1983	49674	14087	507	955	4360	37939
1984	51663	15405	562	1003	4355	37456
1985	57354	19078	532	838	4364	38198
1986	66258	23409	627	1121	4416	40380
1987	68618	24883	667	1282	4832	41984
1988	71856	29940	706	1275	4836	42800
1989	77909	32634	691	1339	4916	43080

14-2 续表 Continued

年 份 Year	载货汽车 (辆) Trucks (unit)	载客汽车 (辆) Buses and Cars (unit)	铁 路 Railways		铁路线路里程 (公里) Length of the Railway Lines(km)	公路线路里程 (公里) Total Length of Highways (km)
			机 车(台) Locomotives (unit)	客 车(辆) Passenger Coaches (unit)		
1990	87161	35763	676	1471	5001	43274
1991	95489	41081	686	1522	5001	43396
1992	103757	47958	661	1473	5034	43704
1993	115807	58084	641	1561	5034	43789
1994	118985	65374	668	1661	4991	44202
1995	131055	85825	759	1802	5935	44753
1996	111675	94187	789	1802	6027	45744
1997	130350	118978	650	1771	6049	49992
1998	142255	144216	745	1694	6049	58430
1999	157377	169241	838	1595	6140	63824
2000	167004	188154	883	1818	5967	67346
2001	180481	241364	865	1886	6027	70408
2002	182971	237719	898	1903	6191	72673
2003	202306	286481	912	1757	6204	74135
2004	240591	341371	892	1753	6108	75976
2005	248809	384575	892	1753	6373	124465
2006	284285	513375	980	1492	6525	128762
2007	305163	643648	1123	1324	6006	138610
2008	338015	811922	1715	2033	7222	147288
2009	421962	1061527	837	1391	7630	150756
2010	485141	1371936	700	1528	9175	157994
2011	545221	1761036	726	1678	8745	160995
2012	477214	2159439	831	1692	9788	163763
2013	499608	2544640	1410	1693	10411	167515
2014	511683	2886157	1362	1747	10423	172167
2015	492265	3220350	1227	1956	11890	175374
2016	514168	3646836	1335	2052	12164	196061
2017	559673	4217186	1264	2031	12395	199423
2018	609978	4682082	1399	2011	12486	202641
2019	664736	5073147	1508	1978	12675	206089

注：1. 2013年起, 铁路机车数、线路里程包含地方铁路数据, 下同。

2. 1980年前（含）, 铁路线路里程为正线延展里程；1981年起, 铁路线路里程为营业里程。

a)Since 2013,Railways locomotives and Length of the railwaiy lines include local railwaiys data.Same as follow.

b)Before 1980 (inclusive),Railway line mileage is line extension mileage,Since1981,Railway line mileage is bussiness mileage.

14-3 运输线路长度

Length of Transports Routes

单位：公里 (km)

项　目	Item	2018	2019
国家铁路（含合资）	**National Railways (Including Joint Ventures)**		
延展里程	Extention Length of the Mileage	18223	18534
呼铁局	Huhhot Railway Bureau	11984	11674
哈铁局(内蒙地段)	Harbin Railway Bureau(Section of Inner Mongolia)	2582	2583
沈铁局(内蒙地段)	Shengyang Railway Bureau(Section of Inner Mongolia)	3516	3911
兰州铁路局（内蒙地段）	Lanzhou Railway Bureau(Section of Inner Mongolia)	142	142
西安铁路局（内蒙地段）	Xi'an Railway Bureau(Section of Inner Mongolia)		225
营业里程	Length of Railways in Operations	11147	11334
呼铁局	Huhhot Railway Bureau	6582	6195
哈铁局(内蒙地段)	Harbin Railway Bureau(Section of Inner Mongolia)	1987	1987
沈铁局(内蒙地段)	Shengyang Railway Bureau(Section of Inner Mongolia)	2490	2876
兰州铁路局（内蒙地段）	Lanzhou Railway Bureau(Section of Inner Mongolia)	88	88
西安铁路局（内蒙地段）	Xi'an Railway Bureau(Section of Inner Mongolia)		189
地方铁路	**Local Railways**		
延展里程	Extention Length of the Mileage	1761	1761
营业里程	Length of Railways in Operations	1339	1341
公路	**Highways**		
公路里程	Total Length of Highways	202641	206089
等级公路	Expressway and Class I to IV Highway	195636	199363
#高速公路	Expressway	6633	6633
一级公路	First Class	7791	8443
二级公路	Second Class	17684	18779
等外路	Highway Below Class IV	7005	6726
内河	**Inland Rivers**		
航道里程	Length of Navigabe Inland Waterways	2403	2403

14-4 客货运输量

Passenger Traffic and Freight Traffic

年 份 Year	客运量 (万人) Passenger Traffic (10 000 persons)	铁 路 Railways	公 路 Highways	航 空 Civil Aviation	货运量 (万吨) Freight Traffic (10 000 tons)	铁 路 Railways	公 路 Highways	航 空 Civil Aviation
1949			0.6			0.2	0.2	
1950			0.8		0.2		0.2	
1951			3.0		396	391	5	
1952			16		447	417	30	
1953			39		755	526	229	
1954			58		1168	694	474	
1955			87		1433	496	937	
1956			131		2093	622	1471	
1957			189		2224	739	1485	
1958			181		3390	1039	2351	
1959	1238	993	245		6911	2657	4254	
1960	1754	1456	298		5986	3289	2697	
1961	2022	1723	299		3749	2355	1394	
1962	1869	1585	284		2729	1754	975	
1963	1416	1118	298		2235	1434	801	
1964	1268	914	354		2756	1640	1116	
1965	1320	852	468		3614	2060	1554	
1966	1463	836	627		4160	2425	1735	
1967	1688	978	710		4409	2881	1528	
1968	1651	990	661		3284	1889	1395	
1969	1546	1046	500		3200	1792	1408	
1970	1688	1016	672		4625	2882	1743	
1971	1865	1080	785		4964	2749	2215	
1972	2223	1164	1059		5387	2859	2528	
1973	2338	1199	1139		5377	2668	2709	
1974	2364	1161	1203		5453	2604	2849	
1975	2599	1324	1275		6325	3190	3135	
1976	2588	1300	1288		6487	3114	3373	
1977	3017	1564	1453		7399	3529	3870	
1978	3422	1753	1669		8213	3861	4352	
1979	3470	1689	1781		8046	3924	4122	
1980	4162	1994	2164	4	7653	4142	3511	0.05
1981	4250	2071	2176	3	7305	3989	3316	0.05
1982	4926	2288	2635	3	8314	4317	3997	0.04
1983	5703	2556	3145	2	9103	4542	4561	0.04
1984	6313	2738	3573	2	10149	4957	5192	0.03
1985	6673	2784	3884	5	11588	5510	6078	0.13
1986	7612	2833	4775	4	15348	5638	9710	0.06
1987	8493	2965	5509	19	16979	6065	10914	0.06
1988	9518	3242	6242	34	18533	5296	13237	0.06
1989	9411	2997	6405	9	22515	6678	15837	0.06

14-4 续表 Continued

年 份 Year	客运量 (万人) Passenger Traffic (10 000 persons)	铁路 Railways	公路 Highways	航空 Civil Aviation	货运量 (万吨) Freight Traffic (10 000 tons)	铁路 Railways	公路 Highways	航空 Civil Aviation
1990	10475	2433	8012	30	26676	6909	19767	0.17
1991	9148	2565	6543	40	25678	7027	18651	0.24
1992	10406	2801	7567	38	29126	7198	21928	0.34
1993	11165	3014	8108	43	31708	7587	24121	0.41
1994	15294	3042	12162	90	31386	7812	23573	0.90
1995	18273	2909	15248	116	32732	8347	24384	1.13
1996	18099	2563	15418	118	34321	9435	24885	1.15
1997	19148	2735	16287	126	39008	9960	29047	1.27
1998	20205	2542	17552	111	39564	8227	31336	1.17
1999	21498	2824	18576	98	41652	8747	32903	1.90
2000	23549	3378	20061	110	44629	9648	34979	2.00
2001	24133	2956	21041	136	45970	9816	36145	0.90
2002	25376	2824	22421	132	47879	10639	37239	1.00
2003	23521	2552	20831	138	50046	11513	38532	1.10
2004	28954	3235	25510	209	61259	18560	42697	1.60
2005	32114	3259	28604	251	73082	22060	51020	2.00
2006	35512	3437	31817	258	84137	25157	58978	1.98
2007	38781	3489	35039	253	102907	29605	73300	1.79
2008	20259	3876	16207	176	100012	39070	60941	1.07
2009	22259	4093	17998	168	116508	45675	70832	1.00
2010	24343	4136	19830	377	132205	47040	85162	3.11
2011	26420	4156	21807	457	146589	42934	103651	3.63
2012	28188	4273	23310	605	168078	42813	125260	4.68
2013	21751	4866	16184	701	173913	76849	97058	5.49
2014	19034	4797	13495	742	204303	77593	126704	5.88
2015	16986	5117	11017	852	186160	66653	119500	7.14
2016	16697	5394	10347	956	200475	69855	130613	7.16
2017	16061	5452	9421	1188	227459	79969	147483	7.51
2018	14613	5451	7822	1340	247874	87849	160018	7.38
2019	13605	5643	6518	1443	198004	87121	110874	8.18

注：1. 2013年起，铁路客（货）运量包含地方铁路数据，下同。

2. 2011年起，民航货运量为货邮吞吐量口径。

a)Since 2013,railway passenger(frieight) traffic include local railway data,same as follow.

b)Since 2011, the cargo volume of civil aviation is the cargo throughput.

14-5 客货周转量

Passenger-kilometers and Freight Ton-kilometers

年 份 Year	旅客周转量 (亿人公里) Passenger-kilometers (100 million passenger-km)	铁 路 Railways	公 路 Highways	货物周转量 (亿吨公里) Freight Ton-kilometers (100 milion ton km)	#铁 路 Railways	#公 路 Highways
1980	43.19	31.84	11.35	174.92	164.78	10.14
1981	45.70	34.33	11.22	252.36	243.98	8.38
1982	52.06	37.50	14.40	299.40	288.62	10.78
1983	61.41	43.92	17.36	348.97	335.57	13.40
1984	70.76	50.29	20.34	391.94	376.45	15.49
1985	82.53	58.34	23.86	442.51	424.30	18.20
1986	90.85	62.57	28.03	470.56	449.30	21.26
1987	100.92	65.55	33.78	492.62	469.12	23.50
1988	115.69	74.49	37.58	491.93	466.08	25.85
1989	111.29	68.18	39.84	579.63	501.93	77.70
1990	99.01	57.54	38.07	621.90	519.41	102.49
1991	104.90	60.64	40.06	608.08	505.15	102.93
1992	113.60	69.24	40.26	655.89	515.18	137.56
1993	152.95	74.44	74.03	697.86	546.50	151.36
1994	174.86	75.09	89.55	734.25	586.94	143.85
1995	173.58	71.97	89.85	785.12	625.56	159.56
1996	167.10	63.79	90.68	832.66	658.96	170.11
1997	180.27	69.14	97.69	881.49	695.86	182.18
1998	187.91	76.13	100.44	844.35	657.08	187.27
1999	205.50	88.00	108.18	898.80	701.00	197.75
2000	219.10	92.30	116.30	1041.20	828.60	211.80
2001	225.30	89.70	121.90	1090.10	869.70	220.30
2002	236.80	92.70	130.70	1132.00	900.50	231.40
2003	222.06	85.74	122.14	1218.22	976.18	241.91
2004	290.24	108.63	155.28	1441.39	1171.39	269.84
2005	323.12	113.22	178.98	1604.31	1280.75	323.35
2006	354.24	122.20	199.47	1798.35	1414.03	384.12
2007	377.11	134.75	219.46	2121.40	1629.40	492.00
2008	351.43	154.77	179.66	3548.36	1911.00	1637.36
2009	377.29	161.84	198.38	3963.12	2077.87	1885.25
2010	387.74	169.54	218.20	3949.24	1688.12	2261.12
2011	409.37	168.21	241.16	5138.15	2400.55	2737.60
2012	435.00	171.00	264.00	5582.00	2283.00	3299.00
2013	371.12	197.67	173.45	4514.15	2641.44	1872.71
2014	363.25	201.85	161.40	4550.29	2446.82	2103.47
2015	371.27	210.93	160.34	4263.86	2023.90	2239.96
2016	375.21	222.46	152.75	4453.18	2029.54	2423.64
2017	362.75	220.10	142.65	5206.49	2442.02	2764.47
2018	336.74	214.31	122.43	5644.16	2658.53	2985.63
2019	312.84	211.20	101.64	4633.98	2679.47	1954.51

注：2013 年起, 旅客（货物）周转量包含地方铁路数据, 下同。

a)Since 2013,Passenger(Freight) kilometers include Local railway data,Same as follow.

14-6 民用车辆船舶年末拥有量

Figure of Civil Vehicles and Shipping at Year-end

项　目	Item	2018 合 计 Total	2018 #私 人 Private-owned	2019 合 计 Total	2019 #私 人 Private-owned
铁路运输工具	**Tool of Railway Transport**				
中央铁路:机车(台)	Central Railways:Locomotives(unit)	1243		1508	
客车(辆)	Passenger Coaches(unit)	2011		1978	
民用汽车(辆)	**Number of Civil Motor Vehicles(unit)**	**5480348**	**5029320**	**5912942**	**5435827**
载货汽车(辆)	Number of Trucks(unit)	609978	440091	664736	484666
载客汽车(辆)	Buses and Cars(unit)	4682082	4431899	5073147	4806266
轮胎式拖拉机(台)	**Type Tractors(unit)**	**1157867**	**1157867**	**1189494**	**1189494**
摩托车(辆)	**Motors(unit)**	**622228**	**617464**	**584509**	**578896**
#两轮摩托车	Two-wheel Motors	514911	511135	476847	472698
载货车挂车(辆)	**Trailer(unit)**	**95982**	**35183**	**100588**	**41479**
登记注册船舶(艘)	**Registered Ships(unit)**	**855**		**867**	
客船	Passenger Vessels	519		554	
货船	Cargo Vessels	29		50	
顶推船拖轮	Push Boat Tug	17		15	
驳船	Barges	127		116	
非运输船	Non-transport Vessels	163		132	
飞行架次（架次）	**Number of Flight(sortie)**	**339290**		**339139**	
#国际航线	International Routes	3397		4181	
#国内航线	Domestic Routes	236195		246689	

14-7 邮电通信水平

Level of Postal and Telecommunications Services

指　标	Item	1995	2000	2005	2010	2015	2019
平均每人每年发函件数(件)	Annual Average Number of Letters Mailed per Capita(piece)	4.72	4.09	1.32	1.37	0.58	0.24
平均每百人每年订报刊数(份)	Annual Average Number of Newspaper and Magazine Subscribed per 100 Persons(copy)	21.39	16.69	8.13	9.82	13.90	13.37
平均每百人拥有本地网电话机部数(部)	Number of Local Telephone Sets Owned per 100 Persons(set)	2.90	8.75	22.70	16.80	12.76	8.46

14-8 邮电业务基本情况

Basic Conditions of Post and Telecommunications Services

指　标	Item	2018	2019
邮政业务总量(亿元)	Business Volume of Post Service(10 000yuan)	44.4	50.4
电信业务总量(亿元)	Business Volume of Telecommunications Service(10 000yuan)	1268.8	2075.8
函件(万件)	Number of Letters(10 000 pcs)	671	620
包裹(万件)	Number of Parcels(10 000 pcs)	39	35
快递(万件)	Pieces of Express Mail Services(10 000 pcs)	15182	14263
报刊期发数(万份)	Number of Newspapers and Magazines Circulation(10 000 copies)	204	207
固定电话主叫通话时长(万分钟)	Length of Local Telephone Calls (10 000 minutes)	176130.3	150593.3
移动电话主叫通话时长(万分钟)	Length of Mobile Telephone Calls (10 000 minutes)	5421920.4	4850093.7
年末固定电话用户(万户)	Access to Telephone Subscribers at year-end(10 000 subscribers)	213.5	214.4
#住宅电话用户	Residential Telephone Subscribers	85.6	53.4
年末移动电话用户(万户)	Number of Mobile Telephone Subscribers at Year-end (10 000 subscribers)	3044.4	3011.7
移动短信业务量(万条)	Short Message Services (10 000 messages)	1644532.3	1803800.5
年末互联网用户(万户)	Number of Subscribers of Internet Service at Year-end (10 000 subscribers)	3136.3	3288.7
互联网宽带用户	Broadband Subscribers of Internet	628.3	682.5
移动互联网用户	Mobile Internet Subscribers	2508.1	2606.2
移动互联网接入流量（万G）	Flow Accessed to Moblie Internet(10 000 G)	142977.5	244419.3
邮电局所(处)	Number of Post &Telecommunications Offices(unit)	1497	1504
邮路总长度(公里)	Length of Postal Routes (km)	80400	150098
#汽车邮路	Highway Routes	76144	83811
铁路邮路	Railway Routes	3941	3941
局用交换机容量(万门)	Capacity of Office Telephone Exchanges(10 000 lines)	181.45	176.03

注：邮政业务总量和电信业务总量2000年及以前按1990年不变价格计算；2001-2009年按2000年不变价格计算；2010-2015年按2010年不变价格计算；2016年起，电信业务总量按2015年不变价格计算，邮政业务总量按2010年不变价格计算。

a)Business Volume of Postal services and business Volume of telecommunication services before 2000 was calculated at 1990 constant prices ; From 2001 to 2009 was calculated at 2000 constant prices; From 2010 to 2015 was calculated at 2010 constant prices; since 2016,business Volume of telecommunication services was calculated at 2015 constant prices,Business Volume of Postal services was calculated at 2010 constant prices.

14-9 邮电局所和邮递线路

Number of Post and Telecommunications Offices and Postal Delivery Routes

年 份 Year	邮电局所(处) Number of Telecommunications Offices (unit)	城 市 Urban	乡 村 Rural	每万人口中邮电局所(处) Number of Post and Telecoms Offices per 10 000 Person (unit)	信筒信箱(处) Number of Post Boxes (unit)	邮路总长度(公里) Length of Postal Routes (km)	#汽车邮路 Highway Routes	#铁路邮路 Railway Routes	农村投递线路(公里) Rural Delivery Routes (km)
1978	857					94978	19250	2674	
1980	1515	212	1303	0.81	3220	70944	35115	5740	
1985	1603	232	1371	0.80	3557	59292	36174	6726	117800
1986	1634	254	1380	0.80	3554	60831	37480	7023	110363
1987	1615	229	1386	0.78	3671	60591	36485	7174	111786
1988	1632	236	1396	0.78	3721	59203	35843	7024	110093
1989	1636	232	1404	0.77	3637	63017	36037	7025	116686
1990	1638	225	1413	0.76	3549	64495	36666	6802	109926
1991	1645	230	1415	0.75	3600	67048	37235	6772	108231
1992	1648	228	1420	0.75	3496	66966	37230	6772	107295
1993	1651	233	1418	0.74	3590	66139	36401	6772	105501
1994	1765	247	1518	0.78	3561	67551	39339	7050	101706
1995	1804	419	1385	0.79	3576	68751	41030	6929	102757
1996	1831	424	1407	0.80	3641	68873	43729	6929	104694
1997	1837	407	1430	0.79	3616	71006	45955	6623	103991
1998	1815	414	1401	1.20	3471	69261	44286	5936	107262
1999	1739	413	1326	0.74	3059	64183	43747	5173	107280
2000	1728	417	1311	0.73	3096	63759	43232	5514	106539
2001	1671	446	1215	0.70	4502	72499	42969	5838	111394
2002	1671	521	1150	0.70	3478	62307	42558	5764	111395
2003	1678	551	1127	0.71	3022	62344	42799	5764	111636
2004	1672	559	1113	0.70	5541	57762	43074	5699	110812
2005	1743	600	1143	0.73	8630	60713	43895	6196	109398
2006	1711	615	1096	0.72	8767	58523	44027	5946	109635
2007	1702	617	1085	0.71	2567	61900	43851	5946	111007
2008	1570	516	1054	0.65	2565	67905	43746	5836	111911
2009	1599	561	1038	0.66	2521	72245	46726	6403	112612
2010	1588	549	1039	0.64	2455	58391	44277	6205	114545
2011	1483	506	977	0.60	2368	59125	49983	5720	112903
2012	1509	572	937	0.61	2397	64421	58624	4066	109253
2013	1479	557	922	0.59	2361	65695	61496	2718	109302
2014	1506	523	983	0.60	2174	75186	70809	2718	115219
2015	1505	505	1000	0.60	1229	76350	72941	2720	114098
2016	1541	494	1047	0.61	1381	72980	70207	2316	114414
2017	1462	498	964	0.58	1540	77596	74944	2426	122016
2018	1497	493	1004	0.59	1600	80400	76144	3941	161655
2019	1504	504	1000	0.59	1536	150098	83811	3941	157263

14-10 邮电业务量及电信主要通信能力

Business Volume of Postal & Telecommunications Services and Main Communication Capacity of Telecommunications

年 份 Year	邮政业务总量（万元） Business Volume of Post (10 000 yuan)	电信业务总量（万元） Business Volume of Telecommunications (10 000 yuan)	函 件(万件) Number of Letters (10 000 pcs)	快递(万件) Pieces of Express Mail Services (10 000 pcs)	报刊期发数(万份) Newspapers & Magazines Circulation (10 000 copies)	集邮业务(万元) Philately (10 000 yuan)
1980			7146		329	
1985			9416		605	
1986			9589		507	
1987			9778		596	
1988			9946	1	515	287
1989			8637	1	342	
1990	7373	13821	8080			1373
1991	8126	16970	7782	3	419	2149
1992	10093	22102	8001	9	412	3959
1993	11866	34943	9539	28	560	4829
1994	15317	54371	10858	55	567	4944
1995	19031	77521	16728	95	486	4935
1996	21677	107169	10277	153	625	6248
1997	25413	148588	9479	157	650	10173
1998	29003	218759	8521	115	408	11158
1999	34591	356700	8332	100	341	10024
2000	39463	523000	9677	111	395	7830
2001	76007	504515	12249	147	268	11768
2002	80448	823400	14002	167	249	12527
2003	85115	1000359	22066	205	249	7095
2004	86250	1480000	6229	230	218	4833
2005	89351	1907895	3143	251	194	4996
2006	98860	2446600	4273	272	215	2759
2007	107785	3532312	4270	322	246	5301
2008	118798	4457238	4186	410	224	11303
2009	116468	5422021	3675	579	233	8901
2010	119844	1887096	3389	401	242	12693
2011	99580	2313885	3031	405	285	15985
2012	112076	2590863	2433	406	230	18990
2013	175177	2937100	1865	2839	248	19713
2014	194664	3183783	1639	4364	262	10611
2015	232307	3770605	1455	5410	194	10172
2016	272479	2496428	871	8471	181	10292
2017	343185	4825858	738	11035	176	9180
2018	443521	12687932	671	15182	204	6968
2019	503669	20758053	620	14263	207	4305

注：自2013年起，邮政业务总量、特快专递数据来源于邮政管理局，包含内蒙古邮政公司及其他快递公司的数据。

a)Since2013,the data of Business Volume of Post and Pieces of Express Mail Services is provided of Post Office,includes Inner Mongolia Post Company and other Courier Companies.

14-10 续表1 Continued

年 份 Year	移动电话用户（户） Number of Mobile Telephone Subscribers (subscriber)	# 3G移动电话用户（户） 3GMobile Phone Subscribers (subscriber)	#4G移动电话用户（户） 4GMobile Phone Subscribers (subscriber)	移动电话普及率（部/百人） Popularization Rate of Mobile Telephone (sets/100 persons)	互联网络用户（户） Numberof Subscribers of Internet Service (subscriber)	互联网宽带用户（户） Broadband Subscribers of Internet (subscriber)	移动互联网用户（户） Mobile Internet Subscribers (subscriber)	移动互联网接入流量（万G） Flow Accessed to Moblie Internet (万G)
1991	70							
1992	636							
1993	2298							
1994	8351							
1995	21852							
1996	52388				25			
1997	127630				382			
1998	258881				1454			
1999	533000				10306			
2000	1153000				56556			
2001	2090000				161420			
2002	3172000				330133			
2003	4790500				547046			
2004	5945700				824000			
2005	7123000				1061143			
2006	8741300				1432319			
2007	10469307				1417322			
2008	13444000				1390000			
2009	16159900	38430			1760000			
2010	20340000	1459409			1910000			
2011	23161610	2509687			14982141			
2012	25501300	4512665			18260800			
2013	26906162	4743279			18322255			
2014	26346056	8714770	1359818		19892147			
2015	24253440	7427838	6277048		22081983			
2016	24707776	3382779	13179402	98	24623386	4181800	20451600	12853
2017	28411813	2886013	18811413	113	28542635	4940000	23602700	44887
2018	30444400	3066500	22309100	120	31363400	6282800	25080600	142977
2019	30116600	622500	23865100	119	32886500	6825000	26061500	244419

注:本表中互联网络用户2010年以前不包括移动互联网用户。

a)Before 2010, Number of Subscribers of Internet Service did not include mobile Internet users.

14-10 续表2 Continued

年 份 Year	固定电话年末用户(户) Number of Subscribers of Local Telephone at Year-end (subscriber)	# 住宅电话(户) Residential Telephone Subscribers (subscribe)	本地电话局用交换机容量(门) Capacity of Local-office Telephone Exchanges (line)	光缆线路长度(公里) Length of Optical Cable Lines(km)	长途光缆线路长度(公里) Length of Long Distance Optical Cable Lines(km)
1980	60483		104050		
1985	86230	733	156280		
1986	97947	2096	163960		
1987	110409	3047	179070		
1988	127372	6484	193155		
1989	147108	24732	222675		
1990	168328	32003	241305		
1991	184856	41193	268605		
1992	211796	64151	351793		
1993	280512	118788	449154		950
1994	440361	265776	682979		3274
1995	658577	441383	1059151		8074
1996	859754	615126	1284301		9282
1997	1056355	697425	1554614		9846
1998	1254391	845015	1889691		11416
1999	1552582	1027119	2119776		11625
2000	2069000	1339000	2543000		16420
2001	2580000	1620000	3034400		15890
2002	3112000	1884000	3463000		25018
2003	4300400	2607300	3705538		28597
2004	5019600	3223000	7224000		31114
2005	5419000	3455000	4304500		35400
2006	5408300	3341200	4277900	103700	38031
2007	5252301	3224093	7230000	106300	34416
2008	4624600	3431200	7290000	154300	48146
2009	4415923	2642711	7137435	174784	42626
2010	4140000	2377786	7114721	204179	46831
2011	3795159	1886621	6826400	271019	55514
2012	3682000	1840900	8635286	310453	56775
2013	3772185	1917926	8085838	338832	57600
2014	3590789	1735678	6673726	386759	66400
2015	3205263	1412999	3984618	432981	68583
2016	2680993	1071413	3274000	586797	77483
2017	2323189	865993	2380900	985571	77865
2018	2134600	855500	1814500	876328	75109
2019	2143800	533600	1760300	1309859	76429

主要统计指标解释

铁路营业里程 又称营业长度(包括正式营业和临时营业里程),指办理客货运输业务的铁路正线总长度。凡是全线或部分建成双线及以上的线路,以第一线的实际长度计算;复线、站线、段管线、岔线和特殊用途线以及不计算运费的联络线都不计算营业里程。铁路营业里程是反映铁路运输业基础设施发展水平的重要指标,也是计算客货周转量、运输密度和机车车辆运用效率等指标的基础资料。

铁路正线延展里程 指正线第一线、第二线、第三线和其他正线建筑里程之和,不包括站线、段管线、岔线及特殊用途线的延展里程。它是作为计算铁路上钢轨、枕木及路基砂石需要量的主要依据。

公路里程 指在一定时期内实际达到《公路工程技术标准 JTJ01-88》规定的等级公路,并经公路主管部门正式验收交付使用的公路里程数。包括大中城市的郊区公路以及通过小城镇街道部分的公路里程和桥梁、渡口的长度,不包括大中城市的街道、厂矿、林区生产用道和农业生产用道的里程。两条或多条公路共同经由同一路段,只计算一次,不得重复计算里程长度。它是反映公路建设发展规模的重要指标,也是计算运输网密度等指标的基础资料。

内河航道里程 也称内河通航里程,指在一定时期内,能通航运输船舶及排筏的天然河流、湖泊水库、运河及通航渠道的长度。包括全年季节性通航累计三个月以上的航道,不包括仅供零散流放竹、木排的河道。它是内河水运网规模、水平和发展情况的主要指标。

货(客)运量 指在一定时期内,各种运输工具实际运送的货物(旅客)数量。它是反映运输业为国民经济和人民生活服务的数量指标,也是制定和检查运输生产计划、研究运输发展规模和速度的重要指标。货运按吨计算,客运按人计算。货物不论运输距离长短、货物类别,均按实际重量统计。旅客不论行程远近或票价多少,均按一人一次客运量统计;半价票、小孩票也按一人统计。

货物(旅客)周转量 指在一定时期内,由各种运输工具运送的货物(旅客)数量与其相应运输距离的乘积之总和。它是反映运输业生产总成果的重要指标,也是编制和检查运输生产计划,计算运输效率、劳动生产率以及核算运输单位成本的主要基础资料。计算货物周转量通常按发出站与到达站之间的最短距离,也就是计费距离计算。计算公式为:

货物(旅客)周转量 = ∑货物(旅客)运输量 × 运输距离

登记注册船舶 指报告期末在水路运输管理部门注册登记的从事水上客、货运输活动的内蒙古自治区企业或私人拥有的营业性运输船舶(含我国企业或私人拥有的悬挂外国旗的船舶)数量。不包括非运输船舶及农业、渔业生产船舶。

飞行架次 指专、包机飞行,按任务和架次统计。一项任务和一项包机,是由一架飞机完成的,按一架次统计;由两架飞机或由一架飞机两次完成的,按两架次统计。

固定电话用户 指在电信企业登记注册,且在报告期末实际已经接入电信企业固定电话网(包括局用电话交换机、接入网设备、软交换用户接入设备、无线市话设备)上的全部电话用户。包括普通电话用户、无线接入电话用户、公用电话用户、窄带综合业务数字网(N-ISDN)用户、集中用户交换机(CENTREX)用户、模拟中继线用户等。

移动电话用户 指在移动电话营业部门登记,通过移动电话交换机进入电话网、占有移动电话号码的电话用户。用户数量以实际办理登记手续进入邮电部门移动电话网的户数进行计算,一部或一台移动电话统计为一户。

住宅电话用户 指私人付费或安装在居民住宅并按照住宅电话用户登记注册和收费的各类电话用户。不包括安装在居民住宅,属于经营性的电话用户。住宅电话用户按行政区划分为城市住宅电话用户和农村住宅电话用户。

互联网宽带用户 指报告期末在电信企业登记注册,通过 xDSL、FTTx + LAN、FTTH/O 以及其他宽带接入方式和普通专线接入公众互联网的用户。

移动互联网用户 指报告期内通过移动通信网络接入公众互联网或 WAP 网站的用户。

移动互联网接入流量 指本企业移动电话用户(含无线上网卡用户)通过移动通信网络接入公共互联网或 WAP 网站发生的计费流量,包括上行流量和下行流量。

长途光缆线路长度 指用以实现光信号传输的长途光缆线路的实际长度。架空的光缆按实际杆路长度统计;埋设于地下、管道、水底、海底的光缆按沟长统计。

局用交换机容量 指安装在电信企业内用于接续本地固定电话的交换机容量,不含接入网设备容量。

函件 指邮政企业为用户传递以书面信息为主的邮件,包括信件、印刷品和邮送广告等。

包裹 指符合准寄范围,按一般时限规定传递处理的物品。

快递业务量 指企业收寄的各类快递业务总数量,由受理用户委托的企业负责统计。包括国内同城快递业务量、国内异地快递业务量、港澳台快递业务量、国际快递业务量。

Explanatory Notes on Main Statistical Indicators

Length of Railways in Operation refers to the total length of the trunk line for passenger and freight transportation (including both full operation and temporary operation). The calculation is based on the actual length of the first line even if this line has a full or partial double track or more tracks, excluding double tracks, station sidings, tracks under the charge of station, branch lines, special purpose lines and the non payable connecting lines, The length of railways in operation is an important indicator to show the development of the infrastructure for the railway transport, and also the essential data to calculate volume of passenger freight transport, traffic density and utilization efficiency of the locomotives and carriages.

Extenuation Length of Trunk Lines refers to the sum of the first, the second, the third lines and other constructed length of the trunk railways, excluding the extenuation length of the station lines, lines under the jurisdiction of depots, sidings and lines for special purpose. It provides important information for the calculation of the needs for rails, sleepers, sand and stone for the construction of railways.

Length of Highways refers to the length of highways which are built in conformity with the grades specified by the highway engineering standard formulated by the Ministry of Communications, and have been formally checked and accepted by departments of highways and put into use. The length of highways includes that of the suburb highways at large and medium sized cities, highways passing through streets at small cities and towns, and also the length of bridges and ferries. It does not include the length of streets in big and medium sized cities and highways built for the production purpose at factories, mines, forest areas and agricultural areas. If two or more highways go the same section of the way, the length of the section is only calculated for once and no duplication is allowed. The length of highways is an important indicator to show the development of the highway construction and to provide essential information to calculate the transport network density.

Length of Navigable Inland Waterways refers to the length of natural rivers, lakes, reservoirs and canals and ditches that are open to navigation for ships and rafts during a given period. It includes the channels open tonavigation for more than 3 months in a year, yet this does not include the river courses which are only used to float odd logs and bamboo rafts. It is the main index of the scale, level and development of inland waterway network.

Freight (Passenger) Traffic refers to the weight of freight (number of passenger) transported with various means within a specific period of time. This indicator reflects the service of the transport industry towards the national economy and people's living conditions, as well as an important indicator used in formulating and monitoring transport production plans and research into the scale and pace of transport development. Freight transport is calculated in tons and passenger traffic is calculated in terms of number of persons. Freight transport is calculated in terms of the actual weight of the goods and takes no account of the type of freight and distance of travel. Passenger traffic is calculated by the principle that one person can be counted only once in one trip and takes no account of the travelling distance and ticket price. The passengers who travel with a half price ticket or a child's ticket is also calculated as one person.

Freight Ton – kilometres (Passenger – kilometres) refers to the sum of the product of the volume of transported cargo (passengers) multiplied by the transport distance. It is an important indicator to reflect the achievement of the transportation industry. This is an important indicator to show the total results of the transport industry; to prepare and examine the transport plan; and to serve as the main basic data for calculating the efficiency, labour productivity and unit cost of transport. Normally, the shortest distance between the departure station and the destination station (i. e., the payable distance) is the basis in calculating the freight ton – kilometres. The formula is as follows:

Freight Ton – kilometers (Passenger – kilometers) = {Freight (Passenger) Traffic × Distance of Transportation}

Registered Ship refers to the number of commercial transport vessels (including vessels with foreign national flags owned by Chinese enterprises or individuals) in Inner Mongolia autonomous region that are engaged in maritime passenger and cargo transport activities registered in water transport administration department at the end of the reporting period. Excluding non – transport vessels and agricultural and fishery production vessels.

Sorties refers to special and chartered flights counted by mission and sorties. A mission and a charter flight performed by one aircraft are counted by one. Completed by two aircraft or twice by one aircraft counted as two sorties.

Local telephone subscribers refer to all subscribers who have gone through registration , procedures in the operation points of enterprises engaged in telecommunications , and in the reporting period have access to the actual telecommunications business fixed telephone network (including central office telephone switches, access equipment, Softswitch subscriber access equipment, PHS device) on all phone users. Included are general subscribers, wireless local telephone subscribers, public telephones subscribers, N - ISDN subscribers, centralized user switch (CENTREX) users, analog trunk users.

Mobile Telephone Subscribers refer to persons who have gone through registration procedures in the operation points of enterprises engaged in telecommunications and are hence connected with the mobile telephone communication network through the mobile telephone switchboards and occupy mobile phone numbers. The number of subscribers is calculated only when the subscribers who have gone through all the register formalities and entered into the mobile telephone network. One mobile telephone is treated as a subscriber.

Household Telephone Subscribers refer to all kinds of subscribers with telephone sets paid privately or installed in the dwelling units of residents, and registered as private subscribers or residence subscribers for payment. Installation is not included in the residential, pertaining to the operation of phone users. Residential telephone subscribers by administrative divided into urban residential telephone users and rural residential telephone users.

Internet Broadband User refers to at the end of the reporting period, the users who are registered in the telecommunications enterprise and access to the public Internet through xDSL, FTTx + LAN, FTTH/O and other broadband access methods and ordinary private lines.

Mobile Internet Users refers to the users accessing the public Internet or WAP websites through mobile communication networks during the reporting period.

Mobile Internet Access Traffic refers to the chargeable traffic generated by mobile phone users (including wireless network card users) accessing public Internet or WAP website through mobile communication network, including uplink traffic and downlink traffic.

Long - distance fiber optic line length refers to the actual length of the optical signal transmission to achieve long - distance optical cable lines. Overhead cable length according to the actual path length of the lever statistics; buried in the ground, pipes, underwater, undersea cable channel length according to the statistics.

Capacity of Office Telephone Exchanges refers to the capacity (measured in gate) of telephone exchanges installed in the offices of telecommunication service providers for communication between fixed telephones. It is not includes the capacity of access network equipment .

Letter refers to postal companies passed in writing information to the user's mail, including letters, printed and mailed advertising.

Package refers to send prospective range, as stipulated in the General limit of delivery service items.

Delivery Volume refers to the total number of all kinds of delivery business received and posted by enterprises, which shall be counted by the enterprises entrusted by users. Including domestic city express delivery business volume, domestic remote express delivery business volume, Hong Kong, Macao and Taiwan express delivery business volume, international express business volume.

15 城市概况

Overview of Cities

资料整理：田英辉 曹 洋
Arranged By：Tian Yinghui，Cao Yang

15-1 城市社会经济指标

Main Social and Economic Indicators of Cities

指　标	Item	2018	2019
行政区域土地面积(万平方公里)	**Total Area (10 000 sq.km)**	**66.45**	**66.45**
年末常住人口（万人）	**Permanet Resident Population Year-end(10 000 persons)**	**2242.77**	**2247.52**
#城镇人口	Urban	1421.24	1438.81
年末户籍人口(万人)	**The Registered Population Year-end(10 000 persons)**	**2153.44**	**2155.20**
#城镇人口	Urban	961.08	966.97
年末城镇单位就业人员数(万人)	**Number of Employed Persons(10 000 persons)**	**124.46**	**138.87**
第一产业	Primary Industry	1.84	0.31
第二产业	Secondary Industry	38.97	44.57
第三产业	Tertiary Industry	83.65	93.99
社会消费品零售总额(亿元)	**Total Retail Sales of Consumer Goods (100 million yuan)**	**4382.36**	**4407.32**
进出口总额(亿元)	**Total Value of Imports and Exports (RMB 100 million yuan)**	**766.71**	**785.01**
运输邮电通信	**Transportation, Postal and Telecom**		
公路客运量(全社会)(万人)	Highway Passenger Traffic (10 000 persons)	6244.59	6015.60
公路货运量(全社会)(万吨)	Highway Freight Traffic (10 000 tons)	144561.70	140957.90
年末邮政局(所)数	Number of Post Office Year-end	360	695
互联网宽带接入用户数（万户）	Broadband Subscribers of Internet (10 000 subscribers)	646.45	852.40
学校数(所)	**Number of School (unit)**	**988**	**1167**
普通高等学校数	Number of Regular Institutions of Higher Education	27	27
成人高等学校数	Adult HEI	3	3
中等职业教育学校数	Secondary Vocational Education	106	121
普通中学学校数	Regular Secondary School	348	392
普通小学学校数	Regular Primary School	504	624
医疗卫生机构数(个)	**Number of Hospitals (unit)**	**6845**	**6934**
医疗卫生机构床位数(万张)	**Number of Beds in Hospitals (10 000 units)**	**7.87**	**7.77**
卫生技术人员数(万人)	**Number of Medical Technical Personnel in Hospitals (10 000 persons)**	**9.73**	**10.21**
在岗职工工资总额(亿元)	**Total Wages of Fully Emploged Staff and Workers (100 million yuan)**	**894.56**	**1009.19**
住户存款余额(亿元)	**The Balance of Savings Deposits of Households (100 million yuan)**	**7504.65**	**8854.31**
地方一般公共预算收入(亿元)	**General Public Budget Revenue(100 million yuan)**	**634.90**	**661.97**

注：1. 本表指标包含9个地市级数据，不含县级市。

2. 本表除土地面积、人口数、公路客、货运量外的指标为市辖区统计数。

a)Indicators in this table include data od 9 prefecture-level cities,excluding county-level cities.

b)Data in this table are the statistics of municipal districts,except area, population,highway passenger traffic and freight traffic.

15-2 城市公用事业基本情况

Basic Statistics on Urban Public Utilities

项 目	Item	2018	2019
城市建设	**Cities Areas and Floor Space of Buildings**		
城区面积(平方公里)	Urban Area (sq.km)	2456.21	2456.21
建成区面积(平方公里)	Area of Built Districts(sq.km)	1000.32	1006.69
城市现状建设用地面积(平方公里)	Area of Land Used for Urban Construction(sq.km)	926.31	911.92
城市人口密度(人/平方公里)	Population Density of Urban Districts(person/sq.km)	1339.65	1333.00
供水、供气及供热	**Water Supply, Gas Supply and Heating**		
公共供水总量（万立方米）	Total Volume of Tap Water Supply(10 000 cu.m)	70657.94	63260.26
#居民家庭用水量	Household Water Consumption	20296.78	19718.52
平均每人日生活用水(升)	Per Capita Water Consumption for Residential use(liter)	96.84	100.76
供水普及率(%)	Coverage Rate of Tap Water Supply(%)	98.59	98.80
煤气供气量(万立方米)	Coal Gas Supply(10 000 cu.m)	4445.70	3067.86
#家庭用量	Consumption of Coal Gas for Residential Use	2346.14	1886.76
天然气供气量(万立方米)	Natural Gas Supply(10 000 cu.m)	202456.29	216650.38
#家庭用量	Consumption of Natural Gas for Residedtial Use	82805.39	90140.69
液化石油气供气量(吨)	Liquefied Petroleum Gas(ton)	35844.60	42194.80
#家庭用量(吨)	Consumption of Liquefied Gas for Residential use(ton)	28090.10	30592.56
燃气普及率(%)	Percentage of Population with Access to Gas(%)	91.92	93.27
集中供热面积(万平方米)	Heated Area(10 000 sq.m)	45643.33	49955.00
市政工程	**Municipal Engineering**		
铺装道路长度(公里)	Length of Paved Roads(km)	7683.96	7857.78
平均每万人拥有道路长度(公里)	Length of Paved Roads per 10000 Population(km)	11.78	11.79
铺装道路面积(万平方米)	Area of Paved Roads(10 000 sq.m)	17042.99	17289.32
人均城市道路面积(平方米)	Area of Paved Roads per Population(sq.m)	25.15	25.71
排水管道长度(公里)	Length of Sewer Pipelines(km)	11468.04	11236.00
公共交通	**Public Traffic**		
年末实有公共汽（电）车营运车辆数(辆)	Number of Public Vehicles under Operation at Year-end(units)	7589	7777
平均每万人拥有(辆)	Number of Public Transportation Vehicles Per 10 000 Population(unit)	9.65	11.79
年末实有出租汽车运营车数(辆)	Number of Taxi under Operation at Year-end (units)	29354	30358
城市绿化	**Afforestation in Cities**		
绿地面积(公顷)	Area of Green Land (hectare)	55721.72	59879.00
人均公园绿地面积(平方米)	Per Capita Area of Parks and Green Land(sq.m)	19.39	20.48
公园个数(个)	Number of Parks(unit)	237	258
公园面积(公顷)	Area of Parks(hectare)	13159.23	13378.00
建成区绿化覆盖率(%)	Green Covered Area as % of Completed Area(%)	38.67	38.68
环境卫生	**Environmental Sanitation**		
污水处理厂集中处理率(%)	Centralized Treatment Rate of Waste-water Treatment Plants(%)	96.70	97.04
生活垃圾无害化处理率(%)	Domestic Garbage Harmless Treatment Rate(%)	98.05	99.05
生活垃圾清运量(万吨)	Volume of Garbage Disposal(10 000 tons)	278.28	316.62
每万人拥有公厕(座)	Public Lavatories per 10 000 Population(unit)	8.73	8.76

注：人均和普及率指标均按城区人口与城区暂住人口之和计算，以公安部门的户籍统计和暂住人口统计为准。

a)Per capita data and coverage rate are calculated on the basis of the sum of districts area population and temporarily residing population,which are provided by the Ministry of Public Security.

15-3 分地区城市行政区划和人口规模(2019年)

Division of Administrative Areas and Population Size of Citys by Region(2019)

地 区	Region	行政区域土地面积（万平方公里）Area of Adminis-tration (10 000 Sq.km)	所辖行政区划数(个) Number of Divisions of Adminis-trative Areas (unit)	所辖行政县（旗）数（个）Number of Counties (Qi) (unit)	所辖行政县级市数（个）Number of Cities at County Level (unit)	常住人口(万人) Resident Population (10 000 persons)	常住人口城镇化率（%）Urbani-zation Rate of Resident Population (%)	年末户籍人口（万人）The Registered Population Year-end (10 000 persons)	户籍人口城镇化率（%）Urbaniz-ation Rate of Household Registration Population (%)
呼和浩特市	Hohhot City	1.72	4	5	0	313.68	70.45	248.74	63.80
包头市	Baotou City	2.78	6	3	0	289.69	83.92	224.57	66.85
呼伦贝尔市	Hulunbeier City	26.16	2	7	5	253.41	73.06	254.62	64.50
通辽市	Tongliao City	5.96	1	6	1	313.88	50.15	316.72	30.53
赤峰市	Chifeng City	9.00	3	9	0	433.09	51.11	460.00	31.00
乌兰察布市	Wulanchabu City	5.45	1	9	1	209.02	50.77	268.91	32.64
鄂尔多斯市	Erdos City	8.69	2	7	0	208.76	75.08	163.50	35.59
巴彦淖尔市	Bayannaoer City	6.51	1	7	0	169.38	55.58	173.95	38.70
乌海市	Wuhai City	0.18	3	0	0	56.61	95.20	44.19	92.40

注：此表为全市口径数据。

a)This statistical caliber of data in this table is the whole city.

15-4 分地区城市主要经济指标(2019年)

Main Economic Indicators of urban areas by region(2019)

地 区	Region	地方一般公共预算收入（万元）General Public Budget Revenue (10 000 yuan)	地方一般公共预算支出（万元）General Public Budget Expenditure (10 000 yuan)	公路客运量（全社会）（万人）Highways Passenger Traffic (The whole society) (10 000 persons)	公路货运量（全社会）（万吨）Highways Freight Traffic (The whole society) (10 000 tons)	住户存款余额（亿元）Deposit of Households (100 million yuan)	在岗职工平均人数（万人）Average Number of Staff and Workers (10 000 persons)	在岗职工工资总额（亿元）Total Wage Bill of Staff and Workers (100 million yuan)
呼和浩特市	Hohhot City	1135700	1199393	315.30	11313.40	2391.64	32.10	279.01
包头市	Baotou City	1361222	2982859	548.70	38210.90	1756.48	29.20	240.33
呼伦贝尔市	Hulunbeier City	124823	433692	784.40	12830.40	276.77	5.07	42.87
通辽市	Tongliao City	104412	517471	1078.60	11883.50	436.66	7.38	53.37
赤峰市	Chifeng City	617774	1018162	1795.10	17355.70	1725.67	15.40	124.71
乌兰察布市	Wulanchabu City	127050	551456	248.70	8182.20	340.57	5.84	44.07
鄂尔多斯市	Erdos City	2513062	2537247	560.20	22256.70	1109.06	11.20	106.27
巴彦淖尔市	Bayannaoer City	170821	460975	611.30	11352.20	338.46	6.34	52.30
乌海市	Wuhai City	464824	1029679	73.30	7572.90	479.00	8.00	66.26

15-5 分地区城市建设情况(2019年)

Statistics on City Construction by Region(2019)

地 区	Region	城市规划用地建设面积（平方公里）Area of Land Used for Urban Planning (sq.km)	建成区面积(平方公里) Developed Areas (sq.km)	市区人口密度(人/平方公里) Population Density of Urban Districts (person/sq.km)	城市现状建设用地面积（平方公里）Area of Land Used for Urban Construction (sq.km)
呼和浩特市	Hohhot City	265.30	261.00	8339	242.77
包 头 市	Baotou City	213.67	211.62	2197	195.79
呼伦贝尔市	Hulunbeier City	140.00	59.46	1335	51.46
通 辽 市	Tongliao City	67.30	62.50	6089	62.50
赤 峰 市	Chifeng City	182.16	106.07	1737	103.29
乌兰察布市	Wulanchabu City	120.00	74.87	4400	60.87
鄂尔多斯市	Erdos City	203.45	117.87	2731	103.87
巴彦淖尔市	Bayannaoer City	80.51	51.00	4941	50.59
乌 海 市	Wuhai City	144.18	62.30	8340	40.78

15-6 分地区城市供水情况(2019)

Basic Statistics on Tap Water Supply in Cities by Region(2019)

地 区	Region	水资源总量(万立方米) Total Water Resources (10 000 cu.m)	公共供水综合生产能力(万立方米/日) Production Capacity of Tap Water Supply (year-end) (10 000 cu.m/day)	用水总量(万立方米) Total water use (10000 cu.m)	#居民家庭用水 For Residential Use	#生产运营用水 For Productive	用水人口(万人) Number of Residents with Access to Tap Water (10 000 Persons)	人均日生活用水量(升) Per Capita Daily Consumption of Tap Water for Residential Use (liter)
呼和浩特市	Hohhot City	108900	62.40	16935.00	4654.00	5939.00	211.00	78.19
包 头 市	Baotou City	69500	97.00	18873.00	4505.00	8635.00	194.45	85.13
呼伦贝尔市	Hulunbeier City	2590900	12.00	2113.40	981.00	38.00	30.00	155.32
通 辽 市	Tongliao City	395400	29.60	3319.67	1457.60	546.44	45.64	176.74
赤 峰 市	Chifeng City	259000	29.00	5635.40	3200.00	1921.00	91.24	118.82
乌兰察布市	Wulanchabu City	129100	6.33	2309.35	1002.40	506.10	32.11	110.29
鄂尔多斯市	Erdos City	262900	16.70	3917.69	1484.60	952.59	54.64	113.99
巴彦淖尔市	Bayannaoer City	561200	17.10	2053.19	935.78	374.99	37.60	83.46
乌 海 市	Wuhai City	17376	30.50	6671.96	1498.14	1485.68	56.02	149.61

15-7 分地区城市燃气情况(2019年)

Basic Statistics on Supply of Gas in Cities by Region(2019)

地区	Region	管道长度(公里) Length of Gas Pipelines(km)		全年供气总量 Total Gas Supply			用气人口(万人) Population with Access to Gas(10 000 persons)		
		人工煤气 Coal Gas	天然气 Natural Gas	人工煤气(万立方米) Coal Gas (10 000 cu.m)	液化石油气(吨) Liquefied Petroleum Gas(ton)	天然气(万立方米) Natural Gas (10 000 cu.m)	人工煤气 Coal Gas	液化石油气 Liquefied Petroleum Gas	天然气 Natural Gas
呼和浩特市	Hohhot City		3304.98			72898.12			214.00
包　头　市	Baotou City	321.00	2417.00	3067.86	11600	106390.00	16.43	3.00	169.00
呼伦贝尔市	Hulunbeier City		35.00		4515	564.70		22.66	7.15
通　辽　市	Tongliao City		934.82		450	2248.15		3.15	42.00
赤　峰　市	Chifeng City		424.00		17798	3613.30		69.91	25.81
乌兰察布市	Wulanchabu City		325.00		3231	3281.50		7.73	19.93
鄂尔多斯市	Erdos City		1125.97		3951	10409.25		0.91	52.59
巴彦淖尔市	Bayannaoer City		103.83			5197.71			36.60
乌　海　市	Wuhai City		777.25		650	12047.65		0.60	53.74

15-8 分地区城市集中供热(2019年)

Basic Statistics on Heating in Cities by Region(2019)

地区	Region	供热能力 Heating Capacity		供热总量 Volume Supplied		管道长度(公里) Length of Pipelines (km)	集中供热面积(万平方米) Heated Area (10 000 sq.m)
		蒸汽(吨/小时) Steam (ton/hour)	热水(兆瓦) Hot Water (mw)	蒸汽(万吉焦) Steam (10 000 gigajouies)	热水(万吉焦) Hot Water (10 000 gigajoules)		
呼和浩特市	Hohhot City		12795		10075	4396	15966
包　头　市	Baotou City		8014		4532	3324	9342
呼伦贝尔市	Hulunbeier City		2128		2199	463	2509
通　辽　市	Tongliao City		1407		1013	962	3369
赤　峰　市	Chifeng City	180	3701	153	3421	2423	5548
乌兰察布市	Wulanchabu City		1918		1351	1025	3013
鄂尔多斯市	Erdos City	700	4880	393	1485	964	5083
巴彦淖尔市	Bayannaoer City		1561		1104	1354	2600
乌　海　市	Wuhai City		1883		1448	892	2525

15-9 分地区城市市政工程(2019年)

Basic Statistics on Municipal Engineering in Cities by Region(2019)

地 区	Region	年末实有铺装道路长度(公里) Length of Paved Roads (year-end) (km)	年末实有铺装道路面积(万平方米) Area of Paved Roads (year-end) (10 000 sq.m)	城市桥梁(座) Number of Bridges (unit)	城市排水管道长度(公里) Length of Sewer Pipelines (km)	污水处理厂日处理能力(万立方米) Daily Disposal Capacity of Sewage (10 000 cu.m)	道路照明灯盏数(盏) Number of Road Lighting Lamps(lamp)
呼和浩特市	Hohhot City	1159.34	2994.35	156	2100.00	52.00	55022
包头市	Baotou City	1672.99	3175.84	66	2452.00	43.90	119076
呼伦贝尔市	Hulunbeier City	273.36	737.43	9	572.00	12.00	32283
通辽市	Tongliao City	539.28	1226.04	17	781.00	17.50	29308
赤峰市	Chifeng City	904.93	2491.41	44	813.00	36.50	39228
乌兰察布市	Wulanchabu City	435.97	1088.27	14	740.00	7.50	69353
鄂尔多斯市	Erdos City	1159.34	2945.38	43	2195.00	17.30	63048
巴彦淖尔市	Bayannaoer City	710.61	1120.96	10	1244.00	10.00	32037
乌海市	Wuhai City	1001.96	1509.64	10	339.00	12.10	21059

15-10 分地区城市公共汽车、出租汽车(2019年)

Basic Statistics on Buses and Taxis in Cities by Region(2019)

地 区	Region	年末实有公共汽（电）车运营车辆数(辆) Number of Public Vehicles under Operation at Year-end(units)	公共汽（电）车客运总量(万人次) Total Passenger Volume of Buses (10 000 person-time)	年末实有出租汽车运营车辆数(辆) Number of Taxi under Operation at Year-end (units)
呼和浩特市	Hohhot City	3178	37195.5	6568
包头市	Baotou City	1315	23196.0	5827
呼伦贝尔市	Hulunbeier City	625	4345.2	3232
通辽市	Tongliao City	457	5086.0	3059
赤峰市	Chifeng City	683	8815.8	3784
乌兰察布市	Wulanchabu City	326	5366.0	2177
鄂尔多斯市	Erdos City	571	5555.8	3348
巴彦淖尔市	Bayannaoer City	184	1152.6	1238
乌海市	Wuhai City	438	4511.0	1125

15-11 分地区城市园林绿化(2019年)

Basic Statistics on Parks,Gardens and Green Areas in Cities by Region(2019)

地 区	Region	绿地面积(公顷) Area of Green Land(hectare)	#公园绿地面积 Park Green Area	公园(个) Number of Parks (unit)	公园面积(公顷) Area of Parks (hectare)	建成区绿化覆盖率（%） Green Covered Area as % of Completed Area(%)
呼和浩特市	Hohhot City	15695	4137	55	3377	40.10
包 头 市	Baotou City	9696	2952	42	2483	44.55
呼伦贝尔市	Hulunbeier City	1744	491	4	423	36.36
通 辽 市	Tongliao City	2491	962	7	863	42.19
赤 峰 市	Chifeng City	4244	1817	29	827	42.73
乌兰察布市	Wulanchabu City	9919	2693	28	2673	37.12
鄂尔多斯市	Erdos City	11865	1967	57	1588	42.39
巴彦淖尔市	Bayannaoer City	1660	463	17	406	36.40
乌 海 市	Wuhai City	2567	1070	19	738	43.00

15-12 分地区城市公共卫生(2019年)

Basic Statistics on Urban Sanitation in Cities by Region(2019)

地 区	Region	道路清扫保洁面积(万平方米) Area Under Cleaning Program (10 000 sq.m)	生活垃圾清运量(万吨) Volume of Garbage Disposal (10 000 tons)	生活垃圾无害化处理量(万吨) Volume of Garbage Treated (10 000 tons)	市容环卫专用车辆设备总数(辆) Number of Special Vehicles for Environment (unit)	公共厕所(座) Number of Public Lavatories (unit)
呼和浩特市	Hohhot City	5115	72.37	72.37	1665	2359
包 头 市	Baotou City	4102	80.99	80.99	674	1616
呼伦贝尔市	Hulunbeier City	844	15.21	15.21	96	164
通 辽 市	Tongliao City	1320	24.21	24.21	1116	312
赤 峰 市	Chifeng City	2438	49.70	49.70	554	304
乌兰察布市	Wulanchabu City	955	11.39	11.39	258	281
鄂尔多斯市	Erdos City	3167	17.61	17.57	278	424
巴彦淖尔市	Bayannaoer City	1121	12.75	12.75	640	338
乌 海 市	Wuhai City	1786	32.39	32.39	364	307

15-13 分地区城市设施水平(2019年)

Level of Public Facilities in Cities by Region(2019)

地 区	Region	供水普及率(%) Percentage of Population with Access to Tap Water(%)	城市燃气普及率(%) Percentage of Population with Access to Gas(%)	每万人拥有公共汽车辆(标台) Number of Public Buses per 10 000 Persons (st.set)	人均城市道路面积(平方米) Per Capita Area of Paved Roads (sq.m)	人均公园绿地面积(平方米) Per Capita Area of Parks and Green Land (sq.m)	每万人拥有公共厕所(座) Number of Public Lavatories per 10 000 Population (unit)
呼和浩特市	Hohhot City	99.76	96.83	12.38	13.55	18.72	9.94
包 头 市	Baotou City	100.00	96.90	9.38	16.33	15.18	8.86
呼伦贝尔市	Hulunbeier City	99.41	92.87	15.62	22.97	15.31	5.17
通 辽 市	Tongliao City	99.39	98.05	9.95	26.62	20.89	7.28
赤 峰 市	Chifeng City	99.29	98.40	6.41	25.61	18.68	3.35
乌兰察布市	Wulanchabu City	97.48	83.97	14.35	33.04	81.75	11.43
鄂尔多斯市	Erdos City	100.00	97.54	11.03	53.70	35.86	8.12
巴彦淖尔市	Bayannaoer City	94.52	92.01	3.78	28.18	11.64	9.34
乌 海 市	Wuhai City	100.00	97.00	5.02	26.95	19.11	5.94

15-14 分地区城市环境情况(2019年)

Basic Statistics on environment in Cities by Region(2019)

地 区	Region	污水处理率(%) Waste water Treatment Rate(%)	污水处理厂集中处理率(%) Centralized Treatment Rate of Waste-water Treatment Plants(%)	生活垃圾无害化处理率(%) Treatment Rate of Consumption Wastes(%)
呼和浩特市	Hohhot City	98.46	98.46	100
包 头 市	Baotou City	96.00	96.00	100
呼伦贝尔市	Hulunbeier City	99.55	99.55	100
通 辽 市	Tongliao City	98.16	98.16	100
赤 峰 市	Chifeng City	96.00	96.00	100
乌兰察布市	Wulanchabu City	95.82	95.82	100
鄂尔多斯市	Erdos City	99.25	99.25	99.82
巴彦淖尔市	Bayannaoer City	98.70	98.70	100
乌 海 市	Wuhai City	98.30	98.30	100

15-15 分地区城市就业和居民收支情况(2019年)

Basic Statistics on Employment and Household Income And Expenditure in Cities by Region(2019)

地 区	Region	从业人员期末人数（城镇单位）（人）Number of Employed Persons at Year-end (urban units) (person)	城镇私营和个体从业人员（人）Private and Self-employed Persons in Urban Areas (person)	城镇登记失业率（%）Registered Unemployment Rate in Urban Areas (%)	在岗职工平均工资（元）Average Wage of Staff and Workers (yuan)	城镇居民人均可支配收入（元）Per Capita Disposable Income of Urban Households (yuan)	城镇居民人均消费支出（元）Per Capita Consumption Expenditure of Urban Households (yuan)
呼和浩特市	Hohhot City	332910	982217	3.63	86905	49397	31118
包 头 市	Baotou City	312287	984124	3.86	82309	50427	31066
呼伦贝尔市	Hulunbeier City	70840	92950	4.15	84554	38201	25408
通 辽 市	Tongliao City	81228	147482	3.29	72275	36329	22389
赤 峰 市	Chifeng City	167253	468785	4.07	81651	38195	24584
乌兰察布市	Wulanchabu City	59691	57143	3.90	75403	35334	21931
鄂尔多斯市	Erdos City	113012	261423	2.85	94885	51483	31806
巴彦淖尔市	Bayannaoer City	91027	118430	4.41	82514	33757	21330
乌 海 市	Wuhai City	84292	196800	3.67	85776	45010	29606

15-16 分地区城市社会保障(2019年)

Statistics of Social Security in Cities by Region(2019)

单位：人 (person)

地 区	Region	城镇职工基本养老保险参保人数 Urban Employees Basic Pension Insurance	城乡居民基本养老保险参保人数 Basic Pension Insurance for Urban and Rural Residents	城镇职工基本医疗保险参保人数 Urban Employees Basic Medical Care Insurance	城乡居民基本医疗保险参保人数 Residents Basic Medical Care Insurance
呼和浩特市	Hohhot City	759567	93721	637086	741840
包 头 市	Baotou City	970451	90067	836812	690748
呼伦贝尔市	Hulunbeier City	124942	22513	127872	123623
通 辽 市	Tongliao City	138500	191700	51442	508413
赤 峰 市	Chifeng City	222688	267746	183871	852700
乌兰察布市	Wulanchabu City	65613	42170	41517	191900
鄂尔多斯市	Erdos City	202983	39458	229953	206041
巴彦淖尔市	Bayannaoer City	92535	145851	46063	389878
乌 海 市	Wuhai City	188002	5358	201409	186826

主要统计指标解释

年末自来水生产能力　指年底城建部门管理的自来水厂和自备水源的社会单位取水、净化、送水、出厂输水干管等环节的实际生产能力。

年末供水管道长度　指从送水泵到用户水表之间所有管道的长度。全年供水总量指公用自来水厂和自备水源的社会单位全年的供水总量,包括有效供水量及损失水量。

年末供水总量　指报告期供水企业(单位)供出的全部水量,包括有效供水量及损失水量。

生活用水量　指居民日常生活与公共福利设施的用水量,包括居民、饮食店、旅馆、医院、理发店、浴池、洗衣店、游泳池、商店、学校、机关、部队等单位的用水量。

城市人口用水普及率　指城市用水的非农业人口数(不包括临时人口和流动人口)与城市非农业人口总数之比。计算公式为:

用水普及率 = 城市用水的非农业人口数/城市非农业人口数 × 100%

人工煤气生产能力　指城市煤气厂制气、净化、输送等环节的综合实际生产能力。

输气管道长度　指由压缩机、鼓风机、储气罐的出口到用户煤气表之间的全部管道长度。

全年供气总量　指全年售给各类用户的全部煤气量,包括工业用量、家庭用量和其他用量。

城市用气普及率　指使用煤气(包括人工煤气、液化石油气、天然气)的城市非农业人口数(不包括临时人口和流动人口)与城市非农业人口总数之比。计算公式为:

城市煤气普及率 = 城市用气的非农业人口数/城市非农业人口总数 × 100%

城市供热能力　指热电厂、热力公司和达到标准的集中采暖锅炉房和城市输送的供热源的设计能力,即每小时向城市输送蒸汽、热水的能力。

城市供热总量　指热电厂、热力公司和达到标准的集中采暖锅炉房向城市输送的全部蒸汽、热水量。

城市供热管道长度　指热电厂、热力公司和达到标准的集中采暖锅炉房管理的集中供热热源到用户之间的全部供气、供热水的管道长度。

年底实有铺装道路长度　指除土路外,路面经过铺装宽度在 3.5 米以上的道路,包括高级、次高级道路和普通道路。

城市排水管道总长度　指所有排水总管、干管、支管及暗渠、检查井、连接井进出水口等长度之和。

城市污水日处理能力　指污水处理厂每昼夜处理污水量的设计能力。

年末实有公共汽车　指年底可参加营运的全部车辆数,包括营运车辆数和库存查封未参加营运的车辆。不包括非营运车辆,如架线车、油罐车、工程车、货车及其他专用车辆和借入的客运车辆。

城市园林绿地面积　指城市公共绿地、专用绿地、生产绿地、防护绿地、郊区风景名胜区的全部面积。

Explanatory Notes on Main Statistical Indicators

Production Capacity of Tap Water at the Year – end refers to the actual comprehensive production capacity of the waterworks administered by the urban construction department and those owned by enterprises or institutions, taking the capacity of the main links, such as water inflow, purification, conveyance and outflow of the trunk pipelines into account.

Length of Water Supply Pipelines at the Year – end refers to the total length of all the pipelines between the water pumps and the users water meters.

Annual Volume of Water Supply refers to the total volume of water supplied by the public water works and those owned by individual enterprises and institutions during the whole year, including both the effective water supply and loss during the water supply.

Consumption of Water for Residential Use refers to the water consumption of households for daily life and the water consumption of public welfare facilities, including the consumption of resident, restaurants, hotels, hospitals, barber shops, public bathhouses, laundries, swimming pools, shops, schools, office, army units and other units.

Percentage of Urban Population with Access to Tap Water refers to the ratio of the urban non – agricultural population (excluding temporary and mobile population) with access to tap water to the total urban non – agricultural population. The formula is:

Percentage of Population with Access to Tap Water = Urban Non – agricultural Population with Access to Tap Water ÷ Urban Non – agricultural Population × 100%

Production Capacity of Gasworks Gas refers to the actual comprehensive production capacity of the urban gasworks in gas generation, purification and delivery.

Length of Gas Pipelines refers to the total length of pipelines between the outlet of the compressor, blower or gas tank and the gas meters of users.

Total Annual Volume of Gas Supply refers to the total volume of gas sold to users in a year, including the volume for industrial use, residential use and other uses.

Percentage of Urban Population with Access to the Gas refers to ratio of the urban non – agricultural population with access to gas (including gasworks gas, liquefied petroleum gas and natural gas) to the urban non agricultural population (excluding temporary and mobile population). The formula is:

Percentage of Population with Access to Gas = Urban Non – agricultural Population with Access to Gas ÷ Urban Non – agricultural Population × 100%

Heating Capacity in Urban Area refers to the capacity of hourly supply of steam and hot water to cities by thermal power plants, heating corporations and centralized heating boiler rooms which meet certain standard.

Heating Volume in Urban Area refers to the total volume of steam and hot water supplied to cities every year by thermal power plants, heating corporations, centralized heating boiler rooms which meet certain standard.

Length of Urban Heating Pipelines refers to the total length of pipelines for centralized supply of steam and hot water from the thermal power plants, heating corporations and centralized heating boiler rooms which meet certain standard to the users.

Length of Paved Roads at the Year – end refers to the length of roads with a paved surface, and with a width of more than 3.5 meters, including high quality, medium quality and ordinary roads. Refers to the road with a pavement width of more than 3.5 meters except dirt road, including advanced, sub – advanced and ordinary roads.

Total Length of Urban Drainage Pipes refers to the total length of general drainage, trunks. Branch and blind drainage, inspection wells, connection wells, inlets and outlets etc.

Daily Disposal Capacity of Urban Sewage refers to the designed 24 – hour capacity of sewage disposal at the sewage treatment works.

Number of Public Vehicles at the Year – end refers to the total number of operational buses available at the year – end, including the year – end operational vehicles and vehicles in stock. Non – operational vehicles such as stringing car, tank cars, machine shop cars, trucks and other special vehicles and the borrowed passenger vehicles are excluded.

Area of Urban Gardens and Green Areas refers to the total area of urban public green land, special green land, production green land, protection green land and suburban scenic spots.

16 教育、科技和文化

Education, Science and Technology, Culture

资料整理：毅　茹　张丰林

Arranged By：Yi Ru，Zhang Fenglin

16-1 教育事业基本情况

Basic Statistics on Education

项　目	Item	2018	2019
学校数(所)	**Number of Schools(unit)**	**7146**	**7381**
普通高等学校	Regular Institutions of Higher Education	53	53
普通中等学校	Secondary Schools	1232	1241
#高中阶段职业教育	Senior Secondary Vocational Education	242	237
中等专业学校	Secondary Specialized School	74	74
成人中专学校	Adult Secondary School	57	55
职业高中	Vocational Senior Secondary School	111	108
普通中学	Regular Secondary Schools	990	1004
高　中	Senior Secondary Schools	299	303
初　中	Junior Secondary Schools	691	701
小　学	Primary Schools	1655	1662
幼儿园	Kindergartens	4161	4374
特殊教育学校	Special Education Schools	45	51
专任教师(人)	**Number of Full time Teachers(person)**	**281548**	**282336**
普通高等学校	Regular Institutions of Higher Education	26870	27382
普通中等学校	Secondary Schools	108218	103871
#高中阶段职业教育	Senior Secondary Vocational Education	13639	7347
中等专业学校	Secondary Specialized School	4112	4068
成人中专学校	Adult Secondary School	1490	1417
职业高中	Vocational Senior Secondary School	8037	8147
普通中学	Regular Secondary Schools	94579	96524
高　中	Senior Secondary Schools	36316	36966
初　中	Junior Secondary Schools	58263	59558
小　学	Primary Schools	100652	102876
幼儿园	Kindergartens	44304	46545
特殊教育学校	Special Education Schools	1504	1662
招生数(人)	**New Student Enrollment(person)**	**989940**	**981215**
普通高等学校	Regular Institutions of Higher Education	136192	147720
普通中等学校	Secondary Schools	407329	410586
#高中阶段职业教育	Senior Secondary Vocational Education	57496	57572
中等专业学校	Secondary Specialized School	27067	25584
成人中专学校	Adult Secondary School	2575	877
职业高中	Vocational Senior Secondary School	27854	31111
普通中学	Regular Secondary Schools	349833	353014
高　中	Senior Secondary Schools	133263	130362
初　中	Junior Secondary Schools	216570	222652
小　学	Primary Schools	235740	245706
幼儿园	Kindergartens	209828	176338
特殊教育学校	Special Education Schools	851	865
在校学生(人)	**Student Enrollment(person)**	**3658397**	**3685817**
普通高等学校	Regular Institutions of Higher Education	455284	472033
普通中等学校	Secondary Schools	1239487	1238044
#高中阶段职业教育	Senior Secondary Vocational Education	181488	168536
中等专业学校	Secondary Specialized School	92128	79888
成人中专学校	Adult Secondary School	7237	4982
职业高中	Vocational Senior Secondary School	82123	83666
普通中学	Regular Secondary Schools	1057999	1069508
高　中	Senior Secondary Schools	421384	406205
初　中	Junior Secondary Schools	636615	663303
小　学	Primary Schools	1341863	1363093
幼儿园	Kindergartens	616712	606965
特殊教育学校	Special Education Schools	5051	5682
毕业生数(人)	**Graduates(person)**	**969898**	**964989**
普通高等学校	Regular Institutions of Higher Education	122929	124677
普通中等学校	Secondary Schools	402659	398652
#高中阶段职业教育	Senior Secondary Vocational Education	60611	59815
中等专业学校	Secondary Specialized School	32966	31699
成人中专学校	Adult Secondary School	1968	1999
职业高中	Vocational Senior Secondary School	25677	26117
普通中学	Regular Secondary Schools	342048	338837
高　中	Senior Secondary Schools	146323	144760
初　中	Junior Secondary Schools	195725	194077
小　学	Primary Schools	217005	222827
幼儿园	Kindergartens	226858	218352
特殊教育学校	Special Education Schools	447	481

注：1. 普通中学的高中学校数包括高级中学和完全中学。

2. 毕业生数、招生数、在校学生数不包括成人高校附设普通班学生数。

a)Number of senior secondary schools in regular secondary schools include senior secondary schools & whole secondary schools.
b)The number of graduates,new student enrollment and student enrollment studing in general class except adult university.

16-2 在校学生民族构成

Composition of Student Enrollment by Nationality

单位：人 (person)

项　目	Item	2018	2019
普通高等教育	**Regular Institutions of Higher Education**	**455284**	**472033**
蒙古族	Mongolian	106196	110719
其他少数民族	Other Minority Nationality	15592	16376
高等教育中研究生	Postgradate Students Enrollment	22997	25560
蒙古族	Mongolian	5357	6028
其他少数民族	Other Minority Nationality	738	800
中等专业学校	**Specialized Secondary Schools**	**92128**	**79888**
蒙古族	Mongolian	14205	12475
其他少数民族	Other Minority Nationality	3361	2691
职业中学	**Vocational Secondary Schools**	**82123**	**83666**
蒙古族	Mongalian	15734	15201
其他少数民族	Other Minority Nationality	2134	2903
普通中学	**Rogular Secondary Schools**	**1057999**	**1069508**
高中	Senior	421384	406205
蒙古族	Mongolian	115642	13579
其他少数民族	Other Minority Nationality	13084	114590
初中	Junior	636615	663303
蒙古族	Mongolian	166893	174384
其他少数民族	Other Minority Nationality	21087	23215
小学	**Primary Schools**	**1341863**	**1363093**
蒙古族	Mongolian	358432	366713
其他少数民族	Other Minority Nationality	48539	53617

注：1. 本表中中等专业学校不含成人中专。
　　2. 普通高等教育指普通本专科。

a)Ordinary higher education refers to Undergraduate and specialist.
b)Secondary specialized school does not contain adult technical secondary school.

16-3 普通高等学校分类情况(2019年)

Basic Statistics of Colleges and Universities by Different Types(2019)

项　目	Item	学校数(所) Number (unit)	毕业生数(人) Graduates (person)	招生数(人) New Student Enrollment (person)	在校学生(人) Student Enrollment (person)
普通高校	**Colleges and Universities**	**53**	**124677**	**147720**	**472033**
综合大学	Comprehensive Universities	22	53991	68107	218816
理工院校	Science and Engineering	16	34919	41832	117683
农业大学	Agricultural Universities	1	8166	8199	31704
医药院校	Medicinal Universities	2	4585	5149	17989
师范院校	Normal Universities	3	12783	12288	45861
语文院校	Language Colleges	1	128	175	456
财经院校	Economics and Finance	3	8698	8949	31261
政法院校	Law Universities	1	424	838	1846
体育院校	Physical Universities	1	148	223	527
艺术院校	Arts Universities	3	835	1960	5890

注：毕业生、在校生数不含成人高校附设普通班学生数。

a)The number of student does not include the number of student who as studing in general class belonging to adult university.

16-3 续表 Continued

项　目	Item	教职工合计(人) Number of Staff and Workers (person)	#专任教师 Teachers	正、副教授 Professors and Asso.Prof.	讲师 Lecturers	助教、教员 Assistants and Instructors
普通高校	**Colleges and Universities**	**41270**	**27382**	**12284**	**10735**	**4363**
综合大学	Comprehensive Universities	20326	13072	6078	4849	2145
理工院校	Science and Engineering	9197	6711	2615	2842	1254
农业大学	Agricultural Universities	2656	1683	861	672	150
医药院校	Medicinal Universities	1897	1168	665	344	159
师范院校	Normal Universities	3310	2249	992	971	286
语文院校	Language Colleges	118	79	14	59	6
财经院校	Economics and Finance	2182	1430	703	596	131
政法院校	Law Universities	255	185	76	39	70
体育院校	Physical Universities	152	101	20	43	38
艺术院校	Arts Universities	1177	704	260	320	124

16-4 普通高等院校基本情况(2019年)
Basic Statistics of Colleges and Universities(2019)

项　目	Item	毕业生数(人) Graduates (person)	招生数(人) New Student Enrollment (person)	在校生数(人) Student Enrollment (person)
内蒙古大学	Inner Mongolia University	4759	4475	17887
内蒙古科技大学	Inner Mongolia Sci. & Tech. University	11226	11928	46820
内蒙古工业大学	Inner Mongolia Eng. University	5687	5992	23539
内蒙古农业大学	Inner Mongolia Agriculture University	8166	8199	31704
内蒙古医科大学	Inner Mongolia Medical University	3204	3352	13413
内蒙古师范大学	Inner Mongolia Normal University	8353	7873	30971
内蒙古民族大学	Inner Mongolia Nationality University	4842	5120	20880
赤峰学院	Chifeng College	3277	3493	13145
内蒙古财经大学	Inner Mongolia Finance University	5365	5522	21698
呼伦贝尔学院	Hulunbeier College	3282	3509	13284
内蒙古建筑职业技术学院	Inner Mongolia Pro. And Tech. College	2341	3181	8941
集宁师范学院	Jining Teacher Training Academy	3433	3041	11580
内蒙古丰州职业学院	Inner Mongolia Fengzhou College	1055	1178	3094
河套学院	Hetao College	2712	2981	10546
呼和浩特民族学院	Inner Mongolia Nationality Academy	1699	2374	8790
包头职业技术学院	Baotou Pro.& Tech. College	3230	3245	8664
兴安职业技术学院	Xingan Pro. & Tech. College	1927	4484	8196
呼和浩特职业学院	Hohhot Vocational College	3819	4853	13415
包头轻工职业技术学院	Baotou Light Industry Professional and Technical College	3274	4003	10729
内蒙古电子信息职业技术学院	Inner Mongolia Electronics College	3022	3330	9670
内蒙古机电职业技术学院	Inner Mongolia Machinery & Electronics Professional and Technical College	3106	3424	9251
内蒙古化工职业学院	Inner Mongolia Chemical Eng. College	2773	3011	8687
内蒙古商贸职业学院	Inner Mongolia Trade College	3103	3341	9319
锡林郭勒职业学院	Xilingguole Vocational College	3084	4593	10444
内蒙古警察职业学院	Inner Mongolia Police College	424	838	1846
内蒙古体育职业学院	Inner Mongolia Sport College	148	223	527
乌兰察布职业学院	Wulanchabu Vocational College	1917	2896	7460
通辽职业学院	Tongliao Vocational College	2297	3208	7980
科尔沁艺术职业学院	Keerqin Arts Vocational College	254	549	1035
内蒙古交通职业技术学院	Inner Mongolia Transport Tech College	2479	2813	7206
包头钢铁职业技术学院	Baotou Iron and Steel Vocational College	1391	1668	4165
乌海职业技术学院	Wuhai Vocational College	1485	2622	6193
内蒙古科技职业学院	Inner Mongolia Technical and Vocational College	517	455	1655
内蒙古北方职业技术学院	Inner Mongolia North Tech College	994	967	2795
赤峰职业技术学院	Chifeng Vocational College			
内蒙古经贸外语职业学院	Inner Mongolia Trade & Language College	230	86	244
包头铁道职业技术学院	Baotou Railway Vocational & Tech College	2626	3718	8157
内蒙古大学创业学院	Pioneer College of Inner Mongolia University	1915	2163	8430
内蒙古师范大学鸿德学院	Honder of Inner Mongolia Normal University	2292	3594	11634
乌兰察布医学高等专科学校	Wulanchabu Medicine Academy	1381	1797	4576
鄂尔多斯职业学院	Erdos Vocational College	1077	1684	4209
内蒙古工业职业学院	Inner Mongolia Gongye Vocational College			
呼伦贝尔职业技术学院	Hulunbeier Pro.And Tech College	1445	2083	4940
满洲里俄语职业学院	Manlouli Russian College	128	175	456
内蒙古能源职业学院	Inner Mongolia Energy Vocational College	513	587	1553
赤峰工业职业技术学院	Chifeng College of Industry Technology	1051	1358	3301
阿拉善职业技术学院	Alashan Pro.And Tech College	454	836	1693
内蒙古美术职业学院	Inner Mongolia Vocational College of Fine Arts	230	300	743
内蒙古民族幼儿师范高等专科学校	Inner Mongolia National Kindergarten Teachers College	997	1374	3310
鄂尔多斯生态环境职业学院	Erdos Ecological Environment of Career Academy	347	741	1763
内蒙古艺术学院	Inner Mongolia University of Arts	351	1111	4112
鄂尔多斯应用技术学院	Ordos College,Inner Mongolia University	444	1458	3961
扎兰屯职业学院	Zhalantun Vocational College	551	1914	3422

注：学生数中不含成人高校附设普通班学生数。

a)The number of student does not include the number of student who was studing in general class belonging toadult university.

16-4 续表 Continued

项　目	Item	教职工总数(人) Number of Staff & Workers (person)	#专任教师 Teacher	#中级职称以上教师 Medium over Professional Certification
内蒙古大学	Inner Mongolia University	1986	1177	1163
内蒙古科技大学	Inner Mongolia Sci. & Tech. University	4007	2769	2477
内蒙古工业大学	Inner Mongolia Eng. University	2031	1418	1328
内蒙古农业大学	Inner Mongolia Agriculture University	2656	1683	1533
内蒙古医科大学	Inner Mongolia Medical University	1536	944	884
内蒙古师范大学	Inner Mongolia Normal University	2137	1373	1279
内蒙古民族大学	Inner Mongolia Nationality University	2054	1296	1221
赤峰学院	Chifeng College	1715	1016	929
内蒙古财经大学	Inner Mongolia Finance University	1555	993	911
呼伦贝尔学院	Hulunbeier College	1337	746	671
内蒙古建筑职业技术学院	Inner Mongolia Pro. And Tech. College	586	474	421
集宁师范学院	Jining Teacher Training Academy	862	619	522
内蒙古丰州职业学院	Inner Mongolia Fengzhou College	187	114	70
河套学院	Hetao College	1120	569	437
呼和浩特民族学院	Inner Mongolia Nationality Academy	639	414	375
包头职业技术学院	Baotou Pro.& Tech. College	755	494	430
兴安职业技术学院	Xingan Pro. & Tech. College	605	407	308
呼和浩特职业学院	Hohhot Vocational College	1102	783	687
包头轻工职业技术学院	Baotou Light Industry Professional and Technical College	899	636	565
内蒙古电子信息职业技术学院	Inner Mongolia Electronics College	559	423	271
内蒙古机电职业技术学院	Inner Mongolia Machinery & Electronics Professional and Technical College	581	430	322
内蒙古化工职业学院	Inner Mongolia Chemical Eng. College	535	387	355
内蒙古商贸职业学院	Inner Mongolia Trade College	590	430	386
锡林郭勒职业学院	Xilingguole Vocational College	1242	639	356
内蒙古警察职业学院	Inner Mongolia Police College	255	185	115
内蒙古体育职业学院	Inner Mongolia Sport College	152	101	63
乌兰察布职业学院	Wulanchabu Vocational College	506	358	249
通辽职业学院	Tongliao Vocational College	717	466	321
科尔沁艺术职业学院	Keerqin Arts Vocational College	254	180	122
内蒙古交通职业技术学院	Inner Mongolia Transport Tech College	579	460	303
包头钢铁职业技术学院	Baotou Iron and Steel Vocational College	409	247	224
乌海职业技术学院	Wuhai Vocational College	319	260	211
内蒙古科技职业学院	Inner Mongolia Technical and Vocational College	149	85	46
内蒙古北方职业技术学院	Inner Mongolia North Tech College	166	93	52
赤峰职业技术学院	Chifeng Vocational College			
内蒙古经贸外语职业学院	Inner Mongolia Trade & Language College	37	7	2
包头铁道职业技术学院	Baotou Railway Vocational & Tech College	639	503	321
内蒙古大学创业学院	Pioneer College of Inner Mongolia University	280	216	167
内蒙古师范大学鸿德学院	Honder of Inner Mongolia Normal University	698	595	359
乌兰察布医学高等专科学校	Wulanchabu Medicine Academy	361	224	125
鄂尔多斯职业学院	Erdos Vocational College	262	219	165
内蒙古工业职业学院	Inner Mongolia Gongye Vocational College			
呼伦贝尔职业技术学院	Hulunbeier Pro.And Tech College	709	530	394
满洲里俄语职业学院	Manlouli Russian College	118	79	73
内蒙古能源职业学院	Inner Mongolia Energy Vocational College	134	84	36
赤峰工业职业技术学院	Chifeng College of Industry Technology	503	392	318
阿拉善职业技术学院	Alashan Pro.And Tech College	398	231	170
内蒙古美术职业学院	Inner Mongolia Vocational College of Fine Arts	150	70	48
内蒙古民族幼儿师范高等专科学校	Inner Mongolia National Kindergarten Teachers College	311	257	162
鄂尔多斯生态环境职业学院	Erdos Ecological Environment of Career Academy	257	199	141
内蒙古艺术学院	Inner Mongolia University of Arts	773	454	410
鄂尔多斯应用技术学院	Ordos College,Inner Mongolia University	402	316	250
扎兰屯职业学院	Zhalantun Vocational College	456	337	271

16-5 科技活动基本情况

Basic Statistics on Scientific and Technological Activities

项　目	Item	2019
科技活动	**Scientific and Technological Activities**	
研究与试验发展人员(人)	Research and Experimental Development(person)	39936
#研究人员	Researchers	22119
研究与试验发展折合全时当量(人年)	Number of Full-time Persons in Research and Developmeut Activities(man-year)	24896.5
#研究人员	Researchers	12876.4
研究与试验发展经费	Research and Development Expenses(10 000 yuan)	1478091.7
基础研究	Fundamental Research	45095
应用研究	Applied Research	164885.2
试验发展	Experimental Development	1268111.5
研究与试验发展经费支出占生产总值比重(%)	Proportion of Research and Development Expenses to GDP(%)	0.86
技术成果	**Technological Achievements**	
全区认定登记技术合同成交额（包括全区引进国外技术合同成交额）（万元）	Amount of the Recognizes and Registers the Technical Contract Transaction in Whole Regiont(Including Amount of Contract for the Introduction of Foreign Technology in Whole Region)	259957.5
全区吸纳区外技术合同成交额（不包括全区引进国外技术合同成交额）（万元）	Amount of Technical Contract Transaction Outside the Absorption Area((Including Amount of Contract for the Introduction of Foreign Technology in Whole Region)(10 000 yuan)	1590414.66
专 利	**Patent**	
申请受理量(件)	Accepted(piece)	21069
发明	Creation and Inventions	4889
实用新型	Utility Models	13895
外观设计	Designs	2285
授权量(件)	Granted(piece)	11059
发明	Creation and Inventions	911
实用新型	Utility Models	8768
外观设计	Designs	1380
有效专利量（件）	Valid Patents(piece)	36257
发明	Inventions	5895
实用新型	Utility Models	25529
外观设计	Designs	4833

注：研究与试验发展经费支出占生产总值比重用19年公报的GDP数据测算生成。
a)The proportion of research and development expenses to GDP is estimated from GDP data released of Bulletin in 2019.

16-6 地方国有单位各类专业技术人员

Special Technical Personnel of State-owned Units

单位：人 (person)

年份 Year	总计 Total	#工程技术人员 Engineering	#农业技术人员 Agriculture	#科学研究人员 Scientific Research	#卫生技术人员 Health Care	#教学人员 Teaching
1986	298360	50544	16026	1561	43130	137854
1987	344667	58353	17665	1794	44962	166079
1988	385181	66901	18436	1646	47332	158905
1989	428612	71848	18649	1845	49311	175621
1990	442659	75686	19644	1803	51184	180408
1991	453193	78705	20168	1839	53585	184784
1992	461901	79224	20710	2174	54257	187739
1993	454591	77474	18534	2043	54236	192023
1994	463501	77624	19096	2026	54873	199488
1995	471197	78640	18781	1877	56045	205952
1996	476610	78450	18946	1832	56854	214200
1997	477411	77127	19010	1792	60806	218651
1998	476012	74538	18499	1762	60990	223704
1999	504045	78903	19246	1992	65578	242551
2000	509470	77348	19076	2002	68954	250740
2001	497202	69548	18979	2084	69156	257165
2002	486215	64635	18288	1927	68725	260445
2003	514746	68669	22202	2029	72508	274565
2004	532891	65362	26978	2631	80287	286581
2005	534906	62700	27393	2401	81181	291842
2006	536071	59529	27465	1985	81658	300322
2007	553733	70527	27645	2160	82346	303470
2008	559013	67777	32659	2431	86965	302841
2009	556413	64790	32144	2205	88058	305803
2010	543015	60725	27792	1864	87458	304574
2011	559597	63173	33396	2346	90276	306684
2012	559502	65166	31234	2883	92393	308157
2013	553400	63919	28404	3183	90202	311647
2014	545108	64970	24058	3166	89489	302635
2015	540633	62363	25537	3539	90166	301568
2016	546717	65784	24839	3362	91353	301504
2017	540579	63719	24095	3686	92093	298676
2018	535844	59577	19285	2866	88361	296646
2019	541319	61584	21288	3030	86261	296475

16-7 政府属研究机构、人员、经费(2019 年)

Number of State-owned Research and Development Institutions, Persons and Funds(2019)

项 目	Item	政府属研究机构合计 State-Owend R&D Institutions	自然科学与技术领域研究机构 Research Institutes in the Field of Natural Sciences and Techonology	社会科学与人文科学领域研究机构 Research Institutes in the Field of Social Sciences & Humanities	科技信息与文献机构 Scientific Technological Information & Literature Institutions
机构数(个)	Institutions(unit)	82	62	10	10
从业人员(人)	Staff & workers(person)	7086	6467	456	163
#大学本科及以上学历	Scientists & Engineers	4364	3909	352	103
科技活动人员(人)	Scientific & Tech Activities	5900	5325	420	155
科技经费筹集总额(万元)	Funds For Science and Technology(10 000 yuan)	188256	171561	13880	2815
#政府资金	Government Funds	131457	115245	13397	2815
科技经费内部支出总额(万元)	Intramural Expenditures (10 000 yuan)	181092	164238	12733	4121
#R&D 经费支出额	Funds of R&D	81713	71246	9752	715
资产性支出(万元)	Asset Expenditures(10 000 yuan)	16596	14817	917	862
科技活动课题数(个)	Number of Science and Technology Topics(unit)	1319	1041	267	11
科技活动课题经费内部支出(万元)	Science and Technology Activities Subject Intramural Expenditures (10 000 yuan)	58397	52050	5673	674
#R&D 课题经费支出	Funds of R&D Subject	45337	39493	5584	260
课题投入人员(人年)	Persons of Topics(man-year)	2295	2041	235	19
#R&D 课题投入	R&D of Topics	1820	1582	231	7
专利申请受理数(件)	Number of Patent Applications Accepted(piece)	199	199		
专利申请授权数(件)	Number of Patent Applications Granted(piece)	118	118		
科技论文(篇)	Science Papers(piece)	1468	910	547	11

注：R&D 为研究与发展(Research and Development)的缩写。

a) R&D is abridge of Research and Development.

16-8政府属自然科学与技术领域研究机构、人员、经费(2019年)

Number of State-Owned Natural Scientific and Technological Institutions, Staff and Expenditure(2019)

项 目	Item	机构数(个) Institutions (unit)	从业人员(人) Staff & workers (person)	科技活动人员(人) Scientific and Technological Activity Personnel(person)	R&D人员 R&D Personnel
总 计	**Total**	**62**	**6467**	**5325**	**2715**
按隶属关系分	**Grouped by Level**				
中央部门属	Central Departments	3	436	436	320
自治区属	Autonomous Region	17	1993	1808	1045
盟市属	Leaguesand Cities	42	4038	3081	1350
按行政地域分	**Grouped by Region**				
呼和浩特市	Hohhot City	23	2433	2189	1285
包 头 市	Baotou City	3	152	128	56
呼伦贝尔市	Hulunbeier City	8	324	271	127
兴 安 盟	Xingan League	3	83	80	62
通 辽 市	Tongliao City	4	416	232	134
赤 峰 市	Chifeng City	2	277	280	243
锡林郭勒盟	Xilinguole League	2	1262	1046	227
乌兰察布市	Wulanchabu City	4	201	165	91
鄂尔多斯市	Erdos City	5	479	412	137
巴彦淖尔市	Bayannaoer City	5	476	461	342
乌 海 市	Wuhai City				
阿 拉 善 盟	Alashan League	3	364	61	11

16-8 续表 Continued

单位：万元 (10 000 yuan)

项　目	Item	科技经费筹集总额 Funds For Science and Technology	#政府资金 Government Funds	科技经费内部支出 Intramural Expenditures	R&D经费内部支出 Fands of R&D	资产性支出 Asset Expenditures	课题经费支出 Funds of Topics	#政府资金 Government Funds
总 计	**Total**	**171561**	**115245**	**164238**	**71246**	**14817**	**52050**	**49042**
按隶属关系分	**Grouped by Level**							
中央部门属	Central Departments	16797	15551	15765	9820	2990	8217	7846
自治区属	Autonomous Region	55240	45214	65158	36514	6268	24839	23661
盟市属	Leaguesand Cities	99523	54480	83315	24912	5559	18994	17534
按行政地域分	**Grouped by Region**							
呼和浩特市	Hohhot City	70049	58779	79131	44353	8596	31874	29957
包　头　市	Baotou City	3514	3514	2436	876	231	680	680
呼伦贝尔市	Hulunbeier City	7303	7300	7537	2910	1398	2693	2693
兴　安　盟	Xingan League	1814	1814	1536	992	6	822	822
通　辽　市	Tongliao City	6202	4385	5821	1502	212	1528	1528
赤　峰　市	Chifeng City	7178	6078	5392	3969	192	3574	3574
锡林郭勒盟	Xilinguole League	50623	9208	36057	6447	1032	3870	3275
乌兰察布市	Wulanchabu City	2925	2851	2869	1309	22	1504	1449
鄂尔多斯市	Erdos City	8345	8345	13034	2938	2216	1790	1349
巴彦淖尔市	Bayannaoer City	11479	10924	8802	5845	897	3649	3649
乌　海　市	Wuhai City							
阿 拉 善 盟	Alashan League	2130	2048	1624	106	14	66	66

16-9 大中型工业企业科技活动基本情况

Basic Statistics on Scientific and Technological Activities of Large and Medium-sized Industrial Enterprises

项　目	Item	2018	2019
单位数(个)	**Number of units(unit)**	**556**	**612**
#有R&D活动单位数	Units Having Activities of R&D	144	163
R&D人员(人)	**Persons in R&D(person)**	**17720**	**17907**
R&D人员全时当量(人年)	**Full-time Equivalant of R&D Personnel(man-year)**	**10126**	**12001**
#研究人员	Researchers	3268	4503
按活动类型分	According to active type		
基础研究	Fundamental Research	13	281
应用研究	Applied Research	891	857
试验发展	Experiment and Development	9221	10863
R&D经费内部支出(万元)	**Inter Expenditures of Funds of R&D(10 000 yuan)**	**825096**	**995349**
按活动类型分	According to active type		
基础研究	Fundamental Research	551	3772
应用研究	Applied Research	58393	27669
试验发展	Experiment and Development	766152	963908
按支出用途分	According to disbursement and use		
经常费支出	Quotidienne	766774	949788
#人员劳务费	Labor Expenses	161904	172715
资产性支出	Capital Nature	58322	45561
#仪器和设备	Equipment and Facilities	57126	43934

注：2018年数据为经普年报数据。

a)The data for 2018 are from the annual report of the economic census.

16-10 高等学校科技活动基本情况

Basic Statistics on Scientific and Technological Activities of Colleges and Universities

项　目	Item	2018	2019
单位数(个)	**Number of units(unit)**	**93**	**92**
#有R&D活动单位数	Units Having Activities of R&D	83	78
研究与试验发展人员(人)	**Research and Experimental Development(person)**	**8620**	**10221**
#研究人员	Researchers	7626	9354
R&D人员全时当量(人年)	**Persons in R&D into Full-time(man-year)**	**3432**	**4309**
#研究人员	Researchers	3090	4051
按活动类型分	According to active type		
基础研究	Fundamental Research	1387	1469
应用研究	Applied Research	1856	2297
试验发展	Experiment and Development	189	544
R&D经费内部支出(万元)	**Inter Expenditures of Funds of R&D(10 000 yuan)**	**66786**	**73426**
按活动类型分	According to active type		
基础研究	Fundamental Research	19538	20405
应用研究	Applied Research	43027	42625
试验发展	Experiment and Development	4221	10397
按支出用途分	According to disbursement and use		
日常性支出	Quotidienne	57441	60359
#人员劳务费	Labor Expenses	7891	12054
资产性支出	Capital Nature	9345	13067
#仪器和设备	Equipment and Facilities	9345	13067

16-11 科技成果获奖

Number of Achievements in Scientific and Technological Research and National Prizes Won

单位：项 (item)

年 份 Year	国家发明奖 Number of National Invention Prizes Awarded	国家科技进步奖 Number of National Scientific & Technological Prizes Awarded	国家自然科学奖 Number of National Natural Sciences Prizes Awarded	自治区科技进步奖 Number of Autonomous Regional Scientific & Technological Prizes Awarded	一等奖 First Class Prize	二等奖 Second Class Prize	三等奖 Third Class Prize	自治区自然科学奖 Number of Natural Science Reward	一等奖 First Class Prize	二等奖 Second Class Prize	三等奖 Third Class Prize
1985	1	4		167	12	36	119				
1986				96	8	20	68				
1987			1	121	12	35	74				
1988	2	3		103	3	22	78				
1989		4		102	7	20	75				
1990		3		103	5	20	78				
1991		2	1	130	6	14	110				
1992		4		105	3	15	87				
1993	1	3		123	3	18	102				
1994				104	4	14	86				
1995	1	2		124	7	22	95				
1996		3		129	5	21	103				
1997		2		115	3	25	87				
1998		1		123	4	22	97				
1999	1	3	2	142	4	20	118				
2000		1		89	5	16	68				
2001		1		100	5	20	75				
2002				93	4	20	69				
2003		1		80	5	18	57				
2004		1		83	7	21	55				
2005		1		100	8	23	69				
2006		1		98	8	24	66				
2007		1		100	12	26	62	16	3	5	8
2008		1		107	14	22	71	15	3	5	7
2009		1		91	8	21	62	13	2	6	5
2010		2		100	6	23	71	14	2	7	5
2011				104	9	25	70	13	2	7	4
2012		1		101	10	25	66	13	2	5	6
2013		1		93	8	29	56	13	1	8	4
2014				102	9	23	70	10	2	3	5
2015		1		85	9	27	49	13	3	7	3
2016		1		108	8	35	65	16	3	5	8
2017		1		86	8	27	51	13	2	3	8
2018				94	11	33	50	17	4	7	6

注：该数据由科技厅提供，2019 年数据暂未发布。

a) The data in this table are provided by the Department of Science and Technology,the 2019 data have not been released yet.

16-12 三种专利申请量、授权量及有效量

Three Types of Patent Applications ,Granted and Validity

单位：件 (piece)

年 份 Year	专利申请量合计 Number of Patent Applications	发 明 Invent-ions	实用新型 Utility Models	外观设计 Designs	专利授权量合计 Number of Patent Granted	发 明 Invent-ions	实用新型 Utility Models	外观设计 Designs	有效专利量合计 Number of Patent Validity	发 明 Invent-ions	实用新型 Utility Models	外观设计 Designs
1986	90	31	48	11	17		16	1				
1987	154	39	108	7	48	3	36	9				
1988	228	46	176	6	63	7	53	3				
1989	231	43	179	9	128	10	110	8				
1990	347	54	270	23	170	5	158	7				
1991	431	86	310	35	153	6	130	17				
1992	510	102	366	42	242	14	212	16				
1993	601	137	438	26	438	14	381	43				
1994	731	124	474	133	337	7	296	34				
1995	647	117	449	81	415	8	293	114				
1996	859	215	507	137	326	6	265	55				
1997	940	244	534	162	372	11	264	97				
1998	785	125	519	141	523	12	375	136				
1999	971	198	557	216	723	17	521	185				
2000	1138	234	602	302	775	60	530	185				
2001	1089	185	664	240	743	73	440	230				
2002	1202	233	643	326	679	53	428	198				
2003	1394	242	716	436	816	82	419	315				
2004	1457	286	699	472	831	108	437	286				
2005	1455	307	708	440	845	98	452	295				
2006	1946	430	915	601	978	108	543	327	2494	358	1458	678
2007	2015	565	966	484	1313	120	788	405	2727	400	1425	902
2008	2221	695	980	546	1328	140	866	322	3711	481	2120	1110
2009	2484	719	1266	499	1494	178	762	554	4188	600	2353	1235
2010	2912	932	1406	574	2096	262	1276	558	5935	838	3367	1730
2011	3841	1267	2034	540	2262	364	1415	483	7162	1112	4081	1969
2012	4732	1492	2566	674	3090	570	1900	620	8996	1650	5106	2240
2013	6388	1935	3213	1240	3836	549	2494	793	11421	2114	6623	2684
2014	6359	1924	3562	873	4031	458	2908	665	13734	2411	8375	2948
2015	8876	2254	5609	1013	5522	797	3757	968	16799	3051	10769	2979
2016	10672	2878	6401	1393	5846	871	3981	994	20007	3734	12936	3337
2017	11701	2845	7468	1388	6271	848	4453	970	23846	4505	15592	3749
2018	16426	3757	11051	1618	9625	864	7530	1231	29496	5076	20238	4182
2019	21069	4889	13895	2285	11059	911	8768	1380	36257	5895	25529	4833

注：1. 专利申请量、专利授权量为当年数，有效专利量为累计数。

2. 自2016年起，国家知识产权局将专利申请受理量改为专利申请量。

a)The data of patent application and granted is the current year.The data of patent validity is the current year.

b)Since 2016,the State Intellectual Property Office changed the number of patent applications accepted into the number of patent applications.

16-13 文化艺术和文物事业机构、人员(2019年)

Number of Institutions and Personnel in Culture, Art and Cultural Relics(2019)

机构类别	Category of Institution	机构数(个) Number of Institutions (unit)	从业人数(人) Number of Persons Engaged (person)
文化事业合计	**Culture**	**1634**	**15758**
艺术事业	Art Institutions	112	6194
艺术表演团体	Art Performance Troupes	95	6045
话剧、儿童剧、滑稽剧团	Drama,Children Plays,Comedy	1	46
歌舞音乐类	Song and Dance,Music	14	1129
乌兰牧骑	Ulanmuchi	73	2842
地方戏曲类	Local Opera	1	55
京剧类	Local Beijing Opera Troupes		
曲杂类	QuYi		
综合性艺术表演团体	Comprehensive performing arts	6	1973
艺术表演场所	Art Centers	17	149
剧场、影剧院	Theaters and Music Halls	17	149
书场、曲艺场	Storytelling Places, Recitation and Ballad Places		
杂技、马戏场	Acrobatics,Circus Places		
音乐厅	Concert Halls		
图书馆事业	Libraries	117	1795
群众文化事业	Mass Culture	1206	5091
文化馆	Cultural Centers	120	1854
文化站	Cultural Stations	1086	3237
#乡镇文化站	Township Cultural Stations	873	2586
艺术教育事业	Culture and Education	4	396
其他文化事业	Other Cultural Units	195	2282
艺术创作机构	Art Creation Institutions		
艺术研究机构	Art Research Institutions	9	116
美术馆和书画院	Art Gallery, Painting and Calligraphy	33	296
#美术馆	Art Gallery	25	261
其他	Others	153	1870
文物事业合计	**Cultural Relics**	**227**	**2648**
文物保护管理机构	Agency of Historical Relics Preservation	95	713
文物科研机构	Scientific and Research Historical Relics	2	49
其他文物机构	Other Historical Relics Agency	5	47
博物馆	Museums	125	1839
综合性博物馆	Comprehensive Museum	86	1415
历史类博物馆	Special Museum	29	383
自然科技类博物馆	Nature Science and Technology Museum	1	6
其他博物馆	Memorial Museum	9	35
文物商店	Cultural Relics Agencies		

16-14 图书、杂志、报纸出版
Books, Magazines and Newspapers Published

项　目	Item	2018	2019
图 书	**Books Published**		
种 数(种)	Number of Publications(kind)	3719	3641
#蒙 文(种)	Mongol(kind)		
新 出(种)	New Books(kind)	1668	1630
重 印(种)	Republication(kind)	2051	2011
总印数(万册)	Total Printed Copies(10 000 copies)	5974.41	6480.71
总印张数(万印张)	Printed Sheets(10 000 sheets)	48460.98	52085.02
定价总金额(万元)	Total of Fixed Price(10 000 yuan)	75423.26	78494.89
杂 志	**Magazines Publised**		
种 数(种)	Number of Publications(kind)	151	151
#蒙 文(种)	Mongol(kind)	45	46
总印数(万册)	Total Printed Copies(10 000 copies)	1308.89	1142.13
总印张数(万印张)	Printed Sheets(10 000 sheets)	7013.74	5874.09
定价总金额(万元)	Total of Fixed Price(10 000 yuan)	9004.63	7862.33
报 纸	**Newspapers Publised**		
种 数(种)	Number of News Published(kind)	58	57
#蒙 文(种)	Mongol(kind)	13	13
总印数(万份)	Total Printed Copies(10 000 copies)	26602.90	25150.82
总印张数(万印张)	Printed Signatures(10 000 sheets)	59843.00	48323.60
定价总金额(万元)	Total of Fixed Price(10 000 yuan)	27445.72	27212.76

16-15 广播电视事业

Statistics on Broadcasting and Television Stations

项　目	Item	2018	2019
广播	**Broadcasting**		
调频转播发射台座数(座)	Transmission Stations of Frequency Modulation(set)	726	721
中短波转播发射台座数(座)	Transmission Stations of Short and medium Wave(set)	56	56
广播人口覆盖率(%)	Listener Rating(%)	99.24	99.24
节目套数(套)	Number of Programs(set)	125	123
广播节目全年播出情况	**Annual Statistics on Broadcasting**	**663909:12**	**674103:57**
新闻资讯类(小时：分)	News Programs(hour:minute)	125503:14	124084:19
专题服务类(小时：分)	Special Subject Programs(hour:minute)	155951:06	150051:28
综艺类(小时：分)	Programs of Entertainment(hour:minute)	199582:13	206861:05
广播剧类(小时：分)	Radio Play(hour:minute)	44810:24	46563:19
广告类(小时：分)	Programs of Advertisment(hour:minute)	32827:15	33068:16
其他类(小时：分)	Other Programs(hour:minute)	105235:00	113475:30
广播节目全年制作情况	**Annual Statistics on Production of Broadcasting**	**312079:39**	**292265:04**
新闻资讯类(小时：分)	News Programs(hour:minute)	55194:49	46865:18
专题服务类(小时：分)	Special Subject Programs(hour:minute)	105390:30	101393:10
综艺类(小时：分)	Programs of Entertainment(hour:minute)	96575:56	92122:37
广播剧类(小时：分)	Radio Play(hour:minute)	9407:35	10140:55
广告类(小时：分)	Programs of Advertisment(hour:minute)	22676:04	10140:33
其他类(小时：分)	Other Programs(hour:minute)	22834:45	22649:31
电视	**Television**		
电视转播发射台座数(座)	Transmission and Relaying Stations(set)	726	721
卫星地球站(座)	Satellits Television Station(set)		
电视人口覆盖率(%)	Viewer Rating(%)	99.22	99.22
节目套数(套)	Number of Programs(set)	119	118
电视节目全年播出情况	**Annual Statistics on Dissemination of TV Programs**	**649026:00**	**668921:14**
新闻资讯类(小时：分)	News Programs(hour:minute)	94227:09	96318:03
专题服务类(小时：分)	Special Subject Programs(hour:minute)	68924:50	72439:54
综艺益智类(小时：分)	Programs of Entertainment(hour:minute)	53355:55	51124:37
影视剧类(小时：分)	Programs of Film and TV Play (hour:minute)	296411:23	309214:32
广告类(小时：分)	Programs of Advertisment(hour:minute)	55665:19	52830:05
其他类(小时：分)	Other Programs(hour:minute)	80441:24	86994:03
电视节目全年制作情况	**Annual Statistics on Production of TV Programs**	**78301:27**	**84111:48**
新闻资讯类(小时：分)	News Programs(hour:minute)	26704:21	28454:32
专题服务类(小时：分)	Special Subject Programs(hour:minute)	19990:33	32589:06
综艺益智类(小时：分)	Programs of Entertainment(hour:minute)	9556:43	9971:36
影视剧类(小时：分)	Programs of Film and TV Play (hour:minute)	15:00	73:28
广告类(小时：分)	Programs of Advertisment(hour:minute)	15482:10	15305:31
其他类(小时：分)	Other Programs(hour:minute)	6552:40	88269:23
播出机构	**Broadcasters**		
省级(座)	Provincial(set)	1	1
地级(座)	Municipal(set)	12	12
县级(座)	County(set)	77	77

主要统计指标解释

普通高等学校 指通过国家普通高等教育招生考试，招收高中毕业生为主要培养对象，实施高等学历教育的全日制大学、独立设置的学院、独立学院和高等专科学校、高等职业学校及其他机构。

大学、独立设置的学院主要实施本科及本科层次以上的教育。独立学院主要实施本科层次的教育。高等专科学校、高等职业学校实施专科层次的教育。其他机构是指承担国家普通招生计划任务不计校数的机构，包括普通高等学校分校、大专班等。

成人高等学校 指通过国家成人高等教育招生考试，招收具有高中毕业或同等学力的人员为主要培养对象，利用函授、业余、脱产等多种形式，对其实施高等学历教育的学校。包括：职工高等学校、农民高等学校、管理干部学院、教育学院、独立函授学院、广播电视大学、其他机构。其他机构是指承担国家成人招生计划任务不计校数的机构。

小学学龄儿童净入学率 指调查范围内已入小学学习的学龄儿童占校内外学龄儿童总数的比重。计算公式为：

$$\text{小学学龄儿童净入学率}=\frac{\text{已入学的小学学龄儿童数}}{\text{校内外小学学龄儿童总数}}\times 100$$

科技活动 指在自然科学、农业科学、医药科学、工程与技术科学、人文与社会科学领域（简称科学技术领域）中与科技知识的产生、发展、传播和应用密切相关的有组织的活动。为核算科技投入的需要，科技活动可分为科学研究与试验发展（R&D）、科学研究与试验发展成果应用及相关的科技服务三类活动。

科技活动人员 指直接从事科技活动、以及专门从事科技活动管理和为科技活动提供直接服务，累计的实际工作时间占全年制度工作时间10%及以上的人员。（1）直接从事科技活动的人员包括：在独立核算的科学研究与技术开发机构、高等学校、各类企业及其他事业单位内设的研究室、实验室、技术开发中心及中试车间（基地）等机构中从事科技活动的研究人员、工程技术人员、技术工人及其它人员；虽不在上述机构工作，但编入科技活动项目（课题）组的人员；科技信息与文献机构中的专业技术人员；从事论文设计的研究生等。（2）专门从事科技活动管理和为科技活动提供直接服务的人员，包括：独立核算的科学研究与技术开发机构、科技信息与文献机构、高等学校、各类企业及其他事业单位主管科技工作的负责人，专门从事科技活动的计划、行政、人事、财务、物资供应、设备维护、图书资料管理等工作的各类人员，但不包括保卫、医疗保健人员、司机、食堂人员、茶炉工、水暖工、清洁工等为科技活动提供间接服务的人员。该指标用来反映投入科技活动人力的规模。

专业技术人员 指从事专业技术工作和专业技术管理工作的人员，即企事业单位中已经聘任专业技术职务从事专业技术工作和专业技术管理工作的人员，以及未聘任专业技术职务，现在专业技术岗位上工作的人员。包括工程技术人员，农业技术人员，科学研究人员，卫生技术人员，教学人员，经济人员，会计人员，统计人员，翻译人员，图书资料、档案、文博人员，新闻出版人员，律师、公证人员，广播电视播音人员，工艺美术人员，体育人员，艺术人员及企业政治思想工作人员，共十七个专业技术职务类别。用来反映科技人力资源情况。

研究与试验发展（R&D） 指在科学技术领域，为增加知识总量，以及运用这些知识去创造新的应用进行的系统的创造性的活动，包括基础研究、应用研究、试验发展三类活动。国际上通常采用R&D活动的规模和强度指标反映一国的科技实力和核心竞争力。

科技活动经费筹集 指从各种渠道筹集到的计划用于科技活动的经费，包括政府资金、企业资金、事业单位资金、金融机构贷款、国外资金和其他资金等。反映各社会经济主体对促进科技进步所做的努力。

专利 是专利权的简称，是发明创造经审查合格后，由国务院专利行政部门申请人对该项发明创造享有的专有权。发明创造是指发明、实用新型和外观设计。

发明（专利） 指对产品、方法或者其改进所提出的新的技术方案。

实用新型（专利） 指对产品的形状、构造或者其结合所提出的适于实用的新的技术方案。

外观设计（专利） 指对产品的形状、图案或者其结合以及色彩分形状、图案相结合所作出的富有美感并适于工业应用的新设计。

文化事业机构 指从事专业文化工作和为专业文化工作服务的独立建制的单位。不包括这些单位另外举办独立核算的其他机构和各部门的业余文化组织。

艺术表演团体 指由文化部门主办或实行行业管理（经文化行政部门审批或已申报登记并领取相关许可证），专门从事表演艺术等活动的各类专业艺术表演团体，含民间职业剧团。不包括群众业余文艺表演团体。

Explanatory on Main Statistical Indicators

General Institutes of Higher Education refer to pass national average higher education recruit students to take an examination of, recruit high school graduate to be main cultivate an object, implement the full – time university of education of higher record of formal schooling, the college that sets independently, independent institute and college of higher specialized subject, higher vocational school and other orgnaization.

Universities and independent colleges mainly carry out undergraduate and higher education. Independent colleges mainly carry out undergraduate education. Colleges and vocational schools carry out education at the specialized level. Other institutions refer to the institutions that undertake the tasks of the national general enrollment plan without counting the number of schools, including the branch schools of ordinary colleges and universities, Junior college class and so on.

Adult High School refer to pass national adult higher education recruit students an examination, recruit the personnel that has high school graduates or equivalent educational ability to be main cultivate an object, use correspondence, spare time, off – job and other forms. Carry out the school of education of higher record of formal schooling to its. These include: institutions of higher learning for workers and staff, institutions of higher learning for farmers, administrative cadre institutes, educational institutes, independent correspondence institutes, radio and television universities and other institutions. Other institutions are those that undertake the task of the national adult enrollment program without counting the number of schools.

The Net Enrollment Rate in Primary Schools refers to the proportion of school – age children who have entered primary school in the survey area in the total number of school – age children in and out of school. . The formula is:

Net enrollment rate of primary school – age children = (Total Primary School age Children at Schools) ÷ (Total Primary School age Children Both at and Outside Schools) × 100%

Scientific and Technological Activities (S&T Activities) refer to organized activities which are closely related with the creation, development, dissemination and application of the scientific and technical knowledge in t he fields of natural sciences, agricultural science, medical science, engineering and technological science, humanities and social sciences (referred to as scientific and technological fields) . S&T activities can be classified in to 3 categories: research and development (R&D) activities, application of R&D results, and related S&T services. This statistical definition is made by UNICHIEF for scientific and technological activities to meet the need of carrying out statistical work in this field for its member countries in particular those developing countries.

Personnel Engaged in S&T Activities refer to personnel directly engaged in S&T activities, in the management of S&T activities, and in providing direct service to S&T activities, who sp end over 10% of the total working hours in a year in S&T activities. (1) Personnel directly engaged in S&T activities include researchers, engineers, technicians and other related personnel engaged in S&T activities in independent – accounting R&D institutions, institutions of higher learning, and in research institutes, laboratories, technology development centers and central experiment workshops under enterprises and institutions. Also included are people working in S&T research project teams, professional and technical personnel working in S&T information archiving institutes, and graduate students working on the design of their thesis. (2) Personnel engaged in the management of S&T activities and in providing direct service to S&T activities include senior management people responsible for S&T activities in independent – accounting R&D institutions, S&T information archiving institutes, institutions of higher learning, and in enterprises and institutions where S&T activities are undertaken. Also included are people responsible for the planning, administration, personnel management, financial management, logistics supply, equipment maintenance, information and library management that are related with S&T activities. People providing indirect services are excluded, such as security, medical service, drivers, plumbers, cleaners and those providing catering and related service. This indicator reflects the size of personnel engaged in S&T activities.

Professional and Technical Personnel refer to persons engaged in professional and technical work or in the management of professional and technical activities, i. e. , people with professional or technical positions who are engaged in professional and technical work or in the management of professional and technical activities, and people without professional or technical positions but are working on professional or technical posts. They include professionals and technicians working in 17 categories of technical occupations including engineering, agriculture, scientific researches, medical service, teaching, economic research and application, accounting, statistics, translation, libraries, archives, cultural and museum service, journalism and publication, lawyers, notarization service, radio and television broadcasting, handicraft and fine arts, sports, performing art, and political workers in enterprises. This indicator reflects the condition of human resources in S&T.

Research and Development (**R&D**) refers to in the field of science and technology, systematic and creative activities, including basic research, applied research and experimental development, to increase the total amount of knowledge and to create new applications of such knowledge. Internationally, the scale and intensity of R&D activities are usually used to reflect a country's scientific and technological strength and core competitiveness.

Funding for S&T Activities refers to funds obtained from various sources for S&T activities, including government funds, self－raised funds by enterprises, self－raised funds by institutions, loans from financial institutions, foreign funds and other funds . This indicator reflects the efforts made by various social economic entities in promoting the development of S&T.

Patent is an abbreviation for the patent right and refers to the exclusive right of ownership by the inventors or designers for the creation or inventions, given from the patent offices after due process of assessment and approval in accordance wit h the Patent Law. Patents are grant ed for inventions, utility model sand designs. This indicator reflects the achievements of S&T and design with in dependent intellectual property.

Inventions (**Patent**) refer to the inventions as specified by the patent law and its detailed rules and regulations for implementation. They refer to the new technical proposals to the products or methods or their modifications.

Utility Models (**Patent**) refer to the utility models as specified by the patent law and its detailed rules and regulations for implementation. They refer to the practical and new technical proposals on the shape and structure of the product or the combination of both.

Designs (**Patent**) refer to the designs as specified by the Patent law and its detailed rules and regulation for implementation. They refer to the aesthetics and industry applicable new designs for the shape, pattern and color of the product, or their combinations.

Cultural Institutions refer to units which have their own organizational system and independent accounting system and specialize in or serve cultural development. They exclude other establishments run by these cultural institutions and amateur cultural groups established by various departments.

Art Troupe refers to all kinds of professional art performance organizations, including folk professional troupes, sponsored by cultural departments or under industrial management (approved by cultural administrative departments or registered and obtained relevant licenses), specializing in performing arts and other activities. Mass amateur art performance groups are not included.

17 卫生和体育

Public Health and Sports

资料整理：毅　茹

Arranged By：Yi Ru

17-1 等级运动员分项发展情况(2019年)

Development of Athletes in Grade By Type of Sports(2019)

单位：人 (person)

项 目	Item	合 计 Total	国际级健将 International Master of Sports	国家级运动健将 National Master of Sports	一 级 First Grade Sportsmen	二 级 Second Grade Sportsmen
总计	**Total**	**1711**			**417**	**1294**
田径	Track and Field	460			17	443
游泳	Swimming	94			2	92
跳水	Diving	2				2
体操	Gym	8				8
举重	Weightlifting	10			2	8
拳击	Boxing	45			13	32
摔跤	Wrestling	74			15	59
中国式摔跤	Chinese-style Wrestling	23			17	6
柔道	Judo	51			10	41
跆拳道	Tackwonde	40			17	23
自行车	Bicycle	26			13	13
马术	Horsemanship	18			5	13
现代五项	Modern Pentathlon	5			5	
射击	Shooting	19			14	5
射箭	Archery	19			7	12
帆船	Sailing	2			2	
足球	Football	113				113
篮球	Basketball	138			31	107
排球	Volleyball	116			65	51
乒乓球	Table Tennis	58			28	30
羽毛球	Badminton	7				7
网球	Tennis	28				28
曲棍球	Hockey	60			14	46
速度滑冰	Speed Skating	25			11	14
短道速滑	Short Track Speed Skating	19			13	6
冰球	Ice Hockey	12			8	4
冰壶	Curling	2			2	
高山滑雪	Alpine Skiing	3			1	2
越野滑雪	Cross-country Skiing	5			5	
自由式滑雪	Freestyle Skiing	1			1	
单板滑雪	Snowboarding	2			2	
冬季两项	Biathlon	7			5	2
武术	Wu Shu	53			15	38
铁人三项	Triathlon	16			8	8
高尔夫球	Golf	6			6	
橄榄球	Rugby	70			52	18
车辆模型	Vehicle Model	1				1
航海模型	Nautical Model	15				15
公开水域游泳	Open Water Swimming	2				2
五人制足球	Five-a-side football	11				11
竞走	Race Walking	18			7	11
散打	Sanda	23			1	22
空手道	Karate	4			3	1

17-2 运动员获奖牌情况(2019年)

Medals Won by Athletes(2019)

单位：枚 (piece)

项 目	Item	金 牌 Gold Medal	银 牌 Silver Medal	铜 牌 Copper Medal
总　计	**Total**	**116**	**119**	**168**
国际比赛	International Race	8	5	10
国内比赛	National Race	108	114	158

17-3 等级裁判员分项发展情况(2019年)

Development of Referees in Grades by Type of Sports(2019)

单位：人 (person)

项 目	Item	合 计 Total	国际裁判 International Referees	国家级 National Referees	一 级 First Grade Referees	二 级 Second Grade Referees
总计	**Total**	**1637**			**307**	**1330**
田径	Track and Field	131				131
游泳	Swimming	191			27	164
举重	Weightlifting	33			31	2
拳击	Boxing	5				5
摔跤	Wrestling	2				2
柔道	Judo	22			2	20
跆拳道	Tackwonde	2				2
自行车	Bicycle	14			10	4
马术	Horsemanship	32			15	17
射击	Shooting	13			9	4
射箭	Archery	52			24	28
足球	Football	250				250
篮球	Basketball	221				221
排球	Volleyball	39				39
乒乓球	Table Tennis	136				136
羽毛球	Badminton	194				194
网球	Tennis	51				51
速度滑冰	Speed Skating	114			114	
短道速滑	Short-track speed skating	72			72	
武术	Wu Shu	40				40
橄榄球	Football	3			3	
航海模型	Nautical Model	20				20

17-4 医疗卫生事业

Basic Statistics of Public Health

项　目	Item	2018	2019
卫生机构(个)	**Health Institutions(unit)**	**24613**	**24564**
#医院	Hospitals	818	794
乡镇卫生院	Health Center at Town	1301	1271
社区卫生服务中心(站)	Health Service Center for Community	1197	1197
疗养院、所	Sanatoriums	4	3
门诊部	Clinics	389	468
妇幼保健所、站	Maternity and Child Care Centers	114	114
疾病预防控制机构	CDC(Center for Disease Control)	118	119
专科疾病防治院(所、站)	Disease Prevention Specialist Hospital	50	43
诊所、医务室、卫生所及护理站	Clinics,Infirmaries,Clinics and Nursing Stations	6809	6981
床位(张)	**Beds(unit)**	**159006**	**161128**
#医院	Hospitals	126378	128784
乡镇卫生院	Health Center at Town	22443	22130
社区卫生服务中心(站)	Health Service Center for Community	4993	4893
疗养院、所	Sanatoriums	507	332
妇幼保健所、站	Maternity and Child Care Centers	3989	4363
专科疾病防治院(所、站)	Disease Prevention Specialist Hospital	349	391
职工人数(人)	**Persons Engaged in Health Institution(person)**	**241309**	**249272**
#卫生技术人员	Medical Technical Personnel	188051	196407
#执业医师	Permitted Doctors	63263	66186
执业助理医师	Practicing Physician Assistant	10163	11910
注册护师、护士	Registered Senior and Junior Nurses	76435	80434
药剂人员	Pharmacists	10968	11123
检验人员	Laboratory Technical	6673	6915
其他技术人员	Other Technical Personnel	10283	11201
管理人员	Managerical Personnel	11414	11889
工勤人员	Logistics Workers	13922	13379

注:本表中数据包含村卫生室数据。

a) Data in the table includes the village clinics.

17-5 卫生机构

Number of Health Care Institutions

单位：个 (unit)

年 份 Year	总 计 Total	医院、卫生院 Hospitals & Public Health Clinic	疗养院所 Sanat-oriums	专科防治所站 Specialized Prevention & Treatment Centers or Stations	疾病预防控制中心 CDC	妇幼保健所站 Maternity & Child Care Centers	每万人口拥有卫生机构数 Number of Health Institutions Per 10 000 Population
1952	538	103	9	14	5	93	0.75
1957	2152	136	3	28	59	234	2.30
1965	3820	436	16	18	116	116	2.95
1970	4952	1582	4	4	88	50	3.32
1975	3621	1612	9	8	113	110	2.08
1978	4000	1723	8	26	118	117	2.19
1979	4146	1743	8	34	117	116	2.24
1980	4350	1760	9	39	126	118	2.32
1981	4630	1794	12	42	136	120	2.43
1982	4660	1796	14	43	138	121	2.41
1983	4632	1819	14	45	135	120	2.37
1984	4711	1841	14	53	139	121	2.37
1985	4749	1763	14	55	141	120	2.37
1986	4905	1770	13	57	140	122	2.42
1987	4991	1780	12	60	143	123	2.42
1988	5120	1787	13	61	144	123	2.45
1989	5152	1810	11	62	150	118	2.43
1990	5161	1856	12	64	153	122	2.39
1991	5172	1927	12	66	155	122	2.37
1992	5253	1928	12	61	157	120	2.38
1993	4932	1987	11	64	190	119	2.21
1994	4918	2000	11	65	189	119	2.18
1995	4915	2003	11	64	188	117	2.16
1996	5037	2016	11	53	143	107	2.19
1997	4863	1991	11	63	183	113	2.10
1998	4641	1991	11	63	182	110	1.99
1999	4468	1982	11	63	183	108	1.89

17-5 续表 Continued

单位：个 (unit)

年 份 Year	总 计 Total	医院、卫生院 Hospitals & Public Health Clinic	疗养院所 Sanat-oriums	专科防治所站 Specialized Prevention & Treatment Centers or Stations	疾病预防控制中心 CDC	妇幼保健所站 Maternity & Child Care Centers	每万人口拥有卫生机构数 Number of Health Institutions Per 10 000 Population
2000	4427	1988	11	63	185	108	1.87
2001	4296	1892	11	61	187	107	1.85
2002	3768	1857	10	58	147	118	1.58
2003	3595	1819	9	57	146	117	1.51
2004	3715	1831	9	54	147	117	1.56
2005	3774	1834	9	54	146	116	1.58
2006	3693	1820	8	51	140	113	1.54
2007	7853	1815	8	54	140	114	3.30
2008	7423	1799	6	54	137	115	3.09
2009	7919	1803	6	50	133	116	3.29
2010	8052	1807	6	50	127	117	3.32
2011	22931	1818	6	50	121	117	9.24
2012	23046	1848	6	52	119	117	9.26
2013	23264	1898	6	53	119	116	9.31
2014	23426	1974	6	53	119	117	9.35
2015	23885	2024	6	53	119	114	9.51
2016	23998	2041	5	54	117	113	9.52
2017	24217	2087	4	51	119	113	9.58
2018	24613	2119	4	50	118	114	9.71
2019	24564	2065	3	43	119	114	9.67

注：卫生机构2010年以前不包含村卫生室，下表同。

a)Number of Health Care Institutions does not include the village clinics before 2010,Same in the following tables.

17-6 卫生机构床位

Number of Beds in Health Institutions

单位：张 (unit)

年 份 Year	总 计 Total	医院、卫生院 Hospitals & Public Health Clinic	疗养院所 Sanat-oriums	专科防治所站 Specialized Prevention & Treatment Centers or Stations	疾病预防控制中心 CDC	妇幼保健所站 Maternity & Child Care Centers	每万人口卫生机构床位数 Number of Public Health Orgon Beds Per 10 000 Population
1949	726	639	70				1.05
1952	2890	1274	1567				1.78
1957	7733	5700	194				6.09
1965	23241	15820	1669				12.20
1970	25614	24833	280				16.66
1975	22198	21089	500				21.87
1978	25023	24079	500				24.23
1979	48769	46495	1290				25.11
1980	49630	47271	1295				25.19
1981	51319	47942	1948				25.19
1982	51002	47339	2270				24.44
1983	52436	48739	2217				24.92
1984	52911	49307	2274				24.84
1985	53572	50567	2194				25.20
1986	54726	51566	2053			344	25.41
1987	57651	54354	1933	6		401	26.30
1988	59414	55867	2143	36		421	26.68
1989	60090	56776	1863	88		402	26.75
1990	60727	57558	1871	87		404	26.62
1991	62929	59268	2182	66	4	452	27.14
1992	64446	60730	2182	66	4	514	27.52
1993	65221	60893	2062	97	12	584	27.28
1994	65464	61425	2007	65		500	27.17
1995	66515	61933	2124	144	15	574	27.25
1996	65247	61667	2260	105	4	716	26.86
1997	65387	61918	2260	123		749	26.73
1998	65794	62499	2080	83		766	26.76
1999	66367	62832	2102	147		740	28.10

17-6 续表 Continued

单位：张 (unit)

年 份 Year	总 计 Total	医院、卫生院 Hospitals & Public Health Clinic	疗养 院所 Sanat- oriums	专科防 治所站 Specialized Prevention & Treatment Centers or Stations	疾病预防 控制中心 CDC	妇幼保 健所站 Maternity & Child Care Centers	每万人口 卫生机构 床位数 Number of Public Health Orgon Beds Per 10 000 Population
2000	66903	63156	1984	176		1000	28.24
2001	66682	63071	1884	191	25	1580	28.75
2002	64742	61909	1773	409	54	1944	27.30
2003	65072	60438	1768	224	26	1920	27.37
2004	66699	61155	1757	174	95	2269	28.00
2005	69440	64002	1554	234	77	2422	29.10
2006	70284	64816	1397	253	150	2388	29.38
2007	73830	65780	1217	202		2441	30.76
2008	81407	73205	670	201	24	2600	33.85
2009	87321	77702	910	246		2921	36.05
2010	97811	87882	640	250		2716	40.38
2011	100805	89954	640	227		2895	40.80
2012	110788	99761	640	286		3075	44.50
2013	120065	109474	640	304		3272	48.07
2014	129011	118010	690	340		3471	51.51
2015	133892	124676	844	354		3474	53.32
2016	139190	129678	516	393		3848	55.23
2017	150335	140504	552	373		3950	59.45
2018	159006	148821	507	349		3989	62.75
2019	161128	150914	332	391		4363	63.45

注：医院、卫生院2002年以前为医院口径。

a)The Data about Hospitals and Public Health Clinic Refer to Date of Hospitals before 2002.

17-7 卫生机构人员

Number of Persons Engaged in Health Institutions

单位：人 (person)

年 份 Year	总 计 Total	卫生技术人员 Medical Technical Personnel	#医生 Doctors	#执业医师 Certified Doctors	#执业助理医师 Practicing Physician Assistant	#注册护师、护士 Registered Senior and Junior Nurses	每万人口医生数 Number of Doctors per 10 000 Population
1952	12233	10727	6097			552	9
1957	21848	18290	10556			1977	11
1965	40695	33215	18027			4664	14
1970	42097	33333	17101			6490	11
1975	60529	47845	22114			7932	13
1978	75123	59277	26724			8225	15
1979	82855	65615	28417			7949	16
1980	88188	70022	31068			9129	17
1981	98165	77647	32184			10426	17
1982	101637	80450	32975			10969	17
1983	104446	82873	33456			11768	17
1984	107234	85185	34903			12264	18
1985	109210	87130	36467			12598	18
1986	112011	89257	38103			13427	19
1987	115164	91437	37781			14458	18
1988	117779	94095	42794			18605	20
1989	119044	94969	44579			21310	21
1990	121443	96764	41453			22123	19
1991	123935	97984	42520			22797	19
1992	126859	100365	46612			23157	21
1993	127494	99878	47171			23425	21
1994	129101	102220	48962			24575	22
1995	129483	102187	49345			24617	22
1996	130368	103606	50263			25313	22
1997	129306	102983	52438			25953	22
1998	129765	104890	56384			26163	24
1999	125632	101312	51602			25766	22

17-7 续表 Continued

单位：人 (person)

年 份 Year	总 计 Total	卫生技术人员 Medical Technical Personnel	#医生 Doctors	#执业医师 Certified Doctors	#执业助理医师 Practicing Physician Assistant	#注册护师、护士 Registered Senior and Junior Nurses	每万人口医生数 Number of Doctors per 10 000 Population
2000	124362	100688	52299			25726	22
2001	131931	109147	53021			26755	22
2002	120628	100665	48866	39901	8965	25740	21
2003	120264	101073	49304	40241	9063	25555	21
2004	120253	101730	50177	41252	8925	26517	21
2005	121180	102587	50308	41646	8662	27052	21
2006	120571	102336	50409	42116	8293	27601	21
2007	126155	105790	48403	40398	8005	29732	20
2008	131879	110042	49806	41990	7816	31652	21
2009	139488	117197	51947	43964	7983	34895	22
2010	146610	123232	54161	46148	8013	37765	22
2011	175563	131806	57214	48399	8815	42522	23
2012	183875	139876	59528	50100	9428	46774	24
2013	195943	148176	62055	52500	9555	52358	25
2014	202999	154483	62182	52624	9558	56723	25
2015	212500	162328	64239	54863	9376	61224	26
2016	221338	170466	66435	57030	9405	66461	26
2017	233075	180401	70322	60478	9844	71871	28
2018	241309	188051	73426	63263	10163	76435	29
2019	249272	196407	78096	66186	11910	80434	30

主要统计指标解释

等级运动员人数　指经考核正式批准授予等级运动员称号的人数。运动员等级分为国际级运动健将,运动健将、一级运动员、二级运动员、三级运动员、少年级运动员。

等级裁判员人数　指经考核正式批准授予等级裁判员称号的人数。裁判员等级分为国际裁判、国家级裁判、一级裁判、二级裁判、三级裁判。

体育场　指有400米跑道(中心含足球场),有固定道牙,跑道6条以上,并有固定看台的室外田径场地。体育场按看台容纳观众人数分为:甲级25000人以上,乙级15000-25000人,丙级5000-15000人,丁级5000人以下。

体育馆　指有固定看台,可供篮球、排球、羽毛球、乒乓球、体操等项目训练比赛活动用的室内运动场地。体育馆按看台容纳观众人数分为:甲级6000人以上,乙级4000-6000人,丙级2000-4000人,丁级2000人以下。

医疗卫生机构　指从卫生(卫生计生)行政部门取得《医疗机构执业许可证》《计划生育技术服务许可证》,或从民政、工商行政、机构编制管理部门取得法人单位登记证书,为社会提供医疗服务、公共卫生服务或从事医学科研和医学在职培训等工作的单位。医疗卫生机构包括医院、基层医疗卫生机构、专业公共卫生机构、其他医疗卫生机构。

医院　包括综合医院、中医医院、中西医结合医院、民族医院、各类专科医院和护理院,不包括专科疾病防治院、妇幼保健院和疗养院,包括医学院校附属医院。

卫生技术人员　包括执业医师、执业助理医师、注册护士、药师(士)、检验技师(士)、影像技师、卫生监督员和见习医(药、护、技)师(士)等卫生专业人员。不包括从事管理工作的卫生技术人员(如院长、副院长、党委书记等)。

医生　指在医疗、预防保健机构工作且取得《执业医师证书》的执业医师和执业助理医师。

Explanatory Notes on Main Statistical Indicators

Number of Athletes in Grades refers to the number of athletes who have been given titles through examination. The titles of athletes include international masters of sports, masters of sports, first grade, second grade and third grade sportsmen and young athletes.

Number of Referees in Grades refers to the number of referees who have been given titles after examination. They are classified as international referees, national referees and referees of the first, second and third grades.

Stadiums refer to stadiums for track and field events with six lane 400 meter tracks around soccer fields, permanent track marks and permanent bleachers. Stadiums are classified according to seating capacity. They include: Class A stadiums seating 25000 people each. Class B stadiums seating 15000 to 25000 people each. Class C stadiums seating 5000 to 15000 people each, and Class D stadiums seating fewer than 5000 people.

Gymnasiums refer to indoor sports grounds with permanent seats in which basketball, volleyball, Badminton, table tennis and gymnastics competitions can be held. Gymnasiums are classified according to seating capacity. They include Class A gymnasiums seating over 6000 people. Class B gymnasiums seating 4000 to 6000 people. Class C gymnasiums seating 2000 to 4000 people, and Class D gymnasiums seating fewer than 2000 people.

Medical and Health Care Institutions refer to the units which have been qualified the Certification of Health Care Institution, certification of family planning technical service by the administration of public health (family planning), or qualified the Certification of Corporate Unit by the civil affairs, administration for industry and commerce, commission office for public sector reform, and engaging in medical health care services, public health services, or medicine research and on – job training, etc., including: hospitals, health carc institutions at grass – root level, specialized public health institutions, and other medical and health care institutions.

Hospitals include general hospitals, hospitals specialized in traditional Chinese medicine, hospitals of integrated traditional Chinese and western medicine, ethnic hospitals, specialized hospitals and nursing hospitals, excluding specialized disease prevention and treatment institutes, maternal and child health care hospitals and convalescent hospitals, including affiliated hospital of medical college.

Medical Technical Personnel refer to the professional staff engaged in health care, including licensed doctors, licensed assistant doctors, registered nurses, pharmacists, laboratory technicians, imaging staff, health care supervisors and intern doctors, pharmacists, nurses, and technical personnel, excluding the medical technical personnel engaged in managerial job (e. g. president, vice president and secretary of the party committee etc).

Doctors refer to certified physicians and certified assistant physicians with certifications working in medical and health care and prevention agencies.

18 公共管理和社会保障

Public Management and Social Security

资料整理：毅 茹

Arranged By：Yi Ru

18-1 公安机关受理和查处治安案件数(2019 年)

Cases of Offence Against Public Order Handled by Public Security Organs(2019)

案件类别	Category of Cases	受理(起) Number of Cases Accepted to be Treaded (case)	查处(起) Number of Cases Investigated and Treaded (case)	每万人口受理案件数(起/万人) Number of Cases Accepted per 10 000 population (case/10 000 persons)
合计	**Total**	**120520**	**109749**	**49.38**
扰乱单位秩序	Disturbing Business Orders	1337	1311	0.55
扰乱公共场所秩序	Disturbing the Orders in Public Places	569	511	0.23
寻衅滋事	Causing Quarrels and Making Troubles	3794	3659	1.55
阻碍执行职务	Obstructing Government Workers in Performing Their Duties	950	939	0.39
非法携带枪支、弹药、管制工具	Violation of Firearms Control Regulations	2682	2682	1.10
违反危险物质管理规定	Violation of Explosives Control Regulations	447	442	0.18
殴打他人	Battering Other Persons	44928	42491	18.41
故意伤害	Willfully Injuring	2858	2702	1.17
盗窃	Stealing Property	12349	7586	5.06
敲诈勒索	Extortion and Blackmail	94	70	0.04
抢夺	Robbery and Snatch	41	33	0.02
盗窃、损毁公共设施	Stealing and Damaging Public Facilities	268	238	0.11
伪造、变造、倒卖有价票证、凭证	Forge/alter/acalp Valuable Coupons or Certificates	37	37	0.02
违反旅馆业管理	Violating the Hotel Management Regulations	2148	2150	0.88
违反房屋出租管理	Violating the Rent Control Regulations	94	94	0.04
诈骗	Swindling,Seizing and Extorting Property	1757	968	0.72
卖淫、嫖娼	Prostitution or Soliciting Prostitutes	1556	1556	0.64
赌博	Gambling	8066	8052	3.31
毒品违法活动	Illegal Drug Related Action	4289	4289	1.76
其他	Others	32256	29939	13.20

18-2 公安机关立案的刑事案件及构成(2019 年)

Criminal Cases Registered in Security Organs and Its Composition(2019)

案件类别	Category of Cases	立案(起) Number of Cases Registered(case)	构成(%) Composition(%)
合计	**Total**	**66259**	**100.00**
杀人	Homicide	244	0.37
伤害	Injury	1390	2.10
抢劫	Robbery	235	0.35
强奸	Rape	824	1.24
拐卖妇女儿童	Abducting Women or Children	13	0.02
盗窃	Larceny	24477	36.94
诈骗	Fraud	19902	30.04
走私	Smuggling		
伪造、变造货币, 出售、购买、运输、持有、使用假币	Forging Currency, Selling, Buying, Transporting,Holding and Using Counterfeit Currency	5	0.01
其他	Others	19169	28.93

18-3 人民检察院审查逮捕、审查起诉情况(2019 年)

Review of Arrests and Reviews of Prosecutions by People's Procuratorate(2019)

案件分类	Category of Cases	批捕、决定逮捕合计(件) Total of Arrests(case)	决定起诉合计(件) Total of Public Prosecutions (case)
合计	**Total**	**12365**	**28575**
危害公共安全案	Offences Against Public Security	1104	13572
破坏社会主义市场经济秩序案	Offences Against Socialist Economic Order	1013	1154
侵犯公民人身、民主权利案	Offences Against Citizens'Personal and Democratic Rights	2613	3466
侵犯财产案	Offences Against Properties	3913	4659
妨害社会管理秩序案	Offences Against Social Management of Order	3444	5282
危害国防利益案	Offences Against National Defense	2	5
军人违反职责案	Offences on Dereliction of Duty by Servicemen		
贪污贿赂案	Offences on Corruption and Bribery	227	378
渎职侵权案	Offences on Abuse and Dereliction of Duty	49	59
其他	Others		

18-4 人民检察院纠正违法情况

Law-breaking Cases Rectified by People's Procuratorate

项 目	Item	2018	2019
书面提出纠正件次合计(件次)	**Total of Written Rectification(case-times)**	**4541**	**3489**
立案监督小计	Sub-total of Supervision of Cases Filing	1648	1115
监督立案	Supervision of Cases Filing	726	575
监督撤案	Supervision of Cases Withdrawed	922	540
侦查监督小计	Sub-total of Supervision of Investigation	2791	2270
刑事审判监督	Supervision of Criminal Trial	102	104
刑罚执行监督人次小计(人次)	**Sub-total of Supervision of Punishment Execution(person-time)**	**4465**	**3227**
监管活动	Administration of Prison and Custody	972	600
超期羁押	Excessive Custody	18	20
减刑、假释、暂予监外执行	Commutation of Sentence,Parole and Temporary Stay of Absence from Prison	3475	2607
已纠正件次合计（件次）	**Total of Rectified(case-times)**	**4028**	**2874**
立案监督小计	Sub-total of Supervision of Cases Filing	1438	785
监督立案	Supervision of Cases Filing	572	321
监督撤案	Supervision of Cases Withdrawed	866	464
侦查监督小计	Sub-total of Supervision of Investigation	2531	1999
刑事审判监督	Supervision of Criminal Trial	59	90
刑罚执行监督人次小计(人次)	**Sub-total of Supervision of Punishment Execution(person-time)**	**4425**	**2875**
监管活动	Administration of Prison and Custody	965	593
超期羁押	Excessive Custody	24	18
减刑、假释、暂予监外执行	Commutation of Sentence,Parole and Temporary Stay of Absence from Prison	3436	2264

18-5 人民法院审理刑事一审案件情况(2019 年)

First Trial Criminal Cases Accepted and Settled by Courts(2019)

单位：件 (case)

项 目	Item	收案 Cases Accepted	结案 Cases Settled
合计	**Total**	**29067**	**29346**
危害公共安全罪	Offences Against Public Security	13499	13642
破坏社会主义市场经济秩序罪	Offences Against Socialist Economic Order	1205	1171
侵犯公民人身权利民主权利罪	Offences Against Citizens'Personal and Democratic Rights	3599	3673
侵犯财产罪	Offences Against Properties	4841	4871
妨害社会管理秩序罪	Offences Against Social Management of Order	5457	5465
危害国防利益罪	Offences Against National Defense	9	10
贪污贿赂罪	Offences on Corruption and Bribery	393	444
渎职罪	Offences on Dereliction of Duty	63	69
其他	Others	1	1
合计中含自诉案件	Private Prosecution Among the Total	117	130

18-6 人民法院审理民事一审案件情况(2019 年)

First Trial Cases of Contract Disputes Accepted and Settled by Courts(2019)

单位：件 (case)

项 目	Item	收案 Cases Accepted	结案 Cases Settled	判决 Judgment	不予受理 Not Accepted	驳回 Reject	撤诉 With-drawal	调解 Mediation	其他 Others
合计	**Total**	**390379**	**400373**	**155589**	**667**	**14653**	**96911**	**115891**	**16662**
人格权纠纷	Personality Disputes	5554	5778	2635	1	154	1115	1736	137
婚姻家庭、继承纠纷	Disputes of Marriage, Family and Inheritance	38269	39025	11673	25	479	11404	13788	1656
物权纠纷	Property Rights Disputes	10287	10815	4509	102	960	3419	1527	298
合同、无因管理、不当得利纠纷	Contract,Non-cause Management,Improper Profit Disputes	297954	305665	117148	421	11649	73284	89626	13537
知识产权与竞争纠纷	Intellectual Property Rights and Competition Disputes	2171	2233	471	2	29	1438	265	28
劳动争议、人事争议	Labor Disputes, Personnel Disputes	6798	6947	3286	70	530	1299	1534	228
海事海商纠纷	Maritime Disputes								
与公司、证券、保险、票据等有关的民事纠纷	Civil Disputes Relating to Companies,Securities, Insurance,Bills,etc	5269	5296	2888	14	167	973	1067	187
侵权责任纠纷	Tort Liability Dispute	20215	20971	10752	25	331	3127	6339	397
其他	Others	3862	3643	2227	7	354	852	9	194

18-7 公证业务分类情况

Notarial Services by Type

单位：件 (case)

项　目	Item	2018	2019
合计	**Total**	**371405**	**415134**
#国内公证数	Domestic Notarization	341172	377778
涉外公证数	Foreign-related Notarization	29793	37136
按业务类型分	By Type of Services		
合同（协议）	Contracts(Agreements)	85166	83255
继承	Inheritance	33047	36503
其中：小额继承	Small Inheritance	7290	9238
委托	Power of Attorney	48472	75813
声明	Declaration	21045	28821
赠与	Gift	3781	2992
遗嘱	Testaments	1885	2597
现场监督	Field Supervision	2698	2650
婚姻状况、亲属关系、收养关系	Marital Status,Kinship Confirmation, Adoptive Relationship	7984	7951
出生、生存、死亡	Births,Survival,Deaths	3655	3616
身份、经历、学历、学位、职务、职称	Identity,Resume,Education Background, Academic Degree,Professional Titles	2551	2611
有无违法犯罪记录	Illegal and Criminal Record Check	2730	2806
公司章程	Corporation Constitutions	228	10
保全证据	Evidence Preservation	4301	7617
证书、执照	Certificate,Licence	5645	9688
签名、印鉴	Signature,Seal	15569	15321
文本相符	Conformity of Documentation	5719	6888
赋予强制执行效力	Executor Force	82154	103222
执行证书	Certificate of Execution	2185	3064
抵押登记	Mortgage Registration	4789	5810
提存	Drawing	256	268
保管	Storage	45	31
其他	Others	37500	13600

18-8 社会保障基本情况

Basic Statistics on Social Security

项　目	Item	2018	2019
最低生活保障	**Minimum Standard of Living for Residents**		
城市居民(万人)	Residents in Urban Area(10 000 persons)	38.84	33.89
城市居民(万户)	Housholds in Urban Area(10 000 households)	23.99	21.16
农村居民(万人)	Residents in Rural Area(10 000 persons)	125.15	128.87
农村居民(万户)	Housholds in Rural Area(10 000 households)	82.71	82.90
社会福利事业	**Social Welfare**		
收养性单位(个)	Adopting Social Welfare Institutions(unit)	721	820
优抚类单位	Adopting Institution of Social Special Relief	28	26
福利类单位	Adopting Institution of Social Welfare	62	73
城市养老服务机构	Urban Institutions for the Aged	355	500
农村养老服务机构	Rural Institutions for the Aged	274	219
其他社会福利机构	Others	2	2
收养性单位床位数(张)	Adopting Social Welfare Instiutions(bed)	90056	98192
优抚类单位	Adopting Institution of Social Special Relief	1572	1221
福利类单位	Adopting Institution of Social Welfare	13453	13886
城市养老服务机构	Urban Institutions for the Aged	46602	57629
农村养老服务机构	Rural Institutions for the Aged	28215	25242
其他社会福利机构	Others	214	214
年末收养人数(人)	Persons Adopted at the Year-end(person)	45346	48715
优抚类单位	Adopting Institution of Social Special Relief	813	350
福利类单位	Adopting Institution of Social Welfare	6611	5914
城市养老服务机构	Urban Institutions for the Aged	25131	29495
农村养老服务机构	Rural Institutions for the Aged	12754	12919
其他社会福利机构	Others	37	37
社会福利事业支出(万元)	Expenditure for Social Welfare(10 000 yuan)	1270119	1355448
#抚恤、离退休和社会福利救济	Pensions and Relief Funds for Social Welfare	1090447	1145245
自然灾害生活救助	Life Salvation of Natural Calamity	6100	15000
社区服务	**Community Service**		
社区服务机构数	Number of community Service Institutions	4590	5085
社区服务指导中心数	Number of Community Service Gyidance Centers	2	4
社区服务中心数	Community Service Centers	980	1009
社区服务站数	Community Service Stations	1090	1542
其他社区服务机构	Other Community Service Institutions	2518	2530
城镇社区服务设施(个)	Number of Urban Welfare Facilities(unit)	4535	5086

18-8 续表 Continued

项 目	Item	2018	2019
社会保障	**Social Security**		
基本养老保险	**Basic Pension Insurance**		
城镇职工基本养老保险参保人数(万人)	Persons Joined(10 000 persons)	734.00	763.42
#参加基本养老保险离退休人数(万人)	Retirees Joined(10 000 persons)	285.00	250.90
城乡居民养老保险参保人数(万人)	Contributors of Urban(10 000 persons)	750.00	768.20
城镇职工基本养老保险基金当年支出额(亿元)	Expenses of Insurance Fund(100 million yuan)	1157.69	1452.33
城乡居民养老保险基金当年支出额(亿元)	Expenses of Insurance Fund(100 million yuan)	53.70	56.30
失业保险	**Unemployment Insurance**		
参加失业保险人数(万人)	Persons Joined(10 000 persons)	255.53	267.37
累计领取失业金人数(万人)	Beneficiaries(10 000 persons)	4.89	4.59
失业保险基金当年支出额(亿元)	Expenses of Insurance Fund(100 million yuan)	11.46	13.83
医疗保险	**Basic Medical Insurance**		
参加基本医疗保险人数(万人)	Persons Joined(10 000 persons)	2164.38	2178.43
城镇职工基本医疗保险参保人数(万人)	Contributors of Urban Employed Person (10 000 persons)	505.33	530.70
城乡居民参加基本医疗保险人数(万人)	Contributors of Urban and Residents (10 000 persons)	1659.05	1647.73
城镇职工基本医疗保险基金当年支出额(亿元)	Expenses of Insurance Fund(100 million yuan)	175.92	189.00
城镇居民基本医疗保险基金当年支出额(亿元)	Expenses of Insurance Fund(100 million yuan)	125.70	128.00
工伤保险	**Work Injury Insurance**		
参加工伤保险人数(万人)	Persons Joined(10 000 persons)	325.54	338.24
#参加工伤保险的农牧民人数(万人)	Farmers and Herdsmen(10 000 persons)	56.56	45.97
工伤保险基金当年支出额(亿元)	Expenses of Insurance Fund(100 million yuan)	11.38	12.57
生育保险	**Maternity Insurance**		
参加生育保险人数(万人)	Persons Joined(10 000 persons)	319.46	320.62
生育保险基金当年支出额(亿元)	Expenses of Insurance Fund(100 million yuan)	8.26	8.84
社会保险基金收支情况	**Revenue and Expenses of Social Insurance Fund**		
养老、失业、医疗、工伤、生育保险基金收入(亿元)	Revenue of Pension, Unemployment, Medical, Work injury, Maternity insurance Fun (100 million yuan)	1661.33	1872.59
养老、失业、医疗、工伤、生育保险基金支出(亿元)	Expenses of Pension, Unemployment, Medical, Work injury, Maternity insurance Fun (100 million yuan)	1544.11	1860.92
养老、失业、医疗、工伤、生育保险基金累计节余(亿元)	Balance of Pension, Unemployment, Medical, Work injury, Maternity insurance Fun (100 million yuan)	1298.63	1282.39

注：1. 社会保险基金收支情况包含城乡居民养老、医疗保险基金情况。
2. 2016 年起，城镇便民利民服务网点数统计口径变化，与以前年度不可比，下表同。
3. 2017 年起，医疗保险、工伤保险、生育保险数据来源为自治区医保局。

a)The balance of social insurance funds including pension, medical insurance fund for urban and rural residents.

b)Since 2016,number of urban service points for civilian in table are not compared.The following table is the same.

c)Since 2017,data of Basic Medical Insurance,Work Injury Insurance are from the Medical Security Bureau of Inner Mongolia Autonomous Region.

18-9 社会服务机构基本情况

Basic Statistics on Social Service Institutions

项 目	Item	机构(个) Number of Institutions or Enterprises (unit)		工作人员(人) Number of Persons Engaged (person)	
		2018	2019	2018	2019
社会服务	**Social**	**35661**	**36600**	**244608**	**260708**
社会工作	**Social Work**	**5398**	**5875**	**28479**	**30264**
提供住宿的社会服务机构	Social Welfare Institutions with Accommodations	768	750	8381	9122
老年人与残疾人服务机构	Institutions for the Aged and Disabled	691	691	7288	8123
智障与精神疾病服务机构	Social Welfare Institutions for Mental Retardation and Meental Diseases	4	4	313	313
儿童收养救助服务机构	Social Welfare Institutions for Children	9	8	354	374
其他提供住宿的服务机构	Other Social Welfare Institutions with Accommodations	64	47	426	312
不提供住宿的社会服务机构	Social Welfare Institutions without Accommodations	4630	5125	20098	21142
成员组织和其他社会服务机构	**Membership Organizations and Othet Social Service**	**30237**	**30704**	**215883**	**230232**
其他	**Others**	**26**	**21**	**246**	**212**

18-10 收养性社会福利事业单位基本情况(2019年)

Basic Statistics on Social Welfare Institutions(2019)

项 目	Item	院数(个) Homes (unit)	工作人员(人) Staff and Workers (person)	床位(张) Beds (unit)	年末收养人数(人) Persons Housed Year-end (person)
全区总计	**Autonomous Regional Total**	**820**	**11088**	**98192**	**48715**
优抚类收养性单位	Adopting Institutions of the Special Care	26	266	1221	350
荣誉军人康复医院	Disable Veteran Hospital	1	73	100	15
复员军人疗养院	Sanatorium of Demobilized Soldier				
复退军人精神病院	Psychiatric Hospital of Veteran				
光荣院	Homes for Disabled Veterans	25	193	1121	335
福利类收养性单位	Adopting Institutions of the welfare	73	3186	13886	5914
社会福利院	Social Welfare Homes	50	1148	9887	4235
儿童福利机构	Baby Welfare Homes	17	889	2449	397
社会福利医院	Social Welfare Hospitals	6	1149	1550	1282
城市养老服务福利机构	The Urban Old-age Service Welfare Agencies	500	6200	57629	29495
农村养老福利机构	Rural Old-age Welfare Institutions	219	1410	25242	12919
其他社会福利机构	Others	2	26	214	37

18-11 享受补助、救济人员情况

Persons Receiving Subsidies or Relief Funds

单位：人、户、人次 (person)(household)(person-time)

项　目	Item	2018	2019
传统救济人数	**Number of Persons Receiving Traditional Relief Funds**	**16170**	**13753**
临时救济人次数	**Number of Persons Receiving Temporary Relief**	**298530**	**206451**
城市社会救济情况	**Social Relief in Urban Area**		
城市居民最低生活保障人数	Number of Persons Receiving Minimum Living Allowance in Urban Area	388421	338880
城市居民最低生活保障家庭数	Number of Households Receiving Minimum Living Allowance in Urban	239925	211580
农村社会救济情况	**Social Relief in Rural Area**		
农村社会救济人数	Number of Persons Receiving Social Relief in Urban Area	1334629	1371124
农村居民最低生活保障人数	Number of Persons Receiving Minimum Living Allowance in Rural Area	1251522	1288734
农村特困人员救助供养人数	Number of Persons Receiving Assistance and Providing Support in Rural	83107	82390
农村居民最低生活保障家庭数	Number of Households Receiving Minimum Living Allowance in Rural	827145	829015

18-12 火灾、交通事故情况(2019 年)

Basic Statistics on Fires and Traffic Accidents(2019)

项　目	Item	发　生(起) Accured (case)	死　亡(人) Death (person)	受　伤(人) Injuries (person)	财产损失(万元) Property Loss (10 000 yuan)
火灾事故情况	**Fires**	**5423**	**30**	**13**	**8118.0**
特别重大	Extraordinarily				
重　　大	Serious				
较　　大	Larger	2	6		24.4
一　　般	Ordinary	5421	24	13	8093.6
交通事故情况	**Traffic Accidents**	**4232**	**981**	**4405**	**2403.1**
死亡事故	Deaths	891	981	489	961.0
伤人事故	Injuries	2921		3921	1155.9
财产损失事故	Property Loss	420			286.2

18-13 民间组织管理情况

Statistics on Non Governmental Organizations

单位：个、人 (unit)(person)

项　目	Item	2018	2019
社团管理	**Mass Organizations**		
年末实有社团数	The Number of Mass Organizations at Year-end	8602	8414
社团负责人	The Number of Leaders of Mass Organizations	16569	14703
#女性	Female	3450	3782
民办非企业单位	**Private Non-enterprise Units**		
年末实有民办非企业单位	Private Non-enterprise Units at Year-end	7942	8436
民办非企业单位负责人	Leaders of Private Non-enterprise Units	15586	17253
#女性	Female	4760	5543

主要统计指标解释

人民检察院直接立案侦查案件 指按照管辖的规定，由人民检察院直接立案侦查的贪污贿赂犯罪、渎职犯罪、国家机关工作人员利用职权实施的侵犯公民人身权利和民主权利的犯罪以及经省级人民检察院决定立案侦查的国家机关工作人员利用职权实施的其他重大犯罪案件。

立案监督 指人民检察院对侦查机关刑事立案活动的监督。包括对应当立案而不立案的监督和不应立案而立案的监督。

监督立案 包括侦查机关接到要求说明不立案理由后主动立案和执行通知立案两个内容。

监管活动 指人民检察院对监狱等监管改造场所的管理活动进行的监督。

公证文书 指公证处根据当事人申请，依照事实和法律，按照法定程序制作的，具有法律效力的司法证明文书。

社会服务

1. **社会福利事业单位** 指集中收养社会孤老、残、幼的机构，包括由民政部门管理的社会福利院、儿童福利院、精神病人福利院和城镇集体举办的福利院及农村集体举办的敬老院以及优抚医院和具有收养能力的社区服务中心等。该指标主要反映我国在社会福利性单位投入的水平。

2. **社会福利事业单位收养人数** 包括民政部门管理和城镇、农村集体举办的社会福利事业单位中收养的老人、少年儿童、缺乏生活自理能力的残疾人员和精神病人。

3. **社会福利企业单位** 指以安置城镇有一定劳动能力的盲、聋、哑和肢体残疾人员就业为目的，享受国家减免税待遇的国有或集体企业。包括福利工厂、福利商业和服务业、假肢厂和安置农场等单位。

4. **农村五保户** 指农村中既无劳动能力，又无经济来源的老、弱、孤、残的农民，其生活由集体供养，实行保吃、保穿、保住、保医、保葬(孤儿保教)，简称“五保”。享受五保待遇的家庭叫五保户。

城镇职工基本养老保险

1. **参保职工人数** 指报告期末按照国家法律、法规和有关政策规定参加城镇职工基本养老保险并在社保经办机构已建立缴费记录档案的职工人数，包括中断缴费但未终止养老保险关系的职工人数，不包括只登记未建立缴费记录档案的人数。

2. **离退休人员人数** 指报告期末参加城镇职工基本养老保险的离休、退休和退职人员的人数。

3. **基金收入** 指根据国家有关规定，由纳入职工基本养老保险范围的缴费单位和个人按国家规定的缴费基数和缴费比例缴纳的养老保险费，以及通过其他方式取得的形成基金来源的收入。包括单位和职工个人缴纳的基本养老保险费、基本养老保险基金利息收入、委托投资收益、上级补助收入、下级上解收入、转移收入、财政补贴和其他收入。

4. **基金支出** 指按照国家政策规定的开支范围和开支标准从职工基本养老保险基金中支付给参加职工基本养老保险的个人养老保险待遇支出，以及由于保险关系转移、上下级之间补助、上解等原因而发生的支出。其他支出包括基本养老金、医疗补助金、丧葬补助金和抚恤金、病残津贴、补助下级支出、上解上级支出、转移支出和其他支出等。

5. **基金累计结余** 指职工基本养老保险基金收支相抵后的期末累计余额。

城乡居民基本养老保险

1. **参保人数** 指报告期末，参加城乡居民养老保险(在经办机构参保登记并已建立缴费记录以及制度实施当年已经年满60周岁并在经办机构参保登记)的人数(不包括已经办理注销登记手续的人数)。

2. **基金收入** 指根据国家有关规定，由参加城乡居民基本养老保险的个人按规定缴费的城乡居民基本养老保险费，以及通过集体补助、财政补助等其他方式取得的形成基金来源的收入。包括个人缴费收入、集体补助收入、政府补贴收入、利息收入、委托投资收益、转移收入、上级补助收入、下级上解收入和其他收入。

3. **基金支出** 指按照国家政策规定的开支范围和开支标准从城乡居民基本养老保险基金中支付给参加城乡居民基本养老保险的个人养老保险待遇支出，以及由于参保人员跨统筹地区或跨制度流动而发生的支出等。包括养老保险待遇支出、转移支出、补助下级支出、上解上级支出和其他支出。

4. **基金累计结余** 指城乡居民基本养老保险基金收支相抵后的期末累计余额。

基本医疗保险

1. **参保人数** 指报告期末按国家有关规定参加职工基本医疗保险和城乡居民基本医疗保险人员的合计。

2. **基金收入** 指由用人单位和个人按照国家规定的缴费基数、缴费比例或缴费标准缴纳的基本医疗保险费，财政补贴资金以及通过其他方式取得的形成基金来源的款项，包括：单位缴纳收入、个人缴纳收入、财政补贴收入、利息收入、上级补助收入、下级上解收入和其他收入。

3. **基金支出** 指按照国家政策规定的开支范围和开支标

准,从基本医疗保险基金中支付给参保人员的医疗保险待遇支出,以及其他支出。包括住院费用支出、门诊费用支出、大病保险支出、生育保险与职工基本医疗保险合并实施的统筹地区生育待遇支出、补助下级支出、上解上级支出和其他支出。

4. **基金累计结余** 指基本医疗保险基金收支相抵后的期末累计结余金额。

失业保险

1. **参保人数** 指报告期末按照国家法律、法规和有关政策规定参加了失业保险的城镇企业、事业单位的职工及地方政府规定参加失业保险的其他人员的人数。

2. **基金收入** 指报告期内筹集的失业保险基金的总额,包括失业保险费收入、利息收入、财政补贴收入、其他收入、转移收入、上级补助收入、下级上解收入。

3. **基金支出** 指报告期内为保障失业人员基本生活、促进其再就业等支出的基金总额,包括失业保险金支出、医疗补助金支出、丧葬补助金和抚恤金支出、职业培训和职业介绍补贴支出、农民合同制工人一次性生活补助支出、其他支出、转移支出、上级补助支出、下级上解支出。

4. **基金累计结余** 指截止报告期末失业保险基金收支相抵后的累计余额。

工伤保险

1. **参保人数** 指报告期末依据国家有关规定参加工伤保险的职工人数和有雇工的个体工商户的雇工数。

2. **享受工伤保险待遇人数** 指年报告期内因工伤或职业病而享受工伤保险待遇的职工人数。为享受工伤医疗待遇中未评定等级的人数、享受伤残待遇人数以及享受因工死亡待遇人数之和。

3. **基金收入** 指根据国家有关规定,由参加工伤保险的单位按国家规定的缴费基数和缴费比例缴纳的及难以直接按照工资总额计算缴纳工伤保险费的部分行业企业按规定方式缴纳工伤保险费,以及通过其他形式取得的形成基金来源的款项。包括:工伤保险费收入、财政补贴收入、利息收入、上级补助收入、下级上解收入和其他收入。

4. **基金支出** 指按照国家政策规定的开支范围和开支标准从工伤保险基金中支付给参加工伤保险的人员及供养直系亲属工伤保险待遇支出及其他支出。包括工伤医疗待遇支出、伤残待遇支出、工亡待遇支出、劳动能力鉴定支出、工伤预防费用支出、补助下级支出、上解上级支出和其他支出。

5. **基金累计结余** 指工伤保险基金收支相抵后的期末累计结余金额。

生育保险

1. **参保人数** 指报告期末依据有关规定参加生育保险的人数。

2. **基金收入** 指根据国家有关规定,由参加生育保险的单位按照国家规定的缴费基数和缴费比例缴纳的生育保险费,以及通过其他方式取得的形成基金来源的款项,包括:生育保险费收入、财政补贴收入、利息收入、上级补贴收入、下级上解收入和其他收入。

3. **基金支出** 指按照国家政策规定的开支范围和开支标准,从生育保险基金中支出的生育保险待遇支出及其他支出。包括:生育津贴、医疗费用支出、补助下级支出、上解上级支出及其他支出。

4. **基金累计结余** 指生育保险基金收支相抵后的期末累计结余金额。

Explanatory Notes on Main Statistical Indicators

Cases Registered and Handled Directly by People ' s Procuratorate Offices refer to those serious criminal cases that, according to the functional jurisdiction, are registered and handled by the People ' s Procuratorate Offices, including the ones on bribery and corruption, the ones on abuse and dereliction of duty, offenses against citizens' personal and democratic rights by government officials abusing their powers; and that are registered and handled by the provincial Procuratorate offices in relation to other major crimes committed by government officials by abusing their powers.

Supervision of Case Registered refers to the actions made by the People's Procuratorate to supervise the criminal cases registered by investigative authorities, including supervision of the cases which have wrongly not been registered and have wrongly been registered.

Supervision of Case Registration includes both the supervision of the registrations by the investigatory authorities and the supervision of the implementation of the notifications to register after the investigatory authorities are requested to state reasons for not registering a case.

Supervisory Activities refers to the supervision of the People ' s Procuratorate over the management of prisons as well as other places of criminal reformation.

Notary Documents refer to legally binding judicial notary documents developed at the request of the interested party based on facts and the law following certain legal proceedings.

Social Work

1. **Social Welfare Institutions** refer to institutions taking care of old pople without children, handicapped people and orphans. They include social welfare institutions run by civil affairs departments, children welfare institutions, social welfare institutions for mental patients, collective - owned old peoples homes in rural areas, convalescent homes and community service centers with the capaCity of receiving those people. This indicator reflects the input in social welfare institutions.

2. **Number of People Taken in by Social Welfare Institutions** refers to the number of old people, children, totally dependent handicapped people and mental patients taken in by social welfare institutions run by civil affairs departments and those run by collective units in urban and rural areas.

3. **Social Welfare Enterprises** are collective - owned enterprises which employ the blind, deaf mute, and other handicapped people who are able to work in cities and towns and enjoy exemption from state taxes, including welfare plants, welfare commercial services, artificial limb plants and farms, etc.

4. **Rural Households with Livelihood Guaranteed in Five Aspects** refer to the households in which there are old people without child, orphans and handicapped people who are unable to work and without financial resources in rural areas. They are taken care of by the collective units and their food, clothing, housing, medical care, funeral expenses (or schooling for orphans) are guaranteed to be provided for.

Basic Pension Insurance for Urban Staff and Workers

1. **Number of staff and workers covered** refers to staff and workers participating in the basic pension insurance for urban staff and workers programme according to national laws, regulations and related policies at the end of the reference period, who have already had payment records in social security management agencies, including those who have interrupt payment without terminating the insurancc programme. Those who have registered in the programme but with no payment records are not included.

2. **Number of Retirees** refers to the number of retirees participating in the basic pension insurance for urban staff and workers programmes by the end of the reference period.

3. **Revenue of the Basic Pension Insurance Programme** refers to payments made by employers and individuals participating in the pension insurance programme of staff in accordance with the basis and proportion stipulated in State regulations, and income from other sources that become the source of pension insurance fund, including the premium paid by employers and staff and workers, interest income, ? entrusted investment income, subsidies from higher level agencies, income as transfer from subordinate agencies, transferred income, government financial subsidies and other income.

4. **Expenditure of Basic Pension Insurance Programme** refer to personal pension insurance payment made on pensions subsidies to those covered in pension insurance programmes of staff according to related national policies on scope and standard of expenditure, also included are expenditure which arises due to shift of the insurance relationship or adjustment of funds among a-

gencies, transfer to agencies at higher level. Other expenditure includes: basic pension insurance, medical fees, funeral subsidies, compensation payments, disability allowance, expenses on subsidies to lower subordinates, expenses as transfer to agencies at higher level, transferred expenditure and other expenditure.

5. **Balance of Basic Pension Insurance Programme** refers to the balance of staff basic pension insurance funds at the end of the reference period after deducting expenses from revenue.

Basic Pension Insurance for Urban and Rural Residents

1. **Number of Participants** refers to people participating in the basic pension insurance for urban and rural residents programme who registered with the participation and established payment records, and who were 60 years old or above when the system was established and registered with the participation.. Those who cancelled their registration are not included.

2. **Revenue of the Insurance Programme** refers to the revenue from the payments made, in accordance with related regulations of the government, by individuals participating in the basic pension insurance for urban and rural residents programme and from the subsidies contributed by collective subsidies, public finance and other sources. It includes the payment by individual participants, collective subsidies, government subsidies, interest income, entrusted investment income, transferred income, subsidies from higher levels, contributions from lower levels, and income from other sources.

3. **Expenditure of the Insurance Programme** refers to payment made to those covered in the basic pension insurance for urban and rural residents according to related national policies on scope and standard of expenditure. Also included are expenditures which arise due to movement of participants among different locations or system. It includes the payment to the individual participants, transferred expenditures, expenses on subsidies to lower subordinates, expenses as transfer to agencies at higher level, and other expenditures.

4. **Balance of Insurance Programme** refers to the balance of basic pension insurance funds for urban and rural residents at the end of the reference period after deducting expenses from revenue.

Basic Medical Care Insurance

1. **Number of People Participating in the Insurance Programme** refers to the total number of basic medical insurance for employees and the basic medical insurance for urban and rural residents participating in the basic medical care insurance programme according to related regulations at the end of the reference period.

2. **Revenue of the Insurance Programme** refers to payments made by employers and individuals participating in the medical care insurance programme in accordance with the basis and proportion stipulated in State regulations, government subsidies and income from other sources that become the source of medical insurance fund, including payment by employers and individuals, financial subsidies, interest income, subsidies from higher level agencies, income as transfer from subordinate agencies, and other incomes.

3. **Expenditure of the Insurance Programme** refers to medical care payment made to people covered in basic medical care insurance programme within the scope and standards of expenditure according to related national policies, and other expenses, including combined regional maternity expenditure of medical expenses of hospital inpatients, medical expenses for outpatients patients, serious illness insurance expenditure, maternity insurance, basic medical insurance for staff and workers, and other expenditure.

4. **Balance of the Basic Medical Care Insurance Programme** refers to the balance of medical care insurance funds at the end of the reference period after deducting expenses from revenue.

Unemployment Insurance

1. **Number of People Covered** refers to staff and workers in urban enterprises or institutions who have participated in the unemployment insurance programme according to relevant policies and regulations, and other people who have participated according to local government regulations at the end of the reference period.

2. **Revenue of the Unemployment Insurance Programme** refers to the total unemployment insurance funds raised in the reference period, including unemployment insurance premium, interest income, financial subsidies, other incomes, transferred income, subsidies from higher level agencies and income as transfer from subordinate agencies.

3. **Expenditure of the Unemployment Insurance Programme** refers to total expenses during the reference period to guarantee the basic livelihood of unemployed people, and to encourage their re - employment. Included are unemployment relief, medical fees, funeral subsidies, compensation payments, training expenses, job placement expenses, one - time subsistence allowance for contracted migrant workers, other expenditures, transferred expenditure, ? expenses as transfer to higher level agencies and subsidies to lower level agencies.

4. **Balance of the Unemployment Insurance Programme** refers to the balance of revenue of the programme after deducting

expenses at the end of the reference period.

Work Injury Insurance

1. **Number of People Covered** refers to staff and workers who have participated in the work injury insurance programme and employees who work for the self employed and have participated in the work injury insurance programme according to relevant national regulations at the end of the reference period.

2. **Number of Beneficiaries** refers to number of employee benefited from work injury insurance, as a result of work injury or occupational disease. It is the sum of beneficiaries of medical treatment of unrated work injuries, disability benefits for work injuries and compensation for deaths at work places.

3. **Revenue of the Work Injury Insurance Programme** refers to payments made by employers participating in the work injury insurance programme in accordance with the basis and proportion stipulated in State regulations and enterprises of part industries difficult to calculate the injury insurance premium directly according to the total wage in accordance with stipulated way, and income from other sources that become source of work injury insurance fund, including income of injury insurance, government financial subsidies, interest income, subsidies from higher level agencies, income as transfer from subordinate agencies, and other incomes.

4. **Expenditure of the Work Injury Insurance Programme** refers to payments made from work injury insurance funds to those who participated in the work injury insurance programme and their direct dependents within the scope and standards of expenditure according to related national policies, and other expenditure, including medical fees for work injury, injury and disability subsidies, death subsidies, labor capacity appraisal, injury prevention fees, expenses on subsidies to lower subordinates, expenses as transfer to agencies at higher level, and other expenditure.

5. **Balance of the Work Injury Insurance Programme** refers to the balance of the work injury funds at the end of the reference period.

Maternity Insurance

1. **Number of People Covered** refers to people who have participated in the maternity insurance programme according to relevant regulation at the end of the reference period.

2. **Revenue of Maternity Insurance Programme** refers to payments made by employers participating in the maternity insurance programme in accordance with the basis and proportion stipulated in State regulations, and income from other sources that become source of maternity insurance fund, including income of maternity insurance, government financial subsidies, interest income, subsidies from higher level agencies, income as transfer from subordinate agencies, and other income.

3. **Expenditure of the Maternity Insurance Programme** refers to payments made from maternity insurance funds to staff and workers who participate in the maternity insurance programme within the scope and standards of expenditure in accordance with related national policies, including allowance for child bearing, medical fees, expenses on subsidies to lower subordinates, expenses as transfer to agencies at higher level, and other expenditure.

4. **Balance of the Maternity Programme** refers to the balance of the maternity insurance funds at the end of the reference period.

19 盟市资料

Statistics of Leagues and Cities

资料整理：胡柏芳　刘永绪　乌拉图雅

Arranged By：Hu Baifang，Liu Yongxu，Wu Latuya

19-1 各盟市行政区域土地面积和城市建设(2019年)

Administrative Areas and Construction in Cities by Region(2019)

地 区	Region	行政区域土地面积(万平方公里) Gross Area (10 000 sq.km)	城市面积(平方公里) Areas of City (sq.km)	城市建成区面积(平方公里) Urban Developed Area (sq.km)	公园个数(个) Parks (unit)	公园面积(公顷) Area of Parks (hectare)	建成区绿化覆盖面积(公顷) Green Coverage Developed Area(hectare)
全 区	**Total**	**118.30**	**10706.20**	**2250.54**	**762**	**25308.34**	**87058.46**
呼和浩特市	Hohhot City	1.72	403.23	331.09	93	3878.49	12917.72
包 头 市	Baotou City	2.77	953.50	247.14	56	2723.47	10720.45
呼伦贝尔市	Hulunbeier City	25.30	2628.29	223.54	54	1129.73	8208.82
兴 安 盟	Xingan League	5.98	422.50	111.40	39	1007.02	3672.97
通 辽 市	Tongliao City	5.95	278.88	164.62	42	1896.34	6613.41
赤 峰 市	Chifeng City	9.00	2106.54	244.83	96	2118.78	9505.01
锡林郭勒盟	Xilinguole League	20.26	785.97	179.07	41	1695.08	5332.38
乌兰察布市	Wulanchabu City	5.50	380.22	219.49	87	4172.76	8068.96
鄂尔多斯市	Erdos City	8.68	588.99	277.01	133	3728.13	12046.35
巴彦淖尔市	Bayannaoer City	6.44	1199.91	132.19	82	1520.83	4982.21
乌 海 市	Wuhai City	0.17	67.17	62.30	19	738.37	2678.90
阿拉善盟	Alashan League	27.02	891.00	57.86	20	699.34	2311.28

19-2 各盟市年末常住人口(2019年)

Number of Population at Yearend by Region(2019)

单位：万人 (10 000 persons)

地 区	Region	年末常住人口 Total Population	男 Male	女 Female	市镇人口 Urban	乡村人口 Rural
呼和浩特市	Hohhot City	313.68	159.56	154.12	220.99	92.69
包 头 市	Baotou City	289.69	148.45	141.24	243.11	46.58
呼伦贝尔市	Hulunbeier City	253.41	129.72	123.69	185.14	68.27
兴 安 盟	Xingan League	161.13	82.23	78.90	80.10	81.03
通 辽 市	Tongliao City	313.88	158.99	154.89	157.41	156.47
赤 峰 市	Chifeng City	433.09	221.51	211.58	221.35	211.74
锡林郭勒盟	Xilinguole League	105.83	54.57	51.26	70.56	35.27
乌兰察布市	Wulanchabu City	209.02	106.28	102.74	106.12	102.90
鄂尔多斯市	Erdos City	208.76	115.55	93.21	156.74	52.02
巴彦淖尔市	Bayannaoer City	169.38	88.80	80.58	94.14	75.24
乌 海 市	Wuhai City	56.61	29.31	27.30	53.87	2.74
阿拉善盟	Alashan League	25.07	13.35	11.72	19.84	5.23

19-3 各盟市生产总值(2019年)

Gross Domestic Product by Region(2019)

单位:亿元 (100 million yuan)

地区	Region	生产总值 Gross Domestic Product	第一产业 Primary Industry	第二产业 Secondary Industry			第三产业 Tertiary Industry	人均生产总值(元) Per Capita GDP(yuan)
					工业 Industry	建筑业 Construction		
呼和浩特市	Hohhot City	2791.46	114.21	823.84	613.34	210.50	1853.41	89138
包头市	Baotou City	2714.47	96.40	1066.48	815.48	251.00	1551.59	93835
呼伦贝尔市	Hulunbeier City	1193.03	279.07	332.56	254.85	77.71	581.40	47116
兴安盟	Xingan League	520.06	171.45	123.28	80.78	42.50	225.32	32310
通辽市	Tongliao City	1267.26	282.48	390.02	274.09	115.93	594.76	40410
赤峰市	Chifeng City	1708.38	323.75	508.22	342.42	165.80	876.40	39488
锡林郭勒盟	Xilinguole League	798.59	123.16	323.81	268.11	55.70	351.62	75585
乌兰察布市	Wulanchabu City	808.42	128.55	316.36	260.96	55.40	363.50	38622
鄂尔多斯市	Erdos City	3605.03	123.66	2092.29	1901.45	190.84	1389.07	173069
巴彦淖尔市	Bayannaoer City	875.01	201.02	284.45	230.43	54.02	389.54	51722
乌海市	Wuhai City	550.95	5.19	342.55	316.57	25.98	203.21	97564
阿拉善盟	Alashan League	295.31	14.24	163.39	136.42	26.97	117.69	118101

注:本表按当年价格计算。

a)Data in value terms in this table are calculated at current prices.

19-4 各盟市生产总值构成(2019年)

Composition of Gross Domestic Product by Region(2019)

单位:% (%)

地区	Region	生产总值 Gross Domestic Product	第一产业 Primary Industry	第二产业 Secondary Industry			第三产业 Tertiary Industry
					工业 Industry	建筑业 Construction	
呼和浩特市	Hohhot City	100	4.1	29.5	22.0	7.5	66.4
包头市	Baotou City	100	3.5	39.3	30.0	9.3	57.2
呼伦贝尔市	Hulunbeier City	100	23.4	27.9	21.4	6.5	48.7
兴安盟	Xingan League	100	33.0	23.7	15.5	8.2	43.3
通辽市	Tongliao City	100	22.3	30.8	21.6	9.2	46.9
赤峰市	Chifeng City	100	19.0	29.7	20.0	9.7	51.3
锡林郭勒盟	Xilinguole League	100	15.5	40.5	33.6	6.9	44.0
乌兰察布市	Wulanchabu City	100	15.9	39.1	32.3	6.8	45.0
鄂尔多斯市	Erdos City	100	3.5	58.0	52.7	5.3	38.5
巴彦淖尔市	Bayannaoer City	100	23.0	32.5	26.3	6.2	44.5
乌海市	Wuhai City	100	0.9	62.2	57.5	4.7	36.9
阿拉善盟	Alashan League	100	4.8	55.3	46.2	9.1	39.9

注:本表按当年价格计算。

a)Data in value terms in this table are calculated at current prices.

19-5 各盟市生产总值指数(2019年)

Indices of Gross Domestic Product by Region(2019)

(上年=100) (preceding year = 100)

地区	Region	生产总值 Gross Domestic Product	第一产业 Primary Industry	第二产业 Secondary Industry	工业 Industry	建筑业 Construction	第三产业 Tertiary Industry	人均生产总值 Per Capita GDP
呼和浩特市	Hohhot City	105.5	101.2	102.2	102.7	100.8	107.3	105.1
包头市	Baotou City	106.0	101.1	108.2	110.4	101.4	104.8	105.6
呼伦贝尔市	Hulunbeier City	102.7	100.7	102.2	100.2	109.5	104.1	102.6
兴安盟	Xingan League	107.1	107.0	111.0	111.4	110.3	105.1	106.9
通辽市	Tongliao City	104.0	100.9	105.0	103.4	109.0	105.0	103.8
赤峰市	Chifeng City	105.1	102.4	106.7	105.6	109.0	105.2	104.9
锡林郭勒盟	Xilinguole League	103.4	104.9	100.6	98.9	109.9	105.7	103.1
乌兰察布市	Wulanchabu City	106.2	102.4	111.1	114.3	97.6	103.6	106.5
鄂尔多斯市	Erdos City	104.0	101.5	104.3	104.3	104.6	103.6	103.5
巴彦淖尔市	Bayannaoer City	105.2	104.3	105.9	105.8	106.5	105.1	104.9
乌海市	Wuhai City	109.5	100.4	113.9	114.9	102.4	103.1	109.0
阿拉善盟	Alashan League	105.9	102.4	107.7	109.7	98.5	103.8	105.3

注:本表按可比价格计算。

a)The indices in this table are calculated at comparable prices.

19-6 各盟市按三次产业分的年末就业人员(2019年)

Number of Employed Persons at Year-end by Type of Industry and by Region(2019)

地区	Region	就业人员(万人) Number of Employed Persons (10 000 persons)	第一产业 Primary Industry	第二产业 Secondary Industry	第三产业 Tertiary Industry	构成(合计=100) Composition in Percentage(total=100) 第一产业 Primary Industry	第二产业 Secondary Industry	第三产业 Tertiary Industry
呼和浩特市	Hohhot City	180.25	33.21	54.75	92.29	18.4	30.4	51.2
包头市	Baotou City	161.48	20.52	41.65	99.31	12.7	25.8	61.5
呼伦贝尔市	Hulunbeier City	144.60	57.83	14.79	71.98	40.0	10.2	49.8
兴安盟	Xingan League	89.89	48.89	10.06	30.93	54.4	11.2	34.4
通辽市	Tongliao City	199.31	105.99	24.52	68.80	53.2	12.3	34.5
赤峰市	Chifeng City	259.56	131.76	43.82	83.98	50.8	16.9	32.3
锡林郭勒盟	Xilinguole League	64.24	25.54	8.22	30.48	39.8	12.8	47.4
乌兰察布市	Wulanchabu City	113.80	65.40	14.80	33.60	57.4	13.1	29.5
鄂尔多斯市	Erdos City	117.07	29.85	32.57	54.65	25.5	27.8	46.7
巴彦淖尔市	Bayannaoer City	90.80	53.00	9.70	28.10	58.4	10.7	30.9
乌海市	Wuhai City	32.31	1.61	7.94	22.76	5.0	24.6	70.4
阿拉善盟	Alashan League	16.72	3.94	4.20	8.58	23.6	25.1	51.3

19-7 各盟市城镇年末就业人员(2019 年)

Number of Employed Persons at Yearend in Urban Areas by Region(2019)

单位：人 (person)

地区	Region	合计 Total	国有单位 State-owned Units	集体单位 Collective-owned Units	其他单位 Units of Other Types of Ownership
总计	**Total**	**6195255**	**1380778**	**17598**	**1410673**
呼和浩特市	Hohhot City	1143134	190167	1939	256527
包头市	Baotou City	715048	123188	2703	215007
呼伦贝尔市	Hulunbeier City	718308	181573	700	118779
兴安盟	Xingan League	264112	88808	1595	44765
通辽市	Tongliao City	465335	129670	2590	94234
赤峰市	Chifeng City	778761	180452	2796	129910
锡林郭勒盟	Xilinguole League	348231	78732	1416	59179
乌兰察布市	Wulanchabu City	376288	109643	2310	46061
鄂尔多斯市	Erdos City	668488	151072	667	188130
巴彦淖尔市	Bayannaoer City	325397	92953	633	72303
乌海市	Wuhai City	187813	28369	22	55901
阿拉善盟	Alashan League	103723	26151	227	29260
直报单位	Units of Direct Reporting	100617			100617

19-7 续表 Continued

单位：人 (person)

地区	Region	#港澳台商投资单位 Economic Units Funded by Entrepreneurs from H.K,Macao and Taiwan	#外商投资单位 Foreign Funded Units	私营企业 Private Enterprises	个体 Self-employed Individuals
总计	**Total**	**23495**	**31702**	**1325408**	**2060798**
呼和浩特市	Hohhot City	10164	3816	222999	471502
包头市	Baotou City	2805	3381	187823	186327
呼伦贝尔市	Hulunbeier City	337	702	116132	301124
兴安盟	Xingan League	748	3087	38814	90130
通辽市	Tongliao City	4403	3444	106403	132438
赤峰市	Chifeng City	282	4745	200387	265216
锡林郭勒盟	Xilinguole League	19	717	66446	142458
乌兰察布市	Wulanchabu City	1076	423	96226	122048
鄂尔多斯市	Erdos City	2447	9853	151840	176779
巴彦淖尔市	Bayannaoer City	212	630	49984	109524
乌海市	Wuhai City	558	859	62127	41394
阿拉善盟	Alashan League	444	45	26227	21858
直报单位	Units of Direct Reporting				

19-8 各盟市按登记注册类型分年末城镇非私营单位就业人员(2019 年)

Number of Employed Person in Urban Non-Private Unitsat at the Year-end by Status of Registration and Region(2019)

单位：人　　(person)

地区	Region	合计 Total	国有单位 State-owned Units	城镇集体单位 Urban Collective-owned Units	其他单位 Units of Other Types of Ownership
总计	**Total**	**2809049**	**1380778**	**17598**	**1410673**
呼和浩特市	Hohhot City	448633	190167	1939	256527
包头市	Baotou City	340898	123188	2703	215007
呼伦贝尔市	Hulunbeier City	301052	181573	700	118779
兴安盟	Xingan League	135168	88808	1595	44765
通辽市	Tongliao City	226494	129670	2590	94234
赤峰市	Chifeng City	313158	180452	2796	129910
锡林郭勒盟	Xilinguole League	139327	78732	1416	59179
乌兰察布市	Wulanchabu City	158014	109643	2310	46061
鄂尔多斯市	Erdos City	339869	151072	667	188130
巴彦淖尔市	Bayannaoer City	165889	92953	633	72303
乌海市	Wuhai City	84292	28369	22	55901
阿拉善盟	Alashan League	55638	26151	227	29260
直报单位	Units of Direct Reporting	100617			100617

19-9 各盟市按登记注册类型分女性年末就业人员(2019 年)

Number of Female Employed by Registration Status and by Region at Year-end(2019)

单位：人　　(person)

地区	Region	合计 Total	国有单位 State-owned Units	城镇集体单位 Urban Collective-owned Units	其他单位 Units of Other Types of Ownership
总计	**Total**	**1126443**	**641140**	**8318**	**476985**
呼和浩特市	Hohhot City	191193	88246	877	102070
包头市	Baotou City	138038	62534	1170	74334
呼伦贝尔市	Hulunbeier City	112329	77252	461	34616
兴安盟	Xingan League	60301	40962	754	18585
通辽市	Tongliao City	97637	61526	1092	35019
赤峰市	Chifeng City	134335	87020	1436	45879
锡林郭勒盟	Xilinguole League	55961	35194	706	20061
乌兰察布市	Wulanchabu City	62764	45826	1084	15854
鄂尔多斯市	Erdos City	124087	69550	273	54264
巴彦淖尔市	Bayannaoer City	78692	45173	339	33180
乌海市	Wuhai City	34291	15305	10	18976
阿拉善盟	Alashan League	22312	12552	116	9644
直报单位	Units of Direct Reporting	14503			14503

19-10 各盟市城镇私营企业就业人员和工资情况(2019年)

Employment and Wage in Urban Private Enterprises at the Year-end by Region(2019)

地 区	Region	就业人员（人）Engaged Person（person）	就业人员工资总额(万元) Total Wage of Employed Persons（10 000 yuan）	就业人员平均工资(元) Average Wage of Employed Persons（yuan）
总　　计	**Total**	**1325408**	**6053204**	**43491**
呼和浩特市	Hohhot City	222999	1059538	43678
包 头 市	Baotou City	187823	886632	46472
呼伦贝尔市	Hulunbeier City	116132	484146	37705
兴 安 盟	Xingan League	38814	153399	37014
通 辽 市	Tongliao City	106403	425206	39032
赤 峰 市	Chifeng City	200387	818196	40615
锡林郭勒盟	Xilinguole League	66446	308019	40863
乌兰察布市	Wulanchabu City	96226	467278	44071
鄂尔多斯市	Erdos City	151840	789372	50541
巴彦淖尔市	Bayannaoer City	49984	219113	42355
乌 海 市	Wuhai City	62127	305178	50074
阿 拉 善 盟	Alashan League	26227	137127	49037

19-11 各盟市年末个体就业人员(2019年)

Number of Self-Employed Individuals at Year-end by Region(2019)

单位：户、人　　(enterprise, person)

地 区	Region	合计 Total		城镇 Urban Areas		乡村 Rural Areas	
		户数 Number of Households	就业人数 Number of Employed Individuals	户数 Number of Households	就业人数 Number of Employed Individuals	户数 Number of Households	就业人数 Number of Employed Individuals
总　　计	**Total**	**1572912**	**3162414**	**897912**	**2060798**	**675000**	**1101616**
呼和浩特市	Hohhot City	191906	627953	114105	471502	77801	156451
包 头 市	Baotou City	150970	290136	91601	186327	59369	103809
呼伦贝尔市	Hulunbeier City	185680	385453	129377	301124	56303	84329
兴 安 盟	Xingan League	98311	156344	55636	90130	42675	66214
通 辽 市	Tongliao City	177058	265481	85278	132438	91780	133043
赤 峰 市	Chifeng City	232511	406483	102950	265216	129561	141267
锡林郭勒盟	Xilinguole League	111068	198848	78238	142458	32830	56390
乌兰察布市	Wulanchabu City	97200	232923	56711	122048	40489	110875
鄂尔多斯市	Erdos City	159921	295793	92499	176779	67422	119014
巴彦淖尔市	Bayannaoer City	111329	198574	56787	109524	54542	89050
乌 海 市	Wuhai City	35035	63370	23094	41394	11941	21976
阿 拉 善 盟	Alashan League	21923	41056	11636	21858	10287	19198

注：本资料由自治区市场监督管理局提供。

a)The Statistics are provided by the Autonomous Region Administration of market supervision.

19-12 各盟市城镇年末实有登记失业人数

Number of Registered Unemployed Persons at the Year-end in Urban Areas by Region

单位：人　　　　　　　　　　　　　　　　　　　　　　　　　　　　　　　(person)

地　区	Region	1995	2000	2005	2010	2015	2019
总　　计	**Total**	**139713**	**126478**	**177483**	**208110**	**258694**	**281346**
呼和浩特市	Hohhot City	11781	13120	24465	29749	38355	43813
包　头　市	Baotou City	27205	20412	31972	39203	51253	54080
呼伦贝尔市	Hulunbeier City	25887	29283	24601	27855	30368	34793
兴　安　盟	Xingan League	4079	5564	8539	11345	11719	12409
通　辽　市	Tongliao City	12559	8696	15027	16503	17554	18690
赤　峰　市	Chifeng City	14266	14374	21000	25050	28558	28950
锡林郭勒盟	Xilinguole League	4783	4943	7809	9550	12239	12740
乌兰察布市	Wulanchabu City	11337	9155	14271	17039	20379	23618
鄂尔多斯市	Erdos City	5900	3653	9620	7901	22831	23631
巴彦淖尔市	Bayannaoer City	11511	9562	11074	13150	14728	17156
乌　海　市	Wuhai City	8359	5715	6860	7915	7613	8408
阿拉善盟	Alashan League	2046	2001	2245	2850	3097	3058

19-13 各盟市城镇登记失业率

Registered Unemployment Rate in Urban Areas by Region

单位：%　　　　　　　　　　　　　　　　　　　　　　　　　　　　　　　(%)

地　区	Region	1995	2000	2005	2010	2015	2019
总　　计	**Total**	**3.17**	**3.34**	**4.26**	**3.90**	**3.65**	**3.70**
呼和浩特市	Hohhot City	2.41	3.01	4.29	3.90	3.56	3.63
包　头　市	Baotou City	3.81	3.44	4.14	3.83	3.88	3.86
呼伦贝尔市	Hulunbeier City	4.83	4.24	4.36	4.10	3.81	3.94
兴　安　盟	Xingan League	1.88	2.48	4.30	4.33	3.93	3.87
通　辽　市	Tongliao City	3.14	2.46	4.20	3.93	3.61	3.67
赤　峰　市	Chifeng City	3.13	2.90	4.22	4.18	3.98	4.07
锡林郭勒盟	Xilinguole League	2.77	3.25	4.65	3.70	2.87	3.08
乌兰察布市	Wulanchabu City	3.63	4.01	4.40	4.10	3.94	3.90
鄂尔多斯市	Erdos City	3.13	2.07	3.97	2.21	3.11	2.85
巴彦淖尔市	Bayannaoer City	4.49	3.84	4.25	4.10	3.88	4.41
乌　海　市	Wuhai City	5.12	4.40	4.50	4.30	3.39	3.67
阿拉善盟	Alashan League	4.00	3.46	4.12	3.95	3.16	2.83

19-14 各盟市城镇非私营单位就业人员工资总额和指数(2019年)

Total Wage Bill of Employed Persons in Urban Non-Private Units and Index by Region(2019)

地区	Region	工资总额(万元) Total Wage Bill(10 000 yuan)				指数(上年=100) Index(preceding year=100)			
		合计 Total	国有单位 State-owned Units	城镇集体单位 Urban Collecti-veowned Units	其他单位 Units of Other Types of Ownership	合计 Total	国有单位 State-owned Units	城镇集体单位 Urban Collecti-veowned Units	其他单位 Units of Other Types of Ownership
总计	**Total**	**22570045**	**11274494**	**145727**	**11149823**	**111.6**	**96.0**	**44.8**	**136.8**
呼和浩特市	Hohhot City	3710490	1705283	11606	1993601	122.6	118.0	46.0	128.1
包头市	Baotou City	2712946	1096672	20879	1595395	105.4	94.9	58.3	115.3
呼伦贝尔市	Hulunbeier City	2226603	1330890	3087	892626	115.9	109.4	11.8	131.4
兴安盟	Xingan League	916215	639995	17039	259181	111.7	101.3	86.4	153.7
通辽市	Tongliao City	1651533	985855	18287	647391	102.4	91.6	42.9	130.9
赤峰市	Chifeng City	2323831	1430189	23892	869750	110.7	104.4	41.4	129.3
锡林郭勒盟	Xilinguole League	1147076	666756	14894	465426	113.9	102.7	60.7	139.7
乌兰察布市	Wulanchabu City	1183192	842910	21398	318884	113.8	109.0	150.3	126.3
鄂尔多斯市	Erdos City	3309778	1390947	5383	1913448	117.8	134.3	16.4	109.9
巴彦淖尔市	Bayannaoer City	1145085	702344	6640	436101	110.8	105.8	26.7	126.5
乌海市	Wuhai City	687305	238861	50	448394	113.4	115.4	329.6	112.4
阿拉善盟	Alashan League	461540	243792	2573	215175	132.8	102.9	337.1	195.9
直报单位	Units of Direct Reporting	1094452			1094452	83.2			6419.5

19-15 各盟市城镇非私营单位就业人员平均工资及指数(2019年)

Average Wage and Indices of Employed Persons in Urban Non-Private Units by Region(2019)

地区	Region	平均工资(元) Average Wage (yuan)					指数(上年=100) Indices (preceding year=100)				
		合计 Total	在岗职工	国有单位 State-owned Units	城镇集体单位 Urban Collecti-veowned Units	其他单位 Units of Other Types of Ownership	合计 Total	在岗职工	国有单位 State-owned Units	城镇集体单位 Urban Collecti-veowned Units	其他单位 Units of Other Types of Ownership
总计	**Total**	**80563**	**83277**	**81973**	**82188**	**79165**	**109.1**	**110.2**	**109.6**	**105.0**	**109.5**
呼和浩特市	Hohhot City	82473	84105	89848	59796	77222	116.6	117.8	116.5	124.9	116.8
包头市	Baotou City	79715	81889	88819	76931	74501	108.6	108.7	107.0	113.1	111.2
呼伦贝尔市	Hulunbeier City	74851	76376	74497	38112	75639	107.7	106.3	108.0	39.4	108.5
兴安盟	Xingan League	68349	74431	72521	104340	58682	104.3	105.2	109.1	128.3	96.4
通辽市	Tongliao City	73313	75329	76007	71210	69613	110.9	112.9	115.0	80.7	107.6
赤峰市	Chifeng City	74323	77181	79608	86284	66777	105.2	106.8	109.1	109.6	101.5
锡林郭勒盟	Xilinguole League	81990	87388	84818	105106	77730	103.0	107.4	103.8	84.3	105.0
乌兰察布市	Wulanchabu City	75047	76686	76933	92351	69657	109.5	108.7	111.9	133.6	102.9
鄂尔多斯市	Erdos City	98126	99292	92556	80465	102680	105.7	105.2	115.3	76.2	100.6
巴彦淖尔市	Bayannaoer City	68904	75879	75331	102313	60316	105.2	110.0	111.5	101.8	100.0
乌海市	Wuhai City	82156	85776	84379	35786	81031	109.2	113.6	107.5	70.6	110.0
阿拉善盟	Alashan League	83219	84365	94256	111861	73273	102.2	102.4	107.7	219.9	103.1

19-16 各盟市房地产开发企业(单位)个数及年底从业人员(2019年)

Number of Enterprises for Real Estate Development and Employees at Year-end by Region(2019)

地 区	Region	企业个数（个）Number of Enterp-rises	内资企业 Domestic Funded Enterp-rises	港、澳、台投资企业 Funded by Entrepren-eurs from Hong Kong Macao & Taiwan	外商投资企业 Foreign Funded Enterp-rises	年末从业人数（人）Number of Employed Persons	内资企业 Domestic Funded Enterp-rises	港、澳、台投资企业 Funded by Entrepren-eurs from Hong Kong Macao and Taiwan	外商投资企业 Foreign Funded Enterp-rises
呼和浩特市	Hohhot City	212	212			5778	5778		
包　头　市	Baotou City	240	238	1	1	6201	6087	85	29
呼伦贝尔市	Hulunbeier City	153	153			2493	2493		
兴　安　盟	Xingan League	92	92			1284	1284		
通　辽　市	Tongliao City	157	157			3402	3402		
赤　峰　市	Chifeng City	261	261			3972	3972		
锡林郭勒盟	Xilinguole League	146	146			1851	1851		
乌兰察布市	Wulanchabu City	109	109			1849	1849		
鄂尔多斯市	Erdos City	153	153			2623	2623		
巴彦淖尔市	Bayannaoer City	85	85			2219	2219		
乌　海　市	Wuhai City	98	98			976	976		
阿拉善盟	Alashan League	33	33			372	372		

19-17 各盟市按用途分的房地产开发企业(单位)完成投资额(2019年)

Actually Completed Investment of Enterprises for Real Estate Development by Region and by Use(2019)

单位：万元　　(10 000 yuan)

地 区	Region	本年完成投资额 Investment Made This Year	住 宅 Residential Buildings	办公楼 Office Buildings	商业营业用房 Houses for Business Use	其 他 Others
呼和浩特市	Hohhot City	1752248	1294710	23666	214910	218962
包　头　市	Baotou City	2247554	1814060	4125	275896	153473
呼伦贝尔市	Hulunbeier City	720320	530625	3835	95952	89908
兴　安　盟	Xingan League	518247	293353	15419	148462	61013
通　辽　市	Tongliao City	949498	688302	5200	118372	137624
赤　峰　市	Chifeng City	2066970	1500835	60312	166155	339668
锡林郭勒盟	Xilinguole League	329292	238436	4493	46599	39764
乌兰察布市	Wulanchabu City	565542	482513	889	37552	44588
鄂尔多斯市	Erdos City	356202	230186	15555	91787	18674
巴彦淖尔市	Bayannaoer City	522595	427666	5726	48734	40469
乌　海　市	Wuhai City	260093	216876	944	27649	14624
阿拉善盟	Alashan League	130936	103760	1592	14595	10989

19-18 各盟市商品房建筑面积和造价(2019年)

Floor Space of Buildings and Cost in Commercial House by Region(2019)

地 区	Region	房屋施工面积(万平方米) Floor Space of Buildings under Construction (10 000 sq.m)	房屋竣工面积(万平方米) Floor Space of Buildings Completed (10 000 sq.m)	房屋建筑面积竣工率(%) Rate of Floor Space of Buildings Completed (%)	房屋竣工价值(万元) Value of Buildings Completed (10 000 yuan)	房屋竣工造价(元/平方米) Cost of Buildings Completed (yuan/sq.m)
呼和浩特市	Hohhot City	3464.82	85.59	2.47	245323	2866.26
包 头 市	Baotou City	2350.42	228.55	9.72	685133	2997.74
呼伦贝尔市	Hulunbeier City	952.88	157.76	16.56	367721	2330.89
兴 安 盟	Xingan League	721.17	47.20	6.54	103255	2187.61
通 辽 市	Tongliao City	1161.23	64.65	5.57	141022	2181.31
赤 峰 市	Chifeng City	1866.35	102.67	5.50	265694	2587.84
锡林郭勒盟	Xilinguole League	544.55	81.11	14.89	143018	1763.26
乌兰察布市	Wulanchabu City	863.78	20.18	2.34	24341	1206.19
鄂尔多斯市	Erdos City	2102.83	23.69	1.13	56025	2364.92
巴彦淖尔市	Bayannaoer City	1096.74	73.03	6.66	160208	2193.73
乌 海 市	Wuhai City	593.02	47.84	8.07	310111	6482.25
阿 拉 善 盟	Alashan League	171.29	18.29	10.68	34191	1869.38

19-19 各盟市商品房屋销售情况(2019年)

Selling of Commercial Houses by Region(2019)

地 区	Region	商品房销售面积(万平方米) Floor Space of Selling House (10 000 sq. m)	#住 宅 Residential Buildings	商品房销售额(万元) Total Sales of Commerical Houses (10 000 yuan)	#住 宅 Residential Buildings
呼和浩特市	Hohhot City	326.00	296.28	3273723	2971284
包 头 市	Baotou City	460.87	419.7	3014113	2738017
呼伦贝尔市	Hulunbeier City	157.82	136.25	630450	502753
兴 安 盟	Xingan League	79.26	67.82	324855	249263
通 辽 市	Tongliao City	176.90	157.52	881546	764728
赤 峰 市	Chifeng City	366.62	327.04	2394407	2136333
锡林郭勒盟	Xilinguole League	90.47	77.29	305563	254504
乌兰察布市	Wulanchabu City	83.24	80.48	394697	376230
鄂尔多斯市	Erdos City	51.61	36.89	265256	175283
巴彦淖尔市	Bayannaoer City	134.88	128.04	629355	585549
乌 海 市	Wuhai City	39.21	36.77	188393	160889
阿 拉 善 盟	Alashan League	41.31	39.48	136728	126188

19-20 各盟市一般公共预算收入(2019年)

General Public Budget Revenue by Region(2019)

单位：万元 (10 000 yuan)

地区	Region	收入合计 Total Revenue	#增值税 Value-added Tax	#企业所得税 Enterprises Income Tax	#个人所得税 Individual Income Tax	#资源税 Resource Tax
呼和浩特市	Hohhot City	2031169	638141	220810	84042	16019
包头市	Baotou City	1518173	444596	141384	33221	34759
呼伦贝尔市	Hulunbeier City	839602	216816	84077	18626	81917
兴安盟	Xingan League	430081	68584	15124	5620	5276
通辽市	Tongliao City	762166	191116	55188	14945	39108
赤峰市	Chifeng City	1103985	256407	92040	24926	38173
锡林郭勒盟	Xilinguole League	794055	187440	62250	12055	79601
乌兰察布市	Wulanchabu City	498646	150302	26626	8546	5678
鄂尔多斯市	Erdos City	5010156	1384891	499509	102573	670168
巴彦淖尔市	Bayannaoer City	556881	152054	39862	13857	24195
乌海市	Wuhai City	464823	183615	39553	10259	45899
阿拉善盟	Alashan League	287494	93451	25529	4985	17355

19-21 各盟市一般公共预算支出(2019年)

General Public Budget Expenditure by Region(2019)

单位：万元 (10 000 yuan)

地区	Region	支出合计 Total Expenditure	#一般公共服务 General Public Services	教育支出 Expenditure for Education	科学技术 Science and Technology	社会保障和就业 Social Security and Employment	卫生健康 Expenditure for Medical treatment and Health	节能环保 Energy saving and environmental protection	农林水事务 Expenses of Agriculture, Forestry and Water
呼和浩特市	Hohhot City	4179245	363326	501030	71868	396371	255642	80014	341116
包头市	Baotou City	3645308	291367	531860	42806	852717	238460	129504	293557
呼伦贝尔市	Hulunbeier City	4598012	368093	536350	13596	916498	353586	167775	776555
兴安盟	Xingan League	2796417	188745	365287	5683	380677	210130	62023	687503
通辽市	Tongliao City	3814797	281462	547404	12768	669602	300030	62961	748962
赤峰市	Chifeng City	5452234	405370	934271	17697	880175	443064	119295	1052995
锡林郭勒盟	Xilinguole League	2793386	275801	371804	7118	316309	174845	54181	464126
乌兰察布市	Wulanchabu City	3712074	286118	368331	5927	742503	300884	98842	709682
鄂尔多斯市	Erdos City	6280722	500842	743864	49245	518190	385371	90974	620235
巴彦淖尔市	Bayannaoer City	3053865	223456	289486	6329	390040	213637	205620	560840
乌海市	Wuhai City	1024309	69829	123161	7015	158941	107951	54226	48075
阿拉善盟	Alashan League	1121039	91929	87954	7076	80554	54005	25125	222624

19-22 各盟市金融机构人民币存、贷款余额(2019年)

Saving Deposits and loans of Financial Institutions by Region(End of 2019)

单位：亿元 (100 million yuan)

地区	Region	金融机构存款 Deposits	#非金融企业存款 Deposit of Non-financial Enterprises	活期 Demand	定期及其他 Time Deposit and others	#住户存款 Household Deposit	活期 Demand	定期及其他 Time Deposit and others
呼和浩特市	Hohhot City	5876.37	1953.99	1147.49	806.50	2391.64	992.35	1399.28
包头市	Baotou City	3292.30	716.48	334.59	381.89	1844.55	694.42	1150.13
呼伦贝尔市	Hulunbeier City	1713.51	231.98	165.34	66.65	1136.45	481.07	655.38
兴安盟	Xingan League	693.33	108.85	75.03	33.83	419.88	223.31	196.57
通辽市	Tongliao City	1195.09	117.86	90.27	27.59	879.11	443.70	435.40
赤峰市	Chifeng City	2421.51	360.91	274.51	86.41	1725.66	700.02	1025.64
锡林郭勒盟	Xilinguole League	862.44	123.93	99.36	24.57	569.55	290.59	278.96
乌兰察布市	Wulanchabu City	1255.33	116.49	98.91	17.58	928.99	360.96	568.03
鄂尔多斯市	Erdos City	4015.76	1010.42	568.86	441.56	2200.51	784.57	1415.94
巴彦淖尔市	Bayannaoer City	1086.02	145.71	105.15	40.56	775.34	397.06	378.28
乌海市	Wuhai City	845.89	213.13	92.29	120.84	479.00	182.99	296.01
阿拉善盟	Alashan League	386.62	78.83	62.87	15.96	235.70	75.27	160.43

19-22 续表 Continued

单位：亿元 (100 million yuan)

地区	Region	金融机构贷款 Loans	#住户贷款 Household Loans	短期贷款 Short-term Loans	中长期贷款 Medium-term & Long-term Loans	#非金融企业及机关团体贷款 Non-financial Enterprises and Organizations Loans	短期贷款 Short-term Loans	中长期贷款 Medium-term & Long-term Loans
呼和浩特市	Hohhot City	8513.82	1432.95	340.92	1092.03	7077.16	1137.08	5449.51
包头市	Baotou City	2971.54	1130.87	488.55	642.32	1840.03	765.40	912.76
呼伦贝尔市	Hulunbeier City	1150.93	356.10	190.47	165.64	794.82	334.11	456.40
兴安盟	Xingan League	637.78	268.79	146.82	121.98	368.97	193.08	174.53
通辽市	Tongliao City	1034.55	413.16	178.99	234.16	621.39	338.64	268.38
赤峰市	Chifeng City	2008.11	1120.78	494.51	626.28	887.32	197.08	680.35
锡林郭勒盟	Xilinguole League	776.03	264.78	153.53	111.26	511.24	86.61	407.44
乌兰察布市	Wulanchabu City	783.98	343.72	219.48	124.25	440.26	81.38	340.83
鄂尔多斯市	Erdos City	3251.07	412.92	245.27	167.65	2838.15	645.03	2019.53
巴彦淖尔市	Bayannaoer City	923.42	566.00	367.41	198.59	357.41	134.93	199.48
乌海市	Wuhai City	666.40	115.01	64.24	50.77	551.40	170.32	181.83
阿拉善盟	Alashan League	367.49	85.20	67.58	17.62	282.30	97.68	179.57

19-23 各盟市银行卡跨行交易情况(2019 年)

Inter-bank Bank card transactions by Region(2019)

地区	Region	银行卡跨行清算笔数（万笔）Inter-bank Liquidation Items(10000 items)		银行卡跨行清算金额（亿元）The amount of Inter-bank Liquidation(100 milllion yuan)	
		自动柜员机 ATM	销售终端 POS	自动柜员机 ATM	销售终端 POS
总计	**Total**	**2854.48**	**28925.13**	**832.58**	**10552.79**
呼和浩特市	Hohhot City	554.73	7623.37	155.10	3395.47
包头市	Baotou City	378.35	5545.52	107.11	1699.91
呼伦贝尔市	Hulunbeier City	236.31	1036.50	66.51	351.63
兴安盟	Xingan League	144.01	767.61	43.71	325.96
通辽市	Tongliao City	269.27	2080.13	72.67	756.04
赤峰市	Chifeng City	362.38	3410.07	92.59	978.48
锡林郭勒盟	Xilinguole League	127.29	1045.14	42.06	348.73
乌兰察布市	Wulanchabu City	166.38	1215.69	51.00	463.73
鄂尔多斯市	Erdos City	307.86	2875.17	92.33	1101.21
巴彦淖尔市	Bayannaoer City	166.20	2151.75	58.44	711.56
乌海市	Wuhai City	80.85	834.95	31.51	287.40
阿拉善盟	Alashan League	60.84	339.22	19.56	132.66

19-24 各盟市全体居民人均收入情况(2019 年)

Per Capita Income of All Residents by Region(2019)

单位：元 (yuan)

地区	Region	可支配收入 Disposable Income	工资性收入 Income of Wage	经营净收入 Operational Income	第一产业净收入 Net Income of Primary Industry
全区	**Autonomous Regional Total**	**30555**	**15922**	**7994**	**3460**
呼和浩特市	Hohhot City	38306	18877	9306	2280
包头市	Baotou City	44748	24113	6023	1375
呼伦贝尔市	Hulunbeier City	30570	14938	7551	4624
兴安盟	Xingan League	20364	8969	6536	4641
通辽市	Tongliao City	23656	9657	8478	6202
赤峰市	Chifeng City	22826	11759	6834	3830
锡林郭勒盟	Xilinguole League	32460	15956	9515	3749
乌兰察布市	Wulanchabu City	22338	10479	5751	3127
鄂尔多斯市	Erdos City	41368	24377	9092	3891
巴彦淖尔市	Bayannaoer City	26833	11607	10729	7583
乌海市	Wuhai City	44369	33681	3877	133
阿拉善盟	Alashan League	38483	21623	9229	2233

19-24 续表 Continued

单位：元 (yuan)

地区	Region	第二产业净收入 Net income of secondary industry	第三产业净收入 Net income of third industry	财产净收入 Net income of property	转移净收入 Net income of transfer
全　　区	**Autonomous Regional Total**	**509**	**4025**	**1614**	**5025**
呼和浩特市	Hohhot City	511	6515	3419	6704
包　头　市	Baotou City	343	4304	3961	10651
呼伦贝尔市	Hulunbeier City		2927	773	7309
兴　安　盟	Xingan League	223	1672	664	4195
通　辽　市	Tongliao City	52	2224	862	4659
赤　峰　市	Chifeng City	499	2505	859	3374
锡林郭勒盟	Xilinguole League	405	5361	1302	5687
乌兰察布市	Wulanchabu City	233	2391	615	5493
鄂尔多斯市	Erdos City	995	4205	4918	2981
巴彦淖尔市	Bayannaoer City	688	2458	973	3524
乌　海　市	Wuhai City	397	3347	1604	5207
阿拉善盟	Alashan League	4	6992	2107	5524

19-25 各盟市全体居民人均消费支出情况(2019年)

Per Capita Expenditure of All Residents by Region(2019)

单位：元 (yuan)

地区	Region	消费支出 Consumer spending	食品烟酒 Food, Tobacco and Liquor	衣着 Clothing	居住 Residence	生活用品及服务 Articles for daily use and service	交通和通讯 Transportation and Communications	交通 Transportation
全　　区	**Autonomous Regional Total**	**20743**	**5517**	**1765**	**3944**	**1186**	**3218**	**2542**
呼和浩特市	Hohhot City	26182	6575	2001	6108	1358	3671	2732
包　头　市	Baotou City	28221	8191	3227	4788	2430	2701	2015
呼伦贝尔市	Hulunbeier City	19816	5416	1841	3171	1174	3592	2864
兴　安　盟	Xingan League	13698	3933	1243	2758	741	2105	1500
通　辽　市	Tongliao City	15959	4175	1504	2726	939	2696	1788
赤　峰　市	Chifeng City	14902	3974	1243	2693	963	2219	1421
锡林郭勒盟	Xilinguole League	24484	6634	2046	4289	1709	4118	3345
乌兰察布市	Wulanchabu City	13683	4210	1237	2344	768	1549	1079
鄂尔多斯市	Erdos City	26521	6152	2596	5026	1587	5528	4746
巴彦淖尔市	Bayannaoer City	17478	5104	1707	3215	989	2303	1759
乌　海　市	Wuhai City	29606	8329	4256	3999	2174	4682	3967
阿拉善盟	Alashan League	27750	6960	2602	4238	1558	6060	5276

19-25 续表 Continued

单位：元 (yuan)

地区	Region	通讯 Communications	教育文化娱乐 Education, Cultural and Entertainment	教育 Education	文化娱乐 Cultural and Entertainment	医疗保健 Medicine and Medical Service	其它用品和服务 Other Commodities and Services
全区	**Autonomous Regional Total**	**677**	**2408**	**1666**	**742**	**2108**	**597**
呼和浩特市	Hohhot City	939	3184	1883	1301	2570	715
包头市	Baotou City	686	3215	1767	1448	2825	844
呼伦贝尔市	Hulunbeier City	728	1940	1375	564	2107	577
兴安盟	Xingan League	605	1437	1049	388	1235	246
通辽市	Tongliao City	908	2011	1403	608	1531	377
赤峰市	Chifeng City	798	1913	1395	518	1552	345
锡林郭勒盟	Xilinguole League	773	2520	1698	822	2479	689
乌兰察布市	Wulanchabu City	471	1668	1223	445	1517	389
鄂尔多斯市	Erdos City	782	2830	1645	1185	1977	825
巴彦淖尔市	Bayannaoer City	544	1849	1344	505	1919	392
乌海市	Wuhai City	715	3849	1631	2218	1428	889
阿拉善盟	Alashan League	784	3245	2045	1200	2212	875

19-26 各盟市城镇常住居民人均收入情况(2019年)

Per Capita Income of Urban Permanent residents by Region(2019)

单位：元 (yuan)

地区	Region	可支配收入 Disposable income	工资性收入 Income of wage	经营净收入 Operational income	第一产业净收入 Net income of primary industry
全区	**Autonomous Regional Total**	**40782**	**24459**	**7945**	**1031**
呼和浩特市	Hohhot City	49397	25620	9621	130
包头市	Baotou City	50427	31659	5658	1292
呼伦贝尔市	Hulunbeier City	35482	21949	4488	556
兴安盟	Xingan League	30408	18633	4991	659
通辽市	Tongliao City	34127	18992	7049	3161
赤峰市	Chifeng City	34101	20192	7599	2291
锡林郭勒盟	Xilinguole League	40778	23304	8810	367
乌兰察布市	Wulanchabu City	33042	19681	5971	407
鄂尔多斯市	Erdos City	49768	32455	8404	949
巴彦淖尔市	Bayannaoer City	32634	20233	6197	1118
乌海市	Wuhai City	45010	34370	3744	
阿拉善盟	Alashan League	42983	26573	9315	1376

19-26 续表 Continued

单位：元 (yuan)

地 区	Region	第二产业净收入 Net income of secondary industry	第三产业净收入 Net income of third industry	财产净收入 Net income of property	转移净收入 Net income of transfer
全 区	**Autonomous Regional Total**	**810**	**6105**	**2344**	**6033**
呼和浩特市	Hohhot City	680	8811	4878	9278
包 头 市	Baotou City	1160	3206	4929	8181
呼伦贝尔市	Hulunbeier City	2	3930	977	8068
兴 安 盟	Xingan League	501	3831	1143	5641
通 辽 市	Tongliao City	63	3825	1300	6786
赤 峰 市	Chifeng City	981	4327	1598	4712
锡林郭勒盟	Xilinguole League	549	7894	1725	6939
乌兰察布市	Wulanchabu City	419	5144	1044	6347
鄂尔多斯市	Erdos City	1483	5971	5586	3323
巴彦淖尔市	Bayannaoer City	712	4367	1484	4720
乌 海 市	Wuhai City	397	3347	1651	5245
阿 拉 善 盟	Alashan League	1	7938	2341	4754

19-27 各盟市城镇常住居民人均消费支出情况(2019年)

Per Capita Expenditure of Urban Pernanent Residents by Region(2019)

单位：元 (yuan)

地 区	Region	消费支出 Consumer spending	食品烟酒 Food, Tobacco and Liquor	衣着 Clothing	居住 Residence	生活用品及服务 Articles for daily use and service	交通和通讯 Transportation and Communications	交通 Transportation
全 区	**Autonomous Regional Total**	**25383**	**6688**	**2458**	**4845**	**1614**	**3797**	**3021**
呼和浩特市	Hohhot City	31118	7591	2598	7189	1725	4401	3381
包 头 市	Baotou City	31066	8413	3344	5819	2374	4097	3075
呼伦贝尔市	Hulunbeier City	21472	6306	2189	3522	1405	3212	2465
兴 安 盟	Xingan League	18412	5454	1773	3248	1175	2585	1683
通 辽 市	Tongliao City	20255	4862	2283	3576	1334	3073	1859
赤 峰 市	Chifeng City	18871	4901	1792	3792	1312	2657	1652
锡林郭勒盟	Xilinguole League	28684	7855	2551	5082	2149	4376	3460
乌兰察布市	Wulanchabu City	18407	5487	2227	3106	1127	1989	1484
鄂尔多斯市	Erdos City	30086	6904	3317	5600	1893	6199	5299
巴彦淖尔市	Bayannaoer City	19410	5648	2254	3454	1223	2174	1563
乌 海 市	Wuhai City	29916	8343	4415	4036	2237	4702	3979
阿 拉 善 盟	Alashan League	30233	7557	3006	4577	1718	6427	5581

19-27 续表 Continued

单位：元 (yuan)

地区	Region	通讯 Communications	教育文化娱乐 Education, Cultural and Entertainment	教育 Education	文化娱乐 Cultural and Entertainment	医疗保健 Medicine and Medical Service	其它用品和服务 Other Commodities and Services
全区	**Autonomous Regional Total**	**776**	**2818**	**1763**	**1055**	**2349**	**814**
呼和浩特市	Hohhot City	1020	3895	2227	1668	2639	1080
包头市	Baotou City	1022	3842	1997	1845	2108	1069
呼伦贝尔市	Hulunbeier City	747	1958	1285	672	2184	697
兴安盟	Xingan League	902	1906	1277	629	1877	394
通辽市	Tongliao City	1214	2711	1858	853	1875	541
赤峰市	Chifeng City	1005	2188	1521	667	1745	484
锡林郭勒盟	Xilinguole League	916	3015	1933	1082	2782	874
乌兰察布市	Wulanchabu City	505	2353	1621	732	1637	479
鄂尔多斯市	Erdos City	900	3192	1758	1434	1956	1025
巴彦淖尔市	Bayannaoer City	611	2075	1434	641	2122	460
乌海市	Wuhai City	723	3854	1634	2220	1432	897
阿拉善盟	Alashan League	846	3655	2306	1349	2274	1019

19-28 各盟市农村牧区常住居民人均收入情况(2019年)

Per Capita Income of Rural and Pastoral Areas Residents by Region(2019)

单位：元 (yuan)

地区	Region	可支配收入 Disposable income	工资性收入 Income of wage	经营净收入 Operational income	第一产业净收入 Net income of primary industry	农业净收入 Net income of agriculture	牧业净收入 Net income of animal-husbandry
全区	**Autonomous Regional Total**	**15283**	**3174**	**8067**	**7086**	**4272**	**2799**
呼和浩特市	Hohhot City	18974	7123	8794	6209	3682	2227
包头市	Baotou City	19174	6143	10848	7646	4906	2055
呼伦贝尔市	Hulunbeier City	16420	1971	9668	8798	4165	4559
兴安盟	Xingan League	11630	1736	7161	6445	4896	1534
通辽市	Tongliao City	15323	2307	9544	9018	7282	1659
赤峰市	Chifeng City	12620	4126	6141	5223	3575	1648
锡林郭勒盟	Xilinguole League	17391	2644	10792	9876	620	9256
乌兰察布市	Wulanchabu City	11971	2393	5403	4924	3136	1784
鄂尔多斯市	Erdos City	20075	4100	10814	9616	5439	3582
巴彦淖尔市	Bayannaoer City	19064	2859	13799	12517	10582	1935
乌海市	Wuhai City	20296	10061	5372	2149	208	1929
阿拉善盟	Alashan League	21753	3223	8909	5418	1578	3527

19-28 续表 Continued

单位：元 (yuan)

地 区	Region	第二产业净收入 Net income of secondary industry	第三产业净收入 Net income of third industry	财产净收入 Net income of property	转移净收入 Net income of transfer
全　区	**Autonomous Regional Total**	**60**	**921**	**523**	**3519**
呼和浩特市	Hohhot City	261	2324	875	2182
包头市	Baotou City	139	3063	794	1389
呼伦贝尔市	Hulunbeier City	-1	871	310	4471
兴安盟	Xingan League	179	537	592	2141
通辽市	Tongliao City	41	485	453	3019
赤峰市	Chifeng City	62	856	191	2162
锡林郭勒盟	Xilinguole League	145	771	537	3418
乌兰察布市	Wulanchabu City	18	460	199	3976
鄂尔多斯市	Erdos City	122	1075	3018	2143
巴彦淖尔市	Bayannaoer City	108	1174	247	2159
乌海市	Wuhai City	305	2918	841	4022
阿拉善盟	Alashan League	15	3476	1237	8384

19-29 各盟市农村牧区常住居民人均消费支出情况(2019年)

Per Capita Expenditure of rural and pastoral areas permanent residents by Region(2019)

单位：元 (yuan)

地 区	Region	消费支出 Consumer spending	食品烟酒 Food, Tobacco and Liquor	衣着 Clothing	居住 Residence	生活用品及服务 Articles for daily use and service	交通和通讯 Transportation and Communications	交通 Transportation
全　区	**Autonomous Regional Total**	**13816**	**3768**	**731**	**2598**	**546**	**2354**	**1827**
呼和浩特市	Hohhot City	16279	4630	790	3914	613	2191	1509
包头市	Baotou City	12966	3923	921	2690	595	2150	1543
呼伦贝尔市	Hulunbeier City	15061	3145	970	2219	599	4236	3590
兴安盟	Xingan League	9587	2896	676	1780	433	1844	1383
通辽市	Tongliao City	12397	3705	814	2159	561	2415	1756
赤峰市	Chifeng City	11687	3222	799	1802	681	1865	1235
锡林郭勒盟	Xilinguole League	15691	4079	989	2629	787	3578	3105
乌兰察布市	Wulanchabu City	9661	3140	538	1521	336	1102	615
鄂尔多斯市	Erdos City	16556	3890	909	3481	764	3473	3016
巴彦淖尔市	Bayannaoer City	15743	4613	1097	3171	719	2381	1960
乌海市	Wuhai City	16784	4924	1232	3254	987	2449	1837
阿拉善盟	Alashan League	18301	4688	1064	2950	950	4666	4118

19-29 续表 Continued

单位：元 (yuan)

地 区	Region	通 讯 Communications	教育文化娱乐 Education, Cultural and Entertainment	教 育 Education	文化娱乐 Cultural and Entertainment	医疗保健 Medicine and Medical Service	其它用品和服务 Other Commodities and Services
全 区	**Autonomous Regional Total**	**528**	**1796**	**1520**	**275**	**1749**	**273**
呼和浩特市	Hohhot City	682	1739	1314	425	2128	274
包 头 市	Baotou City	607	1211	1017	194	1260	216
呼伦贝尔市	Hulunbeier City	647	1793	1500	293	1820	280
兴 安 盟	Xingan League	461	979	818	161	820	159
通 辽 市	Tongliao City	659	1310	949	361	1195	238
赤 峰 市	Chifeng City	630	1691	1294	397	1395	232
锡林郭勒盟	Xilinguole League	473	1485	1207	278	1846	298
乌兰察布市	Wulanchabu City	486	1127	959	168	1651	245
鄂尔多斯市	Erdos City	457	1801	1252	549	1937	301
巴彦淖尔市	Bayannaoer City	421	1631	1312	319	1839	292
乌 海 市	Wuhai City	612	2149	1619	530	1085	704
阿拉善盟	Alashan League	548	1683	1049	634	1973	327

19-30 各盟市农村基层组织情况(2019年)

Basic Conditions of Rural Grassroots Units by Region(2019)

地 区	Region	乡镇数(个) Number of Township & Town Govern-ments (unit)	#镇数 Town Gover-nments	村民委员会(个) Number of Villagers' Committees (unit)	乡村户数(万户) Number of Households (10 000 households)	乡村人口数(万人) Rural Population (10 000 persons)	乡村从业人员(万人) Number of Rural Employers (10 000 persons)	男 Male	女 Female
呼和浩特市	Hohhot City	40	24	960	36.29	101.86	55.11	30.72	24.38
包 头 市	Baotou City	39	29	526	21.41	56.26	32.41	18.96	13.45
呼伦贝尔市	Hulunbeier City	99	61	796	37.91	104.71	58.75	33.55	25.20
兴 安 盟	Xingan League	53	34	862	36.33	111.61	62.47	34.74	27.73
通 辽 市	Tongliao City	86	56	2133	77.12	238.09	132.80	72.90	59.90
赤 峰 市	Chifeng City	126	82	2057	115.40	331.03	181.37	97.77	83.60
锡林郭勒盟	Xilinguole League	61	26	850	15.57	47.22	29.57	15.59	13.99
乌兰察布市	Wulanchabu City	86	44	1318	40.12	98.42	57.64	33.57	24.07
鄂尔多斯市	Erdos City	49	39	740	22.62	59.64	38.31	21.15	17.16
巴彦淖尔市	Bayannaoer City	53	40	652	31.45	97.75	56.45	30.53	25.93
乌 海 市	Wuhai City	5	5	13	0.97	2.72	2.03	1.05	0.98
阿拉善盟	Alashan League	31	16	200	2.78	7.66	4.55	2.35	2.20

注：本表中各盟市乡镇个数不包括城关镇、城市街道办事处、工矿区。

a)The number of Township in This Table are not including County seats,Street agencies,Mining areas.

19-31 各盟市乡村年末从业人员(2019年)

Rural Employees at Year-end by Region(2019)

单位：人 (person)

地 区	Region	农林牧渔业 Farming Forestry Animal Husbandry and Fishery	工 业 Industry	建 筑 业 Construction	交通运输仓储业和邮政业 Transportation, Storage and Postal Services	信息传输、计算机服务和软件业 Information Transmission, Computer Service & Computer Software	批发与零售业 Wholesale & Retail Trade	住宿和餐饮业 Quarters and Catering	其他行业 Others
呼和浩特市	Hohhot City	314876	39983	63876	28373	6371	32201	28595	36776
包 头 市	Baotou City	205160	23654	29237	14191	2169	23016	14311	12315
呼伦贝尔市	Hulunbeier City	493761	13034	16222	8775	1785	19959	15984	17972
兴 安 盟	Xingan League	478405	24289	37978	12830	7584	26419	22266	14880
通 辽 市	Tongliao City	1033850	48590	84258	22001	8645	36247	40286	54135
赤 峰 市	Chifeng City	1304171	107940	178797	39202	11188	77163	35718	59546
锡林郭勒盟	Xilinguole League	250282	4761	9017	4713	1177	7468	10162	8162
乌兰察布市	Wulanchabu City	470014	16728	45841	9037	1827	14011	8496	10475
鄂尔多斯市	Erdos City	298528	16530	13877	15722	2474	18461	13395	4108
巴彦淖尔市	Bayannaoer City	488120	14361	7427	7678	1412	25343	9417	10761
乌 海 市	Wuhai City	13187	2327	2127	838	142	598	668	392
阿拉善盟	Alashan League	36324	423	279	881	177	1291	2487	3648

19-32 各盟市农林牧渔业总产值(2019年)

Gross Output Value of Farming, Forestry, Animal Husbandry and Fishery by Region(2019)

单位：万元 (10 000 yuan)

地 区	Region	农林牧渔业总产值 Total	农 业 Farming	林 业 Forestry	牧 业 Animal Husbandry	渔 业 Fishery	农林牧渔服务业 Agricultural Services
呼和浩特市	Hohhot City	2002186	791815	30177	1124532	26401	29261
包 头 市	Baotou City	1708425	638326	9670	1022187	11186	27055
呼伦贝尔市	Hulunbeier City	4647336	2575630	302451	1591901	100425	76928
兴 安 盟	Xingan League	2871781	1599872	76545	1145285	16643	33435
通 辽 市	Tongliao City	4708256	2853235	126686	1648422	19742	60171
赤 峰 市	Chifeng City	5476002	3008255	196212	2160493	25362	85680
锡林郭勒盟	Xilinguole League	2272633	454503	24459	1756860	2750	34061
乌兰察布市	Wulanchabu City	2226361	1078166	73291	1004609	9532	60763
鄂尔多斯市	Erdos City	2084226	1174281	75049	771885	22047	40964
巴彦淖尔市	Bayannaoer City	3430631	1730508	79242	1528669	41347	50865
乌 海 市	Wuhai City	92219	34072	3154	51751	734	2508
阿拉善盟	Alashan League	243366	124744	12008	98003	2078	6533

注：本表绝对数按当年价格计算。

a)Data in value terms in this table are calculated at current prices.

19-33 各盟市营造林面积(2019年)

Total Area of Afforestation by Region(2019)

单位：万公顷 (10 000 hectares)

地区	Region	营造林面积 Total Area of Afforestation	造林面积 Area of Afforetation	人工造林 Artificial Afforestation	飞播造林 Afforestation by Plane	封山育林 Closing Hill for Afforestation	退化林分修复及人工更新 Restoration of Degraded Forest and Artificial Regeneration	森林抚育 Tending of woods
总　　计	**Total**	**99.98**	**68.82**	**36.94**	**3.22**	**12.14**	**16.52**	**31.17**
呼和浩特市	Hohhot City	2.47	2.00	1.13		0.21	0.67	0.47
包　头　市	Baotou City	5.44	5.28	2.15		2.60	0.53	0.16
呼伦贝尔市	Hulunbeier City	23.94	7.88	5.40		0.39	2.09	16.07
兴　安　盟	Xingan League	7.31	4.11	2.28	0.13	1.47	0.22	3.20
通　辽　市	Tongliao City	11.34	10.88	4.76		1.72	4.40	0.47
赤　峰　市	Chifeng City	8.89	7.36	3.75		0.31	3.29	1.53
锡林郭勒盟	Xilinguole League	6.33	5.33	1.40	0.60	2.67	0.67	1.00
乌兰察布市	Wulanchabu City	5.83	3.86	1.95		1.29	0.61	1.97
鄂尔多斯市	Erdos City	13.71	9.07	5.97	0.02	0.13	2.95	4.63
巴彦淖尔市	Bayannaoer City	5.29	3.66	1.51	0.60	0.87	0.69	1.63
乌　海　市	Wuhai City	0.09	0.05	0.05				0.03
阿拉善盟	Alashan League	9.33	9.33	6.60	1.87	0.47	0.40	

19-34 各盟市农作物播种面积及农业生产条件(2019年)

Sown Area Crops and Basic Conditions of Agricultural Production by Region(2019)

地区	Region	农作物总播种面积(千公顷) Total Sown Area (10 00 hectares)	#粮食作物播种面积 Sown Area of Grain Crops	#经济作物播种面积 Sown Area of Industrial Crops	有效灌溉面积(千公顷) Irrigated Area (10 00 hectares)	农业机械总动力(万千瓦) Total Power of Agricultural Machinery (10 000 kw)	农村用电量(万千瓦小时) Electricity Consumed in Rural Area (10 000 kwh)	农药使用量(吨) Consumption of Pesticide (ton)	化肥施用量(折纯量)(吨) Consumption of Chemical Fertilizer Purity(ton)
呼和浩特市	Hohhot City	435.97	329.55	106.42	212.70	249.44	55332.70	424.32	131217.00
包　头　市	Baotou City	294.73	193.58	101.15	129.80	138.94	36817.63	827.85	75585.43
呼伦贝尔市	Hulunbeier City	1902.41	1670.01	232.41	331.00	529.73	59355.64	7592.65	263604.45
兴　安　盟	Xingan League	1137.67	1010.08	127.59	357.80	472.16	37011.72	5949.48	297158.50
通　辽　市	Tongliao City	1477.26	1232.15	245.12	644.40	658.09	125555.71	5754.67	618772.74
赤　峰　市	Chifeng City	1417.56	1104.71	312.86	415.80	583.33	281356.54	2389.23	296800.60
锡林郭勒盟	Xilinguole League	237.21	143.62	93.60	37.20	155.16	10511.61	358.02	18148.60
乌兰察布市	Wulanchabu City	676.86	453.73	223.13	164.80	231.42	65548.57	798.63	85221.87
鄂尔多斯市	Erdos City	467.02	310.85	156.17	245.90	253.77	145682.76	1378.96	116215.87
巴彦淖尔市	Bayannaoer City	750.81	359.13	391.68	652.70	560.32	69242.60	1458.92	263478.05
乌　海　市	Wuhai City	5.69	4.21	1.48	7.10	6.36	2781.80	24.90	2994.56
阿拉善盟	Alashan League	81.86	15.93	65.93		27.71	22357.17	319.97	15168.65

19-35 各盟市主要农产品产量(2019年)

Yield of Major Farm Crops by Region(2019)

单位：万吨 (10 000 tons)

地区	Region	粮食 Grain	谷物 Cereal	#小麦 Wheat	#玉米 Corn	豆类 Beans	薯类 Tubers	油料 Oil-bearing Crops
呼和浩特市	Hohhot City	171.34	154.10	3.29	139.53	1.74	15.50	10.86
包头市	Baotou City	109.47	104.03	6.99	92.28	0.03	5.41	10.19
呼伦贝尔市	Hulunbeier City	653.71	445.99	82.80	331.97	181.77	25.95	26.72
兴安盟	Xingan League	624.46	588.99	7.03	468.75	33.49	1.98	8.02
通辽市	Tongliao City	848.60	837.21	3.21	785.18	9.57	1.83	17.39
赤峰市	Chifeng City	605.19	574.36	10.63	448.87	17.31	13.53	20.49
锡林郭勒盟	Xilinguole League	45.00	24.48	6.90	8.21	0.15	20.37	4.42
乌兰察布市	Wulanchabu City	124.17	72.13	16.57	38.93	5.53	46.51	24.06
鄂尔多斯市	Erdos City	189.85	180.41	2.46	173.67	1.83	7.61	12.23
巴彦淖尔市	Bayannaoer City	264.20	263.58	42.13	219.29	0.24	0.38	93.12
乌海市	Wuhai City	3.32	3.32	0.14	3.07			0.05
阿拉善盟	Alashan League	13.26	13.24	0.52	12.58		0.01	1.13

19-36 各盟市大牲畜年末数(2019年)

Number of Large Animals at Year-end by Region(2019)

单位：万头 (10 000 heads)

地区	Region	大牲畜 Large Animals	牛 Cattle and Buffalos	马 Horses	驴 Donkeys	骡 Mules	骆驼 Camels
呼和浩特市	Hohhot City	26.61	24.28	0.25	1.69	0.37	0.03
包头市	Baotou City	15.92	12.27	2.89	0.60	0.05	0.11
呼伦贝尔市	Hulunbeier City	102.64	81.81	20.14	0.41		0.28
兴安盟	Xingan League	65.32	55.17	6.37	3.77	0.01	
通辽市	Tongliao City	198.68	186.67	5.08	6.55	0.33	0.05
赤峰市	Chifeng City	179.54	113.43	10.32	50.36	5.31	0.12
锡林郭勒盟	Xilinguole League	105.58	88.17	15.85	0.37		1.20
乌兰察布市	Wulanchabu City	24.75	18.76	2.12	2.70	0.68	0.49
鄂尔多斯市	Erdos City	27.30	24.40	0.97	0.96	0.33	0.64
巴彦淖尔市	Bayannaoer City	22.83	16.17	2.57	1.18	0.07	2.84
乌海市	Wuhai City	0.81	0.52	0.09	0.17		0.03
阿拉善盟	Alashan League	16.95	4.43	0.48	0.55	0.01	11.49

19-37 各盟市羊和猪年末数(2019年)

Number of Sheep, Goats and Hogs at Year-end by Region(2019)

单位：万只(头) (10 000 heads)

地 区	Region	羊 Sheep and Goats	羊出栏头数 Slaughtered Fattened Sheep and Goats	生 猪 Hogs	肉猪出栏头数 Slaughtered Fattened Hogs
呼和浩特市	Hohhot City	189.05	283.59	32.41	56.42
包 头 市	Baotou City	237.77	487.97	16.04	55.49
呼伦贝尔市	Hulunbeier City	702.49	698.62	30.45	43.48
兴 安 盟	Xingan League	772.44	779.56	36.02	124.61
通 辽 市	Tongliao City	550.84	398.45	113.72	166.95
赤 峰 市	Chifeng City	873.36	627.16	121.98	172.91
锡林郭勒盟	Xilinguole League	631.00	847.85	2.90	9.14
乌兰察布市	Wulanchabu City	359.64	669.17	26.40	50.66
鄂尔多斯市	Erdos City	825.84	474.42	26.77	32.24
巴彦淖尔市	Bayannaoer City	740.90	1135.54	19.32	35.47
乌 海 市	Wuhai City	9.94	20.12	2.06	8.52
阿拉善盟	Alashan League	82.64	35.88	1.50	2.52

19-38 各盟市主要畜产品产量(2019年)

Output of Major Livestock Products by Region(2019)

地 区	Region	肉类产量(吨) Output of Meat (ton)	#猪牛羊肉 Output of Pork, Beef and Mutton	猪 肉 Pork	牛 肉 Beef	羊 肉 Mutton	奶 类(吨) Milk (ton)	#牛 奶 Cow Milk
呼和浩特市	Hohhot City	121221	111349	38455	28981	43913	1515912	1515833
包 头 市	Baotou City	173385	163035	41763	39546	81726	638572	638465
呼伦贝尔市	Hulunbeier City	281054	264021	41627	92000	130394	620531	617708
兴 安 盟	Xingan League	259508	239998	93146	32660	114192	405621	405621
通 辽 市	Tongliao City	385291	354346	147775	141584	64987	307998	283446
赤 峰 市	Chifeng City	511089	366228	141512	112515	112201	387983	387981
锡林郭勒盟	Xilinguole League	302454	288336	7456	131455	149425	625722	622847
乌兰察布市	Wulanchabu City	189782	178050	39514	26491	112045	338876	338848
鄂尔多斯市	Erdos City	138764	133460	34611	16044	82805	201070	177041
巴彦淖尔市	Bayannaoer City	254888	240349	30730	13760	195859	674756	672536
乌 海 市	Wuhai City	12516	11228	7020	769	3439	1911	1911
阿拉善盟	Alashan League	15678	10972	2073	1975	6924	110241	109777

19-38 续表 Continued

地 区	Region	绵羊毛 (吨) Sheep Wool (ton)	山羊毛 (吨) Goat Wool (ton)	#山羊绒 (吨) Cashmere (ton)	牛皮 (万张) Cattle hide (10 000 pieces)	羊皮 (万张) Sheep skin (10 000 pieces)	禽蛋 (吨) Poultry Eggs (ton)
呼和浩特市	Hohhot City	4521	736	318	17.21	283.42	30458
包头市	Baotou City	3844	551	254	24.01	487.52	37963
呼伦贝尔市	Hulunbeier City	14910	423	154	38.05	585.67	31123
兴安盟	Xingan League	13723	1095	358	16.66	708.40	30877
通辽市	Tongliao City	7205	1276	458	64.33	304.69	40274
赤峰市	Chifeng City	29265	2040	904	61.44	507.74	357863
锡林郭勒盟	Xilinguole League	11703	156	143	58.47	758.53	6184
乌兰察布市	Wulanchabu City	7349	129	103	16.86	661.06	20579
鄂尔多斯市	Erdos City	11987	4219	2825	8.75	453.41	6608
巴彦淖尔市	Bayannaoer City	9908	688	627	8.82	1141.37	14454
乌海市	Wuhai City	57	104	17	0.37	18.12	4247
阿拉善盟	Alashan League	403	280	150	0.37	20.78	931

19-39 各盟市规模以上工业企业单位数和工业总产值(2019年)

Number of above Designated Size Industrial Enterprises and Their Gross Output Value by Region(2019)

单位：个、万元　　(unit) (10 000 yuan)

地 区	Region	规模以上企业 Enterprises above Designated Size		#国有及国有控股企业 State-owned Enterprises	
		企业单位数 Number of Enterprises	总产值 (当年价格) Gross Output Value (At Current Prices)	企业单位数 Number of Enterprises	总产值 (当年价格) Gross Output Value (At Current Prices)
呼和浩特市	Hohhot City	261	13206439	57	7229115
包头市	Baotou City	420	25995022	108	14301643
呼伦贝尔市	Hulunbeier City	151	5253667	49	3339615
兴安盟	Xingan League	105	2015173	27	700337
通辽市	Tongliao City	236	9683498	51	3002328
赤峰市	Chifeng City	281	10143249	65	5351478
锡林郭勒盟	Xilinguole League	236	5542795	78	3951740
乌兰察布市	Wulanchabu City	258	8423553	62	2031569
鄂尔多斯市	Erdos City	465	35866358	102	14657241
巴彦淖尔市	Bayannaoer City	258	7363839	52	2323970
乌海市	Wuhai City	157	9346691	30	2025093
阿拉善盟	Alashan League	127	3751960	17	807168

注:因有自治区直管企业,所以分盟市企业数之和不等于全区企业数。

a)Due to the autonomous region direct management of enterprises,the total number of enterprises by region is not equal to the number of enterprises in whole region.The same applies to the tables following.

19-39 续表1 Continued

单位：个、万元 (unit)(10 000 yuan)

地 区	Region	轻工业 Enterprises of Light Industry		重工业 Enterprises of Heavy Industry	
		企业单位数 Number of Enterprises	总产值(当年价格) Gross Output Value (At Current Prices)	企业单位数 Number of Enterprises	总产值(当年价格) Gross Output Value (At Current Prices)
呼和浩特市	Hohhot City	103	4813527	158	8392912
包头市	Baotou City	40	1082592	380	24912431
呼伦贝尔市	Hulunbeier City	41	1174082	110	4079584
兴安盟	Xingan League	41	732519	64	1282654
通辽市	Tongliao City	53	1925365	183	7758132
赤峰市	Chifeng City	81	1706625	200	8436624
锡林郭勒盟	Xilinguole League	78	613601	158	4929194
乌兰察布市	Wulanchabu City	29	433771	229	7989782
鄂尔多斯市	Erdos City	24	437961	441	35262536
巴彦淖尔市	Bayannaoer City	87	2111933	171	5251907
乌海市	Wuhai City			157	9346691
阿拉善盟	Alashan League	9	95319	118	3656641

19-39 续表2 Continued

单位：个、万元 (unit)(10 000 yuan)

地 区	Region	大型企业 Large Enterprises		中型企业 Medium-sized Enterprises		小型企业 Small Enterprises	
		企业单位数 Number of Enterprises	总产值(当年价格) Gross Output Value (At Current Prices)	企业单位数 Number of Enterprises	总产值(当年价格) Gross Output Value (At Current Prices)	企业单位数 Number of Enterprises	总产值(当年价格) Gross Output Value (At Current Prices)
呼和浩特市	Hohhot City	14	6507848	51	4359862	196	2338729
包头市	Baotou City	25	15474350	66	5811909	329	4708764
呼伦贝尔市	Hulunbeier City	8	2642536	25	1775715	118	835415
兴安盟	Xingan League	1	505048	9	776468	95	733657
通辽市	Tongliao City	12	4793117	29	2082840	195	2807541
赤峰市	Chifeng City	16	5380619	42	2414133	223	2348497
锡林郭勒盟	Xilinguole League	7	1505678	24	2067177	205	1969939
乌兰察布市	Wulanchabu City	6	1136359	37	3774656	215	3512538
鄂尔多斯市	Erdos City	34	15623977	102	11667508	329	8574872
巴彦淖尔市	Bayannaoer City	3	943101	27	2901130	228	3519608
乌海市	Wuhai City	11	2645700	38	3457927	108	3243064
阿拉善盟	Alashan League	4	743907	21	1270727	102	1737326

19-40 各盟市规模以上工业企业主要指标(2019年)

Main Indicators of Industrial Enterprises above Designed Size by Region(2019)

单位：万元 (10 000 yuan)

地 区	Region	资产合计 Total Assets	负债合计 Total Liabilities	营业收入 Revenue from principal business	利润总额 Total Profits
呼和浩特市	Hohhot City	28425759	16020297	20366587	2320390
包头市	Baotou City	56620700	34084458	30260756	989390
呼伦贝尔市	Hulunbeier City	12691471	8565650	5398971	682952
兴安盟	Xingan League	4384064	2880823	2057862	56588
通辽市	Tongliao City	18245453	11057860	10223558	660090
赤峰市	Chifeng City	20908959	14116209	10614750	557267
锡林郭勒盟	Xilinguole League	17487959	13734540	5648832	372442
乌兰察布市	Wulanchabu City	14137447	10112728	8642418	74266
鄂尔多斯市	Erdos City	104635579	55799507	41815100	7524441
巴彦淖尔市	Bayannaoer City	11765454	8050897	7680411	334464
乌海市	Wuhai City	16797276	10256481	10548345	608276
阿拉善盟	Alashan League	7311103	5292088	4241148	322667

19-41 各盟市规模以上工业企业主要指标(2019年)

Main Indicators of Industrial Enterprises above Designed Size by Region(2019)

单位：万元 (10 000 yuan)

地 区	Region	所有者权益 Creditors Equity	营业利润 Operating prifits	流动资产合计 Circulating Funds	负债合计 Total Liabilities
呼和浩特市	Hohhot City	12397487	2330333	12372821	16020297
包头市	Baotou City	22528986	977028	22894187	34084458
呼伦贝尔市	Hulunbeier City	4126031	689338	3460099	8565650
兴安盟	Xingan League	1496769	44386	1605047	2880823
通辽市	Tongliao City	7254112	631142	6745079	11057860
赤峰市	Chifeng City	6792747	501201	7664479	14116209
锡林郭勒盟	Xilinguole League	3935768	429681	3514508	13734540
乌兰察布市	Wulanchabu City	4024760	58428	4774651	10112728
鄂尔多斯市	Erdos City	48830897	7544650	32358128	55799507
巴彦淖尔市	Bayannaoer City	3711003	339509	4750976	8050897
乌海市	Wuhai City	6540793	567783	7026267	10256481
阿拉善盟	Alashan League	2019014	281302	3105848	5292088

19-42 各盟市规模以上工业增加值增速(2019年)

Valueadded Growth of Abovescale Industry by Region(2019)

单位：% (%)

地 区	Region	规模以上工业增加值增速 Value-added Growth of Above-scale Industry	#轻工业 Light Industry	重工业 Heavy Industry	#采矿业 Mining	制造业 Manufacturing	电力、燃气及水的生产和供应业 Production and Supply of Electric Power,Gas and Water	#国有及国有控股企业 State-owned or Controlling Share Hold Industry	#大中型企业 Large and Medium sized enterprises
呼和浩特市	Hohhot City	2.3	-9.1	14.3	30.6	0.6	-2.5	4.8	0.1
包头市	Baotou City	11.2	46.8	10.0	-3.7	15.3	7.9	6.7	12.2
呼伦贝尔市	Hulunbeier City	-0.5	4.5	-2.6	-6.5	-7.0	14.5	-2.0	-2.7
兴安盟	Xingan League	11.6	5.1	21.3	23.0	10.8	9.6	4.6	14.6
通辽市	Tongliao City	3.2	5.5	2.7	-9.7	12.3	0.6	-3.9	1.4
赤峰市	Chifeng City	5.9	-4.2	9.6	-9.0	16.5	8.4	7.6	10.6
锡林郭勒盟	Xilinguole League	-1.9	-0.6	-2.0	-8.5	-2.7	11.4	-1.2	-8.3
乌兰察布市	Wulanchabu City	15.3	3.2	22.4	69.3	14.1	-2.7	7.3	18.6
鄂尔多斯市	Erdos City	4.2	0.4	4.2	4.1	4.2	4.4	3.6	2.9
巴彦淖尔市	Bayannaoer City	6.0	-2.0	8.2	14.7	3.8	-1.8	0.8	6.6
乌海市	Wuhai City	21.7		21.7	36.2	12.8	13.3	27.5	13.9
阿拉善盟	Alashan League	10.0	-6.3	10.3	-108.4	160.8	52.4	-6.6	-61.3

19-43 各盟市主要工业产品产量(2019年)

Output of Major Industrial Products by Region(2019)

地 区	Region	原煤(万吨) Coal (10 000 tons)	原油(万吨) Crude Oil (10 000 tons)	发电量(亿千瓦小时) Electricity (100 million kwh)	焦炭(万吨) Coke (10 000 tons)	白酒(千升) Liquor (1000 litres)	乳制品(万吨) Dairy Products (10 000 ton)	初级形态塑料(万吨) Primary Plastic (10 000 tons)
呼和浩特市	Hohhot City	833.50		573.46	21.14		133.00	46.40
包头市	Baotou City	2242.18		725.69	604.39	7357.00	32.30	100.20
呼伦贝尔市	Hulunbeier City	9350.50	37.44	385.61		186.80	1.10	
兴安盟	Xingan League	1040.28		176.80			9.50	
通辽市	Tongliao City	4981.93		593.22		4627.20	17.70	0.20
赤峰市	Chifeng City	1741.71	3.24	262.68	151.69	2555.80	13.10	0.25
锡林郭勒盟	Xilinguole League	11043.01	83.30	444.33		16583.00	7.10	11.90
乌兰察布市	Wulanchabu City			519.38		908.40	24.60	30.40
鄂尔多斯市	Erdos City	72099.73		1231.33	737.27	167.00		427.10
巴彦淖尔市	Bayannaoer City	32.79	2.80	163.94	307.27	5360.00	50.90	
乌海市	Wuhai City	4911.38		303.21	1454.64			91.20
阿拉善盟	Alashan League	791.10		115.47	400.83			56.10

19-43 续表 Continued

地 区	Region	化肥(万吨) Chemical Fertilizer (10 000 tons)	水泥(万吨) Cement (10 000 tons)	单晶硅(万吨) Monocrystalline Silicon (10 000 tons)	多晶硅(万吨) Polycrystalline silicon (10 000 tons)	生铁(万吨) Pig Iron (10 000 tons)	粗钢(万吨) Crude Steel (10 000 tons)	钢材(万吨) Rolled Steel (10 000 tons)	铁合金(万吨) Ferroalloy (10 000 tons)
呼和浩特市	Hohhot City	23.30	509.65	10.88	0.21				1.68
包 头 市	Baotou City	0.60	371.61	1.40	3.30	2025.34	1995.67	1842.19	27.37
呼伦贝尔市	Hulunbeier City	97.82	225.76						
兴 安 盟	Xingan League	56.93	165.62			148.59	155.80	153.76	0.31
通 辽 市	Tongliao City	5.04	381.30						
赤 峰 市	Chifeng City	29.60	449.55				349.71	346.31	3.79
锡林郭勒盟	Xilinguole League		176.24						31.47
乌兰察布市	Wulanchabu City	1.99	268.49						630.10
鄂尔多斯市	Erdos City	295.40	446.40		1.20		31.67	124.30	159.60
巴彦淖尔市	Bayannaoer City	0.76	151.36		1.71			22.85	52.10
乌 海 市	Wuhai City	3.90	173.21	0.24	0.18	123.93	120.84	74.33	34.51
阿拉善盟	Alashan League		58.50			5.24			26.90

注：化肥为农用氮磷钾化肥折纯量

a)Chemical fertilizer is the purity of N,P,K fertilizer for agriculture.

19-44 各盟市建筑业企业情况(2019年)

Main Indicators on Construction Enterprises by Region(2019)

地 区	Region	建筑业企业情况 Main Indicators on Construction Enterprises by Region			房屋建筑面积（万平方米） Floor Space of Building Construction		
		企业单位数(个) Enter-prises (unit)	从业人员(人) Persons Employed (person)	建筑业总产值(万元) Gross Output Value (10 000 yuan)	施工面积 Floor Space Under Constru-ction	竣工面积 Floor Space Compl-eted	#住宅 Residential Buildings
呼和浩特市	Hohhot City	189	34448	2194168	785.79	197.45	119.85
包 头 市	Baotou City	122	34560	2533854	1899.51	196.78	86.94
呼伦贝尔市	Hulunbeier City	83	13780	525946	293.85	106.09	88.22
兴 安 盟	Xingan League	44	7659	496313	168.10	100.38	60.54
通 辽 市	Tongliao City	122	13805	487524	236.99	96.58	80.87
赤 峰 市	Chifeng City	176	40583	1850307	1328.53	403.65	360.72
锡林郭勒盟	Xilinguole League	52	3686	141487	97.46	43.09	34.99
乌兰察布市	Wulanchabu City	42	7958	283046	294.96	110.14	101.62
鄂尔多斯市	Erdos City	203	23442	1363006	155.17	82.97	45.22
巴彦淖尔市	Bayannaoer City	74	14256	587814	365.49	73.90	70.54
乌 海 市	Wuhai City	46	7765	237876	115.58	25.20	10.45
阿拉善盟	Alashan League	36	3271	159253	43.96	23.59	22.30

注：该表数据包含具有总承包和专业承包资质的建筑业法人单位。

a)Date in this chapter include the construction legal entities with general contracting and professional contracting qualifications.

19-45 各盟市年末公路运输线路长度和运量(2019 年)

Length of Highways for Transportation Routes and Traffic by Region (2019)

地　区	Region	公路里程(公里) Total Length of Highways (km)	等级路 Expre-ssway & Class I to IV Highway	等外路 Highway Below Class IV	客运量(万人) Passenger Traffic (10 000 persons)	旅客周转量(万人公里) Passenger-Kilometers (10 000 passenger-km)	货运量(万吨) Freight Traffic (10 000 tons)	货物周转量(万吨公里) Freight Ton -Kilometers (10 000 ton-km)
呼和浩特市	Hohhot City	7768	7560	208	315	87224	11313	1524275
包　头　市	Baotou City	9336	9000	336	549	86623	10421	1857201
呼伦贝尔市	Hulunbeier City	28839	28146	693	784	101161	6630	1304288
兴　安　盟	Xingan League	13448	13364	84	237	51277	1641	227589
通　辽　市	Tongliao City	22177	21295	882	1079	136462	7628	954249
赤　峰　市	Chifeng City	27316	27243	73	1795	220072	17151	2272620
锡林郭勒盟	Xilinguole League	20872	20841	31	230	85831	3551	545815
乌兰察布市	Wulanchabu City	17138	17138		249	31322	9488	2536039
鄂尔多斯市	Erdos City	24055	23453	602	560	118377	24392	4440870
巴彦淖尔市	Bayannaoer City	23109	19292	3817	611	70460	9866	2598757
乌　海　市	Wuhai City	1159	1159		73	13616	5433	523181
阿拉善盟	Alashan League	10872	10872		35	13968	3359	760251

19-46 各盟市邮政业务基本情况(2019 年)

Basic Conditions of Post Services by Region(2019)

地　区	Region	邮政业务总量(万元) Business Volume of Post Service (10 000 yuan)	函　件(万件) Number of Letters (10 000 Pcs)	报刊期发数(万份) Newspapers and Magazines Circulation (10 000 copies)	邮政局所总数(处) Number of Post and Telecommunications Offices (unit)
呼和浩特市	Hohhot City	150007	427	33	119
包　头　市	Baotou City	54179	15	19	109
呼伦贝尔市	Hulunbeier City	40374	56	19	192
兴　安　盟	Xingan League	21766	12	9	111
通　辽　市	Tongliao City	38524	14	19	138
赤　峰　市	Chifeng City	75375	47	36	264
锡林郭勒盟	Xilinguole League	19385	9	15	121
乌兰察布市	Wulanchabu City	26975	6	12	140
鄂尔多斯市	Erdos City	27269	14	18	106
巴彦淖尔市	Bayannaoer City	33339	10	15	135
乌　海　市	Wuhai City	11380	6	6	30
阿拉善盟	Alashan League	5096	2	6	39

19-47 各盟市社会消费品零售总额 (2019年，按销售单位所在地分)

Total Retail Sale of Consumer Goods by Locationof Retailers by Region(2019)

单位：万元 (10 000 yuan)

地区	Region	社会消费品零售总额 Total Retail Sales of Consumer Goods	城镇 Cities and towns			乡村 Villages
				城区 Cities	镇区 Towns	
呼和浩特市	Hohhot City	10764944	9830123	7154748	2675376	934820
包头市	Baotou City	10362200	9836848	7132502	2704345	525353
呼伦贝尔市	Hulunbeier City	3295741	2861406	2333740	527666	434335
兴安盟	Xingan League	1654825	1360466	839552	520914	294359
通辽市	Tongliao City	3259315	2690856	1824114	866741	568459
赤峰市	Chifeng City	6193352	5117914	3648693	1469221	1075438
锡林郭勒盟	Xilinguole League	2134565	1745700	1301073	444627	388866
乌兰察布市	Wulanchabu City	2438661	1957649	884985	1072664	481012
鄂尔多斯市	Erdos City	5997080	5286808	4035823	1250985	710272
巴彦淖尔市	Bayannaoer City	2391812	2056442	962280	1094162	335369
乌海市	Wuhai City	1388492	1388492	1121649	266843	
阿拉善盟	Alashan League	630077	558933	308357	250576	71144

19-48 各盟市商品销售额（营业额）(2019年，按行业分)

Sale of Commodities Goods(Turnover) by Sector by Region(2019)

单位：万元 (10 000 yuan)

地区	Region	批发业 Whole-sale Trade	零售业 Retail Sale Trade	住宿业 Hotels Trade	餐饮业 Catering Trade
呼和浩特市	Hohhot City	10305992	7251844	245166	1057344
包头市	Baotou City	12589563	7286503	122577	1511319
呼伦贝尔市	Hulunbeier City	5519965	2097966	145892	379339
兴安盟	Xingan League	1911948	1185853	40954	199106
通辽市	Tongliao City	2984548	2725131	74098	396191
赤峰市	Chifeng City	5303454	4449592	127818	486469
锡林郭勒盟	Xilinguole League	1987014	1577244	90681	247326
乌兰察布市	Wulanchabu City	1176036	1630695	45737	345603
鄂尔多斯市	Erdos City	25463721	4485964	103079	776846
巴彦淖尔市	Bayannaoer City	4543437	1627858	29757	317244
乌海市	Wuhai City	2585284	1163147	14235	118729
阿拉善盟	Alashan League	2204025	415307	34420	66369

19-49 各盟市限额以上批发零售贸易、住宿餐饮业法人企业(2019年)

Number of Corporation Units above Designated Size in Wholesale and Retail Sale, Catering Trades (2019)

单位：个 (unit)

地 区	Region	合 计 Total	批 发 业 Wholesale Trade	零 售 业 Retail Trade	住宿业 Hotels	餐 饮 业 Catering Trade
呼和浩特市	Hohhot City	554	183	260	62	49
包 头 市	Baotou City	380	132	176	31	41
呼伦贝尔市	Hulunbeier City	264	103	102	44	15
兴 安 盟	Xingan League	90	32	45	9	4
通 辽 市	Tongliao City	231	113	90	15	13
赤 峰 市	Chifeng City	190	61	81	27	21
锡林郭勒盟	Xilinguole League	129	43	48	26	12
乌兰察布市	Wulanchabu City	88	9	52	10	17
鄂尔多斯市	Erdos City	380	155	145	45	35
巴彦淖尔市	Bayannaoer City	111	56	33	7	15
乌 海 市	Wuhai City	121	68	36	10	7
阿 拉 善 盟	Alashan League	55	15	19	15	6

19-50 各盟市限额以上批发零售贸易、住宿餐饮业产业活动单位及个体户(2019年)

Number of Active Units above Designated Size in Wholesale, Retail Sale, Catering and Trades and SelfEmployed (2019)

单位：个 (unit)

地 区	Region	合 计 Total	批发业 Wholesale Trade	零售业 Retail Trade	住宿业 Hotels	餐饮业 Catering Trade
呼和浩特市	Hohhot City	92	2	3	11	76
包 头 市	Baotou City	85	1	5	7	72
呼伦贝尔市	Hulunbeier City	33		3	7	23
兴 安 盟	Xingan League	28		17	3	8
通 辽 市	Tongliao City	68		32	6	30
赤 峰 市	Chifeng City	50		17	5	28
锡林郭勒盟	Xilinguole League	48		19	6	23
乌兰察布市	Wulanchabu City	54	1	21	2	30
鄂尔多斯市	Erdos City	62		21	10	31
巴彦淖尔市	Bayannaoer City	12		3	2	7
乌 海 市	Wuhai City	24	1	3	3	17
阿 拉 善 盟	Alashan League	14		6	3	5

19-51 各盟市限额以上批发零售贸易、住宿餐饮业企业及个体户从业人员(2019年)

Number of Persons Engaged in Enterprises above Designated Size in Wholesale ,Retail Sale and SelfEmployed Catering Trades (2019)

单位：人 (person)

地区	Region	合计 Total	批发业 Wholesale Trade	零售业 Retail Trade	住宿业 Hotels	餐饮业 Catering Trade
呼和浩特市	Hohhot City	44953	9756	20429	6045	8723
包头市	Baotou City	27400	4461	12349	3011	7579
呼伦贝尔市	Hulunbeier City	14416	3481	6135	2864	1936
兴安盟	Xingan League	5114	1217	2595	417	885
通辽市	Tongliao City	12809	3262	6734	1365	1448
赤峰市	Chifeng City	17311	3547	9033	2377	2354
锡林郭勒盟	Xilinguole League	7079	1130	3300	1421	1228
乌兰察布市	Wulanchabu City	9143	820	4902	858	2563
鄂尔多斯市	Erdos City	22339	5597	7300	3905	5537
巴彦淖尔市	Bayannaoer City	7340	3358	1971	420	1591
乌海市	Wuhai City	5032	1104	2237	632	1059
阿拉善盟	Alashan League	3437	517	1218	1349	353

19-52 各盟市限额以上批发零售贸易业企业及个体户商品销售总额(2019年)

Total Sales of Enterprise above Designated Size in Wholesale, Retail Sale Trades SelfEmployed(2019)

单位：万元

地区	Region	销售总额 Total Sales	批发 Wholesale Trade	零售 Retail Trade
呼和浩特市	Hohhot City	10884675	7772199	3112477
包头市	Baotou City	7462718	5405772	2056945
呼伦贝尔市	Hulunbeier City	3363804	2502625	861179
兴安盟	Xingan League	1410764	940018	470746
通辽市	Tongliao City	3203333	2270903	932431
赤峰市	Chifeng City	3125548	1860244	1265303
锡林郭勒盟	Xilinguole League	1460627	1000351	460276
乌兰察布市	Wulanchabu City	865939	460889	405050
鄂尔多斯市	Erdos City	17717201	16192132	1525069
巴彦淖尔市	Bayannaoer City	2082173	1669682	412491
乌海市	Wuhai City	1624525	1252027	372498
阿拉善盟	Alashan League	942972	727609	215364

19-53 各盟市限额以上批发零售贸易企业主要财务指标(2019年)

Main Financial Indicators of Enterprises above Designated Size in Wholesale and Retail by Region(2019)

单位：万元 (10 000 yuan)

地 区	Region	营业收入 Business Revenue	营业成本 Business Cost	税金及附加 Business Tax and Surcharges	销售费用 selling expenses	营业利润 Operating profit
呼和浩特市	Hohhot City	9392582	8523430	79708	490425	119873
包 头 市	Baotou City	4883760	4491725	63729	204531	99515
呼伦贝尔市	Hulunbeier City	3034448	2728095	39155	145434	43143
兴 安 盟	Xingan League	1257175	1229740	18965	57769	8074
通 辽 市	Tongliao City	2857694	2623139	37622	133714	10024
赤 峰 市	Chifeng City	2762748	2471685	50316	123447	49331
锡林郭勒盟	Xilinguole League	1311656	1112053	18681	57959	4690
乌兰察布市	Wulanchabu City	746180	683181	31410	41457	2629
鄂尔多斯市	Erdos City	15865952	14640269	100422	838170	79367
巴彦淖尔市	Bayannaoer City	1810273	1661443	30861	62354	37179
乌 海 市	Wuhai City	1436217	1358706	13919	56405	-9249
阿 拉 善 盟	Alashan League	833818	762524	6730	28817	-5215

19-54 各盟市限额以上住宿和餐饮企业主要财务指标(2019年)

Main Financial Indicators of Enterprises above Designated Size in Catering Trade by Region(2019)

单位：万元 (10 000 yuan)

地 区	Region	营业收入 Sales Revenue	营业成本 Cost of Sales	营业税金及附加 Business Tax and Surcharges	销售费用 Selling Expenses	营业利润 Operating Profit
呼和浩特市	Hohhot City	193867	70519	2065	64255	-10071
包 头 市	Baotou City	278887	185981	2597	45813	-2443
呼伦贝尔市	Hulunbeier City	58828	18540	1402	30255	-13883
兴 安 盟	Xingan League	11311	4900	250	2193	-2866
通 辽 市	Tongliao City	25376	11595	288	6441	-1013
赤 峰 市	Chifeng City	49234	24620	616	16257	-5460
锡林郭勒盟	Xilinguole League	23172	9198	584	8906	-6176
乌兰察布市	Wulanchabu City	26205	10418	239	5662	-350
鄂尔多斯市	Erdos City	120105	50515	1042	47862	-15044
巴彦淖尔市	Bayannaoer City	26486	10756	360	7265	1979
乌 海 市	Wuhai City	15573	4134	187	7361	-2875
阿 拉 善 盟	Alashan League	18301	9601	448	4326	-4140

19-55 各盟市海关进出口总值(2019年)
Total Imports & Exports by Region(2019)

地 区	Region	按人民币计算(亿元) (RMB 100 million yuan)			按美元计算(亿美元) (USD 100 million)		
		进出口总额 Total Imports & Exports	出口总额 Total Exports	进口总额 Total Imports	进出口总额 Total Imports & Exports	出口总额 Total Exports	进口总额 Total Imports
呼和浩特市	Hohhot City	124.30	63.56	60.74	18.04	9.23	8.82
包 头 市	Baotou City	190.13	97.92	92.21	27.61	14.24	13.38
呼伦贝尔市	Hulunbeier City	168.04	35.24	132.80	24.41	5.12	19.30
兴 安 盟	Xingan League	1.84	0.94	0.89	0.26	0.14	0.13
通 辽 市	Tongliao City	23.43	22.05	1.39	3.40	3.20	0.20
赤 峰 市	Chifeng City	62.40	29.55	32.85	9.04	4.29	4.75
锡林郭勒盟	Xilinguole League	105.20	17.77	87.43	15.24	2.57	12.67
乌兰察布市	Wulanchabu City	35.55	27.64	7.91	5.13	3.98	1.15
鄂尔多斯市	Erdos City	57.15	31.15	26.00	8.31	4.53	3.78
巴彦淖尔市	Bayannaoer City	275.87	39.48	236.39	40.14	5.73	34.41
乌 海 市	Wuhai City	5.83	5.24	0.60	0.85	0.76	0.09
阿拉善盟	Alashan League	48.05	6.29	41.75	7.00	0.91	6.08

19-56 各盟市入境旅游人数和外汇收入(2019年)
Number of Foreign Tourists and Foreign Exchange Earnings by Region(2019)

地 区	Region	入境旅游人数(人次) Total Number of International Tourists Inbound (person-times)	#外国人 Foreigners	旅游外汇收入(万美元) Earnings from International Tourism (USD 10 000)
呼和浩特市	Hohhot City	142403	96901	17918
包 头 市	Baotou City	32445	22260	3582
呼伦贝尔市	Hulunbeier City	756141	742960	56442
兴 安 盟	Xingan League	2330	2230	267
通 辽 市	Tongliao City	27926	20583	2246
赤 峰 市	Chifeng City	43014	33904	3385
锡林郭勒盟	Xilinguole League	797681	795675	38898
乌兰察布市	Wulanchabu City	38082	37220	3068
鄂尔多斯市	Erdos City	35116	32974	2719
巴彦淖尔市	Bayannaoer City	30649	30649	1154
乌 海 市	Wuhai City	1022	1022	64
阿拉善盟	Alashan League	51502	49173	4264

19-57 各地区旅行社单位数和国内旅游情况(2019年末)
Number of Travel Agencies and Domestic Tourism by Region (End of 2019)

地 区	Region	旅行社数(个) Total Number of Travel Agencies (unit)	国内旅游人数（万人次） Number of Tourists (10 000 person times)	国内旅游收入（亿元） Earnings (100 million yuan)
总 计	**Autonomous Regional Total**	**1143**	**19316.65**	**4558.52**
呼和浩特市	Hohhot City	275	3194.87	935.80
包 头 市	Baotou City	86	2239.54	620.17
呼伦贝尔市	Hulunbeier City	357	2152.78	677.02
兴 安 盟	Xingan League	56	837.31	124.26
通 辽 市	Tongliao City	30	1294.08	265.55
赤 峰 市	Chifeng City	84	1983.01	418.62
锡林郭勒盟	Xilinguole League	52	1857.06	397.47
乌兰察布市	Wulanchabu City	40	1277.00	198.05
鄂尔多斯市	Erdos City	103	2273.13	583.89
巴彦淖尔市	Bayannaoer City	21	888.95	116.88
乌 海 市	Wuhai City	16	582.37	87.45
阿 拉 善 盟	Alashan League	23	736.57	133.36

19-58 各地区星级宾馆个数(2019年末)
Number of Stars Hotels by Region (End of 2019)

单位：个 (unit)

地 区	Region	星级宾馆个数 Total Number of Stars Hotels	五星级 Five Stars	四星级 Four Stars	三星级 Three Stars	二星级 Two Stars
总 计	**Autonomous Regional Total**	**299**	**12**	**39**	**145**	**103**
呼和浩特市	Hohhot City	28	5	8	8	7
包 头 市	Baotou City	25	2	4	16	3
呼伦贝尔市	Hulunbeier City	49	1	5	30	14
兴 安 盟	Xingan League	23		1	9	13
通 辽 市	Tongliao City	27	1	1	10	14
赤 峰 市	Chifeng City	29		5	13	11
锡林郭勒盟	Xilinguole League	21	1	1	12	7
乌兰察布市	Wulanchabu City	23		1	9	13
鄂尔多斯市	Erdos City	31	2	8	17	4
巴彦淖尔市	Bayannaoer City	16		1	7	8
乌 海 市	Wuhai City	5			1	4
阿 拉 善 盟	Alashan League	22		4	13	5

19-59 各盟市普通高等学校基本情况(2019年)
Basic Statistics on Higher Education by Region(2019)

地区	Region	学校数(所) Number of Schools (unit)	毕业生数(人) Number of Graduates (person)	招生数(人) New Student Enrollment (person)	在校学生数(人) Student Enrollment (person)	教职工数(人) Number of Staff and Teachers (person)	#专任教师 Full-time Teachers
总计	**Total**	**53**	**124677**	**147720**	**472033**	**41270**	**27382**
呼和浩特市	Hohhot City	24	63836	70129	243175	19324	12863
包头市	Baotou City	5	21747	24562	78535	6709	4649
呼伦贝尔市	Hulunbeier City	4	5406	7681	22102	2620	1692
兴安盟	Xingan League	1	1927	4484	8196	605	407
通辽市	Tongliao City	3	7393	8877	29895	3025	1942
赤峰市	Chifeng City	4	6807	7664	23652	2797	1868
锡林郭勒盟	Xilinguole League	1	3084	4593	10444	1242	639
乌兰察布市	Wulanchabu City	3	6731	7734	23616	1729	1201
鄂尔多斯市	Erdos City	4	2865	5257	13243	1232	991
巴彦淖尔市	Bayannaoer City	2	2942	3281	11289	1270	639
乌海市	Wuhai City	1	1485	2622	6193	319	260
阿拉善盟	Alashan League	1	454	836	1693	398	231

注：毕业生数、招生数、在校学生数不包括成人高校附设普通班学生数。

a)The number of graduates,new student enrollment and student enrollment except the number of students of orordinary classes attached adult Colleages.

19-60 各盟市成人高等学校基本情况(2019年)
Basic Statistics on Adult Education by Region(2019)

地区	Region	学校数(所) Number of Schools (unit)	毕业生数(人) Number of Graduates (person)	招生数(人) New Student Enrollment (person)	在校学生数(人) Student Enrollment (person)	教职工数(人) Number of Staff and Tcachers (person)	#专任教师 Full-time Teachers
总计	**Total**	**54**	**8073**	**8582**	**19518**	**415**	**220**
呼和浩特市	Hohhot City	25	4451	4683	10144	415	220
包头市	Baotou City	5	459	1048	2664		
呼伦贝尔市	Hulunbeier City	4	562	730	2147		
兴安盟	Xingan League	1					
通辽市	Tongliao City	3	754	263	482		
赤峰市	Chifeng City	4	1351	1256	2614		
锡林郭勒盟	Xilinguole League	1	80	95	159		
乌兰察布市	Wulanchabu City	3	39	66	187		
鄂尔多斯市	Erdos City	4					
巴彦淖尔市	Bayannaoer City	2	377	441	1023		
乌海市	Wuhai City	1			98		
阿拉善盟	Alashan League	1					

注：毕业生数、招生数, 在校学生数中包含普通高校附设成人班学生数。

a)Number of graduates and new student enrollment and student enrodment include the number of students of ordinary classes attached adult colleges.

19-61 各盟市中等专业学校基本情况(2019年)

Basic Statistics on Specialized Secondary Schools by Region(2019)

地 区	Region	学校数(所) Number of Schools (unit)	毕业生数(人) Number of Graduates (person)	招生数(人) New Student Enrollment (person)	在校学生数(人) Student Enrollment (person)	教职工数(人) Number of Staff and Teachers (person)	#专任教师 Full-time Teacher
总 计	**Total**	**74**	**31699**	**25584**	**79888**	**5645**	**4068**
呼和浩特市	Hohhot City	42	10451	7486	24721	1880	1179
包 头 市	Baotou City	13	6378	4690	16373	1405	1050
呼伦贝尔市	Hulunbeier City	3	2148	2028	5890	316	210
兴 安 盟	Xingan League	2	946	752	2668	107	94
通 辽 市	Tongliao City	3	1161	1166	3122	393	344
赤 峰 市	Chifeng City	2	3365	2937	7237	367	254
锡林郭勒盟	Xilinguole League		2203	2480	6266		
乌兰察布市	Wulanchabu City	3	569	431	1465	265	198
鄂尔多斯市	Erdos City	1	1897	1254	4930	276	245
巴彦淖尔市	Bayannaoer City	4	1147	1238	3423	417	310
乌 海 市	Wuhai City	1	1061	773	2802	219	184
阿 拉 善 盟	Alashan League		373	349	991		

注：本表数据不包含成人中专

a)Data in this table exclude adult specialized secondary schools.

19-62 各盟市普通中学基本情况(2019年)

Basic Statistics on Regular Secondary Schools by Region(2019)

地 区	Region	学校数(所) Number of Schools (unit)	毕业生数(人) Number of Graduates (person)	初中 Junior Secondary Schools	高中 Senior Secondary Schools	招生数(人) New Student Enrollment (person)	初中 Junior Secondary Schools	高中 Senior Secondary Schools
总 计	**Total**	**1004**	**338837**	**194077**	**144760**	**353014**	**222652**	**130362**
呼和浩特市	Hohhot City	115	44226	24501	19725	49760	31879	17881
包 头 市	Baotou City	97	33123	18093	15030	35812	23670	12142
呼伦贝尔市	Hulunbeier City	159	29241	17976	11265	28497	17439	11058
兴 安 盟	Xingan League	77	21302	13101	8201	21924	13547	8377
通 辽 市	Tongliao City	141	51300	28845	22455	52550	30327	22223
赤 峰 市	Chifeng City	143	68352	41035	27317	66072	40135	25937
锡林郭勒盟	Xilinguole League	38	15882	8781	7101	15268	9679	5589
乌兰察布市	Wulanchabu City	72	22367	11951	10416	23236	14339	8897
鄂尔多斯市	Erdos City	74	23565	13357	10208	30323	22113	8210
巴彦淖尔市	Bayannaoer City	49	18990	11034	7956	18868	12735	6133
乌 海 市	Wuhai City	22	7013	3573	3440	7411	4815	2596
阿 拉 善 盟	Alashan League	17	3476	1830	1646	3293	1974	1319

19-62 续表 Continued

地 区	Region	在校学生数(人) Student Enrollment (person)	初 中 Junior Secondary	高 中 Senior Secondary	教职工数(人) Number of Staff and Teachers (person)	#专任教师 Full-time Teacher
总　　计	**Total**	**1069508**	**663303**	**406205**	**135351**	**96524**
呼和浩特市	Hohhot City	147460	89416	58044	15913	10581
包　头　市	Baotou City	107481	67576	39905	13098	10362
呼伦贝尔市	Hulunbeier City	87649	55972	31677	15529	10080
兴　安　盟	Xingan League	67804	43379	24425	9504	6916
通　辽　市	Tongliao City	157513	91730	65783	17969	12883
赤　峰　市	Chifeng City	206472	128500	77972	23391	17361
锡林郭勒盟	Xilinguole League	45974	28009	17965	5630	4525
乌兰察布市	Wulanchabu City	71738	41905	29833	10472	6698
鄂尔多斯市	Erdos City	88278	59968	28310	11373	8679
巴彦淖尔市	Bayannaoer City	56383	36774	19609	7756	4908
乌　海　市	Wuhai City	23139	14447	8692	3035	2288
阿拉善盟	Alashan League	9617	5627	3990	1681	1243

19-63 各盟市职业高中基本情况(2019年)
Basic Statistics on Vocational Secondary Schools by Region(2019)

地 区	Region	学校数(所) Number of Schools (unit)	毕业生数(人) Number of Graduates (person)	招生数(人) New Student Enrollment (person)	在校学生数(人) Student Enrollment (person)	教职工数(人) Number of Staff and Teachers (person)	#专任教师 Full-time Teacher
总　　计	**Total**	**108**	**26117**	**31111**	**83666**	**10799**	**8147**
呼和浩特市	Hohhot City	13	2361	1957	6667	1179	793
包　头　市	Baotou City	2	847	680	2270	215	177
呼伦贝尔市	Hulunbeier City	13	2068	3050	7560	951	737
兴　安　盟	Xingan League	8	1823	3339	7809	695	587
通　辽　市	Tongliao City	11	2289	3295	8502	722	568
赤　峰　市	Chifeng City	26	6899	9845	23465	2711	2023
锡林郭勒盟	Xilinguole League	9	660	1076	2684	873	683
乌兰察布市	Wulanchabu City	12	2093	1722	5838	1250	886
鄂尔多斯市	Erdos City	7	2870	2574	8106	1106	880
巴彦淖尔市	Bayannaoer City	5	4129	3396	10350	1048	768
乌　海　市	Wuhai City		48	139	326		
阿拉善盟	Alashan League	2	30	38	89	49	45

19-64 各盟市小学基本情况(2019年)

Basic Statistics on Primary Schools by Region(2019)

地 区	Region	学校数(所) Number of Schools (unit)	毕业生数(人) Number of Graduates (person)	招生数(人) New Student Enrollment (person)	在校学生数(人) Student Enrollment (person)	教职工数(人) Number of Staff and Teachers (person)	#专任教师 Full-time Teacher
总 计	**Total**	**1662**	**222827**	**245706**	**1363093**	**115544**	**102876**
呼和浩特市	Hohhot City	200	30621	36064	185960	10999	10593
包 头 市	Baotou City	138	23692	27475	146812	9475	9340
呼伦贝尔市	Hulunbeier City	136	17574	18049	103325	10257	9751
兴 安 盟	Xingan League	121	13542	14601	84880	9084	8766
通 辽 市	Tongliao City	221	30640	27758	171464	15120	14120
赤 峰 市	Chifeng City	394	39897	43269	252024	24292	19223
锡林郭勒盟	Xilinguole League	67	10093	10958	60164	5623	4654
乌兰察布市	Wulanchabu City	118	14756	14802	78794	9376	6772
鄂尔多斯市	Erdos City	139	21920	31177	164628	11825	10991
巴彦淖尔市	Bayannaoer City	87	13064	13860	74156	6706	5462
乌 海 市	Wuhai City	24	4971	5408	28961	1804	2034
阿 拉 善 盟	Alashan League	17	2057	2285	11925	983	1170

19-65 各盟市幼儿园基本情况(2019年)

Basic Statistics on Kindergartens by Region(2019)

地 区	Region	园 数 (所) Number of Kindergartens (unit)	幼儿数 (人) Student Enrollment (person)	教职工数 (人) Number of Staff and Teachers (person)	#教 师(人) Teachers (person)
总 计	**Total**	**4374**	**606965**	**78461**	**46545**
呼和浩特市	Hohhot City	386	68598	10082	5118
包 头 市	Baotou City	350	59009	9319	5238
呼伦贝尔市	Hulunbeier City	394	45243	6478	3603
兴 安 盟	Xingan League	422	39491	4715	2708
通 辽 市	Tongliao City	863	73636	8663	5017
赤 峰 市	Chifeng City	984	116420	12518	7107
锡林郭勒盟	Xilinguole League	137	26302	3258	2160
乌兰察布市	Wulanchabu City	189	29161	3608	2302
鄂尔多斯市	Erdos City	346	85144	11971	8878
巴彦淖尔市	Bayannaoer City	215	40831	4477	2347
乌 海 市	Wuhai City	59	15053	2228	1254
阿 拉 善 盟	Alashan League	29	8077	1144	813

19-66 各盟市文化艺术、文物事业单位数(2019年)

Number of Institutions for Culture, Art and Cultural Relics by Region(2019)

单位：个 (unit)

地区	Region	艺术表演团体 Art Performance Troupes	艺术表演场所 Art Performance Places	文化馆 Cultural Centers	公共图书馆 Public Libraries	博物馆 Museums
总　　计	**Total**	**95**	**17**	**120**	**117**	**125**
呼和浩特市	Hohhot City	5	1	10	10	5
包　头　市	Baotou City	5	3	12	10	4
呼伦贝尔市	Hulunbeier City	12	1	15	15	23
兴　安　盟	Xingan League	6	2	7	7	6
通　辽　市	Tongliao City	9		9	9	9
赤　峰　市	Chifeng City	10		13	14	22
锡林郭勒盟	Xilinguole League	13	1	14	14	12
乌兰察布市	Wulanchabu City	12	1	13	12	9
鄂尔多斯市	Erdos City	10	5	10	9	19
巴彦淖尔市	Bayannaoer City	7	1	8	8	7
乌　海　市	Wuhai City	1	1	4	4	3
阿拉善盟	Alashan League	4		4	4	5
自治区直属	Units Attached to Autonomous	1	1	1	1	1

19-67 各盟市广播电视节目覆盖情况(2019年)

Basic Statistics on Coverage of Radio and Television Programs by Region(2019)

地区	Region	广播节目综合人口覆盖率(%) Population Coverage Rate of Radio Programs(%)	#农村 Rural	电视节目综合人口覆盖率(%) Population Coverage Rate of TV Programs(%)	#农村 Rural
总　　计	**Total**	**99.24**	**98.89**	**99.22**	**98.77**
呼和浩特市	Hohhot City	99.42	98.77	99.43	98.80
包　头　市	Baotou City	99.58	98.21	99.56	98.08
呼伦贝尔市	Hulunbeier City	99.23	98.44	99.12	98.75
兴　安　盟	Xingan League	98.00	99.06	98.54	98.19
通　辽　市	Tongliao City	99.27	99.10	99.21	99.19
赤　峰　市	Chifeng City	99.42	99.21	99.20	98.94
锡林郭勒盟	Xilinguole League	99.28	98.34	99.27	98.07
乌兰察布市	Wulanchabu City	99.24	98.83	99.24	98.85
鄂尔多斯市	Erdos City	99.27	98.64	99.08	98.44
巴彦淖尔市	Bayannaoer City	99.38	99.34	99.38	99.34
乌　海　市	Wuhai City	99.15	95.70	99.33	96.88
阿拉善盟	Alashan League	96.71	95.50	98.32	96.40

19-68 各盟市县以上政府属研究机构及科技信息与文献机构、人员(2019年)

State-owned R & D and Information Literature Institutions at Above County Level & Persons Engaged by Region(2019)

地区	Region	合计 Total Number			自然科学与技术领域研究机构 Research Institutes in the Field of Natural Sciences & Technology		
		机构(个) Institutions (unit)	从业人员(人) Employees (person)	科技活动人员(人) S&T personnel (person)	机构(个) Institutions (unit)	从业人员(人) Employees (person)	科技活动人员(人) S&T personnel (person)
总计	**Total**	**82**	**7086**	**5900**	**62**	**6467**	**5325**
呼和浩特市	Hohhot City	34	2929	2646	23	2433	2189
包头市	Baotou City	3	152	128	3	152	128
呼伦贝尔市	Hulunbeier City	9	335	282	8	324	271
兴安盟	Xingan League	4	95	92	3	83	80
通辽市	Tongliao City	6	443	257	4	416	232
赤峰市	Chifeng City	2	277	280	2	277	280
锡林郭勒盟	Xilinguole League	2	1262	1046	2	1262	1046
乌兰察布市	Wulanchabu City	5	231	193	4	201	165
鄂尔多斯市	Erdos City	6	488	420	5	479	412
巴彦淖尔市	Bayannaoer City	6	497	482	5	476	461
乌海市	Wuhai City	1	4	4			
阿拉善盟	Alashan League	4	373	70	3	364	61

19-68 续表 Continued

地区	Region	社会科学与人文科学领域研究机构 Research Institutes in the Field of Social Sciences & Humanities			科技信息与文献机构 Scientific Technical Information & Literature Institutions		
		机构(个) Institutions (unit)	从业人员(人) Employees (person)	科技活动人员(人) S&T personnel (person)	机构(个) Institutions (unit)	从业人员(人) Employees (person)	科技活动人员(人) S&T personnel (person)
总计	**Total**	**10**	**456**	**420**	**10**	**163**	**155**
呼和浩特市	Hohhot City	9	446	410	2	50	47
包头市	Baotou City						
呼伦贝尔市	Hulunbeier City				1	11	11
兴安盟	Xingan League				1	12	12
通辽市	Tongliao City	1	10	10	1	17	15
赤峰市	Chifeng City						
锡林郭勒盟	Xilinguole League						
乌兰察布市	Wulanchabu City				1	30	28
鄂尔多斯市	Erdos City				1	9	8
巴彦淖尔市	Bayannaoer City				1	21	21
乌海市	Wuhai City				1	4	4
阿拉善盟	Alashan League				1	9	9

19-69 各盟市旗县以上政府属研究机构及科技信息与文献机构科技活动收入和科技经费支出总额(2019年)

Total Funds & Expenditures of State-Owned Research & Technical Information and Literature Institutions above County Level by Region(2019)

单位：万元 (10 000 yuan)

地区	Region	合计 Total				自然科学与技术领域研究机构 Research Institutes in the Field of Natural Sciences & Techonology			
		科技经费筹集总额 Funds For Science and Technology	#政府资金 Government Funds	科技经费内部支出总额 Intramural Expenditures	R&D经费支出 Funds of R&D	科技经费筹集总额 Funds For Science and Technology	#政府资金 Government Funds	科技经费内部支出总额 Intramural Expenditures	R&D经费支出 Funds of R&D
总计	**Total**	**188256**	**131457**	**181092**	**81713**	**171561**	**115245**	**164238**	**71246**
呼和浩特市	Hohhot City	84392	72640	93761	54820	70049	58779	79131	44353
包头市	Baotou City	3514	3514	2436	876	3514	3514	2436	876
呼伦贝尔市	Hulunbeier City	7569	7566	7744	2910	7303	7300	7537	2910
兴安盟	Xingan League	2062	2062	1714	992	1814	1814	1536	992
通辽市	Tongliao City	6794	4976	6409	1502	6202	4385	5821	1502
赤峰市	Chifeng City	7178	6078	5392	3969	7178	6078	5392	3969
锡林郭勒盟	Xilinguole League	50623	9208	36057	6447	50623	9208	36057	6447
乌兰察布市	Wulanchabu City	3325	3251	3257	1309	2925	2851	2869	1309
鄂尔多斯市	Erdos City	8568	8568	13248	2938	8345	8345	13034	2938
巴彦淖尔市	Bayannaoer City	11807	11252	9181	5845	11479	10924	8802	5845
乌海市	Wuhai City	83	83	90					
阿拉善盟	Alashan League	2343	2260	1803	106	2130	2048	1624	106

19-69 续表 Continued

单位：万元 (10 000 yuan)

地区	Region	社会科学与人文科学领域研究机构 Research Institutes in the Field of Social Sciences and Humanities				科技信息与文献机构 Scientific Technical Information and Literature Institutions			
		科技经费筹集总额 Funds For Science and Technology	#政府资金 Government Funds	科技经费内部支出总额 Intramural Expenditures	R&D经费支出 Funds of R&D	科技经费筹集总额 Funds For Science and Technology	#政府资金 Government Funds	科技经费内部支出总额 Intramural Expenditures	R&D经费支出 Funds of R&D
总计	**Total**	**13880**	**13397**	**12733**	**9752**	**2815**	**2815**	**4121**	**715**
呼和浩特市	Hohhot City	13421	12937	12271	9752	923	923	2360	715
包头市	Baotou City								
呼伦贝尔市	Hulunbeier City					266	266	207	
兴安盟	Xingan League					248	248	178	
通辽市	Tongliao City	459	459	463		133	133	126	
赤峰市	Chifeng City								
锡林郭勒盟	Xilinguole League								
乌兰察布市	Wulanchabu City					400	400	388	
鄂尔多斯市	Erdos City					223	223	214	
巴彦淖尔市	Bayannaoer City					328	328	379	
乌海市	Wuhai City					83	83	90	
阿拉善盟	Alashan League					213	213	180	

19-70 各盟市卫生机构、床位(2019年)

Number of Health Institutions, Beds by Region(2019)

地 区	Region	机构数(个) Health Institutions (unit)	#医院、卫生院 Hospital	疾病预防控制中心 CDC	妇幼保健院所、站 Station of Maternity and Child Care Centers	床位合计(张) Beds Total (unit)	#医院、卫生院 Hospital
总计	**Total**	**24564**	**2065**	**119**	**114**	**161128**	**150914**
呼和浩特市	Hohhot City	2251	186	12	11	21387	20013
包头市	Baotou City	1966	169	12	10	20051	18153
呼伦贝尔市	Hulunbeier City	1897	204	16	15	14687	14067
兴安盟	Xingan League	1734	123	7	7	9547	9025
通辽市	Tongliao City	4529	245	9	8	19525	18995
赤峰市	Chifeng City	4754	345	13	13	31110	29384
锡林郭勒盟	Xilinguole League	1350	166	14	14	5941	5557
乌兰察布市	Wulanchabu City	2072	196	12	12	9912	9214
鄂尔多斯市	Erdos City	1683	186	9	9	12772	12153
巴彦淖尔市	Bayannaoer City	1673	158	8	8	11183	9812
乌海市	Wuhai City	319	30	4	4	3579	3177
阿拉善盟	Alashan League	336	57	3	3	1434	1364

19-71 各盟市卫生机构人员(2019年)

Number of Persons Engaged in Health Institutions by Region(2019)

单位：人 (person)

地 区	Region	卫生机构人员 Total	卫生技术人员 Medical Technical Personnel	执业医师、执业助理医师 Doctors	#执业医师 Physician	注册护师、护士 Registered Senior and Junior Nurses
总计	**Total**	**249272**	**196407**	**78096**	**66186**	**80434**
呼和浩特市	Hohhot City	37476	29302	11571	10405	13197
包头市	Baotou City	29397	24585	9247	8403	11578
呼伦贝尔市	Hulunbeier City	27395	21735	8271	7043	9241
兴安盟	Xingan League	14758	11425	4467	3454	4377
通辽市	Tongliao City	27849	20142	8268	6689	7527
赤峰市	Chifeng City	41648	32734	13662	11015	12659
锡林郭勒盟	Xilinguole League	10924	8795	3793	3290	3187
乌兰察布市	Wulanchabu City	15528	11069	4498	3512	4138
鄂尔多斯市	Erdos City	19008	15910	6229	5501	6125
巴彦淖尔市	Bayannaoer City	16084	13170	5250	4385	5341
乌海市	Wuhai City	6085	5111	1804	1629	2225
阿拉善盟	Alashan League	3120	2429	1036	860	839

注：本表数据包含村卫生室数。

a)Date in the Table include the Village clinics.

19-72 各盟市交通事故(2019年)

Basic Statistics on Traffic Accidents by Region(2019)

地 区	Region	发生数(起) Number of Traffic Accidents (case)	死亡人数(人) Number of Deaths (person)	受伤人数(人) Number of Injuries (person)	直接财产损失(万元) Direct Property Losses (10000yuan)
总计	**Total**	**4232**	**981**	**4405**	**2403.07**
呼和浩特市	Hohhot City	711	91	732	221.23
包头市	Baotou City	1170	68	1163	129.28
呼伦贝尔市	Hulunbeier City	698	85	829	121.96
兴安盟	Xingan League	73	53	98	99.17
通辽市	Tongliao City	406	134	350	188.15
赤峰市	Chifeng City	186	148	157	103.19
锡林郭勒盟	Xilinguole League	62	45	68	81.51
乌兰察布市	Wulanchabu City	144	62	158	16.95
鄂尔多斯市	Erdos City	228	114	196	160.24
巴彦淖尔市	Bayannaoer City	60	54	25	10.14
乌海市	Wuhai City	102	40	77	57.47
阿拉善盟	Alashan League	161	21	212	173.84
高速公路支队	Expressway Detachment	231	66	340	1039.94

19-73 各盟市火灾事故(2019年)

Basic Statistics on Fire Accidents by Region(2019)

地 区	Region	发生数(起) Number of Fire Accidents (case)	死亡人数(人) Number of Deaths (person)	受伤人数(人) Number of Injuries (person)	直接财产损失(万元) Direct Property Losses (10000yuan)
总计	**Total**	**5423**	**30**	**13**	**8118.01**
呼和浩特市	Hohhot City	1401	4		745.78
包头市	Baotou City	705	6	1	698.95
呼伦贝尔市	Hulunbeier City	706	2	1	1808.58
兴安盟	Xingan League	93	1	1	379.85
通辽市	Tongliao City	449	5		525.92
赤峰市	Chifeng City	573	1		1213.36
锡林郭勒盟	Xilinguole League	255	5	1	475.09
乌兰察布市	Wulanchabu City	217	2	2	623.43
鄂尔多斯市	Erdos City	194	2	4	302.77
巴彦淖尔市	Bayannaoer City	458	1	2	608.15
乌海市	Wuhai City	336	1	1	197.01
阿拉善盟	Alashan League	31			503.82
内蒙古森工集团	Inner Mongolia Forest Industry Group	5			35.31

20 旗县区资料

Statistics of Banners, Counties and Districts

资料整理：秦文彬　孙志宇

Arranged By：Qin Wenbin，Sun Zhiyu

20-1 各旗县（区）按年末户籍人口排序(2019年)

Banners,Counties and Districts Ranked by Permanet Resident Population(Year end of 2019)

单位：人 (person)

位 次 Order	旗县（区）名称	Name of Banners,Counties and Districts	年末户籍人口 Household population Year-end
1	通辽市科尔沁区	Keerqin District in Tongliao City	842358
2	赤峰市松山区	Songshan District in Chifeng City	608883
3	赤峰市宁城县	Ningcheng County in Chifeng City	605554
4	赤峰市敖汉旗	Aohan Banner in Chifeng City	604860
5	呼和浩特市赛罕区	Saihan District in Hohhot City	541777
6	巴彦淖尔市临河区	Linhe District in Bayannaoer City	521190
7	包头市昆都仑区	Kundulun District in Baotou City	520864
8	通辽市科尔沁左翼中旗	Keerqinzuoyizhong Banner in Tongliao City	520065
9	赤峰市翁牛特旗	Wengniute Banner in Chifeng City	476141
10	包头市青山区	Qingshan District in Baotou City	456946
11	通辽市奈曼旗	Naiman Banner in Tongliao City	445769
12	呼和浩特市新城区	Xincheng District in Hohhot City	426358
13	包头市东河区	Donghe District in Baotou City	406690
14	呼伦贝尔市扎兰屯市	Zhalantun City in Hulunbeier City	404272
15	通辽市科尔沁左翼后旗	Keerqinzuoyihou Banner in Tongliao City	401078
16	通辽市开鲁县	Kailu County in Tongliao City	391324
17	兴安盟扎赉特旗	Zhalaite Banner in Xingan League	385972
18	鄂尔多斯市达拉特旗	Dalate Banner in Erdos City	372061
19	呼和浩特市土默特左旗	Tumotezuo Banner in Hohhot City	363564
20	包头市土默特右旗	Tumoteyou Banner in Baotou City	362417
21	赤峰市红山区	Hongshan District in Chifeng City	350761
22	赤峰市喀喇沁旗	Kalaqin Banner in Chifeng City	345582
23	赤峰市巴林左旗	Balinzuo Banner in Chifeng City	339623
24	鄂尔多斯市准格尔旗	Zhungeer Banner in Erdos City	332352
25	兴安盟科尔沁右翼前旗	Keerqinyouyiqian Banner in Xingan League	332047
26	巴彦淖尔市乌拉特前旗	Wulateqian Banner in Bayannaoer City	331533
27	乌兰察布市商都县	Shangdu County in Wulanchabu City	329234
28	兴安盟乌兰浩特市	Wulanhaote City in Xingan League	321230
29	呼伦贝尔市牙克石市	Yakeshi City in Hulunbeier City	321174
30	呼伦贝尔市阿荣旗	Arong Banner in Hulunbeier City	318489
31	乌兰察布市兴和县	Xinghe County in Wulanchabu City	317362
32	呼伦贝尔市莫力达瓦达斡尔自治旗	Molidawadawoer National Autonomous Banner in Hulunbeier City	316398
33	乌兰察布市集宁区	Jining District in Wulanchabu City	315847
34	赤峰市元宝山区	Yuanbaoshan District in Chifeng City	315826

20-1 续表 1 Continued

单位：人 (person)

位 次 Order	旗县（区）名称	Name of Banners,Counties and Districts	年末户籍人口 Household population Year-end
35	乌兰察布市丰镇市	Fengzhen City in Wulanchabu City	310364
36	通辽市扎鲁特旗	Zhalute Banner in Tongliao City	305985
37	兴安盟突泉县	Tuquan County in Xingan League	298645
38	赤峰市阿鲁科尔沁旗	Alukeerqin Banner in Chifeng City	292579
39	巴彦淖尔市杭锦后旗	Hangjinhou Banner in Bayannaoer City	291669
40	呼伦贝尔市海拉尔区	Hailaer District in Hulunbeier City	287405
41	巴彦淖尔市五原县	Wuyuan County in Bayannaoer City	280207
42	鄂尔多斯市东胜区	Dongsheng District in Erdos City	271590
43	兴安盟科尔沁右翼中旗	Keerqinyouyizhong Banner in Xingan League	251774
44	赤峰市克什克腾旗	Keshiketeng Banner in Chifeng City	247505
45	乌海市海勃湾区	Haibowan District in Wuhai City	246568
46	呼伦贝尔市鄂伦春自治旗	Elunchun National Autonomous Banner in Hulunbeier City	244979
47	乌兰察布市凉城县	Liangcheng County in Wulanchabu City	232580
48	呼和浩特市回民区	Huimin District in Hohhot City	230487
49	赤峰市林西县	Linxi County in Chifeng City	229865
50	乌兰察布市察哈尔右翼前旗	Chahaeryouyiqian Banner in Wulanchabu City	212143
51	乌兰察布市四子王旗	Siziwang Banner in Wulanchabu City	211064
52	锡林郭勒盟太仆寺旗	Taipusi Banner in Xilinguole League	205677
53	呼和浩特市和林格尔县	Helingeer County in Hohhot City	204869
54	乌兰察布市察哈尔右翼后旗	Chahaeryouyihou Banner in Wulanchabu City	204683
55	呼和浩特市玉泉区	Yuquan District in Hohhot City	203709
56	呼和浩特市托克托县	Tuoketuo County in Hohhot City	201542
57	乌兰察布市察哈尔右翼中旗	Chahaeryouyizhong Banner in Wulanchabu City	199326
58	包头市固阳县	Guyang County in Baotou City	198309
59	乌兰察布市卓资县	Zhuozi County in Wulanchabu City	196835
60	锡林郭勒盟锡林浩特市	Xilinhaote City in Xilinguole League	196117
61	赤峰市巴林右旗	Balinyou Banner in Chifeng City	181912
62	鄂尔多斯市伊金霍洛旗	Yijinhuoluo Banner in Erdos City	178796
63	通辽市库伦旗	Kulun Banner in Tongliao City	177398
64	呼伦贝尔市满洲里市	Manzhouli City in Hulunbeier City	172770
65	呼和浩特市武川县	Wuchuan County in Hohhot City	169441
66	乌兰察布市化德县	Huade County in Wulanchabu City	161934
67	阿拉善盟阿拉善左旗	Alashanzuo Banner in Alashan League	146041
68	鄂尔多斯市杭锦旗	Hangjin Banner in Erdos City	143672

20-1 续表 2 Continued

单位：人 (person)

位次 Order	旗县（区）名称	Name of Banners,Counties and Districts	年末户籍人口 Household population Year-end
69	巴彦淖尔市乌拉特中旗	Wulatezhong Banner in Bayannaoer City	143143
70	呼和浩特市清水河县	Qingshuihe County in Hohhot City	140944
71	呼伦贝尔市鄂温克族自治旗	Ewenke National Autonomous Banner in Hulunbeier City	136832
72	呼伦贝尔市根河市	Genhe City in Hulunbeier City	130722
73	包头市九原区	Jiuyuan District in Baotou City	127267
74	鄂尔多斯市乌审旗	Wushen Banner in Erdos City	116962
75	乌海市乌达区	Wuda District in Wuhai City	114396
76	巴彦淖尔市磴口县	Dengkou County in Bayannaoer City	113089
77	锡林郭勒盟多伦县	Duolun County in Xilinguole League	111781
78	包头市达尔罕茂明安联合旗	Daerhanmaomingan Union Banner in Baotou City	110531
79	鄂尔多斯市鄂托克旗	Etuoke Banner in Erdos City	98238
80	呼伦贝尔市满洲里扎赉诺尔区	Zhalainuoer District of Manzhouli City in Hulunbeier City	84762
81	锡林郭勒盟正蓝旗	Zhenglan Banner in Xilinguole League	84444
82	通辽市霍林郭勒市	Huolinguole City in Tongliao City	83213
83	锡林郭勒盟东乌珠穆沁旗	Dongwuzhumuqin Banner in Xilinguole League	81576
84	鄂尔多斯市鄂托克前旗	Etuokeqian Banner in Erdos City	81386
85	乌海市海南区	Hainan District in Wuhai City	80900
86	锡林郭勒盟西乌珠穆沁旗	xiwuzhumuqin Banner in Xilinguole League	80452
87	呼伦贝尔市额尔古纳市	Eerguna City in Hulunbeier City	79155
88	锡林郭勒盟正镶白旗	Zhengxiangbai Banner in Xilinguole League	70840
89	锡林郭勒盟苏尼特右旗	Suniteyou Banner in Xilinguole League	66657
90	巴彦淖尔市乌拉特后旗	Wulatehou Banner in Bayannaoer City	58497
91	呼伦贝尔市陈巴尔虎旗	Chenbaerhu Banner in Hulunbeier City	54551
92	包头市石拐区	Shiguai District in Baotou City	47226
93	兴安盟阿尔山市	Aershan City in Xingan League	44349
94	锡林郭勒盟阿巴嘎旗	Abaga Banner in Xilinguole League	43536
95	呼伦贝尔市新巴尔虎左旗	Xinbaerhuzuo Banner in Hulunbeier City	41813
96	鄂尔多斯市康巴什区	Kangbashi District in Erdos City	39973
97	呼伦贝尔市新巴尔虎右旗	Xinbaerhuyou Banner in Hulunbeier City	35180
98	锡林郭勒盟二连浩特市	Erlianhaote City in Xilinguole League	35168
99	锡林郭勒盟苏尼特左旗	Sunitezuo Banner in Xilinguole League	34376
100	锡林郭勒盟镶黄旗	Xianghuang Banner in Xilinguole League	31345
101	阿拉善盟阿拉善右旗	Alashanyou Banner in Alashan League	25050
102	阿拉善盟额济纳旗	Ejina Banner in Alashan League	19118
103	包头市白云矿区	Baiyun Mineral District in Baotou City	15434

20-2 各旗县（区）按粮食产量排序(2019年)

Banners,Counties and Districts Ranked by Output of Grain(2019)

单位：吨 (ton)

位 次 Order	旗县（区）名称	Name of Banners,Counties and Districts	粮食产量 Output of Grain
1	通辽市科尔沁左翼中旗	Keerqinzuoyizhong Banner in Tongliao City	2186526
2	兴安盟扎赉特旗	Zhalaite Banner in Xingan League	2173377
3	呼伦贝尔市莫力达瓦达斡尔自治旗	Molidawadawoer National Autonomous Banner in Hulunbeier City	1737448
4	呼伦贝尔市阿荣旗	Arong Banner in Hulunbeier City	1645279
5	兴安盟科尔沁右翼前旗	Keerqinyouyiqian Banner in Xingan League	1443655
6	呼伦贝尔市扎兰屯市	Zhalantun City in Hulunbeier City	1413503
7	通辽市科尔沁区	Keerqin District in Tongliao City	1352769
8	通辽市开鲁县	Kailu County in Tongliao City	1282821
9	通辽市科尔沁左翼后旗	Keerqinzuoyihou Banner in Tongliao City	1262098
10	兴安盟突泉县	Tuquan County in Xingan League	1182402
11	通辽市奈曼旗	Naiman Banner in Tongliao City	1133520
12	兴安盟科尔沁右翼中旗	Keerqinyouyizhong Banner in Xingan League	1107534
13	赤峰市敖汉旗	Aohan Banner in Chifeng City	986375
14	赤峰市翁牛特旗	Wengniutc Banner in Chifeng City	850520
15	赤峰市松山区	Songshan District in Chifeng City	816214
16	赤峰市宁城县	Ningcheng County in Chifeng City	815735
17	包头市土默特右旗	Tumoteyou Banner in Baotou City	775045
18	鄂尔多斯市达拉特旗	Dalate Banner in Erdos City	766707
19	赤峰市阿鲁科尔沁旗	Alukeerqin Banner in Chifeng City	658692
20	呼和浩特市土默特左旗	Tumotezuo Banner in Hohhot City	650353
21	通辽市扎鲁特旗	Zhalute Banner in Tongliao City	644192
22	巴彦淖尔市临河区	Linhe District in Bayannaoer City	606054
23	呼伦贝尔市鄂伦春自治旗	Elunchun National Autonomous Banner in Hulunbeier City	593270
24	通辽市库伦旗	Kulun Banner in Tongliao City	588624
25	赤峰市巴林左旗	Balinzuo Banner in Chifeng City	567381
26	巴彦淖尔市乌拉特前旗	Wulateqian Banner in Bayannaoer City	542792
27	呼伦贝尔市牙克石市	Yakeshi City in Hulunbeier City	506916
28	巴彦淖尔市杭锦后旗	Hangjinhou Banner in Bayannaoer City	475132
29	巴彦淖尔市五原县	Wuyuan County in Bayannaoer City	437803
30	鄂尔多斯市杭锦旗	Hangjin Banner in Erdos City	369301
31	赤峰市喀喇沁旗	Kalaqin Banner in Chifeng City	368971
32	呼和浩特市托克托县	Tuoketuo County in Hohhot City	315082
33	赤峰市巴林右旗	Balinyou Banner in Chifeng City	312776
34	呼和浩特市和林格尔县	Helingeer County in Hohhot City	305295

20-2 续表 1 Continued

单位：吨 (ton)

位 次 Order	旗县（区）名称	Name of Banners,Counties and Districts	粮食产量 Output of Grain
35	兴安盟乌兰浩特市	Wulanhaote City in Xingan League	301000
36	巴彦淖尔市乌拉特中旗	Wulatezhong Banner in Bayannaoer City	276807
37	呼伦贝尔市额尔古纳市	Eerguna City in Hulunbeier City	263482
38	赤峰市林西县	Linxi County in Chifeng City	260131
39	乌兰察布市凉城县	Liangcheng County in Wulanchabu City	250056
40	巴彦淖尔市磴口县	Dengkou County in Bayannaoer City	236500
41	鄂尔多斯市准格尔旗	Zhungeer Banner in Erdos City	219388
42	锡林郭勒盟太仆寺旗	Taipusi Banner in Xilinguole League	216581
43	乌兰察布市四子王旗	Siziwang Banner in Wulanchabu City	207573
44	鄂尔多斯市乌审旗	Wushen Banner in Erdos City	192605
45	呼和浩特市武川县	Wuchuan County in Hohhot City	186522
46	赤峰市元宝山区	Yuanbaoshan District in Chifeng City	182334
47	赤峰市克什克腾旗	Keshiketeng Banner in Chifeng City	178385
48	呼伦贝尔市陈巴尔虎旗	Chenbaerhu Banner in Hulunbeier City	158793
49	呼和浩特市赛罕区	Saihan District in Hohhot City	131076
50	阿拉善盟阿拉善左旗	Alashanzuo Banner in Alashan League	127075
51	鄂尔多斯市鄂托克前旗	Etuokeqian Banner in Erdos City	122464
52	乌兰察布市丰镇市	Fengzhen City in Wulanchabu City	118880
53	乌兰察布市察哈尔右翼中旗	Chahaeryouyizhong Banner in Wulanchabu City	118322
54	鄂尔多斯市鄂托克旗	Etuoke Banner in Erdos City	118156
55	乌兰察布市察哈尔右翼后旗	Chahaeryouyihou Banner in Wulanchabu City	113451
56	包头市固阳县	Guyang County in Baotou City	109586
57	乌兰察布市商都县	Shangdu County in Wulanchabu City	106943
58	乌兰察布市兴和县	Xinghe County in Wulanchabu City	104410
59	锡林郭勒盟多伦县	Duolun County in Xilinguole League	104272
60	乌兰察布市察哈尔右翼前旗	Chahaeryouyiqian Banner in Wulanchabu City	95661
61	鄂尔多斯市伊金霍洛旗	Yijinhuoluo Banner in Erdos City	94698
62	呼伦贝尔市海拉尔区	Hailaer District in Hulunbeier City	87456
63	包头市达尔罕茂明安联合旗	Daerhanmaomingan Union Banner in Baotou City	85542
64	呼和浩特市清水河县	Qingshuihe County in Hohhot City	84301
65	锡林郭勒盟东乌珠穆沁旗	Dongwuzhumuqin Banner in Xilinguole League	70470
66	巴彦淖尔市乌拉特后旗	Wulatehou Banner in Bayannaoer City	66874
67	包头市九原区	Jiuyuan District in Baotou City	65027
68	乌兰察布市卓资县	Zhuozi County in Wulanchabu City	61706

20-2 续表 2 Continued

单位：吨 (ton)

位 次 Order	旗县（区）名称	Name of Banners,Counties and Districts	粮食产量 Output of Grain
69	乌兰察布市化德县	Huade County in Wulanchabu City	55910
70	赤峰市红山区	Hongshan District in Chifeng City	54397
71	呼伦贝尔市鄂温克族自治旗	Ewenke National Autonomous Banner in Hulunbeier City	49145
72	呼伦贝尔市新巴尔虎左旗	Xinbaerhuzuo Banner in Hulunbeier City	45833
73	呼和浩特市玉泉区	Yuquan District in Hohhot City	39143
74	包头市东河区	Donghe District in Baotou City	38072
75	兴安盟阿尔山市	Aershan City in Xingan League	36626
76	通辽市霍林郭勒市	Huolinguole City in Tongliao City	35480
77	乌海市海南区	Hainan District in Wuhai City	26585
78	锡林郭勒盟正蓝旗	Zhenglan Banner in Xilinguole League	25766
79	锡林郭勒盟锡林浩特市	Xilinhaote City in Xilinguole League	24742
80	鄂尔多斯市东胜区	Dongsheng District in Erdos City	15167
81	乌兰察布市集宁区	Jining District in Wulanchabu City	8759
82	包头市石拐区	Shiguai District in Baotou City	8616
83	包头市昆都仑区	Kundulun District in Baotou City	7926
84	锡林郭勒盟正镶白旗	Zhengxiangbai Banner in Xilinguole League	7836
85	阿拉善盟阿拉善右旗	Alashanyou Banner in Alashan League	5170
86	呼伦贝尔市根河市	Genhe City in Hulunbeier City	5000
87	包头市青山区	Qingshan District in Baotou City	4851
88	乌海市海勃湾区	Haibowan District in Wuhai City	4144
89	呼伦贝尔市新巴尔虎右旗	Xinbaerhuyou Banner in Hulunbeier City	3164
90	乌海市乌达区	Wuda District in Wuhai City	2516
91	呼伦贝尔市满洲里市	Manzhouli City in Hulunbeier City	1984
92	呼和浩特市新城区	Xincheng District in Hohhot City	920
93	呼和浩特市回民区	Huimin District in Hohhot City	747
94	阿拉善盟额济纳旗	Ejina Banner in Alashan League	379
95	锡林郭勒盟苏尼特右旗	Suniteyou Banner in Xilinguole League	203
96	呼伦贝尔市满洲里扎赉诺尔区	Zhalainuoer District of Manzhouli City in Hulunbeier City	115
97	锡林郭勒盟苏尼特左旗	Sunitezuo Banner in Xilinguole League	
98	锡林郭勒盟镶黄旗	Xianghuang Banner in Xilinguole League	
99	鄂尔多斯市康巴什区	Kangbashi District in Erdos City	
100	包头市白云矿区	Baiyun Mineral District in Baotou City	
101	锡林郭勒盟二连浩特市	Erlianhaote City in Xilinguole League	
102	锡林郭勒盟阿巴嘎旗	Abaga Banner in Xilinguole League	
103	锡林郭勒盟西乌珠穆沁旗	xiwuzhumuqin Banner in Xilinguole League	

20-3 各旗县（区）按肉类总产量排序(2019年)

Banners,Counties and Districts Ranked by Outputof Pork,Beef&Mutton(2019)

单位：吨 (ton)

位 次 Order	旗县（区）名称	Name of Banners,Counties and Districts	肉类总产量 Output of Pork, Beef & Mutton
1	赤峰市宁城县	Ningcheng County in Chifeng City	110351
2	兴安盟扎赉特旗	Zhalaite Banner in Xingan League	88478
3	呼伦贝尔市扎兰屯市	Zhalantun City in Hulunbeier City	82812
4	巴彦淖尔市临河区	Linhe District in Bayannaoer City	80331
5	兴安盟科尔沁右翼前旗	Keerqinyouyiqian Banner in Xingan League	79086
6	通辽市科尔沁区	Keerqin District in Tongliao City	75869
7	赤峰市松山区	Songshan District in Chifeng City	74652
8	赤峰市敖汉旗	Aohan Banner in Chifeng City	72999
9	包头市土默特右旗	Tumoteyou Banner in Baotou City	67686
10	通辽市奈曼旗	Naiman Banner in Tongliao City	64799
11	通辽市开鲁县	Kailu County in Tongliao City	63996
12	赤峰市翁牛特旗	Wengniute Banner in Chifeng City	55789
13	通辽市科尔沁左翼后旗	Keerqinzuoyihou Banner in Tongliao City	53677
14	通辽市扎鲁特旗	Zhalute Banner in Tongliao City	51433
15	锡林郭勒盟西乌珠穆沁旗	xiwuzhumuqin Banner in Xilinguole League	50163
16	通辽市科尔沁左翼中旗	Keerqinzuoyizhong Banner in Tongliao City	50025
17	兴安盟科尔沁右翼中旗	Keerqinyouyizhong Banner in Xingan League	49925
18	锡林郭勒盟东乌珠穆沁旗	Dongwuzhumuqin Banner in Xilinguole League	47497
19	巴彦淖尔市杭锦后旗	Hangjinhou Banner in Bayannaoer City	47316
20	呼伦贝尔市新巴尔虎右旗	Xinbaerhuyou Banner in Hulunbeier City	43561
21	呼和浩特市和林格尔县	Helingeer County in Hohhot City	42308
22	包头市固阳县	Guyang County in Baotou City	41113
23	呼和浩特市土默特左旗	Tumotezuo Banner in Hohhot City	40878
24	锡林郭勒盟正蓝旗	Zhenglan Banner in Xilinguole League	40160
25	鄂尔多斯市达拉特旗	Dalate Banner in Erdos City	38638
26	赤峰市巴林右旗	Balinyou Banner in Chifeng City	37192
27	巴彦淖尔市五原县	Wuyuan County in Bayannaoer City	37115
28	巴彦淖尔市乌拉特前旗	Wulateqian Banner in Bayannaoer City	36319
29	赤峰市阿鲁科尔沁旗	Alukeerqin Banner in Chifeng City	35077
30	锡林郭勒盟阿巴嘎旗	Abaga Banner in Xilinguole League	30913
31	赤峰市巴林左旗	Balinzuo Banner in Chifeng City	30442
32	包头市九原区	Jiuyuan District in Baotou City	30331
33	赤峰市喀喇沁旗	Kalaqin Banner in Chifeng City	29882
34	乌兰察布市察哈尔右翼后旗	Chahaeryouyihou Banner in Wulanchabu City	29429

20-3 续表 1 Continued

单位：吨 (ton)

位 次 Order	旗县（区）名称	Name of Banners,Counties and Districts	肉类总产量 Output of Pork, Beef & Mutton
35	锡林郭勒盟苏尼特左旗	Sunitezuo Banner in Xilinguole League	29426
36	包头市达尔罕茂明安联合旗	Daerhanmaomingan Union Banner in Baotou City	28536
37	呼伦贝尔市阿荣旗	Arong Banner in Hulunbeier City	28313
38	乌兰察布市四子王旗	Siziwang Banner in Wulanchabu City	25480
39	巴彦淖尔市乌拉特中旗	Wulatezhong Banner in Bayannaoer City	25175
40	呼伦贝尔市莫力达瓦达斡尔自治旗	Molidawadawoer National Autonomous Banner in Hulunbeier City	24801
41	赤峰市克什克腾旗	Keshiketeng Banner in Chifeng City	24118
42	兴安盟突泉县	Tuquan County in Xingan League	23999
43	通辽市库伦旗	Kulun Banner in Tongliao City	21119
44	赤峰市林西县	Linxi County in Chifeng City	20935
45	锡林郭勒盟锡林浩特市	Xilinhaote City in Xilinguole League	20903
46	乌兰察布市察哈尔右翼中旗	Chahaeryouyizhong Banner in Wulanchabu City	20550
47	鄂尔多斯市乌审旗	Wushen Banner in Erdos City	20502
48	鄂尔多斯市鄂托克旗	Etuoke Banner in Erdos City	20367
49	呼伦贝尔市新巴尔虎左旗	Xinbaerhuzuo Banner in Hulunbeier City	20359
50	鄂尔多斯市杭锦旗	Hangjin Banner in Erdos City	20330
51	鄂尔多斯市鄂托克前旗	Etuokeqian Banner in Erdos City	19531
52	乌兰察布市察哈尔右翼前旗	Chahaeryouyiqian Banner in Wulanchabu City	19507
53	乌兰察布市凉城县	Liangcheng County in Wulanchabu City	19472
54	巴彦淖尔市磴口县	Dengkou County in Bayannaoer City	19076
55	锡林郭勒盟苏尼特右旗	Suniteyou Banner in Xilinguole League	18533
56	锡林郭勒盟太仆寺旗	Taipusi Banner in Xilinguole League	17813
57	呼伦贝尔市鄂温克族自治旗	Ewenke National Autonomous Banner in Hulunbeier City	17749
58	呼伦贝尔市鄂伦春自治旗	Elunchun National Autonomous Banner in Hulunbeier City	16974
59	赤峰市元宝山区	Yuanbaoshan District in Chifeng City	16742
60	呼伦贝尔市陈巴尔虎旗	Chenbaerhu Banner in Hulunbeier City	16561
61	呼和浩特市托克托县	Tuoketuo County in Hohhot City	16181
62	锡林郭勒盟多伦县	Duolun County in Xilinguole League	15904
63	锡林郭勒盟正镶白旗	Zhengxiangbai Banner in Xilinguole League	15152
64	兴安盟乌兰浩特市	Wulanhaote City in Xingan League	15017
65	乌兰察布市商都县	Shangdu County in Wulanchabu City	14499
66	乌兰察布市卓资县	Zhuozi County in Wulanchabu City	14235
67	乌兰察布市兴和县	Xinghe County in Wulanchabu City	13078
68	乌兰察布市丰镇市	Fengzhen City in Wulanchabu City	11886

20-3 续表 2 Continued

单位：吨 (ton)

位 次 Order	旗县（区）名称	Name of Banners,Counties and Districts	肉类总产量 Output of Pork, Beef & Mutton
69	乌兰察布市化德县	Huade County in Wulanchabu City	11548
70	阿拉善盟阿拉善左旗	Alashanzuo Banner in Alashan League	10662
71	鄂尔多斯市准格尔旗	Zhungeer Banner in Erdos City	10416
72	巴彦淖尔市乌拉特后旗	Wulatehou Banner in Bayannaoer City	9556
73	乌兰察布市集宁区	Jining District in Wulanchabu City	9409
74	呼伦贝尔市额尔古纳市	Eerguna City in Hulunbeier City	9255
75	呼伦贝尔市牙克石市	Yakeshi City in Hulunbeier City	8513
76	呼和浩特市清水河县	Qingshuihe County in Hohhot City	7767
77	鄂尔多斯市伊金霍洛旗	Yijinhuoluo Banner in Erdos City	6398
78	乌海市海南区	Hainan District in Wuhai City	6197
79	呼和浩特市赛罕区	Saihan District in Hohhot City	6165
80	锡林郭勒盟镶黄旗	Xianghuang Banner in Xilinguole League	6090
81	呼和浩特市武川县	Wuchuan County in Hohhot City	5132
82	呼伦贝尔市海拉尔区	Hailaer District in Hulunbeier City	4811
83	通辽市霍林郭勒市	Huolinguole City in Tongliao City	4373
84	乌海市海勃湾区	Haibowan District in Wuhai City	4104
85	阿拉善盟阿拉善右旗	Alashanyou Banner in Alashan League	4039
86	呼伦贝尔市满洲里市	Manzhouli City in Hulunbeier City	3998
87	兴安盟阿尔山市	Aershan City in Xingan League	3003
88	赤峰市红山区	Hongshan District in Chifeng City	2910
89	鄂尔多斯市东胜区	Dongsheng District in Erdos City	2542
90	乌海市乌达区	Wuda District in Wuhai City	2215
91	呼伦贝尔市满洲里扎赉诺尔区	Zhalainuoer District of Manzhouli City in Hulunbeier City	2113
92	包头市东河区	Donghe District in Baotou City	2097
93	呼和浩特市玉泉区	Yuquan District in Hohhot City	1836
94	包头市青山区	Qingshan District in Baotou City	1325
95	锡林郭勒盟二连浩特市	Erlianhaote City in Xilinguole League	1285
96	包头市昆都仑区	Kundulun District in Baotou City	1258
97	呼伦贝尔市根河市	Genhe City in Hulunbeier City	1167
98	阿拉善盟额济纳旗	Ejina Banner in Alashan League	977
99	包头市石拐区	Shiguai District in Baotou City	946
100	呼和浩特市新城区	Xincheng District in Hohhot City	915
101	包头市白云矿区	Baiyun Mineral District in Baotou City	93
102	呼和浩特市回民区	Huimin District in Hohhot City	39
103	鄂尔多斯市康巴什区	Kangbashi District in Erdos City	30

20-4 各旗县（区）按一般公共预算收入排序(2019年)

Banners,Counties and Districts Ranked by General Public Budget Revenue(2019)

单位：万元 (10 000 yuan)

位 次 Order	旗县（区）名称	Name of Banners,Counties and Districts	一般公共预算收入 General Public Budget Revenue
1	鄂尔多斯市准格尔旗	Zhungeer Banner in Erdos City	826000
2	鄂尔多斯市伊金霍洛旗	Yijinhuoluo Banner in Erdos City	751888
3	包头市青山区	Qingshan District in Baotou City	492351
4	鄂尔多斯市东胜区	Dongsheng District in Erdos City	471931
5	呼和浩特市赛罕区	Saihan District in Hohhot City	395359
6	呼和浩特市新城区	Xincheng District in Hohhot City	379061
7	包头市昆都仑区	Kundulun District in Baotou City	288561
8	鄂尔多斯市鄂托克旗	Etuoke Banner in Erdos City	281151
9	赤峰市红山区	Hongshan District in Chifeng City	270629
10	鄂尔多斯市乌审旗	Wushen Banner in Erdos City	261132
11	赤峰市松山区	Songshan District in Chifeng City	218000
12	锡林郭勒盟西乌珠穆沁旗	Xiwuzhumuqin Banner in Xilinguole League	203971
13	乌海市海勃湾区	Haibowan District in Wuhai City	203945
14	呼和浩特市玉泉区	Yuquan District in Hohhot City	197860
15	锡林郭勒盟锡林浩特市	Xilinhaote City in Xilinguole League	195375
16	鄂尔多斯市达拉特旗	Dalate Banner in Erdos City	195000
17	巴彦淖尔市临河区	Linhe District in Bayannaoer City	187500
18	呼和浩特市回民区	Huimin District in Hohhot City	163420
19	包头市九原区	Jiuyuan District in Baotou City	153019
20	呼和浩特市和林格尔县	Helingeer County in Hohhot City	143706
21	兴安盟扎赉特旗	Zhalaite Banner in Xingan League	141540
22	呼和浩特市土默特左旗	Tumotezuo Banner in Hohhot City	135723
23	赤峰市元宝山区	Yuanbaoshan District in Chifeng City	129000
24	乌兰察布市集宁区	Jining District in Wulanchabu City	127050
25	阿拉善盟阿拉善左旗	Alashanzuo Banner in Alashan League	122390
26	乌海市海南区	Hainan District in Wuhai City	120923
27	鄂尔多斯市鄂托克前旗	Etuokeqian Banner in Erdos City	118767
28	乌海市乌达区	Wuda District in Wuhai City	116718
29	呼伦贝尔市满洲里市	Manzhouli City in Hulunbeier City	111961
30	锡林郭勒盟东乌珠穆沁旗	Dongwuzhumuqin Banner in Xilinguole League	110331
31	呼和浩特市托克托县	Tuoketuo County in Hohhot City	107351
32	通辽市科尔沁区	Keerqin District in Tongliao City	104412
33	包头市东河区	Donghe District in Baotou City	103313
34	通辽市霍林郭勒市	Huolinguole City in Tongliao City	101181

20-4 续表 1 Continued

单位：万元 (10 000 yuan)

位 次 Order	旗县（区）名称	Name of Banners,Counties and Districts	一般公共预算收入 General Public Budget Revenue
35	巴彦淖尔市乌拉特后旗	Wulatehou Banner in Bayannaoer City	87276
36	呼伦贝尔市海拉尔区	Hailaer District in Hulunbeier City	87197
37	兴安盟乌兰浩特市	Wulanhaote City in Xingan League	82874
38	巴彦淖尔市乌拉特前旗	Wulateqian Banner in Bayannaoer City	77923
39	巴彦淖尔市乌拉特中旗	Wulatezhong Banner in Bayannaoer City	77539
40	呼伦贝尔市鄂温克族自治旗	Ewenke National Autonomous Banner in Hulunbeier City	73662
41	通辽市扎鲁特旗	Zhalute Banner in Tongliao City	72850
42	呼伦贝尔市陈巴尔虎旗	Chenbaerhu Banner in Hulunbeier City	71355
43	鄂尔多斯市康巴什区	Kangbashi District in Erdos City	71300
44	包头市土默特右旗	Tumoteyou Banner in Baotou City	63818
45	呼伦贝尔市扎兰屯市	Zhalantun City in Hulunbeier City	62452
46	赤峰市克什克腾旗	Keshiketeng Banner in Chifeng City	60080
47	包头市达尔罕茂明安联合旗	Daerhanmaomingan Union Banner in Baotou City	55699
48	赤峰市巴林左旗	Balinzuo Banner in Chifeng City	54520
49	鄂尔多斯市杭锦旗	Hangjin Banner in Erdos City	52902
50	通辽市奈曼旗	Naiman Banner in Tongliao City	52445
51	赤峰市宁城县	Ningcheng County in Chifeng City	50645
52	呼和浩特市清水河县	Qingshuihe County in Hohhot City	50501
53	乌兰察布市察哈尔右翼前旗	Chahaeryouyiqian Banner in Wulanchabu City	49865
54	乌兰察布市丰镇市	Fengzhen City in Wulanchabu City	47556
55	赤峰市敖汉旗	Aohan Banner in Chifeng City	43999
56	赤峰市翁牛特旗	Wengniute Banner in Chifeng City	42227
57	赤峰市喀喇沁旗	Kalaqin Banner in Chifeng City	40895
58	包头市石拐区	Shiguai District in Baotou City	40663
59	赤峰市阿鲁科尔沁旗	Alukeerqin Banner in Chifeng City	40080
60	通辽市科尔沁左翼中旗	Keerqinzuoyizhong Banner in Tongliao City	40073
61	赤峰市林西县	Linxi County in Chifeng City	38258
62	呼伦贝尔市满洲里扎赉诺尔区	Zhalainuoer District of Manzhouli City in Hulunbeier City	37626
63	包头市固阳县	Guyang County in Baotou City	37434
64	锡林郭勒盟二连浩特市	Erlianhaote City in Xilinguole League	36261
65	呼伦贝尔市新巴尔虎右旗	Xinbaerhuyou Banner in Hulunbeier City	36028
66	通辽市科尔沁左翼后旗	Keerqinzuoyihou Banner in Tongliao City	35503
67	巴彦淖尔市五原县	Wuyuan County in Bayannaoer City	33077
68	巴彦淖尔市杭锦后旗	Hangjinhou Banner in Bayannaoer City	32786

20-4 续表 2 Continued

单位：万元 (10 000 yuan)

位次 Order	旗县（区）名称	Name of Banners,Counties and Districts	一般公共预算收入 General Public Budget Revenue
69	通辽市开鲁县	Kailu County in Tongliao City	32152
70	兴安盟科尔沁右翼前旗	Keerqinyouyiqian Banner in Xingan League	31665
71	呼伦贝尔市牙克石市	Yakeshi City in Hulunbeier City	31200
72	锡林郭勒盟正蓝旗	Zhenglan Banner in Xilinguole League	31152
73	呼伦贝尔市莫力达瓦达斡尔自治旗	Molidawadawoer National Autonomous Banner in Hulunbeier City	30935
74	兴安盟突泉县	Tuquan County in Xingan League	30041
75	呼伦贝尔市阿荣旗	Arong Banner in Hulunbeier City	28281
76	锡林郭勒盟多伦县	Duolun County in Xilinguole League	27357
77	赤峰市巴林右旗	Balinyou Banner in Chifeng City	25502
78	呼和浩特市武川县	Wuchuan County in Hohhot City	25254
79	阿拉善盟额济纳旗	Ejina Banner in Alashan League	22548
80	乌兰察布市察哈尔右翼后旗	Chahaeryouyihou Banner in Wulanchabu City	22103
81	锡林郭勒盟苏尼特右旗	Suniteyou Banner in Xilinguole League	21609
82	锡林郭勒盟苏尼特左旗	Sunitezuo Banner in Xilinguole League	20682
83	巴彦淖尔市磴口县	Dengkou County in Bayannaoer City	20552
84	兴安盟科尔沁右翼中旗	Keerqinyouyizhong Banner in Xingan League	20549
85	乌兰察布市商都县	Shangdu County in Wulanchabu City	19682
86	锡林郭勒盟镶黄旗	Xianghuang Banner in Xilinguole League	19209
87	锡林郭勒盟阿巴嘎旗	Abaga Banner in Xilinguole League	18844
88	锡林郭勒盟太仆寺旗	Taipusi Banner in Xilinguole League	18357
89	包头市白云矿区	Baiyun Mineral District in Baotou City	16458
90	乌兰察布市兴和县	Xinghe County in Wulanchabu City	16179
91	呼伦贝尔市额尔古纳市	Eerguna City in Hulunbeier City	15055
92	乌兰察布市化德县	Huade County in Wulanchabu City	15000
93	呼伦贝尔市鄂伦春自治旗	Elunchun National Autonomous Banner in Hulunbeier City	14511
94	乌兰察布市卓资县	Zhuozi County in Wulanchabu City	14357
95	锡林郭勒盟正镶白旗	Zhengxiangbai Banner in Xilinguole League	12949
96	兴安盟阿尔山市	Aershan City in Xingan League	12604
97	乌兰察布市凉城县	Liangcheng County in Wulanchabu City	12107
98	乌兰察布市四子王旗	Siziwang Banner in Wulanchabu City	11968
99	乌兰察布市察哈尔右翼中旗	Chahaeryouyizhong Banner in Wulanchabu City	11728
100	通辽市库伦旗	Kulun Banner in Tongliao City	10522
101	呼伦贝尔市新巴尔虎左旗	Xinbaerhuzuo Banner in Hulunbeier City	10354
102	阿拉善盟阿拉善右旗	Alashanyou Banner in Alashan League	10181
103	呼伦贝尔市根河市	Genhe City in Hulunbeier City	7103

20-5 各旗县(区)按城镇常住居民人均可支配收入排序(2019年)

Banners, Counties and Districts Ranked by Per Capita Disposable Income of Urban Households(2019)

单位：元 (yuan)

位次 Order	旗县（区）名称	Name of Banners,Counties and Districts	城镇常住居民人均可支配收入 The Per Capita Disposable Income of Urban Households
1	包头市昆都仑区	Kundulun District in Baotou City	53854
2	呼和浩特市赛罕区	Saihan District in Hohhot City	53760
3	包头市青山区	Qingshan District in Baotou City	53753
4	包头市白云矿区	Baiyun Mineral District in Baotou City	53728
5	包头市九原区	Jiuyuan District in Baotou City	52163
6	鄂尔多斯市康巴什区	Kangbashi District in Erdos City	51559
7	鄂尔多斯市东胜区	Dongsheng District in Erdos City	51483
8	鄂尔多斯市伊金霍洛旗	Yijinhuoluo Banner in Erdos City	51382
9	鄂尔多斯市准格尔旗	Zhungeer Banner in Erdos City	51122
10	鄂尔多斯市鄂托克旗	Etuoke Banner in Erdos City	48994
11	呼和浩特市玉泉区	Yuquan District in Hohhot City	48089
12	鄂尔多斯市鄂托克前旗	Etuokeqian Banner in Erdos City	47855
13	鄂尔多斯市乌审旗	Wushen Banner in Erdos City	47671
14	乌海市海勃湾区	Haibowan District in Wuhai City	46194
15	包头市东河区	Donghe District in Baotou City	45780
16	锡林郭勒盟二连浩特市	Erlianhaote City in Xilinguole League	45763
17	通辽市霍林郭勒市	Huolinguole City in Tongliao City	45752
18	锡林郭勒盟锡林浩特市	Xilinhaote City in Xilinguole League	45596
19	鄂尔多斯市杭锦旗	Hangjin Banner in Erdos City	44899
20	鄂尔多斯市达拉特旗	Dalate Banner in Erdos City	44654
21	包头市石拐区	Shiguai District in Baotou City	44294
22	阿拉善盟额济纳旗	Ejina Banner in Alashan League	43920
23	阿拉善盟阿拉善右旗	Alashanyou Banner in Alashan League	43824
24	锡林郭勒盟东乌珠穆沁旗	Dongwuzhumuqin Banner in Xilinguole League	43519
25	乌海市乌达区	Wuda District in Wuhai City	43459
26	乌海市海南区	Hainan District in Wuhai City	43389
27	阿拉善盟阿拉善左旗	Alashanzuo Banner in Alashan League	42669
28	包头市达尔罕茂明安联合旗	Daerhanmaomingan Union Banner in Baotou City	42656
29	锡林郭勒盟西乌珠穆沁旗	xiwuzhumuqin Banner in Xilinguole League	41542
30	锡林郭勒盟镶黄旗	Xianghuang Banner in Xilinguole League	41189
31	锡林郭勒盟苏尼特左旗	Sunitezuo Banner in Xilinguole League	40900
32	锡林郭勒盟多伦县	Duolun County in Xilinguole League	40318
33	呼和浩特市托克托县	Tuoketuo County in Hohhot City	40200
34	呼伦贝尔市海拉尔区	Hailaer District in Hulunbeier City	40127

20-5 续表 1 Continued

单位：元 (yuan)

位 次 Order	旗县（区）名称	Name of Banners,Counties and Districts	城镇常住居民人均可支配收入 The Per Capita Disposable Income of Urban Households
35	锡林郭勒盟阿巴嘎旗	Abaga Banner in Xilinguole League	40025
36	锡林郭勒盟正蓝旗	Zhenglan Banner in Xilinguole League	39859
37	包头市土默特右旗	Tumoteyou Banner in Baotou City	39390
38	呼伦贝尔市满洲里市	Manzhouli City in Hulunbeier City	39316
39	锡林郭勒盟苏尼特右旗	Suniteyou Banner in Xilinguole League	39304
40	呼和浩特市和林格尔县	Helingeer County in Hohhot City	38991
41	赤峰市红山区	Hongshan District in Chifeng City	38195
42	呼和浩特市土默特左旗	Tumotezuo Banner in Hohhot City	38170
43	赤峰市元宝山区	Yuanbaoshan District in Chifeng City	37600
44	锡林郭勒盟太仆寺旗	Taipusi Banner in Xilinguole League	37573
45	锡林郭勒盟正镶白旗	Zhengxiangbai Banner in Xilinguole League	37572
46	呼伦贝尔市扎兰屯市	Zhalantun City in Hulunbeier City	36445
47	通辽市科尔沁区	Keerqin District in Tongliao City	36329
48	呼伦贝尔市满洲里扎赉诺尔区	Zhalainuoer District of Manzhouli City in Hulunbeier City	36274
49	赤峰市松山区	Songshan District in Chifeng City	36168
50	乌兰察布市集宁区	Jining District in Wulanchabu City	35334
51	呼伦贝尔市牙克石市	Yakeshi City in Hulunbeier City	34520
52	呼伦贝尔市陈巴尔虎旗	Chenbaerhu Banner in Hulunbeier City	34086
53	巴彦淖尔市临河区	Linhe District in Bayannaoer City	33757
54	包头市固阳县	Guyang County in Baotou City	33702
55	巴彦淖尔市乌拉特中旗	Wulatezhong Banner in Bayannaoer City	33401
56	兴安盟乌兰浩特市	Wulanhaote City in Xingan League	33310
57	巴彦淖尔市乌拉特后旗	Wulatehou Banner in Bayannaoer City	33276
58	呼伦贝尔市鄂温克族自治旗	Ewenke National Autonomous Banner in Hulunbeier City	33214
59	呼伦贝尔市阿荣旗	Arong Banner in Hulunbeier City	33084
60	乌兰察布市化德县	Huade County in Wulanchabu City	33020
61	赤峰市宁城县	Ningcheng County in Chifeng City	33019
62	巴彦淖尔市杭锦后旗	Hangjinhou Banner in Bayannaoer City	32736
63	呼伦贝尔市新巴尔虎右旗	Xinbaerhuyou Banner in Hulunbeier City	32504
64	巴彦淖尔市五原县	Wuyuan County in Bayannaoer City	32320
65	乌兰察布市卓资县	Zhuozi County in Wulanchabu City	32309
66	乌兰察布市凉城县	Liangcheng County in Wulanchabu City	31837
67	巴彦淖尔市磴口县	Dengkou County in Bayannaoer City	31715
68	乌兰察布市察哈尔右翼后旗	Chahaeryouyihou Banner in Wulanchabu City	31638

20-5 续表 2 Continued

单位：元

位 次 Order	旗县（区）名称	Name of Banners,Counties and Districts	城镇常住居民人均可支配收入 The Per Capita Disposable Income of Urban Households
69	巴彦淖尔市乌拉特前旗	Wulateqian Banner in Bayannaoer City	31636
70	乌兰察布市丰镇市	Fengzhen City in Wulanchabu City	31511
71	乌兰察布市察哈尔右翼前旗	Chahaeryouyiqian Banner in Wulanchabu City	31360
72	通辽市开鲁县	Kailu County in Tongliao City	31283
73	乌兰察布市察哈尔右翼中旗	Chahaeryouyizhong Banner in Wulanchabu City	31168
74	通辽市扎鲁特旗	Zhalute Banner in Tongliao City	30986
75	呼伦贝尔市额尔古纳市	Eerguna City in Hulunbeier City	30953
76	乌兰察布市四子王旗	Siziwang Banner in Wulanchabu City	30828
77	赤峰市克什克腾旗	Keshiketeng Banner in Chifeng City	30563
78	赤峰市敖汉旗	Aohan Banner in Chifeng City	30335
79	赤峰市巴林左旗	Balinzuo Banner in Chifeng City	30303
80	赤峰市喀喇沁旗	Kalaqin Banner in Chifeng City	30138
81	赤峰市林西县	Linxi County in Chifeng City	30117
82	兴安盟阿尔山市	Aershan City in Xingan League	29968
83	赤峰市翁牛特旗	Wengniute Banner in Chifeng City	29853
84	乌兰察布市商都县	Shangdu County in Wulanchabu City	29656
85	呼和浩特市清水河县	Qingshuihe County in Hohhot City	29459
86	乌兰察布市兴和县	Xinghe County in Wulanchabu City	29277
87	通辽市科尔沁左翼后旗	Keerqinzuoyihou Banner in Tongliao City	29025
88	通辽市奈曼旗	Naiman Banner in Tongliao City	28918
89	通辽市科尔沁左翼中旗	Keerqinzuoyizhong Banner in Tongliao City	28765
90	兴安盟扎赉特旗	Zhalaite Banner in Xingan League	28596
91	赤峰市巴林右旗	Balinyou Banner in Chifeng City	28498
92	兴安盟科尔沁右翼前旗	Keerqinyouyiqian Banner in Xingan League	28485
93	呼和浩特市武川县	Wuchuan County in Hohhot City	28385
94	呼伦贝尔市根河市	Genhe City in Hulunbeier City	28375
95	赤峰市阿鲁科尔沁旗	Alukeerqin Banner in Chifeng City	28288
96	呼伦贝尔市新巴尔虎左旗	Xinbaerhuzuo Banner in Hulunbeier City	28154
97	通辽市库伦旗	Kulun Banner in Tongliao City	27844
98	兴安盟突泉县	Tuquan County in Xingan League	27834
99	呼伦贝尔市鄂伦春自治旗	Elunchun National Autonomous Banner in Hulunbeier City	27167
100	兴安盟科尔沁右翼中旗	Keerqinyouyizhong Banner in Xingan League	27161
101	呼伦贝尔市莫力达瓦达斡尔自治旗	Molidawadawoer National Autonomous Banner in Hulunbeier City	25014
102	呼和浩特市新城区	Xincheng District in Hohhot City	
103	呼和浩特市回民区	Huimin District in Hohhot City	

20-6 各旗县(区)按农村牧区常住居民人均可支配收入排序(2019年)

Banners, Counties and Districts Ranked by The Per Capita Disposable Income of Permanent Residents of Rural and Pastoral Areas(2019)

单位：元 (yuan)

位 次 Order	旗县（区）名称	Name of Banners,Counties and Districts	农村牧区常住居民人均可支配收入 The per capita disposable income of permanent residents of rural and pastoral areas
1	锡林郭勒盟东乌珠穆沁旗	Dongwuzhumuqin Banner in Xilinguole League	32616
2	呼伦贝尔市海拉尔区	Hailaer District in Hulunbeier City	30380
3	呼伦贝尔市额尔古纳市	Eerguna City in Hulunbeier City	28470
4	锡林郭勒盟阿巴嘎旗	Abaga Banner in Xilinguole League	28335
5	锡林郭勒盟锡林浩特市	Xilinhaote City in Xilinguole League	28201
6	锡林郭勒盟西乌珠穆沁旗	xiwuzhumuqin Banner in Xilinguole League	28138
7	锡林郭勒盟二连浩特市	Erlianhaote City in Xilinguole League	27494
8	阿拉善盟额济纳旗	Ejina Banner in Alashan League	25276
9	呼伦贝尔市鄂温克族自治旗	Ewenke National Autonomous Banner in Hulunbeier City	24926
10	包头市东河区	Donghe District in Baotou City	24523
11	呼伦贝尔市陈巴尔虎旗	Chenbaerhu Banner in Hulunbeier City	24099
12	阿拉善盟阿拉善右旗	Alashanyou Banner in Alashan League	23890
13	呼伦贝尔市新巴尔虎右旗	Xinbaerhuyou Banner in Hulunbeier City	23794
14	呼伦贝尔市新巴尔虎左旗	Xinbaerhuzuo Banner in Hulunbeier City	23732
15	包头市九原区	Jiuyuan District in Baotou City	23213
16	呼和浩特市玉泉区	Yuquan District in Hohhot City	22755
17	乌海市海勃湾区	Haibowan District in Wuhai City	21859
18	呼和浩特市赛罕区	Saihan District in Hohhot City	21500
19	赤峰市红山区	Hongshan District in Chifeng City	21315
20	赤峰市元宝山区	Yuanbaoshan District in Chifeng City	21223
21	阿拉善盟阿拉善左旗	Alashanzuo Banner in Alashan League	20865
22	鄂尔多斯市鄂托克前旗	Etuokeqian Banner in Erdos City	20519
23	巴彦淖尔市临河区	Linhe District in Bayannaoer City	20249
24	鄂尔多斯市鄂托克旗	Etuoke Banner in Erdos City	20244
25	鄂尔多斯市乌审旗	Wushen Banner in Erdos City	20153
26	鄂尔多斯市伊金霍洛旗	Yijinhuoluo Banner in Erdos City	20064
27	鄂尔多斯市杭锦旗	Hangjin Banner in Erdos City	20028
28	巴彦淖尔市五原县	Wuyuan County in Bayannaoer City	20017
29	巴彦淖尔市杭锦后旗	Hangjinhou Banner in Bayannaoer City	20012
30	呼伦贝尔市阿荣旗	Arong Banner in Hulunbeier City	19891
31	鄂尔多斯市准格尔旗	Zhungeer Banner in Erdos City	19814
32	鄂尔多斯市达拉特旗	Dalate Banner in Erdos City	19681
33	通辽市科尔沁区	Keerqin District in Tongliao City	19618
34	巴彦淖尔市磴口县	Dengkou County in Bayannaoer City	19514

20-6 续表 1 Continued

单位：元 (yuan)

位 次 Order	旗县（区）名称	Name of Banners,Counties and Districts	农村牧区常住居民人均可支配收入 The per capita disposable income of permanent residents of rural and pastoral areas
35	锡林郭勒盟正蓝旗	Zhenglan Banner in Xilinguole League	19480
36	乌海市海南区	Hainan District in Wuhai City	19383
37	包头市土默特右旗	Tumoteyou Banner in Baotou City	19309
38	巴彦淖尔市乌拉特前旗	Wulateqian Banner in Bayannaoer City	19023
39	呼伦贝尔市扎兰屯市	Zhalantun City in Hulunbeier City	18656
40	呼和浩特市土默特左旗	Tumotezuo Banner in Hohhot City	18580
41	巴彦淖尔市乌拉特中旗	Wulatezhong Banner in Bayannaoer City	18373
42	呼和浩特市托克托县	Tuoketuo County in Hohhot City	17979
43	乌兰察布市集宁区	Jining District in Wulanchabu City	17928
44	包头市石拐区	Shiguai District in Baotou City	17582
45	通辽市开鲁县	Kailu County in Tongliao City	17269
46	兴安盟乌兰浩特市	Wulanhaote City in Xingan League	17002
47	包头市达尔罕茂明安联合旗	Daerhanmaomingan Union Banner in Baotou City	16950
48	锡林郭勒盟苏尼特左旗	Sunitezuo Banner in Xilinguole League	16873
49	通辽市扎鲁特旗	Zhalute Banner in Tongliao City	16821
50	巴彦淖尔市乌拉特后旗	Wulatehou Banner in Bayannaoer City	16715
51	赤峰市松山区	Songshan District in Chifeng City	16555
52	锡林郭勒盟镶黄旗	Xianghuang Banner in Xilinguole League	15856
53	锡林郭勒盟多伦县	Duolun County in Xilinguole League	15711
54	包头市固阳县	Guyang County in Baotou City	15287
55	呼和浩特市和林格尔县	Helingeer County in Hohhot City	14454
56	乌兰察布市丰镇市	Fengzhen City in Wulanchabu City	14148
57	通辽市科尔沁左翼后旗	Keerqinzuoyihou Banner in Tongliao City	13671
58	乌兰察布市凉城县	Liangcheng County in Wulanchabu City	13482
59	通辽市科尔沁左翼中旗	Keerqinzuoyizhong Banner in Tongliao City	12965
60	锡林郭勒盟太仆寺旗	Taipusi Banner in Xilinguole League	12956
61	锡林郭勒盟苏尼特右旗	Suniteyou Banner in Xilinguole League	12949
62	通辽市奈曼旗	Naiman Banner in Tongliao City	12593
63	乌兰察布市察哈尔右翼后旗	Chahaeryouyihou Banner in Wulanchabu City	12529
64	赤峰市敖汉旗	Aohan Banner in Chifeng City	12513
65	赤峰市克什克腾旗	Keshiketeng Banner in Chifeng City	12476
66	锡林郭勒盟正镶白旗	Zhengxiangbai Banner in Xilinguole League	12438
67	赤峰市喀喇沁旗	Kalaqin Banner in Chifeng City	12437
68	乌兰察布市察哈尔右翼前旗	Chahaeryouyiqian Banner in Wulanchabu City	12427

20-6 续表 2 Continued

单位：元

位 次 Order	旗县（区）名称	Name of Banners,Counties and Districts	农村牧区常住居民人均可支配收入 The per capita disposable income of permanent residents of rural and pastoral areas
69	通辽市库伦旗	Kulun Banner in Tongliao City	12277
70	赤峰市宁城县	Ningcheng County in Chifeng City	12276
71	乌兰察布市卓资县	Zhuozi County in Wulanchabu City	12101
72	乌兰察布市四子王旗	Siziwang Banner in Wulanchabu City	12093
73	兴安盟科尔沁右翼前旗	Keerqinyouyiqian Banner in Xingan League	11661
74	赤峰市巴林右旗	Balinyou Banner in Chifeng City	11639
75	兴安盟阿尔山市	Aershan City in Xingan League	11635
76	兴安盟扎赉特旗	Zhalaite Banner in Xingan League	11589
77	赤峰市翁牛特旗	Wengniute Banner in Chifeng City	11562
78	呼伦贝尔市莫力达瓦达斡尔自治旗	Molidawadawoer National Autonomous Banner in Hulunbeier City	11445
79	赤峰市巴林左旗	Balinzuo Banner in Chifeng City	11341
80	乌兰察布市商都县	Shangdu County in Wulanchabu City	11284
81	兴安盟突泉县	Tuquan County in Xingan League	11162
82	兴安盟科尔沁右翼中旗	Keerqinyouyizhong Banner in Xingan League	10835
83	乌兰察布市兴和县	Xinghe County in Wulanchabu City	10812
84	赤峰市林西县	Linxi County in Chifeng City	10674
85	赤峰市阿鲁科尔沁旗	Alukeerqin Banner in Chifeng City	10632
86	呼伦贝尔市鄂伦春自治旗	Elunchun National Autonomous Banner in Hulunbeier City	10603
87	呼和浩特市清水河县	Qingshuihe County in Hohhot City	10203
88	乌兰察布市化德县	Huade County in Wulanchabu City	10103
89	乌兰察布市察哈尔右翼中旗	Chahaeryouyizhong Banner in Wulanchabu City	9902
90	呼和浩特市武川县	Wuchuan County in Hohhot City	9877
91	包头市青山区	Qingshan District in Baotou City	
92	通辽市霍林郭勒市	Huolinguole City in Tongliao City	
93	鄂尔多斯市东胜区	Dongsheng District in Erdos City	
94	鄂尔多斯市康巴什区	Kangbashi District in Erdos City	
95	乌海市乌达区	Wuda District in Wuhai City	
96	呼和浩特市新城区	Xincheng District in Hohhot City	
97	呼和浩特市回民区	Huimin District in Hohhot City	
98	包头市昆都仑区	Kundulun District in Baotou City	
99	包头市白云矿区	Baiyun Mineral District in Baotou City	
100	呼伦贝尔市满洲里扎赉诺尔区	Zhalainuoer District of Manzhouli City in Hulunbeier City	
101	呼伦贝尔市满洲里市	Manzhouli City in Hulunbeier City	
102	呼伦贝尔市牙克石市	Yakeshi City in Hulunbeier City	
103	呼伦贝尔市根河市	Genhe City in Hulunbeier City	

20-7 呼和浩特市新城区

Xincheng District in Hohhot City

指 标	Item	2019	增长(%) Increase Rate(%)
行政区域土地面积(平方公里)	**Area of Administration(Sq.km)**	**661**	**0.0**
人口	**Population**		
年末户籍户数(户)	The Registered Households Year-end(household)	161744	3.3
年末户籍人口(人)	The Registered Population Year-end(person)	426358	2.7
国民经济综合指标	**Summary Item on the National Economy**		
生产总值(万元)	Gross Domestic Product(10 000 yuan)	6051200	5.1
第一产业(万元)	Primary Industry(10 000 yuan)	19800	0.3
第二产业(万元)	Secondary Industry(10 000 yuan)	852500	2.6
第三产业(万元)	Tertiary Industry(10 000 yuan)	5178900	5.5
一般公共预算收入(万元)	General Public Budget Revenue(10 000 yuan)	379061	7.4
一般公共预算支出(万元)	General Public Budget Expenditure(10 000 yuan)	247600	-6.0
农村牧区经济	**Economic Development in Rural & Pastoral Area**		
耕地面积(公顷)	Cultivated Area(hectare)	6933	0.0
高标准农田面积(公顷)	High Standard Farmland Area(hectare)		
农作物总播种面积(公顷)	Total Sown Area(hectare)	707	-10.2
粮食产量(吨)	Yield of Grain(ton)	920	-12.5
油料产量(吨)	Yield of Oil-bearing Crops(ton)	460	422.7
肉类总产量(吨)	Output of Meat(ton)	915	-3.7
奶类产量(吨)	Milks(ton)	250	5.5
规模以上工业	**Industrial Enterprises above Designated size**		
工业企业单位数(个)	Number of Industrial Enterprises(unit)	12	-20.0
工业总产值(万元)	Gross Industrial Output Value(10 000 yuan)	767951	4.5
投资	**Investment and Construction**		
固定资产投资(万元)	Total Investment in Fixed Assets(10 000 yuan)		0.0
房地产开发投资(万元)	Investment in Real Estate Development(10 000 yuan)	651052	7.8
贸易外经	**Trade**		
社会消费品零售总额(万元)	Total Retail Sales of Consumer Goods(10 000 yuan)	4836842	2.8
出口总额(万元)	Total Exports(10 000 yuan)		
交通通讯	**Transportation,Post & Telecommunications**		
公路里程(公里)	Total Length of Highways(km)	371	0.0
移动电话用户(户)	Number of Mobile Telephone Subscribers (subscriber)		
互联网宽带接入用户(户)	Number of Subscribers of Internet Service(subscriber)		
教育科技文化卫生社会保障	**Science,Education & Public Health**		
小学学校数(所)	Number of Primary Schools(unit)	38	0.0
普通中学学校数(所)	Number of Regular Secondary Schools(unit)	22	0.0
体育场馆数(个)	Stadium and Gymnasium(unit)	5	0.0
全年专利授权(件)	Annual Patent Authorization(piece)	861	
剧场、影剧院(个)	Theaters,Music Halls and Cinemas(unit)	9	
医疗卫生机构床位数(张)	Number of Beds in Health Care Institutions(unit)	4490	13.6
医疗卫生机构技术人员(人)	Medical Technical Personnel(person)	5165	28.9
城乡居民基本养老保险参保人数(人)	Urban and Rural Residents Basic Pension Insurance Contributors(person)	7756	30.0
基本医疗保险参保人数(人)	Basic Medical Care Insurance Contributors(person)	180874	1.0
居民生活	**The Lives of Residents**		
全体居民人均可支配收入(元)	The per capita disposable income of all residents(yuan)	47732	7.1
城镇常住居民人均可支配收入(元)	The per capita disposable income of urban permanent residents(yuan)		
农村牧区常住居民人均可支配收入(元)	The per capita disposable income of permanent residents of rural and pastoral areas(yuan)		

20-8 呼和浩特市回民区

Huimin District in Hohhot City

指 标	Item	2019	增长(%) Increase Rate(%)
行政区域土地面积(平方公里)	**Area of Administration(Sq.km)**	**194**	**0.0**
人口	**Population**		
年末户籍户数(户)	The Registered Households Year-end(household)	92821	-1.5
年末户籍人口(人)	The Registered Population Year-end(person)	230487	-2.4
国民经济综合指标	**Summary Item on the National Economy**		
生产总值(万元)	Gross Domestic Product(10 000 yuan)	2981017	9.0
第一产业(万元)	Primary Industry(10 000 yuan)	4772	0.2
第二产业(万元)	Secondary Industry(10 000 yuan)	305029	3.5
第三产业(万元)	Tertiary Industry(10 000 yuan)	2671216	9.7
一般公共预算收入(万元)	General Public Budget Revenue(10 000 yuan)	163420	13.5
一般公共预算支出(万元)	General Public Budget Expenditure(10 000 yuan)	278190	90.0
农村牧区经济	**Economic Development in Rural & Pastoral Area**		
耕地面积(公顷)	Cultivated Area(hectare)	706	0.0
高标准农田面积(公顷)	High Standard Farmland Area(hectare)		
农作物总播种面积(公顷)	Total Sown Area(hectare)	193	1.3
粮食产量(吨)	Yield of Grain(ton)	747	6.6
油料产量(吨)	Yield of Oil-bearing Crops(ton)		
肉类总产量(吨)	Output of Meat(ton)	39	-84.5
奶类产量(吨)	Milks(ton)	82	-8.9
规模以上工业	**Industrial Enterprises above Designated size**		
工业企业单位数(个)	Number of Industrial Enterprises(unit)	9	12.5
工业总产值(万元)	Gross Industrial Output Value(10 000 yuan)	388875	5.6
投资	**Investment and Construction**		
固定资产投资(万元)	Total Investment in Fixed Assets(10 000 yuan)		4.5
房地产开发投资(万元)	Investment in Real Estate Development(10 000 yuan)	338742	12.5
贸易外经	**Trade**		
社会消费品零售总额(万元)	Total Retail Sales of Consumer Goods(10 000 yuan)	4978512	2.7
出口总额(万元)	Total Exports(10 000 yuan)		
交通通讯	**Transportation,Post & Telecommunications**		
公路里程(公里)	Total Length of Highways(km)	118	0.0
移动电话用户(户)	Number of Mobile Telephone Subscribers (subscriber)		
互联网宽带接入用户(户)	Number of Subscribers of Internet Service(subscriber)		
教育科技文化卫生社会保障	**Science,Education & Public Health**		
小学学校数(所)	Number of Primary Schools(unit)	32	3.2
普通中学学校数(所)	Number of Regular Secondary Schools(unit)	20	-4.8
体育场馆数(个)	Stadium and Gymnasium(unit)	4	0.0
全年专利授权(件)	Annual Patent Authorization(piece)		
剧场、影剧院(个)	Theaters,Music Halls and Cinemas(unit)	6	
医疗卫生机构床位数(张)	Number of Beds in Health Care Institutions(unit)	4268	-16.2
医疗卫生机构技术人员(人)	Medical Technical Personnel(person)	5749	-12.1
城乡居民基本养老保险参保人数(人)	Urban and Rural Residents Basic Pension Insurance Contributors(person)	7297	15.1
基本医疗保险参保人数(人)	Basic Medical Care Insurance Contributors(person)	114995	-0.5
居民生活	**The Lives of Residents**		
全体居民人均可支配收入(元)	The per capita disposable income of all residents(yuan)	46144	7.0
城镇常住居民人均可支配收入(元)	The per capita disposable income of urban permanent residents(yuan)		
农村牧区常住居民人均可支配收入(元)	The per capita disposable income of permanent residents of rural and pastoral areas(yuan)		

20-9 呼和浩特市玉泉区

Yuquan District in Hohhot City

指 标	Item	2019	增长(%) Increase Rate(%)
行政区域土地面积(平方公里)	**Area of Administration(Sq.km)**	**207**	**0.0**
人口	**Population**		
年末户籍户数(户)	The Registered Households Year-end(household)	89063	1.6
年末户籍人口(人)	The Registered Population Year-end(person)	203709	0.6
国民经济综合指标	**Summary Item on the National Economy**		
生产总值(万元)	Gross Domestic Product(10 000 yuan)	3066365	5.2
第一产业(万元)	Primary Industry(10 000 yuan)	30376	0.9
第二产业(万元)	Secondary Industry(10 000 yuan)	916075	1.6
第三产业(万元)	Tertiary Industry(10 000 yuan)	2119914	6.9
一般公共预算收入(万元)	General Public Budget Revenue(10 000 yuan)	197860	2.7
一般公共预算支出(万元)	General Public Budget Expenditure(10 000 yuan)	187742	26.9
农村牧区经济	**Economic Development in Rural & Pastoral Area**		
耕地面积(公顷)	Cultivated Area(hectare)	5267	9.7
高标准农田面积(公顷)	High Standard Farmland Area(hectare)		
农作物总播种面积(公顷)	Total Sown Area(hectare)	6161	31.3
粮食产量(吨)	Yield of Grain(ton)	39143	36.9
油料产量(吨)	Yield of Oil-bearing Crops(ton)	76	5.6
肉类总产量(吨)	Output of Meat(ton)	1836	7.2
奶类产量(吨)	Milks(ton)	20005	-0.3
规模以上工业	**Industrial Enterprises above Designated size**		
工业企业单位数(个)	Number of Industrial Enterprises(unit)	15	0.0
工业总产值(万元)	Gross Industrial Output Value(10 000 yuan)	863168	-9.8
投资	**Investment and Construction**		
固定资产投资(万元)	Total Investment in Fixed Assets(10 000 yuan)		0.8
房地产开发投资(万元)	Investment in Real Estate Development(10 000 yuan)	218685	-28.0
贸易外经	**Trade**		
社会消费品零售总额(万元)	Total Retail Sales of Consumer Goods(10 000 yuan)	2507618	2.6
出口总额(万元)	Total Exports(10 000 yuan)		
交通通讯	**Transportation,Post & Telecommunications**		
公路里程(公里)	Total Length of Highways(km)	228	0.0
移动电话用户(户)	Number of Mobile Telephone Subscribers (subscriber)		
互联网宽带接入用户(户)	Number of Subscribers of Internet Service(subscriber)		
教育科技文化卫生社会保障	**Science,Education & Public Health**		
小学学校数(所)	Number of Primary Schools(unit)	29	0.0
普通中学学校数(所)	Number of Regular Secondary Schools(unit)	11	10.0
体育场馆数(个)	Stadium and Gymnasium(unit)	16	
全年专利授权(件)	Annual Patent Authorization(piece)	149	
剧场、影剧院(个)	Theaters,Music Halls and Cinemas(unit)	5	
医疗卫生机构床位数(张)	Number of Beds in Health Care Institutions(unit)	2696	0.0
医疗卫生机构技术人员(人)	Medical Technical Personnel(person)	5001	4.1
城乡居民基本养老保险参保人数(人)	Urban and Rural Residents Basic Pension Insurance Contributors(person)	11194	0.2
基本医疗保险参保人数(人)	Basic Medical Care Insurance Contributors(person)	97462	5.0
居民生活	**The Lives of Residents**		
全体居民人均可支配收入(元)	The per capita disposable income of all residents(yuan)	43195	7.4
城镇常住居民人均可支配收入(元)	The per capita disposable income of urban permanent residents(yuan)	48089	6.5
农村牧区常住居民人均可支配收入(元)	The per capita disposable income of permanent residents of rural and pastoral areas(yuan)	22755	10.4

20-10 呼和浩特市赛罕区

Saihan District in Hohhot City

指 标	Item	2019	增长(%) Increase Rate(%)
行政区域土地面积(平方公里)	**Area of Administration(Sq.km)**	**1025**	**0.0**
人口	**Population**		
年末户籍户数(户)	The Registered Households Year-end(household)	211854	4.4
年末户籍人口(人)	The Registered Population Year-end(person)	541777	3.7
国民经济综合指标	**Summary Item on the National Economy**		
生产总值(万元)	Gross Domestic Product(10 000 yuan)	7766700	6.6
第一产业(万元)	Primary Industry(10 000 yuan)	187100	5.7
第二产业(万元)	Secondary Industry(10 000 yuan)	2549400	-3.0
第三产业(万元)	Tertiary Industry(10 000 yuan)	5030200	12.3
一般公共预算收入(万元)	General Public Budget Revenue(10 000 yuan)	395359	-0.5
一般公共预算支出(万元)	General Public Budget Expenditure(10 000 yuan)	385861	18.8
农村牧区经济	**Economic Development in Rural & Pastoral Area**		
耕地面积(公顷)	Cultivated Area(hectare)	41464	-4.6
高标准农田面积(公顷)	High Standard Farmland Area(hectare)		
农作物总播种面积(公顷)	Total Sown Area(hectare)	30333	-4.0
粮食产量(吨)	Yield of Grain(ton)	131076	62.6
油料产量(吨)	Yield of Oil-bearing Crops(ton)	496	-53.9
肉类总产量(吨)	Output of Meat(ton)	6165	-26.0
奶类产量(吨)	Milks(ton)	121500	-35.6
规模以上工业	**Industrial Enterprises above Designated size**		
工业企业单位数(个)	Number of Industrial Enterprises(unit)	40	5.3
工业总产值(万元)	Gross Industrial Output Value(10 000 yuan)	4586534	-4.5
投资	**Investment and Construction**		
固定资产投资(万元)	Total Investment in Fixed Assets(10 000 yuan)		41.1
房地产开发投资(万元)	Investment in Real Estate Development(10 000 yuan)	430927	28.3
贸易外经	**Trade**		
社会消费品零售总额(万元)	Total Retail Sales of Consumer Goods(10 000 yuan)	2582598	12.6
出口总额(万元)	Total Exports(10 000 yuan)	1294	
交通通讯	**Transportation,Post & Telecommunications**		
公路里程(公里)	Total Length of Highways(km)	577	0.0
移动电话用户(户)	Number of Mobile Telephone Subscribers (subscriber)		
互联网宽带接入用户(户)	Number of Subscribers of Internet Service(subscriber)		
教育科技文化卫生社会保障	**Science,Education & Public Health**		
小学学校数(所)	Number of Primary Schools(unit)	41	0.0
普通中学学校数(所)	Number of Regular Secondary Schools(unit)	25	4.2
体育场馆数(个)	Stadium and Gymnasium(unit)	4	0.0
全年专利授权(件)	Annual Patent Authorization(piece)	1054	
剧场、影剧院(个)	Theaters,Music Halls and Cinemas(unit)	7	
医疗卫生机构床位数(张)	Number of Beds in Health Care Institutions(unit)	7524	4.3
医疗卫生机构技术人员(人)	Medical Technical Personnel(person)	11132	7.8
城乡居民基本养老保险参保人数(人)	Urban and Rural Residents Basic Pension Insurance Contributors(person)	66262	2.8
基本医疗保险参保人数(人)	Basic Medical Care Insurance Contributors(person)	348453	1.8
居民生活	**The Lives of Residents**		
全体居民人均可支配收入(元)	The per capita disposable income of all residents(yuan)	43876	6.8
城镇常住居民人均可支配收入(元)	The per capita disposable income of urban permanent residents(yuan)	53760	5.6
农村牧区常住居民人均可支配收入(元)	The per capita disposable income of permanent residents of rural and pastoral areas(yuan)	21500	10.2

20-11 呼和浩特市土默特左旗

Tumotezuo Banner in Hohhot City

指 标	Item	2019	增长(%) Increase Rate(%)
行政区域土地面积(平方公里)	**Area of Administration(Sq.km)**	**2765**	**0.0**
人口	**Population**		
年末户籍户数(户)	The Registered Households Year-end(household)	148424	-0.2
年末户籍人口(人)	The Registered Population Year-end(person)	363564	0.0
国民经济综合指标	**Summary Item on the National Economy**		
生产总值(万元)	Gross Domestic Product(10 000 yuan)	1882300	1.9
第一产业(万元)	Primary Industry(10 000 yuan)	346000	1.1
第二产业(万元)	Secondary Industry(10 000 yuan)	707300	-5.3
第三产业(万元)	Tertiary Industry(10 000 yuan)	829000	9.4
一般公共预算收入(万元)	General Public Budget Revenue(10 000 yuan)	135723	-18.5
一般公共预算支出(万元)	General Public Budget Expenditure(10 000 yuan)	261177	-19.1
农村牧区经济	**Economic Development in Rural & Pastoral Area**		
耕地面积(公顷)	Cultivated Area(hectare)	116084	0.3
高标准农田面积(公顷)	High Standard Farmland Area(hectare)	8067	187.4
农作物总播种面积(公顷)	Total Sown Area(hectare)	104272	-1.0
粮食产量(吨)	Yield of Grain(ton)	650353	8.4
油料产量(吨)	Yield of Oil-bearing Crops(ton)	16117	-41.4
肉类总产量(吨)	Output of Meat(ton)	40878	2.1
奶类产量(吨)	Milks(ton)	644359	3.8
规模以上工业	**Industrial Enterprises above Designated size**		
工业企业单位数(个)	Number of Industrial Enterprises(unit)	57	9.6
工业总产值(万元)	Gross Industrial Output Value(10 000 yuan)	3601196	31.9
投资	**Investment and Construction**		
固定资产投资(万元)	Total Investment in Fixed Assets(10 000 yuan)		-22.6
房地产开发投资(万元)	Investment in Real Estate Development(10 000 yuan)	12835	-61.2
贸易外经	**Trade**		
社会消费品零售总额(万元)	Total Retail Sales of Consumer Goods(10 000 yuan)	574283	27.4
出口总额(万元)	Total Exports(10 000 yuan)	196350	531.8
交通通讯	**Transportation,Post & Telecommunications**		
公路里程(公里)	Total Length of Highways(km)	1426	0.7
移动电话用户(户)	Number of Mobile Telephone Subscribers (subscriber)	213906	-3.2
互联网宽带接入用户(户)	Number of Subscribers of Internet Service(subscriber)	40705	16.3
教育科技文化卫生社会保障	**Science,Education & Public Health**		
小学学校数(所)	Number of Primary Schools(unit)	27	0.0
普通中学学校数(所)	Number of Regular Secondary Schools(unit)	11	10.0
体育场馆数(个)	Stadium and Gymnasium(unit)	2	0.0
全年专利授权(件)	Annual Patent Authorization(piece)	345	
剧场、影剧院(个)	Theaters,Music Halls and Cinemas(unit)	2	
医疗卫生机构床位数(张)	Number of Beds in Health Care Institutions(unit)	854	13.0
医疗卫生机构技术人员(人)	Medical Technical Personnel(person)	1421	22.8
城乡居民基本养老保险参保人数(人)	Urban and Rural Residents Basic Pension Insurance Contributors(person)	170175	16.0
基本医疗保险参保人数(人)	Basic Medical Care Insurance Contributors(person)	301734	0.0
居民生活	**The Lives of Residents**		
全体居民人均可支配收入(元)	The per capita disposable income of all residents(yuan)	23786	8.8
城镇常住居民人均可支配收入(元)	The per capita disposable income of urban permanent residents(yuan)	38170	5.7
农村牧区常住居民人均可支配收入(元)	The per capita disposable income of permanent residents of rural and pastoral areas(yuan)	18580	10.8

20-12 呼和浩特市托克托县

Tuoketuo Counry in Hohhot City

指 标	Item	2019	增长(%) Increase Rate(%)
行政区域土地面积(平方公里)	**Area of Administration(Sq.km)**	**1408**	**0.0**
人口	**Population**		
年末户籍户数(户)	The Registered Households Year-end(household)	89678	0.4
年末户籍人口(人)	The Registered Population Year-end(person)	201542	-0.4
国民经济综合指标	**Summary Item on the National Economy**		
生产总值(万元)	Gross Domestic Product(10 000 yuan)	1486000	1.1
第一产业(万元)	Primary Industry(10 000 yuan)	193100	1.2
第二产业(万元)	Secondary Industry(10 000 yuan)	670500	-4.8
第三产业(万元)	Tertiary Industry(10 000 yuan)	622400	8.5
一般公共预算收入(万元)	General Public Budget Revenue(10 000 yuan)	107351	0.3
一般公共预算支出(万元)	General Public Budget Expenditure(10 000 yuan)	197355	-15.3
农村牧区经济	**Economic Development in Rural & Pastoral Area**		
耕地面积(公顷)	Cultivated Area(hectare)	68059	0.0
高标准农田面积(公顷)	High Standard Farmland Area(hectare)		
农作物总播种面积(公顷)	Total Sown Area(hectare)	65861	3.2
粮食产量(吨)	Yield of Grain(ton)	315082	5.0
油料产量(吨)	Yield of Oil-bearing Crops(ton)	1716	-9.9
肉类总产量(吨)	Output of Meat(ton)	16181	2.5
奶类产量(吨)	Milks(ton)	188747	9.1
规模以上工业	**Industrial Enterprises above Designated size**		
工业企业单位数(个)	Number of Industrial Enterprises(unit)	29	-9.4
工业总产值(万元)	Gross Industrial Output Value(10 000 yuan)	2140838	-6.9
投资	**Investment and Construction**		
固定资产投资(万元)	Total Investment in Fixed Assets(10 000 yuan)		66.5
房地产开发投资(万元)	Investment in Real Estate Development(10 000 yuan)	41252	-53.9
贸易外经	**Trade**		
社会消费品零售总额(万元)	Total Retail Sales of Consumer Goods(10 000 yuan)	359604	2.1
出口总额(万元)	Total Exports(10 000 yuan)		
交通通讯	**Transportation,Post & Telecommunications**		
公路里程(公里)	Total Length of Highways(km)	1016	0.0
移动电话用户(户)	Number of Mobile Telephone Subscribers (subscriber)	186273	-7.5
互联网宽带接入用户(户)	Number of Subscribers of Internet Service(subscriber)	68199	93.3
教育科技文化卫生社会保障	**Science,Education & Public Health**		
小学学校数(所)	Number of Primary Schools(unit)	17	-5.6
普通中学学校数(所)	Number of Regular Secondary Schools(unit)	6	0.0
体育场馆数(个)	Stadium and Gymnasium(unit)	1	0.0
全年专利授权(件)	Annual Patent Authorization(piece)		
剧场、影剧院(个)	Theaters,Music Halls and Cinemas(unit)	1	
医疗卫生机构床位数(张)	Number of Beds in Health Care Institutions(unit)	539	0.0
医疗卫生机构技术人员(人)	Medical Technical Personnel(person)	1006	6.1
城乡居民基本养老保险参保人数(人)	Urban and Rural Residents Basic Pension Insurance Contributors(person)	73934	-8.8
基本医疗保险参保人数(人)	Basic Medical Care Insurance Contributors(person)	173811	8.4
居民生活	**The Lives of Residents**		
全体居民人均可支配收入(元)	The per capita disposable income of all residents(yuan)	25607	8.1
城镇常住居民人均可支配收入(元)	The per capita disposable income of urban permanent residents(yuan)	40200	5.5
农村牧区常住居民人均可支配收入(元)	The per capita disposable income of permanent residents of rural and pastoral areas(yuan)	17979	10.5

20-13 呼和浩特市和林格尔县

Helingeer County in Hohhot City

指 标	Item	2019	增长(%) Increase Rate(%)
行政区域土地面积(平方公里)	**Area of Administration(Sq.km)**	**3448**	**0.0**
人口	**Population**		
年末户籍户数(户)	The Registered Households Year-end(household)	89008	1.4
年末户籍人口(人)	The Registered Population Year-end(person)	204869	0.4
国民经济综合指标	**Summary Item on the National Economy**		
生产总值(万元)	Gross Domestic Product(10 000 yuan)	1745800	3.3
第一产业(万元)	Primary Industry(10 000 yuan)	202900	1.4
第二产业(万元)	Secondary Industry(10 000 yuan)	854200	0.1
第三产业(万元)	Tertiary Industry(10 000 yuan)	688700	8.3
一般公共预算收入(万元)	General Public Budget Revenue(10 000 yuan)	143706	-3.0
一般公共预算支出(万元)	General Public Budget Expenditure(10 000 yuan)	237584	3.0
农村牧区经济	**Economic Development in Rural & Pastoral Area**		
耕地面积(公顷)	Cultivated Area(hectare)	109342	0.3
高标准农田面积(公顷)	High Standard Farmland Area(hectare)	933	-30.0
农作物总播种面积(公顷)	Total Sown Area(hectare)	70611	-1.2
粮食产量(吨)	Yield of Grain(ton)	305295	21.4
油料产量(吨)	Yield of Oil-bearing Crops(ton)	3569	-9.4
肉类总产量(吨)	Output of Meat(ton)	42308	19.5
奶类产量(吨)	Milks(ton)	455000	-9.0
规模以上工业	**Industrial Enterprises above Designated size**		
工业企业单位数(个)	Number of Industrial Enterprises(unit)	26	-27.8
工业总产值(万元)	Gross Industrial Output Value(10 000 yuan)	1374998	2.4
投资	**Investment and Construction**		
固定资产投资(万元)	Total Investment in Fixed Assets(10 000 yuan)		20.3
房地产开发投资(万元)	Investment in Real Estate Development(10 000 yuan)	111286	539.3
贸易外经	**Trade**		
社会消费品零售总额(万元)	Total Retail Sales of Consumer Goods(10 000 yuan)	323300	2.2
出口总额(万元)	Total Exports(10 000 yuan)		
交通通讯	**Transportation,Post & Telecommunications**		
公路里程(公里)	Total Length of Highways(km)	1158	0.0
移动电话用户(户)	Number of Mobile Telephone Subscribers (subscriber)	136200	-24.8
互联网宽带接入用户(户)	Number of Subscribers of Internet Service(subscriber)	37000	73.1
教育科技文化卫生社会保障	**Science,Education & Public Health**		
小学学校数(所)	Number of Primary Schools(unit)	14	-6.7
普通中学学校数(所)	Number of Regular Secondary Schools(unit)	6	0.0
体育场馆数(个)	Stadium and Gymnasium(unit)	2	0.0
全年专利授权(件)	Annual Patent Authorization(piece)	190	
剧场、影剧院(个)	Theaters,Music Halls and Cinemas(unit)	1	
医疗卫生机构床位数(张)	Number of Beds in Health Care Institutions(unit)	522	1.8
医疗卫生机构技术人员(人)	Medical Technical Personnel(person)	593	19.6
城乡居民基本养老保险参保人数(人)	Urban and Rural Residents Basic Pension Insurance Contributors(person)	104025	-2.4
基本医疗保险参保人数(人)	Basic Medical Care Insurance Contributors(person)	181514	16.0
居民生活	**The Lives of Residents**		
全体居民人均可支配收入(元)	The per capita disposable income of all residents(yuan)	22701	8.7
城镇常住居民人均可支配收入(元)	The per capita disposable income of urban permanent residents(yuan)	38991	6.7
农村牧区常住居民人均可支配收入(元)	The per capita disposable income of permanent residents of rural and pastoral areas(yuan)	14454	10.4

20-14 呼和浩特市清水河县

Qingshuihe County in Hohhot City

指 标	Item	2019	增长(%) Increase Rate(%)
行政区域土地面积(平方公里)	**Area of Administration(Sq.km)**	**2818**	**0.0**
人口	**Population**		
年末户籍户数(户)	The Registered Households Year-end(household)	62049	0.4
年末户籍人口(人)	The Registered Population Year-end(person)	140944	-0.3
国民经济综合指标	**Summary Item on the National Economy**		
生产总值(万元)	Gross Domestic Product(10 000 yuan)	586600	8.2
第一产业(万元)	Primary Industry(10 000 yuan)	66500	1.3
第二产业(万元)	Secondary Industry(10 000 yuan)	217300	17.5
第三产业(万元)	Tertiary Industry(10 000 yuan)	302800	4.1
一般公共预算收入(万元)	General Public Budget Revenue(10 000 yuan)	50501	14.5
一般公共预算支出(万元)	General Public Budget Expenditure(10 000 yuan)	183282	8.0
农村牧区经济	**Economic Development in Rural & Pastoral Area**		
耕地面积(公顷)	Cultivated Area(hectare)	62538	-0.3
高标准农田面积(公顷)	High Standard Farmland Area(hectare)	1260	0.0
农作物总播种面积(公顷)	Total Sown Area(hectare)	38994	-9.3
粮食产量(吨)	Yield of Grain(ton)	84301	-8.7
油料产量(吨)	Yield of Oil-bearing Crops(ton)	4319	-8.7
肉类总产量(吨)	Output of Meat(ton)	7767	2.5
奶类产量(吨)	Milks(ton)	55869	19.3
规模以上工业	**Industrial Enterprises above Designated size**		
工业企业单位数(个)	Number of Industrial Enterprises(unit)	19	26.7
工业总产值(万元)	Gross Industrial Output Value(10 000 yuan)	401774	-14.1
投资	**Investment and Construction**		
固定资产投资(万元)	Total Investment in Fixed Assets(10 000 yuan)		70.5
房地产开发投资(万元)	Investment in Real Estate Development(10 000 yuan)	681	-4.1
贸易外经	**Trade**		
社会消费品零售总额(万元)	Total Retail Sales of Consumer Goods(10 000 yuan)	95287	2.0
出口总额(万元)	Total Exports(10 000 yuan)		
交通通讯	**Transportation,Post & Telecommunications**		
公路里程(公里)	Total Length of Highways(km)	1743	3.6
移动电话用户(户)	Number of Mobile Telephone Subscribers (subscriber)	82884	-8.7
互联网宽带接入用户(户)	Number of Subscribers of Internet Service(subscriber)	14179	2.0
教育科技文化卫生社会保障	**Science,Education & Public Health**		
小学学校数(所)	Number of Primary Schools(unit)	6	0.0
普通中学学校数(所)	Number of Regular Secondary Schools(unit)	5	0.0
体育场馆数(个)	Stadium and Gymnasium(unit)	3	
全年专利授权(件)	Annual Patent Authorization(piece)		
剧场、影剧院(个)	Theaters,Music Halls and Cinemas(unit)	1	
医疗卫生机构床位数(张)	Number of Beds in Health Care Institutions(unit)	386	-6.3
医疗卫生机构技术人员(人)	Medical Technical Personnel(person)	241	-37.6
城乡居民基本养老保险参保人数(人)	Urban and Rural Residents Basic Pension Insurance Contributors(person)	71000	1.8
基本医疗保险参保人数(人)	Basic Medical Care Insurance Contributors(person)	111295	-2.3
居民生活	**The Lives of Residents**		
全体居民人均可支配收入(元)	The per capita disposable income of all residents(yuan)	20283	9.2
城镇常住居民人均可支配收入(元)	The per capita disposable income of urban permanent residents(yuan)	29459	7.0
农村牧区常住居民人均可支配收入(元)	The per capita disposable income of permanent residents of rural and pastoral areas(yuan)	10203	14.5

20-15 呼和浩特市武川县

Wuchuan County in Hohhot City

指 标	Item	2019	增长(%) Increase Rate(%)
行政区域土地面积(平方公里)	**Area of Administration(Sq.km)**	**4682**	**0.0**
人口	**Population**		
年末户籍户数(户)	The Registered Households Year-end(household)	77018	0.2
年末户籍人口(人)	The Registered Population Year-end(person)	169441	-1.0
国民经济综合指标	**Summary Item on the National Economy**		
生产总值(万元)	Gross Domestic Product(10 000 yuan)	506300	5.5
第一产业(万元)	Primary Industry(10 000 yuan)	91500	1.4
第二产业(万元)	Secondary Industry(10 000 yuan)	122100	13.6
第三产业(万元)	Tertiary Industry(10 000 yuan)	292700	4.0
一般公共预算收入(万元)	General Public Budget Revenue(10 000 yuan)	25254	6.3
一般公共预算支出(万元)	General Public Budget Expenditure(10 000 yuan)	164553	6.5
农村牧区经济	**Economic Development in Rural & Pastoral Area**		
耕地面积(公顷)	Cultivated Area(hectare)	144789	0.0
高标准农田面积(公顷)	High Standard Farmland Area(hectare)	2881	0.0
农作物总播种面积(公顷)	Total Sown Area(hectare)	118835	-9.7
粮食产量(吨)	Yield of Grain(ton)	186522	-5.7
油料产量(吨)	Yield of Oil-bearing Crops(ton)	81826	59.5
肉类总产量(吨)	Output of Meat(ton)	5132	15.1
奶类产量(吨)	Milks(ton)	30100	-6.2
规模以上工业	**Industrial Enterprises above Designated size**		
工业企业单位数(个)	Number of Industrial Enterprises(unit)	17	
工业总产值(万元)	Gross Industrial Output Value(10 000 yuan)	183556	-89.1
投资	**Investment and Construction**		
固定资产投资(万元)	Total Investment in Fixed Assets(10 000 yuan)		19.1
房地产开发投资(万元)	Investment in Real Estate Development(10 000 yuan)	8990	144.3
贸易外经	**Trade**		
社会消费品零售总额(万元)	Total Retail Sales of Consumer Goods(10 000 yuan)	142392	2.0
出口总额(万元)	Total Exports(10 000 yuan)		
交通通讯	**Transportation,Post & Telecommunications**		
公路里程(公里)	Total Length of Highways(km)	1080	4.8
移动电话用户(户)	Number of Mobile Telephone Subscribers (subscriber)	122442	-1.9
互联网宽带接入用户(户)	Number of Subscribers of Internet Service(subscriber)	23754	8.6
教育科技文化卫生社会保障	**Science,Education & Public Health**		
小学学校数(所)	Number of Primary Schools(unit)	5	-16.7
普通中学学校数(所)	Number of Regular Secondary Schools(unit)	4	100.0
体育场馆数(个)	Stadium and Gymnasium(unit)	2	0.0
全年专利授权(件)	Annual Patent Authorization(piece)	15	
剧场、影剧院(个)	Theaters,Music Halls and Cinemas(unit)	2	
医疗卫生机构床位数(张)	Number of Beds in Health Care Institutions(unit)	418	-0.2
医疗卫生机构技术人员(人)	Medical Technical Personnel(person)	625	5.6
城乡居民基本养老保险参保人数(人)	Urban and Rural Residents Basic Pension Insurance Contributors(person)	100534	1.9
基本医疗保险参保人数(人)	Basic Medical Care Insurance Contributors(person)	131500	-3.8
居民生活	**The Lives of Residents**		
全体居民人均可支配收入(元)	The per capita disposable income of all residents(yuan)	19135	7.8
城镇常住居民人均可支配收入(元)	The per capita disposable income of urban permanent residents(yuan)	28385	5.0
农村牧区常住居民人均可支配收入(元)	The per capita disposable income of permanent residents of rural and pastoral areas(yuan)	9877	14.6

20-16 包头市东河区

Donghe District in Baotou City

指 标	Item	2019	增长(%) Increase Rate(%)
行政区域土地面积(平方公里)	**Area of Administration(Sq.km)**	**470**	**0.0**
人口	**Population**		
年末户籍户数(户)	The Registered Households Year-end(household)	161084	0.2
年末户籍人口(人)	The Registered Population Year-end(person)	406690	-0.5
国民经济综合指标	**Summary Item on the National Economy**		
生产总值(万元)	Gross Domestic Product(10 000 yuan)	3294119	5.6
第一产业(万元)	Primary Industry(10 000 yuan)	68067	0.9
第二产业(万元)	Secondary Industry(10 000 yuan)	973529	7.6
第三产业(万元)	Tertiary Industry(10 000 yuan)	2252523	4.9
一般公共预算收入(万元)	General Public Budget Revenue(10 000 yuan)	103313	-4.5
一般公共预算支出(万元)	General Public Budget Expenditure(10 000 yuan)	198061	9.2
农村牧区经济	**Economic Development in Rural & Pastoral Area**		
耕地面积(公顷)	Cultivated Area(hectare)	9343	-2.6
高标准农田面积(公顷)	High Standard Farmland Area(hectare)		
农作物总播种面积(公顷)	Total Sown Area(hectare)	8467	0.0
粮食产量(吨)	Yield of Grain(ton)	38072	-4.1
油料产量(吨)	Yield of Oil-bearing Crops(ton)	184	0.0
肉类总产量(吨)	Output of Meat(ton)	2097	-4.5
奶类产量(吨)	Milks(ton)	10049	3.9
规模以上工业	**Industrial Enterprises above Designated size**		
工业企业单位数(个)	Number of Industrial Enterprises(unit)	34	0.0
工业总产值(万元)	Gross Industrial Output Value(10 000 yuan)	3077914	
投资	**Investment and Construction**		
固定资产投资(万元)	Total Investment in Fixed Assets(10 000 yuan)		22.0
房地产开发投资(万元)	Investment in Real Estate Development(10 000 yuan)	304186	32.1
贸易外经	**Trade**		
社会消费品零售总额(万元)	Total Retail Sales of Consumer Goods(10 000 yuan)	1858932	4.2
出口总额(万元)	Total Exports(10 000 yuan)	10000	0.0
交通通讯	**Transportation,Post & Telecommunications**		
公路里程(公里)	Total Length of Highways(km)	265	0.0
移动电话用户(户)	Number of Mobile Telephone Subscribers (subscriber)	402800	0.4
互联网宽带接入用户(户)	Number of Subscribers of Internet Service(subscriber)	89980	0.4
教育科技文化卫生社会保障	**Science,Education & Public Health**		
小学学校数(所)	Number of Primary Schools(unit)	22	-4.3
普通中学学校数(所)	Number of Regular Secondary Schools(unit)	17	-10.5
体育场馆数(个)	Stadium and Gymnasium(unit)	2	0.0
全年专利授权(件)	Annual Patent Authorization(piece)	145	
剧场、影剧院(个)	Theaters,Music Halls and Cinemas(unit)	4	
医疗卫生机构床位数(张)	Number of Beds in Health Care Institutions(unit)	5042	-4.3
医疗卫生机构技术人员(人)	Medical Technical Personnel(person)	5893	0.1
城乡居民基本养老保险参保人数(人)	Urban and Rural Residents Basic Pension Insurance Contributors(person)	28996	9.4
基本医疗保险参保人数(人)	Basic Medical Care Insurance Contributors(person)	214237	-1.5
居民生活	**The Lives of Residents**		
全体居民人均可支配收入(元)	The per capita disposable income of all residents(yuan)	43924	6.1
城镇常住居民人均可支配收入(元)	The per capita disposable income of urban permanent residents(yuan)	45780	6.4
农村牧区常住居民人均可支配收入(元)	The per capita disposable income of permanent residents of rural and pastoral areas(yuan)	24523	9.4

20-17 包头市昆都仑区

Kundulun District in Baotou City

指 标	Item	2019	增长(%) Increase Rate(%)
行政区域土地面积(平方公里)	**Area of Administration(Sq.km)**	**301**	**0.0**
人口	**Population**		
年末户籍户数(户)	The Registered Households Year-end(household)	186321	1.6
年末户籍人口(人)	The Registered Population Year-end(person)	520864	0.7
国民经济综合指标	**Summary Item on the National Economy**		
生产总值(万元)	Gross Domestic Product(10 000 yuan)	8158800	6.0
第一产业(万元)	Primary Industry(10 000 yuan)	30427	0.6
第二产业(万元)	Secondary Industry(10 000 yuan)	3018485	10.5
第三产业(万元)	Tertiary Industry(10 000 yuan)	5109889	3.5
一般公共预算收入(万元)	General Public Budget Revenue(10 000 yuan)	288561	30.0
一般公共预算支出(万元)	General Public Budget Expenditure(10 000 yuan)	334138	4.6
农村牧区经济	**Economic Development in Rural & Pastoral Area**		
耕地面积(公顷)	Cultivated Area(hectare)	2627	-6.7
高标准农田面积(公顷)	High Standard Farmland Area(hectare)		
农作物总播种面积(公顷)	Total Sown Area(hectare)	1269	-19.2
粮食产量(吨)	Yield of Grain(ton)	7926	0.1
油料产量(吨)	Yield of Oil-bearing Crops(ton)	18	0.0
肉类总产量(吨)	Output of Meat(ton)	1258	-42.7
奶类产量(吨)	Milks(ton)	6353	-8.6
规模以上工业	**Industrial Enterprises above Designated size**		
工业企业单位数(个)	Number of Industrial Enterprises(unit)	59	-14.5
工业总产值(万元)	Gross Industrial Output Value(10 000 yuan)	8490749	
投资	**Investment and Construction**		
固定资产投资(万元)	Total Investment in Fixed Assets(10 000 yuan)		6.6
房地产开发投资(万元)	Investment in Real Estate Development(10 000 yuan)	364203	-11.6
贸易外经	**Trade**		
社会消费品零售总额(万元)	Total Retail Sales of Consumer Goods(10 000 yuan)	3365298	4.4
出口总额(万元)	Total Exports(10 000 yuan)		
交通通讯	**Transportation,Post & Telecommunications**		
公路里程(公里)	Total Length of Highways(km)	521	0.6
移动电话用户(户)	Number of Mobile Telephone Subscribers (subscriber)	856898	2.4
互联网宽带接入用户(户)	Number of Subscribers of Internet Service(subscriber)	186545	15.8
教育科技文化卫生社会保障	**Science,Education & Public Health**		
小学学校数(所)	Number of Primary Schools(unit)	34	3.0
普通中学学校数(所)	Number of Regular Secondary Schools(unit)	26	4.0
体育场馆数(个)	Stadium and Gymnasium(unit)	6	0.0
全年专利授权(件)	Annual Patent Authorization(piece)	684	
剧场、影剧院(个)	Theaters,Music Halls and Cinemas(unit)	5	
医疗卫生机构床位数(张)	Number of Beds in Health Care Institutions(unit)	5910	-5.2
医疗卫生机构技术人员(人)	Medical Technical Personnel(person)	7550	1.7
城乡居民基本养老保险参保人数(人)	Urban and Rural Residents Basic Pension Insurance Contributors(person)	9624	4.6
基本医疗保险参保人数(人)	Basic Medical Care Insurance Contributors(person)	231233	1.3
居民生活	**The Lives of Residents**		
全体居民人均可支配收入(元)	The per capita disposable income of all residents(yuan)	53854	6.3
城镇常住居民人均可支配收入(元)	The per capita disposable income of urban permanent residents(yuan)	53854	6.3
农村牧区常住居民人均可支配收入(元)	The per capita disposable income of permanent residents of rural and pastoral areas(yuan)		

20-18 包头市青山区
Qingshan District in Baotou City

指 标	Item	2019	增长(%) Increase Rate(%)
行政区域土地面积(平方公里)	**Area of Administration(Sq.km)**	**396**	**-7.9**
人口	**Population**		
年末户籍户数(户)	The Registered Households Year-end(household)	155044	7.5
年末户籍人口(人)	The Registered Population Year-end(person)	456946	12.9
国民经济综合指标	**Summary Item on the National Economy**		
生产总值(万元)	Gross Domestic Product(10 000 yuan)	9202218	7.0
第一产业(万元)	Primary Industry(10 000 yuan)	66930	0.4
第二产业(万元)	Secondary Industry(10 000 yuan)	3813773	9.0
第三产业(万元)	Tertiary Industry(10 000 yuan)	5321514	5.9
一般公共预算收入(万元)	General Public Budget Revenue(10 000 yuan)	492351	135.0
一般公共预算支出(万元)	General Public Budget Expenditure(10 000 yuan)	531100	154.4
农村牧区经济	**Economic Development in Rural & Pastoral Area**		
耕地面积(公顷)	Cultivated Area(hectare)	5542	-0.9
高标准农田面积(公顷)	High Standard Farmland Area(hectare)		
农作物总播种面积(公顷)	Total Sown Area(hectare)	1700	-4.3
粮食产量(吨)	Yield of Grain(ton)	4851	8.4
油料产量(吨)	Yield of Oil-bearing Crops(ton)	59	-24.0
肉类总产量(吨)	Output of Meat(ton)	1325	-64.2
奶类产量(吨)	Milks(ton)	8409	-0.3
规模以上工业	**Industrial Enterprises above Designated size**		
工业企业单位数(个)	Number of Industrial Enterprises(unit)	138	-6.1
工业总产值(万元)	Gross Industrial Output Value(10 000 yuan)	6245233	
投资	**Investment and Construction**		
固定资产投资(万元)	Total Investment in Fixed Assets(10 000 yuan)		3.5
房地产开发投资(万元)	Investment in Real Estate Development(10 000 yuan)	823700	10.6
贸易外经	**Trade**		
社会消费品零售总额(万元)	Total Retail Sales of Consumer Goods(10 000 yuan)	3553548	4.5
出口总额(万元)	Total Exports(10 000 yuan)	272909	-12.5
交通通讯	**Transportation,Post & Telecommunications**		
公路里程(公里)	Total Length of Highways(km)	611	87.4
移动电话用户(户)	Number of Mobile Telephone Subscribers (subscriber)	1032291	524.4
互联网宽带接入用户(户)	Number of Subscribers of Internet Service(subscriber)	451163	1505.8
教育科技文化卫生社会保障	**Science,Education & Public Health**		
小学学校数(所)	Number of Primary Schools(unit)	30	0.0
普通中学学校数(所)	Number of Regular Secondary Schools(unit)	27	3.8
体育场馆数(个)	Stadium and Gymnasium(unit)	5	0.0
全年专利授权(件)	Annual Patent Authorization(piece)	1002	
剧场、影剧院(个)	Theaters,Music Halls and Cinemas(unit)	6	
医疗卫生机构床位数(张)	Number of Beds in Health Care Institutions(unit)	5003	-7.2
医疗卫生机构技术人员(人)	Medical Technical Personnel(person)	6630	-4.3
城乡居民基本养老保险参保人数(人)	Urban and Rural Residents Basic Pension Insurance Contributors(person)	14906	-0.2
基本医疗保险参保人数(人)	Basic Medical Care Insurance Contributors(person)	258044	10.3
居民生活	**The Lives of Residents**		
全体居民人均可支配收入(元)	The per capita disposable income of all residents(yuan)	53753	6.2
城镇常住居民人均可支配收入(元)	The per capita disposable income of urban permanent residents(yuan)	53753	6.2
农村牧区常住居民人均可支配收入(元)	The per capita disposable income of permanent residents of rural and pastoral areas(yuan)		

20-19 包头市九原区
Jiuyuan District in Baotou City

指 标	Item	2019	增长(%) Increase Rate(%)
行政区域土地面积(平方公里)	**Area of Administration(Sq.km)**	**734**	**0.0**
人口	**Population**		
年末户籍户数(户)	The Registered Households Year-end(household)	53201	-24.6
年末户籍人口(人)	The Registered Population Year-end(person)	127267	-24.8
国民经济综合指标	**Summary Item on the National Economy**		
生产总值(万元)	Gross Domestic Product(10 000 yuan)	2465426	5.1
第一产业(万元)	Primary Industry(10 000 yuan)	124342	0.8
第二产业(万元)	Secondary Industry(10 000 yuan)	962989	2.9
第三产业(万元)	Tertiary Industry(10 000 yuan)	1378094	7.4
一般公共预算收入(万元)	General Public Budget Revenue(10 000 yuan)	153019	6.1
一般公共预算支出(万元)	General Public Budget Expenditure(10 000 yuan)	201080	8.6
农村牧区经济	**Economic Development in Rural & Pastoral Area**		
耕地面积(公顷)	Cultivated Area(hectare)	16200	0.0
高标准农田面积(公顷)	High Standard Farmland Area(hectare)		
农作物总播种面积(公顷)	Total Sown Area(hectare)	19438	-4.8
粮食产量(吨)	Yield of Grain(ton)	65027	-4.0
油料产量(吨)	Yield of Oil-bearing Crops(ton)	2879	-0.3
肉类总产量(吨)	Output of Meat(ton)	30331	1.8
奶类产量(吨)	Milks(ton)	209552	-1.0
规模以上工业	**Industrial Enterprises above Designated size**		
工业企业单位数(个)	Number of Industrial Enterprises(unit)	37	12.1
工业总产值(万元)	Gross Industrial Output Value(10 000 yuan)	1877162	
投资	**Investment and Construction**		
固定资产投资(万元)	Total Investment in Fixed Assets(10 000 yuan)		10.0
房地产开发投资(万元)	Investment in Real Estate Development(10 000 yuan)	528831	45.0
贸易外经	**Trade**		
社会消费品零售总额(万元)	Total Retail Sales of Consumer Goods(10 000 yuan)	625225	4.1
出口总额(万元)	Total Exports(10 000 yuan)		
交通通讯	**Transportation,Post & Telecommunications**		
公路里程(公里)	Total Length of Highways(km)	817	0.2
移动电话用户(户)	Number of Mobile Telephone Subscribers (subscriber)	264810	3.6
互联网宽带接入用户(户)	Number of Subscribers of Internet Service(subscriber)	25728	3.0
教育科技文化卫生社会保障	**Science,Education & Public Health**		
小学学校数(所)	Number of Primary Schools(unit)	15	0.0
普通中学学校数(所)	Number of Regular Secondary Schools(unit)	8	14.3
体育场馆数(个)	Stadium and Gymnasium(unit)	2	0.0
全年专利授权(件)	Annual Patent Authorization(piece)	97	
剧场、影剧院(个)	Theaters,Music Halls and Cinemas(unit)	1	
医疗卫生机构床位数(张)	Number of Beds in Health Care Institutions(unit)	1846	29.4
医疗卫生机构技术人员(人)	Medical Technical Personnel(person)	2176	35.9
城乡居民基本养老保险参保人数(人)	Urban and Rural Residents Basic Pension Insurance Contributors(person)	23463	3.9
基本医疗保险参保人数(人)	Basic Medical Care Insurance Contributors(person)	128505	0.0
居民生活	**The Lives of Residents**		
全体居民人均可支配收入(元)	The per capita disposable income of all residents(yuan)	44343	7.0
城镇常住居民人均可支配收入(元)	The per capita disposable income of urban permanent residents(yuan)	52163	6.4
农村牧区常住居民人均可支配收入(元)	The per capita disposable income of permanent residents of rural and pastoral areas(yuan)	23213	9.6

20-20 包头市石拐区

Shiguai District in Baotou City

指 标	Item	2019	增长(%) Increase Rate(%)
行政区域土地面积(平方公里)	**Area of Administration(Sq.km)**	**761**	**-3.1**
人口	**Population**		
年末户籍户数(户)	The Registered Households Year-end(household)	23011	-1.4
年末户籍人口(人)	The Registered Population Year-end(person)	47226	-1.7
国民经济综合指标	**Summary Item on the National Economy**		
生产总值(万元)	Gross Domestic Product(10 000 yuan)	594552	1.2
第一产业(万元)	Primary Industry(10 000 yuan)	8238	1.4
第二产业(万元)	Secondary Industry(10 000 yuan)	444382	-0.7
第三产业(万元)	Tertiary Industry(10 000 yuan)	141933	8.8
一般公共预算收入(万元)	General Public Budget Revenue(10 000 yuan)	40663	6.1
一般公共预算支出(万元)	General Public Budget Expenditure(10 000 yuan)	89841	7.0
农村牧区经济	**Economic Development in Rural & Pastoral Area**		
耕地面积(公顷)	Cultivated Area(hectare)	4318	-0.2
高标准农田面积(公顷)	High Standard Farmland Area(hectare)		
农作物总播种面积(公顷)	Total Sown Area(hectare)	2087	2.9
粮食产量(吨)	Yield of Grain(ton)	8616	9.7
油料产量(吨)	Yield of Oil-bearing Crops(ton)	35	-5.4
肉类总产量(吨)	Output of Meat(ton)	946	3.3
奶类产量(吨)	Milks(ton)	3765	-1.7
规模以上工业	**Industrial Enterprises above Designated size**		
工业企业单位数(个)	Number of Industrial Enterprises(unit)	26	8.3
工业总产值(万元)	Gross Industrial Output Value(10 000 yuan)	1408243	
投资	**Investment and Construction**		
固定资产投资(万元)	Total Investment in Fixed Assets(10 000 yuan)		28.3
房地产开发投资(万元)	Investment in Real Estate Development(10 000 yuan)	15928	231.8
贸易外经	**Trade**		
社会消费品零售总额(万元)	Total Retail Sales of Consumer Goods(10 000 yuan)	62959	3.6
出口总额(万元)	Total Exports(10 000 yuan)	5656	-40.8
交通通讯	**Transportation,Post & Telecommunications**		
公路里程(公里)	Total Length of Highways(km)	324	3.8
移动电话用户(户)	Number of Mobile Telephone Subscribers (subscriber)	29057	36.7
互联网宽带接入用户(户)	Number of Subscribers of Internet Service(subscriber)	4497	247.3
教育科技文化卫生社会保障	**Science,Education & Public Health**		
小学学校数(所)	Number of Primary Schools(unit)	2	0.0
普通中学学校数(所)	Number of Regular Secondary Schools(unit)	4	33.3
体育场馆数(个)	Stadium and Gymnasium(unit)	2	0.0
全年专利授权(件)	Annual Patent Authorization(piece)	10	
剧场、影剧院(个)	Theaters,Music Halls and Cinemas(unit)		
医疗卫生机构床位数(张)	Number of Beds in Health Care Institutions(unit)	41	0.0
医疗卫生机构技术人员(人)	Medical Technical Personnel(person)	84	9.1
城乡居民基本养老保险参保人数(人)	Urban and Rural Residents Basic Pension Insurance Contributors(person)	12768	5.4
基本医疗保险参保人数(人)	Basic Medical Care Insurance Contributors(person)	22708	-33.2
居民生活	**The Lives of Residents**		
全体居民人均可支配收入(元)	The per capita disposable income of all residents(yuan)	39316	9.9
城镇常住居民人均可支配收入(元)	The per capita disposable income of urban permanent residents(yuan)	44294	7.0
农村牧区常住居民人均可支配收入(元)	The per capita disposable income of permanent residents of rural and pastoral areas(yuan)	17582	10.1

20-21 包头市白云矿区

Baiyun Mineral District in Baotou City

指 标	Item	2019	增长(%) Increase Rate(%)
行政区域土地面积(平方公里)	**Area of Administration(Sq.km)**	**303**	**-7.9**
人口	**Population**		
年末户籍户数(户)	The Registered Households Year-end(household)	6784	-1.2
年末户籍人口(人)	The Registered Population Year-end(person)	15434	-2.6
国民经济综合指标	**Summary Item on the National Economy**		
生产总值(万元)	Gross Domestic Product(10 000 yuan)	320585	4.7
第一产业(万元)	Primary Industry(10 000 yuan)	517	0.6
第二产业(万元)	Secondary Industry(10 000 yuan)	227330	4.4
第三产业(万元)	Tertiary Industry(10 000 yuan)	92738	5.4
一般公共预算收入(万元)	General Public Budget Revenue(10 000 yuan)	16458	-37.6
一般公共预算支出(万元)	General Public Budget Expenditure(10 000 yuan)	42744	-12.8
农村牧区经济	**Economic Development in Rural & Pastoral Area**		
耕地面积(公顷)	Cultivated Area(hectare)		
高标准农田面积(公顷)	High Standard Farmland Area(hectare)		
农作物总播种面积(公顷)	Total Sown Area(hectare)	2	
粮食产量(吨)	Yield of Grain(ton)		
油料产量(吨)	Yield of Oil-bearing Crops(ton)		
肉类总产量(吨)	Output of Meat(ton)	93	-45.0
奶类产量(吨)	Milks(ton)	218	1.4
规模以上工业	**Industrial Enterprises above Designated size**		
工业企业单位数(个)	Number of Industrial Enterprises(unit)	11	0.0
工业总产值(万元)	Gross Industrial Output Value(10 000 yuan)	78318	
投资	**Investment and Construction**		
固定资产投资(万元)	Total Investment in Fixed Assets(10 000 yuan)		9.8
房地产开发投资(万元)	Investment in Real Estate Development(10 000 yuan)		
贸易外经	**Trade**		
社会消费品零售总额(万元)	Total Retail Sales of Consumer Goods(10 000 yuan)	80620	4.4
出口总额(万元)	Total Exports(10 000 yuan)		
交通通讯	**Transportation,Post & Telecommunications**		
公路里程(公里)	Total Length of Highways(km)	79	0.0
移动电话用户(户)	Number of Mobile Telephone Subscribers (subscriber)	30800	2.6
互联网宽带接入用户(户)	Number of Subscribers of Internet Service(subscriber)	6900	13.8
教育科技文化卫生社会保障	**Science,Education & Public Health**		
小学学校数(所)	Number of Primary Schools(unit)	3	0.0
普通中学学校数(所)	Number of Regular Secondary Schools(unit)	2	0.0
体育场馆数(个)	Stadium and Gymnasium(unit)	3	0.0
全年专利授权(件)	Annual Patent Authorization(piece)	2	
剧场、影剧院(个)	Theaters,Music Halls and Cinemas(unit)	1	
医疗卫生机构床位数(张)	Number of Beds in Health Care Institutions(unit)	110	0.0
医疗卫生机构技术人员(人)	Medical Technical Personnel(person)	149	-6.9
城乡居民基本养老保险参保人数(人)	Urban and Rural Residents Basic Pension Insurance Contributors(person)	310	3.3
基本医疗保险参保人数(人)	Basic Medical Care Insurance Contributors(person)	7559	-4.6
居民生活	**The Lives of Residents**		
全体居民人均可支配收入(元)	The per capita disposable income of all residents(yuan)	53728	6.2
城镇常住居民人均可支配收入(元)	The per capita disposable income of urban permanent residents(yuan)	53728	6.2
农村牧区常住居民人均可支配收入(元)	The per capita disposable income of permanent residents of rural and pastoral areas(yuan)		

20-22 包头市土默特右旗

Tumoteyou Banner in Baotou City

指 标	Item	2019	增长(%) Increase Rate(%)
行政区域土地面积(平方公里)	**Area of Administration(Sq.km)**	**2368**	**0.0**
人口	**Population**		
年末户籍户数(户)	The Registered Households Year-end(household)	164307	0.3
年末户籍人口(人)	The Registered Population Year-end(person)	362417	-0.1
国民经济综合指标	**Summary Item on the National Economy**		
生产总值(万元)	Gross Domestic Product(10 000 yuan)	1617270	5.5
第一产业(万元)	Primary Industry(10 000 yuan)	383776	1.0
第二产业(万元)	Secondary Industry(10 000 yuan)	489432	7.4
第三产业(万元)	Tertiary Industry(10 000 yuan)	744063	7.1
一般公共预算收入(万元)	General Public Budget Revenue(10 000 yuan)	63818	6.1
一般公共预算支出(万元)	General Public Budget Expenditure(10 000 yuan)	230263	-8.2
农村牧区经济	**Economic Development in Rural & Pastoral Area**		
耕地面积(公顷)	Cultivated Area(hectare)	111938	0.0
高标准农田面积(公顷)	High Standard Farmland Area(hectare)		
农作物总播种面积(公顷)	Total Sown Area(hectare)	108956	-0.8
粮食产量(吨)	Yield of Grain(ton)	775045	1.7
油料产量(吨)	Yield of Oil-bearing Crops(ton)	30377	-11.6
肉类总产量(吨)	Output of Meat(ton)	67686	-2.5
奶类产量(吨)	Milks(ton)	302501	5.2
规模以上工业	**Industrial Enterprises above Designated size**		
工业企业单位数(个)	Number of Industrial Enterprises(unit)	27	22.7
工业总产值(万元)	Gross Industrial Output Value(10 000 yuan)	725180	
投资	**Investment and Construction**		
固定资产投资(万元)	Total Investment in Fixed Assets(10 000 yuan)		10.0
房地产开发投资(万元)	Investment in Real Estate Development(10 000 yuan)	89774	683.0
贸易外经	**Trade**		
社会消费品零售总额(万元)	Total Retail Sales of Consumer Goods(10 000 yuan)	438042	4.3
出口总额(万元)	Total Exports(10 000 yuan)		
交通通讯	**Transportation,Post & Telecommunications**		
公路里程(公里)	Total Length of Highways(km)	2460	-5.9
移动电话用户(户)	Number of Mobile Telephone Subscribers (subscriber)	246000	-11.8
互联网宽带接入用户(户)	Number of Subscribers of Internet Service(subscriber)	26810	0.3
教育科技文化卫生社会保障	**Science,Education & Public Health**		
小学学校数(所)	Number of Primary Schools(unit)	21	0.0
普通中学学校数(所)	Number of Regular Secondary Schools(unit)	7	0.0
体育场馆数(个)	Stadium and Gymnasium(unit)	1	0.0
全年专利授权(件)	Annual Patent Authorization(piece)	42	
剧场、影剧院(个)	Theaters,Music Halls and Cinemas(unit)	3	
医疗卫生机构床位数(张)	Number of Beds in Health Care Institutions(unit)	878	-2.3
医疗卫生机构技术人员(人)	Medical Technical Personnel(person)	1014	2.8
城乡居民基本养老保险参保人数(人)	Urban and Rural Residents Basic Pension Insurance Contributors(person)	162500	0.0
基本医疗保险参保人数(人)	Basic Medical Care Insurance Contributors(person)	289100	-0.8
居民生活	**The Lives of Residents**		
全体居民人均可支配收入(元)	The per capita disposable income of all residents(yuan)	27774	6.9
城镇常住居民人均可支配收入(元)	The per capita disposable income of urban permanent residents(yuan)	39390	6.1
农村牧区常住居民人均可支配收入(元)	The per capita disposable income of permanent residents of rural and pastoral areas(yuan)	19309	9.7

20-23 包头市固阳县

Guyang County in Baotou City

指 标	Item	2019	增长(%) Increase Rate(%)
行政区域土地面积(平方公里)	**Area of Administration(Sq.km)**	**5025**	**0.0**
人口	**Population**		
年末户籍户数(户)	The Registered Households Year-end(household)	97672	0.3
年末户籍人口(人)	The Registered Population Year-end(person)	198309	-0.4
国民经济综合指标	**Summary Item on the National Economy**		
生产总值(万元)	Gross Domestic Product(10 000 yuan)	571178	5.6
第一产业(万元)	Primary Industry(10 000 yuan)	136279	1.7
第二产业(万元)	Secondary Industry(10 000 yuan)	246148	13.2
第三产业(万元)	Tertiary Industry(10 000 yuan)	188751	-0.4
一般公共预算收入(万元)	General Public Budget Revenue(10 000 yuan)	37434	14.0
一般公共预算支出(万元)	General Public Budget Expenditure(10 000 yuan)	227589	-8.4
农村牧区经济	**Economic Development in Rural & Pastoral Area**		
耕地面积(公顷)	Cultivated Area(hectare)	188719	0.1
高标准农田面积(公顷)	High Standard Farmland Area(hectare)		
农作物总播种面积(公顷)	Total Sown Area(hectare)	102556	29.3
粮食产量(吨)	Yield of Grain(ton)	109586	0.8
油料产量(吨)	Yield of Oil-bearing Crops(ton)	46340	117.2
肉类总产量(吨)	Output of Meat(ton)	41113	-5.8
奶类产量(吨)	Milks(ton)	34558	-11.1
规模以上工业	**Industrial Enterprises above Designated size**		
工业企业单位数(个)	Number of Industrial Enterprises(unit)	32	33.3
工业总产值(万元)	Gross Industrial Output Value(10 000 yuan)	902715	
投资	**Investment and Construction**		
固定资产投资(万元)	Total Investment in Fixed Assets(10 000 yuan)		-9.6
房地产开发投资(万元)	Investment in Real Estate Development(10 000 yuan)	20796	-21.3
贸易外经	**Trade**		
社会消费品零售总额(万元)	Total Retail Sales of Consumer Goods(10 000 yuan)	205913	3.9
出口总额(万元)	Total Exports(10 000 yuan)		
交通通讯	**Transportation,Post & Telecommunications**		
公路里程(公里)	Total Length of Highways(km)	1260	0.0
移动电话用户(户)	Number of Mobile Telephone Subscribers (subscriber)	130000	-23.5
互联网宽带接入用户(户)	Number of Subscribers of Internet Service(subscriber)	20000	33.3
教育科技文化卫生社会保障	**Science,Education & Public Health**		
小学学校数(所)	Number of Primary Schools(unit)	5	0.0
普通中学学校数(所)	Number of Regular Secondary Schools(unit)	3	0.0
体育场馆数(个)	Stadium and Gymnasium(unit)	1	0.0
全年专利授权(件)	Annual Patent Authorization(piece)	4	
剧场、影剧院(个)	Theaters,Music Halls and Cinemas(unit)	1	
医疗卫生机构床位数(张)	Number of Beds in Health Care Institutions(unit)	612	0.5
医疗卫生机构技术人员(人)	Medical Technical Personnel(person)	544	9.0
城乡居民基本养老保险参保人数(人)	Urban and Rural Residents Basic Pension Insurance Contributors(person)	107524	-0.5
基本医疗保险参保人数(人)	Basic Medical Care Insurance Contributors(person)	157383	-7.5
居民生活	**The Lives of Residents**		
全体居民人均可支配收入(元)	The per capita disposable income of all residents(yuan)	21885	8.5
城镇常住居民人均可支配收入(元)	The per capita disposable income of urban permanent residents(yuan)	33702	6.6
农村牧区常住居民人均可支配收入(元)	The per capita disposable income of permanent residents of rural and pastoral areas(yuan)	15287	10.8

20-24 包头市达尔罕茂明安联合旗

Daerhanmaomingan Union Banner in Baotou City

指 标	Item	2019	增长(%) Increase Rate(%)
行政区域土地面积(平方公里)	**Area of Administration(Sq.km)**	**17410**	**-0.4**
人口	**Population**		
年末户籍户数(户)	The Registered Households Year-end(household)	53281	0.0
年末户籍人口(人)	The Registered Population Year-end(person)	110531	-0.4
国民经济综合指标	**Summary Item on the National Economy**		
生产总值(万元)	Gross Domestic Product(10 000 yuan)	920544	4.9
第一产业(万元)	Primary Industry(10 000 yuan)	145427	1.6
第二产业(万元)	Secondary Industry(10 000 yuan)	488732	10.2
第三产业(万元)	Tertiary Industry(10 000 yuan)	286386	-1.7
一般公共预算收入(万元)	General Public Budget Revenue(10 000 yuan)	55699	-2.5
一般公共预算支出(万元)	General Public Budget Expenditure(10 000 yuan)	204597	-7.3
农村牧区经济	**Economic Development in Rural & Pastoral Area**		
耕地面积(公顷)	Cultivated Area(hectare)	77059	0.0
高标准农田面积(公顷)	High Standard Farmland Area(hectare)		
农作物总播种面积(公顷)	Total Sown Area(hectare)	50252	1.7
粮食产量(吨)	Yield of Grain(ton)	85542	-0.0
油料产量(吨)	Yield of Oil-bearing Crops(ton)	22000	78.0
肉类总产量(吨)	Output of Meat(ton)	28536	6.0
奶类产量(吨)	Milks(ton)	63167	0.9
规模以上工业	**Industrial Enterprises above Designated size**		
工业企业单位数(个)	Number of Industrial Enterprises(unit)	52	30.0
工业总产值(万元)	Gross Industrial Output Value(10 000 yuan)	631470	
投资	**Investment and Construction**		
固定资产投资(万元)	Total Investment in Fixed Assets(10 000 yuan)		3.8
房地产开发投资(万元)	Investment in Real Estate Development(10 000 yuan)	100136	86.4
贸易外经	**Trade**		
社会消费品零售总额(万元)	Total Retail Sales of Consumer Goods(10 000 yuan)	171663	4.0
出口总额(万元)	Total Exports(10 000 yuan)	12727	-31.5
交通通讯	**Transportation,Post & Telecommunications**		
公路里程(公里)	Total Length of Highways(km)	2999	4.0
移动电话用户(户)	Number of Mobile Telephone Subscribers (subscriber)	98790	-0.2
互联网宽带接入用户(户)	Number of Subscribers of Internet Service(subscriber)	18110	0.6
教育科技文化卫生社会保障	**Science,Education & Public Health**		
小学学校数(所)	Number of Primary Schools(unit)	6	0.0
普通中学学校数(所)	Number of Regular Secondary Schools(unit)	3	0.0
体育场馆数(个)	Stadium and Gymnasium(unit)	1	0.0
全年专利授权(件)	Annual Patent Authorization(piece)	17	
剧场、影剧院(个)	Theaters,Music Halls and Cinemas(unit)	1	
医疗卫生机构床位数(张)	Number of Beds in Health Care Institutions(unit)	609	-3.8
医疗卫生机构技术人员(人)	Medical Technical Personnel(person)	545	-3.2
城乡居民基本养老保险参保人数(人)	Urban and Rural Residents Basic Pension Insurance Contributors(person)	74229	0.6
基本医疗保险参保人数(人)	Basic Medical Care Insurance Contributors(person)	96368	-1.7
居民生活	**The Lives of Residents**		
全体居民人均可支配收入(元)	The per capita disposable income of all residents(yuan)	31556	8.8
城镇常住居民人均可支配收入(元)	The per capita disposable income of urban permanent residents(yuan)	42656	6.7
农村牧区常住居民人均可支配收入(元)	The per capita disposable income of permanent residents of rural and pastoral areas(yuan)	16950	11.1

20-25 呼伦贝尔市海拉尔区

Hailaer District in Hulunbeier City

指 标	Item	2019	增长(%) Increase Rate(%)
行政区域土地面积(平方公里)	**Area of Administration(Sq.km)**	**1309**	**0.0**
人口	**Population**		
年末户籍户数(户)	The Registered Households Year-end(household)	110870	2.0
年末户籍人口(人)	The Registered Population Year-end(person)	287405	0.6
国民经济综合指标	**Summary Item on the National Economy**		
生产总值(万元)	Gross Domestic Product(10 000 yuan)	1815187	3.0
第一产业(万元)	Primary Industry(10 000 yuan)	62483	0.1
第二产业(万元)	Secondary Industry(10 000 yuan)	413479	-3.7
第三产业(万元)	Tertiary Industry(10 000 yuan)	1339225	5.6
一般公共预算收入(万元)	General Public Budget Revenue(10 000 yuan)	87197	0.8
一般公共预算支出(万元)	General Public Budget Expenditure(10 000 yuan)	371746	16.1
农村牧区经济	**Economic Development in Rural & Pastoral Area**		
耕地面积(公顷)	Cultivated Area(hectare)	28911	0.0
高标准农田面积(公顷)	High Standard Farmland Area(hectare)	1400	
农作物总播种面积(公顷)	Total Sown Area(hectare)	28679	0.5
粮食产量(吨)	Yield of Grain(ton)	87456	20.7
油料产量(吨)	Yield of Oil-bearing Crops(ton)	4872	-14.0
肉类总产量(吨)	Output of Meat(ton)	4811	-10.4
奶类产量(吨)	Milks(ton)	88711	20.7
规模以上工业	**Industrial Enterprises above Designated size**		
工业企业单位数(个)	Number of Industrial Enterprises(unit)	25	4.2
工业总产值(万元)	Gross Industrial Output Value(10 000 yuan)	697201	23.5
投资	**Investment and Construction**		
固定资产投资(万元)	Total Investment in Fixed Assets(10 000 yuan)		-24.0
房地产开发投资(万元)	Investment in Real Estate Development(10 000 yuan)	209311	-50.7
贸易外经	**Trade**		
社会消费品零售总额(万元)	Total Retail Sales of Consumer Goods(10 000 yuan)	1800248	3.3
出口总额(万元)	Total Exports(10 000 yuan)	126	-51.5
交通通讯	**Transportation,Post & Telecommunications**		
公路里程(公里)	Total Length of Highways(km)	576	1.2
移动电话用户(户)	Number of Mobile Telephone Subscribers (subscriber)	682742	-7.8
互联网宽带接入用户(户)	Number of Subscribers of Internet Service(subscriber)	288077	136.0
教育科技文化卫生社会保障	**Science,Education & Public Health**		
小学学校数(所)	Number of Primary Schools(unit)	20	33.3
普通中学学校数(所)	Number of Regular Secondary Schools(unit)	23	27.8
体育场馆数(个)	Stadium and Gymnasium(unit)	2	
全年专利授权(件)	Annual Patent Authorization(piece)	8	
剧场、影剧院(个)	Theaters,Music Halls and Cinemas(unit)	8	
医疗卫生机构床位数(张)	Number of Beds in Health Care Institutions(unit)	3288	-5.8
医疗卫生机构技术人员(人)	Medical Technical Personnel(person)	5161	6.4
城乡居民基本养老保险参保人数(人)	Urban and Rural Residents Basic Pension Insurance Contributors(person)	22513	20.5
基本医疗保险参保人数(人)	Basic Medical Care Insurance Contributors(person)	171387	2.0
居民生活	**The Lives of Residents**		
全体居民人均可支配收入(元)	The per capita disposable income of all residents(yuan)	40038	6.4
城镇常住居民人均可支配收入(元)	The per capita disposable income of urban permanent residents(yuan)	40127	6.1
农村牧区常住居民人均可支配收入(元)	The per capita disposable income of permanent residents of rural and pastoral areas(yuan)	30380	8.1

20-26 呼伦贝尔市满洲里扎赉诺尔区

Zhalainuoer District of Manzhouli City in Hulunbeier City

指 标	Item	2019	增长(%) Increase Rate(%)
行政区域土地面积(平方公里)	**Area of Administration(Sq.km)**	**270**	**-0.1**
人口	**Population**		
年末户籍户数(户)	The Registered Households Year-end(household)	39975	-0.2
年末户籍人口(人)	The Registered Population Year-end(person)	84762	-1.0
国民经济综合指标	**Summary Item on the National Economy**		
生产总值(万元)	Gross Domestic Product(10 000 yuan)	490600	3.9
第一产业(万元)	Primary Industry(10 000 yuan)	11600	1.2
第二产业(万元)	Secondary Industry(10 000 yuan)	287000	3.6
第三产业(万元)	Tertiary Industry(10 000 yuan)	192000	4.5
一般公共预算收入(万元)	General Public Budget Revenue(10 000 yuan)	37626	-0.4
一般公共预算支出(万元)	General Public Budget Expenditure(10 000 yuan)	61946	21.4
农村牧区经济	**Economic Development in Rural & Pastoral Area**		
耕地面积(公顷)	Cultivated Area(hectare)	97	0.0
高标准农田面积(公顷)	High Standard Farmland Area(hectare)		
农作物总播种面积(公顷)	Total Sown Area(hectare)	97	0.4
粮食产量(吨)	Yield of Grain(ton)	115	2.7
油料产量(吨)	Yield of Oil-bearing Crops(ton)		
肉类总产量(吨)	Output of Meat(ton)	2113	5.5
奶类产量(吨)	Milks(ton)		
规模以上工业	**Industrial Enterprises above Designated size**		
工业企业单位数(个)	Number of Industrial Enterprises(unit)	11	22.2
工业总产值(万元)	Gross Industrial Output Value(10 000 yuan)	472865	16.1
投资	**Investment and Construction**		
固定资产投资(万元)	Total Investment in Fixed Assets(10 000 yuan)		22.1
房地产开发投资(万元)	Investment in Real Estate Development(10 000 yuan)	5000	
贸易外经	**Trade**		
社会消费品零售总额(万元)	Total Retail Sales of Consumer Goods(10 000 yuan)	541634	3.5
出口总额(万元)	Total Exports(10 000 yuan)	420	-18.3
交通通讯	**Transportation,Post & Telecommunications**		
公路里程(公里)	Total Length of Highways(km)	121	3.4
移动电话用户(户)	Number of Mobile Telephone Subscribers (subscriber)	95650	4.9
互联网宽带接入用户(户)	Number of Subscribers of Internet Service(subscriber)	23658	38.8
教育科技文化卫生社会保障	**Science,Education & Public Health**		
小学学校数(所)	Number of Primary Schools(unit)	7	0.0
普通中学学校数(所)	Number of Regular Secondary Schools(unit)	6	0.0
体育场馆数(个)	Stadium and Gymnasium(unit)	3	0.0
全年专利授权(件)	Annual Patent Authorization(piece)		
剧场、影剧院(个)	Theaters,Music Halls and Cinemas(unit)	3	
医疗卫生机构床位数(张)	Number of Beds in Health Care Institutions(unit)	386	14.9
医疗卫生机构技术人员(人)	Medical Technical Personnel(person)	809	4.1
城乡居民基本养老保险参保人数(人)	Urban and Rural Residents Basic Pension Insurance Contributors(person)		
基本医疗保险参保人数(人)	Basic Medical Care Insurance Contributors(person)		
居民生活	**The Lives of Residents**		
全体居民人均可支配收入(元)	The per capita disposable income of all residents(yuan)	36274	7.0
城镇常住居民人均可支配收入(元)	The per capita disposable income of urban permanent residents(yuan)	36274	7.0
农村牧区常住居民人均可支配收入(元)	The per capita disposable income of permanent residents of rural and pastoral areas(yuan)		

20-27 呼伦贝尔市阿荣旗

Arong Banner in Hulunbeier City

指 标	Item	2019	增长(%) Increase Rate(%)
行政区域土地面积(平方公里)	**Area of Administration(Sq.km)**	**11073**	**0.0**
人口	**Population**		
年末户籍户数(户)	The Registered Households Year-end(household)	137870	-0.7
年末户籍人口(人)	The Registered Population Year-end(person)	318489	-0.9
国民经济综合指标	**Summary Item on the National Economy**		
生产总值(万元)	Gross Domestic Product(10 000 yuan)	962096	3.8
第一产业(万元)	Primary Industry(10 000 yuan)	436653	0.2
第二产业(万元)	Secondary Industry(10 000 yuan)	139029	16.2
第三产业(万元)	Tertiary Industry(10 000 yuan)	386414	4.7
一般公共预算收入(万元)	General Public Budget Revenue(10 000 yuan)	28281	33.6
一般公共预算支出(万元)	General Public Budget Expenditure(10 000 yuan)	405337	15.9
农村牧区经济	**Economic Development in Rural & Pastoral Area**		
耕地面积(公顷)	Cultivated Area(hectare)	331338	0.9
高标准农田面积(公顷)	High Standard Farmland Area(hectare)	18213	9.1
农作物总播种面积(公顷)	Total Sown Area(hectare)	331338	0.6
粮食产量(吨)	Yield of Grain(ton)	1645279	-6.5
油料产量(吨)	Yield of Oil-bearing Crops(ton)		
肉类总产量(吨)	Output of Meat(ton)	28313	-4.2
奶类产量(吨)	Milks(ton)	37801	22.4
规模以上工业	**Industrial Enterprises above Designated size**		
工业企业单位数(个)	Number of Industrial Enterprises(unit)	7	-12.5
工业总产值(万元)	Gross Industrial Output Value(10 000 yuan)	164138	-11.7
投资	**Investment and Construction**		
固定资产投资(万元)	Total Investment in Fixed Assets(10 000 yuan)		67.7
房地产开发投资(万元)	Investment in Real Estate Development(10 000 yuan)	95207	52.3
贸易外经	**Trade**		
社会消费品零售总额(万元)	Total Retail Sales of Consumer Goods(10 000 yuan)	220756	3.1
出口总额(万元)	Total Exports(10 000 yuan)		
交通通讯	**Transportation,Post & Telecommunications**		
公路里程(公里)	Total Length of Highways(km)	3726	0.4
移动电话用户(户)	Number of Mobile Telephone Subscribers (subscriber)	259679	-13.5
互联网宽带接入用户(户)	Number of Subscribers of Internet Service(subscriber)	18314	8.3
教育科技文化卫生社会保障	**Science,Education & Public Health**		
小学学校数(所)	Number of Primary Schools(unit)	17	0.0
普通中学学校数(所)	Number of Regular Secondary Schools(unit)	18	0.0
体育场馆数(个)	Stadium and Gymnasium(unit)	2	0.0
全年专利授权(件)	Annual Patent Authorization(piece)	6	
剧场、影剧院(个)	Theaters,Music Halls and Cinemas(unit)	2	
医疗卫生机构床位数(张)	Number of Beds in Health Care Institutions(unit)	1294	-4.6
医疗卫生机构技术人员(人)	Medical Technical Personnel(person)	1554	6.7
城乡居民基本养老保险参保人数(人)	Urban and Rural Residents Basic Pension Insurance Contributors(person)	128746	6.5
基本医疗保险参保人数(人)	Basic Medical Care Insurance Contributors(person)	276701	-1.0
居民生活	**The Lives of Residents**		
全体居民人均可支配收入(元)	The per capita disposable income of all residents(yuan)	23898	7.2
城镇常住居民人均可支配收入(元)	The per capita disposable income of urban permanent residents(yuan)	33084	5.8
农村牧区常住居民人均可支配收入(元)	The per capita disposable income of permanent residents of rural and pastoral areas(yuan)	19891	10.1

20-28 呼伦贝尔市莫力达瓦达斡尔自治旗

Molidawadawoer National Autonomous Banner in Hulunbeier City

指 标	Item	2019	增长(%) Increase Rate(%)
行政区域土地面积(平方公里)	**Area of Administration(Sq.km)**	**10356**	**0.0**
人口	**Population**		
年末户籍户数(户)	The Registered Households Year-end(household)	139739	0.0
年末户籍人口(人)	The Registered Population Year-end(person)	316398	-1.0
国民经济综合指标	**Summary Item on the National Economy**		
生产总值(万元)	Gross Domestic Product(10 000 yuan)	852938	0.1
第一产业(万元)	Primary Industry(10 000 yuan)	521962	0.1
第二产业(万元)	Secondary Industry(10 000 yuan)	50302	-9.9
第三产业(万元)	Tertiary Industry(10 000 yuan)	280674	2.0
一般公共预算收入(万元)	General Public Budget Revenue(10 000 yuan)	30935	16.0
一般公共预算支出(万元)	General Public Budget Expenditure(10 000 yuan)	345948	-0.6
农村牧区经济	**Economic Development in Rural & Pastoral Area**		
耕地面积(公顷)	Cultivated Area(hectare)	498250	0.2
高标准农田面积(公顷)	High Standard Farmland Area(hectare)	47920	
农作物总播种面积(公顷)	Total Sown Area(hectare)	501255	-6.3
粮食产量(吨)	Yield of Grain(ton)	1737448	-17.9
油料产量(吨)	Yield of Oil-bearing Crops(ton)	9	-79.0
肉类总产量(吨)	Output of Meat(ton)	24801	-12.4
奶类产量(吨)	Milks(ton)	15624	1.6
规模以上工业	**Industrial Enterprises above Designated size**		
工业企业单位数(个)	Number of Industrial Enterprises(unit)	3	0.0
工业总产值(万元)	Gross Industrial Output Value(10 000 yuan)	17412	-31.7
投资	**Investment and Construction**		
固定资产投资(万元)	Total Investment in Fixed Assets(10 000 yuan)		1.5
房地产开发投资(万元)	Investment in Real Estate Development(10 000 yuan)	56513	164.9
贸易外经	**Trade**		
社会消费品零售总额(万元)	Total Retail Sales of Consumer Goods(10 000 yuan)	405285	2.7
出口总额(万元)	Total Exports(10 000 yuan)		
交通通讯	**Transportation,Post & Telecommunications**		
公路里程(公里)	Total Length of Highways(km)	2298	-16.9
移动电话用户(户)	Number of Mobile Telephone Subscribers (subscriber)	263000	-3.7
互联网宽带接入用户(户)	Number of Subscribers of Internet Service(subscriber)	49000	2.1
教育科技文化卫生社会保障	**Science,Education & Public Health**		
小学学校数(所)	Number of Primary Schools(unit)	26	0.0
普通中学学校数(所)	Number of Regular Secondary Schools(unit)	9	0.0
体育场馆数(个)	Stadium and Gymnasium(unit)	3	0.0
全年专利授权(件)	Annual Patent Authorization(piece)		
剧场、影剧院(个)	Theaters,Music Halls and Cinemas(unit)	1	
医疗卫生机构床位数(张)	Number of Beds in Health Care Institutions(unit)	1020	15.4
医疗卫生机构技术人员(人)	Medical Technical Personnel(person)	1334	2.9
城乡居民基本养老保险参保人数(人)	Urban and Rural Residents Basic Pension Insurance Contributors(person)	153895	4.7
基本医疗保险参保人数(人)	Basic Medical Care Insurance Contributors(person)	248668	0.7
居民生活	**The Lives of Residents**		
全体居民人均可支配收入(元)	The per capita disposable income of all residents(yuan)	15825	7.9
城镇常住居民人均可支配收入(元)	The per capita disposable income of urban permanent residents(yuan)	25014	6.5
农村牧区常住居民人均可支配收入(元)	The per capita disposable income of permanent residents of rural and pastoral areas(yuan)	11445	10.6

20-29 呼伦贝尔市鄂伦春自治旗

Elunchun National Autonomous Banner in Hulunbeier City

指 标	Item	2019	增长(%) Increase Rate(%)
行政区域土地面积(平方公里)	**Area of Administration(Sq.km)**	**54688**	**0.0**
人口	**Population**		
年末户籍户数(户)	The Registered Households Year-end(household)	112317	-0.6
年末户籍人口(人)	The Registered Population Year-end(person)	244979	-1.4
国民经济综合指标	**Summary Item on the National Economy**		
生产总值(万元)	Gross Domestic Product(10 000 yuan)	655112	1.6
第一产业(万元)	Primary Industry(10 000 yuan)	272488	1.3
第二产业(万元)	Secondary Industry(10 000 yuan)	32481	11.3
第三产业(万元)	Tertiary Industry(10 000 yuan)	350143	1.0
一般公共预算收入(万元)	General Public Budget Revenue(10 000 yuan)	14511	8.5
一般公共预算支出(万元)	General Public Budget Expenditure(10 000 yuan)	331768	5.5
农村牧区经济	**Economic Development in Rural & Pastoral Area**		
耕地面积(公顷)	Cultivated Area(hectare)	285800	0.0
高标准农田面积(公顷)	High Standard Farmland Area(hectare)	25667	
农作物总播种面积(公顷)	Total Sown Area(hectare)	292909	-0.4
粮食产量(吨)	Yield of Grain(ton)	593270	2.1
油料产量(吨)	Yield of Oil-bearing Crops(ton)	9	-57.6
肉类总产量(吨)	Output of Meat(ton)	16974	5.6
奶类产量(吨)	Milks(ton)	8950	-28.2
规模以上工业	**Industrial Enterprises above Designated size**		
工业企业单位数(个)	Number of Industrial Enterprises(unit)	6	50.0
工业总产值(万元)	Gross Industrial Output Value(10 000 yuan)	73304	-9.7
投资	**Investment and Construction**		
固定资产投资(万元)	Total Investment in Fixed Assets(10 000 yuan)		22.9
房地产开发投资(万元)	Investment in Real Estate Development(10 000 yuan)	28622	-30.0
贸易外经	**Trade**		
社会消费品零售总额(万元)	Total Retail Sales of Consumer Goods(10 000 yuan)	324063	2.7
出口总额(万元)	Total Exports(10 000 yuan)		
交通通讯	**Transportation,Post & Telecommunications**		
公路里程(公里)	Total Length of Highways(km)	2996	3.7
移动电话用户(户)	Number of Mobile Telephone Subscribers (subscriber)	241000	4.7
互联网宽带接入用户(户)	Number of Subscribers of Internet Service(subscriber)	46800	0.4
教育科技文化卫生社会保障	**Science,Education & Public Health**		
小学学校数(所)	Number of Primary Schools(unit)	17	-5.6
普通中学学校数(所)	Number of Regular Secondary Schools(unit)	12	0.0
体育场馆数(个)	Stadium and Gymnasium(unit)	3	0.0
全年专利授权(件)	Annual Patent Authorization(piece)	34	
剧场、影剧院(个)	Theaters,Music Halls and Cinemas(unit)	2	
医疗卫生机构床位数(张)	Number of Beds in Health Care Institutions(unit)	885	2.7
医疗卫生机构技术人员(人)	Medical Technical Personnel(person)	1507	3.3
城乡居民基本养老保险参保人数(人)	Urban and Rural Residents Basic Pension Insurance Contributors(person)	48819	5.6
基本医疗保险参保人数(人)	Basic Medical Care Insurance Contributors(person)	199564	-2.4
居民生活	**The Lives of Residents**		
全体居民人均可支配收入(元)	The per capita disposable income of all residents(yuan)	22737	7.7
城镇常住居民人均可支配收入(元)	The per capita disposable income of urban permanent residents(yuan)	27167	6.6
农村牧区常住居民人均可支配收入(元)	The per capita disposable income of permanent residents of rural and pastoral areas(yuan)	10603	10.2

20-30 呼伦贝尔市鄂温克族自治旗

Ewenke National Autonomous Banner in Hulunbeier City

指 标	Item	2019	增长(%) Increase Rate(%)
行政区域土地面积(平方公里)	**Area of Administration(Sq.km)**	**18657**	**0.0**
人口	**Population**		
年末户籍户数(户)	The Registered Households Year-end(household)	56228	0.7
年末户籍人口(人)	The Registered Population Year-end(person)	136832	-0.7
国民经济综合指标	**Summary Item on the National Economy**		
生产总值(万元)	Gross Domestic Product(10 000 yuan)	1069273	2.3
第一产业(万元)	Primary Industry(10 000 yuan)	90565	0.3
第二产业(万元)	Secondary Industry(10 000 yuan)	589761	3.9
第三产业(万元)	Tertiary Industry(10 000 yuan)	388947	0.5
一般公共预算收入(万元)	General Public Budget Revenue(10 000 yuan)	73662	-8.5
一般公共预算支出(万元)	General Public Budget Expenditure(10 000 yuan)	230028	-2.4
农村牧区经济	**Economic Development in Rural & Pastoral Area**		
耕地面积(公顷)	Cultivated Area(hectare)	12092	0.0
高标准农田面积(公顷)	High Standard Farmland Area(hectare)		
农作物总播种面积(公顷)	Total Sown Area(hectare)	30314	21.9
粮食产量(吨)	Yield of Grain(ton)	49145	32.7
油料产量(吨)	Yield of Oil-bearing Crops(ton)	16864	127.5
肉类总产量(吨)	Output of Meat(ton)	17749	5.1
奶类产量(吨)	Milks(ton)	210	-99.8
规模以上工业	**Industrial Enterprises above Designated size**		
工业企业单位数(个)	Number of Industrial Enterprises(unit)	16	14.3
工业总产值(万元)	Gross Industrial Output Value(10 000 yuan)	929046	12.0
投资	**Investment and Construction**		
固定资产投资(万元)	Total Investment in Fixed Assets(10 000 yuan)		1.2
房地产开发投资(万元)	Investment in Real Estate Development(10 000 yuan)	25884	204.3
贸易外经	**Trade**		
社会消费品零售总额(万元)	Total Retail Sales of Consumer Goods(10 000 yuan)	206048	2.9
出口总额(万元)	Total Exports(10 000 yuan)		
交通通讯	**Transportation,Post & Telecommunications**		
公路里程(公里)	Total Length of Highways(km)	1422	8.9
移动电话用户(户)	Number of Mobile Telephone Subscribers (subscriber)	21204	-85.1
互联网宽带接入用户(户)	Number of Subscribers of Internet Service(subscriber)	29769	0.0
教育科技文化卫生社会保障	**Science,Education & Public Health**		
小学学校数(所)	Number of Primary Schools(unit)	10	-23.1
普通中学学校数(所)	Number of Regular Secondary Schools(unit)	11	0.0
体育场馆数(个)	Stadium and Gymnasium(unit)	2	0.0
全年专利授权(件)	Annual Patent Authorization(piece)	57	
剧场、影剧院(个)	Theaters,Music Halls and Cinemas(unit)	3	
医疗卫生机构床位数(张)	Number of Beds in Health Care Institutions(unit)	604	-24.9
医疗卫生机构技术人员(人)	Medical Technical Personnel(person)	1100	7.2
城乡居民基本养老保险参保人数(人)	Urban and Rural Residents Basic Pension Insurance Contributors(person)	20719	2.9
基本医疗保险参保人数(人)	Basic Medical Care Insurance Contributors(person)	125536	88.6
居民生活	**The Lives of Residents**		
全体居民人均可支配收入(元)	The per capita disposable income of all residents(yuan)	33168	7.4
城镇常住居民人均可支配收入(元)	The per capita disposable income of urban permanent residents(yuan)	33214	6.0
农村牧区常住居民人均可支配收入(元)	The per capita disposable income of permanent residents of rural and pastoral areas(yuan)	24926	10.3

20-31 呼伦贝尔市陈巴尔虎旗

Chenbaerhu Banner in Hulunbeier City

指 标	Item	2019	增长(%) Increase Rate(%)
行政区域土地面积(平方公里)	**Area of Administration(Sq.km)**	**17458**	**0.0**
人口	**Population**		
年末户籍户数(户)	The Registered Households Year-end(household)	24432	0.0
年末户籍人口(人)	The Registered Population Year-end(person)	54551	-1.2
国民经济综合指标	**Summary Item on the National Economy**		
生产总值(万元)	Gross Domestic Product(10 000 yuan)	910710	2.1
第一产业(万元)	Primary Industry(10 000 yuan)	156524	1.5
第二产业(万元)	Secondary Industry(10 000 yuan)	600826	2.0
第三产业(万元)	Tertiary Industry(10 000 yuan)	153360	3.4
一般公共预算收入(万元)	General Public Budget Revenue(10 000 yuan)	71355	10.2
一般公共预算支出(万元)	General Public Budget Expenditure(10 000 yuan)	176868	5.9
农村牧区经济	**Economic Development in Rural & Pastoral Area**		
耕地面积(公顷)	Cultivated Area(hectare)	82374	0.0
高标准农田面积(公顷)	High Standard Farmland Area(hectare)		
农作物总播种面积(公顷)	Total Sown Area(hectare)	91394	0.4
粮食产量(吨)	Yield of Grain(ton)	158793	-16.0
油料产量(吨)	Yield of Oil-bearing Crops(ton)	80109	27.6
肉类总产量(吨)	Output of Meat(ton)	16561	25.4
奶类产量(吨)	Milks(ton)	79079	139.9
规模以上工业	**Industrial Enterprises above Designated size**		
工业企业单位数(个)	Number of Industrial Enterprises(unit)	10	0.0
工业总产值(万元)	Gross Industrial Output Value(10 000 yuan)	982059	-2.8
投资	**Investment and Construction**		
固定资产投资(万元)	Total Investment in Fixed Assets(10 000 yuan)		8.5
房地产开发投资(万元)	Investment in Real Estate Development(10 000 yuan)	6014	-18.4
贸易外经	**Trade**		
社会消费品零售总额(万元)	Total Retail Sales of Consumer Goods(10 000 yuan)		3.1
出口总额(万元)	Total Exports(10 000 yuan)		
交通通讯	**Transportation,Post & Telecommunications**		
公路里程(公里)	Total Length of Highways(km)	1972	1.6
移动电话用户(户)	Number of Mobile Telephone Subscribers (subscriber)	62308	-3.0
互联网宽带接入用户(户)	Number of Subscribers of Internet Service(subscriber)	13627	0.2
教育科技文化卫生社会保障	**Science,Education & Public Health**		
小学学校数(所)	Number of Primary Schools(unit)	7	0.0
普通中学学校数(所)	Number of Regular Secondary Schools(unit)	3	0.0
体育场馆数(个)	Stadium and Gymnasium(unit)	3	0.0
全年专利授权(件)	Annual Patent Authorization(piece)		
剧场、影剧院(个)	Theaters,Music Halls and Cinemas(unit)	1	
医疗卫生机构床位数(张)	Number of Beds in Health Care Institutions(unit)	372	67.6
医疗卫生机构技术人员(人)	Medical Technical Personnel(person)	398	-11.2
城乡居民基本养老保险参保人数(人)	Urban and Rural Residents Basic Pension Insurance Contributors(person)	9190	-0.7
基本医疗保险参保人数(人)	Basic Medical Care Insurance Contributors(person)	57891	3.0
居民生活	**The Lives of Residents**		
全体居民人均可支配收入(元)	The per capita disposable income of all residents(yuan)	33157	7.5
城镇常住居民人均可支配收入(元)	The per capita disposable income of urban permanent residents(yuan)	34086	6.3
农村牧区常住居民人均可支配收入(元)	The per capita disposable income of permanent residents of rural and pastoral areas(yuan)	24099	10.0

20-32 呼伦贝尔市新巴尔虎左旗

Xinbaerhuzuo Banner in Hulunbeier City

指 标	Item	2019	增长(%) Increase Rate(%)
行政区域土地面积(平方公里)	**Area of Administration(Sq.km)**	**20107**	**0.0**
人口	**Population**		
年末户籍户数(户)	The Registered Households Year-end(household)	20524	0.0
年末户籍人口(人)	The Registered Population Year-end(person)	41813	-0.4
国民经济综合指标	**Summary Item on the National Economy**		
生产总值(万元)	Gross Domestic Product(10 000 yuan)	244729	2.7
第一产业(万元)	Primary Industry(10 000 yuan)	98020	0.5
第二产业(万元)	Secondary Industry(10 000 yuan)	32182	6.5
第三产业(万元)	Tertiary Industry(10 000 yuan)	114527	4.0
一般公共预算收入(万元)	General Public Budget Revenue(10 000 yuan)	10354	-16.1
一般公共预算支出(万元)	General Public Budget Expenditure(10 000 yuan)	129659	-0.1
农村牧区经济	**Economic Development in Rural & Pastoral Area**		
耕地面积(公顷)	Cultivated Area(hectare)	26793	0.0
高标准农田面积(公顷)	High Standard Farmland Area(hectare)		
农作物总播种面积(公顷)	Total Sown Area(hectare)	16611	0.2
粮食产量(吨)	Yield of Grain(ton)	45833	15.5
油料产量(吨)	Yield of Oil-bearing Crops(ton)		
肉类总产量(吨)	Output of Meat(ton)	20359	-5.4
奶类产量(吨)	Milks(ton)	94310	1.2
规模以上工业	**Industrial Enterprises above Designated size**		
工业企业单位数(个)	Number of Industrial Enterprises(unit)	7	40.0
工业总产值(万元)	Gross Industrial Output Value(10 000 yuan)	24796	12.0
投资	**Investment and Construction**		
固定资产投资(万元)	Total Investment in Fixed Assets(10 000 yuan)		0.8
房地产开发投资(万元)	Investment in Real Estate Development(10 000 yuan)	5769	124.0
贸易外经	**Trade**		
社会消费品零售总额(万元)	Total Retail Sales of Consumer Goods(10 000 yuan)	80883	2.4
出口总额(万元)	Total Exports(10 000 yuan)	26700	49.2
交通通讯	**Transportation,Post & Telecommunications**		
公路里程(公里)	Total Length of Highways(km)	2077	0.0
移动电话用户(户)	Number of Mobile Telephone Subscribers (subscriber)	51135	-5.6
互联网宽带接入用户(户)	Number of Subscribers of Internet Service(subscriber)	10700	14.0
教育科技文化卫生社会保障	**Science,Education & Public Health**		
小学学校数(所)	Number of Primary Schools(unit)	2	-50.0
普通中学学校数(所)	Number of Regular Secondary Schools(unit)	4	0.0
体育场馆数(个)	Stadium and Gymnasium(unit)	1	0.0
全年专利授权(件)	Annual Patent Authorization(piece)		
剧场、影剧院(个)	Theaters,Music Halls and Cinemas(unit)	1	
医疗卫生机构床位数(张)	Number of Beds in Health Care Institutions(unit)	140	2.9
医疗卫生机构技术人员(人)	Medical Technical Personnel(person)	320	-4.2
城乡居民基本养老保险参保人数(人)	Urban and Rural Residents Basic Pension Insurance Contributors(person)	16954	1.0
基本医疗保险参保人数(人)	Basic Medical Care Insurance Contributors(person)	34031	1.1
居民生活	**The Lives of Residents**		
全体居民人均可支配收入(元)	The per capita disposable income of all residents(yuan)	25949	7.7
城镇常住居民人均可支配收入(元)	The per capita disposable income of urban permanent residents(yuan)	28154	6.7
农村牧区常住居民人均可支配收入(元)	The per capita disposable income of permanent residents of rural and pastoral areas(yuan)	23732	10.1

20-33 呼伦贝尔市新巴尔虎右旗

Xinbaerhuyou Banner in Hulunbeier City

指 标	Item	2019	增长(%) Increase Rate(%)
行政区域土地面积(平方公里)	**Area of Administration(Sq.km)**	**24840**	**0.0**
人口	**Population**		
年末户籍户数(户)	The Registered Households Year-end(household)	15608	0.4
年末户籍人口(人)	The Registered Population Year-end(person)	35180	-0.1
国民经济综合指标	**Summary Item on the National Economy**		
生产总值(万元)	Gross Domestic Product(10 000 yuan)	552246	3.7
第一产业(万元)	Primary Industry(10 000 yuan)	147353	2.1
第二产业(万元)	Secondary Industry(10 000 yuan)	300238	4.7
第三产业(万元)	Tertiary Industry(10 000 yuan)	104655	2.1
一般公共预算收入(万元)	General Public Budget Revenue(10 000 yuan)	36028	-18.0
一般公共预算支出(万元)	General Public Budget Expenditure(10 000 yuan)	132428	-8.5
农村牧区经济	**Economic Development in Rural & Pastoral Area**		
耕地面积(公顷)	Cultivated Area(hectare)	320	-85.0
高标准农田面积(公顷)	High Standard Farmland Area(hectare)		
农作物总播种面积(公顷)	Total Sown Area(hectare)	2514	-8.7
粮食产量(吨)	Yield of Grain(ton)	3164	38.8
油料产量(吨)	Yield of Oil-bearing Crops(ton)	11	0.0
肉类总产量(吨)	Output of Meat(ton)	43561	13.7
奶类产量(吨)	Milks(ton)	20956	
规模以上工业	**Industrial Enterprises above Designated size**		
工业企业单位数(个)	Number of Industrial Enterprises(unit)	13	8.3
工业总产值(万元)	Gross Industrial Output Value(10 000 yuan)	453760	-1.3
投资	**Investment and Construction**		
固定资产投资(万元)	Total Investment in Fixed Assets(10 000 yuan)		6.1
房地产开发投资(万元)	Investment in Real Estate Development(10 000 yuan)	10350	47.0
贸易外经	**Trade**		
社会消费品零售总额(万元)	Total Retail Sales of Consumer Goods(10 000 yuan)		
出口总额(万元)	Total Exports(10 000 yuan)	5107	-19.6
交通通讯	**Transportation,Post & Telecommunications**		
公路里程(公里)	Total Length of Highways(km)	1146	0.2
移动电话用户(户)	Number of Mobile Telephone Subscribers (subscriber)	49175	27.4
互联网宽带接入用户(户)	Number of Subscribers of Internet Service(subscriber)	10196	-6.0
教育科技文化卫生社会保障	**Science,Education & Public Health**		
小学学校数(所)	Number of Primary Schools(unit)	2	0.0
普通中学学校数(所)	Number of Regular Secondary Schools(unit)	2	0.0
体育场馆数(个)	Stadium and Gymnasium(unit)	5	0.0
全年专利授权(件)	Annual Patent Authorization(piece)		
剧场、影剧院(个)	Theaters,Music Halls and Cinemas(unit)	1	
医疗卫生机构床位数(张)	Number of Beds in Health Care Institutions(unit)	168	43.6
医疗卫生机构技术人员(人)	Medical Technical Personnel(person)	387	6.3
城乡居民基本养老保险参保人数(人)	Urban and Rural Residents Basic Pension Insurance Contributors(person)	14298	-1.8
基本医疗保险参保人数(人)	Basic Medical Care Insurance Contributors(person)	24880	0.1
居民生活	**The Lives of Residents**		
全体居民人均可支配收入(元)	The per capita disposable income of all residents(yuan)	28306	7.2
城镇常住居民人均可支配收入(元)	The per capita disposable income of urban permanent residents(yuan)	32504	5.9
农村牧区常住居民人均可支配收入(元)	The per capita disposable income of permanent residents of rural and pastoral areas(yuan)	23794	10.2

20-34 呼伦贝尔市满洲里市

Manzhouli City in Hulunbeier City

指 标	Item	2019	增长(%) Increase Rate(%)
行政区域土地面积(平方公里)	**Area of Administration(Sq.km)**	**465**	**0.0**
人口	**Population**		
年末户籍户数(户)	The Registered Households Year-end(household)	77510	111.2
年末户籍人口(人)	The Registered Population Year-end(person)	172770	99.2
国民经济综合指标	**Summary Item on the National Economy**		
生产总值(万元)	Gross Domestic Product(10 000 yuan)	1486372	3.9
第一产业(万元)	Primary Industry(10 000 yuan)	36707	1.2
第二产业(万元)	Secondary Industry(10 000 yuan)	377289	2.5
第三产业(万元)	Tertiary Industry(10 000 yuan)	1072376	4.5
一般公共预算收入(万元)	General Public Budget Revenue(10 000 yuan)	111961	55.3
一般公共预算支出(万元)	General Public Budget Expenditure(10 000 yuan)	444675	32.2
农村牧区经济	**Economic Development in Rural & Pastoral Area**		
耕地面积(公顷)	Cultivated Area(hectare)	1811	0.0
高标准农田面积(公顷)	High Standard Farmland Area(hectare)		
农作物总播种面积(公顷)	Total Sown Area(hectare)	1161	0.0
粮食产量(吨)	Yield of Grain(ton)	1984	
油料产量(吨)	Yield of Oil-bearing Crops(ton)		
肉类总产量(吨)	Output of Meat(ton)	3998	30.7
奶类产量(吨)	Milks(ton)	3310	0.0
规模以上工业	**Industrial Enterprises above Designated size**		
工业企业单位数(个)	Number of Industrial Enterprises(unit)	25	-19.4
工业总产值(万元)	Gross Industrial Output Value(10 000 yuan)	82982	9.3
投资	**Investment and Construction**		
固定资产投资(万元)	Total Investment in Fixed Assets(10 000 yuan)		21.0
房地产开发投资(万元)	Investment in Real Estate Development(10 000 yuan)	50603	45.7
贸易外经	**Trade**		
社会消费品零售总额(万元)	Total Retail Sales of Consumer Goods(10 000 yuan)	1653162	3.5
出口总额(万元)	Total Exports(10 000 yuan)	1323000	2.2
交通通讯	**Transportation,Post & Telecommunications**		
公路里程(公里)	Total Length of Highways(km)	431	0.0
移动电话用户(户)	Number of Mobile Telephone Subscribers (subscriber)	191961	-19.6
互联网宽带接入用户(户)	Number of Subscribers of Internet Service(subscriber)	43772	-21.6
教育科技文化卫生社会保障	**Science,Education & Public Health**		
小学学校数(所)	Number of Primary Schools(unit)	11	0.0
普通中学学校数(所)	Number of Regular Secondary Schools(unit)	14	0.0
体育场馆数(个)	Stadium and Gymnasium(unit)	28	0.0
全年专利授权(件)	Annual Patent Authorization(piece)		
剧场、影剧院(个)	Theaters,Music Halls and Cinemas(unit)	5	
医疗卫生机构床位数(张)	Number of Beds in Health Care Institutions(unit)	1218	4.6
医疗卫生机构技术人员(人)	Medical Technical Personnel(person)	2191	3.3
城乡居民基本养老保险参保人数(人)	Urban and Rural Residents Basic Pension Insurance Contributors(person)	75413	-1.2
基本医疗保险参保人数(人)	Basic Medical Care Insurance Contributors(person)	143803	3.9
居民生活	**The Lives of Residents**		
全体居民人均可支配收入(元)	The per capita disposable income of all residents(yuan)	39316	7.0
城镇常住居民人均可支配收入(元)	The per capita disposable income of urban permanent residents(yuan)	39316	7.0
农村牧区常住居民人均可支配收入(元)	The per capita disposable income of permanent residents of rural and pastoral areas(yuan)		

20-35 呼伦贝尔市牙克石市

Yakeshi City in Hulunbeier City

指 标	Item	2019	增长(%) Increase Rate(%)
行政区域土地面积(平方公里)	**Area of Administration(Sq.km)**	**27803**	**0.0**
人口	**Population**		
年末户籍户数(户)	The Registered Households Year-end(household)	138876	-0.3
年末户籍人口(人)	The Registered Population Year-end(person)	321174	-1.4
国民经济综合指标	**Summary Item on the National Economy**		
生产总值(万元)	Gross Domestic Product(10 000 yuan)	1062049	2.6
第一产业(万元)	Primary Industry(10 000 yuan)	246200	0.0
第二产业(万元)	Secondary Industry(10 000 yuan)	149290	8.9
第三产业(万元)	Tertiary Industry(10 000 yuan)	666559	2.5
一般公共预算收入(万元)	General Public Budget Revenue(10 000 yuan)	31200	0.2
一般公共预算支出(万元)	General Public Budget Expenditure(10 000 yuan)	343100	-3.8
农村牧区经济	**Economic Development in Rural & Pastoral Area**		
耕地面积(公顷)	Cultivated Area(hectare)	158667	0.0
高标准农田面积(公顷)	High Standard Farmland Area(hectare)	18073	11.5
农作物总播种面积(公顷)	Total Sown Area(hectare)	158415	0.5
粮食产量(吨)	Yield of Grain(ton)	506916	-2.7
油料产量(吨)	Yield of Oil-bearing Crops(ton)	84354	10.3
肉类总产量(吨)	Output of Meat(ton)	8513	-12.7
奶类产量(吨)	Milks(ton)	19402	-54.6
规模以上工业	**Industrial Enterprises above Designated size**		
工业企业单位数(个)	Number of Industrial Enterprises(unit)	10	0.0
工业总产值(万元)	Gross Industrial Output Value(10 000 yuan)	126589	24.0
投资	**Investment and Construction**		
固定资产投资(万元)	Total Investment in Fixed Assets(10 000 yuan)		9.5
房地产开发投资(万元)	Investment in Real Estate Development(10 000 yuan)	72012	-48.8
贸易外经	**Trade**		
社会消费品零售总额(万元)	Total Retail Sales of Consumer Goods(10 000 yuan)	762522	2.5
出口总额(万元)	Total Exports(10 000 yuan)	479	-64.9
交通通讯	**Transportation,Post & Telecommunications**		
公路里程(公里)	Total Length of Highways(km)	1846	0.0
移动电话用户(户)	Number of Mobile Telephone Subscribers (subscriber)	244000	-1.6
互联网宽带接入用户(户)	Number of Subscribers of Internet Service(subscriber)	71727	3.5
教育科技文化卫生社会保障	**Science,Education & Public Health**		
小学学校数(所)	Number of Primary Schools(unit)	13	-27.8
普通中学学校数(所)	Number of Regular Secondary Schools(unit)	21	0.0
体育场馆数(个)	Stadium and Gymnasium(unit)	8	0.0
全年专利授权(件)	Annual Patent Authorization(piece)	60	
剧场、影剧院(个)	Theaters,Music Halls and Cinemas(unit)	1	
医疗卫生机构床位数(张)	Number of Beds in Health Care Institutions(unit)	3071	9.1
医疗卫生机构技术人员(人)	Medical Technical Personnel(person)	3571	-0.2
城乡居民基本养老保险参保人数(人)	Urban and Rural Residents Basic Pension Insurance Contributors(person)	166854	3.2
基本医疗保险参保人数(人)	Basic Medical Care Insurance Contributors(person)	270995	51.2
居民生活	**The Lives of Residents**		
全体居民人均可支配收入(元)	The per capita disposable income of all residents(yuan)	34520	6.4
城镇常住居民人均可支配收入(元)	The per capita disposable income of urban permanent residents(yuan)	34520	6.4
农村牧区常住居民人均可支配收入(元)	The per capita disposable income of permanent residents of rural and pastoral areas(yuan)		

20-36 呼伦贝尔市扎兰屯市

Zhalantun City in Hulunbeier City

指 标	Item	2019	增长(%) Increase Rate(%)
行政区域土地面积(平方公里)	**Area of Administration(Sq.km)**	**16785**	**0.0**
人口	**Population**		
年末户籍户数(户)	The Registered Households Year-end(household)	168180	0.0
年末户籍人口(人)	The Registered Population Year-end(person)	404272	-0.6
国民经济综合指标	**Summary Item on the National Economy**		
生产总值(万元)	Gross Domestic Product(10 000 yuan)	1597492	3.0
第一产业(万元)	Primary Industry(10 000 yuan)	497219	2.0
第二产业(万元)	Secondary Industry(10 000 yuan)	543806	2.1
第三产业(万元)	Tertiary Industry(10 000 yuan)	556467	4.9
一般公共预算收入(万元)	General Public Budget Revenue(10 000 yuan)	62452	2.9
一般公共预算支出(万元)	General Public Budget Expenditure(10 000 yuan)	409688	-2.9
农村牧区经济	**Economic Development in Rural & Pastoral Area**		
耕地面积(公顷)	Cultivated Area(hectare)	257041	0.0
高标准农田面积(公顷)	High Standard Farmland Area(hectare)	2680	13.9
农作物总播种面积(公顷)	Total Sown Area(hectare)	266896	12.6
粮食产量(吨)	Yield of Grain(ton)	1413503	10.2
油料产量(吨)	Yield of Oil-bearing Crops(ton)	980	-76.4
肉类总产量(吨)	Output of Meat(ton)	82812	4.5
奶类产量(吨)	Milks(ton)	89274	26.8
规模以上工业	**Industrial Enterprises above Designated size**		
工业企业单位数(个)	Number of Industrial Enterprises(unit)	12	9.1
工业总产值(万元)	Gross Industrial Output Value(10 000 yuan)	1075726	1.0
投资	**Investment and Construction**		
固定资产投资(万元)	Total Investment in Fixed Assets(10 000 yuan)		4.0
房地产开发投资(万元)	Investment in Real Estate Development(10 000 yuan)	126278	4.3
贸易外经	**Trade**		
社会消费品零售总额(万元)	Total Retail Sales of Consumer Goods(10 000 yuan)	776858	3.2
出口总额(万元)	Total Exports(10 000 yuan)	167600	
交通通讯	**Transportation,Post & Telecommunications**		
公路里程(公里)	Total Length of Highways(km)	4179	3.2
移动电话用户(户)	Number of Mobile Telephone Subscribers (subscriber)	388842	-16.7
互联网宽带接入用户(户)	Number of Subscribers of Internet Service(subscriber)	66295	29.4
教育科技文化卫生社会保障	**Science,Education & Public Health**		
小学学校数(所)	Number of Primary Schools(unit)	14	0.0
普通中学学校数(所)	Number of Regular Secondary Schools(unit)	21	0.0
体育场馆数(个)	Stadium and Gymnasium(unit)	1	-50.0
全年专利授权(件)	Annual Patent Authorization(piece)	38	
剧场、影剧院(个)	Theaters,Music Halls and Cinemas(unit)	1	
医疗卫生机构床位数(张)	Number of Beds in Health Care Institutions(unit)	2049	-3.9
医疗卫生机构技术人员(人)	Medical Technical Personnel(person)	2553	5.8
城乡居民基本养老保险参保人数(人)	Urban and Rural Residents Basic Pension Insurance Contributors(person)	164460	0.0
基本医疗保险参保人数(人)	Basic Medical Care Insurance Contributors(person)	354901	0.5
居民生活	**The Lives of Residents**		
全体居民人均可支配收入(元)	The per capita disposable income of all residents(yuan)	26584	8.0
城镇常住居民人均可支配收入(元)	The per capita disposable income of urban permanent residents(yuan)	36445	7.1
农村牧区常住居民人均可支配收入(元)	The per capita disposable income of permanent residents of rural and pastoral areas(yuan)	18656	10.3

20-37 呼伦贝尔市额尔古纳市

Eerguna City in Hulunbeier City

指 标	Item	2019	增长(%) Increase Rate(%)
行政区域土地面积(平方公里)	**Area of Administration(Sq.km)**	**28958**	**0.0**
人口	**Population**		
年末户籍户数(户)	The Registered Households Year-end(household)	33730	-0.2
年末户籍人口(人)	The Registered Population Year-end(person)	79155	-1.0
国民经济综合指标	**Summary Item on the National Economy**		
生产总值(万元)	Gross Domestic Product(10 000 yuan)	405951	2.8
第一产业(万元)	Primary Industry(10 000 yuan)	170576	0.0
第二产业(万元)	Secondary Industry(10 000 yuan)	45242	16.0
第三产业(万元)	Tertiary Industry(10 000 yuan)	190133	3.4
一般公共预算收入(万元)	General Public Budget Revenue(10 000 yuan)	15055	-3.3
一般公共预算支出(万元)	General Public Budget Expenditure(10 000 yuan)	183801	-3.2
农村牧区经济	**Economic Development in Rural & Pastoral Area**		
耕地面积(公顷)	Cultivated Area(hectare)	171798	-7.2
高标准农田面积(公顷)	High Standard Farmland Area(hectare)		
农作物总播种面积(公顷)	Total Sown Area(hectare)	171798	5.5
粮食产量(吨)	Yield of Grain(ton)	263482	-35.5
油料产量(吨)	Yield of Oil-bearing Crops(ton)	68210	-47.5
肉类总产量(吨)	Output of Meat(ton)	9255	14.8
奶类产量(吨)	Milks(ton)	74879	39.4
规模以上工业	**Industrial Enterprises above Designated size**		
工业企业单位数(个)	Number of Industrial Enterprises(unit)	6	0.0
工业总产值(万元)	Gross Industrial Output Value(10 000 yuan)	81872	84.3
投资	**Investment and Construction**		
固定资产投资(万元)	Total Investment in Fixed Assets(10 000 yuan)		6.4
房地产开发投资(万元)	Investment in Real Estate Development(10 000 yuan)	26606	-17.5
贸易外经	**Trade**		
社会消费品零售总额(万元)	Total Retail Sales of Consumer Goods(10 000 yuan)		2.8
出口总额(万元)	Total Exports(10 000 yuan)		
交通通讯	**Transportation,Post & Telecommunications**		
公路里程(公里)	Total Length of Highways(km)	2430	1.4
移动电话用户(户)	Number of Mobile Telephone Subscribers (subscriber)	99140	2.2
互联网宽带接入用户(户)	Number of Subscribers of Internet Service(subscriber)	28962	25.2
教育科技文化卫生社会保障	**Science,Education & Public Health**		
小学学校数(所)	Number of Primary Schools(unit)	10	0.0
普通中学学校数(所)	Number of Regular Secondary Schools(unit)	5	0.0
体育场馆数(个)	Stadium and Gymnasium(unit)	3	0.0
全年专利授权(件)	Annual Patent Authorization(piece)	1	
剧场、影剧院(个)	Theaters,Music Halls and Cinemas(unit)	2	
医疗卫生机构床位数(张)	Number of Beds in Health Care Institutions(unit)	414	-2.4
医疗卫生机构技术人员(人)	Medical Technical Personnel(person)	597	-7.9
城乡居民基本养老保险参保人数(人)	Urban and Rural Residents Basic Pension Insurance Contributors(person)	5545	0.6
基本医疗保险参保人数(人)	Basic Medical Care Insurance Contributors(person)	65530	0.7
居民生活	**The Lives of Residents**		
全体居民人均可支配收入(元)	The per capita disposable income of all residents(yuan)	30371	7.8
城镇常住居民人均可支配收入(元)	The per capita disposable income of urban permanent residents(yuan)	30953	7.0
农村牧区常住居民人均可支配收入(元)	The per capita disposable income of permanent residents of rural and pastoral areas(yuan)	28470	10.0

20-38 呼伦贝尔市根河市

Genhe City in Hulunbeier City

指 标	Item	2019	增长(%) Increase Rate(%)
行政区域土地面积(平方公里)	**Area of Administration(Sq.km)**	**20010**	**0.0**
人口	**Population**		
年末户籍户数(户)	The Registered Households Year-end(household)	57590	-0.6
年末户籍人口(人)	The Registered Population Year-end(person)	130722	-2.2
国民经济综合指标	**Summary Item on the National Economy**		
生产总值(万元)	Gross Domestic Product(10 000 yuan)	320087	2.0
第一产业(万元)	Primary Industry(10 000 yuan)	53989	0.4
第二产业(万元)	Secondary Industry(10 000 yuan)	57744	0.6
第三产业(万元)	Tertiary Industry(10 000 yuan)	208354	3.0
一般公共预算收入(万元)	General Public Budget Revenue(10 000 yuan)	7103	-19.1
一般公共预算支出(万元)	General Public Budget Expenditure(10 000 yuan)	160636	1.7
农村牧区经济	**Economic Development in Rural & Pastoral Area**		
耕地面积(公顷)	Cultivated Area(hectare)		
高标准农田面积(公顷)	High Standard Farmland Area(hectare)		
农作物总播种面积(公顷)	Total Sown Area(hectare)	2529	44.8
粮食产量(吨)	Yield of Grain(ton)	5000	103.1
油料产量(吨)	Yield of Oil-bearing Crops(ton)	1196	-5.3
肉类总产量(吨)	Output of Meat(ton)	1167	-41.6
奶类产量(吨)	Milks(ton)	114	-42.3
规模以上工业	**Industrial Enterprises above Designated size**		
工业企业单位数(个)	Number of Industrial Enterprises(unit)	5	25.0
工业总产值(万元)	Gross Industrial Output Value(10 000 yuan)	71916	-1.2
投资	**Investment and Construction**		
固定资产投资(万元)	Total Investment in Fixed Assets(10 000 yuan)		18.9
房地产开发投资(万元)	Investment in Real Estate Development(10 000 yuan)	16524	
贸易外经	**Trade**		
社会消费品零售总额(万元)	Total Retail Sales of Consumer Goods(10 000 yuan)	230516	2.9
出口总额(万元)	Total Exports(10 000 yuan)		
交通通讯	**Transportation,Post & Telecommunications**		
公路里程(公里)	Total Length of Highways(km)	2698	1.0
移动电话用户(户)	Number of Mobile Telephone Subscribers (subscriber)	119000	3.3
互联网宽带接入用户(户)	Number of Subscribers of Internet Service(subscriber)	29200	3.4
教育科技文化卫生社会保障	**Science,Education & Public Health**		
小学学校数(所)	Number of Primary Schools(unit)	7	0.0
普通中学学校数(所)	Number of Regular Secondary Schools(unit)	9	0.0
体育场馆数(个)	Stadium and Gymnasium(unit)	11	0.0
全年专利授权(件)	Annual Patent Authorization(piece)		
剧场、影剧院(个)	Theaters,Music Halls and Cinemas(unit)	1	
医疗卫生机构床位数(张)	Number of Beds in Health Care Institutions(unit)	477	-1.6
医疗卫生机构技术人员(人)	Medical Technical Personnel(person)	942	4.4
城乡居民基本养老保险参保人数(人)	Urban and Rural Residents Basic Pension Insurance Contributors(person)	4965	5.4
基本医疗保险参保人数(人)	Basic Medical Care Insurance Contributors(person)	58990	-2.5
居民生活	**The Lives of Residents**		
全体居民人均可支配收入(元)	The per capita disposable income of all residents(yuan)	28375	6.2
城镇常住居民人均可支配收入(元)	The per capita disposable income of urban permanent residents(yuan)	28375	6.2
农村牧区常住居民人均可支配收入(元)	The per capita disposable income of permanent residents of rural and pastoral areas(yuan)		

20-39 兴安盟乌兰浩特市

Ulanhot City in Xingan League

指 标	Item	2019	增长(%) Increase Rate(%)
行政区域土地面积(平方公里)	**Area of Administration(Sq.km)**	**2728**	**0.0**
人口	**Population**		
年末户籍户数(户)	The Registered Households Year-end(household)	137622	1.8
年末户籍人口(人)	The Registered Population Year-end(person)	321230	0.4
国民经济综合指标	**Summary Item on the National Economy**		
生产总值(万元)	Gross Domestic Product(10 000 yuan)	1764840	7.3
第一产业(万元)	Primary Industry(10 000 yuan)	137171	5.6
第二产业(万元)	Secondary Industry(10 000 yuan)	710296	11.4
第三产业(万元)	Tertiary Industry(10 000 yuan)	917373	4.5
一般公共预算收入(万元)	General Public Budget Revenue(10 000 yuan)	82874	-4.8
一般公共预算支出(万元)	General Public Budget Expenditure(10 000 yuan)	336310	4.1
农村牧区经济	**Economic Development in Rural & Pastoral Area**		
耕地面积(公顷)	Cultivated Area(hectare)	74450	48.9
高标准农田面积(公顷)	High Standard Farmland Area(hectare)	900	
农作物总播种面积(公顷)	Total Sown Area(hectare)	51940	3.3
粮食产量(吨)	Yield of Grain(ton)	301000	3.5
油料产量(吨)	Yield of Oil-bearing Crops(ton)	1223	0.9
肉类总产量(吨)	Output of Meat(ton)	15017	5.4
奶类产量(吨)	Milks(ton)	108602	7.5
规模以上工业	**Industrial Enterprises above Designated size**		
工业企业单位数(个)	Number of Industrial Enterprises(unit)	31	-3.1
工业总产值(万元)	Gross Industrial Output Value(10 000 yuan)	1528324	21.1
投资	**Investment and Construction**		
固定资产投资(万元)	Total Investment in Fixed Assets(10 000 yuan)		15.1
房地产开发投资(万元)	Investment in Real Estate Development(10 000 yuan)	222118	43.6
贸易外经	**Trade**		
社会消费品零售总额(万元)	Total Retail Sales of Consumer Goods(10 000 yuan)	972939	3.1
出口总额(万元)	Total Exports(10 000 yuan)	2114	53.6
交通通讯	**Transportation,Post & Telecommunications**		
公路里程(公里)	Total Length of Highways(km)	1143	1.1
移动电话用户(户)	Number of Mobile Telephone Subscribers (subscriber)	727935	13.9
互联网宽带接入用户(户)	Number of Subscribers of Internet Service(subscriber)	120265	12.0
教育科技文化卫生社会保障	**Science,Education & Public Health**		
小学学校数(所)	Number of Primary Schools(unit)	23	0.0
普通中学学校数(所)	Number of Regular Secondary Schools(unit)	20	0.0
体育场馆数(个)	Stadium and Gymnasium(unit)	2	0.0
全年专利授权(件)	Annual Patent Authorization(piece)		
剧场、影剧院(个)	Theaters,Music Halls and Cinemas(unit)	4	
医疗卫生机构床位数(张)	Number of Beds in Health Care Institutions(unit)	3755	15.6
医疗卫生机构技术人员(人)	Medical Technical Personnel(person)	4796	13.4
城乡居民基本养老保险参保人数(人)	Urban and Rural Residents Basic Pension Insurance Contributors(person)	36081	0.6
基本医疗保险参保人数(人)	Basic Medical Care Insurance Contributors(person)	229122	0.0
居民生活	**The Lives of Residents**		
全体居民人均可支配收入(元)	The per capita disposable income of all residents(yuan)	33130	9.3
城镇常住居民人均可支配收入(元)	The per capita disposable income of urban permanent residents(yuan)	33310	7.0
农村牧区常住居民人均可支配收入(元)	The per capita disposable income of permanent residents of rural and pastoral areas(yuan)	17002	11.5

20-40 兴安盟阿尔山市

Aershan City in Xingan League

指 标	Item	2019	增长(%) Increase Rate(%)
行政区域土地面积(平方公里)	**Area of Administration(Sq.km)**	**7409**	**0.0**
人口	**Population**		
年末户籍户数(户)	The Registered Households Year-end(household)	21849	-0.8
年末户籍人口(人)	The Registered Population Year-end(person)	44349	-2.0
国民经济综合指标	**Summary Item on the National Economy**		
生产总值(万元)	Gross Domestic Product(10 000 yuan)	193759	6.5
第一产业(万元)	Primary Industry(10 000 yuan)	37204	5.1
第二产业(万元)	Secondary Industry(10 000 yuan)	25833	5.0
第三产业(万元)	Tertiary Industry(10 000 yuan)	130722	7.2
一般公共预算收入(万元)	General Public Budget Revenue(10 000 yuan)	12604	3.2
一般公共预算支出(万元)	General Public Budget Expenditure(10 000 yuan)	172115	14.2
农村牧区经济	**Economic Development in Rural & Pastoral Area**		
耕地面积(公顷)	Cultivated Area(hectare)	18998	0.3
高标准农田面积(公顷)	High Standard Farmland Area(hectare)		
农作物总播种面积(公顷)	Total Sown Area(hectare)	27170	9.5
粮食产量(吨)	Yield of Grain(ton)	36626	-18.5
油料产量(吨)	Yield of Oil-bearing Crops(ton)	15185	-7.0
肉类总产量(吨)	Output of Meat(ton)	3003	40.3
奶类产量(吨)	Milks(ton)	11	-98.4
规模以上工业	**Industrial Enterprises above Designated size**		
工业企业单位数(个)	Number of Industrial Enterprises(unit)	1	0.0
工业总产值(万元)	Gross Industrial Output Value(10 000 yuan)	2308	-36.5
投资	**Investment and Construction**		
固定资产投资(万元)	Total Investment in Fixed Assets(10 000 yuan)		3.9
房地产开发投资(万元)	Investment in Real Estate Development(10 000 yuan)	2014	-83.4
贸易外经	**Trade**		
社会消费品零售总额(万元)	Total Retail Sales of Consumer Goods(10 000 yuan)	52838	2.9
出口总额(万元)	Total Exports(10 000 yuan)	23	
交通通讯	**Transportation,Post & Telecommunications**		
公路里程(公里)	Total Length of Highways(km)	898	3.3
移动电话用户(户)	Number of Mobile Telephone Subscribers (subscriber)	57225	9.6
互联网宽带接入用户(户)	Number of Subscribers of Internet Service(subscriber)	17497	83.6
教育科技文化卫生社会保障	**Science,Education & Public Health**		
小学学校数(所)	Number of Primary Schools(unit)	4	0.0
普通中学学校数(所)	Number of Regular Secondary Schools(unit)	2	0.0
体育场馆数(个)	Stadium and Gymnasium(unit)		
全年专利授权(件)	Annual Patent Authorization(piece)		
剧场、影剧院(个)	Theaters,Music Halls and Cinemas(unit)	1	
医疗卫生机构床位数(张)	Number of Beds in Health Care Institutions(unit)	353	20.9
医疗卫生机构技术人员(人)	Medical Technical Personnel(person)	270	-9.4
城乡居民基本养老保险参保人数(人)	Urban and Rural Residents Basic Pension Insurance Contributors(person)	6678	0.6
基本医疗保险参保人数(人)	Basic Medical Care Insurance Contributors(person)	40160	-0.8
居民生活	**The Lives of Residents**		
全体居民人均可支配收入(元)	The per capita disposable income of all residents(yuan)	27742	9.4
城镇常住居民人均可支配收入(元)	The per capita disposable income of urban permanent residents(yuan)	29968	7.1
农村牧区常住居民人均可支配收入(元)	The per capita disposable income of permanent residents of rural and pastoral areas(yuan)	11635	11.4

20-41 兴安盟科尔沁右翼前旗

Keerqinyouyiqian Banner in Xingan League

指 标	Item	2019	增长(%) Increase Rate(%)
行政区域土地面积(平方公里)	**Area of Administration(Sq.km)**	**16964**	**0.0**
人口	**Population**		
年末户籍户数(户)	The Registered Households Year-end(household)	124703	0.7
年末户籍人口(人)	The Registered Population Year-end(person)	332047	-0.1
国民经济综合指标	**Summary Item on the National Economy**		
生产总值(万元)	Gross Domestic Product(10 000 yuan)	955040	7.1
第一产业(万元)	Primary Industry(10 000 yuan)	466267	7.3
第二产业(万元)	Secondary Industry(10 000 yuan)	152682	7.4
第三产业(万元)	Tertiary Industry(10 000 yuan)	336091	6.8
一般公共预算收入(万元)	General Public Budget Revenue(10 000 yuan)	31665	7.1
一般公共预算支出(万元)	General Public Budget Expenditure(10 000 yuan)	435329	4.5
农村牧区经济	**Economic Development in Rural & Pastoral Area**		
耕地面积(公顷)	Cultivated Area(hectare)	307745	-5.8
高标准农田面积(公顷)	High Standard Farmland Area(hectare)	5333	
农作物总播种面积(公顷)	Total Sown Area(hectare)	280603	3.4
粮食产量(吨)	Yield of Grain(ton)	1443655	2.9
油料产量(吨)	Yield of Oil-bearing Crops(ton)	8641	-23.0
肉类总产量(吨)	Output of Meat(ton)	79086	14.6
奶类产量(吨)	Milks(ton)	108788	6.6
规模以上工业	**Industrial Enterprises above Designated size**		
工业企业单位数(个)	Number of Industrial Enterprises(unit)	20	-13.0
工业总产值(万元)	Gross Industrial Output Value(10 000 yuan)	156784	2.9
投资	**Investment and Construction**		
固定资产投资(万元)	Total Investment in Fixed Assets(10 000 yuan)		28.0
房地产开发投资(万元)	Investment in Real Estate Development(10 000 yuan)	136978	72.3
贸易外经	**Trade**		
社会消费品零售总额(万元)	Total Retail Sales of Consumer Goods(10 000 yuan)	196001	8.6
出口总额(万元)	Total Exports(10 000 yuan)	7180	794.9
交通通讯	**Transportation,Post & Telecommunications**		
公路里程(公里)	Total Length of Highways(km)	2999	0.2
移动电话用户(户)	Number of Mobile Telephone Subscribers (subscriber)	239207	-10.0
互联网宽带接入用户(户)	Number of Subscribers of Internet Service(subscriber)	62146	5.9
教育科技文化卫生社会保障	**Science,Education & Public Health**		
小学学校数(所)	Number of Primary Schools(unit)	22	0.0
普通中学学校数(所)	Number of Regular Secondary Schools(unit)	23	0.0
体育场馆数(个)	Stadium and Gymnasium(unit)	2	-33.3
全年专利授权(件)	Annual Patent Authorization(piece)	69	
剧场、影剧院(个)	Theaters,Music Halls and Cinemas(unit)	1	
医疗卫生机构床位数(张)	Number of Beds in Health Care Institutions(unit)	1357	-2.0
医疗卫生机构技术人员(人)	Medical Technical Personnel(person)	1701	4.3
城乡居民基本养老保险参保人数(人)	Urban and Rural Residents Basic Pension Insurance Contributors(person)	159835	-1.5
基本医疗保险参保人数(人)	Basic Medical Care Insurance Contributors(person)	286407	-0.4
居民生活	**The Lives of Residents**		
全体居民人均可支配收入(元)	The per capita disposable income of all residents(yuan)	14897	9.8
城镇常住居民人均可支配收入(元)	The per capita disposable income of urban permanent residents(yuan)	28485	7.5
农村牧区常住居民人均可支配收入(元)	The per capita disposable income of permanent residents of rural and pastoral areas(yuan)	11661	11.8

20-42 兴安盟科尔沁右翼中旗

Keerqinyouyizhong Banner in Xingan League

指 标	Item	2019	增长(%) Increase Rate(%)
行政区域土地面积(平方公里)	**Area of Administration(Sq.km)**	**15613**	**0.0**
人口	**Population**		
年末户籍户数(户)	The Registered Households Year-end(household)	90195	-0.6
年末户籍人口(人)	The Registered Population Year-end(person)	251774	-0.3
国民经济综合指标	**Summary Item on the National Economy**		
生产总值(万元)	Gross Domestic Product(10 000 yuan)	648770	6.7
第一产业(万元)	Primary Industry(10 000 yuan)	260468	7.3
第二产业(万元)	Secondary Industry(10 000 yuan)	130318	10.6
第三产业(万元)	Tertiary Industry(10 000 yuan)	257984	4.2
一般公共预算收入(万元)	General Public Budget Revenue(10 000 yuan)	20549	-20.1
一般公共预算支出(万元)	General Public Budget Expenditure(10 000 yuan)	315825	1.4
农村牧区经济	**Economic Development in Rural & Pastoral Area**		
耕地面积(公顷)	Cultivated Area(hectare)	301164	0.0
高标准农田面积(公顷)	High Standard Farmland Area(hectare)	5333	
农作物总播种面积(公顷)	Total Sown Area(hectare)	233319	8.0
粮食产量(吨)	Yield of Grain(ton)	1107534	18.3
油料产量(吨)	Yield of Oil-bearing Crops(ton)	53170	-14.0
肉类总产量(吨)	Output of Meat(ton)	49925	5.7
奶类产量(吨)	Milks(ton)	14914	0.4
规模以上工业	**Industrial Enterprises above Designated size**		
工业企业单位数(个)	Number of Industrial Enterprises(unit)	17	0.0
工业总产值(万元)	Gross Industrial Output Value(10 000 yuan)	162531	5.8
投资	**Investment and Construction**		
固定资产投资(万元)	Total Investment in Fixed Assets(10 000 yuan)		21.2
房地产开发投资(万元)	Investment in Real Estate Development(10 000 yuan)	40300	-20.8
贸易外经	**Trade**		
社会消费品零售总额(万元)	Total Retail Sales of Consumer Goods(10 000 yuan)	100503	2.7
出口总额(万元)	Total Exports(10 000 yuan)	83	-21.0
交通通讯	**Transportation,Post & Telecommunications**		
公路里程(公里)	Total Length of Highways(km)	3183	1.9
移动电话用户(户)	Number of Mobile Telephone Subscribers (subscriber)	268500	2.6
互联网宽带接入用户(户)	Number of Subscribers of Internet Service(subscriber)	87900	83.5
教育科技文化卫生社会保障	**Science,Education & Public Health**		
小学学校数(所)	Number of Primary Schools(unit)	27	0.0
普通中学学校数(所)	Number of Regular Secondary Schools(unit)	12	0.0
体育场馆数(个)	Stadium and Gymnasium(unit)	1	-50.0
全年专利授权(件)	Annual Patent Authorization(piece)		
剧场、影剧院(个)	Theaters,Music Halls and Cinemas(unit)	1	
医疗卫生机构床位数(张)	Number of Beds in Health Care Institutions(unit)	1591	2.8
医疗卫生机构技术人员(人)	Medical Technical Personnel(person)	1765	0.3
城乡居民基本养老保险参保人数(人)	Urban and Rural Residents Basic Pension Insurance Contributors(person)	122630	25.0
基本医疗保险参保人数(人)	Basic Medical Care Insurance Contributors(person)	195895	0.0
居民生活	**The Lives of Residents**		
全体居民人均可支配收入(元)	The per capita disposable income of all residents(yuan)	17350	9.7
城镇常住居民人均可支配收入(元)	The per capita disposable income of urban permanent residents(yuan)	27161	7.4
农村牧区常住居民人均可支配收入(元)	The per capita disposable income of permanent residents of rural and pastoral areas(yuan)	10835	11.7

20-43 兴安盟扎赉特旗

Zhalaite Banner in Xingan League

指 标	Item	2019	增长(%) Increase Rate(%)
行政区域土地面积(平方公里)	**Area of Administration(Sq.km)**	**11837**	**0.0**
人口	**Population**		
年末户籍户数(户)	The Registered Households Year-end(household)	150323	-0.7
年末户籍人口(人)	The Registered Population Year-end(person)	385972	-0.8
国民经济综合指标	**Summary Item on the National Economy**		
生产总值(万元)	Gross Domestic Product(10 000 yuan)	963897	6.8
第一产业(万元)	Primary Industry(10 000 yuan)	496365	7.5
第二产业(万元)	Secondary Industry(10 000 yuan)	89138	4.1
第三产业(万元)	Tertiary Industry(10 000 yuan)	378394	6.5
一般公共预算收入(万元)	General Public Budget Revenue(10 000 yuan)	141540	97.7
一般公共预算支出(万元)	General Public Budget Expenditure(10 000 yuan)	488939	13.0
农村牧区经济	**Economic Development in Rural & Pastoral Area**		
耕地面积(公顷)	Cultivated Area(hectare)	383333	-1.6
高标准农田面积(公顷)	High Standard Farmland Area(hectare)	5333	
农作物总播种面积(公顷)	Total Sown Area(hectare)	372547	3.2
粮食产量(吨)	Yield of Grain(ton)	2173377	11.5
油料产量(吨)	Yield of Oil-bearing Crops(ton)	400	-74.0
肉类总产量(吨)	Output of Meat(ton)	88478	6.0
奶类产量(吨)	Milks(ton)	83933	10.2
规模以上工业	**Industrial Enterprises above Designated size**		
工业企业单位数(个)	Number of Industrial Enterprises(unit)	17	-5.6
工业总产值(万元)	Gross Industrial Output Value(10 000 yuan)	114107	16.9
投资	**Investment and Construction**		
固定资产投资(万元)	Total Investment in Fixed Assets(10 000 yuan)		-8.6
房地产开发投资(万元)	Investment in Real Estate Development(10 000 yuan)	110130	193.2
贸易外经	**Trade**		
社会消费品零售总额(万元)	Total Retail Sales of Consumer Goods(10 000 yuan)	199470	8.6
出口总额(万元)	Total Exports(10 000 yuan)		
交通通讯	**Transportation,Post & Telecommunications**		
公路里程(公里)	Total Length of Highways(km)	2896	3.1
移动电话用户(户)	Number of Mobile Telephone Subscribers (subscriber)	348446	-8.8
互联网宽带接入用户(户)	Number of Subscribers of Internet Service(subscriber)	79796	7.8
教育科技文化卫生社会保障	**Science,Education & Public Health**		
小学学校数(所)	Number of Primary Schools(unit)	29	7.4
普通中学学校数(所)	Number of Regular Secondary Schools(unit)	9	-18.2
体育场馆数(个)	Stadium and Gymnasium(unit)	5	-16.7
全年专利授权(件)	Annual Patent Authorization(piece)		
剧场、影剧院(个)	Theaters,Music Halls and Cinemas(unit)	2	
医疗卫生机构床位数(张)	Number of Beds in Health Care Institutions(unit)	1505	3.0
医疗卫生机构技术人员(人)	Medical Technical Personnel(person)	1542	3.1
城乡居民基本养老保险参保人数(人)	Urban and Rural Residents Basic Pension Insurance Contributors(person)	186904	8.8
基本医疗保险参保人数(人)	Basic Medical Care Insurance Contributors(person)	328371	1.0
居民生活	**The Lives of Residents**		
全体居民人均可支配收入(元)	The per capita disposable income of all residents(yuan)	17009	9.6
城镇常住居民人均可支配收入(元)	The per capita disposable income of urban permanent residents(yuan)	28596	7.2
农村牧区常住居民人均可支配收入(元)	The per capita disposable income of permanent residents of rural and pastoral areas(yuan)	11589	11.9

20-44 兴安盟突泉县

Tuquan County in Xingan League

指 标	Item	2019	增长(%) Increase Rate(%)
行政区域土地面积(平方公里)	**Area of Administration(Sq.km)**	**4797**	**0.0**
人口	**Population**		
年末户籍户数(户)	The Registered Households Year-end(household)	127990	-0.1
年末户籍人口(人)	The Registered Population Year-end(person)	298645	-0.3
国民经济综合指标	**Summary Item on the National Economy**		
生产总值(万元)	Gross Domestic Product(10 000 yuan)	674294	7.6
第一产业(万元)	Primary Industry(10 000 yuan)	317025	6.4
第二产业(万元)	Secondary Industry(10 000 yuan)	124533	21.4
第三产业(万元)	Tertiary Industry(10 000 yuan)	232736	2.9
一般公共预算收入(万元)	General Public Budget Revenue(10 000 yuan)	30041	14.7
一般公共预算支出(万元)	General Public Budget Expenditure(10 000 yuan)	320915	-1.2
农村牧区经济	**Economic Development in Rural & Pastoral Area**		
耕地面积(公顷)	Cultivated Area(hectare)	177194	-0.3
高标准农田面积(公顷)	High Standard Farmland Area(hectare)	4667	
农作物总播种面积(公顷)	Total Sown Area(hectare)	172093	1.8
粮食产量(吨)	Yield of Grain(ton)	1182402	2.7
油料产量(吨)	Yield of Oil-bearing Crops(ton)	1556	-75.3
肉类总产量(吨)	Output of Meat(ton)	23999	11.3
奶类产量(吨)	Milks(ton)	89373	6.6
规模以上工业	**Industrial Enterprises above Designated size**		
工业企业单位数(个)	Number of Industrial Enterprises(unit)	12	50.0
工业总产值(万元)	Gross Industrial Output Value(10 000 yuan)	164440	104.4
投资	**Investment and Construction**		
固定资产投资(万元)	Total Investment in Fixed Assets(10 000 yuan)		37.1
房地产开发投资(万元)	Investment in Real Estate Development(10 000 yuan)	6707	-53.6
贸易外经	**Trade**		
社会消费品零售总额(万元)	Total Retail Sales of Consumer Goods(10 000 yuan)	133074	7.1
出口总额(万元)	Total Exports(10 000 yuan)	47	
交通通讯	**Transportation,Post & Telecommunications**		
公路里程(公里)	Total Length of Highways(km)	2344	0.2
移动电话用户(户)	Number of Mobile Telephone Subscribers (subscriber)	253418	-10.3
互联网宽带接入用户(户)	Number of Subscribers of Internet Service(subscriber)	53473	-52.9
教育科技文化卫生社会保障	**Science,Education & Public Health**		
小学学校数(所)	Number of Primary Schools(unit)	16	0.0
普通中学学校数(所)	Number of Regular Secondary Schools(unit)	11	0.0
体育场馆数(个)	Stadium and Gymnasium(unit)	3	0.0
全年专利授权(件)	Annual Patent Authorization(piece)		
剧场、影剧院(个)	Theaters,Music Halls and Cinemas(unit)		
医疗卫生机构床位数(张)	Number of Beds in Health Care Institutions(unit)	986	-2.0
医疗卫生机构技术人员(人)	Medical Technical Personnel(person)	1351	1.7
城乡居民基本养老保险参保人数(人)	Urban and Rural Residents Basic Pension Insurance Contributors(person)	162288	-15.3
基本医疗保险参保人数(人)	Basic Medical Care Insurance Contributors(person)	253452	-1.7
居民生活	**The Lives of Residents**		
全体居民人均可支配收入(元)	The per capita disposable income of all residents(yuan)	16606	9.5
城镇常住居民人均可支配收入(元)	The per capita disposable income of urban permanent residents(yuan)	27834	7.3
农村牧区常住居民人均可支配收入(元)	The per capita disposable income of permanent residents of rural and pastoral areas(yuan)	11162	11.6

20-45 通辽市科尔沁区

Keerqin District in Tongliao City

指标	Item	2019	增长(%) Increase Rate(%)
行政区域土地面积(平方公里)	**Area of Administration(Sq.km)**	**3516**	**-1.8**
人口	**Population**		
年末户籍户数(户)	The Registered Households Year-end(household)	330689	0.3
年末户籍人口(人)	The Registered Population Year-end(person)	842358	0.3
国民经济综合指标	**Summary Item on the National Economy**		
生产总值(万元)	Gross Domestic Product(10 000 yuan)	4379200	3.6
第一产业(万元)	Primary Industry(10 000 yuan)	411300	0.7
第二产业(万元)	Secondary Industry(10 000 yuan)	1340400	1.8
第三产业(万元)	Tertiary Industry(10 000 yuan)	2627500	5.2
一般公共预算收入(万元)	General Public Budget Revenue(10 000 yuan)	104412	-1.4
一般公共预算支出(万元)	General Public Budget Expenditure(10 000 yuan)	517471	17.4
农村牧区经济	**Economic Development in Rural & Pastoral Area**		
耕地面积(公顷)	Cultivated Area(hectare)	167412	2.3
高标准农田面积(公顷)	High Standard Farmland Area(hectare)	86667	
农作物总播种面积(公顷)	Total Sown Area(hectare)	168300	3.9
粮食产量(吨)	Yield of Grain(ton)	1352769	2.6
油料产量(吨)	Yield of Oil-bearing Crops(ton)	19363	149.0
肉类总产量(吨)	Output of Meat(ton)	75869	-36.9
奶类产量(吨)	Milks(ton)	60086	-11.8
规模以上工业	**Industrial Enterprises above Designated size**		
工业企业单位数(个)	Number of Industrial Enterprises(unit)	64	0.0
工业总产值(万元)	Gross Industrial Output Value(10 000 yuan)	2123100	-1.1
投资	**Investment and Construction**		
固定资产投资(万元)	Total Investment in Fixed Assets(10 000 yuan)		12.9
房地产开发投资(万元)	Investment in Real Estate Development(10 000 yuan)	639304	47.2
贸易外经	**Trade**		
社会消费品零售总额(万元)	Total Retail Sales of Consumer Goods(10 000 yuan)	1553223	3.1
出口总额(万元)	Total Exports(10 000 yuan)	189643	-8.5
交通通讯	**Transportation,Post & Telecommunications**		
公路里程(公里)	Total Length of Highways(km)	1929	-23.3
移动电话用户(户)	Number of Mobile Telephone Subscribers (subscriber)	1141920	-7.7
互联网宽带接入用户(户)	Number of Subscribers of Internet Service(subscriber)	196656	2.6
教育科技文化卫生社会保障	**Science,Education & Public Health**		
小学学校数(所)	Number of Primary Schools(unit)	44	-41.3
普通中学学校数(所)	Number of Regular Secondary Schools(unit)	27	-10.0
体育场馆数(个)	Stadium and Gymnasium(unit)	2	0.0
全年专利授权(件)	Annual Patent Authorization(piece)	238	
剧场、影剧院(个)	Theaters,Music Halls and Cinemas(unit)	3	
医疗卫生机构床位数(张)	Number of Beds in Health Care Institutions(unit)	10314	-5.5
医疗卫生机构技术人员(人)	Medical Technical Personnel(person)	10309	8.3
城乡居民基本养老保险参保人数(人)	Urban and Rural Residents Basic Pension Insurance Contributors(person)	211461	14.7
基本医疗保险参保人数(人)	Basic Medical Care Insurance Contributors(person)	615820	-4.6
居民生活	**The Lives of Residents**		
全体居民人均可支配收入(元)	The per capita disposable income of all residents(yuan)	30895	8.4
城镇常住居民人均可支配收入(元)	The per capita disposable income of urban permanent residents(yuan)	36329	6.7
农村牧区常住居民人均可支配收入(元)	The per capita disposable income of permanent residents of rural and pastoral areas(yuan)	19618	9.9

20-46 通辽市科尔沁左翼中旗

Keerqinzuoyizhong Banner in Tongliao City

指 标	Item	2019	增长(%) Increase Rate(%)
行政区域土地面积(平方公里)	**Area of Administration(Sq.km)**	**9573**	**0.0**
人口	**Population**		
年末户籍户数(户)	The Registered Households Year-end(household)	207794	0.8
年末户籍人口(人)	The Registered Population Year-end(person)	520065	-0.2
国民经济综合指标	**Summary Item on the National Economy**		
生产总值(万元)	Gross Domestic Product(10 000 yuan)	1287500	3.5
第一产业(万元)	Primary Industry(10 000 yuan)	537400	1.0
第二产业(万元)	Secondary Industry(10 000 yuan)	252500	6.1
第三产业(万元)	Tertiary Industry(10 000 yuan)	497600	5.5
一般公共预算收入(万元)	General Public Budget Revenue(10 000 yuan)	40073	9.7
一般公共预算支出(万元)	General Public Budget Expenditure(10 000 yuan)	464814	7.4
农村牧区经济	**Economic Development in Rural & Pastoral Area**		
耕地面积(公顷)	Cultivated Area(hectare)	296373	10.0
高标准农田面积(公顷)	High Standard Farmland Area(hectare)	126260	
农作物总播种面积(公顷)	Total Sown Area(hectare)	320122	2.8
粮食产量(吨)	Yield of Grain(ton)	2186526	3.2
油料产量(吨)	Yield of Oil-bearing Crops(ton)	64831	101.7
肉类总产量(吨)	Output of Meat(ton)	50025	-0.9
奶类产量(吨)	Milks(ton)	21558	-36.7
规模以上工业	**Industrial Enterprises above Designated size**		
工业企业单位数(个)	Number of Industrial Enterprises(unit)	15	25.0
工业总产值(万元)	Gross Industrial Output Value(10 000 yuan)	253898	8.2
投资	**Investment and Construction**		
固定资产投资(万元)	Total Investment in Fixed Assets(10 000 yuan)		-3.0
房地产开发投资(万元)	Investment in Real Estate Development(10 000 yuan)	30136	33.5
贸易外经	**Trade**		
社会消费品零售总额(万元)	Total Retail Sales of Consumer Goods(10 000 yuan)	340116	3.1
出口总额(万元)	Total Exports(10 000 yuan)		
交通通讯	**Transportation,Post & Telecommunications**		
公路里程(公里)	Total Length of Highways(km)	3444	0.4
移动电话用户(户)	Number of Mobile Telephone Subscribers (subscriber)	400589	3.7
互联网宽带接入用户(户)	Number of Subscribers of Internet Service(subscriber)	63219	14.3
教育科技文化卫生社会保障	**Science,Education & Public Health**		
小学学校数(所)	Number of Primary Schools(unit)	41	2.5
普通中学学校数(所)	Number of Regular Secondary Schools(unit)	15	0.0
体育场馆数(个)	Stadium and Gymnasium(unit)		
全年专利授权(件)	Annual Patent Authorization(piece)	21	
剧场、影剧院(个)	Theaters,Music Halls and Cinemas(unit)	1	
医疗卫生机构床位数(张)	Number of Beds in Health Care Institutions(unit)	1908	0.6
医疗卫生机构技术人员(人)	Medical Technical Personnel(person)	2098	-5.1
城乡居民基本养老保险参保人数(人)	Urban and Rural Residents Basic Pension Insurance Contributors(person)	213000	13.3
基本医疗保险参保人数(人)	Basic Medical Care Insurance Contributors(person)	408854	-2.7
居民生活	**The Lives of Residents**		
全体居民人均可支配收入(元)	The per capita disposable income of all residents(yuan)	18302	9.6
城镇常住居民人均可支配收入(元)	The per capita disposable income of urban permanent residents(yuan)	28765	7.6
农村牧区常住居民人均可支配收入(元)	The per capita disposable income of permanent residents of rural and pastoral areas(yuan)	12965	11.3

20-47 通辽市科尔沁左翼后旗

Keerqinzuoyihou Banner in Tongliao City

指 标	Item	2019	增长(%) Increase Rate(%)
行政区域土地面积(平方公里)	**Area of Administration(Sq.km)**	**11500**	**0.0**
人口	**Population**		
年末户籍户数(户)	The Registered Households Year-end(household)	152241	-0.1
年末户籍人口(人)	The Registered Population Year-end(person)	401078	-0.1
国民经济综合指标	**Summary Item on the National Economy**		
生产总值(万元)	Gross Domestic Product(10 000 yuan)	1220500	3.4
第一产业(万元)	Primary Industry(10 000 yuan)	447500	0.9
第二产业(万元)	Secondary Industry(10 000 yuan)	242000	5.7
第三产业(万元)	Tertiary Industry(10 000 yuan)	531000	4.7
一般公共预算收入(万元)	General Public Budget Revenue(10 000 yuan)	35503	-9.4
一般公共预算支出(万元)	General Public Budget Expenditure(10 000 yuan)	366690	-1.5
农村牧区经济	**Economic Development in Rural & Pastoral Area**		
耕地面积(公顷)	Cultivated Area(hectare)	262020	0.0
高标准农田面积(公顷)	High Standard Farmland Area(hectare)	41709	
农作物总播种面积(公顷)	Total Sown Area(hectare)	295700	2.3
粮食产量(吨)	Yield of Grain(ton)	1262098	4.1
油料产量(吨)	Yield of Oil-bearing Crops(ton)	33406	0.0
肉类总产量(吨)	Output of Meat(ton)	53677	-1.6
奶类产量(吨)	Milks(ton)	126104	14.3
规模以上工业	**Industrial Enterprises above Designated size**		
工业企业单位数(个)	Number of Industrial Enterprises(unit)	23	21.1
工业总产值(万元)	Gross Industrial Output Value(10 000 yuan)	370908	6.5
投资	**Investment and Construction**		
固定资产投资(万元)	Total Investment in Fixed Assets(10 000 yuan)		-3.3
房地产开发投资(万元)	Investment in Real Estate Development(10 000 yuan)	24800	-30.0
贸易外经	**Trade**		
社会消费品零售总额(万元)	Total Retail Sales of Consumer Goods(10 000 yuan)	252431	3.6
出口总额(万元)	Total Exports(10 000 yuan)		
交通通讯	**Transportation,Post & Telecommunications**		
公路里程(公里)	Total Length of Highways(km)	4614	5.8
移动电话用户(户)	Number of Mobile Telephone Subscribers (subscriber)	361000	4.9
互联网宽带接入用户(户)	Number of Subscribers of Internet Service(subscriber)	54600	25.2
教育科技文化卫生社会保障	**Science,Education & Public Health**		
小学学校数(所)	Number of Primary Schools(unit)	35	0.0
普通中学学校数(所)	Number of Regular Secondary Schools(unit)	15	0.0
体育场馆数(个)	Stadium and Gymnasium(unit)	1	0.0
全年专利授权(件)	Annual Patent Authorization(piece)		
剧场、影剧院(个)	Theaters,Music Halls and Cinemas(unit)		
医疗卫生机构床位数(张)	Number of Beds in Health Care Institutions(unit)	3727	7.5
医疗卫生机构技术人员(人)	Medical Technical Personnel(person)	2063	-0.1
城乡居民基本养老保险参保人数(人)	Urban and Rural Residents Basic Pension Insurance Contributors(person)	148000	1.8
基本医疗保险参保人数(人)	Basic Medical Care Insurance Contributors(person)	315519	-3.5
居民生活	**The Lives of Residents**		
全体居民人均可支配收入(元)	The per capita disposable income of all residents(yuan)	18951	9.4
城镇常住居民人均可支配收入(元)	The per capita disposable income of urban permanent residents(yuan)	29025	7.3
农村牧区常住居民人均可支配收入(元)	The per capita disposable income of permanent residents of rural and pastoral areas(yuan)	13671	11.4

20-48 通辽市开鲁县

Kailu County in Tongliao City

指 标	Item	2019	增长(%) Increase Rate(%)
行政区域土地面积(平方公里)	**Area of Administration(Sq.km)**	**4353**	**0.0**
人口	**Population**		
年末户籍户数(户)	The Registered Households Year-end(household)	154058	0.1
年末户籍人口(人)	The Registered Population Year-end(person)	391324	0.0
国民经济综合指标	**Summary Item on the National Economy**		
生产总值(万元)	Gross Domestic Product(10 000 yuan)	1272700	3.8
第一产业(万元)	Primary Industry(10 000 yuan)	514600	1.1
第二产业(万元)	Secondary Industry(10 000 yuan)	206200	6.6
第三产业(万元)	Tertiary Industry(10 000 yuan)	551900	5.3
一般公共预算收入(万元)	General Public Budget Revenue(10 000 yuan)	32152	-3.7
一般公共预算支出(万元)	General Public Budget Expenditure(10 000 yuan)	281202	-5.1
农村牧区经济	**Economic Development in Rural & Pastoral Area**		
耕地面积(公顷)	Cultivated Area(hectare)	135249	0.0
高标准农田面积(公顷)	High Standard Farmland Area(hectare)	135248	
农作物总播种面积(公顷)	Total Sown Area(hectare)	168738	3.3
粮食产量(吨)	Yield of Grain(ton)	1282821	1.9
油料产量(吨)	Yield of Oil-bearing Crops(ton)	24194	285.3
肉类总产量(吨)	Output of Meat(ton)	63996	-12.8
奶类产量(吨)	Milks(ton)	16494	-11.9
规模以上工业	**Industrial Enterprises above Designated size**		
工业企业单位数(个)	Number of Industrial Enterprises(unit)	25	25.0
工业总产值(万元)	Gross Industrial Output Value(10 000 yuan)	460000	4.5
投资	**Investment and Construction**		
固定资产投资(万元)	Total Investment in Fixed Assets(10 000 yuan)		4.6
房地产开发投资(万元)	Investment in Real Estate Development(10 000 yuan)	51071	-32.7
贸易外经	**Trade**		
社会消费品零售总额(万元)	Total Retail Sales of Consumer Goods(10 000 yuan)	267699	2.7
出口总额(万元)	Total Exports(10 000 yuan)	9050	-1.6
交通通讯	**Transportation,Post & Telecommunications**		
公路里程(公里)	Total Length of Highways(km)	2450	0.0
移动电话用户(户)	Number of Mobile Telephone Subscribers (subscriber)	371300	10.6
互联网宽带接入用户(户)	Number of Subscribers of Internet Service(subscriber)	73800	5.1
教育科技文化卫生社会保障	**Science,Education & Public Health**		
小学学校数(所)	Number of Primary Schools(unit)	21	-27.6
普通中学学校数(所)	Number of Regular Secondary Schools(unit)	19	0.0
体育场馆数(个)	Stadium and Gymnasium(unit)	2	100.0
全年专利授权(件)	Annual Patent Authorization(piece)		
剧场、影剧院(个)	Theaters,Music Halls and Cinemas(unit)	3	
医疗卫生机构床位数(张)	Number of Beds in Health Care Institutions(unit)	1252	-14.6
医疗卫生机构技术人员(人)	Medical Technical Personnel(person)	2324	-5.6
城乡居民基本养老保险参保人数(人)	Urban and Rural Residents Basic Pension Insurance Contributors(person)	217428	1.1
基本医疗保险参保人数(人)	Basic Medical Care Insurance Contributors(person)	342655	-0.6
居民生活	**The Lives of Residents**		
全体居民人均可支配收入(元)	The per capita disposable income of all residents(yuan)	22112	9.4
城镇常住居民人均可支配收入(元)	The per capita disposable income of urban permanent residents(yuan)	31283	7.4
农村牧区常住居民人均可支配收入(元)	The per capita disposable income of permanent residents of rural and pastoral areas(yuan)	17269	11.2

20-49 通辽市库伦旗

Kulun Banner in Tongliao City

指 标	Item	2019	增长(%) Increase Rate(%)
行政区域土地面积(平方公里)	**Area of Administration(Sq.km)**	**4709**	**0.0**
人口	**Population**		
年末户籍户数(户)	The Registered Households Year-end(household)	68282	0.3
年末户籍人口(人)	The Registered Population Year-end(person)	177398	-0.2
国民经济综合指标	**Summary Item on the National Economy**		
生产总值(万元)	Gross Domestic Product(10 000 yuan)	533600	3.4
第一产业(万元)	Primary Industry(10 000 yuan)	187637	0.6
第二产业(万元)	Secondary Industry(10 000 yuan)	36400	0.7
第三产业(万元)	Tertiary Industry(10 000 yuan)	309563	5.8
一般公共预算收入(万元)	General Public Budget Revenue(10 000 yuan)	10522	-29.6
一般公共预算支出(万元)	General Public Budget Expenditure(10 000 yuan)	222578	13.5
农村牧区经济	**Economic Development in Rural & Pastoral Area**		
耕地面积(公顷)	Cultivated Area(hectare)	139608	0.0
高标准农田面积(公顷)	High Standard Farmland Area(hectare)		
农作物总播种面积(公顷)	Total Sown Area(hectare)	112600	1.6
粮食产量(吨)	Yield of Grain(ton)	588624	7.2
油料产量(吨)	Yield of Oil-bearing Crops(ton)	2821	103.2
肉类总产量(吨)	Output of Meat(ton)	21119	17.5
奶类产量(吨)	Milks(ton)	2953	2.0
规模以上工业	**Industrial Enterprises above Designated size**		
工业企业单位数(个)	Number of Industrial Enterprises(unit)	9	125.0
工业总产值(万元)	Gross Industrial Output Value(10 000 yuan)	118035	-1.9
投资	**Investment and Construction**		
固定资产投资(万元)	Total Investment in Fixed Assets(10 000 yuan)		28.9
房地产开发投资(万元)	Investment in Real Estate Development(10 000 yuan)	25210	172.1
贸易外经	**Trade**		
社会消费品零售总额(万元)	Total Retail Sales of Consumer Goods(10 000 yuan)	110627	0.0
出口总额(万元)	Total Exports(10 000 yuan)		
交通通讯	**Transportation,Post & Telecommunications**		
公路里程(公里)	Total Length of Highways(km)	2031	0.8
移动电话用户(户)	Number of Mobile Telephone Subscribers (subscriber)	157095	-9.7
互联网宽带接入用户(户)	Number of Subscribers of Internet Service(subscriber)	43881	39.9
教育科技文化卫生社会保障	**Science,Education & Public Health**		
小学学校数(所)	Number of Primary Schools(unit)	10	0.0
普通中学学校数(所)	Number of Regular Secondary Schools(unit)	15	0.0
体育场馆数(个)	Stadium and Gymnasium(unit)	1	0.0
全年专利授权(件)	Annual Patent Authorization(piece)	3	
剧场、影剧院(个)	Theaters,Music Halls and Cinemas(unit)	2	
医疗卫生机构床位数(张)	Number of Beds in Health Care Institutions(unit)	887	25.3
医疗卫生机构技术人员(人)	Medical Technical Personnel(person)	1464	35.8
城乡居民基本养老保险参保人数(人)	Urban and Rural Residents Basic Pension Insurance Contributors(person)	76941	5.4
基本医疗保险参保人数(人)	Basic Medical Care Insurance Contributors(person)	146810	-1.8
居民生活	**The Lives of Residents**		
全体居民人均可支配收入(元)	The per capita disposable income of all residents(yuan)	18283	9.8
城镇常住居民人均可支配收入(元)	The per capita disposable income of urban permanent residents(yuan)	27844	7.7
农村牧区常住居民人均可支配收入(元)	The per capita disposable income of permanent residents of rural and pastoral areas(yuan)	12277	11.6

20-50 通辽市奈曼旗

Naiman Banner in Tongliao City

指 标	Item	2019	增长(%) Increase Rate(%)
行政区域土地面积(平方公里)	**Area of Administration(Sq.km)**	**8135**	**0.0**
人口	**Population**		
年末户籍户数(户)	The Registered Households Year-end(household)	160918	0.2
年末户籍人口(人)	The Registered Population Year-end(person)	445769	0.1
国民经济综合指标	**Summary Item on the National Economy**		
生产总值(万元)	Gross Domestic Product(10 000 yuan)	1239900	5.5
第一产业(万元)	Primary Industry(10 000 yuan)	363500	0.7
第二产业(万元)	Secondary Industry(10 000 yuan)	310900	7.3
第三产业(万元)	Tertiary Industry(10 000 yuan)	565500	8.1
一般公共预算收入(万元)	General Public Budget Revenue(10 000 yuan)	52445	42.8
一般公共预算支出(万元)	General Public Budget Expenditure(10 000 yuan)	449500	6.9
农村牧区经济	**Economic Development in Rural & Pastoral Area**		
耕地面积(公顷)	Cultivated Area(hectare)	196114	0.3
高标准农田面积(公顷)	High Standard Farmland Area(hectare)		
农作物总播种面积(公顷)	Total Sown Area(hectare)	231200	6.4
粮食产量(吨)	Yield of Grain(ton)	1133520	5.5
油料产量(吨)	Yield of Oil-bearing Crops(ton)	15016	51.7
肉类总产量(吨)	Output of Meat(ton)	64799	15.6
奶类产量(吨)	Milks(ton)	62679	-12.1
规模以上工业	**Industrial Enterprises above Designated size**		
工业企业单位数(个)	Number of Industrial Enterprises(unit)	33	13.8
工业总产值(万元)	Gross Industrial Output Value(10 000 yuan)	373475	25.1
投资	**Investment and Construction**		
固定资产投资(万元)	Total Investment in Fixed Assets(10 000 yuan)		0.8
房地产开发投资(万元)	Investment in Real Estate Development(10 000 yuan)	76453	54.0
贸易外经	**Trade**		
社会消费品零售总额(万元)	Total Retail Sales of Consumer Goods(10 000 yuan)	284473	3.7
出口总额(万元)	Total Exports(10 000 yuan)		
交通通讯	**Transportation,Post & Telecommunications**		
公路里程(公里)	Total Length of Highways(km)	4245	1.7
移动电话用户(户)	Number of Mobile Telephone Subscribers (subscriber)	346705	39.4
互联网宽带接入用户(户)	Number of Subscribers of Internet Service(subscriber)	66008	32.1
教育科技文化卫生社会保障	**Science,Education & Public Health**		
小学学校数(所)	Number of Primary Schools(unit)	36	0.0
普通中学学校数(所)	Number of Regular Secondary Schools(unit)	22	0.0
体育场馆数(个)	Stadium and Gymnasium(unit)	3	0.0
全年专利授权(件)	Annual Patent Authorization(piece)	2	
剧场、影剧院(个)	Theaters,Music Halls and Cinemas(unit)	2	
医疗卫生机构床位数(张)	Number of Beds in Health Care Institutions(unit)	1783	12.8
医疗卫生机构技术人员(人)	Medical Technical Personnel(person)	3001	55.9
城乡居民基本养老保险参保人数(人)	Urban and Rural Residents Basic Pension Insurance Contributors(person)	172964	14.9
基本医疗保险参保人数(人)	Basic Medical Care Insurance Contributors(person)	388259	4.6
居民生活	**The Lives of Residents**		
全体居民人均可支配收入(元)	The per capita disposable income of all residents(yuan)	18049	9.7
城镇常住居民人均可支配收入(元)	The per capita disposable income of urban permanent residents(yuan)	28918	7.5
农村牧区常住居民人均可支配收入(元)	The per capita disposable income of permanent residents of rural and pastoral areas(yuan)	12593	11.4

20-51 通辽市扎鲁特旗
Zhalute Banner in Tongliao City

指 标	Item	2019	增长(%) Increase Rate(%)
行政区域土地面积(平方公里)	**Area of Administration(Sq.km)**	**16492**	**0.0**
人口	**Population**		
年末户籍户数(户)	The Registered Households Year-end(household)	141573	0.7
年末户籍人口(人)	The Registered Population Year-end(person)	305985	0.1
国民经济综合指标	**Summary Item on the National Economy**		
生产总值(万元)	Gross Domestic Product(10 000 yuan)	1314000	4.4
第一产业(万元)	Primary Industry(10 000 yuan)	338900	0.9
第二产业(万元)	Secondary Industry(10 000 yuan)	455000	6.0
第三产业(万元)	Tertiary Industry(10 000 yuan)	520100	6.0
一般公共预算收入(万元)	General Public Budget Revenue(10 000 yuan)	72850	-6.6
一般公共预算支出(万元)	General Public Budget Expenditure(10 000 yuan)	367160	4.0
农村牧区经济	**Economic Development in Rural & Pastoral Area**		
耕地面积(公顷)	Cultivated Area(hectare)	192553	0.1
高标准农田面积(公顷)	High Standard Farmland Area(hectare)	69333	
农作物总播种面积(公顷)	Total Sown Area(hectare)	167315	4.7
粮食产量(吨)	Yield of Grain(ton)	644192	6.5
油料产量(吨)	Yield of Oil-bearing Crops(ton)	7348	49.9
肉类总产量(吨)	Output of Meat(ton)	51433	-36.2
奶类产量(吨)	Milks(ton)	17969	-61.2
规模以上工业	**Industrial Enterprises above Designated size**		
工业企业单位数(个)	Number of Industrial Enterprises(unit)	22	-4.3
工业总产值(万元)	Gross Industrial Output Value(10 000 yuan)	1152670	4.7
投资	**Investment and Construction**		
固定资产投资(万元)	Total Investment in Fixed Assets(10 000 yuan)		-7.2
房地产开发投资(万元)	Investment in Real Estate Development(10 000 yuan)	79799	285.8
贸易外经	**Trade**		
社会消费品零售总额(万元)	Total Retail Sales of Consumer Goods(10 000 yuan)	211113	3.8
出口总额(万元)	Total Exports(10 000 yuan)	1546	-32.0
交通通讯	**Transportation,Post & Telecommunications**		
公路里程(公里)	Total Length of Highways(km)	3078	14.6
移动电话用户(户)	Number of Mobile Telephone Subscribers (subscriber)	290484	-15.8
互联网宽带接入用户(户)	Number of Subscribers of Internet Service(subscriber)	52477	11.7
教育科技文化卫生社会保障	**Science,Education & Public Health**		
小学学校数(所)	Number of Primary Schools(unit)	28	-9.7
普通中学学校数(所)	Number of Regular Secondary Schools(unit)	11	10.0
体育场馆数(个)	Stadium and Gymnasium(unit)	3	-25.0
全年专利授权(件)	Annual Patent Authorization(piece)		
剧场、影剧院(个)	Theaters,Music Halls and Cinemas(unit)	2	
医疗卫生机构床位数(张)	Number of Beds in Health Care Institutions(unit)	1348	-23.3
医疗卫生机构技术人员(人)	Medical Technical Personnel(person)	1668	5.8
城乡居民基本养老保险参保人数(人)	Urban and Rural Residents Basic Pension Insurance Contributors(person)	108612	40.4
基本医疗保险参保人数(人)	Basic Medical Care Insurance Contributors(person)	249455	-2.0
居民生活	**The Lives of Residents**		
全体居民人均可支配收入(元)	The per capita disposable income of all residents(yuan)	21482	9.2
城镇常住居民人均可支配收入(元)	The per capita disposable income of urban permanent residents(yuan)	30986	7.3
农村牧区常住居民人均可支配收入(元)	The per capita disposable income of permanent residents of rural and pastoral areas(yuan)	16821	11.2

20-52 通辽市霍林郭勒市

Huolinguole City in Tongliao City

指 标	Item	2019	增长(%) Increase Rate(%)
行政区域土地面积(平方公里)	**Area of Administration(Sq.km)**	**585**	**0.0**
人口	**Population**		
年末户籍户数(户)	The Registered Households Year-end(household)	30978	1.8
年末户籍人口(人)	The Registered Population Year-end(person)	83213	0.6
国民经济综合指标	**Summary Item on the National Economy**		
生产总值(万元)	Gross Domestic Product(10 000 yuan)	1436300	4.5
第一产业(万元)	Primary Industry(10 000 yuan)	24500	0.5
第二产业(万元)	Secondary Industry(10 000 yuan)	1048400	6.2
第三产业(万元)	Tertiary Industry(10 000 yuan)	363400	-0.7
一般公共预算收入(万元)	General Public Budget Revenue(10 000 yuan)	101181	-14.4
一般公共预算支出(万元)	General Public Budget Expenditure(10 000 yuan)	162379	-18.2
农村牧区经济	**Economic Development in Rural & Pastoral Area**		
耕地面积(公顷)	Cultivated Area(hectare)	17459	0.0
高标准农田面积(公顷)	High Standard Farmland Area(hectare)		
农作物总播种面积(公顷)	Total Sown Area(hectare)	13200	-11.3
粮食产量(吨)	Yield of Grain(ton)	35480	24.4
油料产量(吨)	Yield of Oil-bearing Crops(ton)	6917	-21.5
肉类总产量(吨)	Output of Meat(ton)	4373	-29.5
奶类产量(吨)	Milks(ton)	155	-26.9
规模以上工业	**Industrial Enterprises above Designated size**		
工业企业单位数(个)	Number of Industrial Enterprises(unit)	40	5.3
工业总产值(万元)	Gross Industrial Output Value(10 000 yuan)	4683900	5.8
投资	**Investment and Construction**		
固定资产投资(万元)	Total Investment in Fixed Assets(10 000 yuan)		6.8
房地产开发投资(万元)	Investment in Real Estate Development(10 000 yuan)	22725	-39.5
贸易外经	**Trade**		
社会消费品零售总额(万元)	Total Retail Sales of Consumer Goods(10 000 yuan)	239633	3.3
出口总额(万元)	Total Exports(10 000 yuan)	4146	
交通通讯	**Transportation,Post & Telecommunications**		
公路里程(公里)	Total Length of Highways(km)	278	0.0
移动电话用户(户)	Number of Mobile Telephone Subscribers (subscriber)	152813	0.0
互联网宽带接入用户(户)	Number of Subscribers of Internet Service(subscriber)	26877	0.1
教育科技文化卫生社会保障	**Science,Education & Public Health**		
小学学校数(所)	Number of Primary Schools(unit)	7	0.0
普通中学学校数(所)	Number of Regular Secondary Schools(unit)	7	0.0
体育场馆数(个)	Stadium and Gymnasium(unit)	5	0.0
全年专利授权(件)	Annual Patent Authorization(piece)		
剧场、影剧院(个)	Theaters,Music Halls and Cinemas(unit)	4	
医疗卫生机构床位数(张)	Number of Beds in Health Care Institutions(unit)	798	5.3
医疗卫生机构技术人员(人)	Medical Technical Personnel(person)	850	0.1
城乡居民基本养老保险参保人数(人)	Urban and Rural Residents Basic Pension Insurance Contributors(person)	8014	-80.4
基本医疗保险参保人数(人)	Basic Medical Care Insurance Contributors(person)	73063	0.8
居民生活	**The Lives of Residents**		
全体居民人均可支配收入(元)	The per capita disposable income of all residents(yuan)	45752	6.2
城镇常住居民人均可支配收入(元)	The per capita disposable income of urban permanent residents(yuan)	45752	6.2
农村牧区常住居民人均可支配收入(元)	The per capita disposable income of permanent residents of rural and pastoral areas(yuan)		

20-53 赤峰市红山区
Hongshan District in Chifeng City

指 标	Item	2019	增长(%) Increase Rate(%)
行政区域土地面积(平方公里)	**Area of Administration(Sq.km)**	**506**	**0.0**
人口	**Population**		
年末户籍户数(户)	The Registered Households Year-end(household)	149168	0.9
年末户籍人口(人)	The Registered Population Year-end(person)	350761	0.2
国民经济综合指标	**Summary Item on the National Economy**		
生产总值(万元)	Gross Domestic Product(10 000 yuan)	2917629	4.8
第一产业(万元)	Primary Industry(10 000 yuan)	79566	1.9
第二产业(万元)	Secondary Industry(10 000 yuan)	1041597	9.3
第三产业(万元)	Tertiary Industry(10 000 yuan)	1796466	2.5
一般公共预算收入(万元)	General Public Budget Revenue(10 000 yuan)	270629	2.2
一般公共预算支出(万元)	General Public Budget Expenditure(10 000 yuan)	317984	-9.7
农村牧区经济	**Economic Development in Rural & Pastoral Area**		
耕地面积(公顷)	Cultivated Area(hectare)	15241	-1.2
高标准农田面积(公顷)	High Standard Farmland Area(hectare)		
农作物总播种面积(公顷)	Total Sown Area(hectare)	15817	3.6
粮食产量(吨)	Yield of Grain(ton)	54397	-11.9
油料产量(吨)	Yield of Oil-bearing Crops(ton)	1155	40.3
肉类总产量(吨)	Output of Meat(ton)	2910	-12.0
奶类产量(吨)	Milks(ton)	4289	-11.0
规模以上工业	**Industrial Enterprises above Designated size**		
工业企业单位数(个)	Number of Industrial Enterprises(unit)	42	-20.8
工业总产值(万元)	Gross Industrial Output Value(10 000 yuan)	2819700	-12.5
投资	**Investment and Construction**		
固定资产投资(万元)	Total Investment in Fixed Assets(10 000 yuan)	862398	11.5
房地产开发投资(万元)	Investment in Real Estate Development(10 000 yuan)	367559	6.2
贸易外经	**Trade**		
社会消费品零售总额(万元)	Total Retail Sales of Consumer Goods(10 000 yuan)	1662941	2.5
出口总额(万元)	Total Exports(10 000 yuan)	63950	
交通通讯	**Transportation,Post & Telecommunications**		
公路里程(公里)	Total Length of Highways(km)	575	0.7
移动电话用户(户)	Number of Mobile Telephone Subscribers (subscriber)	195200	20.9
互联网宽带接入用户(户)	Number of Subscribers of Internet Service(subscriber)	745600	1216.2
教育科技文化卫生社会保障	**Science,Education & Public Health**		
小学学校数(所)	Number of Primary Schools(unit)	41	7.9
普通中学学校数(所)	Number of Regular Secondary Schools(unit)	17	0.0
体育场馆数(个)	Stadium and Gymnasium(unit)	2	0.0
全年专利授权(件)	Annual Patent Authorization(piece)	147	
剧场、影剧院(个)	Theaters,Music Halls and Cinemas(unit)	6	
医疗卫生机构床位数(张)	Number of Beds in Health Care Institutions(unit)	7856	-7.8
医疗卫生机构技术人员(人)	Medical Technical Personnel(person)	9815	43.1
城乡居民基本养老保险参保人数(人)	Urban and Rural Residents Basic Pension Insurance Contributors(person)	35516	-7.7
基本医疗保险参保人数(人)	Basic Medical Care Insurance Contributors(person)	245753	19.1
居民生活	**The Lives of Residents**		
全体居民人均可支配收入(元)	The per capita disposable income of all residents(yuan)	37623	7.7
城镇常住居民人均可支配收入(元)	The per capita disposable income of urban permanent residents(yuan)	38195	6.8
农村牧区常住居民人均可支配收入(元)	The per capita disposable income of permanent residents of rural and pastoral areas(yuan)	21315	10.7

20-54 赤峰市元宝山区

Yuanbaoshan District in Chifeng City

指 标	Item	2019	增长(%) Increase Rate(%)
行政区域土地面积(平方公里)	**Area of Administration(Sq.km)**	**953**	**0.0**
人口	**Population**		
年末户籍户数(户)	The Registered Households Year-end(household)	112461	-0.2
年末户籍人口(人)	The Registered Population Year-end(person)	315826	-0.7
国民经济综合指标	**Summary Item on the National Economy**		
生产总值(万元)	Gross Domestic Product(10 000 yuan)	1646055	4.0
第一产业(万元)	Primary Industry(10 000 yuan)	205373	2.5
第二产业(万元)	Secondary Industry(10 000 yuan)	779770	3.2
第三产业(万元)	Tertiary Industry(10 000 yuan)	660912	5.4
一般公共预算收入(万元)	General Public Budget Revenue(10 000 yuan)	129000	0.5
一般公共预算支出(万元)	General Public Budget Expenditure(10 000 yuan)	246000	7.6
农村牧区经济	**Economic Development in Rural & Pastoral Area**		
耕地面积(公顷)	Cultivated Area(hectare)	37424	-0.5
高标准农田面积(公顷)	High Standard Farmland Area(hectare)	7466	15.5
农作物总播种面积(公顷)	Total Sown Area(hectare)	26926	2.6
粮食产量(吨)	Yield of Grain(ton)	182334	6.8
油料产量(吨)	Yield of Oil-bearing Crops(ton)	2510	23.3
肉类总产量(吨)	Output of Meat(ton)	16742	-7.9
奶类产量(吨)	Milks(ton)	30771	-8.5
规模以上工业	**Industrial Enterprises above Designated size**		
工业企业单位数(个)	Number of Industrial Enterprises(unit)	41	-4.7
工业总产值(万元)	Gross Industrial Output Value(10 000 yuan)	1685935	3.2
投资	**Investment and Construction**		
固定资产投资(万元)	Total Investment in Fixed Assets(10 000 yuan)	566114	14.2
房地产开发投资(万元)	Investment in Real Estate Development(10 000 yuan)	101780	2667.0
贸易外经	**Trade**		
社会消费品零售总额(万元)	Total Retail Sales of Consumer Goods(10 000 yuan)	416683	5.8
出口总额(万元)	Total Exports(10 000 yuan)	217889	48.3
交通通讯	**Transportation,Post & Telecommunications**		
公路里程(公里)	Total Length of Highways(km)	915	10.5
移动电话用户(户)	Number of Mobile Telephone Subscribers (subscriber)	391460	0.4
互联网宽带接入用户(户)	Number of Subscribers of Internet Service(subscriber)	424124	4.0
教育科技文化卫生社会保障	**Science,Education & Public Health**		
小学学校数(所)	Number of Primary Schools(unit)	17	0.0
普通中学学校数(所)	Number of Regular Secondary Schools(unit)	10	0.0
体育场馆数(个)	Stadium and Gymnasium(unit)	2	-80.0
全年专利授权(件)	Annual Patent Authorization(piece)	14	
剧场、影剧院(个)	Theaters,Music Halls and Cinemas(unit)	1	
医疗卫生机构床位数(张)	Number of Beds in Health Care Institutions(unit)	2362	0.7
医疗卫生机构技术人员(人)	Medical Technical Personnel(person)	2232	16.4
城乡居民基本养老保险参保人数(人)	Urban and Rural Residents Basic Pension Insurance Contributors(person)	63784	-6.4
基本医疗保险参保人数(人)	Basic Medical Care Insurance Contributors(person)	290443	2.9
居民生活	**The Lives of Residents**		
全体居民人均可支配收入(元)	The per capita disposable income of all residents(yuan)	33476	9.4
城镇常住居民人均可支配收入(元)	The per capita disposable income of urban permanent residents(yuan)	37600	7.5
农村牧区常住居民人均可支配收入(元)	The per capita disposable income of permanent residents of rural and pastoral areas(yuan)	21223	11.1

20-55 赤峰市松山区

Songshan District in Chifeng City

指 标	Item	2019	增长(%) Increase Rate(%)
行政区域土地面积(平方公里)	**Area of Administration(Sq.km)**	**5618**	**0.0**
人口	**Population**		
年末户籍户数(户)	The Registered Households Year-end(household)	244907	2.3
年末户籍人口(人)	The Registered Population Year-end(person)	608883	1.4
国民经济综合指标	**Summary Item on the National Economy**		
生产总值(万元)	Gross Domestic Product(10 000 yuan)	2705154	5.0
第一产业(万元)	Primary Industry(10 000 yuan)	486796	2.1
第二产业(万元)	Secondary Industry(10 000 yuan)	611883	2.0
第三产业(万元)	Tertiary Industry(10 000 yuan)	1606475	7.3
一般公共预算收入(万元)	General Public Budget Revenue(10 000 yuan)	218000	15.8
一般公共预算支出(万元)	General Public Budget Expenditure(10 000 yuan)	454000	-6.0
农村牧区经济	**Economic Development in Rural & Pastoral Area**		
耕地面积(公顷)	Cultivated Area(hectare)	180543	0.0
高标准农田面积(公顷)	High Standard Farmland Area(hectare)	4667	
农作物总播种面积(公顷)	Total Sown Area(hectare)	160003	-0.2
粮食产量(吨)	Yield of Grain(ton)	816214	-9.3
油料产量(吨)	Yield of Oil-bearing Crops(ton)	29513	-2.7
肉类总产量(吨)	Output of Meat(ton)	74652	-17.6
奶类产量(吨)	Milks(ton)	6750	251.0
规模以上工业	**Industrial Enterprises above Designated size**		
工业企业单位数(个)	Number of Industrial Enterprises(unit)	21	-19.2
工业总产值(万元)	Gross Industrial Output Value(10 000 yuan)	565463	12.8
投资	**Investment and Construction**		
固定资产投资(万元)	Total Investment in Fixed Assets(10 000 yuan)	1178607	5.1
房地产开发投资(万元)	Investment in Real Estate Development(10 000 yuan)	902472	22.8
贸易外经	**Trade**		
社会消费品零售总额(万元)	Total Retail Sales of Consumer Goods(10 000 yuan)	1262644	-9.3
出口总额(万元)	Total Exports(10 000 yuan)	9512	
交通通讯	**Transportation,Post & Telecommunications**		
公路里程(公里)	Total Length of Highways(km)	2315	0.0
移动电话用户(户)	Number of Mobile Telephone Subscribers (subscriber)	470300	-6.3
互联网宽带接入用户(户)	Number of Subscribers of Internet Service(subscriber)	90600	1.8
教育科技文化卫生社会保障	**Science,Education & Public Health**		
小学学校数(所)	Number of Primary Schools(unit)	52	8.3
普通中学学校数(所)	Number of Regular Secondary Schools(unit)	19	5.6
体育场馆数(个)	Stadium and Gymnasium(unit)		
全年专利授权(件)	Annual Patent Authorization(piece)	193	
剧场、影剧院(个)	Theaters,Music Halls and Cinemas(unit)	3	
医疗卫生机构床位数(张)	Number of Beds in Health Care Institutions(unit)	2806	34.1
医疗卫生机构技术人员(人)	Medical Technical Personnel(person)	3478	22.4
城乡居民基本养老保险参保人数(人)	Urban and Rural Residents Basic Pension Insurance Contributors(person)	165000	-21.6
基本医疗保险参保人数(人)	Basic Medical Care Insurance Contributors(person)	525769	0.6
居民生活	**The Lives of Residents**		
全体居民人均可支配收入(元)	The per capita disposable income of all residents(yuan)	26477	10.0
城镇常住居民人均可支配收入(元)	The per capita disposable income of urban permanent residents(yuan)	36168	6.8
农村牧区常住居民人均可支配收入(元)	The per capita disposable income of permanent residents of rural and pastoral areas(yuan)	16555	10.9

20-56 赤峰市阿鲁科尔沁旗

Alukeerqin Banner in Chifeng City

指 标	Item	2019	增长(%) Increase Rate(%)
行政区域土地面积(平方公里)	**Area of Administration(Sq.km)**	**14555**	**0.0**
人口	**Population**		
年末户籍户数(户)	The Registered Households Year-end(household)	139715	0.4
年末户籍人口(人)	The Registered Population Year-end(person)	292579	0.1
国民经济综合指标	**Summary Item on the National Economy**		
生产总值(万元)	Gross Domestic Product(10 000 yuan)	924421	11.4
第一产业(万元)	Primary Industry(10 000 yuan)	213617	5.8
第二产业(万元)	Secondary Industry(10 000 yuan)	220090	28.8
第三产业(万元)	Tertiary Industry(10 000 yuan)	490714	7.3
一般公共预算收入(万元)	General Public Budget Revenue(10 000 yuan)	40080	-13.8
一般公共预算支出(万元)	General Public Budget Expenditure(10 000 yuan)	363090	3.7
农村牧区经济	**Economic Development in Rural & Pastoral Area**		
耕地面积(公顷)	Cultivated Area(hectare)	131892	0.0
高标准农田面积(公顷)	High Standard Farmland Area(hectare)		
农作物总播种面积(公顷)	Total Sown Area(hectare)	228409	5.4
粮食产量(吨)	Yield of Grain(ton)	658692	6.8
油料产量(吨)	Yield of Oil-bearing Crops(ton)	25679	20.9
肉类总产量(吨)	Output of Meat(ton)	35077	55.6
奶类产量(吨)	Milks(ton)	179183	2.9
规模以上工业	**Industrial Enterprises above Designated size**		
工业企业单位数(个)	Number of Industrial Enterprises(unit)	11	10.0
工业总产值(万元)	Gross Industrial Output Value(10 000 yuan)	185957	28.2
投资	**Investment and Construction**		
固定资产投资(万元)	Total Investment in Fixed Assets(10 000 yuan)	406946	7.1
房地产开发投资(万元)	Investment in Real Estate Development(10 000 yuan)	127237	74.2
贸易外经	**Trade**		
社会消费品零售总额(万元)	Total Retail Sales of Consumer Goods(10 000 yuan)	307628	7.7
出口总额(万元)	Total Exports(10 000 yuan)		
交通通讯	**Transportation,Post & Telecommunications**		
公路里程(公里)	Total Length of Highways(km)	3768	4.5
移动电话用户(户)	Number of Mobile Telephone Subscribers (subscriber)	296046	2.7
互联网宽带接入用户(户)	Number of Subscribers of Internet Service(subscriber)	44200	9.3
教育科技文化卫生社会保障	**Science,Education & Public Health**		
小学学校数(所)	Number of Primary Schools(unit)	32	0.0
普通中学学校数(所)	Number of Regular Secondary Schools(unit)	7	0.0
体育场馆数(个)	Stadium and Gymnasium(unit)	3	0.0
全年专利授权(件)	Annual Patent Authorization(piece)	5	
剧场、影剧院(个)	Theaters,Music Halls and Cinemas(unit)	1	
医疗卫生机构床位数(张)	Number of Beds in Health Care Institutions(unit)	1812	6.5
医疗卫生机构技术人员(人)	Medical Technical Personnel(person)	1944	30.6
城乡居民基本养老保险参保人数(人)	Urban and Rural Residents Basic Pension Insurance Contributors(person)	137801	2.6
基本医疗保险参保人数(人)	Basic Medical Care Insurance Contributors(person)	218514	1.8
居民生活	**The Lives of Residents**		
全体居民人均可支配收入(元)	The per capita disposable income of all residents(yuan)	17743	10.6
城镇常住居民人均可支配收入(元)	The per capita disposable income of urban permanent residents(yuan)	28288	7.0
农村牧区常住居民人均可支配收入(元)	The per capita disposable income of permanent residents of rural and pastoral areas(yuan)	10632	11.2

20-57 赤峰市巴林左旗

Balinzuo Banner in Chifeng City

指 标	Item	2019	增长(%) Increase Rate(%)
行政区域土地面积(平方公里)	**Area of Administration(Sq.km)**	**6459**	**0.0**
人口	**Population**		
年末户籍户数(户)	The Registered Households Year-end(household)	150188	0.5
年末户籍人口(人)	The Registered Population Year-end(person)	339623	-0.1
国民经济综合指标	**Summary Item on the National Economy**		
生产总值(万元)	Gross Domestic Product(10 000 yuan)	1195407	6.0
第一产业(万元)	Primary Industry(10 000 yuan)	253952	2.5
第二产业(万元)	Secondary Industry(10 000 yuan)	360945	8.8
第三产业(万元)	Tertiary Industry(10 000 yuan)	580510	6.0
一般公共预算收入(万元)	General Public Budget Revenue(10 000 yuan)	54520	1.0
一般公共预算支出(万元)	General Public Budget Expenditure(10 000 yuan)	370758	7.4
农村牧区经济	**Economic Development in Rural & Pastoral Area**		
耕地面积(公顷)	Cultivated Area(hectare)	122874	-3.0
高标准农田面积(公顷)	High Standard Farmland Area(hectare)	4968	0.2
农作物总播种面积(公顷)	Total Sown Area(hectare)	122874	-2.1
粮食产量(吨)	Yield of Grain(ton)	567381	2.5
油料产量(吨)	Yield of Oil-bearing Crops(ton)	3478	-7.2
肉类总产量(吨)	Output of Meat(ton)	30442	17.5
奶类产量(吨)	Milks(ton)	4328	1.5
规模以上工业	**Industrial Enterprises above Designated size**		
工业企业单位数(个)	Number of Industrial Enterprises(unit)	22	-12.0
工业总产值(万元)	Gross Industrial Output Value(10 000 yuan)	497657	11.3
投资	**Investment and Construction**		
固定资产投资(万元)	Total Investment in Fixed Assets(10 000 yuan)	333340	4.6
房地产开发投资(万元)	Investment in Real Estate Development(10 000 yuan)	92376	4.3
贸易外经	**Trade**		
社会消费品零售总额(万元)	Total Retail Sales of Consumer Goods(10 000 yuan)	464910	7.4
出口总额(万元)	Total Exports(10 000 yuan)		
交通通讯	**Transportation,Post & Telecommunications**		
公路里程(公里)	Total Length of Highways(km)	2028	0.0
移动电话用户(户)	Number of Mobile Telephone Subscribers (subscriber)	295398	-13.9
互联网宽带接入用户(户)	Number of Subscribers of Internet Service(subscriber)	65113	-11.2
教育科技文化卫生社会保障	**Science,Education & Public Health**		
小学学校数(所)	Number of Primary Schools(unit)	28	0.0
普通中学学校数(所)	Number of Regular Secondary Schools(unit)	8	-11.1
体育场馆数(个)	Stadium and Gymnasium(unit)	4	0.0
全年专利授权(件)	Annual Patent Authorization(piece)	31	
剧场、影剧院(个)	Theaters,Music Halls and Cinemas(unit)	2	
医疗卫生机构床位数(张)	Number of Beds in Health Care Institutions(unit)	2060	8.6
医疗卫生机构技术人员(人)	Medical Technical Personnel(person)	1514	-10.3
城乡居民基本养老保险参保人数(人)	Urban and Rural Residents Basic Pension Insurance Contributors(person)	165588	0.0
基本医疗保险参保人数(人)	Basic Medical Care Insurance Contributors(person)	292022	0.0
居民生活	**The Lives of Residents**		
全体居民人均可支配收入(元)	The per capita disposable income of all residents(yuan)	17658	8.9
城镇常住居民人均可支配收入(元)	The per capita disposable income of urban permanent residents(yuan)	30303	6.7
农村牧区常住居民人均可支配收入(元)	The per capita disposable income of permanent residents of rural and pastoral areas(yuan)	11341	11.4

20-58 赤峰市巴林右旗

Balinyou Banner in Chifeng City

指 标	Item	2019	增长(%) Increase Rate(%)
行政区域土地面积(平方公里)	**Area of Administration(Sq.km)**	**9837**	**0.0**
人口	**Population**		
年末户籍户数(户)	The Registered Households Year-end(household)	89319	0.4
年末户籍人口(人)	The Registered Population Year-end(person)	181912	-0.1
国民经济综合指标	**Summary Item on the National Economy**		
生产总值(万元)	Gross Domestic Product(10 000 yuan)	579254	3.2
第一产业(万元)	Primary Industry(10 000 yuan)	130667	5.9
第二产业(万元)	Secondary Industry(10 000 yuan)	136514	-13.3
第三产业(万元)	Tertiary Industry(10 000 yuan)	312073	11.4
一般公共预算收入(万元)	General Public Budget Revenue(10 000 yuan)	25502	-17.7
一般公共预算支出(万元)	General Public Budget Expenditure(10 000 yuan)	243788	-16.1
农村牧区经济	**Economic Development in Rural & Pastoral Area**		
耕地面积(公顷)	Cultivated Area(hectare)	93158	2.9
高标准农田面积(公顷)	High Standard Farmland Area(hectare)	56403	0.0
农作物总播种面积(公顷)	Total Sown Area(hectare)	110632	31.3
粮食产量(吨)	Yield of Grain(ton)	312776	24.1
油料产量(吨)	Yield of Oil-bearing Crops(ton)	42409	24.0
肉类总产量(吨)	Output of Meat(ton)	37192	6.3
奶类产量(吨)	Milks(ton)	23679	4.4
规模以上工业	**Industrial Enterprises above Designated size**		
工业企业单位数(个)	Number of Industrial Enterprises(unit)	9	-25.0
工业总产值(万元)	Gross Industrial Output Value(10 000 yuan)	227219	9.9
投资	**Investment and Construction**		
固定资产投资(万元)	Total Investment in Fixed Assets(10 000 yuan)	177544	-7.5
房地产开发投资(万元)	Investment in Real Estate Development(10 000 yuan)	47746	-30.9
贸易外经	**Trade**		
社会消费品零售总额(万元)	Total Retail Sales of Consumer Goods(10 000 yuan)	175542	-37.8
出口总额(万元)	Total Exports(10 000 yuan)		
交通通讯	**Transportation,Post & Telecommunications**		
公路里程(公里)	Total Length of Highways(km)	2869	9.3
移动电话用户(户)	Number of Mobile Telephone Subscribers (subscriber)	213000	18.3
互联网宽带接入用户(户)	Number of Subscribers of Internet Service(subscriber)	39000	45.5
教育科技文化卫生社会保障	**Science,Education & Public Health**		
小学学校数(所)	Number of Primary Schools(unit)	25	4.2
普通中学学校数(所)	Number of Regular Secondary Schools(unit)	5	-16.7
体育场馆数(个)	Stadium and Gymnasium(unit)	6	50.0
全年专利授权(件)	Annual Patent Authorization(piece)		
剧场、影剧院(个)	Theaters,Music Halls and Cinemas(unit)		
医疗卫生机构床位数(张)	Number of Beds in Health Care Institutions(unit)	841	-0.4
医疗卫生机构技术人员(人)	Medical Technical Personnel(person)	1268	1.4
城乡居民基本养老保险参保人数(人)	Urban and Rural Residents Basic Pension Insurance Contributors(person)	73019	1.3
基本医疗保险参保人数(人)	Basic Medical Care Insurance Contributors(person)	148587	19.0
居民生活	**The Lives of Residents**		
全体居民人均可支配收入(元)	The per capita disposable income of all residents(yuan)	21303	8.9
城镇常住居民人均可支配收入(元)	The per capita disposable income of urban permanent residents(yuan)	28498	7.1
农村牧区常住居民人均可支配收入(元)	The per capita disposable income of permanent residents of rural and pastoral areas(yuan)	11639	11.1

20-59 赤峰市林西县

Linxi County in Chifeng City

指 标	Item	2019	增长(%) Increase Rate(%)
行政区域土地面积(平方公里)	**Area of Administration(Sq.km)**	**3933**	**0.0**
人口	**Population**		
年末户籍户数(户)	The Registered Households Year-end(household)	110049	0.2
年末户籍人口(人)	The Registered Population Year-end(person)	229865	-0.1
国民经济综合指标	**Summary Item on the National Economy**		
生产总值(万元)	Gross Domestic Product(10 000 yuan)	786032	-2.0
第一产业(万元)	Primary Industry(10 000 yuan)	144147	5.8
第二产业(万元)	Secondary Industry(10 000 yuan)	246389	-25.5
第三产业(万元)	Tertiary Industry(10 000 yuan)	395496	18.1
一般公共预算收入(万元)	General Public Budget Revenue(10 000 yuan)	38258	3.1
一般公共预算支出(万元)	General Public Budget Expenditure(10 000 yuan)	296696	6.6
农村牧区经济	**Economic Development in Rural & Pastoral Area**		
耕地面积(公顷)	Cultivated Area(hectare)	79812	2.5
高标准农田面积(公顷)	High Standard Farmland Area(hectare)	9930	0.0
农作物总播种面积(公顷)	Total Sown Area(hectare)	74337	1.3
粮食产量(吨)	Yield of Grain(ton)	260131	2.4
油料产量(吨)	Yield of Oil-bearing Crops(ton)	14504	20.6
肉类总产量(吨)	Output of Meat(ton)	20935	3.0
奶类产量(吨)	Milks(ton)	7126	-56.5
规模以上工业	**Industrial Enterprises above Designated size**		
工业企业单位数(个)	Number of Industrial Enterprises(unit)	29	-9.4
工业总产值(万元)	Gross Industrial Output Value(10 000 yuan)	513100	-20.8
投资	**Investment and Construction**		
固定资产投资(万元)	Total Investment in Fixed Assets(10 000 yuan)	298359	12.7
房地产开发投资(万元)	Investment in Real Estate Development(10 000 yuan)	48510	5.5
贸易外经	**Trade**		
社会消费品零售总额(万元)	Total Retail Sales of Consumer Goods(10 000 yuan)	182164	6.8
出口总额(万元)	Total Exports(10 000 yuan)		
交通通讯	**Transportation,Post & Telecommunications**		
公路里程(公里)	Total Length of Highways(km)	1479	1.4
移动电话用户(户)	Number of Mobile Telephone Subscribers (subscriber)	235000	0.0
互联网宽带接入用户(户)	Number of Subscribers of Internet Service(subscriber)	37860	0.2
教育科技文化卫生社会保障	**Science,Education & Public Health**		
小学学校数(所)	Number of Primary Schools(unit)	16	0.0
普通中学学校数(所)	Number of Regular Secondary Schools(unit)	4	0.0
体育场馆数(个)	Stadium and Gymnasium(unit)	5	0.0
全年专利授权(件)	Annual Patent Authorization(piece)	10	
剧场、影剧院(个)	Theaters,Music Halls and Cinemas(unit)	1	
医疗卫生机构床位数(张)	Number of Beds in Health Care Institutions(unit)	1232	2.1
医疗卫生机构技术人员(人)	Medical Technical Personnel(person)	1654	0.0
城乡居民基本养老保险参保人数(人)	Urban and Rural Residents Basic Pension Insurance Contributors(person)	88058	8.1
基本医疗保险参保人数(人)	Basic Medical Care Insurance Contributors(person)	196220	-1.4
居民生活	**The Lives of Residents**		
全体居民人均可支配收入(元)	The per capita disposable income of all residents(yuan)	21464	8.6
城镇常住居民人均可支配收入(元)	The per capita disposable income of urban permanent residents(yuan)	30117	7.3
农村牧区常住居民人均可支配收入(元)	The per capita disposable income of permanent residents of rural and pastoral areas(yuan)	10674	11.0

20-60 赤峰市克什克腾旗

Keshiketeng Banner in Chifeng City

指 标	Item	2019	增长(%) Increase Rate(%)
行政区域土地面积(平方公里)	**Area of Administration(Sq.km)**	**20673**	**0.0**
人口	**Population**		
年末户籍户数(户)	The Registered Households Year-end(household)	112793	0.5
年末户籍人口(人)	The Registered Population Year-end(person)	247505	-0.2
国民经济综合指标	**Summary Item on the National Economy**		
生产总值(万元)	Gross Domestic Product(10 000 yuan)	1196962	23.3
第一产业(万元)	Primary Industry(10 000 yuan)	207073	5.8
第二产业(万元)	Secondary Industry(10 000 yuan)	573502	43.8
第三产业(万元)	Tertiary Industry(10 000 yuan)	416387	10.8
一般公共预算收入(万元)	General Public Budget Revenue(10 000 yuan)	60080	5.0
一般公共预算支出(万元)	General Public Budget Expenditure(10 000 yuan)	316088	4.5
农村牧区经济	**Economic Development in Rural & Pastoral Area**		
耕地面积(公顷)	Cultivated Area(hectare)	103651	0.0
高标准农田面积(公顷)	High Standard Farmland Area(hectare)	11840	4.4
农作物总播种面积(公顷)	Total Sown Area(hectare)	79304	11.5
粮食产量(吨)	Yield of Grain(ton)	178385	34.3
油料产量(吨)	Yield of Oil-bearing Crops(ton)	1928	-75.2
肉类总产量(吨)	Output of Meat(ton)	24118	41.0
奶类产量(吨)	Milks(ton)	11240	258.0
规模以上工业	**Industrial Enterprises above Designated size**		
工业企业单位数(个)	Number of Industrial Enterprises(unit)	32	3.2
工业总产值(万元)	Gross Industrial Output Value(10 000 yuan)	1112300	5.5
投资	**Investment and Construction**		
固定资产投资(万元)	Total Investment in Fixed Assets(10 000 yuan)	336019	43.5
房地产开发投资(万元)	Investment in Real Estate Development(10 000 yuan)	2044	-89.2
贸易外经	**Trade**		
社会消费品零售总额(万元)	Total Retail Sales of Consumer Goods(10 000 yuan)	216980	-43.4
出口总额(万元)	Total Exports(10 000 yuan)		
交通通讯	**Transportation,Post & Telecommunications**		
公路里程(公里)	Total Length of Highways(km)	3861	0.0
移动电话用户(户)	Number of Mobile Telephone Subscribers (subscriber)	227560	-4.2
互联网宽带接入用户(户)	Number of Subscribers of Internet Service(subscriber)	41000	2.2
教育科技文化卫生社会保障	**Science,Education & Public Health**		
小学学校数(所)	Number of Primary Schools(unit)	19	0.0
普通中学学校数(所)	Number of Regular Secondary Schools(unit)	12	20.0
体育场馆数(个)	Stadium and Gymnasium(unit)	2	0.0
全年专利授权(件)	Annual Patent Authorization(piece)		
剧场、影剧院(个)	Theaters,Music Halls and Cinemas(unit)	1	
医疗卫生机构床位数(张)	Number of Beds in Health Care Institutions(unit)	1426	9.0
医疗卫生机构技术人员(人)	Medical Technical Personnel(person)	1578	7.1
城乡居民基本养老保险参保人数(人)	Urban and Rural Residents Basic Pension Insurance Contributors(person)	119243	1.8
基本医疗保险参保人数(人)	Basic Medical Care Insurance Contributors(person)	203279	9.7
居民生活	**The Lives of Residents**		
全体居民人均可支配收入(元)	The per capita disposable income of all residents(yuan)	21403	7.8
城镇常住居民人均可支配收入(元)	The per capita disposable income of urban permanent residents(yuan)	30563	6.5
农村牧区常住居民人均可支配收入(元)	The per capita disposable income of permanent residents of rural and pastoral areas(yuan)	12476	10.7

20-61 赤峰市翁牛特旗

Wengniute Banner in Chifeng City

指 标	Item	2019	增长(%) Increase Rate(%)
行政区域土地面积(平方公里)	**Area of Administration(Sq.km)**	**11882**	**0.0**
人口	**Population**		
年末户籍户数(户)	The Registered Households Year-end(household)	203949	0.7
年末户籍人口(人)	The Registered Population Year-end(person)	476141	-0.2
国民经济综合指标	**Summary Item on the National Economy**		
生产总值(万元)	Gross Domestic Product(10 000 yuan)	1377780	22.3
第一产业(万元)	Primary Industry(10 000 yuan)	477023	5.8
第二产业(万元)	Secondary Industry(10 000 yuan)	276073	6.7
第三产业(万元)	Tertiary Industry(10 000 yuan)	624684	50.0
一般公共预算收入(万元)	General Public Budget Revenue(10 000 yuan)	42227	-13.4
一般公共预算支出(万元)	General Public Budget Expenditure(10 000 yuan)	421895	9.3
农村牧区经济	**Economic Development in Rural & Pastoral Area**		
耕地面积(公顷)	Cultivated Area(hectare)	210399	0.2
高标准农田面积(公顷)	High Standard Farmland Area(hectare)	4667	2021.4
农作物总播种面积(公顷)	Total Sown Area(hectare)	233530	5.8
粮食产量(吨)	Yield of Grain(ton)	850520	3.5
油料产量(吨)	Yield of Oil-bearing Crops(ton)	65798	4.8
肉类总产量(吨)	Output of Meat(ton)	55789	13.7
奶类产量(吨)	Milks(ton)	87125	2.6
规模以上工业	**Industrial Enterprises above Designated size**		
工业企业单位数(个)	Number of Industrial Enterprises(unit)	19	-5.0
工业总产值(万元)	Gross Industrial Output Value(10 000 yuan)	237548	-0.3
投资	**Investment and Construction**		
固定资产投资(万元)	Total Investment in Fixed Assets(10 000 yuan)	475605	3.9
房地产开发投资(万元)	Investment in Real Estate Development(10 000 yuan)	57902	42.0
贸易外经	**Trade**		
社会消费品零售总额(万元)	Total Retail Sales of Consumer Goods(10 000 yuan)	342579	5.6
出口总额(万元)	Total Exports(10 000 yuan)	4039	173.6
交通通讯	**Transportation,Post & Telecommunications**		
公路里程(公里)	Total Length of Highways(km)	3642	0.6
移动电话用户(户)	Number of Mobile Telephone Subscribers (subscriber)	386845	8.7
互联网宽带接入用户(户)	Number of Subscribers of Internet Service(subscriber)	101914	62.5
教育科技文化卫生社会保障	**Science,Education & Public Health**		
小学学校数(所)	Number of Primary Schools(unit)	35	0.0
普通中学学校数(所)	Number of Regular Secondary Schools(unit)	12	0.0
体育场馆数(个)	Stadium and Gymnasium(unit)	1	0.0
全年专利授权(件)	Annual Patent Authorization(piece)	83	
剧场、影剧院(个)	Theaters,Music Halls and Cinemas(unit)	2	
医疗卫生机构床位数(张)	Number of Beds in Health Care Institutions(unit)	1223	-1.4
医疗卫生机构技术人员(人)	Medical Technical Personnel(person)	1459	2.8
城乡居民基本养老保险参保人数(人)	Urban and Rural Residents Basic Pension Insurance Contributors(person)	153973	-3.1
基本医疗保险参保人数(人)	Basic Medical Care Insurance Contributors(person)	391204	-0.5
居民生活	**The Lives of Residents**		
全体居民人均可支配收入(元)	The per capita disposable income of all residents(yuan)	18003	9.4
城镇常住居民人均可支配收入(元)	The per capita disposable income of urban permanent residents(yuan)	29853	6.9
农村牧区常住居民人均可支配收入(元)	The per capita disposable income of permanent residents of rural and pastoral areas(yuan)	11562	11.1

20-62 赤峰市喀喇沁旗

Kalaqin Banner in Chifeng City

指 标	Item	2019	增长(%) Increase Rate(%)
行政区域土地面积(平方公里)	**Area of Administration(Sq.km)**	**3050**	**0.0**
人口	**Population**		
年末户籍户数(户)	The Registered Households Year-end(household)	145406	0.5
年末户籍人口(人)	The Registered Population Year-end(person)	345582	0.1
国民经济综合指标	**Summary Item on the National Economy**		
生产总值(万元)	Gross Domestic Product(10 000 yuan)	831150	5.5
第一产业(万元)	Primary Industry(10 000 yuan)	150968	2.3
第二产业(万元)	Secondary Industry(10 000 yuan)	261025	9.4
第三产业(万元)	Tertiary Industry(10 000 yuan)	419157	4.4
一般公共预算收入(万元)	General Public Budget Revenue(10 000 yuan)	40895	-5.9
一般公共预算支出(万元)	General Public Budget Expenditure(10 000 yuan)	284057	4.9
农村牧区经济	**Economic Development in Rural & Pastoral Area**		
耕地面积(公顷)	Cultivated Area(hectare)	52651	0.0
高标准农田面积(公顷)	High Standard Farmland Area(hectare)		
农作物总播种面积(公顷)	Total Sown Area(hectare)	54431	-7.9
粮食产量(吨)	Yield of Grain(ton)	368971	2.9
油料产量(吨)	Yield of Oil-bearing Crops(ton)	2776	6.0
肉类总产量(吨)	Output of Meat(ton)	29882	-11.7
奶类产量(吨)	Milks(ton)	4300	-49.1
规模以上工业	**Industrial Enterprises above Designated size**		
工业企业单位数(个)	Number of Industrial Enterprises(unit)	16	0.0
工业总产值(万元)	Gross Industrial Output Value(10 000 yuan)	1163578	70.5
投资	**Investment and Construction**		
固定资产投资(万元)	Total Investment in Fixed Assets(10 000 yuan)	327509	4.2
房地产开发投资(万元)	Investment in Real Estate Development(10 000 yuan)	115631	232.3
贸易外经	**Trade**		
社会消费品零售总额(万元)	Total Retail Sales of Consumer Goods(10 000 yuan)	314599	6.4
出口总额(万元)	Total Exports(10 000 yuan)		
交通通讯	**Transportation,Post & Telecommunications**		
公路里程(公里)	Total Length of Highways(km)	1383	0.0
移动电话用户(户)	Number of Mobile Telephone Subscribers (subscriber)	309000	-4.2
互联网宽带接入用户(户)	Number of Subscribers of Internet Service(subscriber)	72000	36.4
教育科技文化卫生社会保障	**Science,Education & Public Health**		
小学学校数(所)	Number of Primary Schools(unit)	32	0.0
普通中学学校数(所)	Number of Regular Secondary Schools(unit)	9	0.0
体育场馆数(个)	Stadium and Gymnasium(unit)	2	0.0
全年专利授权(件)	Annual Patent Authorization(piece)	15	
剧场、影剧院(个)	Theaters,Music Halls and Cinemas(unit)		
医疗卫生机构床位数(张)	Number of Beds in Health Care Institutions(unit)	1243	9.1
医疗卫生机构技术人员(人)	Medical Technical Personnel(person)	1355	6.8
城乡居民基本养老保险参保人数(人)	Urban and Rural Residents Basic Pension Insurance Contributors(person)	173736	-8.6
基本医疗保险参保人数(人)	Basic Medical Care Insurance Contributors(person)	297061	0.5
居民生活	**The Lives of Residents**		
全体居民人均可支配收入(元)	The per capita disposable income of all residents(yuan)	19899	8.6
城镇常住居民人均可支配收入(元)	The per capita disposable income of urban permanent residents(yuan)	30138	6.6
农村牧区常住居民人均可支配收入(元)	The per capita disposable income of permanent residents of rural and pastoral areas(yuan)	12437	10.8

20-63 赤峰市宁城县

Ningcheng County in Chifeng City

指标	Item	2019	增长(%) Increase Rate(%)
行政区域土地面积(平方公里)	**Area of Administration(Sq.km)**	**4305**	**0.0**
人口	**Population**		
年末户籍户数(户)	The Registered Households Year-end(household)	220691	0.1
年末户籍人口(人)	The Registered Population Year-end(person)	605554	0.0
国民经济综合指标	**Summary Item on the National Economy**		
生产总值(万元)	Gross Domestic Product(10 000 yuan)	1521649	3.1
第一产业(万元)	Primary Industry(10 000 yuan)	409296	5.8
第二产业(万元)	Secondary Industry(10 000 yuan)	329997	-22.4
第三产业(万元)	Tertiary Industry(10 000 yuan)	782355	18.0
一般公共预算收入(万元)	General Public Budget Revenue(10 000 yuan)	50645	0.9
一般公共预算支出(万元)	General Public Budget Expenditure(10 000 yuan)	414331	-1.9
农村牧区经济	**Economic Development in Rural & Pastoral Area**		
耕地面积(公顷)	Cultivated Area(hectare)	106667	0.0
高标准农田面积(公顷)	High Standard Farmland Area(hectare)	3334	
农作物总播种面积(公顷)	Total Sown Area(hectare)	110113	-0.3
粮食产量(吨)	Yield of Grain(ton)	815735	-5.8
油料产量(吨)	Yield of Oil-bearing Crops(ton)	1324	-2.8
肉类总产量(吨)	Output of Meat(ton)	110351	2.0
奶类产量(吨)	Milks(ton)	19684	8.4
规模以上工业	**Industrial Enterprises above Designated size**		
工业企业单位数(个)	Number of Industrial Enterprises(unit)	21	-36.4
工业总产值(万元)	Gross Industrial Output Value(10 000 yuan)	738243	10.3
投资	**Investment and Construction**		
固定资产投资(万元)	Total Investment in Fixed Assets(10 000 yuan)	242903	12.9
房地产开发投资(万元)	Investment in Real Estate Development(10 000 yuan)	124185	115.0
贸易外经	**Trade**		
社会消费品零售总额(万元)	Total Retail Sales of Consumer Goods(10 000 yuan)	454891	6.7
出口总额(万元)	Total Exports(10 000 yuan)	4315	389.2
交通通讯	**Transportation,Post & Telecommunications**		
公路里程(公里)	Total Length of Highways(km)	2067	-1.2
移动电话用户(户)	Number of Mobile Telephone Subscribers (subscriber)	439720	-1.2
互联网宽带接入用户(户)	Number of Subscribers of Internet Service(subscriber)	58030	1.8
教育科技文化卫生社会保障	**Science,Education & Public Health**		
小学学校数(所)	Number of Primary Schools(unit)	56	0.0
普通中学学校数(所)	Number of Regular Secondary Schools(unit)	14	7.7
体育场馆数(个)	Stadium and Gymnasium(unit)	1	0.0
全年专利授权(件)	Annual Patent Authorization(piece)	241	
剧场、影剧院(个)	Theaters,Music Halls and Cinemas(unit)	3	
医疗卫生机构床位数(张)	Number of Beds in Health Care Institutions(unit)	3139	2.0
医疗卫生机构技术人员(人)	Medical Technical Personnel(person)	3477	11.5
城乡居民基本养老保险参保人数(人)	Urban and Rural Residents Basic Pension Insurance Contributors(person)	261042	8.7
基本医疗保险参保人数(人)	Basic Medical Care Insurance Contributors(person)	513734	-0.7
居民生活	**The Lives of Residents**		
全体居民人均可支配收入(元)	The per capita disposable income of all residents(yuan)	17965	11.3
城镇常住居民人均可支配收入(元)	The per capita disposable income of urban permanent residents(yuan)	33019	6.5
农村牧区常住居民人均可支配收入(元)	The per capita disposable income of permanent residents of rural and pastoral areas(yuan)	12276	11.3

20-64 赤峰市敖汉旗

Aohan Banner in Chifeng City

指 标	Item	2019	增长(%) Increase Rate(%)
行政区域土地面积(平方公里)	**Area of Administration(Sq.km)**	**8294**	**0.0**
人口	**Population**		
年末户籍户数(户)	The Registered Households Year-end(household)	251120	0.6
年末户籍人口(人)	The Registered Population Year-end(person)	604860	-0.1
国民经济综合指标	**Summary Item on the National Economy**		
生产总值(万元)	Gross Domestic Product(10 000 yuan)	1402308	5.6
第一产业(万元)	Primary Industry(10 000 yuan)	479023	2.3
第二产业(万元)	Secondary Industry(10 000 yuan)	244414	11.5
第三产业(万元)	Tertiary Industry(10 000 yuan)	678871	5.9
一般公共预算收入(万元)	General Public Budget Revenue(10 000 yuan)	43999	10.0
一般公共预算支出(万元)	General Public Budget Expenditure(10 000 yuan)	525808	15.0
农村牧区经济	**Economic Development in Rural & Pastoral Area**		
耕地面积(公顷)	Cultivated Area(hectare)	253333	0.0
高标准农田面积(公顷)	High Standard Farmland Area(hectare)	58240	40.0
农作物总播种面积(公顷)	Total Sown Area(hectare)	201186	-0.5
粮食产量(吨)	Yield of Grain(ton)	986375	2.9
油料产量(吨)	Yield of Oil-bearing Crops(ton)	11502	1.3
肉类总产量(吨)	Output of Meat(ton)	72999	2.4
奶类产量(吨)	Milks(ton)	9508	4.7
规模以上工业	**Industrial Enterprises above Designated size**		
工业企业单位数(个)	Number of Industrial Enterprises(unit)	21	0.0
工业总产值(万元)	Gross Industrial Output Value(10 000 yuan)	316185	17.7
投资	**Investment and Construction**		
固定资产投资(万元)	Total Investment in Fixed Assets(10 000 yuan)	418403	4.0
房地产开发投资(万元)	Investment in Real Estate Development(10 000 yuan)	79528	-18.5
贸易外经	**Trade**		
社会消费品零售总额(万元)	Total Retail Sales of Consumer Goods(10 000 yuan)	391792	7.5
出口总额(万元)	Total Exports(10 000 yuan)		
交通通讯	**Transportation,Post & Telecommunications**		
公路里程(公里)	Total Length of Highways(km)	2733	0.0
移动电话用户(户)	Number of Mobile Telephone Subscribers (subscriber)	435162	0.1
互联网宽带接入用户(户)	Number of Subscribers of Internet Service(subscriber)	40118	3.9
教育科技文化卫生社会保障	**Science,Education & Public Health**		
小学学校数(所)	Number of Primary Schools(unit)	41	5.1
普通中学学校数(所)	Number of Regular Secondary Schools(unit)	19	-5.0
体育场馆数(个)	Stadium and Gymnasium(unit)	2	0.0
全年专利授权(件)	Annual Patent Authorization(piece)	6	
剧场、影剧院(个)	Theaters,Music Halls and Cinemas(unit)	2	
医疗卫生机构床位数(张)	Number of Beds in Health Care Institutions(unit)	3573	22.8
医疗卫生机构技术人员(人)	Medical Technical Personnel(person)	2582	33.6
城乡居民基本养老保险参保人数(人)	Urban and Rural Residents Basic Pension Insurance Contributors(person)	321578	0.3
基本医疗保险参保人数(人)	Basic Medical Care Insurance Contributors(person)	518508	5.3
居民生活	**The Lives of Residents**		
全体居民人均可支配收入(元)	The per capita disposable income of all residents(yuan)	17128	11.1
城镇常住居民人均可支配收入(元)	The per capita disposable income of urban permanent residents(yuan)	30335	7.2
农村牧区常住居民人均可支配收入(元)	The per capita disposable income of permanent residents of rural and pastoral areas(yuan)	12513	11.2

20-65 锡林郭勒盟二连浩特市

Erenhot City in Xilinguole League

指 标	Item	2019	增长(%) Increase Rate(%)
行政区域土地面积(平方公里)	**Area of Administration(Sq.km)**	**4015**	**0.0**
人口	**Population**		
年末户籍户数(户)	The Registered Households Year-end(household)	14089	3.2
年末户籍人口(人)	The Registered Population Year-end(person)	35168	2.9
国民经济综合指标	**Summary Item on the National Economy**		
生产总值(万元)	Gross Domestic Product(10 000 yuan)	662500	3.5
第一产业(万元)	Primary Industry(10 000 yuan)	8100	4.0
第二产业(万元)	Secondary Industry(10 000 yuan)	92000	3.0
第三产业(万元)	Tertiary Industry(10 000 yuan)	562400	3.5
一般公共预算收入(万元)	General Public Budget Revenue(10 000 yuan)	36261	-5.8
一般公共预算支出(万元)	General Public Budget Expenditure(10 000 yuan)	231175	10.0
农村牧区经济	**Economic Development in Rural & Pastoral Area**		
耕地面积(公顷)	Cultivated Area(hectare)	95	0.0
高标准农田面积(公顷)	High Standard Farmland Area(hectare)		
农作物总播种面积(公顷)	Total Sown Area(hectare)	95	0.0
粮食产量(吨)	Yield of Grain(ton)		
油料产量(吨)	Yield of Oil-bearing Crops(ton)		
肉类总产量(吨)	Output of Meat(ton)	1285	-11.5
奶类产量(吨)	Milks(ton)	2419	7.4
规模以上工业	**Industrial Enterprises above Designated size**		
工业企业单位数(个)	Number of Industrial Enterprises(unit)	9	0.0
工业总产值(万元)	Gross Industrial Output Value(10 000 yuan)	60054	-12.1
投资	**Investment and Construction**		
固定资产投资(万元)	Total Investment in Fixed Assets(10 000 yuan)		8.9
房地产开发投资(万元)	Investment in Real Estate Development(10 000 yuan)		-48.8
贸易外经	**Trade**		
社会消费品零售总额(万元)	Total Retail Sales of Consumer Goods(10 000 yuan)	398744	3.4
出口总额(万元)	Total Exports(10 000 yuan)	1043000	54.1
交通通讯	**Transportation,Post & Telecommunications**		
公路里程(公里)	Total Length of Highways(km)	393	12.3
移动电话用户(户)	Number of Mobile Telephone Subscribers (subscriber)	110300	-17.5
互联网宽带接入用户(户)	Number of Subscribers of Internet Service(subscriber)	28645	-63.5
教育科技文化卫生社会保障	**Science,Education & Public Health**		
小学学校数(所)	Number of Primary Schools(unit)	5	0.0
普通中学学校数(所)	Number of Regular Secondary Schools(unit)	3	0.0
体育场馆数(个)	Stadium and Gymnasium(unit)	2	0.0
全年专利授权(件)	Annual Patent Authorization(piece)		
剧场、影剧院(个)	Theaters,Music Halls and Cinemas(unit)		
医疗卫生机构床位数(张)	Number of Beds in Health Care Institutions(unit)	216	4.3
医疗卫生机构技术人员(人)	Medical Technical Personnel(person)	408	25.2
城乡居民基本养老保险参保人数(人)	Urban and Rural Residents Basic Pension Insurance Contributors(person)	6177	10.4
基本医疗保险参保人数(人)	Basic Medical Care Insurance Contributors(person)	30708	60.9
居民生活	**The Lives of Residents**		
全体居民人均可支配收入(元)	The per capita disposable income of all residents(yuan)	45499	4.0
城镇常住居民人均可支配收入(元)	The per capita disposable income of urban permanent residents(yuan)	45763	4.6
农村牧区常住居民人均可支配收入(元)	The per capita disposable income of permanent residents of rural and pastoral areas(yuan)	27494	

20-66 锡林郭勒盟锡林浩特市
Xilinhot City in Xilinguole League

指 标	Item	2019	增长(%) Increase Rate(%)
行政区域土地面积(平方公里)	**Area of Administration(Sq.km)**	**14780**	**0.0**
人口	**Population**		
年末户籍户数(户)	The Registered Households Year-end(household)	80650	2.9
年末户籍人口(人)	The Registered Population Year-end(person)	196117	2.1
国民经济综合指标	**Summary Item on the National Economy**		
生产总值(万元)	Gross Domestic Product(10 000 yuan)	2133849	8.6
第一产业(万元)	Primary Industry(10 000 yuan)	180778	5.0
第二产业(万元)	Secondary Industry(10 000 yuan)	747029	10.2
第三产业(万元)	Tertiary Industry(10 000 yuan)	1206042	8.2
一般公共预算收入(万元)	General Public Budget Revenue(10 000 yuan)	195375	9.9
一般公共预算支出(万元)	General Public Budget Expenditure(10 000 yuan)	276877	34.5
农村牧区经济	**Economic Development in Rural & Pastoral Area**		
耕地面积(公顷)	Cultivated Area(hectare)	16965	0.0
高标准农田面积(公顷)	High Standard Farmland Area(hectare)		
农作物总播种面积(公顷)	Total Sown Area(hectare)	15472	-3.1
粮食产量(吨)	Yield of Grain(ton)	24742	20.7
油料产量(吨)	Yield of Oil-bearing Crops(ton)	2129	124.8
肉类总产量(吨)	Output of Meat(ton)	20903	30.1
奶类产量(吨)	Milks(ton)	102538	-7.1
规模以上工业	**Industrial Enterprises above Designated size**		
工业企业单位数(个)	Number of Industrial Enterprises(unit)	61	-7.6
工业总产值(万元)	Gross Industrial Output Value(10 000 yuan)		18.3
投资	**Investment and Construction**		
固定资产投资(万元)	Total Investment in Fixed Assets(10 000 yuan)		5.8
房地产开发投资(万元)	Investment in Real Estate Development(10 000 yuan)	139031	49.8
贸易外经	**Trade**		
社会消费品零售总额(万元)	Total Retail Sales of Consumer Goods(10 000 yuan)	746600	3.6
出口总额(万元)	Total Exports(10 000 yuan)	1064	-33.5
交通通讯	**Transportation,Post & Telecommunications**		
公路里程(公里)	Total Length of Highways(km)	1544	-0.7
移动电话用户(户)	Number of Mobile Telephone Subscribers (subscriber)	483000	7.8
互联网宽带接入用户(户)	Number of Subscribers of Internet Service(subscriber)	116900	-14.0
教育科技文化卫生社会保障	**Science,Education & Public Health**		
小学学校数(所)	Number of Primary Schools(unit)	12	0.0
普通中学学校数(所)	Number of Regular Secondary Schools(unit)	8	0.0
体育场馆数(个)	Stadium and Gymnasium(unit)	14	600.0
全年专利授权(件)	Annual Patent Authorization(piece)	34	
剧场、影剧院(个)	Theaters,Music Halls and Cinemas(unit)	3	
医疗卫生机构床位数(张)	Number of Beds in Health Care Institutions(unit)	2717	20.8
医疗卫生机构技术人员(人)	Medical Technical Personnel(person)	3252	6.3
城乡居民基本养老保险参保人数(人)	Urban and Rural Residents Basic Pension Insurance Contributors(person)	19380	0.7
基本医疗保险参保人数(人)	Basic Medical Care Insurance Contributors(person)	112946	10.0
居民生活	**The Lives of Residents**		
全体居民人均可支配收入(元)	The per capita disposable income of all residents(yuan)	44121	4.7
城镇常住居民人均可支配收入(元)	The per capita disposable income of urban permanent residents(yuan)	45596	4.5
农村牧区常住居民人均可支配收入(元)	The per capita disposable income of permanent residents of rural and pastoral areas(yuan)	28201	7.2

20-67 锡林郭勒盟阿巴嘎旗

Abaga Banner in Xilinguole League

指 标	Item	2019	增长(%) Increase Rate(%)
行政区域土地面积(平方公里)	**Area of Administration(Sq.km)**	**27495**	**0.0**
人口	**Population**		
年末户籍户数(户)	The Registered Households Year-end(household)	18070	0.4
年末户籍人口(人)	The Registered Population Year-end(person)	43536	-0.6
国民经济综合指标	**Summary Item on the National Economy**		
生产总值(万元)	Gross Domestic Product(10 000 yuan)	349331	5.7
第一产业(万元)	Primary Industry(10 000 yuan)	94431	5.3
第二产业(万元)	Secondary Industry(10 000 yuan)	112541	1.5
第三产业(万元)	Tertiary Industry(10 000 yuan)	142359	10.0
一般公共预算收入(万元)	General Public Budget Revenue(10 000 yuan)	18844	14.2
一般公共预算支出(万元)	General Public Budget Expenditure(10 000 yuan)	157798	52.6
农村牧区经济	**Economic Development in Rural & Pastoral Area**		
耕地面积(公顷)	Cultivated Area(hectare)		
高标准农田面积(公顷)	High Standard Farmland Area(hectare)		
农作物总播种面积(公顷)	Total Sown Area(hectare)		
粮食产量(吨)	Yield of Grain(ton)		
油料产量(吨)	Yield of Oil-bearing Crops(ton)		
肉类总产量(吨)	Output of Meat(ton)	30913	1.9
奶类产量(吨)	Milks(ton)	28696	-32.5
规模以上工业	**Industrial Enterprises above Designated size**		
工业企业单位数(个)	Number of Industrial Enterprises(unit)	18	28.6
工业总产值(万元)	Gross Industrial Output Value(10 000 yuan)	155784	-1.5
投资	**Investment and Construction**		
固定资产投资(万元)	Total Investment in Fixed Assets(10 000 yuan)		104.0
房地产开发投资(万元)	Investment in Real Estate Development(10 000 yuan)		17.0
贸易外经	**Trade**		
社会消费品零售总额(万元)	Total Retail Sales of Consumer Goods(10 000 yuan)	128700	3.1
出口总额(万元)	Total Exports(10 000 yuan)		
交通通讯	**Transportation,Post & Telecommunications**		
公路里程(公里)	Total Length of Highways(km)	2541	28.5
移动电话用户(户)	Number of Mobile Telephone Subscribers (subscriber)	37669	-13.3
互联网宽带接入用户(户)	Number of Subscribers of Internet Service(subscriber)	8612	-0.4
教育科技文化卫生社会保障	**Science,Education & Public Health**		
小学学校数(所)	Number of Primary Schools(unit)	2	0.0
普通中学学校数(所)	Number of Regular Secondary Schools(unit)	2	0.0
体育场馆数(个)	Stadium and Gymnasium(unit)	1	0.0
全年专利授权(件)	Annual Patent Authorization(piece)		
剧场、影剧院(个)	Theaters,Music Halls and Cinemas(unit)	1	
医疗卫生机构床位数(张)	Number of Beds in Health Care Institutions(unit)	216	0.9
医疗卫生机构技术人员(人)	Medical Technical Personnel(person)	249	-1.6
城乡居民基本养老保险参保人数(人)	Urban and Rural Residents Basic Pension Insurance Contributors(person)	13339	-0.8
基本医疗保险参保人数(人)	Basic Medical Care Insurance Contributors(person)	36209	-1.3
居民生活	**The Lives of Residents**		
全体居民人均可支配收入(元)	The per capita disposable income of all residents(yuan)	34330	8.6
城镇常住居民人均可支配收入(元)	The per capita disposable income of urban permanent residents(yuan)	40025	6.3
农村牧区常住居民人均可支配收入(元)	The per capita disposable income of permanent residents of rural and pastoral areas(yuan)	28335	9.5

20-68 锡林郭勒盟苏尼特左旗

Sunitezuo Banner in Xilinguole League

指 标	Item	2019	增长(%) Increase Rate(%)
行政区域土地面积(平方公里)	**Area of Administration(Sq.km)**	**34240**	**0.0**
人口	**Population**		
年末户籍户数(户)	The Registered Households Year-end(household)	11541	0.2
年末户籍人口(人)	The Registered Population Year-end(person)	34376	-0.3
国民经济综合指标	**Summary Item on the National Economy**		
生产总值(万元)	Gross Domestic Product(10 000 yuan)	262336	5.3
第一产业(万元)	Primary Industry(10 000 yuan)	73630	5.2
第二产业(万元)	Secondary Industry(10 000 yuan)	84141	9.6
第三产业(万元)	Tertiary Industry(10 000 yuan)	104565	1.9
一般公共预算收入(万元)	General Public Budget Revenue(10 000 yuan)	20682	28.2
一般公共预算支出(万元)	General Public Budget Expenditure(10 000 yuan)	111678	-5.6
农村牧区经济	**Economic Development in Rural & Pastoral Area**		
耕地面积(公顷)	Cultivated Area(hectare)	423	0.0
高标准农田面积(公顷)	High Standard Farmland Area(hectare)		
农作物总播种面积(公顷)	Total Sown Area(hectare)	1200	0.0
粮食产量(吨)	Yield of Grain(ton)		
油料产量(吨)	Yield of Oil-bearing Crops(ton)		
肉类总产量(吨)	Output of Meat(ton)	29426	48.4
奶类产量(吨)	Milks(ton)	18600	-25.8
规模以上工业	**Industrial Enterprises above Designated size**		
工业企业单位数(个)	Number of Industrial Enterprises(unit)	10	-23.1
工业总产值(万元)	Gross Industrial Output Value(10 000 yuan)	185834	-4.5
投资	**Investment and Construction**		
固定资产投资(万元)	Total Investment in Fixed Assets(10 000 yuan)		84.2
房地产开发投资(万元)	Investment in Real Estate Development(10 000 yuan)		
贸易外经	**Trade**		
社会消费品零售总额(万元)	Total Retail Sales of Consumer Goods(10 000 yuan)	83823	3.1
出口总额(万元)	Total Exports(10 000 yuan)		
交通通讯	**Transportation,Post & Telecommunications**		
公路里程(公里)	Total Length of Highways(km)	2222	-2.1
移动电话用户(户)	Number of Mobile Telephone Subscribers (subscriber)	45839	20.9
互联网宽带接入用户(户)	Number of Subscribers of Internet Service(subscriber)	7022	13.9
教育科技文化卫生社会保障	**Science,Education & Public Health**		
小学学校数(所)	Number of Primary Schools(unit)	2	0.0
普通中学学校数(所)	Number of Regular Secondary Schools(unit)	2	0.0
体育场馆数(个)	Stadium and Gymnasium(unit)	5	0.0
全年专利授权(件)	Annual Patent Authorization(piece)		
剧场、影剧院(个)	Theaters,Music Halls and Cinemas(unit)		
医疗卫生机构床位数(张)	Number of Beds in Health Care Institutions(unit)	130	0.0
医疗卫生机构技术人员(人)	Medical Technical Personnel(person)	232	0.0
城乡居民基本养老保险参保人数(人)	Urban and Rural Residents Basic Pension Insurance Contributors(person)	12645	1.6
基本医疗保险参保人数(人)	Basic Medical Care Insurance Contributors(person)	30318	1.2
居民生活	**The Lives of Residents**		
全体居民人均可支配收入(元)	The per capita disposable income of all residents(yuan)	29224	8.6
城镇常住居民人均可支配收入(元)	The per capita disposable income of urban permanent residents(yuan)	40900	7.0
农村牧区常住居民人均可支配收入(元)	The per capita disposable income of permanent residents of rural and pastoral areas(yuan)	16873	10.5

20-69 锡林郭勒盟苏尼特右旗

Suniteyou Banner in Xilinguole League

指 标	Item	2019	增长(%) Increase Rate(%)
行政区域土地面积(平方公里)	**Area of Administration(Sq.km)**	**22455**	**0.0**
人口	**Population**		
年末户籍户数(户)	The Registered Households Year-end(household)	28574	0.0
年末户籍人口(人)	The Registered Population Year-end(person)	66657	-0.5
国民经济综合指标	**Summary Item on the National Economy**		
生产总值(万元)	Gross Domestic Product(10 000 yuan)	417159	2.4
第一产业(万元)	Primary Industry(10 000 yuan)	64919	4.4
第二产业(万元)	Secondary Industry(10 000 yuan)	179322	-2.5
第三产业(万元)	Tertiary Industry(10 000 yuan)	172918	7.5
一般公共预算收入(万元)	General Public Budget Revenue(10 000 yuan)	21609	1.6
一般公共预算支出(万元)	General Public Budget Expenditure(10 000 yuan)	168099	12.1
农村牧区经济	**Economic Development in Rural & Pastoral Area**		
耕地面积(公顷)	Cultivated Area(hectare)	1854	0.0
高标准农田面积(公顷)	High Standard Farmland Area(hectare)		
农作物总播种面积(公顷)	Total Sown Area(hectare)	2297	-16.4
粮食产量(吨)	Yield of Grain(ton)	203	103.0
油料产量(吨)	Yield of Oil-bearing Crops(ton)	401	-68.4
肉类总产量(吨)	Output of Meat(ton)	18533	-18.6
奶类产量(吨)	Milks(ton)	321	-12.1
规模以上工业	**Industrial Enterprises above Designated size**		
工业企业单位数(个)	Number of Industrial Enterprises(unit)	31	-29.5
工业总产值(万元)	Gross Industrial Output Value(10 000 yuan)	381132	10.9
投资	**Investment and Construction**		
固定资产投资(万元)	Total Investment in Fixed Assets(10 000 yuan)		29.0
房地产开发投资(万元)	Investment in Real Estate Development(10 000 yuan)	3580	-91.0
贸易外经	**Trade**		
社会消费品零售总额(万元)	Total Retail Sales of Consumer Goods(10 000 yuan)	202951	2.9
出口总额(万元)	Total Exports(10 000 yuan)		
交通通讯	**Transportation,Post & Telecommunications**		
公路里程(公里)	Total Length of Highways(km)	1885	0.0
移动电话用户(户)	Number of Mobile Telephone Subscribers (subscriber)	65407	-20.2
互联网宽带接入用户(户)	Number of Subscribers of Internet Service(subscriber)	16006	3.0
教育科技文化卫生社会保障	**Science,Education & Public Health**		
小学学校数(所)	Number of Primary Schools(unit)	6	0.0
普通中学学校数(所)	Number of Regular Secondary Schools(unit)	3	0.0
体育场馆数(个)	Stadium and Gymnasium(unit)		
全年专利授权(件)	Annual Patent Authorization(piece)		
剧场、影剧院(个)	Theaters,Music Halls and Cinemas(unit)	1	
医疗卫生机构床位数(张)	Number of Beds in Health Care Institutions(unit)	372	0.0
医疗卫生机构技术人员(人)	Medical Technical Personnel(person)	358	-1.9
城乡居民基本养老保险参保人数(人)	Urban and Rural Residents Basic Pension Insurance Contributors(person)	18854	2.7
基本医疗保险参保人数(人)	Basic Medical Care Insurance Contributors(person)	56974	1.0
居民生活	**The Lives of Residents**		
全体居民人均可支配收入(元)	The per capita disposable income of all residents(yuan)	31025	5.3
城镇常住居民人均可支配收入(元)	The per capita disposable income of urban permanent residents(yuan)	39304	5.3
农村牧区常住居民人均可支配收入(元)	The per capita disposable income of permanent residents of rural and pastoral areas(yuan)	12949	10.9

20-70 锡林郭勒盟东乌珠穆沁旗

Dongwuzhumuqin Banner in Xilinguole League

指 标	Item	2019	增长(%) Increase Rate(%)
行政区域土地面积(平方公里)	**Area of Administration(Sq.km)**	**47554**	**0.0**
人口	**Population**		
年末户籍户数(户)	The Registered Households Year-end(household)	29087	0.7
年末户籍人口(人)	The Registered Population Year-end(person)	81576	0.1
国民经济综合指标	**Summary Item on the National Economy**		
生产总值(万元)	Gross Domestic Product(10 000 yuan)	908932	2.5
第一产业(万元)	Primary Industry(10 000 yuan)	229321	5.5
第二产业(万元)	Secondary Industry(10 000 yuan)	395517	-0.5
第三产业(万元)	Tertiary Industry(10 000 yuan)	284094	3.0
一般公共预算收入(万元)	General Public Budget Revenue(10 000 yuan)	110331	-7.7
一般公共预算支出(万元)	General Public Budget Expenditure(10 000 yuan)	243502	-7.5
农村牧区经济	**Economic Development in Rural & Pastoral Area**		
耕地面积(公顷)	Cultivated Area(hectare)	39206	5.3
高标准农田面积(公顷)	High Standard Farmland Area(hectare)	247	
农作物总播种面积(公顷)	Total Sown Area(hectare)	31038	18.6
粮食产量(吨)	Yield of Grain(ton)	70470	40.3
油料产量(吨)	Yield of Oil-bearing Crops(ton)	6418	117.6
肉类总产量(吨)	Output of Meat(ton)	47497	3.8
奶类产量(吨)	Milks(ton)	34126	5.9
规模以上工业	**Industrial Enterprises above Designated size**		
工业企业单位数(个)	Number of Industrial Enterprises(unit)	28	27.3
工业总产值(万元)	Gross Industrial Output Value(10 000 yuan)	462494	-5.8
投资	**Investment and Construction**		
固定资产投资(万元)	Total Investment in Fixed Assets(10 000 yuan)		6.0
房地产开发投资(万元)	Investment in Real Estate Development(10 000 yuan)	14761	
贸易外经	**Trade**		
社会消费品零售总额(万元)	Total Retail Sales of Consumer Goods(10 000 yuan)	335779	3.5
出口总额(万元)	Total Exports(10 000 yuan)	191100	-28.3
交通通讯	**Transportation,Post & Telecommunications**		
公路里程(公里)	Total Length of Highways(km)	3205	1.3
移动电话用户(户)	Number of Mobile Telephone Subscribers (subscriber)	118109	15.3
互联网宽带接入用户(户)	Number of Subscribers of Internet Service(subscriber)	22321	6.8
教育科技文化卫生社会保障	**Science,Education & Public Health**		
小学学校数(所)	Number of Primary Schools(unit)	8	0.0
普通中学学校数(所)	Number of Regular Secondary Schools(unit)	5	0.0
体育场馆数(个)	Stadium and Gymnasium(unit)	4	33.3
全年专利授权(件)	Annual Patent Authorization(piece)	13	
剧场、影剧院(个)	Theaters,Music Halls and Cinemas(unit)	3	
医疗卫生机构床位数(张)	Number of Beds in Health Care Institutions(unit)	359	-7.7
医疗卫生机构技术人员(人)	Medical Technical Personnel(person)	561	13.1
城乡居民基本养老保险参保人数(人)	Urban and Rural Residents Basic Pension Insurance Contributors(person)	26024	310.8
基本医疗保险参保人数(人)	Basic Medical Care Insurance Contributors(person)	68453	33.8
居民生活	**The Lives of Residents**		
全体居民人均可支配收入(元)	The per capita disposable income of all residents(yuan)	38864	8.5
城镇常住居民人均可支配收入(元)	The per capita disposable income of urban permanent residents(yuan)	43519	6.5
农村牧区常住居民人均可支配收入(元)	The per capita disposable income of permanent residents of rural and pastoral areas(yuan)	32616	7.5

20-71 锡林郭勒盟西乌珠穆沁旗

Xiwuzhumuqin Banner in Xilinguole League

指 标	Item	2019	增长(%) Increase Rate(%)
行政区域土地面积(平方公里)	**Area of Administration(Sq.km)**	**22459**	**0.0**
人口	**Population**		
年末户籍户数(户)	The Registered Households Year-end(household)	32177	0.8
年末户籍人口(人)	The Registered Population Year-end(person)	80452	0.0
国民经济综合指标	**Summary Item on the National Economy**		
生产总值(万元)	Gross Domestic Product(10 000 yuan)	1280348	0.1
第一产业(万元)	Primary Industry(10 000 yuan)	159417	5.4
第二产业(万元)	Secondary Industry(10 000 yuan)	871340	-1.6
第三产业(万元)	Tertiary Industry(10 000 yuan)	249591	2.9
一般公共预算收入(万元)	General Public Budget Revenue(10 000 yuan)	203971	-0.3
一般公共预算支出(万元)	General Public Budget Expenditure(10 000 yuan)	233786	-14.4
农村牧区经济	**Economic Development in Rural & Pastoral Area**		
耕地面积(公顷)	Cultivated Area(hectare)	200	7.0
高标准农田面积(公顷)	High Standard Farmland Area(hectare)		
农作物总播种面积(公顷)	Total Sown Area(hectare)		
粮食产量(吨)	Yield of Grain(ton)		
油料产量(吨)	Yield of Oil-bearing Crops(ton)		
肉类总产量(吨)	Output of Meat(ton)	50163	12.4
奶类产量(吨)	Milks(ton)	21920	-27.7
规模以上工业	**Industrial Enterprises above Designated size**		
工业企业单位数(个)	Number of Industrial Enterprises(unit)	25	4.2
工业总产值(万元)	Gross Industrial Output Value(10 000 yuan)	1750099	9.6
投资	**Investment and Construction**		
固定资产投资(万元)	Total Investment in Fixed Assets(10 000 yuan)		-14.2
房地产开发投资(万元)	Investment in Real Estate Development(10 000 yuan)	2827	253.4
贸易外经	**Trade**		
社会消费品零售总额(万元)	Total Retail Sales of Consumer Goods(10 000 yuan)	243866	3.5
出口总额(万元)	Total Exports(10 000 yuan)		
交通通讯	**Transportation,Post & Telecommunications**		
公路里程(公里)	Total Length of Highways(km)	2113	0.0
移动电话用户(户)	Number of Mobile Telephone Subscribers (subscriber)	132400	0.6
互联网宽带接入用户(户)	Number of Subscribers of Internet Service(subscriber)	293900	1403.7
教育科技文化卫生社会保障	**Science,Education & Public Health**		
小学学校数(所)	Number of Primary Schools(unit)	5	0.0
普通中学学校数(所)	Number of Regular Secondary Schools(unit)	2	0.0
体育场馆数(个)	Stadium and Gymnasium(unit)	2	0.0
全年专利授权(件)	Annual Patent Authorization(piece)	5	
剧场、影剧院(个)	Theaters,Music Halls and Cinemas(unit)	1	
医疗卫生机构床位数(张)	Number of Beds in Health Care Institutions(unit)	481	8.8
医疗卫生机构技术人员(人)	Medical Technical Personnel(person)	674	42.8
城乡居民基本养老保险参保人数(人)	Urban and Rural Residents Basic Pension Insurance Contributors(person)	23315	-6.8
基本医疗保险参保人数(人)	Basic Medical Care Insurance Contributors(person)	70643	4.9
居民生活	**The Lives of Residents**		
全体居民人均可支配收入(元)	The per capita disposable income of all residents(yuan)	35185	8.5
城镇常住居民人均可支配收入(元)	The per capita disposable income of urban permanent residents(yuan)	41542	6.2
农村牧区常住居民人均可支配收入(元)	The per capita disposable income of permanent residents of rural and pastoral areas(yuan)	28138	8.5

20-72 锡林郭勒盟太仆寺旗

Taipusi Banner in Xilinguole League

指 标	Item	2019	增长(%) Increase Rate(%)
行政区域土地面积(平方公里)	**Area of Administration(Sq.km)**	**3426**	**0.0**
人口	**Population**		
年末户籍户数(户)	The Registered Households Year-end(household)	95338	-0.2
年末户籍人口(人)	The Registered Population Year-end(person)	205677	-1.3
国民经济综合指标	**Summary Item on the National Economy**		
生产总值(万元)	Gross Domestic Product(10 000 yuan)	434096	6.1
第一产业(万元)	Primary Industry(10 000 yuan)	134590	4.7
第二产业(万元)	Secondary Industry(10 000 yuan)	99652	8.2
第三产业(万元)	Tertiary Industry(10 000 yuan)	199854	6.1
一般公共预算收入(万元)	General Public Budget Revenue(10 000 yuan)	18357	10.7
一般公共预算支出(万元)	General Public Budget Expenditure(10 000 yuan)	246564	18.5
农村牧区经济	**Economic Development in Rural & Pastoral Area**		
耕地面积(公顷)	Cultivated Area(hectare)	89753	-5.0
高标准农田面积(公顷)	High Standard Farmland Area(hectare)		
农作物总播种面积(公顷)	Total Sown Area(hectare)	94467	0.0
粮食产量(吨)	Yield of Grain(ton)	216581	4.8
油料产量(吨)	Yield of Oil-bearing Crops(ton)	31111	18.1
肉类总产量(吨)	Output of Meat(ton)	17813	3.0
奶类产量(吨)	Milks(ton)	26825	19.6
规模以上工业	**Industrial Enterprises above Designated size**		
工业企业单位数(个)	Number of Industrial Enterprises(unit)	18	-5.3
工业总产值(万元)	Gross Industrial Output Value(10 000 yuan)		8.5
投资	**Investment and Construction**		
固定资产投资(万元)	Total Investment in Fixed Assets(10 000 yuan)		28.8
房地产开发投资(万元)	Investment in Real Estate Development(10 000 yuan)	67566	7.5
贸易外经	**Trade**		
社会消费品零售总额(万元)	Total Retail Sales of Consumer Goods(10 000 yuan)	92181	2.6
出口总额(万元)	Total Exports(10 000 yuan)		
交通通讯	**Transportation,Post & Telecommunications**		
公路里程(公里)	Total Length of Highways(km)	1386	0.0
移动电话用户(户)	Number of Mobile Telephone Subscribers (subscriber)	133900	6.8
互联网宽带接入用户(户)	Number of Subscribers of Internet Service(subscriber)	22770	6.3
教育科技文化卫生社会保障	**Science,Education & Public Health**		
小学学校数(所)	Number of Primary Schools(unit)	7	0.0
普通中学学校数(所)	Number of Regular Secondary Schools(unit)	5	0.0
体育场馆数(个)	Stadium and Gymnasium(unit)	2	0.0
全年专利授权(件)	Annual Patent Authorization(piece)	24	
剧场、影剧院(个)	Theaters,Music Halls and Cinemas(unit)	1	
医疗卫生机构床位数(张)	Number of Beds in Health Care Institutions(unit)	431	-0.2
医疗卫生机构技术人员(人)	Medical Technical Personnel(person)	350	0.0
城乡居民基本养老保险参保人数(人)	Urban and Rural Residents Basic Pension Insurance Contributors(person)	91780	0.1
基本医疗保险参保人数(人)	Basic Medical Care Insurance Contributors(person)	179023	0.3
居民生活	**The Lives of Residents**		
全体居民人均可支配收入(元)	The per capita disposable income of all residents(yuan)	22210	10.9
城镇常住居民人均可支配收入(元)	The per capita disposable income of urban permanent residents(yuan)	37573	6.2
农村牧区常住居民人均可支配收入(元)	The per capita disposable income of permanent residents of rural and pastoral areas(yuan)	12956	11.0

20-73 锡林郭勒盟镶黄旗

Xianghuang Banner in Xilinguole League

指 标	Item	2019	增长(%) Increase Rate(%)
行政区域土地面积(平方公里)	**Area of Administration(Sq.km)**	**5146**	**0.2**
人口	**Population**		
年末户籍户数(户)	The Registered Households Year-end(household)	13468	0.1
年末户籍人口(人)	The Registered Population Year-end(person)	31345	-0.3
国民经济综合指标	**Summary Item on the National Economy**		
生产总值(万元)	Gross Domestic Product(10 000 yuan)	220958	4.3
第一产业(万元)	Primary Industry(10 000 yuan)	41185	5.2
第二产业(万元)	Secondary Industry(10 000 yuan)	99443	-3.7
第三产业(万元)	Tertiary Industry(10 000 yuan)	80330	3.4
一般公共预算收入(万元)	General Public Budget Revenue(10 000 yuan)	19209	5.0
一般公共预算支出(万元)	General Public Budget Expenditure(10 000 yuan)	85276	-16.3
农村牧区经济	**Economic Development in Rural & Pastoral Area**		
耕地面积(公顷)	Cultivated Area(hectare)		
高标准农田面积(公顷)	High Standard Farmland Area(hectare)		
农作物总播种面积(公顷)	Total Sown Area(hectare)	153	-70.4
粮食产量(吨)	Yield of Grain(ton)		
油料产量(吨)	Yield of Oil-bearing Crops(ton)		
肉类总产量(吨)	Output of Meat(ton)	6090	0.9
奶类产量(吨)	Milks(ton)	6800	36.0
规模以上工业	**Industrial Enterprises above Designated size**		
工业企业单位数(个)	Number of Industrial Enterprises(unit)	7	0.0
工业总产值(万元)	Gross Industrial Output Value(10 000 yuan)	84094	8.0
投资	**Investment and Construction**		
固定资产投资(万元)	Total Investment in Fixed Assets(10 000 yuan)		-1.2
房地产开发投资(万元)	Investment in Real Estate Development(10 000 yuan)		
贸易外经	**Trade**		
社会消费品零售总额(万元)	Total Retail Sales of Consumer Goods(10 000 yuan)	72048	2.8
出口总额(万元)	Total Exports(10 000 yuan)		
交通通讯	**Transportation,Post & Telecommunications**		
公路里程(公里)	Total Length of Highways(km)	1286	0.5
移动电话用户(户)	Number of Mobile Telephone Subscribers (subscriber)	37780	-6.5
互联网宽带接入用户(户)	Number of Subscribers of Internet Service(subscriber)	7999	10.2
教育科技文化卫生社会保障	**Science,Education & Public Health**		
小学学校数(所)	Number of Primary Schools(unit)	2	0.0
普通中学学校数(所)	Number of Regular Secondary Schools(unit)	2	0.0
体育场馆数(个)	Stadium and Gymnasium(unit)	1	0.0
全年专利授权(件)	Annual Patent Authorization(piece)		
剧场、影剧院(个)	Theaters,Music Halls and Cinemas(unit)	1	
医疗卫生机构床位数(张)	Number of Beds in Health Care Institutions(unit)	262	12.0
医疗卫生机构技术人员(人)	Medical Technical Personnel(person)	272	14.8
城乡居民基本养老保险参保人数(人)	Urban and Rural Residents Basic Pension Insurance Contributors(person)	10738	6.9
基本医疗保险参保人数(人)	Basic Medical Care Insurance Contributors(person)	27393	28.9
居民生活	**The Lives of Residents**		
全体居民人均可支配收入(元)	The per capita disposable income of all residents(yuan)	32541	7.7
城镇常住居民人均可支配收入(元)	The per capita disposable income of urban permanent residents(yuan)	41189	6.5
农村牧区常住居民人均可支配收入(元)	The per capita disposable income of permanent residents of rural and pastoral areas(yuan)	15856	9.3

20-74 锡林郭勒盟正镶白旗

Zhengxiangbai Banner in Xilinguole League

指 标	Item	2019	增长(%) Increase Rate(%)
行政区域土地面积(平方公里)	**Area of Administration(Sq.km)**	**6253**	**0.0**
人口	**Population**		
年末户籍户数(户)	The Registered Households Year-end(household)	33459	0.4
年末户籍人口(人)	The Registered Population Year-end(person)	70840	-0.5
国民经济综合指标	**Summary Item on the National Economy**		
生产总值(万元)	Gross Domestic Product(10 000 yuan)	267530	6.1
第一产业(万元)	Primary Industry(10 000 yuan)	61386	4.9
第二产业(万元)	Secondary Industry(10 000 yuan)	75862	3.1
第三产业(万元)	Tertiary Industry(10 000 yuan)	130282	8.8
一般公共预算收入(万元)	General Public Budget Revenue(10 000 yuan)	12949	7.5
一般公共预算支出(万元)	General Public Budget Expenditure(10 000 yuan)	158320	24.6
农村牧区经济	**Economic Development in Rural & Pastoral Area**		
耕地面积(公顷)	Cultivated Area(hectare)	14371	0.4
高标准农田面积(公顷)	High Standard Farmland Area(hectare)		
农作物总播种面积(公顷)	Total Sown Area(hectare)	17091	21.7
粮食产量(吨)	Yield of Grain(ton)	7836	43.8
油料产量(吨)	Yield of Oil-bearing Crops(ton)	1881	0.2
肉类总产量(吨)	Output of Meat(ton)	15152	42.0
奶类产量(吨)	Milks(ton)	10408	-13.4
规模以上工业	**Industrial Enterprises above Designated size**		
工业企业单位数(个)	Number of Industrial Enterprises(unit)	19	-20.8
工业总产值(万元)	Gross Industrial Output Value(10 000 yuan)	102752	-20.1
投资	**Investment and Construction**		
固定资产投资(万元)	Total Investment in Fixed Assets(10 000 yuan)		47.7
房地产开发投资(万元)	Investment in Real Estate Development(10 000 yuan)	18534	60.5
贸易外经	**Trade**		
社会消费品零售总额(万元)	Total Retail Sales of Consumer Goods(10 000 yuan)	99000	3.8
出口总额(万元)	Total Exports(10 000 yuan)		
交通通讯	**Transportation,Post & Telecommunications**		
公路里程(公里)	Total Length of Highways(km)	2643	7.7
移动电话用户(户)	Number of Mobile Telephone Subscribers (subscriber)	59990	0.0
互联网宽带接入用户(户)	Number of Subscribers of Internet Service(subscriber)	7660	9.4
教育科技文化卫生社会保障	**Science,Education & Public Health**		
小学学校数(所)	Number of Primary Schools(unit)	3	0.0
普通中学学校数(所)	Number of Regular Secondary Schools(unit)	2	0.0
体育场馆数(个)	Stadium and Gymnasium(unit)	1	
全年专利授权(件)	Annual Patent Authorization(piece)	2	
剧场、影剧院(个)	Theaters,Music Halls and Cinemas(unit)	1	
医疗卫生机构床位数(张)	Number of Beds in Health Care Institutions(unit)	238	28.6
医疗卫生机构技术人员(人)	Medical Technical Personnel(person)	310	-2.5
城乡居民基本养老保险参保人数(人)	Urban and Rural Residents Basic Pension Insurance Contributors(person)	30923	6.2
基本医疗保险参保人数(人)	Basic Medical Care Insurance Contributors(person)	61080	-1.0
居民生活	**The Lives of Residents**		
全体居民人均可支配收入(元)	The per capita disposable income of all residents(yuan)	23210	11.2
城镇常住居民人均可支配收入(元)	The per capita disposable income of urban permanent residents(yuan)	37572	7.5
农村牧区常住居民人均可支配收入(元)	The per capita disposable income of permanent residents of rural and pastoral areas(yuan)	12438	11.2

20-75 锡林郭勒盟正蓝旗

Zhenglan Banner in Xilinguole League

指 标	Item	2019	增长(%) Increase Rate(%)
行政区域土地面积(平方公里)	**Area of Administration(Sq.km)**	**10206**	**0.0**
人口	**Population**		
年末户籍户数(户)	The Registered Households Year-end(household)	38297	0.9
年末户籍人口(人)	The Registered Population Year-end(person)	84444	0.0
国民经济综合指标	**Summary Item on the National Economy**		
生产总值(万元)	Gross Domestic Product(10 000 yuan)	577560	-8.6
第一产业(万元)	Primary Industry(10 000 yuan)	83240	4.3
第二产业(万元)	Secondary Industry(10 000 yuan)	297786	-16.5
第三产业(万元)	Tertiary Industry(10 000 yuan)	196534	1.2
一般公共预算收入(万元)	General Public Budget Revenue(10 000 yuan)	31152	-21.7
一般公共预算支出(万元)	General Public Budget Expenditure(10 000 yuan)	126784	-24.4
农村牧区经济	**Economic Development in Rural & Pastoral Area**		
耕地面积(公顷)	Cultivated Area(hectare)	23330	3.6
高标准农田面积(公顷)	High Standard Farmland Area(hectare)		
农作物总播种面积(公顷)	Total Sown Area(hectare)	23289	3.7
粮食产量(吨)	Yield of Grain(ton)	25766	58.5
油料产量(吨)	Yield of Oil-bearing Crops(ton)	1491	218.3
肉类总产量(吨)	Output of Meat(ton)	40160	7.0
奶类产量(吨)	Milks(ton)	329409	7.3
规模以上工业	**Industrial Enterprises above Designated size**		
工业企业单位数(个)	Number of Industrial Enterprises(unit)	15	-25.0
工业总产值(万元)	Gross Industrial Output Value(10 000 yuan)	493291	-18.4
投资	**Investment and Construction**		
固定资产投资(万元)	Total Investment in Fixed Assets(10 000 yuan)		1.2
房地产开发投资(万元)	Investment in Real Estate Development(10 000 yuan)		156.3
贸易外经	**Trade**		
社会消费品零售总额(万元)	Total Retail Sales of Consumer Goods(10 000 yuan)	164614	3.1
出口总额(万元)	Total Exports(10 000 yuan)		
交通通讯	**Transportation,Post & Telecommunications**		
公路里程(公里)	Total Length of Highways(km)	2886	29.1
移动电话用户(户)	Number of Mobile Telephone Subscribers (subscriber)	83709	-9.1
互联网宽带接入用户(户)	Number of Subscribers of Internet Service(subscriber)	17710	16.5
教育科技文化卫生社会保障	**Science,Education & Public Health**		
小学学校数(所)	Number of Primary Schools(unit)	6	0.0
普通中学学校数(所)	Number of Regular Secondary Schools(unit)	2	0.0
体育场馆数(个)	Stadium and Gymnasium(unit)	2	0.0
全年专利授权(件)	Annual Patent Authorization(piece)	13	
剧场、影剧院(个)	Theaters,Music Halls and Cinemas(unit)	1	
医疗卫生机构床位数(张)	Number of Beds in Health Care Institutions(unit)	351	4.5
医疗卫生机构技术人员(人)	Medical Technical Personnel(person)	298	1.7
城乡居民基本养老保险参保人数(人)	Urban and Rural Residents Basic Pension Insurance Contributors(person)	23958	-1.7
基本医疗保险参保人数(人)	Basic Medical Care Insurance Contributors(person)	70609	29.5
居民生活	**The Lives of Residents**		
全体居民人均可支配收入(元)	The per capita disposable income of all residents(yuan)	30109	10.7
城镇常住居民人均可支配收入(元)	The per capita disposable income of urban permanent residents(yuan)	39859	6.4
农村牧区常住居民人均可支配收入(元)	The per capita disposable income of permanent residents of rural and pastoral areas(yuan)	19480	10.7

20-76 锡林郭勒盟多伦县

Duolun County in Xilinguole League

指 标	Item	2019	增长(%) Increase Rate(%)
行政区域土地面积(平方公里)	**Area of Administration(Sq.km)**	**3864**	**0.0**
人口	**Population**		
年末户籍户数(户)	The Registered Households Year-end(household)	51895	0.7
年末户籍人口(人)	The Registered Population Year-end(person)	111781	0.2
国民经济综合指标	**Summary Item on the National Economy**		
生产总值(万元)	Gross Domestic Product(10 000 yuan)	471889	-1.3
第一产业(万元)	Primary Industry(10 000 yuan)	100597	4.2
第二产业(万元)	Secondary Industry(10 000 yuan)	174049	-8.3
第三产业(万元)	Tertiary Industry(10 000 yuan)	197243	3.1
一般公共预算收入(万元)	General Public Budget Revenue(10 000 yuan)	27357	0.9
一般公共预算支出(万元)	General Public Budget Expenditure(10 000 yuan)	164994	30.2
农村牧区经济	**Economic Development in Rural & Pastoral Area**		
耕地面积(公顷)	Cultivated Area(hectare)	58571	0.0
高标准农田面积(公顷)	High Standard Farmland Area(hectare)		
农作物总播种面积(公顷)	Total Sown Area(hectare)	56347	8.6
粮食产量(吨)	Yield of Grain(ton)	104272	47.9
油料产量(吨)	Yield of Oil-bearing Crops(ton)	719	19.8
肉类总产量(吨)	Output of Meat(ton)	15904	-17.3
奶类产量(吨)	Milks(ton)	27188	-5.1
规模以上工业	**Industrial Enterprises above Designated size**		
工业企业单位数(个)	Number of Industrial Enterprises(unit)	8	14.3
工业总产值(万元)	Gross Industrial Output Value(10 000 yuan)	355728	-9.6
投资	**Investment and Construction**		
固定资产投资(万元)	Total Investment in Fixed Assets(10 000 yuan)		-26.5
房地产开发投资(万元)	Investment in Real Estate Development(10 000 yuan)	48572	-38.3
贸易外经	**Trade**		
社会消费品零售总额(万元)	Total Retail Sales of Consumer Goods(10 000 yuan)	185190	3.2
出口总额(万元)	Total Exports(10 000 yuan)		
交通通讯	**Transportation,Post & Telecommunications**		
公路里程(公里)	Total Length of Highways(km)	1015	0.0
移动电话用户(户)	Number of Mobile Telephone Subscribers (subscriber)	117431	-0.8
互联网宽带接入用户(户)	Number of Subscribers of Internet Service(subscriber)	20156	-15.4
教育科技文化卫生社会保障	**Science,Education & Public Health**		
小学学校数(所)	Number of Primary Schools(unit)	12	0.0
普通中学学校数(所)	Number of Regular Secondary Schools(unit)	3	0.0
体育场馆数(个)	Stadium and Gymnasium(unit)	3	0.0
全年专利授权(件)	Annual Patent Authorization(piece)		
剧场、影剧院(个)	Theaters,Music Halls and Cinemas(unit)	1	
医疗卫生机构床位数(张)	Number of Beds in Health Care Institutions(unit)	498	12.2
医疗卫生机构技术人员(人)	Medical Technical Personnel(person)	607	4.8
城乡居民基本养老保险参保人数(人)	Urban and Rural Residents Basic Pension Insurance Contributors(person)	40976	15.4
基本医疗保险参保人数(人)	Basic Medical Care Insurance Contributors(person)	95101	1.7
居民生活	**The Lives of Residents**		
全体居民人均可支配收入(元)	The per capita disposable income of all residents(yuan)	28363	5.7
城镇常住居民人均可支配收入(元)	The per capita disposable income of urban permanent residents(yuan)	40318	5.2
农村牧区常住居民人均可支配收入(元)	The per capita disposable income of permanent residents of rural and pastoral areas(yuan)	15711	10.8

20-77 乌兰察布市集宁区

Jining District in Wulanchabu City

指 标	Item	2019	增长(%) Increase Rate(%)
行政区域土地面积(平方公里)	**Area of Administration(Sq.km)**	**542**	**-2.0**
人口	**Population**		
年末户籍户数(户)	The Registered Households Year-end(household)	123229	2.0
年末户籍人口(人)	The Registered Population Year-end(person)	315847	0.5
国民经济综合指标	**Summary Item on the National Economy**		
生产总值(万元)	Gross Domestic Product(10 000 yuan)	2108366	7.5
第一产业(万元)	Primary Industry(10 000 yuan)	49520	2.1
第二产业(万元)	Secondary Industry(10 000 yuan)	844509	9.6
第三产业(万元)	Tertiary Industry(10 000 yuan)	1214337	6.2
一般公共预算收入(万元)	General Public Budget Revenue(10 000 yuan)	127050	5.9
一般公共预算支出(万元)	General Public Budget Expenditure(10 000 yuan)	551456	59.3
农村牧区经济	**Economic Development in Rural & Pastoral Area**		
耕地面积(公顷)	Cultivated Area(hectare)	10729	32.8
高标准农田面积(公顷)	High Standard Farmland Area(hectare)		
农作物总播种面积(公顷)	Total Sown Area(hectare)	6685	4.2
粮食产量(吨)	Yield of Grain(ton)	8759	7.7
油料产量(吨)	Yield of Oil-bearing Crops(ton)	4337	37.1
肉类总产量(吨)	Output of Meat(ton)	9409	51.8
奶类产量(吨)	Milks(ton)	8910	6.1
规模以上工业	**Industrial Enterprises above Designated size**		
工业企业单位数(个)	Number of Industrial Enterprises(unit)	25	8.7
工业总产值(万元)	Gross Industrial Output Value(10 000 yuan)	1780998	21.2
投资	**Investment and Construction**		
固定资产投资(万元)	Total Investment in Fixed Assets(10 000 yuan)		25.6
房地产开发投资(万元)	Investment in Real Estate Development(10 000 yuan)	194460	57.5
贸易外经	**Trade**		
社会消费品零售总额(万元)	Total Retail Sales of Consumer Goods(10 000 yuan)	1030947	5.7
出口总额(万元)	Total Exports(10 000 yuan)	162062	167.4
交通通讯	**Transportation,Post & Telecommunications**		
公路里程(公里)	Total Length of Highways(km)	482	14.8
移动电话用户(户)	Number of Mobile Telephone Subscribers (subscriber)	590789	-16.2
互联网宽带接入用户(户)	Number of Subscribers of Internet Service(subscriber)	127291	-9.9
教育科技文化卫生社会保障	**Science,Education & Public Health**		
小学学校数(所)	Number of Primary Schools(unit)	25	-10.7
普通中学学校数(所)	Number of Regular Secondary Schools(unit)	21	0.0
体育场馆数(个)	Stadium and Gymnasium(unit)	16	60.0
全年专利授权(件)	Annual Patent Authorization(piece)		
剧场、影剧院(个)	Theaters,Music Halls and Cinemas(unit)	10	
医疗卫生机构床位数(张)	Number of Beds in Health Care Institutions(unit)	3337	3.8
医疗卫生机构技术人员(人)	Medical Technical Personnel(person)	3293	3.1
城乡居民基本养老保险参保人数(人)	Urban and Rural Residents Basic Pension Insurance Contributors(person)	42170	1.5
基本医疗保险参保人数(人)	Basic Medical Care Insurance Contributors(person)	232867	4.9
居民生活	**The Lives of Residents**		
全体居民人均可支配收入(元)	The per capita disposable income of all residents(yuan)	34464	8.2
城镇常住居民人均可支配收入(元)	The per capita disposable income of urban permanent residents(yuan)	35334	6.5
农村牧区常住居民人均可支配收入(元)	The per capita disposable income of permanent residents of rural and pastoral areas(yuan)	17928	10.9

20-78 乌兰察布市卓资县

Zhuozi County in Wulanchabu City

指 标	Item	2019	增长(%) Increase Rate(%)
行政区域土地面积(平方公里)	**Area of Administration(Sq.km)**	**3119**	**0.0**
人口	**Population**		
年末户籍户数(户)	The Registered Households Year-end(household)	97892	-0.3
年末户籍人口(人)	The Registered Population Year-end(person)	196835	-1.6
国民经济综合指标	**Summary Item on the National Economy**		
生产总值(万元)	Gross Domestic Product(10 000 yuan)	505650	-2.5
第一产业(万元)	Primary Industry(10 000 yuan)	87422	1.4
第二产业(万元)	Secondary Industry(10 000 yuan)	249879	-5.6
第三产业(万元)	Tertiary Industry(10 000 yuan)	168349	0.3
一般公共预算收入(万元)	General Public Budget Revenue(10 000 yuan)	14357	-39.3
一般公共预算支出(万元)	General Public Budget Expenditure(10 000 yuan)	209591	-8.9
农村牧区经济	**Economic Development in Rural & Pastoral Area**		
耕地面积(公顷)	Cultivated Area(hectare)	50004	0.0
高标准农田面积(公顷)	High Standard Farmland Area(hectare)		
农作物总播种面积(公顷)	Total Sown Area(hectare)	36177	-2.5
粮食产量(吨)	Yield of Grain(ton)	61706	2.4
油料产量(吨)	Yield of Oil-bearing Crops(ton)	15716	40.7
肉类总产量(吨)	Output of Meat(ton)	14235	-2.0
奶类产量(吨)	Milks(ton)	120	-80.0
规模以上工业	**Industrial Enterprises above Designated size**		
工业企业单位数(个)	Number of Industrial Enterprises(unit)	12	0.0
工业总产值(万元)	Gross Industrial Output Value(10 000 yuan)	388542	-29.6
投资	**Investment and Construction**		
固定资产投资(万元)	Total Investment in Fixed Assets(10 000 yuan)		-17.8
房地产开发投资(万元)	Investment in Real Estate Development(10 000 yuan)		14.1
贸易外经	**Trade**		
社会消费品零售总额(万元)	Total Retail Sales of Consumer Goods(10 000 yuan)	220155	5.6
出口总额(万元)	Total Exports(10 000 yuan)		
交通通讯	**Transportation,Post & Telecommunications**		
公路里程(公里)	Total Length of Highways(km)	1116	0.0
移动电话用户(户)	Number of Mobile Telephone Subscribers (subscriber)	59005	2.3
互联网宽带接入用户(户)	Number of Subscribers of Internet Service(subscriber)	8415	8.5
教育科技文化卫生社会保障	**Science,Education & Public Health**		
小学学校数(所)	Number of Primary Schools(unit)	16	0.0
普通中学学校数(所)	Number of Regular Secondary Schools(unit)	6	0.0
体育场馆数(个)	Stadium and Gymnasium(unit)	1	0.0
全年专利授权(件)	Annual Patent Authorization(piece)		
剧场、影剧院(个)	Theaters,Music Halls and Cinemas(unit)	1	
医疗卫生机构床位数(张)	Number of Beds in Health Care Institutions(unit)	435	13.3
医疗卫生机构技术人员(人)	Medical Technical Personnel(person)	483	2.8
城乡居民基本养老保险参保人数(人)	Urban and Rural Residents Basic Pension Insurance Contributors(person)	107692	0.2
基本医疗保险参保人数(人)	Basic Medical Care Insurance Contributors(person)	155207	1.2
居民生活	**The Lives of Residents**		
全体居民人均可支配收入(元)	The per capita disposable income of all residents(yuan)	20684	9.3
城镇常住居民人均可支配收入(元)	The per capita disposable income of urban permanent residents(yuan)	32309	6.5
农村牧区常住居民人均可支配收入(元)	The per capita disposable income of permanent residents of rural and pastoral areas(yuan)	12101	11.2

20-79 乌兰察布市化德县

Huade County in Wulanchabu City

指 标	Item	2019	增长(%) Increase Rate(%)
行政区域土地面积(平方公里)	**Area of Administration(Sq.km)**	**2534**	**0.0**
人口	**Population**		
年末户籍户数(户)	The Registered Households Year-end(household)	80516	0.4
年末户籍人口(人)	The Registered Population Year-end(person)	161934	-0.7
国民经济综合指标	**Summary Item on the National Economy**		
生产总值(万元)	Gross Domestic Product(10 000 yuan)	464088	31.7
第一产业(万元)	Primary Industry(10 000 yuan)	71671	4.7
第二产业(万元)	Secondary Industry(10 000 yuan)	228437	26.9
第三产业(万元)	Tertiary Industry(10 000 yuan)	163980	0.1
一般公共预算收入(万元)	General Public Budget Revenue(10 000 yuan)	15000	1.2
一般公共预算支出(万元)	General Public Budget Expenditure(10 000 yuan)	189480	-12.5
农村牧区经济	**Economic Development in Rural & Pastoral Area**		
耕地面积(公顷)	Cultivated Area(hectare)	71875	0.0
高标准农田面积(公顷)	High Standard Farmland Area(hectare)	400	
农作物总播种面积(公顷)	Total Sown Area(hectare)	51462	-6.1
粮食产量(吨)	Yield of Grain(ton)	55910	56.8
油料产量(吨)	Yield of Oil-bearing Crops(ton)	16731	109.4
肉类总产量(吨)	Output of Meat(ton)	11548	1.9
奶类产量(吨)	Milks(ton)	2150	-10.4
规模以上工业	**Industrial Enterprises above Designated size**		
工业企业单位数(个)	Number of Industrial Enterprises(unit)	17	-5.6
工业总产值(万元)	Gross Industrial Output Value(10 000 yuan)	847600	51.3
投资	**Investment and Construction**		
固定资产投资(万元)	Total Investment in Fixed Assets(10 000 yuan)		-11.6
房地产开发投资(万元)	Investment in Real Estate Development(10 000 yuan)	2340	-5.6
贸易外经	**Trade**		
社会消费品零售总额(万元)	Total Retail Sales of Consumer Goods(10 000 yuan)	190100	5.5
出口总额(万元)	Total Exports(10 000 yuan)		
交通通讯	**Transportation,Post & Telecommunications**		
公路里程(公里)	Total Length of Highways(km)	1601	0.0
移动电话用户(户)	Number of Mobile Telephone Subscribers (subscriber)	98241	-21.8
互联网宽带接入用户(户)	Number of Subscribers of Internet Service(subscriber)	25678	123.3
教育科技文化卫生社会保障	**Science,Education & Public Health**		
小学学校数(所)	Number of Primary Schools(unit)	13	0.0
普通中学学校数(所)	Number of Regular Secondary Schools(unit)	3	0.0
体育场馆数(个)	Stadium and Gymnasium(unit)		
全年专利授权(件)	Annual Patent Authorization(piece)		
剧场、影剧院(个)	Theaters,Music Halls and Cinemas(unit)		
医疗卫生机构床位数(张)	Number of Beds in Health Care Institutions(unit)	519	2.8
医疗卫生机构技术人员(人)	Medical Technical Personnel(person)	623	-11.9
城乡居民基本养老保险参保人数(人)	Urban and Rural Residents Basic Pension Insurance Contributors(person)	40186	-27.5
基本医疗保险参保人数(人)	Basic Medical Care Insurance Contributors(person)	129880	-1.8
居民生活	**The Lives of Residents**		
全体居民人均可支配收入(元)	The per capita disposable income of all residents(yuan)	21851	8.9
城镇常住居民人均可支配收入(元)	The per capita disposable income of urban permanent residents(yuan)	33020	6.6
农村牧区常住居民人均可支配收入(元)	The per capita disposable income of permanent residents of rural and pastoral areas(yuan)	10103	11.3

20-80 乌兰察布市商都县

Shangdu County in Wulanchabu City

指 标	Item	2019	增长(%) Increase Rate(%)
行政区域土地面积(平方公里)	**Area of Administration(Sq.km)**	**4284**	**0.0**
人口	**Population**		
年末户籍户数(户)	The Registered Households Year-end(household)	154471	0.7
年末户籍人口(人)	The Registered Population Year-end(person)	329234	-0.7
国民经济综合指标	**Summary Item on the National Economy**		
生产总值(万元)	Gross Domestic Product(10 000 yuan)	585189	4.5
第一产业(万元)	Primary Industry(10 000 yuan)	127496	5.2
第二产业(万元)	Secondary Industry(10 000 yuan)	161534	6.8
第三产业(万元)	Tertiary Industry(10 000 yuan)	296159	2.8
一般公共预算收入(万元)	General Public Budget Revenue(10 000 yuan)	19682	30.0
一般公共预算支出(万元)	General Public Budget Expenditure(10 000 yuan)	304122	3.9
农村牧区经济	**Economic Development in Rural & Pastoral Area**		
耕地面积(公顷)	Cultivated Area(hectare)	157351	0.0
高标准农田面积(公顷)	High Standard Farmland Area(hectare)	18766	
农作物总播种面积(公顷)	Total Sown Area(hectare)	104749	-0.2
粮食产量(吨)	Yield of Grain(ton)	106943	68.2
油料产量(吨)	Yield of Oil-bearing Crops(ton)	61659	11.3
肉类总产量(吨)	Output of Meat(ton)	14499	24.3
奶类产量(吨)	Milks(ton)	39362	4.4
规模以上工业	**Industrial Enterprises above Designated size**		
工业企业单位数(个)	Number of Industrial Enterprises(unit)	27	17.4
工业总产值(万元)	Gross Industrial Output Value(10 000 yuan)	442485	16.6
投资	**Investment and Construction**		
固定资产投资(万元)	Total Investment in Fixed Assets(10 000 yuan)		-6.9
房地产开发投资(万元)	Investment in Real Estate Development(10 000 yuan)	12107	-303.6
贸易外经	**Trade**		
社会消费品零售总额(万元)	Total Retail Sales of Consumer Goods(10 000 yuan)	200151	-47.3
出口总额(万元)	Total Exports(10 000 yuan)		
交通通讯	**Transportation,Post & Telecommunications**		
公路里程(公里)	Total Length of Highways(km)	1839	3.3
移动电话用户(户)	Number of Mobile Telephone Subscribers (subscriber)	172000	-2.3
互联网宽带接入用户(户)	Number of Subscribers of Internet Service(subscriber)	45000	60.0
教育科技文化卫生社会保障	**Science,Education & Public Health**		
小学学校数(所)	Number of Primary Schools(unit)	12	-7.7
普通中学学校数(所)	Number of Regular Secondary Schools(unit)	5	0.0
体育场馆数(个)	Stadium and Gymnasium(unit)	1	0.0
全年专利授权(件)	Annual Patent Authorization(piece)		
剧场、影剧院(个)	Theaters,Music Halls and Cinemas(unit)	2	
医疗卫生机构床位数(张)	Number of Beds in Health Care Institutions(unit)	1132	16.7
医疗卫生机构技术人员(人)	Medical Technical Personnel(person)	645	0.8
城乡居民基本养老保险参保人数(人)	Urban and Rural Residents Basic Pension Insurance Contributors(person)	145601	-8.1
基本医疗保险参保人数(人)	Basic Medical Care Insurance Contributors(person)	276331	-0.6
居民生活	**The Lives of Residents**		
全体居民人均可支配收入(元)	The per capita disposable income of all residents(yuan)	17898	10.7
城镇常住居民人均可支配收入(元)	The per capita disposable income of urban permanent residents(yuan)	29656	6.7
农村牧区常住居民人均可支配收入(元)	The per capita disposable income of permanent residents of rural and pastoral areas(yuan)	11284	11.4

20-81 乌兰察布市兴和县

Xinghe County in Wulanchabu City

指 标	Item	2019	增长(%) Increase Rate(%)
行政区域土地面积(平方公里)	**Area of Administration(Sq.km)**	**3518**	**0.0**
人口	**Population**		
年末户籍户数(户)	The Registered Households Year-end(household)	143175	0.3
年末户籍人口(人)	The Registered Population Year-end(person)	317362	-0.6
国民经济综合指标	**Summary Item on the National Economy**		
生产总值(万元)	Gross Domestic Product(10 000 yuan)	565927	10.8
第一产业(万元)	Primary Industry(10 000 yuan)	119905	-2.6
第二产业(万元)	Secondary Industry(10 000 yuan)	125056	-16.5
第三产业(万元)	Tertiary Industry(10 000 yuan)	320966	35.0
一般公共预算收入(万元)	General Public Budget Revenue(10 000 yuan)	16179	1.1
一般公共预算支出(万元)	General Public Budget Expenditure(10 000 yuan)	274415	-0.4
农村牧区经济	**Economic Development in Rural & Pastoral Area**		
耕地面积(公顷)	Cultivated Area(hectare)	121333	17.4
高标准农田面积(公顷)	High Standard Farmland Area(hectare)	11084	
农作物总播种面积(公顷)	Total Sown Area(hectare)	75596	-0.4
粮食产量(吨)	Yield of Grain(ton)	104410	11.0
油料产量(吨)	Yield of Oil-bearing Crops(ton)	27983	4.2
肉类总产量(吨)	Output of Meat(ton)	13078	-21.7
奶类产量(吨)	Milks(ton)	1751	-77.6
规模以上工业	**Industrial Enterprises above Designated size**		
工业企业单位数(个)	Number of Industrial Enterprises(unit)	15	-6.3
工业总产值(万元)	Gross Industrial Output Value(10 000 yuan)	470882	10.3
投资	**Investment and Construction**		
固定资产投资(万元)	Total Investment in Fixed Assets(10 000 yuan)		13.2
房地产开发投资(万元)	Investment in Real Estate Development(10 000 yuan)	13078	-39.5
贸易外经	**Trade**		
社会消费品零售总额(万元)	Total Retail Sales of Consumer Goods(10 000 yuan)	368386	5.4
出口总额(万元)	Total Exports(10 000 yuan)	1044	5.8
交通通讯	**Transportation,Post & Telecommunications**		
公路里程(公里)	Total Length of Highways(km)	1423	0.1
移动电话用户(户)	Number of Mobile Telephone Subscribers (subscriber)	166000	14.5
互联网宽带接入用户(户)	Number of Subscribers of Internet Service(subscriber)	41255	102.2
教育科技文化卫生社会保障	**Science,Education & Public Health**		
小学学校数(所)	Number of Primary Schools(unit)	16	0.0
普通中学学校数(所)	Number of Regular Secondary Schools(unit)	3	0.0
体育场馆数(个)	Stadium and Gymnasium(unit)	1	0.0
全年专利授权(件)	Annual Patent Authorization(piece)	1	
剧场、影剧院(个)	Theaters,Music Halls and Cinemas(unit)	1	
医疗卫生机构床位数(张)	Number of Beds in Health Care Institutions(unit)	800	0.0
医疗卫生机构技术人员(人)	Medical Technical Personnel(person)	1031	0.0
城乡居民基本养老保险参保人数(人)	Urban and Rural Residents Basic Pension Insurance Contributors(person)	163112	0.0
基本医疗保险参保人数(人)	Basic Medical Care Insurance Contributors(person)	245627	5.2
居民生活	**The Lives of Residents**		
全体居民人均可支配收入(元)	The per capita disposable income of all residents(yuan)	15982	11.1
城镇常住居民人均可支配收入(元)	The per capita disposable income of urban permanent residents(yuan)	29277	6.8
农村牧区常住居民人均可支配收入(元)	The per capita disposable income of permanent residents of rural and pastoral areas(yuan)	10812	11.3

20-82 乌兰察布市凉城县

Liangcheng County in Wulanchabu City

指 标	Item	2019	增长(%) Increase Rate(%)
行政区域土地面积(平方公里)	**Area of Administration(Sq.km)**	**3451**	**0.0**
人口	**Population**		
年末户籍户数(户)	The Registered Households Year-end(household)	114200	-0.2
年末户籍人口(人)	The Registered Population Year-end(person)	232580	-1.0
国民经济综合指标	**Summary Item on the National Economy**		
生产总值(万元)	Gross Domestic Product(10 000 yuan)	482980	7.9
第一产业(万元)	Primary Industry(10 000 yuan)	152215	3.3
第二产业(万元)	Secondary Industry(10 000 yuan)	121586	26.4
第三产业(万元)	Tertiary Industry(10 000 yuan)	209179	2.4
一般公共预算收入(万元)	General Public Budget Revenue(10 000 yuan)	12107	-3.4
一般公共预算支出(万元)	General Public Budget Expenditure(10 000 yuan)	273774	3.8
农村牧区经济	**Economic Development in Rural & Pastoral Area**		
耕地面积(公顷)	Cultivated Area(hectare)	74810	0.0
高标准农田面积(公顷)	High Standard Farmland Area(hectare)	1333	62.6
农作物总播种面积(公顷)	Total Sown Area(hectare)	61300	0.6
粮食产量(吨)	Yield of Grain(ton)	250056	-0.3
油料产量(吨)	Yield of Oil-bearing Crops(ton)	5242	-19.4
肉类总产量(吨)	Output of Meat(ton)	19472	-17.6
奶类产量(吨)	Milks(ton)	60224	3.8
规模以上工业	**Industrial Enterprises above Designated size**		
工业企业单位数(个)	Number of Industrial Enterprises(unit)	6	0.0
工业总产值(万元)	Gross Industrial Output Value(10 000 yuan)	329293	51.0
投资	**Investment and Construction**		
固定资产投资(万元)	Total Investment in Fixed Assets(10 000 yuan)		-21.9
房地产开发投资(万元)	Investment in Real Estate Development(10 000 yuan)	20160	247.0
贸易外经	**Trade**		
社会消费品零售总额(万元)	Total Retail Sales of Consumer Goods(10 000 yuan)	117098	5.5
出口总额(万元)	Total Exports(10 000 yuan)		
交通通讯	**Transportation,Post & Telecommunications**		
公路里程(公里)	Total Length of Highways(km)	1566	0.0
移动电话用户(户)	Number of Mobile Telephone Subscribers (subscriber)	161059	0.0
互联网宽带接入用户(户)	Number of Subscribers of Internet Service(subscriber)	19242	0.1
教育科技文化卫生社会保障	**Science,Education & Public Health**		
小学学校数(所)	Number of Primary Schools(unit)	11	0.0
普通中学学校数(所)	Number of Regular Secondary Schools(unit)	5	0.0
体育场馆数(个)	Stadium and Gymnasium(unit)	6	0.0
全年专利授权(件)	Annual Patent Authorization(piece)		
剧场、影剧院(个)	Theaters,Music Halls and Cinemas(unit)	2	
医疗卫生机构床位数(张)	Number of Beds in Health Care Institutions(unit)	840	-17.3
医疗卫生机构技术人员(人)	Medical Technical Personnel(person)	255	-1.2
城乡居民基本养老保险参保人数(人)	Urban and Rural Residents Basic Pension Insurance Contributors(person)	88008	-0.5
基本医疗保险参保人数(人)	Basic Medical Care Insurance Contributors(person)	189909	-1.9
居民生活	**The Lives of Residents**		
全体居民人均可支配收入(元)	The per capita disposable income of all residents(yuan)	20182	10.5
城镇常住居民人均可支配收入(元)	The per capita disposable income of urban permanent residents(yuan)	31837	6.5
农村牧区常住居民人均可支配收入(元)	The per capita disposable income of permanent residents of rural and pastoral areas(yuan)	13482	10.9

20-83 乌兰察布市察哈尔右翼前旗

Chahaeryouyiqian Banner in Wulanchabu City

指 标	Item	2019	增长(%) Increase Rate(%)
行政区域土地面积(平方公里)	**Area of Administration(Sq.km)**	**2440**	**0.0**
人口	**Population**		
年末户籍户数(户)	The Registered Households Year-end(household)	110508	-1.4
年末户籍人口(人)	The Registered Population Year-end(person)	212143	-1.6
国民经济综合指标	**Summary Item on the National Economy**		
生产总值(万元)	Gross Domestic Product(10 000 yuan)	778799	9.4
第一产业(万元)	Primary Industry(10 000 yuan)	131364	0.8
第二产业(万元)	Secondary Industry(10 000 yuan)	353363	16.5
第三产业(万元)	Tertiary Industry(10 000 yuan)	294072	6.0
一般公共预算收入(万元)	General Public Budget Revenue(10 000 yuan)	49865	20.3
一般公共预算支出(万元)	General Public Budget Expenditure(10 000 yuan)	275972	20.3
农村牧区经济	**Economic Development in Rural & Pastoral Area**		
耕地面积(公顷)	Cultivated Area(hectare)	63294	5.2
高标准农田面积(公顷)	High Standard Farmland Area(hectare)	1800	
农作物总播种面积(公顷)	Total Sown Area(hectare)	49010	1.0
粮食产量(吨)	Yield of Grain(ton)	95661	0.9
油料产量(吨)	Yield of Oil-bearing Crops(ton)	5008	44.7
肉类总产量(吨)	Output of Meat(ton)	19507	-7.2
奶类产量(吨)	Milks(ton)	88902	-6.0
规模以上工业	**Industrial Enterprises above Designated size**		
工业企业单位数(个)	Number of Industrial Enterprises(unit)	33	-5.7
工业总产值(万元)	Gross Industrial Output Value(10 000 yuan)	1628922	20.8
投资	**Investment and Construction**		
固定资产投资(万元)	Total Investment in Fixed Assets(10 000 yuan)		21.0
房地产开发投资(万元)	Investment in Real Estate Development(10 000 yuan)	251323	311.3
贸易外经	**Trade**		
社会消费品零售总额(万元)	Total Retail Sales of Consumer Goods(10 000 yuan)	193317	5.7
出口总额(万元)	Total Exports(10 000 yuan)		
交通通讯	**Transportation,Post & Telecommunications**		
公路里程(公里)	Total Length of Highways(km)	966	0.0
移动电话用户(户)	Number of Mobile Telephone Subscribers (subscriber)	132700	13.6
互联网宽带接入用户(户)	Number of Subscribers of Internet Service(subscriber)	38321	7.0
教育科技文化卫生社会保障	**Science,Education & Public Health**		
小学学校数(所)	Number of Primary Schools(unit)	8	-20.0
普通中学学校数(所)	Number of Regular Secondary Schools(unit)	7	40.0
体育场馆数(个)	Stadium and Gymnasium(unit)	2	0.0
全年专利授权(件)	Annual Patent Authorization(piece)		
剧场、影剧院(个)	Theaters,Music Halls and Cinemas(unit)	1	
医疗卫生机构床位数(张)	Number of Beds in Health Care Institutions(unit)	409	0.0
医疗卫生机构技术人员(人)	Medical Technical Personnel(person)	759	1.6
城乡居民基本养老保险参保人数(人)	Urban and Rural Residents Basic Pension Insurance Contributors(person)	79150	-1.1
基本医疗保险参保人数(人)	Basic Medical Care Insurance Contributors(person)	175558	-1.7
居民生活	**The Lives of Residents**		
全体居民人均可支配收入(元)	The per capita disposable income of all residents(yuan)	17161	11.0
城镇常住居民人均可支配收入(元)	The per capita disposable income of urban permanent residents(yuan)	31360	6.5
农村牧区常住居民人均可支配收入(元)	The per capita disposable income of permanent residents of rural and pastoral areas(yuan)	12427	11.1

20-84 乌兰察布市察哈尔右翼中旗

Chahaeryouyizhong Banner in Wulanchabu City

指 标	Item	2019	增长(%) Increase Rate(%)
行政区域土地面积(平方公里)	**Area of Administration(Sq.km)**	**4186**	**0.0**
人口	**Population**		
年末户籍户数(户)	The Registered Households Year-end(household)	99958	-1.0
年末户籍人口(人)	The Registered Population Year-end(person)	199326	-1.4
国民经济综合指标	**Summary Item on the National Economy**		
生产总值(万元)	Gross Domestic Product(10 000 yuan)	495262	13.0
第一产业(万元)	Primary Industry(10 000 yuan)	139039	19.0
第二产业(万元)	Secondary Industry(10 000 yuan)	178550	14.0
第三产业(万元)	Tertiary Industry(10 000 yuan)	177673	3.0
一般公共预算收入(万元)	General Public Budget Revenue(10 000 yuan)	11728	-4.5
一般公共预算支出(万元)	General Public Budget Expenditure(10 000 yuan)	241362	1.3
农村牧区经济	**Economic Development in Rural & Pastoral Area**		
耕地面积(公顷)	Cultivated Area(hectare)	95338	0.1
高标准农田面积(公顷)	High Standard Farmland Area(hectare)		
农作物总播种面积(公顷)	Total Sown Area(hectare)	67072	-23.3
粮食产量(吨)	Yield of Grain(ton)	118322	28.7
油料产量(吨)	Yield of Oil-bearing Crops(ton)	40382	65.5
肉类总产量(吨)	Output of Meat(ton)	20550	3.1
奶类产量(吨)	Milks(ton)	89684	2.6
规模以上工业	**Industrial Enterprises above Designated size**		
工业企业单位数(个)	Number of Industrial Enterprises(unit)	16	33.3
工业总产值(万元)	Gross Industrial Output Value(10 000 yuan)	235973	18.0
投资	**Investment and Construction**		
固定资产投资(万元)	Total Investment in Fixed Assets(10 000 yuan)		-123.0
房地产开发投资(万元)	Investment in Real Estate Development(10 000 yuan)	7852	-57.0
贸易外经	**Trade**		
社会消费品零售总额(万元)	Total Retail Sales of Consumer Goods(10 000 yuan)	158559	5.0
出口总额(万元)	Total Exports(10 000 yuan)		
交通通讯	**Transportation,Post & Telecommunications**		
公路里程(公里)	Total Length of Highways(km)	1599	10.7
移动电话用户(户)	Number of Mobile Telephone Subscribers (subscriber)	139924	0.2
互联网宽带接入用户(户)	Number of Subscribers of Internet Service(subscriber)	8294	0.7
教育科技文化卫生社会保障	**Science,Education & Public Health**		
小学学校数(所)	Number of Primary Schools(unit)	16	-5.9
普通中学学校数(所)	Number of Regular Secondary Schools(unit)	3	0.0
体育场馆数(个)	Stadium and Gymnasium(unit)	1	0.0
全年专利授权(件)	Annual Patent Authorization(piece)		
剧场、影剧院(个)	Theaters,Music Halls and Cinemas(unit)	1	
医疗卫生机构床位数(张)	Number of Beds in Health Care Institutions(unit)	421	5.5
医疗卫生机构技术人员(人)	Medical Technical Personnel(person)	452	9.4
城乡居民基本养老保险参保人数(人)	Urban and Rural Residents Basic Pension Insurance Contributors(person)	97653	-0.4
基本医疗保险参保人数(人)	Basic Medical Care Insurance Contributors(person)	158759	-0.9
居民生活	**The Lives of Residents**		
全体居民人均可支配收入(元)	The per capita disposable income of all residents(yuan)	15750	11.3
城镇常住居民人均可支配收入(元)	The per capita disposable income of urban permanent residents(yuan)	31168	6.5
农村牧区常住居民人均可支配收入(元)	The per capita disposable income of permanent residents of rural and pastoral areas(yuan)	9902	11.4

20-85 乌兰察布市察哈尔右翼后旗

Chahaeryouyihou Banner in Wulanchabu City

指 标	Item	2019	增长(%) Increase Rate(%)
行政区域土地面积(平方公里)	**Area of Administration(Sq.km)**	**3910**	**0.0**
人口	**Population**		
年末户籍户数(户)	The Registered Households Year-end(household)	92032	0.0
年末户籍人口(人)	The Registered Population Year-end(person)	204683	-1.0
国民经济综合指标	**Summary Item on the National Economy**		
生产总值(万元)	Gross Domestic Product(10 000 yuan)	655215	12.4
第一产业(万元)	Primary Industry(10 000 yuan)	142830	-8.8
第二产业(万元)	Secondary Industry(10 000 yuan)	299968	23.8
第三产业(万元)	Tertiary Industry(10 000 yuan)	212417	15.3
一般公共预算收入(万元)	General Public Budget Revenue(10 000 yuan)	22103	19.6
一般公共预算支出(万元)	General Public Budget Expenditure(10 000 yuan)	222788	1.7
农村牧区经济	**Economic Development in Rural & Pastoral Area**		
耕地面积(公顷)	Cultivated Area(hectare)	63021	0.0
高标准农田面积(公顷)	High Standard Farmland Area(hectare)	4187	
农作物总播种面积(公顷)	Total Sown Area(hectare)	51570	-0.1
粮食产量(吨)	Yield of Grain(ton)	113451	22.0
油料产量(吨)	Yield of Oil-bearing Crops(ton)	23658	-14.1
肉类总产量(吨)	Output of Meat(ton)	29429	21.7
奶类产量(吨)	Milks(ton)	22693	4.7
规模以上工业	**Industrial Enterprises above Designated size**		
工业企业单位数(个)	Number of Industrial Enterprises(unit)	13	8.3
工业总产值(万元)	Gross Industrial Output Value(10 000 yuan)	692700	5.6
投资	**Investment and Construction**		
固定资产投资(万元)	Total Investment in Fixed Assets(10 000 yuan)		-8.7
房地产开发投资(万元)	Investment in Real Estate Development(10 000 yuan)	12191	22.2
贸易外经	**Trade**		
社会消费品零售总额(万元)	Total Retail Sales of Consumer Goods(10 000 yuan)	109311	-63.6
出口总额(万元)	Total Exports(10 000 yuan)		
交通通讯	**Transportation,Post & Telecommunications**		
公路里程(公里)	Total Length of Highways(km)	2201	-3.8
移动电话用户(户)	Number of Mobile Telephone Subscribers (subscriber)	138441	0.2
互联网宽带接入用户(户)	Number of Subscribers of Internet Service(subscriber)	8054	0.5
教育科技文化卫生社会保障	**Science,Education & Public Health**		
小学学校数(所)	Number of Primary Schools(unit)	8	0.0
普通中学学校数(所)	Number of Regular Secondary Schools(unit)	4	0.0
体育场馆数(个)	Stadium and Gymnasium(unit)		
全年专利授权(件)	Annual Patent Authorization(piece)		
剧场、影剧院(个)	Theaters,Music Halls and Cinemas(unit)	1	
医疗卫生机构床位数(张)	Number of Beds in Health Care Institutions(unit)	430	0.0
医疗卫生机构技术人员(人)	Medical Technical Personnel(person)	621	0.0
城乡居民基本养老保险参保人数(人)	Urban and Rural Residents Basic Pension Insurance Contributors(person)	106000	2.6
基本医疗保险参保人数(人)	Basic Medical Care Insurance Contributors(person)	169795	-1.2
居民生活	**The Lives of Residents**		
全体居民人均可支配收入(元)	The per capita disposable income of all residents(yuan)	20227	9.4
城镇常住居民人均可支配收入(元)	The per capita disposable income of urban permanent residents(yuan)	31638	6.6
农村牧区常住居民人均可支配收入(元)	The per capita disposable income of permanent residents of rural and pastoral areas(yuan)	12529	11.2

20-86 乌兰察布市四子王旗

Siziwang Banner in Wulanchabu City

指 标	Item	2019	增长(%) Increase Rate(%)
行政区域土地面积(平方公里)	**Area of Administration(Sq.km)**	**24036**	**0.0**
人口	**Population**		
年末户籍户数(户)	The Registered Households Year-end(household)	105125	1.0
年末户籍人口(人)	The Registered Population Year-end(person)	211064	-0.6
国民经济综合指标	**Summary Item on the National Economy**		
生产总值(万元)	Gross Domestic Product(10 000 yuan)	589356	4.4
第一产业(万元)	Primary Industry(10 000 yuan)	155790	0.9
第二产业(万元)	Secondary Industry(10 000 yuan)	189719	9.3
第三产业(万元)	Tertiary Industry(10 000 yuan)	243847	3.4
一般公共预算收入(万元)	General Public Budget Revenue(10 000 yuan)	11968	10.8
一般公共预算支出(万元)	General Public Budget Expenditure(10 000 yuan)	306301	4.6
农村牧区经济	**Economic Development in Rural & Pastoral Area**		
耕地面积(公顷)	Cultivated Area(hectare)	132696	0.0
高标准农田面积(公顷)	High Standard Farmland Area(hectare)	7558	
农作物总播种面积(公顷)	Total Sown Area(hectare)	118534	14.2
粮食产量(吨)	Yield of Grain(ton)	207573	0.0
油料产量(吨)	Yield of Oil-bearing Crops(ton)	26107	2.1
肉类总产量(吨)	Output of Meat(ton)	25480	15.0
奶类产量(吨)	Milks(ton)	1530	-55.0
规模以上工业	**Industrial Enterprises above Designated size**		
工业企业单位数(个)	Number of Industrial Enterprises(unit)	23	-8.0
工业总产值(万元)	Gross Industrial Output Value(10 000 yuan)	237847	7.4
投资	**Investment and Construction**		
固定资产投资(万元)	Total Investment in Fixed Assets(10 000 yuan)		-33.9
房地产开发投资(万元)	Investment in Real Estate Development(10 000 yuan)	29322	0.1
贸易外经	**Trade**		
社会消费品零售总额(万元)	Total Retail Sales of Consumer Goods(10 000 yuan)	168815	5.6
出口总额(万元)	Total Exports(10 000 yuan)		
交通通讯	**Transportation,Post & Telecommunications**		
公路里程(公里)	Total Length of Highways(km)	2561	0.0
移动电话用户(户)	Number of Mobile Telephone Subscribers (subscriber)	267974	55.5
互联网宽带接入用户(户)	Number of Subscribers of Internet Service(subscriber)	34060	26.1
教育科技文化卫生社会保障	**Science,Education & Public Health**		
小学学校数(所)	Number of Primary Schools(unit)	8	0.0
普通中学学校数(所)	Number of Regular Secondary Schools(unit)	5	25.0
体育场馆数(个)	Stadium and Gymnasium(unit)	1	0.0
全年专利授权(件)	Annual Patent Authorization(piece)	10	
剧场、影剧院(个)	Theaters,Music Halls and Cinemas(unit)	1	
医疗卫生机构床位数(张)	Number of Beds in Health Care Institutions(unit)	666	-1.3
医疗卫生机构技术人员(人)	Medical Technical Personnel(person)	850	19.0
城乡居民基本养老保险参保人数(人)	Urban and Rural Residents Basic Pension Insurance Contributors(person)	93305	-12.2
基本医疗保险参保人数(人)	Basic Medical Care Insurance Contributors(person)	176939	-3.2
居民生活	**The Lives of Residents**		
全体居民人均可支配收入(元)	The per capita disposable income of all residents(yuan)	18344	9.8
城镇常住居民人均可支配收入(元)	The per capita disposable income of urban permanent residents(yuan)	30828	6.6
农村牧区常住居民人均可支配收入(元)	The per capita disposable income of permanent residents of rural and pastoral areas(yuan)	12093	11.2

20-87 乌兰察布市丰镇市

Fengzhen City in Wulanchabu City

指 标	Item	2019	增长(%) Increase Rate(%)
行政区域土地面积(平方公里)	**Area of Administration(Sq.km)**	**2722**	**0.0**
人口	**Population**		
年末户籍户数(户)	The Registered Households Year-end(household)	147414	0.0
年末户籍人口(人)	The Registered Population Year-end(person)	310364	-0.7
国民经济综合指标	**Summary Item on the National Economy**		
生产总值(万元)	Gross Domestic Product(10 000 yuan)	853444	-20.7
第一产业(万元)	Primary Industry(10 000 yuan)	108288	31.9
第二产业(万元)	Secondary Industry(10 000 yuan)	411092	-26.6
第三产业(万元)	Tertiary Industry(10 000 yuan)	334064	-23.1
一般公共预算收入(万元)	General Public Budget Revenue(10 000 yuan)	47556	1.7
一般公共预算支出(万元)	General Public Budget Expenditure(10 000 yuan)	276939	-5.2
农村牧区经济	**Economic Development in Rural & Pastoral Area**		
耕地面积(公顷)	Cultivated Area(hectare)	50666	0.0
高标准农田面积(公顷)	High Standard Farmland Area(hectare)	1200	
农作物总播种面积(公顷)	Total Sown Area(hectare)	52704	1.7
粮食产量(吨)	Yield of Grain(ton)	118880	19.1
油料产量(吨)	Yield of Oil-bearing Crops(ton)	13810	5.4
肉类总产量(吨)	Output of Meat(ton)	11886	-14.7
奶类产量(吨)	Milks(ton)	19629	-11.2
规模以上工业	**Industrial Enterprises above Designated size**		
工业企业单位数(个)	Number of Industrial Enterprises(unit)	45	9.8
工业总产值(万元)	Gross Industrial Output Value(10 000 yuan)	2442800	22.5
投资	**Investment and Construction**		
固定资产投资(万元)	Total Investment in Fixed Assets(10 000 yuan)		34.8
房地产开发投资(万元)	Investment in Real Estate Development(10 000 yuan)	2262	-0.6
贸易外经	**Trade**		
社会消费品零售总额(万元)	Total Retail Sales of Consumer Goods(10 000 yuan)	236962	-42.7
出口总额(万元)	Total Exports(10 000 yuan)		
交通通讯	**Transportation,Post & Telecommunications**		
公路里程(公里)	Total Length of Highways(km)	1140	3.0
移动电话用户(户)	Number of Mobile Telephone Subscribers (subscriber)	216077	14.6
互联网宽带接入用户(户)	Number of Subscribers of Internet Service(subscriber)	44050	22.0
教育科技文化卫生社会保障	**Science,Education & Public Health**		
小学学校数(所)	Number of Primary Schools(unit)	20	0.0
普通中学学校数(所)	Number of Regular Secondary Schools(unit)	6	-14.3
体育场馆数(个)	Stadium and Gymnasium(unit)	1	0.0
全年专利授权(件)	Annual Patent Authorization(piece)		
剧场、影剧院(个)	Theaters,Music Halls and Cinemas(unit)	2	
医疗卫生机构床位数(张)	Number of Beds in Health Care Institutions(unit)	875	59.1
医疗卫生机构技术人员(人)	Medical Technical Personnel(person)	735	-19.0
城乡居民基本养老保险参保人数(人)	Urban and Rural Residents Basic Pension Insurance Contributors(person)	105382	-5.0
基本医疗保险参保人数(人)	Basic Medical Care Insurance Contributors(person)	238847	15.9
居民生活	**The Lives of Residents**		
全体居民人均可支配收入(元)	The per capita disposable income of all residents(yuan)	24652	8.4
城镇常住居民人均可支配收入(元)	The per capita disposable income of urban permanent residents(yuan)	31511	6.5
农村牧区常住居民人均可支配收入(元)	The per capita disposable income of permanent residents of rural and pastoral areas(yuan)	14148	11.1

20-88 鄂尔多斯市东胜区

Dongsheng District in Erdos City

指 标	Item	2019	增长(%) Increase Rate(%)
行政区域土地面积(平方公里)	**Area of Administration(Sq.km)**	**2145**	**0.0**
人口	**Population**		
年末户籍户数(户)	The Registered Households Year-end(household)	101819	1.6
年末户籍人口(人)	The Registered Population Year-end(person)	271590	1.2
国民经济综合指标	**Summary Item on the National Economy**		
生产总值(万元)	Gross Domestic Product(10 000 yuan)	7126300	4.3
第一产业(万元)	Primary Industry(10 000 yuan)	16330	0.0
第二产业(万元)	Secondary Industry(10 000 yuan)	2597230	4.0
第三产业(万元)	Tertiary Industry(10 000 yuan)	4512740	4.6
一般公共预算收入(万元)	General Public Budget Revenue(10 000 yuan)	471931	3.8
一般公共预算支出(万元)	General Public Budget Expenditure(10 000 yuan)	717493	16.6
农村牧区经济	**Economic Development in Rural & Pastoral Area**		
耕地面积(公顷)	Cultivated Area(hectare)	20618	-0.2
高标准农田面积(公顷)	High Standard Farmland Area(hectare)		
农作物总播种面积(公顷)	Total Sown Area(hectare)	3439	1.8
粮食产量(吨)	Yield of Grain(ton)	15167	4.8
油料产量(吨)	Yield of Oil-bearing Crops(ton)	35	90.8
肉类总产量(吨)	Output of Meat(ton)	2542	4.0
奶类产量(吨)	Milks(ton)	82	17.1
规模以上工业	**Industrial Enterprises above Designated size**		
工业企业单位数(个)	Number of Industrial Enterprises(unit)	55	1.9
工业总产值(万元)	Gross Industrial Output Value(10 000 yuan)	3662691	-26.7
投资	**Investment and Construction**		
固定资产投资(万元)	Total Investment in Fixed Assets(10 000 yuan)		9.7
房地产开发投资(万元)	Investment in Real Estate Development(10 000 yuan)		11.7
贸易外经	**Trade**		
社会消费品零售总额(万元)	Total Retail Sales of Consumer Goods(10 000 yuan)	2609061	6.2
出口总额(万元)	Total Exports(10 000 yuan)	218336	-65.1
交通通讯	**Transportation,Post & Telecommunications**		
公路里程(公里)	Total Length of Highways(km)	1813	0.0
移动电话用户(户)	Number of Mobile Telephone Subscribers (subscriber)	762900	-16.0
互联网宽带接入用户(户)	Number of Subscribers of Internet Service(subscriber)	156000	-6.0
教育科技文化卫生社会保障	**Science,Education & Public Health**		
小学学校数(所)	Number of Primary Schools(unit)	31	3.3
普通中学学校数(所)	Number of Regular Secondary Schools(unit)	22	22.2
体育场馆数(个)	Stadium and Gymnasium(unit)	2	0.0
全年专利授权(件)	Annual Patent Authorization(piece)	342	
剧场、影剧院(个)	Theaters,Music Halls and Cinemas(unit)	1	
医疗卫生机构床位数(张)	Number of Beds in Health Care Institutions(unit)	5595	6.4
医疗卫生机构技术人员(人)	Medical Technical Personnel(person)	5437	2.6
城乡居民基本养老保险参保人数(人)	Urban and Rural Residents Basic Pension Insurance Contributors(person)	37721	6.2
基本医疗保险参保人数(人)	Basic Medical Care Insurance Contributors(person)	399904	11.4
居民生活	**The Lives of Residents**		
全体居民人均可支配收入(元)	The per capita disposable income of all residents(yuan)	49583	7.0
城镇常住居民人均可支配收入(元)	The per capita disposable income of urban permanent residents(yuan)	51483	6.3
农村牧区常住居民人均可支配收入(元)	The per capita disposable income of permanent residents of rural and pastoral areas(yuan)		

20-89 鄂尔多斯市康巴什区

Kangbashi District in Erdos City

指 标	Item	2019	增长(%) Increase Rate(%)
行政区域土地面积(平方公里)	**Area of Administration(Sq.km)**	**372**	**0.0**
人口	**Population**		
年末户籍户数(户)	The Registered Households Year-end(household)	14536	10.5
年末户籍人口(人)	The Registered Population Year-end(person)	39973	12.4
国民经济综合指标	**Summary Item on the National Economy**		
生产总值(万元)	Gross Domestic Product(10 000 yuan)	877600	47.1
第一产业(万元)	Primary Industry(10 000 yuan)		
第二产业(万元)	Secondary Industry(10 000 yuan)	92500	12.0
第三产业(万元)	Tertiary Industry(10 000 yuan)	785100	52.7
一般公共预算收入(万元)	General Public Budget Revenue(10 000 yuan)	71300	12.9
一般公共预算支出(万元)	General Public Budget Expenditure(10 000 yuan)	160100	9.4
农村牧区经济	**Economic Development in Rural & Pastoral Area**		
耕地面积(公顷)	Cultivated Area(hectare)	153	35.5
高标准农田面积(公顷)	High Standard Farmland Area(hectare)		
农作物总播种面积(公顷)	Total Sown Area(hectare)	1	
粮食产量(吨)	Yield of Grain(ton)		
油料产量(吨)	Yield of Oil-bearing Crops(ton)		
肉类总产量(吨)	Output of Meat(ton)	30	260.7
奶类产量(吨)	Milks(ton)		
规模以上工业	**Industrial Enterprises above Designated size**		
工业企业单位数(个)	Number of Industrial Enterprises(unit)	4	0.0
工业总产值(万元)	Gross Industrial Output Value(10 000 yuan)	124383	-24.0
投资	**Investment and Construction**		
固定资产投资(万元)	Total Investment in Fixed Assets(10 000 yuan)		70.8
房地产开发投资(万元)	Investment in Real Estate Development(10 000 yuan)	26205	-0.3
贸易外经	**Trade**		
社会消费品零售总额(万元)	Total Retail Sales of Consumer Goods(10 000 yuan)	718291	5.9
出口总额(万元)	Total Exports(10 000 yuan)		
交通通讯	**Transportation,Post & Telecommunications**		
公路里程(公里)	Total Length of Highways(km)	117	-11.4
移动电话用户(户)	Number of Mobile Telephone Subscribers (subscriber)	94000	-30.7
互联网宽带接入用户(户)	Number of Subscribers of Internet Service(subscriber)	35719	48.6
教育科技文化卫生社会保障	**Science,Education & Public Health**		
小学学校数(所)	Number of Primary Schools(unit)	8	0.0
普通中学学校数(所)	Number of Regular Secondary Schools(unit)	7	0.0
体育场馆数(个)	Stadium and Gymnasium(unit)	7	0.0
全年专利授权(件)	Annual Patent Authorization(piece)		
剧场、影剧院(个)	Theaters,Music Halls and Cinemas(unit)	4	
医疗卫生机构床位数(张)	Number of Beds in Health Care Institutions(unit)	1374	-29.9
医疗卫生机构技术人员(人)	Medical Technical Personnel(person)	1603	1.5
城乡居民基本养老保险参保人数(人)	Urban and Rural Residents Basic Pension Insurance Contributors(person)	1737	-58.8
基本医疗保险参保人数(人)	Basic Medical Care Insurance Contributors(person)	24720	-17.2
居民生活	**The Lives of Residents**		
全体居民人均可支配收入(元)	The per capita disposable income of all residents(yuan)	48221	8.2
城镇常住居民人均可支配收入(元)	The per capita disposable income of urban permanent residents(yuan)	51559	6.5
农村牧区常住居民人均可支配收入(元)	The per capita disposable income of permanent residents of rural and pastoral areas(yuan)		

20-90 鄂尔多斯市达拉特旗

Dalate Banner in Erdos City

指 标	Item	2019	增长(%) Increase Rate(%)
行政区域土地面积(平方公里)	**Area of Administration(Sq.km)**	**8241**	**0.0**
人口	**Population**		
年末户籍户数(户)	The Registered Households Year-end(household)	169499	0.9
年末户籍人口(人)	The Registered Population Year-end(person)	372061	0.3
国民经济综合指标	**Summary Item on the National Economy**		
生产总值(万元)	Gross Domestic Product(10 000 yuan)	3226500	-9.6
第一产业(万元)	Primary Industry(10 000 yuan)	406900	5.2
第二产业(万元)	Secondary Industry(10 000 yuan)	1444900	-14.7
第三产业(万元)	Tertiary Industry(10 000 yuan)	1374700	-7.6
一般公共预算收入(万元)	General Public Budget Revenue(10 000 yuan)	195000	3.6
一般公共预算支出(万元)	General Public Budget Expenditure(10 000 yuan)	463000	-7.7
农村牧区经济	**Economic Development in Rural & Pastoral Area**		
耕地面积(公顷)	Cultivated Area(hectare)	151078	0.0
高标准农田面积(公顷)	High Standard Farmland Area(hectare)		
农作物总播种面积(公顷)	Total Sown Area(hectare)	170547	3.4
粮食产量(吨)	Yield of Grain(ton)	766707	4.4
油料产量(吨)	Yield of Oil-bearing Crops(ton)	37325	-5.6
肉类总产量(吨)	Output of Meat(ton)	38638	0.9
奶类产量(吨)	Milks(ton)	146658	3.8
规模以上工业	**Industrial Enterprises above Designated size**		
工业企业单位数(个)	Number of Industrial Enterprises(unit)	48	-7.7
工业总产值(万元)	Gross Industrial Output Value(10 000 yuan)	2474308	10.6
投资	**Investment and Construction**		
固定资产投资(万元)	Total Investment in Fixed Assets(10 000 yuan)		-2.7
房地产开发投资(万元)	Investment in Real Estate Development(10 000 yuan)	63944	135.5
贸易外经	**Trade**		
社会消费品零售总额(万元)	Total Retail Sales of Consumer Goods(10 000 yuan)	660039	3.2
出口总额(万元)	Total Exports(10 000 yuan)		
交通通讯	**Transportation,Post & Telecommunications**		
公路里程(公里)	Total Length of Highways(km)	3427	0.5
移动电话用户(户)	Number of Mobile Telephone Subscribers (subscriber)	385000	-12.3
互联网宽带接入用户(户)	Number of Subscribers of Internet Service(subscriber)	83700	47.6
教育科技文化卫生社会保障	**Science,Education & Public Health**		
小学学校数(所)	Number of Primary Schools(unit)	31	10.7
普通中学学校数(所)	Number of Regular Secondary Schools(unit)	10	0.0
体育场馆数(个)	Stadium and Gymnasium(unit)	1	-50.0
全年专利授权(件)	Annual Patent Authorization(piece)	103	
剧场、影剧院(个)	Theaters,Music Halls and Cinemas(unit)	2	
医疗卫生机构床位数(张)	Number of Beds in Health Care Institutions(unit)	1109	-60.4
医疗卫生机构技术人员(人)	Medical Technical Personnel(person)	2036	2.8
城乡居民基本养老保险参保人数(人)	Urban and Rural Residents Basic Pension Insurance Contributors(person)	151000	1.4
基本医疗保险参保人数(人)	Basic Medical Care Insurance Contributors(person)	320752	-0.5
居民生活	**The Lives of Residents**		
全体居民人均可支配收入(元)	The per capita disposable income of all residents(yuan)	33181	7.3
城镇常住居民人均可支配收入(元)	The per capita disposable income of urban permanent residents(yuan)	44654	6.0
农村牧区常住居民人均可支配收入(元)	The per capita disposable income of permanent residents of rural and pastoral areas(yuan)	19681	8.5

20-91 鄂尔多斯市准格尔旗

Zhungeer Banner in Erdos City

指 标	Item	2019	增长(%) Increase Rate(%)
行政区域土地面积(平方公里)	**Area of Administration(Sq.km)**	**7692**	**0.0**
人口	**Population**		
年末户籍户数(户)	The Registered Households Year-end(household)	149775	0.3
年末户籍人口(人)	The Registered Population Year-end(person)	332352	0.5
国民经济综合指标	**Summary Item on the National Economy**		
生产总值(万元)	Gross Domestic Product(10 000 yuan)	8200500	3.1
第一产业(万元)	Primary Industry(10 000 yuan)	115100	1.2
第二产业(万元)	Secondary Industry(10 000 yuan)	5629200	2.8
第三产业(万元)	Tertiary Industry(10 000 yuan)	2456200	4.0
一般公共预算收入(万元)	General Public Budget Revenue(10 000 yuan)	826000	6.3
一般公共预算支出(万元)	General Public Budget Expenditure(10 000 yuan)	901800	2.1
农村牧区经济	**Economic Development in Rural & Pastoral Area**		
耕地面积(公顷)	Cultivated Area(hectare)	76100	0.0
高标准农田面积(公顷)	High Standard Farmland Area(hectare)	2667	
农作物总播种面积(公顷)	Total Sown Area(hectare)	49776	-19.1
粮食产量(吨)	Yield of Grain(ton)	219388	48.6
油料产量(吨)	Yield of Oil-bearing Crops(ton)	962	-59.1
肉类总产量(吨)	Output of Meat(ton)	10416	-8.7
奶类产量(吨)	Milks(ton)	1411	91.7
规模以上工业	**Industrial Enterprises above Designated size**		
工业企业单位数(个)	Number of Industrial Enterprises(unit)	119	14.4
工业总产值(万元)	Gross Industrial Output Value(10 000 yuan)	8092300	8.2
投资	**Investment and Construction**		
固定资产投资(万元)	Total Investment in Fixed Assets(10 000 yuan)		16.1
房地产开发投资(万元)	Investment in Real Estate Development(10 000 yuan)		106.5
贸易外经	**Trade**		
社会消费品零售总额(万元)	Total Retail Sales of Consumer Goods(10 000 yuan)	1284600	3.4
出口总额(万元)	Total Exports(10 000 yuan)		
交通通讯	**Transportation,Post & Telecommunications**		
公路里程(公里)	Total Length of Highways(km)	4458	0.5
移动电话用户(户)	Number of Mobile Telephone Subscribers (subscriber)	319976	0.3
互联网宽带接入用户(户)	Number of Subscribers of Internet Service(subscriber)	43485	0.3
教育科技文化卫生社会保障	**Science,Education & Public Health**		
小学学校数(所)	Number of Primary Schools(unit)	25	0.0
普通中学学校数(所)	Number of Regular Secondary Schools(unit)	11	0.0
体育场馆数(个)	Stadium and Gymnasium(unit)	3	0.0
全年专利授权(件)	Annual Patent Authorization(piece)	108	
剧场、影剧院(个)	Theaters,Music Halls and Cinemas(unit)	5	
医疗卫生机构床位数(张)	Number of Beds in Health Care Institutions(unit)	1610	8.3
医疗卫生机构技术人员(人)	Medical Technical Personnel(person)	2498	3.2
城乡居民基本养老保险参保人数(人)	Urban and Rural Residents Basic Pension Insurance Contributors(person)	116191	-6.5
基本医疗保险参保人数(人)	Basic Medical Care Insurance Contributors(person)	62206	10.3
居民生活	**The Lives of Residents**		
全体居民人均可支配收入(元)	The per capita disposable income of all residents(yuan)	40669	7.1
城镇常住居民人均可支配收入(元)	The per capita disposable income of urban permanent residents(yuan)	51122	6.0
农村牧区常住居民人均可支配收入(元)	The per capita disposable income of permanent residents of rural and pastoral areas(yuan)	19814	8.6

20-92 鄂尔多斯市鄂托克前旗

Etuokeqian Banner in Erdos City

指 标	Item	2019	增长(%) Increase Rate(%)
行政区域土地面积(平方公里)	**Area of Administration(Sq.km)**	**12221**	**0.0**
人口	**Population**		
年末户籍户数(户)	The Registered Households Year-end(household)	29416	0.0
年末户籍人口(人)	The Registered Population Year-end(person)	81386	0.6
国民经济综合指标	**Summary Item on the National Economy**		
生产总值(万元)	Gross Domestic Product(10 000 yuan)	1352973	4.7
第一产业(万元)	Primary Industry(10 000 yuan)	140465	1.6
第二产业(万元)	Secondary Industry(10 000 yuan)	804269	4.6
第三产业(万元)	Tertiary Industry(10 000 yuan)	408238	5.9
一般公共预算收入(万元)	General Public Budget Revenue(10 000 yuan)	118767	12.5
一般公共预算支出(万元)	General Public Budget Expenditure(10 000 yuan)	326248	6.6
农村牧区经济	**Economic Development in Rural & Pastoral Area**		
耕地面积(公顷)	Cultivated Area(hectare)	56842	-14.6
高标准农田面积(公顷)	High Standard Farmland Area(hectare)		
农作物总播种面积(公顷)	Total Sown Area(hectare)	56842	-14.6
粮食产量(吨)	Yield of Grain(ton)	122464	23.7
油料产量(吨)	Yield of Oil-bearing Crops(ton)	1668	-15.1
肉类总产量(吨)	Output of Meat(ton)	19531	11.3
奶类产量(吨)	Milks(ton)	9070	44.3
规模以上工业	**Industrial Enterprises above Designated size**		
工业企业单位数(个)	Number of Industrial Enterprises(unit)	14	7.7
工业总产值(万元)	Gross Industrial Output Value(10 000 yuan)	699365	9.8
投资	**Investment and Construction**		
固定资产投资(万元)	Total Investment in Fixed Assets(10 000 yuan)		4.8
房地产开发投资(万元)	Investment in Real Estate Development(10 000 yuan)	180	-97.7
贸易外经	**Trade**		
社会消费品零售总额(万元)	Total Retail Sales of Consumer Goods(10 000 yuan)	254461	4.8
出口总额(万元)	Total Exports(10 000 yuan)		
交通通讯	**Transportation,Post & Telecommunications**		
公路里程(公里)	Total Length of Highways(km)	3825	6.0
移动电话用户(户)	Number of Mobile Telephone Subscribers (subscriber)	113278	-0.3
互联网宽带接入用户(户)	Number of Subscribers of Internet Service(subscriber)	20824	49.8
教育科技文化卫生社会保障	**Science,Education & Public Health**		
小学学校数(所)	Number of Primary Schools(unit)	6	0.0
普通中学学校数(所)	Number of Regular Secondary Schools(unit)	2	-33.3
体育场馆数(个)	Stadium and Gymnasium(unit)	3	0.0
全年专利授权(件)	Annual Patent Authorization(piece)	56	
剧场、影剧院(个)	Theaters,Music Halls and Cinemas(unit)	1	
医疗卫生机构床位数(张)	Number of Beds in Health Care Institutions(unit)	538	-0.2
医疗卫生机构技术人员(人)	Medical Technical Personnel(person)	630	5.7
城乡居民基本养老保险参保人数(人)	Urban and Rural Residents Basic Pension Insurance Contributors(person)	29216	3.6
基本医疗保险参保人数(人)	Basic Medical Care Insurance Contributors(person)	71574	8.5
居民生活	**The Lives of Residents**		
全体居民人均可支配收入(元)	The per capita disposable income of all residents(yuan)	35946	8.3
城镇常住居民人均可支配收入(元)	The per capita disposable income of urban permanent residents(yuan)	47855	6.8
农村牧区常住居民人均可支配收入(元)	The per capita disposable income of permanent residents of rural and pastoral areas(yuan)	20519	10.7

20-93 鄂尔多斯市鄂托克旗

Etuoke Banner in Erdos City

指 标	Item	2019	增长(%) Increase Rate(%)
行政区域土地面积(平方公里)	**Area of Administration(Sq.km)**	**20367**	**0.0**
人口	**Population**		
年末户籍户数(户)	The Registered Households Year-end(household)	43118	-0.2
年末户籍人口(人)	The Registered Population Year-end(person)	98238	0.1
国民经济综合指标	**Summary Item on the National Economy**		
生产总值(万元)	Gross Domestic Product(10 000 yuan)	3603600	8.4
第一产业(万元)	Primary Industry(10 000 yuan)	93600	1.0
第二产业(万元)	Secondary Industry(10 000 yuan)	2634200	9.5
第三产业(万元)	Tertiary Industry(10 000 yuan)	875800	5.7
一般公共预算收入(万元)	General Public Budget Revenue(10 000 yuan)	281151	7.2
一般公共预算支出(万元)	General Public Budget Expenditure(10 000 yuan)	455615	10.4
农村牧区经济	**Economic Development in Rural & Pastoral Area**		
耕地面积(公顷)	Cultivated Area(hectare)	36021	19.9
高标准农田面积(公顷)	High Standard Farmland Area(hectare)	1667	
农作物总播种面积(公顷)	Total Sown Area(hectare)	33260	10.9
粮食产量(吨)	Yield of Grain(ton)	118156	27.0
油料产量(吨)	Yield of Oil-bearing Crops(ton)	7785	0.0
肉类总产量(吨)	Output of Meat(ton)	20367	-14.0
奶类产量(吨)	Milks(ton)	8928	1.3
规模以上工业	**Industrial Enterprises above Designated size**		
工业企业单位数(个)	Number of Industrial Enterprises(unit)	84	16.7
工业总产值(万元)	Gross Industrial Output Value(10 000 yuan)	7069064	7.2
投资	**Investment and Construction**		
固定资产投资(万元)	Total Investment in Fixed Assets(10 000 yuan)		10.2
房地产开发投资(万元)	Investment in Real Estate Development(10 000 yuan)		0.0
贸易外经	**Trade**		
社会消费品零售总额(万元)	Total Retail Sales of Consumer Goods(10 000 yuan)	467442	2.1
出口总额(万元)	Total Exports(10 000 yuan)		
交通通讯	**Transportation,Post & Telecommunications**		
公路里程(公里)	Total Length of Highways(km)	3833	-0.1
移动电话用户(户)	Number of Mobile Telephone Subscribers (subscriber)	169605	10.4
互联网宽带接入用户(户)	Number of Subscribers of Internet Service(subscriber)	35903	28.2
教育科技文化卫生社会保障	**Science,Education & Public Health**		
小学学校数(所)	Number of Primary Schools(unit)	8	0.0
普通中学学校数(所)	Number of Regular Secondary Schools(unit)	6	0.0
体育场馆数(个)	Stadium and Gymnasium(unit)	1	-50.0
全年专利授权(件)	Annual Patent Authorization(piece)	219	
剧场、影剧院(个)	Theaters,Music Halls and Cinemas(unit)	2	
医疗卫生机构床位数(张)	Number of Beds in Health Care Institutions(unit)	487	-6.3
医疗卫生机构技术人员(人)	Medical Technical Personnel(person)	975	-11.3
城乡居民基本养老保险参保人数(人)	Urban and Rural Residents Basic Pension Insurance Contributors(person)	36942	9.6
基本医疗保险参保人数(人)	Basic Medical Care Insurance Contributors(person)	102062	3.0
居民生活	**The Lives of Residents**		
全体居民人均可支配收入(元)	The per capita disposable income of all residents(yuan)	37973	7.4
城镇常住居民人均可支配收入(元)	The per capita disposable income of urban permanent residents(yuan)	48994	6.2
农村牧区常住居民人均可支配收入(元)	The per capita disposable income of permanent residents of rural and pastoral areas(yuan)	20244	10.5

20-94 鄂尔多斯市杭锦旗

Hangjin Banner in Erdos City

指 标	Item	2019	增长(%) Increase Rate(%)
行政区域土地面积(平方公里)	**Area of Administration(Sq.km)**	**19253**	**0.0**
人口	**Population**		
年末户籍户数(户)	The Registered Households Year-end(household)	65744	-0.5
年末户籍人口(人)	The Registered Population Year-end(person)	143672	-0.3
国民经济综合指标	**Summary Item on the National Economy**		
生产总值(万元)	Gross Domestic Product(10 000 yuan)	1253300	5.6
第一产业(万元)	Primary Industry(10 000 yuan)	220900	1.5
第二产业(万元)	Secondary Industry(10 000 yuan)	560700	10.6
第三产业(万元)	Tertiary Industry(10 000 yuan)	471700	1.7
一般公共预算收入(万元)	General Public Budget Revenue(10 000 yuan)	52902	16.5
一般公共预算支出(万元)	General Public Budget Expenditure(10 000 yuan)	290399	-7.8
农村牧区经济	**Economic Development in Rural & Pastoral Area**		
耕地面积(公顷)	Cultivated Area(hectare)	86700	0.0
高标准农田面积(公顷)	High Standard Farmland Area(hectare)	50670	
农作物总播种面积(公顷)	Total Sown Area(hectare)	72587	-2.2
粮食产量(吨)	Yield of Grain(ton)	369301	0.7
油料产量(吨)	Yield of Oil-bearing Crops(ton)	71241	20.0
肉类总产量(吨)	Output of Meat(ton)	20330	8.6
奶类产量(吨)	Milks(ton)	16324	1.6
规模以上工业	**Industrial Enterprises above Designated size**		
工业企业单位数(个)	Number of Industrial Enterprises(unit)	34	54.5
工业总产值(万元)	Gross Industrial Output Value(10 000 yuan)	1793500	36.0
投资	**Investment and Construction**		
固定资产投资(万元)	Total Investment in Fixed Assets(10 000 yuan)		1.6
房地产开发投资(万元)	Investment in Real Estate Development(10 000 yuan)	6292	9.5
贸易外经	**Trade**		
社会消费品零售总额(万元)	Total Retail Sales of Consumer Goods(10 000 yuan)	348100	2.1
出口总额(万元)	Total Exports(10 000 yuan)		
交通通讯	**Transportation,Post & Telecommunications**		
公路里程(公里)	Total Length of Highways(km)	5385	0.0
移动电话用户(户)	Number of Mobile Telephone Subscribers (subscriber)	151000	1.3
互联网宽带接入用户(户)	Number of Subscribers of Internet Service(subscriber)	10255	5.7
教育科技文化卫生社会保障	**Science,Education & Public Health**		
小学学校数(所)	Number of Primary Schools(unit)	5	0.0
普通中学学校数(所)	Number of Regular Secondary Schools(unit)	5	0.0
体育场馆数(个)	Stadium and Gymnasium(unit)	1	0.0
全年专利授权(件)	Annual Patent Authorization(piece)	8	
剧场、影剧院(个)	Theaters,Music Halls and Cinemas(unit)	1	
医疗卫生机构床位数(张)	Number of Beds in Health Care Institutions(unit)	633	21.0
医疗卫生机构技术人员(人)	Medical Technical Personnel(person)	699	7.0
城乡居民基本养老保险参保人数(人)	Urban and Rural Residents Basic Pension Insurance Contributors(person)	64390	3.8
基本医疗保险参保人数(人)	Basic Medical Care Insurance Contributors(person)	123405	-1.0
居民生活	**The Lives of Residents**		
全体居民人均可支配收入(元)	The per capita disposable income of all residents(yuan)	33084	8.1
城镇常住居民人均可支配收入(元)	The per capita disposable income of urban permanent residents(yuan)	44899	6.5
农村牧区常住居民人均可支配收入(元)	The per capita disposable income of permanent residents of rural and pastoral areas(yuan)	20028	9.8

20-95 鄂尔多斯市乌审旗

Wushen Banner in Erdos City

指 标	Item	2019	增长(%) Increase Rate(%)
行政区域土地面积(平方公里)	**Area of Administration(Sq.km)**	**11674**	**0.0**
人口	**Population**		
年末户籍户数(户)	The Registered Households Year-end(household)	46417	0.5
年末户籍人口(人)	The Registered Population Year-end(person)	116962	0.6
国民经济综合指标	**Summary Item on the National Economy**		
生产总值(万元)	Gross Domestic Product(10 000 yuan)	3091300	9.0
第一产业(万元)	Primary Industry(10 000 yuan)	157900	1.5
第二产业(万元)	Secondary Industry(10 000 yuan)	2144600	12.5
第三产业(万元)	Tertiary Industry(10 000 yuan)	788800	1.8
一般公共预算收入(万元)	General Public Budget Revenue(10 000 yuan)	261132	24.3
一般公共预算支出(万元)	General Public Budget Expenditure(10 000 yuan)	450613	18.4
农村牧区经济	**Economic Development in Rural & Pastoral Area**		
耕地面积(公顷)	Cultivated Area(hectare)	47060	-4.8
高标准农田面积(公顷)	High Standard Farmland Area(hectare)	7133	
农作物总播种面积(公顷)	Total Sown Area(hectare)	47060	-4.8
粮食产量(吨)	Yield of Grain(ton)	192605	19.9
油料产量(吨)	Yield of Oil-bearing Crops(ton)	3317	55.2
肉类总产量(吨)	Output of Meat(ton)	20502	-42.6
奶类产量(吨)	Milks(ton)	15404	-7.6
规模以上工业	**Industrial Enterprises above Designated size**		
工业企业单位数(个)	Number of Industrial Enterprises(unit)	21	0.0
工业总产值(万元)	Gross Industrial Output Value(10 000 yuan)	3943067	5.1
投资	**Investment and Construction**		
固定资产投资(万元)	Total Investment in Fixed Assets(10 000 yuan)		29.0
房地产开发投资(万元)	Investment in Real Estate Development(10 000 yuan)	3351	-37.4
贸易外经	**Trade**		
社会消费品零售总额(万元)	Total Retail Sales of Consumer Goods(10 000 yuan)	417000	3.2
出口总额(万元)	Total Exports(10 000 yuan)		
交通通讯	**Transportation,Post & Telecommunications**		
公路里程(公里)	Total Length of Highways(km)	4126	1.2
移动电话用户(户)	Number of Mobile Telephone Subscribers (subscriber)	155800	54.3
互联网宽带接入用户(户)	Number of Subscribers of Internet Service(subscriber)	40000	110.5
教育科技文化卫生社会保障	**Science,Education & Public Health**		
小学学校数(所)	Number of Primary Schools(unit)	13	8.3
普通中学学校数(所)	Number of Regular Secondary Schools(unit)	6	0.0
体育场馆数(个)	Stadium and Gymnasium(unit)	3	0.0
全年专利授权(件)	Annual Patent Authorization(piece)	40	
剧场、影剧院(个)	Theaters,Music Halls and Cinemas(unit)	1	
医疗卫生机构床位数(张)	Number of Beds in Health Care Institutions(unit)	676	2.3
医疗卫生机构技术人员(人)	Medical Technical Personnel(person)	835	-4.0
城乡居民基本养老保险参保人数(人)	Urban and Rural Residents Basic Pension Insurance Contributors(person)	38945	0.1
基本医疗保险参保人数(人)	Basic Medical Care Insurance Contributors(person)	84983	-18.3
居民生活	**The Lives of Residents**		
全体居民人均可支配收入(元)	The per capita disposable income of all residents(yuan)	35341	8.0
城镇常住居民人均可支配收入(元)	The per capita disposable income of urban permanent residents(yuan)	47671	6.4
农村牧区常住居民人均可支配收入(元)	The per capita disposable income of permanent residents of rural and pastoral areas(yuan)	20153	10.3

20-96 鄂尔多斯市伊金霍洛旗

Yijinhuoluo Banner in Erdos City

指 标	Item	2019	增长(%) Increase Rate(%)
行政区域土地面积(平方公里)	**Area of Administration(Sq.km)**	**5487**	**0.0**
人口	**Population**		
年末户籍户数(户)	The Registered Households Year-end(household)	79115	0.6
年末户籍人口(人)	The Registered Population Year-end(person)	178796	0.6
国民经济综合指标	**Summary Item on the National Economy**		
生产总值(万元)	Gross Domestic Product(10 000 yuan)	7318000	0.5
第一产业(万元)	Primary Industry(10 000 yuan)	85000	0.9
第二产业(万元)	Secondary Industry(10 000 yuan)	5016000	0.2
第三产业(万元)	Tertiary Industry(10 000 yuan)	2217000	1.0
一般公共预算收入(万元)	General Public Budget Revenue(10 000 yuan)	751888	1.2
一般公共预算支出(万元)	General Public Budget Expenditure(10 000 yuan)	814225	-2.7
农村牧区经济	**Economic Development in Rural & Pastoral Area**		
耕地面积(公顷)	Cultivated Area(hectare)	33464	0.0
高标准农田面积(公顷)	High Standard Farmland Area(hectare)		
农作物总播种面积(公顷)	Total Sown Area(hectare)	33509	-2.5
粮食产量(吨)	Yield of Grain(ton)	94698	9.7
油料产量(吨)	Yield of Oil-bearing Crops(ton)		
肉类总产量(吨)	Output of Meat(ton)	6398	2.4
奶类产量(吨)	Milks(ton)	3193	4.4
规模以上工业	**Industrial Enterprises above Designated size**		
工业企业单位数(个)	Number of Industrial Enterprises(unit)	53	0.0
工业总产值(万元)	Gross Industrial Output Value(10 000 yuan)	7322400	4.1
投资	**Investment and Construction**		
固定资产投资(万元)	Total Investment in Fixed Assets(10 000 yuan)		8.4
房地产开发投资(万元)	Investment in Real Estate Development(10 000 yuan)	55280	-48.0
贸易外经	**Trade**		
社会消费品零售总额(万元)	Total Retail Sales of Consumer Goods(10 000 yuan)	584450	3.8
出口总额(万元)	Total Exports(10 000 yuan)		
交通通讯	**Transportation,Post & Telecommunications**		
公路里程(公里)	Total Length of Highways(km)	4756	11.4
移动电话用户(户)	Number of Mobile Telephone Subscribers (subscriber)	70012	0.2
互联网宽带接入用户(户)	Number of Subscribers of Internet Service(subscriber)	8105	7.4
教育科技文化卫生社会保障	**Science,Education & Public Health**		
小学学校数(所)	Number of Primary Schools(unit)	20	-4.8
普通中学学校数(所)	Number of Regular Secondary Schools(unit)	7	0.0
体育场馆数(个)	Stadium and Gymnasium(unit)	3	0.0
全年专利授权(件)	Annual Patent Authorization(piece)	11	
剧场、影剧院(个)	Theaters,Music Halls and Cinemas(unit)	2	
医疗卫生机构床位数(张)	Number of Beds in Health Care Institutions(unit)	1374	3.3
医疗卫生机构技术人员(人)	Medical Technical Personnel(person)	1505	20.4
城乡居民基本养老保险参保人数(人)	Urban and Rural Residents Basic Pension Insurance Contributors(person)	57036	2.1
基本医疗保险参保人数(人)	Basic Medical Care Insurance Contributors(person)	176228	4.7
居民生活	**The Lives of Residents**		
全体居民人均可支配收入(元)	The per capita disposable income of all residents(yuan)	41521	7.5
城镇常住居民人均可支配收入(元)	The per capita disposable income of urban permanent residents(yuan)	51382	6.4
农村牧区常住居民人均可支配收入(元)	The per capita disposable income of permanent residents of rural and pastoral areas(yuan)	20064	9.6

20-97 巴彦淖尔市临河区

Linhe District in Bayannaoer City

指 标	Item	2019	增长(%) Increase Rate(%)
行政区域土地面积(平方公里)	**Area of Administration(Sq.km)**	**2333**	**0.0**
人口	**Population**		
年末户籍户数(户)	The Registered Households Year-end(household)	208229	0.5
年末户籍人口(人)	The Registered Population Year-end(person)	521190	0.1
国民经济综合指标	**Summary Item on the National Economy**		
生产总值(万元)	Gross Domestic Product(10 000 yuan)	2970700	3.6
第一产业(万元)	Primary Industry(10 000 yuan)	545900	4.5
第二产业(万元)	Secondary Industry(10 000 yuan)	871400	2.6
第三产业(万元)	Tertiary Industry(10 000 yuan)	1553400	6.4
一般公共预算收入(万元)	General Public Budget Revenue(10 000 yuan)	187500	15.6
一般公共预算支出(万元)	General Public Budget Expenditure(10 000 yuan)	490382	10.4
农村牧区经济	**Economic Development in Rural & Pastoral Area**		
耕地面积(公顷)	Cultivated Area(hectare)	145656	-0.4
高标准农田面积(公顷)	High Standard Farmland Area(hectare)	4553	-65.6
农作物总播种面积(公顷)	Total Sown Area(hectare)	136464	0.2
粮食产量(吨)	Yield of Grain(ton)	606054	0.5
油料产量(吨)	Yield of Oil-bearing Crops(ton)	183367	0.5
肉类总产量(吨)	Output of Meat(ton)	80331	-1.5
奶类产量(吨)	Milks(ton)	49314	14.9
规模以上工业	**Industrial Enterprises above Designated size**		
工业企业单位数(个)	Number of Industrial Enterprises(unit)	61	17.3
工业总产值(万元)	Gross Industrial Output Value(10 000 yuan)	1810981	4.8
投资	**Investment and Construction**		
固定资产投资(万元)	Total Investment in Fixed Assets(10 000 yuan)		6.6
房地产开发投资(万元)	Investment in Real Estate Development(10 000 yuan)	406607	16.6
贸易外经	**Trade**		
社会消费品零售总额(万元)	Total Retail Sales of Consumer Goods(10 000 yuan)	1151579	4.5
出口总额(万元)	Total Exports(10 000 yuan)	164534	12.0
交通通讯	**Transportation,Post & Telecommunications**		
公路里程(公里)	Total Length of Highways(km)	3782	0.0
移动电话用户(户)	Number of Mobile Telephone Subscribers (subscriber)	895000	-3.6
互联网宽带接入用户(户)	Number of Subscribers of Internet Service(subscriber)	162000	-4.7
教育科技文化卫生社会保障	**Science,Education & Public Health**		
小学学校数(所)	Number of Primary Schools(unit)	30	0.0
普通中学学校数(所)	Number of Regular Secondary Schools(unit)	18	5.9
体育场馆数(个)	Stadium and Gymnasium(unit)	2	100.0
全年专利授权(件)	Annual Patent Authorization(piece)	241	
剧场、影剧院(个)	Theaters,Music Halls and Cinemas(unit)	7	
医疗卫生机构床位数(张)	Number of Beds in Health Care Institutions(unit)	5254	11.3
医疗卫生机构技术人员(人)	Medical Technical Personnel(person)	6552	8.6
城乡居民基本养老保险参保人数(人)	Urban and Rural Residents Basic Pension Insurance Contributors(person)	145851	4.9
基本医疗保险参保人数(人)	Basic Medical Care Insurance Contributors(person)	490772	1.3
居民生活	**The Lives of Residents**		
全体居民人均可支配收入(元)	The per capita disposable income of all residents(yuan)	30202	8.1
城镇常住居民人均可支配收入(元)	The per capita disposable income of urban permanent residents(yuan)	33757	7.1
农村牧区常住居民人均可支配收入(元)	The per capita disposable income of permanent residents of rural and pastoral areas(yuan)	20249	10.6

20-98 巴彦淖尔市五原县

Wuyuan County in Bayannaoer City

指 标	Item	2019	增长(%) Increase Rate(%)
行政区域土地面积(平方公里)	**Area of Administration(Sq.km)**	**2503**	**0.0**
人口	**Population**		
年末户籍户数(户)	The Registered Households Year-end(household)	118765	-0.1
年末户籍人口(人)	The Registered Population Year-end(person)	280207	-0.1
国民经济综合指标	**Summary Item on the National Economy**		
生产总值(万元)	Gross Domestic Product(10 000 yuan)	1049700	8.6
第一产业(万元)	Primary Industry(10 000 yuan)	309100	4.2
第二产业(万元)	Secondary Industry(10 000 yuan)	169300	6.7
第三产业(万元)	Tertiary Industry(10 000 yuan)	571300	11.2
一般公共预算收入(万元)	General Public Budget Revenue(10 000 yuan)	33077	-5.7
一般公共预算支出(万元)	General Public Budget Expenditure(10 000 yuan)	328213	0.3
农村牧区经济	**Economic Development in Rural & Pastoral Area**		
耕地面积(公顷)	Cultivated Area(hectare)	159192	1.3
高标准农田面积(公顷)	High Standard Farmland Area(hectare)	7373	-42.6
农作物总播种面积(公顷)	Total Sown Area(hectare)	154185	1.5
粮食产量(吨)	Yield of Grain(ton)	437803	-2.9
油料产量(吨)	Yield of Oil-bearing Crops(ton)	269882	0.9
肉类总产量(吨)	Output of Meat(ton)	37115	-3.9
奶类产量(吨)	Milks(ton)	36490	0.1
规模以上工业	**Industrial Enterprises above Designated size**		
工业企业单位数(个)	Number of Industrial Enterprises(unit)	20	13.0
工业总产值(万元)	Gross Industrial Output Value(10 000 yuan)	240369	17.9
投资	**Investment and Construction**		
固定资产投资(万元)	Total Investment in Fixed Assets(10 000 yuan)		17.4
房地产开发投资(万元)	Investment in Real Estate Development(10 000 yuan)	28415	-41.3
贸易外经	**Trade**		
社会消费品零售总额(万元)	Total Retail Sales of Consumer Goods(10 000 yuan)	285433	4.7
出口总额(万元)	Total Exports(10 000 yuan)	112257	64.0
交通通讯	**Transportation,Post & Telecommunications**		
公路里程(公里)	Total Length of Highways(km)	3072	1.1
移动电话用户(户)	Number of Mobile Telephone Subscribers (subscriber)	251283	-30.2
互联网宽带接入用户(户)	Number of Subscribers of Internet Service(subscriber)	59201	3.7
教育科技文化卫生社会保障	**Science,Education & Public Health**		
小学学校数(所)	Number of Primary Schools(unit)	16	0.0
普通中学学校数(所)	Number of Regular Secondary Schools(unit)	5	0.0
体育场馆数(个)	Stadium and Gymnasium(unit)	1	0.0
全年专利授权(件)	Annual Patent Authorization(piece)	38	
剧场、影剧院(个)	Theaters,Music Halls and Cinemas(unit)		
医疗卫生机构床位数(张)	Number of Beds in Health Care Institutions(unit)	1299	9.8
医疗卫生机构技术人员(人)	Medical Technical Personnel(person)	1193	-22.4
城乡居民基本养老保险参保人数(人)	Urban and Rural Residents Basic Pension Insurance Contributors(person)	118987	2.5
基本医疗保险参保人数(人)	Basic Medical Care Insurance Contributors(person)	242539	-2.1
居民生活	**The Lives of Residents**		
全体居民人均可支配收入(元)	The per capita disposable income of all residents(yuan)	29102	8.6
城镇常住居民人均可支配收入(元)	The per capita disposable income of urban permanent residents(yuan)	32320	7.0
农村牧区常住居民人均可支配收入(元)	The per capita disposable income of permanent residents of rural and pastoral areas(yuan)	20017	10.4

20-99 巴彦淖尔市磴口县

Dengkou County in Bayannaoer City

指 标	Item	2019	增长(%) Increase Rate(%)
行政区域土地面积(平方公里)	**Area of Administration(Sq.km)**	**3676**	**0.0**
人口	**Population**		
年末户籍户数(户)	The Registered Households Year-end(household)	49331	0.1
年末户籍人口(人)	The Registered Population Year-end(person)	113089	-0.5
国民经济综合指标	**Summary Item on the National Economy**		
生产总值(万元)	Gross Domestic Product(10 000 yuan)	549000	5.8
第一产业(万元)	Primary Industry(10 000 yuan)	121000	4.1
第二产业(万元)	Secondary Industry(10 000 yuan)	219700	12.4
第三产业(万元)	Tertiary Industry(10 000 yuan)	208300	2.1
一般公共预算收入(万元)	General Public Budget Revenue(10 000 yuan)	20552	-14.6
一般公共预算支出(万元)	General Public Budget Expenditure(10 000 yuan)	153105	-3.5
农村牧区经济	**Economic Development in Rural & Pastoral Area**		
耕地面积(公顷)	Cultivated Area(hectare)	58335	0.4
高标准农田面积(公顷)	High Standard Farmland Area(hectare)	6000	-6.9
农作物总播种面积(公顷)	Total Sown Area(hectare)	81170	2.5
粮食产量(吨)	Yield of Grain(ton)	236500	2.4
油料产量(吨)	Yield of Oil-bearing Crops(ton)	90007	37.7
肉类总产量(吨)	Output of Meat(ton)	19076	9.6
奶类产量(吨)	Milks(ton)	445554	20.6
规模以上工业	**Industrial Enterprises above Designated size**		
工业企业单位数(个)	Number of Industrial Enterprises(unit)	17	6.3
工业总产值(万元)	Gross Industrial Output Value(10 000 yuan)	614091	24.9
投资	**Investment and Construction**		
固定资产投资(万元)	Total Investment in Fixed Assets(10 000 yuan)		-43.0
房地产开发投资(万元)	Investment in Real Estate Development(10 000 yuan)		
贸易外经	**Trade**		
社会消费品零售总额(万元)	Total Retail Sales of Consumer Goods(10 000 yuan)	134331	3.9
出口总额(万元)	Total Exports(10 000 yuan)	10396	14.8
交通通讯	**Transportation,Post & Telecommunications**		
公路里程(公里)	Total Length of Highways(km)	2118	1.0
移动电话用户(户)	Number of Mobile Telephone Subscribers (subscriber)	128300	-1.3
互联网宽带接入用户(户)	Number of Subscribers of Internet Service(subscriber)	30370	6.9
教育科技文化卫生社会保障	**Science,Education & Public Health**		
小学学校数(所)	Number of Primary Schools(unit)	11	0.0
普通中学学校数(所)	Number of Regular Secondary Schools(unit)	2	0.0
体育场馆数(个)	Stadium and Gymnasium(unit)	5	0.0
全年专利授权(件)	Annual Patent Authorization(piece)	2	
剧场、影剧院(个)	Theaters,Music Halls and Cinemas(unit)		
医疗卫生机构床位数(张)	Number of Beds in Health Care Institutions(unit)	1091	-2.8
医疗卫生机构技术人员(人)	Medical Technical Personnel(person)	769	-17.0
城乡居民基本养老保险参保人数(人)	Urban and Rural Residents Basic Pension Insurance Contributors(person)	32109	5.5
基本医疗保险参保人数(人)	Basic Medical Care Insurance Contributors(person)	98626	-1.4
居民生活	**The Lives of Residents**		
全体居民人均可支配收入(元)	The per capita disposable income of all residents(yuan)	24033	8.3
城镇常住居民人均可支配收入(元)	The per capita disposable income of urban permanent residents(yuan)	31715	6.7
农村牧区常住居民人均可支配收入(元)	The per capita disposable income of permanent residents of rural and pastoral areas(yuan)	19514	10.3

20-100 巴彦淖尔市乌拉特前旗

Wulateqian Banner in Bayannaoer City

指 标	Item	2019	增长(%) Increase Rate(%)
行政区域土地面积(平方公里)	**Area of Administration(Sq.km)**	**7482**	**0.0**
人口	**Population**		
年末户籍户数(户)	The Registered Households Year-end(household)	145915	0.1
年末户籍人口(人)	The Registered Population Year-end(person)	331533	-0.3
国民经济综合指标	**Summary Item on the National Economy**		
生产总值(万元)	Gross Domestic Product(10 000 yuan)	1373361	5.6
第一产业(万元)	Primary Industry(10 000 yuan)	379706	4.4
第二产业(万元)	Secondary Industry(10 000 yuan)	446330	11.5
第三产业(万元)	Tertiary Industry(10 000 yuan)	547325	1.2
一般公共预算收入(万元)	General Public Budget Revenue(10 000 yuan)	77923	4.1
一般公共预算支出(万元)	General Public Budget Expenditure(10 000 yuan)	320755	-5.9
农村牧区经济	**Economic Development in Rural & Pastoral Area**		
耕地面积(公顷)	Cultivated Area(hectare)	163372	0.2
高标准农田面积(公顷)	High Standard Farmland Area(hectare)	6866	-4.7
农作物总播种面积(公顷)	Total Sown Area(hectare)	172682	-0.1
粮食产量(吨)	Yield of Grain(ton)	542792	1.6
油料产量(吨)	Yield of Oil-bearing Crops(ton)	187123	28.8
肉类总产量(吨)	Output of Meat(ton)	36319	6.1
奶类产量(吨)	Milks(ton)	21705	1.0
规模以上工业	**Industrial Enterprises above Designated size**		
工业企业单位数(个)	Number of Industrial Enterprises(unit)	64	10.3
工业总产值(万元)	Gross Industrial Output Value(10 000 yuan)	1462053	20.1
投资	**Investment and Construction**		
固定资产投资(万元)	Total Investment in Fixed Assets(10 000 yuan)		6.5
房地产开发投资(万元)	Investment in Real Estate Development(10 000 yuan)	29567	1.7
贸易外经	**Trade**		
社会消费品零售总额(万元)	Total Retail Sales of Consumer Goods(10 000 yuan)	321332	3.8
出口总额(万元)	Total Exports(10 000 yuan)	20963	15.3
交通通讯	**Transportation,Post & Telecommunications**		
公路里程(公里)	Total Length of Highways(km)	4819	-0.4
移动电话用户(户)	Number of Mobile Telephone Subscribers (subscriber)	302200	0.0
互联网宽带接入用户(户)	Number of Subscribers of Internet Service(subscriber)	56708	66.8
教育科技文化卫生社会保障	**Science,Education & Public Health**		
小学学校数(所)	Number of Primary Schools(unit)	14	-26.3
普通中学学校数(所)	Number of Regular Secondary Schools(unit)	11	0.0
体育场馆数(个)	Stadium and Gymnasium(unit)	1	0.0
全年专利授权(件)	Annual Patent Authorization(piece)	8	
剧场、影剧院(个)	Theaters,Music Halls and Cinemas(unit)	1	
医疗卫生机构床位数(张)	Number of Beds in Health Care Institutions(unit)	1552	5.7
医疗卫生机构技术人员(人)	Medical Technical Personnel(person)	1875	2.0
城乡居民基本养老保险参保人数(人)	Urban and Rural Residents Basic Pension Insurance Contributors(person)	111429	5.6
基本医疗保险参保人数(人)	Basic Medical Care Insurance Contributors(person)	273315	-1.9
居民生活	**The Lives of Residents**		
全体居民人均可支配收入(元)	The per capita disposable income of all residents(yuan)	24088	8.5
城镇常住居民人均可支配收入(元)	The per capita disposable income of urban permanent residents(yuan)	31636	6.4
农村牧区常住居民人均可支配收入(元)	The per capita disposable income of permanent residents of rural and pastoral areas(yuan)	19023	10.8

20-101 巴彦淖尔市乌拉特中旗
Wulatezhong Banner in Bayannaoer City

指 标	Item	2019	增长(%) Increase Rate(%)
行政区域土地面积(平方公里)	**Area of Administration(Sq.km)**	**22868**	**0.0**
人口	**Population**		
年末户籍户数(户)	The Registered Households Year-end(household)	69962	0.9
年末户籍人口(人)	The Registered Population Year-end(person)	143143	0.2
国民经济综合指标	**Summary Item on the National Economy**		
生产总值(万元)	Gross Domestic Product(10 000 yuan)	983900	7.9
第一产业(万元)	Primary Industry(10 000 yuan)	198200	4.0
第二产业(万元)	Secondary Industry(10 000 yuan)	404800	8.0
第三产业(万元)	Tertiary Industry(10 000 yuan)	380900	3.4
一般公共预算收入(万元)	General Public Budget Revenue(10 000 yuan)	77539	-5.4
一般公共预算支出(万元)	General Public Budget Expenditure(10 000 yuan)	263091	-9.8
农村牧区经济	**Economic Development in Rural & Pastoral Area**		
耕地面积(公顷)	Cultivated Area(hectare)	92585	-0.2
高标准农田面积(公顷)	High Standard Farmland Area(hectare)	5533	-47.7
农作物总播种面积(公顷)	Total Sown Area(hectare)	101902	4.7
粮食产量(吨)	Yield of Grain(ton)	276807	4.4
油料产量(吨)	Yield of Oil-bearing Crops(ton)	109434	91.7
肉类总产量(吨)	Output of Meat(ton)	25175	8.4
奶类产量(吨)	Milks(ton)	4224	0.5
规模以上工业	**Industrial Enterprises above Designated size**		
工业企业单位数(个)	Number of Industrial Enterprises(unit)	34	30.8
工业总产值(万元)	Gross Industrial Output Value(10 000 yuan)	1433477	29.6
投资	**Investment and Construction**		
固定资产投资(万元)	Total Investment in Fixed Assets(10 000 yuan)		-0.3
房地产开发投资(万元)	Investment in Real Estate Development(10 000 yuan)	3536	-80.0
贸易外经	**Trade**		
社会消费品零售总额(万元)	Total Retail Sales of Consumer Goods(10 000 yuan)	150216	4.1
出口总额(万元)	Total Exports(10 000 yuan)	2304	-82.9
交通通讯	**Transportation,Post & Telecommunications**		
公路里程(公里)	Total Length of Highways(km)	5011	3.0
移动电话用户(户)	Number of Mobile Telephone Subscribers (subscriber)	146570	30.5
互联网宽带接入用户(户)	Number of Subscribers of Internet Service(subscriber)	32980	28.3
教育科技文化卫生社会保障	**Science,Education & Public Health**		
小学学校数(所)	Number of Primary Schools(unit)	2	-33.3
普通中学学校数(所)	Number of Regular Secondary Schools(unit)	5	0.0
体育场馆数(个)	Stadium and Gymnasium(unit)	6	20.0
全年专利授权(件)	Annual Patent Authorization(piece)	141	
剧场、影剧院(个)	Theaters,Music Halls and Cinemas(unit)	1	
医疗卫生机构床位数(张)	Number of Beds in Health Care Institutions(unit)	536	7.6
医疗卫生机构技术人员(人)	Medical Technical Personnel(person)	702	-23.6
城乡居民基本养老保险参保人数(人)	Urban and Rural Residents Basic Pension Insurance Contributors(person)	52910	0.0
基本医疗保险参保人数(人)	Basic Medical Care Insurance Contributors(person)	122096	-1.5
居民生活	**The Lives of Residents**		
全体居民人均可支配收入(元)	The per capita disposable income of all residents(yuan)	24505	8.2
城镇常住居民人均可支配收入(元)	The per capita disposable income of urban permanent residents(yuan)	33401	6.5
农村牧区常住居民人均可支配收入(元)	The per capita disposable income of permanent residents of rural and pastoral areas(yuan)	18373	10.1

20-102 巴彦淖尔市乌拉特后旗

Wulatehou Banner in Bayannaoer City

指 标	Item	2019	增长(%) Increase Rate(%)
行政区域土地面积(平方公里)	**Area of Administration(Sq.km)**	**24525**	**0.0**
人口	**Population**		
年末户籍户数(户)	The Registered Households Year-end(household)	24535	-0.7
年末户籍人口(人)	The Registered Population Year-end(person)	58497	0.2
国民经济综合指标	**Summary Item on the National Economy**		
生产总值(万元)	Gross Domestic Product(10 000 yuan)	718200	3.3
第一产业(万元)	Primary Industry(10 000 yuan)	47100	4.0
第二产业(万元)	Secondary Industry(10 000 yuan)	516300	1.6
第三产业(万元)	Tertiary Industry(10 000 yuan)	154800	6.1
一般公共预算收入(万元)	General Public Budget Revenue(10 000 yuan)	87276	0.9
一般公共预算支出(万元)	General Public Budget Expenditure(10 000 yuan)	192169	-4.1
农村牧区经济	**Economic Development in Rural & Pastoral Area**		
耕地面积(公顷)	Cultivated Area(hectare)	12369	0.7
高标准农田面积(公顷)	High Standard Farmland Area(hectare)	2000	-17.6
农作物总播种面积(公顷)	Total Sown Area(hectare)	12838	0.8
粮食产量(吨)	Yield of Grain(ton)	66874	5.5
油料产量(吨)	Yield of Oil-bearing Crops(ton)	6370	30.2
肉类总产量(吨)	Output of Meat(ton)	9556	17.2
奶类产量(吨)	Milks(ton)	18842	21.8
规模以上工业	**Industrial Enterprises above Designated size**		
工业企业单位数(个)	Number of Industrial Enterprises(unit)	41	0.0
工业总产值(万元)	Gross Industrial Output Value(10 000 yuan)	1519759	-2.1
投资	**Investment and Construction**		
固定资产投资(万元)	Total Investment in Fixed Assets(10 000 yuan)		34.2
房地产开发投资(万元)	Investment in Real Estate Development(10 000 yuan)	17592	15.8
贸易外经	**Trade**		
社会消费品零售总额(万元)	Total Retail Sales of Consumer Goods(10 000 yuan)	77443	4.4
出口总额(万元)	Total Exports(10 000 yuan)		
交通通讯	**Transportation,Post & Telecommunications**		
公路里程(公里)	Total Length of Highways(km)	2284	3.0
移动电话用户(户)	Number of Mobile Telephone Subscribers (subscriber)	56141	-7.4
互联网宽带接入用户(户)	Number of Subscribers of Internet Service(subscriber)	18124	-8.9
教育科技文化卫生社会保障	**Science,Education & Public Health**		
小学学校数(所)	Number of Primary Schools(unit)	2	0.0
普通中学学校数(所)	Number of Regular Secondary Schools(unit)	3	0.0
体育场馆数(个)	Stadium and Gymnasium(unit)	7	16.7
全年专利授权(件)	Annual Patent Authorization(piece)	16	
剧场、影剧院(个)	Theaters,Music Halls and Cinemas(unit)	1	
医疗卫生机构床位数(张)	Number of Beds in Health Care Institutions(unit)	384	68.4
医疗卫生机构技术人员(人)	Medical Technical Personnel(person)	499	-10.4
城乡居民基本养老保险参保人数(人)	Urban and Rural Residents Basic Pension Insurance Contributors(person)	15618	3.7
基本医疗保险参保人数(人)	Basic Medical Care Insurance Contributors(person)	57471	0.0
居民生活	**The Lives of Residents**		
全体居民人均可支配收入(元)	The per capita disposable income of all residents(yuan)	24637	8.0
城镇常住居民人均可支配收入(元)	The per capita disposable income of urban permanent residents(yuan)	33276	6.9
农村牧区常住居民人均可支配收入(元)	The per capita disposable income of permanent residents of rural and pastoral areas(yuan)	16715	10.3

20-103 巴彦淖尔市杭锦后旗

Hangjinhou Banner in Bayannaoer City

指 标	Item	2019	增长(%) Increase Rate(%)
行政区域土地面积(平方公里)	**Area of Administration(Sq.km)**	**1752**	**0.0**
人口	**Population**		
年末户籍户数(户)	The Registered Households Year-end(household)	117279	0.2
年末户籍人口(人)	The Registered Population Year-end(person)	291669	-0.3
国民经济综合指标	**Summary Item on the National Economy**		
生产总值(万元)	Gross Domestic Product(10 000 yuan)	1105200	4.2
第一产业(万元)	Primary Industry(10 000 yuan)	409200	4.3
第二产业(万元)	Secondary Industry(10 000 yuan)	216700	9.1
第三产业(万元)	Tertiary Industry(10 000 yuan)	479300	1.2
一般公共预算收入(万元)	General Public Budget Revenue(10 000 yuan)	32786	10.4
一般公共预算支出(万元)	General Public Budget Expenditure(10 000 yuan)	281052	7.7
农村牧区经济	**Economic Development in Rural & Pastoral Area**		
耕地面积(公顷)	Cultivated Area(hectare)	91840	-0.1
高标准农田面积(公顷)	High Standard Farmland Area(hectare)	5066	-63.5
农作物总播种面积(公顷)	Total Sown Area(hectare)	91570	0.0
粮食产量(吨)	Yield of Grain(ton)	475132	0.6
油料产量(吨)	Yield of Oil-bearing Crops(ton)	84983	10.9
肉类总产量(吨)	Output of Meat(ton)	47316	-0.7
奶类产量(吨)	Milks(ton)	98627	21.3
规模以上工业	**Industrial Enterprises above Designated size**		
工业企业单位数(个)	Number of Industrial Enterprises(unit)	21	31.3
工业总产值(万元)	Gross Industrial Output Value(10 000 yuan)	283110	-4.0
投资	**Investment and Construction**		
固定资产投资(万元)	Total Investment in Fixed Assets(10 000 yuan)		-8.3
房地产开发投资(万元)	Investment in Real Estate Development(10 000 yuan)	36878	41.3
贸易外经	**Trade**		
社会消费品零售总额(万元)	Total Retail Sales of Consumer Goods(10 000 yuan)	280477	3.8
出口总额(万元)	Total Exports(10 000 yuan)	84548	36.9
交通通讯	**Transportation,Post & Telecommunications**		
公路里程(公里)	Total Length of Highways(km)	2298	3.7
移动电话用户(户)	Number of Mobile Telephone Subscribers (subscriber)	123372	8.2
互联网宽带接入用户(户)	Number of Subscribers of Internet Service(subscriber)	39253	105.7
教育科技文化卫生社会保障	**Science,Education & Public Health**		
小学学校数(所)	Number of Primary Schools(unit)	15	0.0
普通中学学校数(所)	Number of Regular Secondary Schools(unit)	5	0.0
体育场馆数(个)	Stadium and Gymnasium(unit)	3	0.0
全年专利授权(件)	Annual Patent Authorization(piece)	7	
剧场、影剧院(个)	Theaters,Music Halls and Cinemas(unit)	1	
医疗卫生机构床位数(张)	Number of Beds in Health Care Institutions(unit)	1497	-5.0
医疗卫生机构技术人员(人)	Medical Technical Personnel(person)	1580	1.0
城乡居民基本养老保险参保人数(人)	Urban and Rural Residents Basic Pension Insurance Contributors(person)	92587	-1.3
基本医疗保险参保人数(人)	Basic Medical Care Insurance Contributors(person)	239191	-2.7
居民生活	**The Lives of Residents**		
全体居民人均可支配收入(元)	The per capita disposable income of all residents(yuan)	28974	8.4
城镇常住居民人均可支配收入(元)	The per capita disposable income of urban permanent residents(yuan)	32736	6.8
农村牧区常住居民人均可支配收入(元)	The per capita disposable income of permanent residents of rural and pastoral areas(yuan)	20012	10.2

20-104 乌海市海勃湾区

Haibowan District in Wuhai City

指 标	Item	2019	增长(%) Increase Rate(%)
行政区域土地面积(平方公里)	**Area of Administration(Sq.km)**	**487**	**0.0**
人口	**Population**		
年末户籍户数(户)	The Registered Households Year-end(household)	83595	-6.0
年末户籍人口(人)	The Registered Population Year-end(person)	246568	1.5
国民经济综合指标	**Summary Item on the National Economy**		
生产总值(万元)	Gross Domestic Product(10 000 yuan)	2482790	9.8
第一产业(万元)	Primary Industry(10 000 yuan)	22224	0.4
第二产业(万元)	Secondary Industry(10 000 yuan)	1205800	16.3
第三产业(万元)	Tertiary Industry(10 000 yuan)	1254766	4.7
一般公共预算收入(万元)	General Public Budget Revenue(10 000 yuan)	203945	19.8
一般公共预算支出(万元)	General Public Budget Expenditure(10 000 yuan)	245724	15.5
农村牧区经济	**Economic Development in Rural & Pastoral Area**		
耕地面积(公顷)	Cultivated Area(hectare)	2211	0.0
高标准农田面积(公顷)	High Standard Farmland Area(hectare)		
农作物总播种面积(公顷)	Total Sown Area(hectare)	2319	-16.0
粮食产量(吨)	Yield of Grain(ton)	4144	-40.5
油料产量(吨)	Yield of Oil-bearing Crops(ton)	450	10.5
肉类总产量(吨)	Output of Meat(ton)	4104	-10.3
奶类产量(吨)	Milks(ton)	1827	-14.6
规模以上工业	**Industrial Enterprises above Designated size**		
工业企业单位数(个)	Number of Industrial Enterprises(unit)	48	6.7
工业总产值(万元)	Gross Industrial Output Value(10 000 yuan)	3431485	37.5
投资	**Investment and Construction**		
固定资产投资(万元)	Total Investment in Fixed Assets(10 000 yuan)		10.1
房地产开发投资(万元)	Investment in Real Estate Development(10 000 yuan)	254671	0.4
贸易外经	**Trade**		
社会消费品零售总额(万元)	Total Retail Sales of Consumer Goods(10 000 yuan)	1350166	4.4
出口总额(万元)	Total Exports(10 000 yuan)	367	182.3
交通通讯	**Transportation,Post & Telecommunications**		
公路里程(公里)	Total Length of Highways(km)	380	0.0
移动电话用户(户)	Number of Mobile Telephone Subscribers (subscriber)	440332	-11.1
互联网宽带接入用户(户)	Number of Subscribers of Internet Service(subscriber)	123322	-4.4
教育科技文化卫生社会保障	**Science,Education & Public Health**		
小学学校数(所)	Number of Primary Schools(unit)	15	0.0
普通中学学校数(所)	Number of Regular Secondary Schools(unit)	11	0.0
体育场馆数(个)	Stadium and Gymnasium(unit)	2	-66.7
全年专利授权(件)	Annual Patent Authorization(piece)	129	
剧场、影剧院(个)	Theaters,Music Halls and Cinemas(unit)	2	
医疗卫生机构床位数(张)	Number of Beds in Health Care Institutions(unit)	2441	0.5
医疗卫生机构技术人员(人)	Medical Technical Personnel(person)	3784	4.6
城乡居民基本养老保险参保人数(人)	Urban and Rural Residents Basic Pension Insurance Contributors(person)	2571	29.6
基本医疗保险参保人数(人)	Basic Medical Care Insurance Contributors(person)	231038	3.1
居民生活	**The Lives of Residents**		
全体居民人均可支配收入(元)	The per capita disposable income of all residents(yuan)	46168	6.3
城镇常住居民人均可支配收入(元)	The per capita disposable income of urban permanent residents(yuan)	46194	6.2
农村牧区常住居民人均可支配收入(元)	The per capita disposable income of permanent residents of rural and pastoral areas(yuan)	21859	9.3

20-105 乌海市海南区

Hainan District in Wuhai City

指 标	Item	2019	增长(%) Increase Rate(%)
行政区域土地面积(平方公里)	**Area of Administration(Sq.km)**	**975**	**0.0**
人口	**Population**		
年末户籍户数(户)	The Registered Households Year-end(household)	34689	-2.2
年末户籍人口(人)	The Registered Population Year-end(person)	80900	-2.8
国民经济综合指标	**Summary Item on the National Economy**		
生产总值(万元)	Gross Domestic Product(10 000 yuan)	1587300	10.9
第一产业(万元)	Primary Industry(10 000 yuan)	21290	0.4
第二产业(万元)	Secondary Industry(10 000 yuan)	1173747	14.8
第三产业(万元)	Tertiary Industry(10 000 yuan)	392263	1.1
一般公共预算收入(万元)	General Public Budget Revenue(10 000 yuan)	120923	9.5
一般公共预算支出(万元)	General Public Budget Expenditure(10 000 yuan)	151447	2.4
农村牧区经济	**Economic Development in Rural & Pastoral Area**		
耕地面积(公顷)	Cultivated Area(hectare)	3692	0.0
高标准农田面积(公顷)	High Standard Farmland Area(hectare)		
农作物总播种面积(公顷)	Total Sown Area(hectare)	3834	4.6
粮食产量(吨)	Yield of Grain(ton)	26585	-0.9
油料产量(吨)	Yield of Oil-bearing Crops(ton)	72	-77.7
肉类总产量(吨)	Output of Meat(ton)	6197	-15.6
奶类产量(吨)	Milks(ton)	37	-2.6
规模以上工业	**Industrial Enterprises above Designated size**		
工业企业单位数(个)	Number of Industrial Enterprises(unit)	61	1.7
工业总产值(万元)	Gross Industrial Output Value(10 000 yuan)	3385491	22.1
投资	**Investment and Construction**		
固定资产投资(万元)	Total Investment in Fixed Assets(10 000 yuan)		10.8
房地产开发投资(万元)	Investment in Real Estate Development(10 000 yuan)	3267	99.2
贸易外经	**Trade**		
社会消费品零售总额(万元)	Total Retail Sales of Consumer Goods(10 000 yuan)	101732	4.0
出口总额(万元)	Total Exports(10 000 yuan)	6072	
交通通讯	**Transportation,Post & Telecommunications**		
公路里程(公里)	Total Length of Highways(km)	496	0.0
移动电话用户(户)	Number of Mobile Telephone Subscribers (subscriber)	144475	12.9
互联网宽带接入用户(户)	Number of Subscribers of Internet Service(subscriber)	40462	0.6
教育科技文化卫生社会保障	**Science,Education & Public Health**		
小学学校数(所)	Number of Primary Schools(unit)	5	-37.5
普通中学学校数(所)	Number of Regular Secondary Schools(unit)	4	300.0
体育场馆数(个)	Stadium and Gymnasium(unit)	1	0.0
全年专利授权(件)	Annual Patent Authorization(piece)	35	
剧场、影剧院(个)	Theaters,Music Halls and Cinemas(unit)		
医疗卫生机构床位数(张)	Number of Beds in Health Care Institutions(unit)	368	-8.0
医疗卫生机构技术人员(人)	Medical Technical Personnel(person)	416	-16.1
城乡居民基本养老保险参保人数(人)	Urban and Rural Residents Basic Pension Insurance Contributors(person)	1619	35.9
基本医疗保险参保人数(人)	Basic Medical Care Insurance Contributors(person)	62901	-5.8
居民生活	**The Lives of Residents**		
全体居民人均可支配收入(元)	The per capita disposable income of all residents(yuan)	39771	7.9
城镇常住居民人均可支配收入(元)	The per capita disposable income of urban permanent residents(yuan)	43389	6.5
农村牧区常住居民人均可支配收入(元)	The per capita disposable income of permanent residents of rural and pastoral areas(yuan)	19383	10.8

20-106 乌海市乌达区

Wuda District in Wuhai City

指 标	Item	2019	增长(%) Increase Rate(%)
行政区域土地面积(平方公里)	**Area of Administration(Sq.km)**	**207**	**0.0**
人口	**Population**		
年末户籍户数(户)	The Registered Households Year-end(household)	45137	-0.3
年末户籍人口(人)	The Registered Population Year-end(person)	114396	-1.2
国民经济综合指标	**Summary Item on the National Economy**		
生产总值(万元)	Gross Domestic Product(10 000 yuan)	1466400	7.5
第一产业(万元)	Primary Industry(10 000 yuan)	8400	0.4
第二产业(万元)	Secondary Industry(10 000 yuan)	1045300	10.6
第三产业(万元)	Tertiary Industry(10 000 yuan)	412700	0.5
一般公共预算收入(万元)	General Public Budget Revenue(10 000 yuan)	116718	24.9
一般公共预算支出(万元)	General Public Budget Expenditure(10 000 yuan)	131974	-4.7
农村牧区经济	**Economic Development in Rural & Pastoral Area**		
耕地面积(公顷)	Cultivated Area(hectare)	1168	0.0
高标准农田面积(公顷)	High Standard Farmland Area(hectare)		
农作物总播种面积(公顷)	Total Sown Area(hectare)	537	-32.6
粮食产量(吨)	Yield of Grain(ton)	2516	3.2
油料产量(吨)	Yield of Oil-bearing Crops(ton)	4	-98.7
肉类总产量(吨)	Output of Meat(ton)	2215	-4.2
奶类产量(吨)	Milks(ton)	47	0.0
规模以上工业	**Industrial Enterprises above Designated size**		
工业企业单位数(个)	Number of Industrial Enterprises(unit)	25	-3.8
工业总产值(万元)	Gross Industrial Output Value(10 000 yuan)	2455000	-0.1
投资	**Investment and Construction**		
固定资产投资(万元)	Total Investment in Fixed Assets(10 000 yuan)		12.0
房地产开发投资(万元)	Investment in Real Estate Development(10 000 yuan)	2155	-94.8
贸易外经	**Trade**		
社会消费品零售总额(万元)	Total Retail Sales of Consumer Goods(10 000 yuan)	165126	4.1
出口总额(万元)	Total Exports(10 000 yuan)	40368	-41.2
交通通讯	**Transportation,Post & Telecommunications**		
公路里程(公里)	Total Length of Highways(km)	144	0.0
移动电话用户(户)	Number of Mobile Telephone Subscribers (subscriber)	204293	-6.2
互联网宽带接入用户(户)	Number of Subscribers of Internet Service(subscriber)	57216	82.6
教育科技文化卫生社会保障	**Science,Education & Public Health**		
小学学校数(所)	Number of Primary Schools(unit)	8	0.0
普通中学学校数(所)	Number of Regular Secondary Schools(unit)	2	0.0
体育场馆数(个)	Stadium and Gymnasium(unit)	1	0.0
全年专利授权(件)	Annual Patent Authorization(piece)	70	
剧场、影剧院(个)	Theaters,Music Halls and Cinemas(unit)		
医疗卫生机构床位数(张)	Number of Beds in Health Care Institutions(unit)	746	4.3
医疗卫生机构技术人员(人)	Medical Technical Personnel(person)	1002	22.5
城乡居民基本养老保险参保人数(人)	Urban and Rural Residents Basic Pension Insurance Contributors(person)	1168	9.8
基本医疗保险参保人数(人)	Basic Medical Care Insurance Contributors(person)	92960	3.0
居民生活	**The Lives of Residents**		
全体居民人均可支配收入(元)	The per capita disposable income of all residents(yuan)	43459	6.8
城镇常住居民人均可支配收入(元)	The per capita disposable income of urban permanent residents(yuan)	43459	6.8
农村牧区常住居民人均可支配收入(元)	The per capita disposable income of permanent residents of rural and pastoral areas(yuan)		

20-107 阿拉善盟阿拉善左旗

Alashanzuo Banner in Alashan League

指 标	Item	2019	增长(%) Increase Rate(%)
行政区域土地面积(平方公里)	**Area of Administration(Sq.km)**	**80412**	**0.0**
人口	**Population**		
年末户籍户数(户)	The Registered Households Year-end(household)	64933	0.6
年末户籍人口(人)	The Registered Population Year-end(person)	146041	0.6
国民经济综合指标	**Summary Item on the National Economy**		
生产总值(万元)	Gross Domestic Product(10 000 yuan)	2387709	5.0
第一产业(万元)	Primary Industry(10 000 yuan)	97312	6.3
第二产业(万元)	Secondary Industry(10 000 yuan)	1463145	-2.4
第三产业(万元)	Tertiary Industry(10 000 yuan)	827252	20.9
一般公共预算收入(万元)	General Public Budget Revenue(10 000 yuan)	122390	21.7
一般公共预算支出(万元)	General Public Budget Expenditure(10 000 yuan)	440100	0.9
农村牧区经济	**Economic Development in Rural & Pastoral Area**		
耕地面积(公顷)	Cultivated Area(hectare)	32342	-15.2
高标准农田面积(公顷)	High Standard Farmland Area(hectare)	19533	7.6
农作物总播种面积(公顷)	Total Sown Area(hectare)	72004	0.4
粮食产量(吨)	Yield of Grain(ton)	127075	-8.2
油料产量(吨)	Yield of Oil-bearing Crops(ton)	4957	26.1
肉类总产量(吨)	Output of Meat(ton)	10662	9.4
奶类产量(吨)	Milks(ton)	109882	5.2
规模以上工业	**Industrial Enterprises above Designated size**		
工业企业单位数(个)	Number of Industrial Enterprises(unit)	106	23.3
工业总产值(万元)	Gross Industrial Output Value(10 000 yuan)	3575300	18.2
投资	**Investment and Construction**		
固定资产投资(万元)	Total Investment in Fixed Assets(10 000 yuan)		10.7
房地产开发投资(万元)	Investment in Real Estate Development(10 000 yuan)	108288	58.8
贸易外经	**Trade**		
社会消费品零售总额(万元)	Total Retail Sales of Consumer Goods(10 000 yuan)	629549	5.1
出口总额(万元)	Total Exports(10 000 yuan)	61198	0.0
交通通讯	**Transportation,Post & Telecommunications**		
公路里程(公里)	Total Length of Highways(km)	5706	15.9
移动电话用户(户)	Number of Mobile Telephone Subscribers (subscriber)	254104	-16.4
互联网宽带接入用户(户)	Number of Subscribers of Internet Service(subscriber)	74931	7.3
教育科技文化卫生社会保障	**Science,Education & Public Health**		
小学学校数(所)	Number of Primary Schools(unit)	12	0.0
普通中学学校数(所)	Number of Regular Secondary Schools(unit)	13	0.0
体育场馆数(个)	Stadium and Gymnasium(unit)	2	0.0
全年专利授权(件)	Annual Patent Authorization(piece)	61	
剧场、影剧院(个)	Theaters,Music Halls and Cinemas(unit)	4	
医疗卫生机构床位数(张)	Number of Beds in Health Care Institutions(unit)	1176	0.9
医疗卫生机构技术人员(人)	Medical Technical Personnel(person)	1955	3.2
城乡居民基本养老保险参保人数(人)	Urban and Rural Residents Basic Pension Insurance Contributors(person)	38336	-0.4
基本医疗保险参保人数(人)	Basic Medical Care Insurance Contributors(person)	159953	6.5
居民生活	**The Lives of Residents**		
全体居民人均可支配收入(元)	The per capita disposable income of all residents(yuan)	38047	7.4
城镇常住居民人均可支配收入(元)	The per capita disposable income of urban permanent residents(yuan)	42669	6.4
农村牧区常住居民人均可支配收入(元)	The per capita disposable income of permanent residents of rural and pastoral areas(yuan)	20865	9.6

20-108 阿拉善盟阿拉善右旗
Alashanyou Banner in Alashan League

指 标	Item	2019	增长(%) Increase Rate(%)
行政区域土地面积(平方公里)	**Area of Administration(Sq.km)**	**74485**	**0.0**
人口	**Population**		
年末户籍户数(户)	The Registered Households Year-end(household)	10214	-0.3
年末户籍人口(人)	The Registered Population Year-end(person)	25050	-0.6
国民经济综合指标	**Summary Item on the National Economy**		
生产总值(万元)	Gross Domestic Product(10 000 yuan)	194396	18.6
第一产业(万元)	Primary Industry(10 000 yuan)	25200	2.0
第二产业(万元)	Secondary Industry(10 000 yuan)	72311	10.1
第三产业(万元)	Tertiary Industry(10 000 yuan)	96885	8.4
一般公共预算收入(万元)	General Public Budget Revenue(10 000 yuan)	10181	14.8
一般公共预算支出(万元)	General Public Budget Expenditure(10 000 yuan)	133113	14.5
农村牧区经济	**Economic Development in Rural & Pastoral Area**		
耕地面积(公顷)	Cultivated Area(hectare)	3305	0.0
高标准农田面积(公顷)	High Standard Farmland Area(hectare)	1700	
农作物总播种面积(公顷)	Total Sown Area(hectare)	5322	-18.6
粮食产量(吨)	Yield of Grain(ton)	5170	-7.0
油料产量(吨)	Yield of Oil-bearing Crops(ton)	6379	17.7
肉类总产量(吨)	Output of Meat(ton)	4039	-7.2
奶类产量(吨)	Milks(ton)	351	88.3
规模以上工业	**Industrial Enterprises above Designated size**		
工业企业单位数(个)	Number of Industrial Enterprises(unit)	13	8.3
工业总产值(万元)	Gross Industrial Output Value(10 000 yuan)	112410	55.9
投资	**Investment and Construction**		
固定资产投资(万元)	Total Investment in Fixed Assets(10 000 yuan)		-46.3
房地产开发投资(万元)	Investment in Real Estate Development(10 000 yuan)		
贸易外经	**Trade**		
社会消费品零售总额(万元)	Total Retail Sales of Consumer Goods(10 000 yuan)	87588	5.0
出口总额(万元)	Total Exports(10 000 yuan)	355	-27.3
交通通讯	**Transportation,Post & Telecommunications**		
公路里程(公里)	Total Length of Highways(km)	2762	-3.7
移动电话用户(户)	Number of Mobile Telephone Subscribers (subscriber)	31100	-5.3
互联网宽带接入用户(户)	Number of Subscribers of Internet Service(subscriber)	8540	19.6
教育科技文化卫生社会保障	**Science,Education & Public Health**		
小学学校数(所)	Number of Primary Schools(unit)	4	0.0
普通中学学校数(所)	Number of Regular Secondary Schools(unit)	2	0.0
体育场馆数(个)	Stadium and Gymnasium(unit)	1	0.0
全年专利授权(件)	Annual Patent Authorization(piece)	1	
剧场、影剧院(个)	Theaters,Music Halls and Cinemas(unit)	2	
医疗卫生机构床位数(张)	Number of Beds in Health Care Institutions(unit)	183	4.0
医疗卫生机构技术人员(人)	Medical Technical Personnel(person)	207	-1.9
城乡居民基本养老保险参保人数(人)	Urban and Rural Residents Basic Pension Insurance Contributors(person)	7500	0.0
基本医疗保险参保人数(人)	Basic Medical Care Insurance Contributors(person)	22723	-8.0
居民生活	**The Lives of Residents**		
全体居民人均可支配收入(元)	The per capita disposable income of all residents(yuan)	39440	7.2
城镇常住居民人均可支配收入(元)	The per capita disposable income of urban permanent residents(yuan)	43824	6.3
农村牧区常住居民人均可支配收入(元)	The per capita disposable income of permanent residents of rural and pastoral areas(yuan)	23890	9.3

20-109 阿拉善盟额济纳旗

Ejina Banner in Alashan League

指 标	Item	2019	增长(%) Increase Rate(%)
行政区域土地面积(平方公里)	**Area of Administration(Sq.km)**	**114606**	**0.0**
人口	**Population**		
年末户籍户数(户)	The Registered Households Year-end(household)	8375	1.0
年末户籍人口(人)	The Registered Population Year-end(person)	19118	1.9
国民经济综合指标	**Summary Item on the National Economy**		
生产总值(万元)	Gross Domestic Product(10 000 yuan)	370495	4.6
第一产业(万元)	Primary Industry(10 000 yuan)	19888	6.5
第二产业(万元)	Secondary Industry(10 000 yuan)	98138	15.5
第三产业(万元)	Tertiary Industry(10 000 yuan)	252469	15.1
一般公共预算收入(万元)	General Public Budget Revenue(10 000 yuan)	22548	19.7
一般公共预算支出(万元)	General Public Budget Expenditure(10 000 yuan)	159996	30.7
农村牧区经济	**Economic Development in Rural & Pastoral Area**		
耕地面积(公顷)	Cultivated Area(hectare)	5925	0.0
高标准农田面积(公顷)	High Standard Farmland Area(hectare)	3987	32.6
农作物总播种面积(公顷)	Total Sown Area(hectare)	4392	9.1
粮食产量(吨)	Yield of Grain(ton)	379	-27.6
油料产量(吨)	Yield of Oil-bearing Crops(ton)		
肉类总产量(吨)	Output of Meat(ton)	977	-28.8
奶类产量(吨)	Milks(ton)	8	-11.1
规模以上工业	**Industrial Enterprises above Designated size**		
工业企业单位数(个)	Number of Industrial Enterprises(unit)	8	0.0
工业总产值(万元)	Gross Industrial Output Value(10 000 yuan)	224205	-0.1
投资	**Investment and Construction**		
固定资产投资(万元)	Total Investment in Fixed Assets(10 000 yuan)		0.5
房地产开发投资(万元)	Investment in Real Estate Development(10 000 yuan)	22648	125.8
贸易外经	**Trade**		
社会消费品零售总额(万元)	Total Retail Sales of Consumer Goods(10 000 yuan)	153492	4.6
出口总额(万元)	Total Exports(10 000 yuan)	13253	-39.0
交通通讯	**Transportation,Post & Telecommunications**		
公路里程(公里)	Total Length of Highways(km)	2978	1.1
移动电话用户(户)	Number of Mobile Telephone Subscribers (subscriber)	39916	-0.3
互联网宽带接入用户(户)	Number of Subscribers of Internet Service(subscriber)	11074	26.1
教育科技文化卫生社会保障	**Science,Education & Public Health**		
小学学校数(所)	Number of Primary Schools(unit)	1	-50.0
普通中学学校数(所)	Number of Regular Secondary Schools(unit)	2	100.0
体育场馆数(个)	Stadium and Gymnasium(unit)	3	0.0
全年专利授权(件)	Annual Patent Authorization(piece)	2	
剧场、影剧院(个)	Theaters,Music Halls and Cinemas(unit)	2	
医疗卫生机构床位数(张)	Number of Beds in Health Care Institutions(unit)	220	35.8
医疗卫生机构技术人员(人)	Medical Technical Personnel(person)	194	10.9
城乡居民基本养老保险参保人数(人)	Urban and Rural Residents Basic Pension Insurance Contributors(person)	5486	0.1
基本医疗保险参保人数(人)	Basic Medical Care Insurance Contributors(person)	18753	7.4
居民生活	**The Lives of Residents**		
全体居民人均可支配收入(元)	The per capita disposable income of all residents(yuan)	39991	7.3
城镇常住居民人均可支配收入(元)	The per capita disposable income of urban permanent residents(yuan)	43920	6.5
农村牧区常住居民人均可支配收入(元)	The per capita disposable income of permanent residents of rural and pastoral areas(yuan)	25276	9.2

21 附 录

Appendix

资料整理：路美玲 高 乐

Arranged By：Lu Meiling，GaoLe

21-1 内蒙古国民经济主要指标占全国的比重(2019年)

Inner Mongolia Main Indicators of National Economy as Percentage of Whole Nation(2019)

指 标	Item	全 国 Whole Nation	内蒙古 Inner Mongolia	内蒙古所占比重(%) Percentage (%)
土地面积(万平方公里)	Land Area(10 000 sq.km)	960.0	118.3	12.3
年末总人口数(万人)	Population at the Year-end(10 000 persons)	140005.0	2539.6	1.8
全社会就业人员(万人)	Employment(10 000 persons)	77471.0	1331.0	1.7
生产总值(当年价)(亿元)	Gross Domestic Product(current pirces) (100 million yuan)	990865.1	17212.5	1.7
第一产业	Primary Industry	70466.7	1863.2	2.6
第二产业	Secondray industry	386165.3	6818.9	1.8
#工业	Industry	317108.7	5514.3	1.7
第三产业	Tertiary Industry	534233.1	8530.5	1.6
规模以上工业企业单位数(万个)	Number of Industry above Designated Size (10 000 units)	37.3	0.3	0.8
规模以上工业利润总额(亿元)	Total Profits of Industry(100 million yuan)	61995.5	1463.1	2.4
能源生产总量(万吨标准煤)	Total Production of Energy(10 000 tons of SCE)	397000.0		
能源消费总量(万吨标准煤)	Total Consumption of Energy(10 000 tons of SCE)	486000.0		
农林牧渔业总产值(当年价)(亿元)	Gross Output Value of Farming, Forestry,Animal Husbandry & Fishery(current prices)(100 million yuan)	123967.9	3176.3	2.6
农业	Farming	66066.5	1606.3	2.4
林业	Forestry	5775.7	100.9	1.7
牧业	Animal Husbandry	33064.3	1390.5	4.2
渔业	Fishery	12572.4	27.8	0.2
工农业主要产品产量	Output of Major Farm & Industrial Products			
粗钢(万吨)	Steel(10 000 tons)	99634.2	2653.7	2.7
原煤(亿吨)	Coal(100 million tons)	38.5	10.9	28.4
发电量(亿千瓦小时)	Electricity(100 million Kwh)	75034.3	5495.1	7.3
水泥(万吨)	Cement(10 000 tons)	235012.1	3377.7	1.4
粮食(万吨)	Grain(10 000 ton)	66384.3	3652.6	5.5
油料(万吨)	Oil-bearing Crops(10 000 tons)	3493.0	228.7	6.5
货运量(亿吨)	Total Freight Traffic(100 milion tons)	470.6	19.8	4.2
客运量(亿人)	Total Passenger Traffic(100 million Persons)	176.0	1.4	0.8
邮政业务总量(亿元)	Total Business Volume of Postal Services (100 million yuan)	16229.6	50.4	0.3
电信业务总量(亿元)	Total Business Volume of Telecommunication Services(100 million yuan)	106789.2	2075.8	1.9
社会消费品零售总额(亿元)	Total Retail Sale of Consumer Goods (100 million yuan)	411649.0	5051.1	1.2
海关进出口总额(亿元)	Total Imports and Exports(100 million yuan)	315504.8	1097.8	0.3
全社会固定资产投资(亿元)	Total Investment in Fixed Assets (100 million yuan)	560874.3		
#房地产开发	Real Estate Development	132194.3	1041.9	0.8
商品房销售面积(万平方米)	Floor Space of Selling House(10 000 sq.m)	171557.9	2008.2	1.2
商品房销售额(亿元)	Total Sales of Commercial House(100 million yuan)	159725.1	1243.9	0.8
一般公共预算收入(亿元)	General Public Budget Revenue(100 million yuan)	190382.2	2059.7	1.1
金融机构人民币住户存款余额(亿元)	Household Deposits of Financial Institutions (100 million yuan)	813017.0	13587.3	1.7

注：本部分全国及各省数据取自《中国统计摘要》。下表同。

a)This section contains national and provincial data are taken from'China Statistical Guide'.The same applies to the table following.

21-2 各省（区、市）国民经济和社会发展主要指标(2019年)

Main Indicators of National Economic and Social Development by Region(2019)

地区	Region	年末常住人口(万人) Population at the Year-end (10 000 persons)	年末城镇人口比重(%) Proportion of Urban Population at Year-end(%)	生产总值(亿元) Gross Domestic Product (100 million yuan)	第一产业 Primary Industry	第二产业 Secondary industry	第三产业 Tertiary Industry	生产总值指数(上年=100) Indices of Gross Domestic Product (preceding year=100)	人均生产总值(元) Per Capita GDP (yuan)	人均生产总值指数(上年=100) Indices of Per Capita GDP (preceding year=100)
全　国	**Nationnal**	**140005**	**60.6**	**990865.1**	**70466.7**	**386165.3**	**534233.1**	**106.1**	**70892**	**105.7**
北　京	Beijing	2154	86.6	35371.3	113.7	5715.1	29542.5	106.1	164220	106.5
天　津	Tianjin	1562	83.5	14104.3	185.2	4969.2	8949.9	104.8	90371	104.6
河　北	Hebei	7592	57.6	35104.5	3518.4	13597.3	17988.8	106.8	46348	106.2
山　西	Shanxi	3729	59.6	17026.7	824.7	7453.1	8748.9	106.2	45724	105.8
内蒙古	Inner Mongolia	2540	63.4	17212.5	1863.2	6818.9	8530.5	105.2	67852	105.0
辽　宁	Liaoning	4352	68.1	24909.5	2177.8	9531.2	13200.4	105.5	57191	105.7
吉　林	Jilin	2691	58.3	11726.8	1287.3	4134.8	6304.7	103.0	43475	103.5
黑龙江	Heilongjiang	3751	60.9	13612.7	3182.5	3615.2	6815.0	104.2	36183	104.7
上　海	Shanghai	2428	88.3	38155.3	103.9	10299.2	27752.3	106.0	157279	105.7
江　苏	Jiangsu	8070	70.6	99631.5	4296.3	44270.5	51064.7	106.1	123607	105.8
浙　江	Zhejiang	5850	70.0	62351.7	2097.4	26566.6	33687.8	106.8	107624	105.0
安　徽	Anhui	6366	55.8	37114.0	2915.7	15337.9	18860.4	107.5	58496	106.5
福　建	Fujian	3973	66.5	42395.0	2596.2	20581.7	19217.0	107.6	107139	106.7
江　西	Jiangxi	4666	57.4	24757.5	2057.6	10939.8	11760.1	108.0	53164	107.4
山　东	Shandong	10070	61.5	71067.5	5116.4	28310.9	37640.2	105.5	70653	105.2
河　南	Henan	9640	53.2	54259.2	4635.4	23605.8	26018.0	107.0	56388	106.5
湖　北	Hubei	5927	61.0	45828.3	3809.1	19098.6	22920.6	107.5	77387	107.2
湖　南	Hunan	6918	57.2	39752.1	3647.0	14947.0	21158.2	107.6	57540	107.1
广　东	Guangdong	11521	71.4	107671.1	4351.3	43546.4	59773.4	106.2	94172	104.5
广　西	Guangxi	4960	51.1	21237.1	3387.7	7077.4	10772.0	106.0	42964	105.1
海　南	Hainan	945	59.2	5308.9	1080.4	1099.0	3129.5	105.8	56507	104.7
重　庆	Chongqing	3124	66.8	23605.8	1551.4	9496.8	12557.5	106.3	75828	105.4
四　川	Sichuan	8375	53.8	46615.8	4807.2	17365.3	24443.3	107.5	55774	107.0
贵　州	Guizhou	3623	49.0	16769.3	2280.6	6058.5	8430.3	108.3	46433	107.6
云　南	Yunnan	4858	48.9	23223.8	3037.6	7961.6	12224.6	108.1	47944	107.4
西　藏	Tibet	351	31.5	1697.8	138.2	635.6	924.0	108.1	48902	106.0
陕　西	Shanxi	3876	59.4	25793.2	1990.9	11980.8	11821.5	106.0	66649	105.4
甘　肃	Gansu	2647	48.5	8718.3	1050.5	2862.4	4805.4	106.2	32995	105.7
青　海	Qinghai	608	55.5	2966.0	301.9	1159.8	1504.3	106.3	48981	105.4
宁　夏	Ningxia	695	59.9	3748.5	279.9	1584.7	1883.8	106.5	54217	105.5
新　疆	Xinjiang	2523	51.9	13597.1	1781.8	4795.5	7019.9	106.2	54280	104.5

21-2 续表1 Continued

地 区	Region	农林牧渔业总产值(亿元) Gross Output Value of Farming, Forestry,Animal Husbandry and Fishery (100 million yuan)	农林牧渔业总产值增速（%） Growth Rate of Farming, Forestry, Animal Husbandry and Fishery (%)	粮食产量(万吨) Grain (10 000 tons)	油料产量(万吨) Oil-bearing Crops (10 000 tons)	肉类总产量(万吨) Output of Meat (10 000 tons)	#猪肉 Pork	牛肉 Beef	羊肉 Mutton
全 国	**Nationnal**	**123967.9**	**2.8**	**66384.3**	**3493.0**	**7758.8**	**4255.3**	**667.3**	**487.5**
北 京	Beijing	281.7	-6.3	28.8	0.3	5.1	2.3	0.7	0.4
天 津	Tianjin	414.4	0.6	223.3	0.4	30.4	15.6	2.5	0.8
河 北	Hebei	6061.5	1.9	3739.2	119.5	433.4	241.9	57.2	31.0
山 西	Shanxi	1626.5	2.0	1361.8	13.7	91.0	56.8	6.6	8.0
内蒙古	Inner Mongolia	3176.3	2.1	3652.6	228.7	264.6	62.6	63.8	109.8
辽 宁	Liaoning	4368.2	3.0	2430.0	97.7	367.9	189.4	29.6	6.8
吉 林	Jilin	2442.7	2.3	3877.9	81.8	243.2	108.3	41.9	4.7
黑龙江	Heilongjiang	5930.0	2.5	7503.0	11.5	237.1	135.2	45.5	12.7
上 海	Shanghai	284.8	-7.3	95.9	0.8	10.8	8.9	0.0	0.2
江 苏	Jiangsu	7503.2	0.7	3706.2	94.3	274.5	146.2	2.9	6.5
浙 江	Zhejiang	3355.2	1.8	592.1	31.9	94.3	60.2	1.3	2.3
安 徽	Anhui	5162.1	2.3	4054.0	161.4	402.8	197.8	9.5	18.8
福 建	Fujian	4636.6	3.6	493.9	22.0	255.2	103.0	2.1	2.2
江 西	Jiangxi	3481.3	3.0	2157.5	120.8	299.8	206.8	13.1	2.3
山 东	Shandong	9671.7	0.8	5357.0	289.0	704.0	254.7	73.3	36.9
河 南	Henan	8541.8	3.0	6695.4	645.5	560.4	344.4	36.2	28.1
湖 北	Hubei	6681.9	3.5	2725.0	313.9	349.2	243.0	16.0	9.9
湖 南	Hunan	6405.1	3.2	2974.8	239.2	459.4	348.5	19.0	15.9
广 东	Guangdong	7175.9	3.5	1240.8	110.2	412.1	221.9	4.1	2.0
广 西	Guangxi	5498.8	4.8	1332.0	71.6	380.0	192.1	12.4	3.5
海 南	Hainan	1689.4	2.6	145.0	8.7	67.1	29.5	2.2	1.2
重 庆	Chongqing	2337.8	2.8	1075.2	65.2	163.8	112.1	7.3	6.8
四 川	Sichuan	7889.3	2.6	3498.5	367.4	559.5	353.4	36.4	27.1
贵 州	Guizhou	3889.0	5.9	1051.2	103.0	205.9	150.3	21.5	5.0
云 南	Yunnan	4935.7	5.6	1870.0	62.5	405.9	287.5	39.0	20.0
西 藏	Tibet	212.8	7.7	103.9	5.7	28.4	0.8	21.2	5.8
陕 西	Shanxi	3536.8	4.3	1231.1	60.1	109.5	80.9	8.5	9.3
甘 肃	Gansu	1887.6	5.8	1162.6	63.2	101.7	48.0	22.7	25.0
青 海	Qinghai	454.4	4.6	105.5	28.9	37.4	7.7	14.6	13.9
宁 夏	Ningxia	584.8	3.1	373.2	7.7	33.5	7.8	11.5	10.4
新 疆	Xinjiang	3850.6	3.5	1527.1	66.4	170.7	37.6	44.5	60.3

21-2 续表2 Continued

地 区	Region	奶类产量(万吨) Milk (10 000 tons)	规模以上工业增加值增速(%) Growth Rate of Industrial Value Added above Designated Size (%)	规模以上工业企业营业收入(亿元) Revenue of Industry above Designated Size (100 million yuan)	规模以上工业产品利润总额(亿元) Total Profit of Industry above Designated Size (100 million yuan)	原煤(万吨) Coal (10 000 tons)	发电量(亿千瓦时) Electricity (100 million Kwh)	粗钢(万吨) Stee (10 000 tons)	钢材(万吨) Steel Products (10 000 tons)	生铁(万吨) Pig Iron (10 000 tons)
全 国	**Nationnal**	**3297.6**	**5.7**	**1057824.9**	**61995.5**	**384633.2**	**75034.3**	**99634.2**	**120477.4**	**80936.5**
北 京	Beijing	26.4	3.1	22856.4	1683.5	36.1	464.1		170.7	
天 津	Tianjin	47.4	3.4	18717.6	1212.0		733.0	2194.8	5455.0	2073.1
河 北	Hebei	433.8	5.6	40416.9	2013.1	5075.2	3297.7	24157.7	28409.6	21774.4
山 西	Shanxi	92.3	5.3	21123.5	1184.0	98795.4	3361.7	6039.1	5594.2	5557.1
内蒙古	Inner Mongolia	582.9	6.1	16806.4	1463.1	109068.1	5495.1	2653.7	2563.8	2303.1
辽 宁	Liaoning	134.7	6.7	30365.5	1332.0	3292.0	2072.9	7361.9	7254.4	6855.6
吉 林	Jilin	40.0	3.1	14024.4	740.5	1255.6	946.4	1356.6	1544.2	1257.1
黑龙江	Heilongjiang	467.0	2.8	9916.6	389.1	5390.9	1111.9	896.1	782.0	800.7
上 海	Shanghai	29.7	0.4	38841.0	2874.5		822.1	1640.3	1819.7	1490.1
江 苏	Jiangsu	62.4	6.2	118768.3	6733.8	1102.7	5166.4	12017.1	14211.4	7347.6
浙 江	Zhejiang	15.5	6.6	74962.5	4759.5		3537.6	1350.7	3468.2	835.5
安 徽	Anhui	33.8	7.3	37042.2	2159.6	10989.5	2886.7	3222.5	3158.4	2530.0
福 建	Fujian	15.0	8.8	56921.8	3815.1	845.7	2578.0	2390.3	3737.7	1038.1
江 西	Jiangxi	7.3	8.5	34851.5	2158.8	503.6	1375.9	2524.5	2795.7	2218.0
山 东	Shandong	234.5	1.2	84541.9	3669.4	11918.1	5897.2	6357.0	9289.4	5770.1
河 南	Henan	208.5	7.8	48544.5	2762.4	10937.8	2888.3	3299.1	3838.0	2573.8
湖 北	Hubei	13.4	7.8	45212.9	2867.8	40.8	2957.5	3611.5	3771.6	2765.2
湖 南	Hunan	6.3	8.3	37310.8	1870.8	1473.5	1559.4	2385.7	2451.6	1973.9
广 东	Guangdong	13.9	4.7	146517.7	8915.3		5051.0	3229.1	4510.5	2086.1
广 西	Guangxi	8.7	4.5	17433.4	777.7	406.2	1846.3	2662.7	3346.7	1466.1
海 南	Hainan	0.2	4.2	2280.7	171.6		345.7			
重 庆	Chongqing	4.2	6.2	20793.9	1102.8	1171.4	811.6	920.9	1136.4	611.0
四 川	Sichuan	66.8	8.0	43811.1	2900.0	3396.6	3923.9	2733.3	3308.2	2131.3
贵 州	Guizhou	5.3	9.6	9292.1	867.2	13167.9	2206.5	442.3	707.7	351.2
云 南	Yunnan	66.7	8.1	14612.6	879.9	5522.9	3465.6	2154.7	2323.3	1788.0
西 藏	Tibet	48.2	3.0	288.3	5.2		85.5			
陕 西	Shanxi	159.7	5.2	24526.8	2167.0	63630.0	2193.2	1430.7	2037.5	1237.1
甘 肃	Gansu	44.7	5.2	9151.8	251.8	3684.6	1630.5	877.8	936.7	659.1
青 海	Qinghai	35.5	7.0	2339.3	-541.9	1286.5	886.1	178.8	180.6	151.9
宁 夏	Ningxia	183.4	7.6	4824.9	218.1	7476.9	1766.0	308.6	306.2	120.8
新 疆	Xinjiang	209.4	4.7	11301.0	623.4	24165.3	3670.5	1236.9	1367.9	1170.6

21-2 续表3 Continued

地 区 Region	水泥(万吨) Cement (10 000 tons)	农用化肥(万吨) Chemical Fertilizer (10 000 tons)	汽车(万辆) Motor Vehicles (10 000 vehicles)	建筑业企业个数(个) Number of Construction Enterprises (unit)	建筑业施工面积(万平方米) Floor Space under Construction (10 000 sq.m)	建筑业竣工面积(万平方米) Floor Space Completed (10 000 sq.m)	建筑业总产值(亿元) Gross Output Value (100 million yuan)	固定资产投资(不含农户)增速(%) Growth Rate of Investment in Fixed Assets (Excluding Rural Households) (%)	房地产开发投资(亿元) Real Estate Development (100 million yuan)
全 国 Nationnal	**235012.1**	**5731.2**	**2552.8**	**103814**	**1441644.8**	**402410.9**	**248445.8**	**5.4**	**132194.3**
北 京 Beijing	318.8		164.0	2694	80556.8	10932.1	11999.4	-2.5	3838.4
天 津 Tianjin	687.7	16.4	104.1	1799	15616.9	2371.7	4096.5	13.1	2727.8
河 北 Hebei	10523.8	186.7	105.0	2502	34994.7	8939.3	5848.0	6.5	4347.1
山 西 Shanxi	5257.5	400.6	6.5	2999	16990.3	3836.4	4653.3	9.3	1656.5
内蒙古 Inner Mongolia	3377.7	515.4	2.9	1189	5785.4	1459.9	1086.1	6.8	1041.9
辽 宁 Liaoning	4677.4	38.1	79.2	5323	15312.8	4335.0	3554.6	0.3	2834.0
吉 林 Jilin	1815.0	29.0	288.9	2388	7987.5	2935.2	1863.1	-16.2	1315.5
黑龙江 Heilongjiang	1989.6	46.6	18.9	1850	3430.2	1301.4	1181.4	6.3	958.0
上 海 Shanghai	441.5	1.0	274.9	2438	50918.9	9232.0	7812.7	5.1	4231.4
江 苏 Jiangsu	16072.3	200.6	82.8	9356	255297.7	77899.5	33103.6	5.1	12009.3
浙 江 Zhejiang	13441.0	50.4	99.1	7256	182718.5	43545.6	20390.2	10.0	10683.0
安 徽 Anhui	14018.8	271.3	77.6	4446	48611.4	15706.7	8503.3	9.2	6670.5
福 建 Fujian	9475.0	90.3	16.9	5830	76606.3	17810.5	13164.4	5.9	5673.1
江 西 Jiangxi	9691.3	29.8	49.1	3094	33897.5	14869.3	7944.8	9.2	2239.1
山 东 Shandong	14643.0	425.5	77.7	7299	83686.1	21925.7	14269.3	-8.2	8614.9
河 南 Henan	10496.6	416.5	60.9	6739	64256.1	20736.2	12701.0	8.0	7464.6
湖 北 Hubei	11626.0	569.6	224.0	4565	92042.2	33907.9	16979.6	10.7	5111.7
湖 南 Hunan	11251.2	59.5	56.1	2986	65247.3	21041.9	10800.6	10.1	4445.5
广 东 Guangdong	16895.5	15.8	311.7	6643	84392.3	22174.0	16633.4	11.1	15852.2
广 西 Guangxi	12093.0	34.8	183.0	1630	29487.8	8685.7	5407.3	9.6	3814.4
海 南 Hainan	2019.0	65.6		213	2309.5	485.0	366.0	-9.2	1336.2
重 庆 Chongqing	6757.7	83.6	138.3	2939	36557.8	13618.3	8223.0	5.6	4439.3
四 川 Sichuan	14184.6	451.9	61.9	5826	61743.0	20341.0	14668.2	8.6	6573.2
贵 州 Guizhou	11061.1	372.4	4.6	1449	15929.5	4131.0	3714.9	0.9	2990.8
云 南 Yunnan	12907.4	296.9	10.0	3156	19766.7	6805.4	6122.1	8.5	4151.4
西 藏 Tibet	1080.9			278	348.2	242.7	220.3	-2.2	129.6
陕 西 Shanxi	6642.7	127.6	54.7	3066	35276.5	6769.8	7883.9	2.5	3903.6
甘 肃 Gansu	4450.1	22.6	0.1	1654	10689.9	2686.7	1916.4	6.6	1257.8
青 海 Qinghai	1348.8	560.7		389	904.6	396.3	460.7	5.0	406.3
宁 夏 Ningxia	1889.7	45.4		662	2251.2	679.1	601.4	-10.3	403.1
新 疆 Xinjiang	3877.1	306.5	2.5	1319	8031.4	2609.7	2276.7	2.5	1074.0

21-2 续表4 Continued

地区	Region	社会消费品零售总额(亿元) Retail Sales of Goods (100 million yuan)	货物进出口总额(亿美元) Total Imports and Exports (USD 100 million)	#出口总额 Imports	交通运输货运量(万吨) Total Freight Troffic (10 000 tons)	#铁路 Railway	公路 Highway	交通运输客运量(万人) Passenger Traffic (10 000 persons)	#铁路 Railway	公路 Highway
全国	**Nationnal**	**411649.0**	**45761.3**	**24990.3**	**4706493.3**	**431773.4**	**3435480.0**	**1760436.0**	**366002.3**	**1301172.9**
北京	Beijing	12270.1	4161.6	750.0	22808.4	483.6	22324.8	62976.6	14825.2	48151.4
天津	Tianjin	5516.1	1066.5	437.9	50093.3	9888.2	31250.2	17678.9	5332.3	12205.9
河北	Hebei	17934.2	580.4	343.8	242444.5	26823.2	211461.3	44733.3	13013.4	31718.7
山西	Shanxi	7909.2	209.7	116.9	192191.7	91321.2	100846.7	22305.4	8153.0	14010.0
内蒙古	Inner Mongolia	5051.1	159.4	54.7	198003.6	87121.4	110874.0	13604.6	5643.4	6518.0
辽宁	Liaoning	15008.6	1052.8	454.5	178252.9	21198.6	144556.4	70266.0	15137.1	54599.0
吉林	Jilin	7777.2	189.0	47.0	43193.0	5962.0	37216.6	31598.9	8623.5	22881.0
黑龙江	Heilongjiang	9898.4	271.0	50.7	50475.2	12072.8	37622.6	29751.1	11222.5	18212.0
上海	Shanghai	13497.2	4938.9	1990.0	121124.0	487.3	50655.8	16442.4	12833.8	3168.0
江苏	Jiangsu	35291.2	6295.3	3948.3	261711.1	6463.2	164577.9	120298.1	23739.3	94475.0
浙江	Zhejiang	27176.4	4472.3	3345.9	289011.1	4450.2	177683.0	101893.0	24308.9	72799.0
安徽	Anhui	13377.7	687.5	404.1	368248.3	7997.2	235269.3	59274.8	13409.6	45643.2
福建	Fujian	15749.7	1931.2	1201.7	134418.8	4839.6	87316.6	45761.0	12741.1	31199.3
江西	Jiangxi	8421.6	509.3	362.1	150949.8	5064.9	135554.3	58068.8	11938.1	45933.0
山东	Shandong	35770.6	2963.0	1614.5	309409.7	25527.2	266124.2	68920.3	17325.3	49581.0
河南	Henan	22733.0	824.7	542.2	219023.6	10905.0	190883.1	109297.2	17709.3	91281.0
湖北	Hubei	20224.2	571.5	360.0	188133.2	5479.9	143548.6	87432.1	17216.1	69584.4
湖南	Hunan	17239.5	628.9	445.5	189740.3	4554.1	165095.7	101428.4	15625.9	84162.0
广东	Guangdong	42664.5	10361.8	6291.8	358287.5	10172.5	239743.7	142326.0	38699.4	101012.1
广西	Guangxi	8873.0	682.1	377.5	183036.3	8405.0	142750.6	47085.5	11776.9	34539.0
海南	Hainan	1808.3	131.5	49.9	18455.6	1132.8	6770.5	14186.5	3084.8	9365.8
重庆	Chongqing	8667.3	839.7	538.0	112970.4	1911.4	89965.3	60153.2	8406.9	50990.0
四川	Sichuan	20144.3	980.6	563.9	177283.2	7718.3	162668.5	91668.4	17351.6	72387.0
贵州	Guizhou	4174.2	65.7	47.4	83402.3	5522.8	76205.4	93756.1	7195.9	84255.0
云南	Yunnan	7539.2	337.0	150.2	122726.9	4885.8	117145.3	38380.5	6552.7	30681.0
西藏	Tibet	649.3	7.0	5.4	4024.7	55.4	3969.2	1364.8	345.2	1019.6
陕西	Shanxi	9598.7	510.5	272.2	154749.0	44750.6	109801.4	70760.7	11460.7	59015.0
甘肃	Gansu	3692.4	55.1	19.1	63609.6	5365.7	58227.7	42133.3	5968.9	36084.6
青海	Qinghai	880.8	5.4	2.9	14944.7	3223.1	11721.6	6312.8	1148.4	5070.6
宁夏	Ningxia	984.5	34.9	21.6	42510.6	8150.6	34359.9	5753.9	666.4	4905.0
新疆	Xinjiang	3361.6	237.1	180.4	84422.8	15133.1	69289.7	20276.4	4550.4	15726.0

21-2 续表5 Continued

地 区 Region	居民消费价格指数(上年=100) General Consumer Price Index (preceding year=100)	城镇非私营单位从业人员平均工资(元) Average Wage of Employed Persons in Urban NonPrivate Units (yuan)	全体居民人均可支配收入(元) Disposable income of All Residents (yuan)	全体居民人均消费支出(元) Consumer spending of All Residents (yuan)	城镇居民人均可支配收入(元) Urban Households Per Capita Average Disposable Income (yuan)	城镇居民人均消费支出(元) Urban Households Per Capita Expen -ditures for Consump -tiom (yuan)	农村牧区居民人均可支配收入(元) Disposable income of Residents In Rural Areas (yuan)	农村牧区居民人均消费支出(元) Rural Households Per Capita Expendi- tures for Consump- tion (yuan)
全 国 Nationnal	**102.9**	**90501**	**30733**	**21559**	**42359**	**28063**	**16021**	**13328**
北 京 Beijing	102.3	166803	67756	43038	73849	46358	28928	21881
天 津 Tianjin	102.7	108002	42404	31854	46119	34811	24804	17843
河 北 Hebei	103.0	72956	25665	17987	35738	23483	15373	12372
山 西 Shanxi	102.7	69551	23828	15863	33262	21159	12902	9728
内蒙古 Inner Mongolia	102.4	80563	30555	20743	40782	25383	15283	13816
辽 宁 Liaoning	102.4	72891	31820	22203	39777	27355	16108	12030
吉 林 Jilin	103.0	73813	24563	18075	32299	23394	14936	11457
黑龙江 Heilongjiang	102.8	68416	24254	18111	30945	22165	14982	12495
上 海 Shanghai	102.5	149377	69442	45605	73615	48272	33195	22449
江 苏 Jiangsu	103.1	96527	41400	26697	51056	31329	22675	17716
浙 江 Zhejiang	102.9	99654	49899	32026	60182	37508	29876	21352
安 徽 Anhui	102.7	79037	26415	19137	37540	23782	15416	14546
福 建 Fujian	102.6	81814	35616	25314	45620	30946	19568	16281
江 西 Jiangxi	102.9	73725	26262	17650	36546	22714	15796	12497
山 东 Shandong	103.2	81446	31597	20427	42329	26731	17775	12309
河 南 Henan	103.0	67268	23903	16332	34201	21972	15164	11546
湖 北 Hubei	103.1	79303	28319	21567	37601	26422	16391	15328
湖 南 Hunan	102.9	74316	27680	20479	39842	26924	15395	13969
广 东 Guangdong	103.4	98889	39014	28995	48118	34424	18818	16949
广 西 Guangxi	103.7	76479	23328	16418	34745	21591	13676	12045
海 南 Hainan	103.4	82227	26679	19555	36017	25317	15113	12418
重 庆 Chongqing	102.7	86559	28920	20774	37939	25785	15133	13112
四 川 Sichuan	103.2	83367	24703	19338	36154	25367	14670	14056
贵 州 Guizhou	102.4	83298	20397	14780	34404	21402	10756	10222
云 南 Yunnan	102.5	86585	22082	15780	36238	23455	11902	10260
西 藏 Tibet	102.3	118118	19501	13029	37410	25637	12951	8418
陕 西 Shanxi	102.9	78361	24666	17465	36098	23514	12326	10935
甘 肃 Gansu	102.3	73607	19139	15879	32323	24454	9629	9694
青 海 Qinghai	102.5	90929	22618	17545	33830	23799	11499	11343
宁 夏 Ningxia	102.1	83947	24412	18297	34328	24161	12858	11465
新 疆 Xinjiang	101.9	79421	23103	17397	34664	25594	13122	10318

中国统计出版社有限公司最新图书简目

（仅供参考,以实际出版为准）

统计资料

中国统计年鉴　中国统计摘要　中国第三产业统计年鉴
中国第三次全国农业普查综合资料　国际统计年鉴　金砖国家联合统计手册
中国-东盟国家统计手册　中国农村统计年鉴　中国县域统计年鉴
中国农产品价格调查年鉴　中国城市统计年鉴　中国价格统计年鉴
中国贸易外经统计年鉴　中国零售和餐饮连锁企业统计年鉴　中国商品交易市场统计年鉴
大中型批发零售和住宿餐饮企业统计年鉴　中国住户调查年鉴　中国工业统计年鉴
中国环境统计年鉴　中国能源统计年鉴　中国建筑业统计年鉴
中国房地产统计年鉴　投资领域统计年鉴　中国对外直接投资统计公报
中国人口和就业统计年鉴　中国劳动统计年鉴　中国社会统计年鉴
中国科技统计年鉴　中国高技术产业统计年鉴　全国企业创新调查年鉴
中国文化及相关产业统计年鉴　2018年时间利用调查资料　中国妇女儿童状况统计资料
中国基本单位统计年鉴　中国教育统计年鉴　中国教育经费统计年鉴
中国民族统计年鉴　中国残疾人事业统计年鉴　长江经济带发展统计年鉴

省级综合统计年鉴系列

北京 天津 河北 山西 内蒙古 辽宁 吉林 黑龙江 上海 江苏 浙江 安徽 福建 江西 山东 河南 湖北 湖南 广东 广西 海南 重庆 四川 贵州 云南 西藏 陕西 甘肃 青海 宁夏 新疆 新疆生产建设兵团

市(县)级综合统计年鉴系列

滨海新区 石家庄 唐山 邯郸 保定 沧州 邢台 廊坊 承德 衡水 秦皇岛 张家口 太原 大同 阳泉 长治 晋城 朔州 晋中 运城 忻州 临汾 吕梁 呼和浩特 鄂尔多斯 包头 沈阳 大连 长春 延吉 四平 白山 通化 哈尔滨 齐齐哈尔 黑龙江垦区 上海浦东新区 南京 无锡 徐州 常州 苏州 南通 连云港 淮安 盐城 扬州 镇江 泰州 宿迁 江阴 丹阳 海门 张家港 杭州 宁波 温州 嘉兴 湖州 绍兴 金华 衢州 舟山 台州 丽水 合肥 安庆 福州 厦门 宁德 漳州 龙岩 莆田 泉州 三明 南平 南昌 九江 上饶 新余 抚州 赣州 景德镇 济南 青岛 枣庄 潍坊 聊城 郑州 洛阳 平顶山 三门峡 南阳 商丘 信阳 济源 汝州 武汉 十堰 荆州 宜昌 荆门 咸宁 黄冈 长沙 鹰潭 广州 深圳 惠州 东莞 汕尾 湛江 肇庆 南宁 柳州 桂林 贵港 梧州 来宾 河池 防城港 海口 三亚 儋州 成都 内江 贵阳 黔南 毕节 昆明 文山 德宏 西安 延安 安康 铜川 汉中 商洛 银川 兰州 庆阳 乌鲁木齐 昌吉 阿勒泰 兵团一师、二师、三师、四师、六师、七师、八师、十师、十三师、十四师

调查年鉴系列

天津 内蒙古 上海 河南 湖北 湖南 广东 广西 重庆 四川 云南 甘肃 宁夏 南宁 贵港 昆明

统计方法应用/实用手册

Python数据分析基础（第二版）　非参数统计（第五版）　现代金融投资统计分析（第四版）
国民经济核算初级教程（第二版）　国民经济核算教程（第五版）　概率统计基础
全国统计专业技术资格考试系列考试用书：统计业务知识（第四版修订版）　统计业务知识学习指导与习题
全国统计专业技术资格考试系列考试用书：统计相关知识（第四版）　统计相关知识学习指导与习题

统计通俗读物/统计科普图书

领导干部统计知识问答　统计公文写作及会议办理实用手册　大数据在统计工作中的应用案例汇编
中国国民经济核算知识问答（修订版）　地区生产总值核算国际比较研究　新中国统计制度方法的发展与改革

重点图书

中国农业统计资料1949-2019　第四次全国经济普查地图集　中国经济普查年鉴2018
新编英汉汉英统计大词典　中国国民经济核算体系2016　国民经济行业分类注释
挑大学选专业2020—考研择校指南　挑大学选专业2020—高考志愿填报指南　中华医学统计百科全书